Polyglott

APA GUIDE

Sizilien

© Englische Ausgabe 2000 APA Publications GmbH & Co.
Verlag KG Singapore Branch, Singapur
© Deutsche Ausgabe 2001 Langenscheidt KG,
Berlin und München

Autoren: Rowlinson Carter, Lisa Gerard-Sharp (Geschichtlicher
Überblick, Wie es begann, Magna Graecia, Rom und Byzanz, Von
Arabern und Normannen, Von Kaisern und Königen, Das 20.
Jarhundert, Sizilien heute) Lisa Gerard-Sharp (Siziliens Menschen)
Clare Longrigg (Männer, Frauen, Kinder) Lisa Gerard-Sharp, Bruce
Johnston, Jeffrey Pike (Die Mafia) Mary Taylor Simeti, Jeffrey Pike
(Sizilien kulinarisch) Lisa Gerard-Sharp, Jeffrey Pike (Filminsel
Sizilien, im Bild:Bauen für die Ewigkeit, Triumph der Üppigkeit,
Religiöse und weltliche Feste, Von kampflustigen Puppen und
knallbunten Karren) Jenny Bennathan (Naturschutz auf Sizilien).
Alle Kapitel des Reiseteils hat Lisa Gerard-Sharp verfasst, außer
Mary Taylor Simeti (Die Ägatischen Inseln) Jenny Bennathan (Die
Liparischen Inseln).
Den ausführlichen Infoteil steuerten Mariella d' Amato und
Claudia Fritzsche bei.

Übersetzung: Jutta Winkler, Claudia Fritzsche

Bearbeitung der kompletten deutschen Ausgabe: Claudia Fritzsche

Karten und Pläne: John Scott und Polyglott-Kartografie

Typografie: Ute Weber, München

Titeldesign: Greenstuff, Iris und Jochen Grün, München

Erste Auflage 2001

Redaktionsschluß: Oktober 2000

Printed in Singapore

ISBN 3-8268-2481-4

Alle Informationen stammen aus zuverlässigen Quellen und
wurden sorgfältig geprüft. Für ihre Vollständigkeit und Richtigkeit
können wir jedoch keine Haftung übernehmen.
Ergänzende Anregungen, für die wir dankbar sind, bitten wir zu
richten an: Apa Publications c/o Langenscheidt KG,
Postfach 40 11 20, 80711 München.
E-Mail: redaktion@polyglott.de

Polyglott im Internet:
www.polyglott.de
im Travel Channel unter www.travelchannel.de,
im Shell GeoStar unter www.ShellGeoStar.com

Zeichenerklärung

Gebietspläne

❶ ★ ★   Sehenswürdigkeit

Autobahn

Schnellstraße

Hauptstraße

sonstige Straßen, Wege

Eisenbahn

Staatsgrenze

Landesgrenze

Nationalpark, Naturpark

Stadtpläne

❶ ★ ★   Sehenswürdigkeit

Autobahn

Hauptstraße

sonstige Straßen

Fußgängerzone

Fußwege

sehenswerte Gebäude

bebaute Fläche

Grünfläche

unbebaute Fläche

ℹ   Information

✉   Post

🅿   Parkplatz

Ⓢ Ⓜ Ⓤ   S-Bahn, Metro, U-Bahn

Über das Buch

Sizilien, die Sonneninsel im Herzen des Mittelmeers, garantiert grandioses Urlaubserleben. Atemberaubende Naturlandschaften, der Ätna, Euopas höchster aktiver Vulkan, malerische Sandstrände, eine üppige Vegetation von Palmen, Oleander, fruchtbaren Zitrushainen und grandiosen Gebirgslandschaften. Aber auch einzigartige antike Tempel, die überwältigende mediterrane Gastfreundschaft und eine fantasiereiche Küche machen den unwiderstehlichen Zauber dieser Insel aus.

Wie alle APA Guides versammelt auch dieses Buch ein ganzes Team von Autoren, vorwiegend bekannte Reisepublizisten, denen es gelungen ist, ein faszinierendes Bild der Insel zwischen Orient und Okzident zu zeichnen. Herausgeberin und federführende Redakteurin ist **Lisa Gerard-Sharp**, die seit langem in Italien lebt und zahlreiche Bücher über italienische Reiseziele geschrieben und herausgegeben hat, unter anderen die APA Guides über die Toskana, über Florenz und Neapel. Mehrere Reisen führten sie zu Recherchen nach Sizilien, wo sie vor allem die Beschreibung der Reisewege aktuell überprüfte, die für frühere Ausgaben des Buches geschrieben wurden.

Den größten Teil der Themen zur Geschichte Siziliens lieferte der Londoner Historiker **Rowlinson Carter,** während **Mary Taylor Simeti,** die zwischen ihren Wohnsitzen in Palermo und Alcamo in den USA, wo sie eine Farm betreibt, pendelt, die sizilianische Küche und die Ägatischen Inseln vorstellt. Über die Rolle der sizilianischen Frau schreibt **Clare Longrigg,** die für »The Independent« in London arbeitet und das bemerkenswerte Buch »Mafia Women« verfasste. Ganz aktuell geschrieben wurden die Beiträge über die Liparischen Inseln und die sizilianischen Naturschutzgebiete und

Meeresparks – von **Jenny Bennathan.**

Für Lektorat und Redaktion des Titels zeichnet **Jeffery Pike** verantwortlich, unterstützt von **Emily Hatchwell** in der Londoner Zentrale des Verlags.

Für die deutsche Ausgabe feilte die erfahrene Münchner Historikerin und Reisepublizistin **Claudia Fritzsche** an den Übersetzungen und neu geschriebenen Texten. Die Angaben des Infoteils überprüfte sie gründlich.

Der größte Teil der Fotos des wie alle Führer der Serie opulent bebilderten APA Guide stammt von **Lyle Lawson,** aktuelles Bildmaterial von **Glynn Genin.** Sie machen Lust zu sehen und die Insel zu erkunden.

Inhalt

Essays

Gute Reise!

Infoteil

Karten

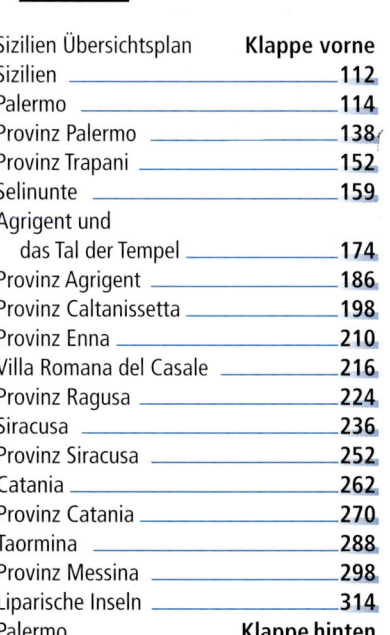

Insel zwischen Orient und Okzident

Sabato sera in Palermo. Architekturstudentin Carmela hat sich für den Abend fein gemacht. Plateausohlen, enge, schwarze Lederhose, superkurzer türkisfarbener Pullover, um das funkelnde Ringlein am Bauchnabel sehen zu lassen, die langen dunklen Locken nur locker gebürstet. Ihr Enzo, der immer wie ein avvocato im lässigen Leinenanzug mit schmaler Krawatte daherkommt, mag sie so . . .

Wer schwarz gekleidete Witwen und auf Maultieren reitende, unrasierte Bauern mit Schiebermützen fotografieren will, wird sich schwer tun. Sizilien ist in der Moderne angelangt. Eine lange Geschichte von Eroberungen und Fremdherrschaften, von Armut, sengender Sonne und Gewalt, verbunden mit einer Mentalität zwischen Lethargie und Passion, an die spanischen und arabischen Wurzeln des sizilianischen Naturells erinnernd – all diese oft pittoresken Klischees des Film- und Opernsizilien verschwinden ganz allmählich.

Stattdessen geht durch die Insel seit einigen Jahren ein Ruck des Optimismus. Junge Leute wandern nicht mehr nach Mailand oder Deutschland aus, sondern bleiben in ihren Heimatdörfern, versuchen ihr Glück mit einer bodenständigen Trattoria, einer Surfschule oder eröffnen ein Internetcafé. Sizilien hat seinen Stolz zurückgewonnen und besinnt sich auf seine natürlichen Stärken, seine aus dem multikulturellen Erbe übernommene Flexibilität, seine spielerische Leichtigkeit im Erbringen von Dienstleistungen.

Mediterrane Gastfreundschaft, seit der Antike gepriesen, wird zum Standortvorteil in der aufblühenden Tourismuslandschaft Sizilien: Längst kommt nicht mehr nur der archäologie-versessene Oberstudienrat und Stauferschwärmer, um die Tempel von Agrigent und Syrakus anzustaunen, sondern auch jugendlich-sportliches Publikum, das den Motorraddrive über Pass-Straßen und Hochebenen genauso genießt wie Paragliding vom Ätna und Hikingtouren in den urigen Monti Madonie.

Lifestyle-Destination Sizilien? Auf den inzwischen von Norditalienern gestürmten Liparischen Inseln Lampedusa oder Pantelleria mit ihren azurblauen Badebuchten, Schnorchelgründen und Strandsessions schon längst Wirklichkeit, im atemberaubenden Jetset-Treff Taormina mit seinen coolen Luxusboutiquen schöner Alltag.

Sizilien, Insel im Herzen des Mittelmeers, wo Palmen wachsen und noch immer ein Hauch vom Abenteuer Afrika weht. Viele Orts- und Nachnamen, wie Sciascia oder Caltabellotta, sind arabischen Ursprungs, weil die Kulturbrücke zum Maghreb nie wirklich abgebrochen wurde. Und genau das macht den Reichtum Siziliens aus: Die Insel ist einfach abwechslungsreicher und schillernder als der Rest Italiens, denn hier treffen griechische, albanische, spanische, normannische und orientalische Identitäten aufeinander.

Nirgendwo lassen sich die Cento Sicilie, die Hundert bunten Facetten der Insel, besser aufspüren als in der Küche Siziliens, für Kenner ganz schlicht die fantasiereichste der Welt. Homerisches Lammgrillen in den Monti Nebrodi oder raffinierte spanische Mandelpralinen nach jahrhundertealten Nonnenrezepten. Artischocken- und Auberginen-Antipastibuffets, ebenso endlos und verführerisch wie libanesische meze. Mit Pinienkernen und süßen Zibibbo-Rosinen angemachter fangfrischer Fisch wie in der venezianisch-orientalischen Küche, liparische Langusten mit roter kalabresischer Zwiebelmarmelade oder ganz einfach knusprig-goldgelbes Weizenbrot mit Wildfenchel, frischer Hirtenricotta und einem Tropfen aromatischen Olivenöls: Üppigkeit und Kreativität sind seit jeher das naturgebene Potenzial dieser Insel – schon den Griechen galt sie als Inbegriff der Fruchtbarkeit.

In der alltäglichen Begegnung mit den charmanten und geistreich-schlagfertigen Menschen Siziliens liegt auch heute der einmalige Zauber dieser Insel. ∎

◄◄ **Der dorische Tempel von Segesta – Ankern vor der Liparischen Insel Panarea – die Bergstadt Centuripe – Puppenspiel mit normannischen Adeligen**
◄ **Kopfloser Bourbonenkönig in römischer Gewandung in einem Park in Catania**

Geschichtlicher Überblick

■ **15.–10. Jh. v. Chr.** Sikuler, Sikaner und Elymer siedeln sich an.

■ **858 v. Chr.** Die Phönizier errichten Handelsniederlassungen in Panormos (Palermo), Solus (Solunto) und Motya/Mozia (San Pantaleo).

■ **734 v. Chr.** Griechen von der Chalkidike gründen Naxos als erste griechische Kolonie.

■ **733 v. Chr.** Die Korinther gründen Syrakusai (Syrakus).

■ **730–700 v. Chr.** Weitere griechische Kolonien entstehen: Megara Hyblaea, Gela, Selinus (Selinunt) und Akragas (Agrigent).

■ **5. Jh. v. Chr.** Blüte der griechischen Kultur auf Sizilien. Syrakus konkurriert mit Athen.

■ **485–476 v. Chr.** Gelon Tyrann von Syrakus.

■ **405–367 v. Chr.** Dionysios I. Tyrann von Syrakus.

■ **269 v. Chr.** Hieron II. erklärt sich zum König von Sizilien.

■ **227 v. Chr.** Sizilien wird römische Provinz.

■ **138–131 v. Chr.** Erster Sklavenaufstand.

■ **44–36 v. Chr.** Pompejus bringt Sizilien, Korsika und Sardinien in seine Gewalt.

■ **2. Jh. n. Chr.** Das Christentum breitet sich zunehmend auf der Insel aus.

■ **395 n. Chr.** Sizilien wird Teil des Weströmischen Reiches.

■ **440 n. Chr.** Die Vandalen erobern die Insel.

■ **493 n. Chr.** Die Ostgoten überrollen Sizilien.

■ **535** Der oströmische Feldherr Belisar erobert Sizilien für Kaiser Justinian I.

■ **651** Die Araber überfallen erstmals Sizilien.

■ **726** Der byzantinische Kaiser beschlagnahmt die päpstlichen Besitztümer Siziliens.

■ **800** Papst Leo III. erklärt Karl den Großen zum Kaiser des Heiligen Römischen Reiches.

■ **831** Palermo fällt an die Sarazenen (Araber).

■ **842–859** Die Araber besetzen Messina, Modica, Ragusa und Enna.

■ **878** Eroberung und Zerstörung von Syrakus.

■ **965** Ganz Sizilien ist unter arabischer Herrschaft. Palermo wird nach Konstantinopel die zweitgrößte Stadt der Welt.

■ **1061** Landung der Normannen.

■ **1071** Der Normanne Roger de Hauteville (Roger I.) erobert Palermo »für die Christenheit«.

■ **1091** Noto, die letzte große muslimische Bastion, geht an die Normannen.

■ **1130** Roger II. wird König von Sizilien.

■ **1220–1250** Der Stauferkaiser Friedrich II. herrscht über die Insel.

■ **1266** Karl von Anjou wird König von Sizilien; Herrschaft der Anjou bis 1282.

■ **1282** Die Sizilianische Vesper: Volksaufstand gegen die Franzosen.

■ **1302** Beginn der 200-jährigen Herrschaft der Aragonesen.

■ **1442** Alfons V. von Aragón vereinigt Neapel und Sizilien.

■ **1502** Die Spanier übernehmen die Herrschaft.

■ **1669** Der Ätna bricht aus und zerstört Catania sowie Städte an der Ostküste.

■ **1693** Ein starkes Erdbeben erschüttert den Südosten der Insel.

■ **1713** Frieden von Utrecht. Viktor Amadeus II. (Savoyen-Piemont) wird König von Sizilien.

■ **1720** Der Herzog von Savoyen tauscht Sizilien gegen Sardinien. Österreichische Vizekönige regieren.

■ **1734–1860** Die Bourbonen herrschen durch Vizekönige von Neapel aus über die Insel.

■ **1759** Das Königreich von Neapel und Sizilien geht an Ferdinand IV. von Bourbon.

■ **1806–1815** Die Briten besetzen die Insel.

■ **1815** Das Königreich »beider Sizilien« (Neapel und Sizilien) entsteht erneut.

■ **1848–1849** Sizilianische Revolution.

■ **1860** Garibaldi und seine Freischärler (»Zug der Tausend«) vertreiben die Bourbonen.

■ **1861** Sizilien tritt dem Königreich Italien bei.

■ **1900** Höchste Auswanderungsrate Europas.

■ **1908** Messina wird von einem Erdbeben zerstört, das rund 84 000 Opfer fordert.

■ **1911** Eine Volkszählung bringt es ans Licht: 58 % der Sizilianer sind Analphabeten.

■ **1915** Italien schließt sich im Ersten Weltkrieg den Alliierten an.

■ **1922–1943** Faschismus in Italien unter Mussolini als Premierminister.

■ **1943** Invasion der Alliierten auf Sizilien.

■ **1946** Der Insel wird die regionale Unabhängigkeit zugestanden.

■ **1950** Landreform, Grundbesitz über 200 ha kann enteignet und als kleinere Parzellen neu verteilt werden.

■ **1951** Über 1 Mio. Sizilianer emigrieren nach Norditalien und Nordeuropa.

■ **1957** Italien wird EWG-Gründungsmitglied.

■ **1971** Generalstaatsanwalt Pietro Scaglione wird von der Mafia ermordet.

■ **1973** Einsetzung der parlamentarischen Anti-Mafia-Kommission.

■ **1982** Die Mafia tötet General Dalla Chiesa; Ex-Mafioso Tommaso Buscetta sagt erstmals gegen die Cosa Nostra aus. Die Richter Giovanni Falcone und Paolo Borsellino werden Opfer der Mafia.

■ **1985** Leoluca Orlando nimmt seinen Kampf gegen die Mafia auf.

■ **1986** In den Mafia-Super-Prozessen *(maxiprocessi)* werden Hunderte Bosse und Mittäter angeklagt.

◄◄ **Sizilien um 1650**
◄ **Gorgoneion aus der griechischen Stadt Gela**
▲ **Ferdinand I., König beider Sizilien, im Jahre 1816**

■ **1990** Ein Erdbeben zerstört Teile von Noto.

■ **1992** Mordanschlag der Mafia auf Salvatore Lima, Mitglied des Europaparlaments. Der Ätna bricht aus.

■ **1993** Der sizilianische Cosa-Nostra-Boss Salvatore (Totò) Riina wird festgenommen, Mafia-Verfolger Leoluca Orlando als Bürgermeister von Palermo im Amt bestätigt.

■ **1995** Giulio Andreotti, siebenmaliger Ministerpräsident Italiens, wird in Palermo der Zusammenarbeit mit der Mafia angeklagt.

■ **1996** Die Linke gewinnt nach 50 Jahren

Opposition die Wahlen. Andreotti wird in Perugia der Anstiftung zum Mord an dem Journalisten Mino Pecorelli angeklagt.

■ **1997** Leoluca Orlando, Gründer von La Rete, der Anti-Mafia-Partei, wird erneut mit großer Mehrheit zum Bürgermeister von Palermo gewählt.

■ **1999** Giulio Andreotti wird in Perugia mangels Beweisen freigesprochen. Auch sein Prozess in Palermo endet mit Freispruch.

■ **2000** Die Staatsanwaltschaft in Palermo geht gegen Andreotti in die Berufung. Einer der Hauptbelastungszeugen, Tommaso Buscetta, ist inzwischen verstorben. ■

Wie es begann

Kaum ein Land war je so begehrenswert und hatte derart viele »Verehrer« wie Sizilien, eine lange Reihe, die mit den Karthagern und Griechen begann. Es folgten die Römer, Goten, Sarazenen, Normannen und Spanier. Manche Eindringlinge, etwa die Vandalen, zerstörten nur, doch die meisten Eroberer bereicherten die außergewöhnliche Vielfalt der Kultur Siziliens.

Die Sizilianer waren selten Herrscher über ihre Insel, ihnen blieb nur die Möglichkeit, immer wieder gegen ihre Besatzer zu rebellieren. Und für diese wurde Sizilien bald zur Last: Die Einwohner gaben sich trotzig, unkooperativ und zogen ihre fremden Herren oft in unnütze Konflikte hinein.

Strategische Bedeutung

Viele betrachten Sizilien auf einer Landkarte als »Ball« an der »Zehenspitze« des italienischen Stiefels. Sie könnten die sizilianische Geschichte besser verstehen, bezögen sie die Nähe der Insel zum Kap Bon, der Nordspitze Afrikas, in ihre Überlegungen mit ein. Das Meer ist an dieser Stelle nur 160 km breit, und von einem erhöhten Aussichtspunkt auf Sizilien kann man das heutige Tunis sehen, das antike Karthago, und Betrachtungen über eine alte Feindschaft anstellen, die sich längst erledigt hat, aber doch einmal im Brennpunkt der Geschichte stand.

Die Straße zwischen Sizilien und Afrika ist ein Engpass, sie verleiht dem Mittelmeer die Form einer Niere. In der Antike war die bekannte Welt auf die Länder rund um das Mittelmeer beschränkt: von Phönizien, dem heutigen Libanon, bis zur Straße von Gibraltar. Sizilien war nicht nur die »Mitte der Welt«, sondern teilte sie auch in zwei Hälften. Die antiken Supermächte konnten entweder die eine oder die andere Seite des Meeres beherrschen, wer aber beide kontrollieren wollte, musste Sizilien besitzen.

◀ **Phönizischer Kopf aus dem 6. Jh., gefunden auf Mozia**
▲ **Steinzeitliche Höhlengravierung mit der Darstellung einer kultischen Szene**

Geographie

Sizilien ist für heutige Verhältnisse nicht groß – Irland etwa hat die dreifache Fläche –, aber in der Antike galt es fast als Kontinent. Die Insel bot genug Platz – auch für unversöhnliche Feinde wie Phönizier und Griechen, die gleichzeitig verschiedene Landesteile besetzten. Es kam sogar vor, dass die Insel zum Austragungsort gleichzeitig geführter, aber voneinander unabhängiger Kriege wurde.

Sizilien war immer der Willkür fremder Mächte ausgeliefert. Es besaß nie die Kraft zur Unabhängigkeit, obwohl Syrakus einmal die größte Stadt Europas war. Die Insel wurde als Anhängsel eines der Kontrahenten praktisch in jede größere Auseinandersetzung im Mittelmeergebiet hineingezogen.

Alle Mittelmeerländer haben die sizilianische Geschichte beeinflusst; alle Sprachen dieses Raums wurden auf der Insel schon einmal gesprochen. Wegen seiner strategisch bedeutenden Lage, des fruchtbaren Bodens und seiner Kunstschätze wurde Sizilien unterjocht und ausgeplündert. Darüber hinaus diente es als schier unerschöpfliche Quelle von Sklaven und Söldnern.

War Sizilien demnach das wehrlose Opfer fremder Invasoren? Es stellt sich die Frage, ob es diese Rolle passiv übernahm oder in sie hineingezwungen wurde. Nach Ansicht der meisten Historiker wurde die »Braut« Sizilien gewaltsam in die Arme der ausländischen »Liebhaber« getrieben. Andere meinen, Sizilien sei dem Eroberer nur allzu bereitwillig in die Arme gesunken. Heute verwahrt man sich gegen diese Darstellung und führt Beispiele mutigen Widerstands an: so die großen Sklavenrevolten gegen die Griechen und Römer wie auch die berühmte Sizilianische Vesper, den Volksaufstand gegen die Franzosen.

Trojanische Flüchtlinge?

Die Elymer sind das geheimnisvollste Volk des frühen Sizilien. Seit der Eisenzeit siedelten sie um Segesta und Erice, wo sich noch Teile ihrer Stadtmauern erhalten haben. Die Elymer hielten es für opportun, sich den Griechen anzupassen, sich aber von deren verhasster Kolonie Selinunt fernzuhalten. Für den griechischen Geschichtsschreiber Thukydides waren die Elymer Trojaner, die dem Untergang ihrer Stadt entkommen konnten. Sie nahmen auch für sich in Anspruch, trojanischer Herkunft zu sein.

Doch ist das »Schlafen mit dem Feind« eine traditionelle Art der sizilianischen Verteidigung. Auf die phönizischen Tempelpriesterinnen in Erice trifft dies buchstäblich zu. Später beschritten die Sizilianer weniger direkte Wege, um ihre Ziele zu erreichen. 1943 unterstützte die Mafia nach Kräften die Landung der feindlichen Amerikaner. Im selben Jahr begruben Kommunisten, Mafia und italienische Armee das Kriegsbeil und verbündeten sich gegen den aufkeimenden sizilianischen Separatismus. Doch ist dergleichen natürlich weit entfernt von den Niederungen gewöhnlicher Prostitution. Es gleicht vielmehr der Arroganz einer Kurtisane, die sich in die Reinheit ihrer Gedanken zurückziehen kann, und so tut, als ginge sie das ganze Gerangel gar nichts an.

Ursprünge

Die Sizilianer betrachten sich als Nachkommen jener Völker, die die Insel lange vor der »Entdeckung« durch die Griechen besiedelt hatten. Abstammung bedeutet den Insulanern viel. Auch nach 3000 Jahren Geschichte identifizieren sie sich noch mit ihren Ur-Urahnen, den Sikanern und Sikulern.

Sizilien wurde abwechselnd von Phöniziern, Griechen und Römern annektiert. Und es war auch ein Land mit unglücklichen einheimischen Völkern, deren Lebensnerv durch das Eindringen höher entwickelter und stärkerer Kulturen jedesmal empfindlich getroffen wurde. Natürlich hatten und verehrten die Sizilianer eigene Götter, nur verstanden es die Griechen, die ihren besser zu verkaufen ...

Ob Sizilien nun von Hephaistos, dem griechischen Gott des Feuers, seinem römischen Kollegen Vulcanus oder gar von Dädalus erschaffen wurde, bleibt ungeklärt. Sicher ist aber, dass die Urvölker Siziliens eine kulturelle Eigenständigkeit besaßen. In dieser Individualität wurzelt die angeborene und bis heute stark ausgeprägte *Sicilianità* der Bevölkerung.

Ureinwohner

Die Insel wurde einstmals von drei Völkern unterschiedlicher Kulturen und Sprachen besiedelt. Die Elymer beherrschten den Nordwesten, im Westen lebten die Sikaner und im Osten die Sikuler. Die Sikaner standen den griechischen Siedlern feindlich gegenüber, wohingegen sich die Sikuler und auch die Elymer stark von den Griechen beeinflussen ließen. Die einheimischen Stämme waren untereinander verfeindet und sich nur in ihrer gegenseitigen Abneigung einig.

Die Sikaner, ein alter semitischer Volksstamm, wanderten möglicherweise aus Libyen und Syrien ein. Ihre Hauptsiedlung war Sant'Angelo Muxaro. Der Mythos erzählt, dass Dädalus den Kretern mit Hilfe seiner aus Wachs und Federn konstruierten Flügel entkommen und von Kokalos, dem König der Sikaner, in Sant'Angelo fürstlich empfangen worden sei. Sicher ist nur, dass die kriegerischen Sikaner dem griechischen Einfluss widerstanden und gräzisierte Städte wie Akragas (Agrigent) energisch bekämpften.

Die Sikuler wanderten im 13. Jh. v. Chr. aus Ligurien oder Latium ein. Dieses Seefahrer- und Bauernvolk wurde später von den griechischen Siedlern an der Ostküste schrittweise hellenisiert. Doch ihre Anpassung an die griechische Kultur bedeutete noch längst nicht, dass sie auch Bürgerrechte erhielten. Die Sikuler wurden von Ioniern (Athenern) wie von Dorern (Spartanern) gleichermaßen versklavt. Nur in Ausnahmefällen entließ man den einen oder die andere aus dem Status von »Barbaren« und gestattete ihnen die Ehe mit einem griechischen Bürger.

Die Sikuler verehrten den griechischen Götterhimmel, das Pantheon, wie ein Tempel der Demeter in Morgantina nahe Enna bezeugt. Ihre am besten erhaltene Siedlung liegt bei Ispica. Die weitläufige Nekropole mit rund 5000 Urnengräbern von Pantalica, in der Nähe von Syrakus, beweist, dass die Sikuler bereits in früher Zeit eine Grabkultur pflegten, ihre Toten einäscherten und unterirdisch bestatteten.

Die Machtverhältnisse zwischen Sikulern und Sikanern wechselten oft. Während der Gräzisierung konnte sich die sikulische Kultur durchsetzen. Unter der Römer-Herrschaft hingegen waren die Sikaner obenauf. Bis heute beeinflusst dieser uralte Konflikt das tägliche Leben der Sizilianer, Gewohnheiten und Moralvorstellungen, sogar die Wirtschaft – und die Mafia. Da der Inselname »Sizilien« auf die Sikuler zurückgeht, haben diese zumindest bezüglich der Toponymik die Oberhand behalten.

◀ **Felsgräber der Sikaner in der Nähe von Caltabellotta**
▲ **Phönizisches Grab auf Mozia**

Phönizier

Die Seefahrer und Gründer Karthagos besiedelten den Nordwesten der Insel und standen mit den benachbarten Sikanern in engem Kontakt. Sie befestigten ihre Siedlungen in Solunto, Motya (Mozia) und Panormus (Palermo) nur dann, wenn sie Gefahr liefen, von den Griechen vereinnahmt zu werden.

Die Phönizier wurden zu Karthagern (Puniern), als ihre afrikanische Kolonie reicher wurde als die alte Heimat. In Nordsizilien trifft man überall auf punische Hinterlassenschaften. In Erice steht das Fundament eines Tempels der Fruchtbarkeitsgöt-

tin Astarte, Grabstätten und Steinmetzarbeiten existieren noch bei Solunto. In Marsala kann man eine interessante Nekropole und ein punisches Schiff besichtigen.

Von der Inselkolonie Motya, dem Verteidigungsstützpunkt gegen die Griechen, gibt es außer dem Hafen noch den Opferaltar zu sehen. Die punische Kultur weist einige für unser modernes Verständnis seltsame Aspekte auf, zu ihren Riten gehörten Tempel-Prostitution und angeblich sogar Menschenopfer. Doch ist bisher noch nicht geklärt, ob die Funde, Krüge mit verkohlten Kinderleichen, auf eine hohe Säuglingssterblichkeit oder tatsächlich auf grausame Rituale zurückzuführen sind. ∎

Magna Graecia

Das Sizilien Großgriechenlands besaß über drei Millionen Einwohner, mehr als Athen und Sparta zusammen. Die Inselbewohner sprachen Griechisch und übten sich in griechischer Kunst, das galt sogar für die feindlichen Sikaner und Phönizier, die mächtige Städte wie Panormos (Palermo) allein beherrschten. Der Ackerbau blühte, und die Insel wurde zur Kornkammer des Mittelmeers. Athens Reichtum – nicht zuletzt die grandiosen Bauten auf der Akropolis – beruhte auf der Ausbeutung Siziliens.

Aber nicht die Profitgier trieb griechische Auswanderer nach Sizilien, vielmehr flohen sie vor den Bürgerkriegen in ihrer Heimat. Ionische Griechen kolonisierten den Osten der Insel, wohingegen die Dorer die Südküste bevorzugten. Und beide wussten nicht, dass bereits phönizische Siedlungen an der Westküste existierten.

Die erste Kolonie der Ionier war Naxos, im Jahre 734 v. Chr. von Griechen der Insel Chalkidike angelegt. Danach entstanden weitere ionische Siedlungen an der Ostküste: Megara Hyblaea, Zankle (Messina), Leontinoi (Lentini) und Katane (Catania). An der Südküste gründeten Griechen aus Rhodos und Kreta dorische Kolonien: Gela, Akragas (Agrigent), Selinus (Selinunt) und Heraclea Minoa. Die größte Niederlassung, Syrakusai (Syrakus), gründeten die Korinther ein Jahr nach Naxos. Regiert wurden die Kolonien von »Tyrannen«, lokalen Fürsten, die an die Macht kamen, ohne sie geerbt zu haben oder von der Bürgerschaft bzw. deren Vertretern legitimiert zu sein.

Karthago greift an

Das erste bittere Kapitel sizilianischer Kriegsgeschichte wurde im Jahre 480 v. Chr. geschrieben, als die Karthager einen massiven Angriff auf die gesamte griechische Westgrenze starteten, zu der auch Sizilien gehörte. Der karthagische Befehlshaber Hamilkar (ein Ahnherr des großen Heerführers Hamilkar Barkas) landete mit einer Armee

von 300 000 Söldnern auf 200 Galeeren sowie 3000 Transportschiffen auf der Insel. Er nahm Himera (Termini Imerese) nach beiden Richtungen in die Zange, sowohl von der See- als auch von der Landseite aus. Dadurch sah sich der lokale Tyrann Theron gezwungen, Gelon, den Herrscher von Syrakus, um militärische Hilfe zu bitten.

Der Eilmarsch seiner 50 000 Mann Fußtruppen und 5000 Reitern über die Berge war eine mi-

litärische Glanzleistung, und bald umzingelten Gelons Männer die karthagischen Belagerer. Hamilkar bat inzwischen Selinunt um Unterstützung seiner Armee.

Der verblüffende militärische Triumph Gelons über den Karthager Hamilkar und der genauso überragende Sieg der griechischen Seestreitkräfte über die Perserflotte in der Schlacht vor Salamis trugen sich exakt am selben Tag des Jahres 480 v. Chr. zu. Die Athener feierten den Sieg mit dem Bau des Parthenon auf der Akropolis; Gelon errichtete mit den karthagischen Reparationszahlungen in Syrakus Tempel für Demeter und Persephone. Karthago sollte siebzig Jahre lang nicht mehr angreifen.

◀ Die Venus Anadiomene im Museo Archeologico in Syrakus
▲ Die Trinacria, das antike Symbol Siziliens

Der Sieg bestätigte Gelon als mächtigsten Herrscher der westgriechischen Welt. Er war zur Versöhnung mit den punischen Siedlungen auf Sizilien bereit; besonders am Herzen lagen ihm Panormos (Palermo) und Motya/Mozia (San Pantaleo). Im Gegenzug forderte er von den Karthagern die Weihe zweier Tempel zu Ehren der Göttin Athene und den Verzicht auf Men-

Großgriechenland
→ Süditalien – und ab dem 1. Jh. v. Chr. auch Sizilien – wurde Magna Graecia genannt, weil griechische Kolonisten seit dem 8. Jh. ein regelrechtes Netz von Städten darüber gespannt hatten.

schenopfer. Er bedeutete den Puniern, den Göttern künftig statt der Kleinkinder Tiere darzubringen, um sie gnädig zu stimmen. Falls die Grabungsfunde verkohlter Kinderleichen auf dem Tophet (Opferfriedhof) von Motya nicht doch auf eine sehr hohe Säuglingssterblichkeit zurückzuführen sind, bezeugen sie, dass diesem Wunsch noch sehr lange Zeit nicht entsprochen wurde.

Spaß und Spiele
Gelons Nachfolger Hieron I. (478–466 v. Chr.) vereinte mehrere griechische Stadtstaaten auf Sizilien. Die Sizilianer, allen voran die Syrakusaner, dominierten die Olympischen Wettkämpfe, vor allem die Streit- und Maultierwagenrennen. Die Athleten kämpften um Ehrenpreise, aber da Sponsoring bereits damals lukrativ war, konnte sich ein Sieger auf freie Kost und Logis im Hause seines Gönners freuen – und das ein Leben lang. Poeten erhielten den Auftrag, den Ruhm der Sieger in Versen zu preisen. Den Dichter Simonides verließ seine Muse, als er gebeten wurde, eine Ode über siegreiche Maultiere zu verfassen. Er begann mit »Heil Euch, ihr Töchter der windschnellen Stuten« und erwähnte die Huftiere bis zum Ende seines Werkes nicht wieder.

Demokratie nur für die Elite
Laut Aristoteles endete die griechische Tyrannis, weil es dafür keine festen Nachfolgeregelungen gab. Nach Hierons Tod nahmen die Bürger ihr Schicksal selbst in die Hand, vertrieben die örtlichen Tyrannen aus den Städten und führten auf der ganzen Insel eine neue Regierungsform ein: die Demokratie.

Diese Demokratie war kein Vielparteiensystem, keine Regierung der Mehrheit mit einem Stimmrecht für alle Männer und schon gar nicht für alle Frauen. Nur eine Elite durfte wählen. Sklaven und Freigelassene hatten so wenig Mitspracherechte wie die auf Sizilien geborenen Abkömmlinge von Einwanderern. Ausgeschlossen waren auch Kinder aus Ehen von Ausländern mit griechischen Bürgern.

Und doch wurde die Demokratie, so wie sie die Griechen damals verstanden, eine Zeit lang auch auf Sizilien praktiziert. Die öffentlichen Debatten gestalteten sich lebhaft und ungezwungen, und

List à la Trojanisches Pferd
Die Militärgeschichte Siziliens erzählt von vielen Täuschungsmanövern, und Gelon setzte dabei neue Maßstäbe mit einer List à la Trojanisches Pferd: Seine Kavallerie war als die Selinunter Verstärkung für Hamilkar getarnt. Als die Karthager den vermeintlichen Hilfstruppen ihre Linien öffneten, griffen Gelons Reiter die am Strand liegenden Schiffe der Feinde an und steckten sie in Brand. Die aufsteigende Rauchsäule war das Zeichen zum Angriff für Gelons Infanterie. 150 000 Karthager ließen in diesem blutigen Gemetzel ihr Leben.

die Insel brachte Redner hervor, um die sie die Menschen in der griechischen Heimat beneideten. Eine ausgewählte Gruppe wahlberechtigter Bürger konnte beantragen, einen vermeintlichen oder echten Staatsfeind zum Schutz des Gemeinwesens von der Insel zu verbannen.

Aufstand der Unterdrückten

Das sizilianische Experiment mit der Demokratie dauerte 70 Jahre und weckte den Freiheitsdrang der hellenisierten Sikuler, die immer noch unterdrückt wurden. Sie hatten keine Chance, jemals Bürgerrechte zu erhalten, und viele von ihnen

griffe auf Enna und Akragas. Die Rebellen konnten sich kurz über bescheidene Erfolge freuen, bis sie von einer Strafexpedition aus Syrakus eines Besseren belehrt wurden.

Die Syrakusaner hegten wohl Verständnis für die Sikuler, denn sie töteten Ducetius nicht, sondern schickten ihn lediglich ins Exil nach Korinth. Sein Charisma war derart ausgeprägt, dass sich sogar Korinther seiner heimlichen Rückkehr nach Sizilien anschlossen, um dort einen unabhängigen Staat zu gründen. Doch mit dem Tod des Ducetius 440 v. Chr. endete auch der Traum von einem Sikuler-Reich.

mussten ins Landesinnere ausweichen, damit Griechen die Küsten besiedeln konnten. Viele Sikuler strebten nach Unabhängigkeit, und es entstand 460 v. Chr. die »Sizilianische Bewegung« unter Führung des Ducetius.

Dieser erschien plötzlich als selbst ernannter »König der Sizilianer« auf dem Plan und gewann im Verlauf der folgenden Jahre mehrere sikulische Städte zu Verbündeten. Schließlich wagte er Ansätze.

◀ **Perseus tötet Medusa –
Metope vom Tempel C in Selinunt
▲ Detail einer attischen Vase im
Museo Archeologico in Gela**

Ärger mit Athen

Syrakus wurde immer mächtiger und so zu einem gefährlichen Gegner für Athen. Im Jahr 427 v. Chr. griffen die Syrakusaner die ionische Kolonie Leontinoi an, und die Athener mischten sich nur allzu gerne militärisch ein, da sie ihren Einfluss auf Sizilien stärken wollten.

Schließlich kam es wegen der im Krieg liegenden Städte Selinunt und Segesta zum Konflikt zwischen Athen und Syrakus. Als Selinunt Syrakus um Unterstützung bat, wandte sich Segesta an Athen, bot eine stattliche Prämie sowie die Kostenübernahme für die Militärhilfe. Doch wollten die Athener Segestas Kreditwürdigkeit erst überprüfen und schickten deshalb eine Kommission.

Man bereitete den Gesandten Athens einen fürstlichen Empfang, führte sie zum Tempel der Aphrodite auf dem Berg Eryx (Erice) und präsentierte ihnen – von weitem – wunderschöne Gold- und Silbergefäße, mit kostbaren, seltenen Steinen gefüllt. Auch wurde den Athenern bedeutet, diese erlesenen Tempelschätze seien zu heilig, als dass man sie aus der Nähe betrachten oder gar mit Händen berühren dürfe. Dann schleppte man die beeindruckten Gesandten von einem prächtigen Bankett zum nächsten, bei denen ausschließlich Teller aus purem Gold oder Silber die üppig gedeckten Tische zierten.

Zurück in Athen, zögerten die Männer nicht mit der Empfehlung, Segesta 60 Schiffe zur Verfügung zu stellen. Was die Bezahlung betreffe, so habe ihnen die Stadt freilich nur Silberbarren im Wert der Kosten für den ersten Monat mitgegeben, doch könne kein Zweifel bestehen, dass die Begleichung des Restbetrags bald erfolgen werde. Natürlich waren die Tempelschätze Segestas keineswegs echt. Und das Prunkgeschirr aus Edelmetall erschöpfte sich in einem einzigen Service, obendrein noch eine Leihgabe der Sikuler. Auch die in Zahlung gegebenen Silberbarren waren gepumpt... Der Betrug flog jedoch nicht auf, und so stachen 250 Schiffe mit 25 000 Mann an Bord im attischen Hafen Piräus Richtung Sizilien in See.

Die Kapitäne der Flotte ließen sich Zeit, manche verschwanden gar, um selbst auf Beutejagd zu gehen, so dass die Schiffe Syrakus erst nach zwei Jahren erreichten. Die Kampfmoral war mehr als jämmerlich, viele Soldaten waren krank geworden, gestorben oder desertiert. Inzwischen hatte Sparta Truppen nach Syrakus gesandt, um die Verteidigung zu organisieren. Die Schlacht um den Hafen der Stadt fand 413 v. Chr. statt und geriet zum größten Sieg von Griechen über Griechen. Die so entsetzlich gedemütigten Athener kehrten nie in ihre Heimat zurück. Man tötete die Generäle und ließ die 7000 Überlebenden mit Kränen in ein schreckliches Gefängnis hinab: die Steinbrüche von Syrakusai. Besucher mögen heute die üppigen Gärten in den Steinbrüchen bewundern, aber damals war das Areal unfruchtbar, eine 30 Meter tiefe Hölle, mit erstickender Hitze am Tag und eisigem Frost in den Winternächten.

Karthago schlägt zurück

Es entsprach der Mentalität der Sizilianer, dass sie in ihre internen Auseinandersetzungen zurückfielen, sobald die äußere Bedrohung durch Athen vorüber war. Es war ebenso typisch, dass zwei Kriege gleichzeitig stattfanden. Erstens bekämpften sich die Siedler aus Athen und Sparta wie ihre Angehörigen in der Heimat, und zweitens die Erzfeinde Segesta und Selinunt.

Segesta wandte sich hilfesuchend an Karthago und löste so die zweite karthagische Invasion aus. Hannibal, der Enkel Hamilkars, hegte keinen spezifischen Groll gegen Selinunt, wollte sich aber an den Griechen rächen, besonders an Himera, wo sein Großvater zu Tode gekommen war. Er landete bei Lilybaeum und machte Selinunt für immer

Tragisches Ende eines Tragikers

Der Tragödiendichter Aischylos verließ seine Heimat, weil er einen Wettkampf um das beste Trauerspiel gegen Sophokles verloren hatte. Ihn ereilte 456 v. Chr. ein außergewöhnlicher Tod bei Gela: Ein Adler stieß vom Himmel nieder, packte eine Schildkröte, stieg wieder in die Höhe und suchte von oben nach einem Felsen, auf den er das Tier fallen lassen konnte, um dessen Panzer zu sprengen. Dabei verwechselte er den in der Sonne spiegelnden Kahlschädel des Aischylos mit einem glänzenden Stein. Das war das Ende des großen Tragikers.

dem Erdboden gleich. Anschließend eroberte er Himera. Die 3000 männlichen Überlebenden wurden an die Stätte von Hamilkars Tod gebracht und zum Gedenken an den Feldherrn geopfert.

Hannibal kehrte im Jahr 406 v. Chr. auf die Insel zurück und griff Akragas (Agrigent) an. Allerdings erfuhr die Belagerung eine Unterbrechung durch den Tod des Feldherrn, der ein Opfer des »Schwarzen Todes«, der Pest, wurde. Man setzte die Kampfhandlungen für die Dauer des Begräbnisses aus, und die demoralisierten Karthager fassten erst wieder Mut, als Hannibals Nachfolger Himilkon bewies, dass er wirklich zu allem bereit

Der Volksredner Dionysios I. hielt den syrakusanischen Befehlshabern vor, dass sie die Niederlage von Akragas hätten verhindern können. 405 v. Chr. stattete man ihn mit sämtlichen Vollmachten aus, um das Heer neu aufzubauen. Jeder Mann unter 40 Jahren musste zuerst einmal eine Dienstzeit in der Leibwache des Dionysios ableisten. So bekam Syrakus einen neuen Tyrannen.

Nichts konnte den Vormarsch der Karthager aufhalten. Syrakus hegte keine großen Hoffnungen, bis ihm erneut die Pest zu Hilfe kam und die Reihen der Angreifer lichtete. Die besiegte karthagische Armee stahl sich heim nach Afrika.

war, indem er seinen eigenen geliebten Sohn dem Gott Moloch opferte.

Akragas fiel nach acht Monaten Belagerung. Reich beladen kehrten die Schiffe nach Karthago zurück, doch hatte man die wohlhabende Stadt nicht so gründlich ausgeraubt wie Himera. Man begnügte sich damit, die Tempelschätze zu plündern und die Weinkeller trockenzulegen. Nun war Syrakus in Gefahr.

◀ **Phönizischer Sarkophag mit griechischem Gesicht**
▲ **Widderstatue aus Syrakus im Museo Archeologico in Palermo**

Dionysios stärkte seine Position durch die Zerstörung der phönizischen Basis Motya. Als er nach über 38-jähriger Herrschaft starb, entbrannte ein heftiger Streit um sein Erbe. Im Urteil des Historikers D. Mack-Smith stellt sich die Herrschaft des Dionysios als folgenschwer dar: »Fortan waren Sizilianer mehr Untertanen als Bürger; und alle politischen Handlungen arteten in Machtkämpfe, Verschwörungen und Bürgerkriege aus«.

Erst unter Hieron II. (265–215 v. Chr.) war der Insel eine Epoche der Konsolidierung vergönnt: Er befriedete die verfeindeten Städte, brachte ein Bündnis zwischen Syrakus und Karthago zu Stande – und erwies sich als sehr vorausschauend, als er mit Rom einen Allianzvertrag schloss. ■

Bauen für die Ewigkeit

Heiligtümer und Altäre, Theater und Villen: Die Hinterlassenschaften der Griechen auf Sizilien bleiben auch von denen im Mutterland unübertroffen.

Die Insel war Schauplatz dreier großer alter Kulturen, doch haben haupt-

sächlich die architektonischen Meisterleistungen der Griechen die Zeiten überdauert. Griechen waren es auch, die die Bauten und Kunstwerke der Karthager zerstörten – mit Ausnahme der Relikte von Mozia, darunter das abgebildete wunderschöne Kiesel-Mosaik.

Auch von den öffentlichen und privaten Gebäuden der Römer blieb wegen ihrer fortschrittlichen, ökonomischen Bautechnik nicht allzu viel übrig – Ironie des Schicksals? Wo die Griechen ganz auf soliden Stein setzten, verwendeten die Römer bereits Ziegel mit Mörtel für die Grundmauern und verblendeten nur noch die Fassaden mit edlerem Stein oder Marmor. Die nachfolgenden Generationen bedienten sich der hochwertigeren Bauteile und verbauten sie als Spolien neu.

Die meisten öffentlichen Bauten der Griechen repräsentieren den dorischen Stil mit seinen klaren Linien und der Harmonie in den Proportionen. Der früheste monumentale Tempel entstand 575 v. Chr. in Syrakus, er diente während der folgenden beiden Jahrhunderte als Vorbild für die Kultstätten von Himera, Segesta und Agrigent. Doch am eindrucksvollsten gelang die Umsetzung des großartigen Entwurfs in Selinunt, wo in der Zeit von 580–480 v. Chr. neun schöne Heiligtümer gewaltiger Dimensionen errichtet wurden.

▲ Platz mit Aussicht
Die Aussicht des griechischen Theaters von Segesta (3. Jh. v. Chr.) ist sensationell, der Blick geht auf Castellammare.

▼ Auferstanden
Der Hera-Tempel E in Selinunt von 480 v. Chr. stürzte bei einem Erdbeben ein, wurde jedoch im Jahr 1957 wieder errichtet.

◄ Wasserspeier
Dieser steinerne Löwenkopf aus dem 5. Jh. v. Chr. stammt vom Siegestempel in Himera.

▲ Trutzburg
Das mächtige Castello Eurialo bei Syrakus war Bestandteil der von Dionysios I. angelegten Stadtbefestigung.

◀ Stille Größe
Der Concordia-Tempel, entstanden um 430 v. Chr., ist eines der am besten erhaltenen griechischen Heiligtümer. Im Hintergrund das moderne Agrigent.

▼ Zerstreuung
Das Theater von Taormina diente einst dem griechischen Drama, später vergrößerten es die Römer für Zirkusspiele.

Meisterwerke in sizilianischen Museen

▼ Gefallener Riese
Der Tempel des Olympischen Zeus in Agrigent besaß einst 38 solcher »telamones«, Bauglieder in Form menschlicher Riesenfiguren.

Siziliens Museen zeigen sich reich gefüllt mit Kunstwerken diverser Kulturen und Epochen – es sind die Menschen der Bronzezeit, Phönizier, Griechen, Etrusker, Römer und viele andere vertreten.

Palermos Museo Archeologico besitzt Exponate aus Karthago und Ägypten, etliche römische Sarkophage (s. o.) und Skulpturen, darunter einen thronenden Kaiser Claudius, griechische Statuen und Vasen sowie Bauglieder verschiedener Tempel – auch die berühmten Metopen aus Selinunt. Die Sammlung in Syrakus ist die vielfältigste Siziliens, sie umfasst wollüstige Satyrn und schaurige Theatermasken ebenso wie Graburnen und Sarkophage. Agrigent wartet mit Funden aus der Bronzezeit auf, dazu gibt es attische Vasenmalerei zu sehen, Statuen, römische Gräber und herrliche Mosaiken. Glanzlicht ist einer der 38 »telamones«, der Atlanten vom Olympieion.

▲ Spezialeffekte?
Das römische Amphitheater von Syrakus wurde aus dem Felsen gehauen, die Funktion des Beckens in der Mitte ist (noch) unklar.

▶ Museumsstück
Attisch-rotfiguriger Krater aus der kostbaren Vasen-Sammlung von Palermo.

Rom und Byzanz

Cato nannte Sizilien »die Kornkammer der Republik, die Amme, an deren Brust das römische Volk gesättigt wird«. Vielleicht gestattete Rom deshalb weiterhin die Pflege der früheren Kulturen auf der Insel. Denn trotz der Latinisierung herrschten die griechische Sprache und Traditionen vor. Sogar alte karthagische Kulte hielten sich noch auf Römisch-Sizilien, wie die Tempel-Prostitution im Heiligtum von Eryx (Erice).

Rom und Karthago
Die Punischen Kriege begannen 264 v. Chr. Dank eines Vertrages mit Karthago entkam Syrakus dem Ersten Punischen Krieg, aber Nordsizilien blieb nicht verschont. Mit Roms Hilfe wollte Messina seine karthagische Garnison vertreiben und erweckte so den Zorn der nordafrikanischen Stadt. Der folgende Zusammenstoß zwischen Rom und Karthago war der Beginn der Punischen Kriege, die mit dem Untergang Karthagos endeten.

Auf Grund seiner geographischen Lage zwischen den beiden Großmächten geriet Sizilien zum Schlachtfeld. Die Punischen Kriege verbindet man meist mit Schulwissen, einem Hannibal, der mit seinen Kriegselefanten die Alpen überquert

und gegen Rom marschiert. Doch die Ouvertüre fand auf Sizilien statt. Und nach Kriegsende gehörte die Insel zum Römischen Reich.

Die Römer nahmen Sizilien Schritt für Schritt ein: zuerst, 261 v. Chr., Akragas (Agrigent), wobei sie 25 000 seiner Einwohner in die Sklaverei verkauften. Camarina, Panormus (das heutige Palermo) und Selinunt wurden in den folgenden zehn Jahren erobert.

40 000 Karthager kämpften um Sizilien und zählten dabei auf die Unterstützung der Städte an der Westküste, die ihnen traditionell verbunden waren. Doch die afrikanische Großmacht konnte nicht verhindern, dass auch Syrakus 212 v. Chr. an Rom fiel. Das berühmteste Opfer der Belagerung der Stadt war Archimedes (siehe S. 242).

Riesige Mengen an Kunstschätzen aus Tempeln, öffentlichen Gebäuden und Privathäusern in Syrakus und anderen Städten wurden geraubt und nach Rom verschifft. Inzwischen hatten die Makedonen Griechenland überrannt; Athens Macht schwand, doch seine Kultur lebte in den Kunstschätzen Siziliens weiter, die sich nun in römischer Hand befanden. Nach Livius wurden die erbeuteten Kostbarkeiten in der Metropole mit Begeisterung aufgenommen, sie weckten die Vorliebe der Römer für die griechische Kultur.

Im Jahr 210 v. Chr., nach dem Fall von Akragas, berichtete der römische Oberbefehlshaber, es sei kein einziger Karthager mehr auf der Insel. Der Republik einverleiben wollte man Sizilien nicht, so wurde es zu Roms erster *provincia*. Diese unterstand einem Prätor, der ausschließlich dem römischen Senat verantwortlich war. Er durfte in seiner Provinz Sklaven nur zum Ersatz für verstorbene Leibeigene kaufen. (Ein gewöhnlicher Bürger hatte um die 200 Sklaven.) Der Prätor durfte sich nicht an Geschäften beteiligen, weder eine Einheimische heiraten noch eine Frau mitbringen. Die Verwaltung war ähnlich wie bei den Griechen organisiert.

◄ **Römisches Fresko im Museo Archeologico in Palermo**
► **Gorgoneion auf einem römischen Mosaik in Marsala**

Sklavenaufstände

Im Jahr 139 v. Chr. war der grausame Sklavenhalter Damophilus von Enna einer der reichsten Männer der Insel. Aufgestachelt von seinem syrischen Hofnarren Eunus, rebellierten 400 Sklaven, ermordeten ihren Herrn und verbündeten sich mit anderen Aufständischen. Eunus ließ sich zum König ausrufen und zwang die Sklavenhalter, ihm Waffen zur Verfügung zu stellen. Kleon, ein anderer Rebell, schloss sich Eunus an, und zusammen verfügten sie über mehr als 100 000 Mann. Damit eroberten sie die Städte Morgantina, Tauromenium (Taormina) und Enna im Sturm.

Kleon wurde zum Oberbefehlshaber ernannt, während Eunus seine Königswürde auskostete und sogar eigene Münzen prägen ließ. Sein »Reich« währte sieben Jahre, bis Rom eine Armee von 20 000 Mann einsetzte, die den Widerstand der Sklaven bei Tauromenium und Enna brach. Tausende wurden gefangen genommen und die Stadtmauern hinabgestürzt, doch Eunus verschonte man und warf ihn »nur« ins Gefängnis. Ironie der Geschichte: Die zweite Revolte brach aus, als man die Sklaven befreite. 104 v. Chr. griffen Germanen das Reich an, dessen Verteidigung geschwächt war, weil man sich zu sehr auf die Sklavenverfolgung konzentriert hatte. Man ließ Leibeigene frei, die kämpfen sollten, sich aber stattdessen gegen ihre Unterdrücker erhoben. In Sizilien wurden die Aufständischen besiegt, obwohl 4000 römische Soldaten zu ihnen übergelaufen waren. Man brachte sie nach Rom, wo sie zum Amüsement der Zuschauer als Gladiatoren gegen wilde Tiere antreten mussten. Ebenso erfolglos rebellierten 90 000 Sklaven auf dem italienischen Festland unter Spartacus, der 2000 Jahre später von Kirk Douglas auf der Leinwand zu neuem Leben erweckt wurde.

Doch für Sizilien weit belastender als die Sklavenaufstände war der Bürgerkrieg zwischen Octavian, dem späteren Kaiser Augustus, und seinem Rivalen Pompejus, der die Insel nach Cäsars Tod 44 v. Chr. annektiert hatte. Mit seiner Blockadepolitik brachte er die für Sizilien lebensnotwendigen Getreideexporte zum Erliegen und die Insel damit dicht an ihren wirtschaftlichen Ruin. Nachdem sich Pompejus 36 v. Chr. in der Schlacht bei Actium endlich Octavians Heerführer Agrippa hatte geschlagen geben müssen, kostete es den neuen Herrscher enorme Summen, um die sizilianischen Verhältnisse wieder ins Lot zu bringen.

Altersruhesitz

Nach seinen Siegen über Pompejus und Mark Anton war Octavian Augustus an die Macht gelangt, wobei das Hauptverdienst seinen treu ergebenen Truppen gebührte. Deshalb wurden Veteranen, die aus der Armee des Kaisers Augustus ausschieden, mit kleinen Gütern auf Sizilien beschenkt, wodurch sie zweifellos zur Latinisierung der Insel beitrugen. Sizilianern gewährte man nicht die vollen Bürgerrechte, man gestand lediglich bestimmten Städten wirtschaftliche Vorteile und Mitspracherechte zu. Palermo, Agrigent und Catania gewannen an Einfluss, doch Segesta verlor die

Gunst der Römer, obwohl der Kult um die »heiligen Huren« noch bestand.

Erst im Jahr 212 n. Chr. erhielten die Sizilianer gemeinsam mit den restlichen Völkern des Imperiums das römische Bürgerrecht. Die Insel wurde zu einem beliebten Urlaubsort der Hauptstädter, auch Kaiser Caligula schätzte Sizilien sehr.

Einen reizvollen Einblick in das luxuriöse Leben reicher Römer auf Sizilien geben die Überreste der kaiserlichen Sommerresidenz Villa Romana del Casale bei Piazza Armerina. In dem Landhaus sind noch bezaubernde Mosaiken mit Bade-, Tanz-, Jagd- und Theaterszenen erhalten. Die mythologischen Darstellungen sind ein heiterer, bunter Bilderbogen und damit sicher genau das Rich-

tige für die Sommerresidenz eines reichen Rö-
mers. Im Jahre 440 n. Chr. musste der Eigentümer
die Villa wohl schnellstens verlassen, da der Friede
auf Sizilien durch den Ansturm eines Volkes erschüttert wurde, dessen »Heldentum« längst
sprichwörtlich ist: die Vandalen.

Germanen contra Byzantiner

Dieser wenig ruhmreiche Stamm, einst aus Ger-
manien vertrieben, eroberte zunächst Nordafrika,
bevor er 440 n. Chr. über Sizilien auf das europäische Festland zurückkehrte. Noch heute heißt es,
viele bereits in der Antike beschädigte Statuen sei-

651 n. Chr. wurde die byzantinische Herrschaft
von den Arabern bedroht. Papst Martin I. sandte
den Angreifern im Süden Verteidigungstruppen
entgegen. Kaiser Konstantius II. ergriff die hervorragende Gelegenheit, den verfeindeten Kirchen-
fürsten zu beseitigen, indem er dessen Interventi-
on als Pakt mit den Andersgläubigen darstellte.
Der Papst wurde gefangen genommen, nach Konstantinopel gebracht und dort hingerichtet.

Konstantius nutzte die Gunst der Stunde, um
die Hauptstadt des Byzantinischen Reiches in den
Westen zu verlegen. Sein Hof zog 662 nach
Syrakus, was den Sizilianern allerdings zum Nach-

en Opfer der Vandalen geworden und angeblich
an den abgeschlagenen Nasen kenntlich.

Anschließend bekamen Rom und das restliche
Italien es mit einem weiteren Germanenvolk zu
tun: den Ostgoten. Als diese ihre Machtansprüche
auch auf Sizilien ausdehnten, mussten die Vandalen weichen. Die ein Jahrhundert dauernde »Friedens«-Herrschaft der Goten endete mit der Rückkehr der Sizilianer in den griechischen Schoß.

Der oströmische Feldherr Belisar marschierte
535 im Namen von Kaiser Justinian I. auf Sizilien
ein. Die Bewohner, im Herzen immer noch Griechen, empfingen die byzantinischen Soldaten als
Befreier. Einzig die gotische Garnison von Palermo
leistete kurzen, aber vergeblichen Widerstand.

teil geriet: Der Herrscher ließ Besitztümer be-
schlagnahmen, presste dem Volk hohe Steuern ab
und verkaufte Schuldner in die Sklaverei. Einer
der Leibeigenen stellte die Gerechtigkeit 668 wieder her: Er erschlug den Kaiser im Bad.

Konstantius' Nachfolger setzte die Metropole
Konstantinopel wieder in ihre alten Rechte ein.
Die Annexion durch Byzanz festigte Siziliens
Orientierung Richtung Osten, neben der Sprache
spiegelt dies auch der Gebrauch der griechischen
Liturgie wider. Doch wie schon die Römer vor
ihnen, beuteten auch die Byzantiner die reichen
sizilianischen Ländereien nur aus und versäumten
es, der aus Nordafrika heranrückenden Bedrohung durch den Islam Einhalt zu gebieten.

Der Eroberungszug der Araber 827 wurde ausgelöst durch einen Staatsstreich gegen einen byzantinischen Statthalter, der sich selbst zum Kaiser proklamierte. Nach dem Scheitern seines Coups floh er ins arabische Lager, wo er sich erbot, einen Feldzug gegen Sizilien anzuführen. Er erhielt eine Flotte mit 100 Schiffen und 10 000 Mann. Die Sarazenen konnten in Mazara Fuß fassen. Palermo fiel 831, Syrakus hielt bis 878 die Stellung.

Christus Pantokrator

→ Im Bildnisrepertoire der Ostkirche wird Christus der Weltenherrscher (vom griechischen »panta«: alles, und »kratein«: herrschen) als Sitzfigur oder Brustbild mit Segensgestus dargestellt.

tige Christus Pantokrator inmitten eines goldenen Universums seinen Segen.

Die frühbyzantinische Kunst gleicht einem Irrgarten der Symbole und Geheimzeichen. Sie findet in den oftmals rätselhaft wirkenden byzantinischen Mosaiken ihren Ausdruck. Arabische und einheimische Mosaikkünstler verstanden es, Ikonographie und andere Elemente der Ost- und Westkirche derart miteinander zu verschmelzen,

Byzantinische Kunst

Besuchern des byzantinischen Sizilien fiel auf, wie sehr die Frauen Schmuck liebten. Ihre Juwelen zeugten nicht nur von der Kunstfertigkeit byzantinischer Goldschmiede, sie bildeten zugleich eine Art weltlichen Gegenpart zum Glanz der Kirchenmosaiken. Die Kuppeln byzantinischer Kirchen zeigen asketisch anmutende griechische Bischöfe und Heilige. In Kirchenapsiden erteilt der oft bär-

Frühe Christen

Die frühesten Bildnisse christlichen Glaubens findet man auf Gräbern in den Katakomben von Syrakus. Sarkophage aus den Katakomben von San Giovanni erzählen ganze biblische Geschichten. Nachdem Konstantin das Christentum 313 n. Chr. legalisiert hatte, verließ die frühe byzantinische Kunst das Dunkel der Katakomben, um in den Kirchen Ostsiziliens den ihr gebührenden Platz einzunehmen. Die Kirchen San Marziano in Syrakus und Sant' Agata in Catania waren blühende Zentren der neuen Religion und ihrer Bilder.

◀ **Spätantikes Mosaik in der Villa Romana del Casale**
▲ **Kuppelmosaiken in der Kirche La Martorana in Palermo**

dass eine reiche byzantinische Ästhetik entstand. Der unerforschliche Symbolismus entwickelte sich in den Wüsten Ägyptens und Syriens.

Die ersten Christen ließen sich eher vom Mysterium inspirieren als von einem Gefühl für Raum. Perspektiven, natürliche Formen und Farben wurden einer ikonischen Verehrung des geheimnisvoll-überhöhten Gott-Wesens geopfert. Da die Hauptstadt des Kaiserreichs Konstantinopel hieß, überwogen die östlichen Einflüsse.

Die sizilisch-byzantinische Kunst ist aber auch der römischen Kunst nahe verwandt. Nachdem sie von einem neuen Geist beseelt war, gewann

sie an Selbstvertrauen, Substanz und handwerklicher Brillanz.

Neue Themen erschienen, das alte heidnische Bilderrepertoire wurde entfernt oder umgedeutet. Der Lyra spielende Orpheus war nun Jesus, der gute Hirte, und das Opferlamm repräsentierte die Liebe Christi. An Stelle eines Kaiserbildes erstrahlte der Christus Pantokrator. Der kraftvolle Naturalismus klassischer Prägung wich der östlichen Stilisierung, und dekorative Ornamentierung sowie zunehmende Abstrahierung traten an die Stelle des Realismus. Der Symbolismus verdrängte aber auch die klassisch-griechische Schönheit: Dreidimensionalität wurde unwichtig, und Porträts erstarrten zu undurchdringlichen Masken.

Byzantinische Baumeister setzten mächtige Kuppeln auf quadratische Grundrisse, errichteten Türme, Minarette und Rundbogen. Charakteristika der byzantinischen Sakralarchitektur sind Kreuzkuppelkirchen und Zentralbauten. Die erste Form findet man nur im Osten der Insel – wie San Salvatore in Catania und La Favorita in Noto –, für Sizilien weit typischer sind kubische Zentralkuppelkirchen, ähnlich denen Sardiniens und Nordafrikas. Doch auf Sizilien hält man sich nicht an architektonische »Reinheitsgebote«. In Catania hat die Kathedrale römische und byzantinische Säulen, während die Basilika Santa Maria della Rotonda an römische Bäder erinnert.

Der Palazzo Abatellis in Palermo verfügt über einige erlesene Mosaiken. In den Museen von Syrakus und Palermo kann man kunstvoll gearbeiteten byzantinischen Schmuck bewundern.

Unter Konstans II. kurzfristig Hauptstadt des Byzantinischen Reiches, weist Syrakus die größte Dichte von Denkmälern dieser Zeit auf. Die Krypta von San Marziano war byzantinische Basilika, bis der Athena-Minerva-Tempel in eine christliche Kirche umgebaut wurde. Das Museum Palazzo Bellomo besitzt Fragmente von Fresken, wie etwa der Erschaffung von Vögeln und Fischen. In Santa Lucia, einer frühen Basilika, sind verblasste Heiligen-Fresken zu sehen.

Während der Plünderung von Syrakus 878 erbeuteten die Araber zahlreiche byzantinische Kunstwerke, vieles kopierten sie. Dennoch kann man im Museum von Syrakus Ikonen aus der Zeit zwischen dem 8. und 18. Jh. in byzantinischem Stil bewundern. Erschöpft sich ihre Form auch oft in hohem Manierismus, so sind diese Madonnen und Szenen der Geburt Christi dennoch eine Spätlese byzantinischer Kunst.

Auch sizilianische Künstler der folgenden Generationen übernahmen diesen erlesenen Stil. So malte Antonello da Messina während der Renaissance ein Bild von San Zosimo, dem ersten griechischen Bischof, als Hommage an die byzantinische Kultur. Noch bedeutender ist der byzantinische Beitrag zur arabisch-normannischen Kunst, diesem seltsamen, wundervollen Brückenschlag zwischen Ost und West. ■

▲ ▶ **Byzantinische Kunst in der Kirche La Martorana in Palermo: griechischer Patriarch und Heilige**

Von Arabern und Normannen

Während seiner byzantinischen Epoche war Sizilien wiederholt zum Angriffsziel von Piraten geworden, Syrer, Ägypter und Mauren steckten hinter diesen Überfällen. Ab 652 n. Chr. erkundeten auch Sarazenen aus Kairouan (im heutigen Tunesien) die Insel. Um 700 setzten sich Mauren auf dem kleinen Eiland Pantelleria fest, und Sizilien wäre ihre nächste Eroberung geworden, hätten sich die Angehörigen verschiedener arabischer Völker nur untereinander einigen können. So kam Sizilien noch einmal davon, man schloss Handelsverträge, und arabische Kaufleute etablierten sich in den Häfen der Insel. Doch 827 erfolgte dann doch eine richtiggehende arabische Invasion.

Ausgelöst wurde sie durch einen fehlgeschlagenen Coup der Sizilianer gegen einen ungeliebten byzantinischen Gouverneur. Euphemius, ein reicher Großgrundbesitzer, übernahm das Militär in Syrakus, proklamierte sich zum Herrscher und ersuchte den Emir von Tunis um Waffenhilfe. Als Antwort darauf ließ dieser eine Flotte auffahren – 100 Schiffe mit 10 000 Soldaten, überwiegend Araber, Berber und spanische Muslime. Die Truppen scheiterten zunächst an der erbitterten Abwehr der Syrakusaner, konnten jedoch Mazara als Stützpunkt einnehmen. Palermo fiel nach langem Ringen 831, Syrakus konnte sich sogar bis ins Jahr 878 halten, und einzelne Widerstandsnester trotzten noch beinahe ein weiteres Jahrhundert.

Die Eroberung von Syrakus bedeutete für die Stadt das Ende ihrer 1500-jährigen Geschichte als Metropole Siziliens. Jetzt musste sie sich mit dem zweiten Platz hinter Palermo begnügen, das Christentum wich dem Islam, und die arabische Sprache verdrängte das Griechische. Die Kathedrale wurde 827 in eine Moschee umgebaut, in der die Muslime fast 250 Jahre lang beteten.

Die Eindringlinge wurden Sarazenen genannt, ein Begriff, der Araber, Berber und spanische Mauren umfasste. Diese Herren des Mittelmeers regierten Südspanien mit eiserner Faust, entschlossen sich aber auf Sizilien nach dem anfänglichen Gemetzel zu einer gemäßigten und liberalen Herrschaft.

Sizilien war ein unabhängiges Emirat und spielte als Brücke zwischen Afrika und Europa eine privilegierte Rolle. Der Handel blühte, und die Steuern waren niedrig. Das tolerante Regime erlaubte seinen Untertanen, weiterhin nach ihren eigenen

Gesetzen zu leben. Trotz der Religionsfreiheit konvertierten viele Christen freiwillig zum Islam. Allein Palermo besaß Hunderte von Moscheen.

Arabische Errungenschaften

Die Araber ermöglichten eine Landreform, die Produktivität und Zahl der kleinen Grundbesitzer steigerte, was wiederum einen Machtverlust für die Großgrundbesitzer nach sich zog. Sie verfeinerten die Technik der Römer und übernahmen persische Bewässerungssysteme. Die Vorliebe der Araber für sprudelndes Wasser und Reinlichkeitsrituale führte zum Bau zahlreicher Bäder.

Die Araber legten Zitrusplantagen an und führten Zuckerrohr, Baumwolle, Maulbeeren, Palmen,

◀ Arabischer Brunnen im Palazzo La Zisa in Palermo
▲ San Giovanni degli Eremiti in Palermo nach dem Umbau zu einer Moschee

Melonen, Pistazien, Papyrus und Flachs auf Sizilien ein. Der Färberbaum wurde in Gerbereien und Färbereien verwendet. Auch gab es zahlreiche Baumwollspinnereien und Seidenraupen-Farmen.

Die Araber gingen auf Thunfischfang und vermachten den Einheimischen ihre Fischereitechniken und -traditionen sowie Lieder und Gesänge, denen man auf den Ägadischen Inseln heute noch lauschen kann.

Ibn Hauqal, Kaufmann aus Bagdad, der Palermo im 10. Jh. besuchte, hinterließ davon eine Beschreibung. Die Altstadt ist die von einer Mauer umgebene Ksar im heutigen Zentrum von Paler-

siedelt, was heute noch an den zahlreichen arabischen Namen erkennbar ist. Doch hatte die Medaille ihre Kehrseite: Auch die Aufgabe der Olivenhaine und der beträchtliche Kahlschlag der Wälder für die Holzversorgung arabischer Länder gingen auf das Konto der neuen Herren.

Schmelztiegel

Neben den Arabern aus Spanien, Syrien und Ägypten lebten auf Sizilien auch Berber, Schwarzafrikaner, Juden, Perser, Griechen, Lombarden und Slawen. Insbesondere Westsizilien florierte unter der arabischen Herrschaft und nahm die Charakterzü-

mo. Hier stand einstmals die Große Freitagsmoschee auf dem Platz der späteren normannischen Kathedrale.

In der Vorstadt Khalessah (heute La Kalsa) befanden sich der Sultanspalast, Bäder, eine Moschee, das Arsenal, Regierungsbüros und das düstere Privat-Gefängnis des Sultans. Palermo war besonders zahlreich mit Metzgern gesegnet. Ibn Hauqal zählte 7000 Personen, die in 150 Läden beschäftigt waren.

Unter der arabischen Oberhoheit war die Gesellschaft kultiviert und kosmopolitisch. Die ländlichen Gebiete wurden in dieser Zeit wieder be-

Arabisches Erbe
→ Die Namen vieler Orte erinnern noch an das arabische Sizilien, mit Präfixen wie »calta« (Burg) oder »gibil« (Berg).

ge an, die ihm heute noch eignen sind. Die Berber siedelten in der Gegend um Agrigent, während sich die Syrer und Ägypter in Palermo niederließen. Doch war selbst Sizilien gegen Religions- und Rassenstreitigkeiten nicht gefeit. Die Insel wurde nacheinander von der sunnitischen Aghlabiden-Dynastie aus Tunesien und von den schiitischen Fatimiden aus Ägypten regiert. Die Byzantiner nutzten Rassenunruhen, um den Osten der Insel für mehrere Jahre besetzt zu halten.

Die herrschenden Sarazenen stritten sich untereinander, aber ihre Uneinigkeit lässt sich, verglichen mit dem italienischen Dilemma, als bloßes Geplänkel bezeichnen. Normannen waren nach Italien vorgedrungen, wo sie mit den Lombarden kämpften, und der Vatikan sah sich in der Mitte des 11. Jhs. nicht weniger als drei Päpsten gleichzeitig gegenüber.

Byzantinisches Erbe

Unter den Arabern schufen griechische Handwerker, die Erben der byzantinischen Tradition, Kuppeln und Mosaiken mit kufischen oder griechi

Die Araber übernahmen das Geheimnis der byzantinischen Sakralarchitektur: eine Atmosphäre des Mystischen, wie sie durch Lettner, symbolische Farben und Hell-Dunkel-Kontraste erzeugt wird. Dieser Stil erreichte in der Cappella Palatina in Palermo seinen Höhepunkt. Die Chiesa Santa Maria in Mili San Pietro erinnert mit ihren Kuppeln an die Kirchen von Byzanz.

Die sizilianische Offenheit ermöglichte den sanften Übergang von der byzantinischen zur islamischen Architektur. Nach der Hegira (Mohammeds Auszug von Mekka nach Medina im Jahr 622) besetzten die Araber größtenteils byzantini

Glanz der Sarazenen

Ibn Hamdis, größter arabischer Dichter des Mittelalters, wurde aus Syrakus verbannt. In einem Gedicht beklagt er dies mit bewegenden Worten: »Ich wurde aus dem Paradies verjagt, wie kann ich euch nun davon berichten, außer in der Bitterkeit meiner Tränen?« Was er vermisste, waren üppige Gärten mit Fontänen, in der Sonne gleißende maurische Kuppeln, prunkvolle Paläste mit golden schimmernden Innenräumen sowie kühle, mit erlesenen Mosaiken geschmückte Kirchen.

Die arabische Herrschaft verhalf der byzantinischen Kunstfertigkeit auf Sizilien zu immer neuen Höhenflügen. Muster und Stile byzantinischer Künstler flossen in die islamische Kunst ein. Verglichen mit dem übrigen Italien hielt sich der byzantinische Stil auf Sizilien am längsten, bis er dann nahtlos in den arabisch-normannischen Stil überging.

schen Inschriften. In der Kathedrale von Cefalù vervollkommneten Meister aus Theben und Korinth die Mosaikkunst, indem sie polierte Steine und Marmor oder glitzerndes Glas und Blattgold einsetzten. Die Mosaiken in der Chiesa La Martorana in Palermo verkörpern die byzantinische hohe Kunst beispielhaft: Sie sind anmutig, zart und voller Spiritualität.

◀ **Arabische Kalligraphie im Museo Archeologico in Palermo**
▲ **Arabisch-normannischer Mischstil an der Kathedrale von Palermo**

sches Land und beschenkten Sizilien mit orientalischen Kunstauffassungen und Stilrichtungen. Christliche und islamische Symbole verschmolzen häufig miteinander. In der islamischen Kunst erscheinen oft Pfauen als Symbole für die Seele oder das ewige Leben, ein Sinnbild, das in christliche Darstellungen einging. Die Säulen des Palazzo La Zisa in Palermo – wie auch Mosaiken in der Sala di Re Ruggero – schmücken Pfauen.

Die Araber waren Meister des flächendeckenden Dekors und der Bauplastik. Sie schufen grazile Arabesken und geometrische Muster, abgestufte Stützbogen und »Eselsrücken«, wohlproportionierte Kapitele, schlanke Säulen sowie doppelbogige Tür- und Fensterstürze.

Doch am exotischsten wirken auf Europäer die Gewölbe und Decken. Die Form der Muqarnas (Stalaktitengewölbe) kann sich in ihrer feinsten Ausführung im Palazzo dei Normanni in Palermo durchaus mit den Glanzstücken Bagdads und Córdobas messen.

Irakische Künstler der Samarra-Schule verzierten die Decke der Cappella Palatina. Die miteinander verflochtenen Muster sind typisch für die Liebe der Araber zur Abstraktion.

Auch an weniger prunkvollen Bauwerken – von ländlichen Moscheen bis hin zur anmutigen Bogenbrücke über den Fluss Simeto – ist der Einfluss der Araber deutlich erkennbar.

dukte häufig arabischen Ursprungs. Abd ar-Rahman, ein Gast am Hofe König Rogers, schwärmte von »den prächtigen Palästen, in deren Gärten sich das Wasser des Paradieses in Brunnen über Löwenköpfe ergießt«.

Die schönsten arabischen Bäder finden sich in der Provinz Palermo. Besonders reizvoll ist das Badehaus von Cefalà Diana. In dem restaurierten Raum, der von eleganten Bogen unterteilt wird, gab es einst Becken unterschiedlicher Tiefe.

Die Araber verwandelten auch die weniger bedeutenden Künste. In Palermo birgt das Schatzamt mit Edelstein und Elfenbein verzierte ägypti-

fluss der Araber deutlich erkennbar. In westsizilianischen Städten tritt auch die arabische Stadtplanung klar zu Tage. Der Grundriss ist traditionell ein »verzweigter Baum«, dessen Verästelungen als Nebenstraßen in Sackgassen enden.

Die meisten islamischen Bauwerke haben in Palermo überlebt. Der maurische Palazzo La Zisa (von *aziz,* arabisch: glanzvoll) ist mit seinen Stalaktitengewölben, den Gitterfenstern und seinem gestuften Brunnen ein Vermächtnis arabischer Baukunst. Auf Sizilien sind Brunnen und Fischteiche, Bäder und Aquä-

Muqarnas

→ »Stalaktitengewölbe«, Nischenwerk aus prismatischen Formen, das sich in der islamischen Baukunst von der Verbindung oder Verkleidung gerader und gebogener Architekturteile zum eigenständigen Architekturelement entwickelte.

sche Truhen, und im Palazzo Abatellis sind feine Holzschnitzereien und eine maurische Vase ausgestellt. Doch das Meisterwerk ist zweifellos eine Tür aus der Zeit der Fatimiden-Dynastie mit *mushrabije,* einem Gitterwerk aus Holz, so fein wie Spitze.

Im Gegensatz zu den meisten Muslimen beteten die Normannen die schönen Künste an, ihr Bekenntnis zu Gott hingegen hatte überwiegend formalen Charakter.

Die normannischen Wölfe

Die Araber nannten die Normannen ihrer Wildheit und angeborenen Gerissenheit wegen »Wölfe«. Doch die Emire von Catania und Syrakus, über die Machtkonzentration der Araber im Westen der Insel verstimmt, ließen sich von diesem Negativ-Image nicht abschrecken und forderten die Normannen zum Einschreiten auf. Und die Normannen aus dem Hause Hauteville, christliche Freibeuter, ließen sich das nicht zweimal sagen.

Bei der Invasion handelte es sich nicht um ein Handstreich-Unternehmen, sondern um eine Eroberung mittels politischer Überredungskunst. Dies war auch die einzige Möglichkeit für Helden mit nur geringen Streitkräften.

Robert Guiscard, ein normannischer Ritter, lebte als Räuber in Kalabrien. Sein jüngerer Bruder, Graf Roger, schloss sich ihm an. Robert stellte ihm 40 bewaffnete Männer zur Verfügung und gestattete ihm die Durchführung von Raubzügen.

Während die Brüder durch ihre Verbrechen reich wurden, versank das Papsttum im Chaos: Die Päpste wurden bereits bei Amtsantritt vergiftet oder mussten ihre Seele verkaufen, um zu überleben. Schließlich kam es zu einer Übereinkunft zwischen dem Vatikan und den Normannen, und Robert wurde zum »zukünftigen Herzog von Sizilien« ausgerufen. Als Gegenleistung musste er schwören, »das Leben, den Leib und die Freiheit« des Papstes niemals zu gefährden. Die Brüder beichteten ihre Sünden, erhielten den Segen des Heiligen Vaters und griffen dann im Jahr 1061 Sizilien an.

1068 besiegte Roger die Araber bei Misilmeri, doch erst 1072 kam es bei der Belagerung Palermos zur entscheidenden Wende. Die Normannen legten Brotlaibe als Köder aus. Die inzwischen ausgehungerten Einwohner rannten aus ihren Häusern, um etwas von der unverhofften Speisung abzubekommen. An den folgenden Tagen »wanderte« das Brot immer weiter weg, was den Normannen die nötige Zeit gab, einzufallen und die Menschen gefangen zu nehmen, die sie später

auf dem Sklavenmarkt verkauften. Robert teilte die Beute mit Graf Roger, dem späteren König Roger I. Er war ein autokratischer Herrscher, der die byzantinische Herrschaftslegitimation, das Gottesgnadentum, übernahm und seine Macht auf den Adel, die Barone, Söldner und eine starke Flotte stützte. Der Einfluss der Araber nahm nach der Eroberung durch die Normannen nicht ab. Die Normannen erkannten die kulturelle und wirtschaftliche Überlegenheit der Sarazenen an und hießen muslimische Höflinge und Kaufleute willkommen. Auch Roger selbst wandelte sich vom brutalen Kreuzritter zu einer kultivierten Persönlichkeit.

Die meisten Araber behielten ihre Paläste und ihren Landbesitz sowie ihren gesellschaftlichen Rang. Bei Bauvorhaben, etwa der Umgestaltung von Moscheen in Kathedralen, waren arabische Handwerker sehr begehrt. Bei Hofe schätzte man vor allem die administrativen Fähigkeiten, das Wissen und die Dichtkunst der Araber.

Normannisches Stilempfinden

Die Normannen waren sehr engagierte Bauherren, sie ließen ihr Königreich mit romanischen und gotischen Burgen, Kirchen und Palästen ausstatten, die sowohl von der Architektur des Nordens als auch der maurischen Kunst geprägt waren. Sie errichteten hauptsächlich trutzige Kastelle

◀ **Steintafel im Palazzo La Zisa in Palermo mit den Sprachen der arabisch-normannischen Studien**
▲ **Der Sieg der Normannen über die Araber – dargestellt an der Kathedrale von Mazara del Vallo**

zur Überwachung der Ostküste. Wie auch bei anderen nordafrikanischen Festungen handelt es sich auch hierbei um massive quadratische Burgen mit maurischen Ecktürmen.

Die romanische Festungskirche San Giovanni dei Lebbrosi entstand 1071, während die Normannen Palermo belagerten. Zisterzienser- und Kluniazensermönche errichteten Kirchen wie San Nicola in Agrigent. Doch die schönste romanische Kirche ist La Magione (SS. Trinità) in Palermo, die einst zu einem Zisterzienserkloster gehörte. Die Schlichtheit ihres Kreuzgangs harmoniert vortrefflich mit der Strenge des Kircheninnenraums.

Arabisch-normannische Kunst

Abgeschnitten von der architektonischen Hauptströmung Europas, orientierte sich das normannische Sizilien Richtung Osten. Es ist schwierig, die vielen Einflüsse auseinander zu halten, da die Normannen Handwerker aus Byzanz, dem Orient und Italien beschäftigten. Ihr Kunststil spiegelt die Toleranz der Normannen wider – wie auch ihre Anerkennung der künstlerischen Überlegenheit der Araber. Die überwiegende Zahl arabisch-normannischer Werke findet man in der Provinz Palermo.

Die Kathedrale von Cefalù ist das am weitesten nördlich gelegene Bauwerk Siziliens, und hier treten gotische Züge am deutlichsten zu Tage. Doch selbst in diesem Gotteshaus sind die Mosaike typisch byzantinisch, und seine Kreuzgänge zeigen maurische Elemente. In Cefalù weisen die Christusdarstellungen auf einen stärkeren orientalischen Einfluss hin als bei anderen Mosaiken. Hier verschmelzen in der Darstellung Gottes östliche und westliche Vorstellungen: Das erhabene, stilisierte Antlitz des byzantinischen Ideals verbindet sich mit dem naturalistischen, leidenden Antlitz der Christusfigur westlicher Sichtweise.

Der Dom von Monreale ist ein einzigartiges Meisterwerk arabisch-normannischer Baukunst. Sein reich verziertes Inneres gleicht einem Schatzkästchen. Bis heute ist nicht geklärt, ob die herrlichen Mosaike von der Hand byzantinischer, arabischer oder venezianischer Künstler stammen. Der biblische Hintergrund, die religiöse Auffassung, ist sicher byzantinisch, wohingegen die Leitmotive bestimmter Mosaike in den arabischen Kulturkreis gehören. Elegante arabische Ornamente zieren die Kirche und den Kreuzgang. Selbst der Chorraum besitzt einen Kosmatenfußboden, mit Einlegearbeiten aus Jaspis, Serpentin und Porphyr. Die Säulen der maurischen Bogen im Kreuzgang tragen Mosaikbänder und wunderschöne Arabesken-Kapitelle. Ein arabischer Brunnen und ein maurischer Innenhof erinnern an die Alhambra in Granada.

Die Cappella Palatina von Palermo ist das kostbarste aller arabisch-normannischen Kunstzeugnisse. Ihre Wände decken byzantinische Mosaike, und das Kircheninnere wird von einem Himmel mit 24 kleinen sternförmigen Kuppeln überwölbt. Diese achtzackigen Sterne sind Teil einer Wabendecke mit arabischen Szenen. Diese gleichen einem Bilderbogen – es sind die frühesten bisher nachweisbaren islamischen Darstellungen: Musiker, Tänzer, Jäger, Großkatzen und Königswappen repräsentieren den Lebensstil eines arabischen Potentaten.

Die Verschmelzung der verschiedenen Stilrichtungen ist organisch und das Ergebnis einer Zivilisation, die – gleich einer Rose – erfolgreich mit einer anderen veredelt wurde. Der Schriftsteller Vincent Cronin meint: »Auf Sizilien wird man durch die Gleichzeitigkeit verschiedener Stile ständig verwirrt, man hat den Eindruck, dass die ganze Schönheit in einer ewigen Gegenwart existiert«. Die Sizilianer selbst bezeichnen sich in Bezug auf ihre Architektur als *bastardi puri*, als »reine Bastarde«.

Der Aufstieg Rogers II.

Roger I. starb 1101. Sizilien wurde bis zur Krönung seines Sohnes Roger II. im Jahr 1130 von seiner Witwe regiert. Die Krönungsfeierlichkeiten fanden zwar in der Cappella Palatina statt, das Mosaik mit der Darstellung Christi, der den neuen König krönt, schmückt jedoch die Chiesa La Martorana.

Als König von Sizilien, Apulien und Kalabrien dehnte Roger sein Reich bis nach Malta und Afrika aus und bedrohte somit Konstantinopel. Er lebte nach der Manier eines orientalischen Sultans, weshalb ihn christliche Mönche als »Muslim in christlichen Gewändern« betitelten. Die islamischen Gelehrten ihrerseits gewöhnten sich an das neue Leben bei Hof und nicht zuletzt an den reichlich strömenden Wein ...

Roger wendete enorme Summen auf für den Bau von Palästen, Moscheen, Gärten und Bildungsstätten. Als reichster Christen-König konnte er es sich leisten, seiner Liebe zur arabischen Kunst und Kultur zu frönen. Er förderte Astronomie und Astrologie, Korangelehrte und Dichter. An seinem kosmopolitischen Hof waren auch französische *jongleurs* und Balladensänger zu Hause, die im Gefolge umherziehender normannischer Ritter hierher gefunden hatten.

Wie unter arabischer Herrschaft wurde verfügt, dass »Latiner, Griechen, Juden und Sarazenen nach ihren eigenen Gesetzen verurteilt werden sollten«. Normannisches Französisch, Griechisch, Arabisch und Lateinisch waren die gängigen Sprachen. Trotzdem führte die Latinisierung der Küstenstädte dazu, dass die Araber ins Landesinnere zurückgedrängt wurden. Ausschließlich Normannen erhielten Landgüter zu Lehen, wodurch die »arabische Grundstücksreform«, die Aufsplittung und Umverteilung großer Latifundien, rückgängig gemacht wurde.

Auch den Aufstieg der Barone hatte Sizilien den Normannen zu verdanken. Aber diese wilden Könige hinterließen immerhin eine effiziente Verwaltung und ein relativ liberales Regime. Damals war Sizilien ein Schmelztiegel der Nationalitäten und kreativste Kulturhochburg der ganzen Christen-

heit. Doch sollte man die Latinisierung der Insel unter der normannischen Herrschaft nicht unterschätzen: In jener Zeit wanderten Pisaner, Langobarden und Franzosen ein, während im Gegenzug gebildete Araber das Land verließen.

Der muslimische König

Nach Rogers Tod herrschte Wilhelm I. Angeblich war er »in Bezug auf seinen Glauben und seine Gewohnheiten eher ein Muslim als ein Christ«. Er lebte wie ein arabischer Emir in einem Palast, zu dem eine Leibwache aus schwarzen Sklaven und ein von Eunuchen beaufsichtigter Harem gehör-

ten. Sein Lebensstil entsprang allerdings nicht seinem Glauben, denn er hatte keinerlei Skrupel, die Muslime Nordafrikas zu attakieren.

Der Sohn Wilhelms I., Wilhelm II., zählte erst 14 Jahre, als er 1166 die Krone übernahm. Sein Berater war Walter of the Mill, der englische Erzbischof und Architekt der Kathedrale von Palermo. Die Bindung an England wurde durch die Heirat von Wilhelms Nachfolger Tankred mit Johanna, der Schwester von Richard Löwenherz, noch gefestigt. Auf seinem Kreuzzug ins Heilige Land überfiel Richard Messina, beschenkte Tankred aber mit Excalibur, dem Schwert des sagenhaften Königs Artus, ein passendes Geschenk für den letzten einer Reihe kriegerischer Könige. ■

◀ **Maurische Säulenordnung in der Kathedrale von Monreale**
▲ **Roger II. mit Bittsteller in der Cappella Palatina in Palermo**

Von Kaisern und Königen

Beinahe 700 Jahre lang sollte Sizilien nun unter fremder Herrschaft stehen – Deutsche und Franzosen, spanische Könige und habsburgische Kaiser drückten der Insel ihr Siegel auf.

Im Jahr 1189 starb Wilhelm II., der Gute, ohne einen Erben zu hinterlassen. Auf ihn folgte Tankred, ein unehelicher Sohn Wilhelms I. Nach dessen Tod ging die Krone zunächst an die Staufer und später an das Haus Aragón.

Die Staufer

Kurze Zeit nur herrschte das schwäbische Adelsgeschlecht der Staufer auf Sizilien. Im Jahre 1194, als mit Tankred die normannische Linie ausstarb, machte Heinrich VI., Kaiser des Heiligen Römischen Reiches Deutscher Nation, als Schwiegersohn Rogers II. Ansprüche auf den Thron geltend und zog gen Süden nach Sizilien. Er sichtete die Schätze der Insel und sandte einen Großteil in seine Heimat.

Der Kaiser ließ in Palermo den Palazzo La Cuba erbauen und alle Gefolgsleute Tankreds ermorden oder in die Sklaverei nach Deutschland schicken. Heinrich wurde in der Kathedrale von Palermo bestattet.

Friedrich II. von Sizilien, Heinrichs Sohn, übernahm 1220 die Kaiserkrone. Er war zwar in Palermo geboren, hatte aber eine normannische Mutter und betrachtete sich nie als Sizilianer. Seiner Vorliebe für einen *seraglio* (Serail) und sarazenische Pagen wegen wurde er als der »getaufte Sultan« bekannt. Trotz seines arabischen Lebensstils betrieb Friedrich aber eine westeuropäisch orientierte Politik, die das Schicksal des sarazenischen Sizilien besiegelte.

Zunächst hatte er den heftigen Widerstand der Muslime niederzukämpfen. Er mobilisierte die Barone gegen die Araber, die diskriminiert und auf das Festland zwangsumgesiedelt wurden. Unter seiner selbstherrlichen Regentschaft mussten ländliche Siedlungen den großen Anwesen der Barone weichen. Friedrich befestigte ganz Ostsizilien von Messina bis Syrakus. 1232 plünderte er Catania und baute anschließend Festungen, um seine rebellischen Untertanen kontrollieren zu können. Das Castello Ursino in Catania mit seinem Wassergraben ringsum und den vier Ecktürmen ist eine der schönsten Bastionen. Friedrich gab neben der Chiesa Santa Maria degli Alemanni auch die Badiazza von Messina in Auftrag und ließ die staufischen Mosaike in Monreale schaffen. Nach Friedrichs Tod im Jahr 1250 versank das Reich im Chaos, und Familienfehden statt einer Führungspersönlichkeit füllten das durch den Zusammenbruch der kaiserlichen Autorität entstandene Machtvakuum.

Das Haus Anjou

Nach Friedrichs Tod erklärte Karl von Anjou sich zum König Siziliens. Die Anjou, eine Dynastie aus dem Loiretal, besiegten die Staufer auf dem italienischen Festland und beanspruchten 1266 Sizilien für sich. Mit dem Papst als Rückendeckung plünderte Karl die Insel aus und verlangte derart unverschämt hohe Steuern, dass eine Rebellion bald in der Luft lag. Ausgelöst wurde sie aber erst, als der selbst ernannte Monarch die Hauptstadt von Palermo nach Neapel verlegte.

An der Osterprozession in Palermo nahmen damals auch französische Soldaten aus Karls Garnison teil. Die festliche Stimmung verwandelte sich in eine spannungsgeladene Stille, als die Sizilianer eine Durchsuchungsaktion nach versteckten Waffen über sich ergehen lassen mussten. Der französische Hauptmann befahl seinen Männern, auch die Frauen einer Leibesvisitation zu unterziehen. »Er selbst nahm sich die Schönste vor, tat so, als wähnte er ein Messer bei ihr und grapschte nach ihrem Busen«. Sie flüchtete sich in die Arme ihres Mannes, der den Schlachtruf »Moranu i franchiski!« (Tod den Franzosen!) ausstieß. Sekunden später lag der französische Offizier tot zu Füßen der Frau, die er beleidigt hatte. Nun war kein Franzose mehr sicher. Zweifel über die Nationalität beseitigte das Messer. Nur wer das Wort

Die Aragonesen

Palermos Adelige, die erkannt hatten, dass es nun kein Zurück mehr gab, riefen Peter von Aragón gegen die Anjou zu Hilfe. Dieser hinterließ allerdings keinen guten Eindruck bei den Einwohnern Palermos, die nicht viel von seinen Rittern hielten. Peter und Karl starben kurz nacheinander, und während Sizilien an das Haus Aragón überging, behielten die Anjou ihre Besitztümer auf dem Festland.

Als Teil des christlichen Abendlandes war Sizilien reich geworden, doch jetzt sah es sich auf einmal an den Rand dieser Welt gedrängt. Der politi-

ciceri (Kichererbsen) in sizilianischem Dialekt korrekt aussprechen konnte, wurde verschont.

Die als »Sizilianische Vesper« bekannte Ostermontagsrebellion von 1282 war ein patriotischer Aufstand, aber auch eine Revolte gegen den Feudalismus. Der folgende Krieg zwischen den Häusern Anjou und Aragón dauerte 21 Jahre. Danach befand sich Sizilien in spanischer Hand.

◀ **Friedrich II. in den Armen seiner Mutter, der normannischen Königin Konstanze de Hauteville**
▲ **Stupor Mundi – der glanzvolle Hof Friedrichs II.**

sche und wirtschaftliche Schwerpunkt verlagerte sich nach Norden, und Sizilien verkümmerte. Nach einer Hauptrolle und turbulenten Zeiten versank die Insel in Bedeutungslosigkeit, war nur noch eine Provinz, über die irgendwelche Könige aus der Ferne herrschten.

Der Kampf zwischen Aragón und Anjou endete im Jahr 1302 mit dem Frieden von Caltabellotta. Sizilien wurde Friedrich von Aragón überlassen, das Haus Anjou erhielt Neapel. 1372 erklärte sich Neapel mit der Selbstverwaltung Siziliens einverstanden, unter der Voraussetzung, dass der sizilianische Regent sich selbst als König von *Trinacria* (»Die Dreieckige«) bezeichnete und an Neapel Steuern entrichtete.

1442 vereinte Alfons V. von Aragón Neapel und Sizilien und versuchte, den Baronen ihre Macht zu entziehen. Unter seiner Herrschaft gelang Sizilien allmählich der Aufstieg aus dem Mittelalter. Doch läutete dieser Monarch auch die Epoche der Vizekönige ein, die während der nächsten vier Jahrhunderte in Sizilien das Sagen haben sollten.

Von den Spaniern wurde die Insel völlig ausgeplündert, um die Reconquista und die Kriege gegen die Türken zu finanzieren. 1479 wuchs die Macht der Spanier auf Sizilien – durch die Vereinigung Kastiliens mit Aragonien. Die Dynastie der Aragonesen residierte überwiegend in Catania.

In Gottes Namen

Nachdem die Erneuerung der Inquisition 1481 unter dem Großinquisitor Torquemada aus Spanien ein Land fanatischer Religiosität gemacht hatte, griff sie allmählich auch mit Macht auf Sizilien über. In Palermo steht noch der strenge Palast, das Hauptquartier der Inquisition, ein Mahnmal all jener Greuel, die Kleriker zu jener Zeit im Namen Christi und des rechten Glaubens begingen. Alle Juden und Mauren wurden erbarmungslos aus dem Land getrieben. Das kulturelle Leben erstickte unter der Last der Angst. Die Regierung band die Adeligen stärker an die spanische Krone und

Eine Schwächung der königlichen Autorität führte dazu, dass der Adel seine Macht konsolidieren und Festungen bauen konnte. Die im Chiaramonte-Stil errichteten Burgen waren zugleich prunkvoll gestaltete Paläste. In Palermo repräsentieren der Palazzo Sclàfani und der Palazzo Chiaramonte mit ihrer nüchternen Schönheit diesen Stil am vollendetsten.

Im 14. Jh. erlebte die sizilianische Gotik eine kurze Blütezeit. Die Kunst stand zunächst unter dem Einfluss der Sieneser Schule, später wurde sie von Katalonien und Kastilien geprägt. Da Spanien unendlich mit sich selbst beschäftigt und daher kulturell isoliert war, schlafwandelte auch Sizilien durch die Renaissance.

gab den Baronen ihre Privilegien zurück. Die sizilianischen Adeligen ließen die Spanier gewähren, und die Bauern wurden zu Räubern. Das damals allgemein als »achtbare Gesetzlosigkeit« angesehene Banditentum wurde von den Baronen stillschweigend unterstützt, es bildete den Humus, auf dem die Mafia gedeihen konnte.

Die bronzene Kolossalstatue des jeweiligen Herrschers in Palermo wurde immer wieder abgerissen, eingeschmolzen und in die Form des aktuellen Machthabers gegossen. Sizilien ging von den spanischen Vizekönigen an die Savoyer über, später an die Habsburger und 1734 an die Bourbonen, die das Land bis zur italienischen Einheit 1860 fast ununterbrochen regierten.

Das Haus Savoyen

Nach dem Ende des Spanischen Erbfolgekrieges wurde Spanien 1713 im Vertrag von Utrecht geteilt und Sizilien Viktor Amadeus II. von Piemont-Savoyen zugesprochen.

Siziliens Adel hegte die Hoffnung, der neue König könnte den alten Glanz wiederaufleben lassen. Der piemontesische Herzog zog jedoch ein bescheidenes Auftreten dem aufwändigen spanischen Hofzeremoniell vor. Rasch erkannte er, wie tief die Insel herabgesunken war. Sizilien war seit der Antike für seine blühende Landwirtschaft bekannt gewesen, doch hatte sich die ökonomische

Die Art und Weise, in der die Großgrundbesitzer mit ihren Gütern vorgingen, war genauso erschreckend wie das Verfahren der Steuereintreibung. Die Grundeigentümer stellten *gabelloti* (Gutsverwalter) als Pachtnehmer ein, die ihnen Pauschalbeträge bezahlten für das Recht, aus dem jeweiligen Anwesen herauszuholen, was immer möglich schien. Ihr Ziel war natürlich nicht etwa eine unter landwirtschaftlichen Gesichtspunkten sinnvolle, langfristig angelegte Führung des Gutes, sondern ausschließlich ein rascher, möglichst hoher Gewinn. So ließen sie sämtliches Vieh schlachten und ganze Wälder kahl schlagen.

Situation in der Zwischenzeit derart verschlechtert, dass sogar Getreide importiert werden musste. Das Recht der Steuereintreibung erhielt derjenige, dem es die höchste Summe wert war. Der Steuerpächter organisierte sich dann sofort eine »Privatarmee« aus Verbrechern und Landlosen, die ihm bei der Amortisation seiner Auslagen behilflich sein sollten.

◀◀ **Karl von Anjou**
◀ **Catania im Jahre 1669 vor dem unheilvollen Erdbeben**
▲ **Die Kreuzung Quattro Canti in Palermo im 18. Jh.**

1718 drangen die Spanier ein, um sich Sizilien zurückzuholen. Die große Mehrheit der Inselbewohner, immer noch ökonomisch unterdrückt, hießen die 20 000 Soldaten willkommen. In der Hoffnung auf eine Rückkehr zu Macht und Reichtum ließen die sizilianischen Granden ihren spanischen Hofstaat auf Vordermann bringen. Doch erklärte Österreich Spanien den Krieg. Die Briten versenkten die spanische Flotte vor Sizilien und ermöglichten es damit den Österreichern, die Straße von Messina einfach zu überqueren. Der Krieg zwischen Spanien und Österreich gipfelte in der Schlacht bei Francavilla, der schlimmsten militärischen Auseinandersetzung auf sizilianischem Boden seit der Römerzeit.

Der siegreiche Habsburger-Kaiser wurde nun auch noch König von Sizilien. 1734 unternahm die wiederauferstandene spanische Flotte einen zweiten Versuch und eroberte Sizilien tatsächlich zurück. Das Unternehmen verlief ohne Blutvergießen, und Karl von Bourbon vereinte Sizilien mit Neapel zu einem gemeinsamen Königreich.

Die Bourbonen

Als der Bourbone Karl 1759 als Karl III. den spanischen Thron bestieg, hieß es, er dürfe Neapel-Sizilien nicht behalten. Daher überließ er es seinem in Neapel residierenden Sohn Ferdinand.

lermitanischen Adeligen verfügten angeblich über mehr Paläste als das ganze britische Empire. Siziliens Barone schwelgten im Luxus, vergnügten sich mit Glücksspielen und führten Prozesse, wobei der Fürst von Villadora mit seinen 22 gleichzeitig anhängigen Gerichtsverfahren alle anderen an diesem Wettstreit Beteiligten auf die Plätze verwies.

Der Einfluss Großbritanniens

Nach Nelsons Sieg über die Franzosen im Jahr 1798 fühlte sich Ferdinand IV. im Stande, die französischen Streitkräfte in Italien anzugreifen, musste aber schließlich unter Nelsons Schutz nach

Der prunksüchtige sizilianische Adel vergnügte sich in Palermo. Doch gehörten ihm immer noch 280 der 360 Dörfer Siziliens. Die Adelsschicht hatte sich inzwischen derart vergrößert, dass man am Ende des 18. Jh.s. auf Sizilien nicht weniger als 147 Fürsten, 788 Marquis sowie 1500 Herzöge und Barone zählte!

In seinem Roman *Der Leopard* lässt Giuseppe Tomasi di Lampedusa die Bourbonen-Herrscher schlecht wegkommen. Ihr Palast bestand in den Augen des Autors aus »teuer eingerichteten, aber zweitklassigen Räumen«. Die verschwendungssüchtigen pa-

Beide Sizilien
→ Jahrhundertelang führte das Königreich Neapel den Namen »Regnum Sicilae«. Um Verwechslungen vorzubeugen, wurde die Insel Sizilien im Vertrag von 1372 als »Trinacria« (»Die Dreieckige«) bezeichnet.

Palermo fliehen. 1806 bat Ferdinand Großbritannien, die Verteidigung Siziliens zu übernehmen. Die militärische Präsenz der Briten machte die Insel reicher, als sie es während der vergangenen Jahrhunderte gewesen war. Mit britischen Subventionen wurde der Bergbau gefördert und die Arbeitslosigkeit stark vermindert. Während Ferdinand seiner Jagdleidenschaft nachging, war William Bentinck, der britische Befehlshaber, der eigentliche Insel-Herrscher. Trotzdem konnte sich Großbritannien nie zu einer endgültigen Entscheidung durchringen, was denn nun mit Sizilien geschehen sollte.

Nach der Rückeroberung Neapels durch die Habsburger zog sich Großbritannien aus Italien zurück. 1815 wurde Ferdinand König »beider Sizilien«. Aus diesem Anlass schaffte er die sizilianische Flagge ab und zog wieder nach Neapel in seine dortige Residenz. Ein Aufstand in Palermo im Jahr 1820 konnte erst mit Hilfe von 10 000 aus Österreich angerückten Soldaten niedergeschlagen werden. Bei Ferdinands Tod 1825 war die Regierung ineffizient, grausam und korrupt.

war und sie mit ihm rechnen mussten. Nur wenige Sizilianer wollten ein föderalistisches Italien, die meisten hegten wenig freundliche oder gar landsmannschaftliche Gefühle für Neapel.

Nach dem erfolglosen Aufstand in Palermo kam es zu dem berühmten »Zug der Tausend« durch Sizilien und Kalabrien unter Führung Giuseppe Garibaldis. Im Mai 1860 landeten die 1000 »Rothemden« im Hafen von Marsala. In der Schlacht bei Caserta muss ein günstiges Geschick auf ihrer Seite gewesen sein, denn sonst hätten sie gegen die 25 000 Mann starken bourbonischen Truppen kaum eine Chance gehabt. Unter den Freischär-

Und ein Freiheitsheld . . .

1848 kam es in Palermo zu einer weiteren Revolte. Nach den Unruhen wollte der König eine liberale Verfassung gestatten, das Angebot wurde jedoch zu Gunsten eines unabhängigen Sizilien zurückgewiesen. Doch eine bourbonische Armee, die bei Messina landete, machte den Sizilianern blitzschnell klar, dass der König wieder im Lande

◀ Im 19. Jh. erhob sich das
Volk von Palermo gegen
Kirche und Staat
▲ Die Einnahme Palermos 1860
durch die Truppen Garibaldis

lern befanden sich auch viele Angehörige der Mittelschicht, Idealisten ohne jede Kampferfahrung. Sie waren ohne Verpflegung nach Sizilien losgesegelt und hatten rund 1000 Kilometer zurückgelegt. Glücklicherweise waren vor ihrer Ankunft die Garnison in Marsala sowie ein neapolitanisches Kriegsschiff abgezogen.

Garibaldi ernannte sich selbst zum Diktator, der im Namen Viktor Emanuels II. von Piemont regierte. In einem Volksentscheid sprachen sich die Sizilianer zwar fast einstimmig für die Einheit Italiens aus, doch bedeutete das die Machtübernahme durch Camillo Graf Benso di Cavour in Turin. In den Ohren vieler klang dies bedeutend mehr nach »Annexion« als nach »Union«. ∎

Das 20. Jahrhundert

»Nur ein paar Verhandlungen, unterbrochen von harmlosen Schießereien, und dann wird wieder alles beim Alten sein, obwohl alles anders sein wird«. Lampedusas Ansichten geben wieder, welche Wirkung der Auftritt Garibaldis auf Sizilien hatte. Die Einheit des Königreiches Italien schenkte Sizilien nicht den erhofften Wohlstand, man hörte nun nur häufiger den Turiner als den neapolitanischen Dialekt auf der Insel.

Natürlich brachte das parlamentarische System in gewisser Weise mehr Demokratie, doch war in der neuen bürgerlichen Ordnung nur ein Prozent der sizilianischen Bevölkerung wahlberechtigt, und so konnten die meisten in den Veränderungen keine Verbesserungen erkennen. Die ökonomische Situation hingegen verschlechterte sich drastisch. Um der Armut zu entgehen, kehrten zahllose Sizilianer ihrer Heimat den Rücken, im Jahr 1900 hatte Sizilien mehr Auswanderer zu verzeichnen als jedes andere Land. Die Männer gingen nach Amerika, Argentinien, Tunesien und Brasilien. In einem einzigen Jahr verließen 20 % der Bevölkerung die Insel, und die missliche Wirtschaftslage wurde durch Geldsendungen an Verwandte ausgeglichen.

Die Auswanderung war schon immer ein Barometer für die wirtschaftliche Lage Siziliens. Und dieser waren auch Italiens kostspielige militärische Unternehmungen nicht gerade förderlich, denn nicht nur das Festland musste dafür bluten: So führte die Annexion von Tripolis zu schweren Auseinandersetzungen mit der Türkei, denen bald der Erste Weltkrieg folgte.

Mussolini

Nach 1918 wurden die Beziehungen zwischen den Feudalherren und der Landbevölkerung immer schlechter. Die zurückkehrenden *americani* kamen mit neuer Selbstachtung und Ersparnissen nach Hause. Dann erschien Benito Mussolini auf der Bildfläche, am 28.10.1922 war er nach dem »Marsch auf Rom« zum Ministerpräsidenten ernannt worden. Obwohl Sizilien für den Faschismus nicht empfänglich war, wurde es in die Propaganda einbezogen. 1934 wurde Mussolini bei einem Volksentscheid das Vertrauen ausgesprochen. Lediglich 116 von vier Millionen Sizilianern lehnten den Faschismus ab.

Der Volksentscheid war ein Beweis für Mussolinis Demagogie. Der Duce versprach, Dämme zu

bauen, angeblich das Patentrezept für die sizilianische Landwirtschaft, doch nur wenige Pläne wurden auch realisiert. Die Bauern waren so arm, dass sie noch immer gemeinsam mit ihren Tieren in einem Raum lebten. Die Eisenbahn verkehrte auf eingleisigen Strecken, und der Wohlstand der Maultierbesitzer war ein Resultat des Mangels an Fahrwegen.

Anti-Mafia-Kampagne

In Wirklichkeit wollte Mussolini den einflussreichen Norden industrialisieren und Sizilien zum Rohstofflieferanten degradieren. Fortschrittliche Projekte für eine bessere Zukunft interessierten ihn nur dann, wenn sie sich zu Propaganda-

◀ Benito Mussolini in Jubelpose
▲ Viktor Emanuel II. – der erste König des vereinten Italien

zwecken ausschlachten ließen. Auf Sizilien wollte er sich die Mafia gefügig machen. Anfangs war diese auf der Seite Mussolinis, doch das änderte sich bald, mit der Entsendung von Inspektor Mori, einem ausgewiesenen Experten für »Volkserhebungen«, der das Mafia-Problem mit der Wurzel ausreißen sollte.

Mori entlarvte mehrere führende »Don«. Er ließ Mauern und Häuser, hinter denen sich die Mafiosi versteckten, abreißen, Viehbrandzeichen abändern, um Diebstahl und das Fälschen zu erschweren. Privatpersonen untersagte er das Tragen von Waffen.

Mussolini verkündete lauthals und mit stolzgeschwellter Brust, die Mafia sei nun ausgerottet, die Mordrate von zehn Toten pro Tag auf drei pro Woche gesunken. Indem er ihr den offiziellen Schutz entzog, hatte Mussolini der Mafia wirklich Einhalt geboten. Resultat unter dem Strich war allerdings, dass die beteiligten Verbrecherfamilien nur tiefer in den Untergrund, ins »Milieu«, auswichen. Der Historiker Dennis Mack-Smith meint dazu: »Wäre die Mafia nur eine Geheimorganisation gewesen, so hätte Mussolini sie leicht vernichten können, aber ihre komplizierten sozialen und wirtschaftlichen Ursachen konnten in dieser kurzen Zeit und mit diesen Methoden allein nicht beseitigt werden«.

Vor dem Krieg

1937, kurz vor dem Zweiten Weltkrieg, besuchte Mussolini Sizilien, um seine Erfolge zu begutachten. Er versicherte seinen Zuhörern, Sizilien ginge »einer der glücklichsten Epochen seiner 4000-jährigen Geschichte« entgegen. Zahlreiche Sizilianer ahnten schon damals, dass ihnen Schlimmes bevorstand.

Die Alliierten wählten Sizilien als Stützpunkt für den Krieg gegen Hitler auf europäischem Boden. Mussolini hatte immer behauptet, die Alliierten würden niemals in der Lage sein, auf Sizilien einzumarschieren. Das war schlichter Blödsinn und Augenwischerei: An der Küste waren nicht einmal Verteidigungstruppen postiert, die Luftabwehr verdiente kaum ihren Namen, und selbst wenn es gute Straßen gegeben hätte, wäre das eher kontraproduktiv gewesen, denn ein Großteil der Artillerie wurde noch von Pferdegespannen bewegt. Die Amerikaner landeten im Juli 1943 in Gela, während die britischen und kanadischen Streitkräfte die Ostküste angriffen.

General Patton befehligte die siebte US-Armee auf Sizilien, sein Feldzug war kurz und überwältigend. Die deutschen und italienischen Truppen flüchteten über die Straße von Messina. Sizilien war einmal mehr vom Festland abgeschnitten und in die Hände fremder Machthaber geraten.

Die Mafia kollaboriert

Die Rolle der Mafia bei der Eroberung Siziliens durch die Alliierten war auf Grund von Abmachungen mit Lucky Luciano in seiner amerikanischen Gefängniszelle recht heikel. Vito Genovese, der in den USA wegen Mordes und anderer Verbrechen polizeilich gesucht wurde, tauchte sogar als Verbindungsoffizier einer amerikanischen Armee-Einheit auf.

Ausgerechnet die Alliierten waren es, die der Mafia halfen, ihre Autorität auf Sizilien wiederherzustellen, und machten somit Mussolinis einzige echte Leistung zunichte. Da die faschistischen Verwalter sämtlich geflohen waren, beauftragten die Alliierten Don Calogero Vizzini mit der Wahrnehmung von deren Aufgaben. Die Alliierten kümmerten sich nicht um seine Vergangenheit:

◀ **Italienische Truppen ergeben sich im Juli 1943 den Briten**
▶ **Der Hafen von Palermo**

Vizzini war von Mussolini als einer der berüchtigtsten Mafiosi hinter Gitter gebracht worden.

1946 erklärte sich Sizilien in den Bereichen Landwirtschaft, Bergbau und Industrie für autonom. Die Separatisten hielten immer noch daran fest, Italien hätte für seine politische Misswirtschaft seit 1861 an Sizilien beträchtliche Reparationen zu zahlen, aber dieses Thema musste bald dem »Kalten Krieg« Platz machen, einer Auseinandersetzung zwischen Christdemokraten auf der einen und Sozialisten sowie Kommunisten auf der anderen Seite.

Das Machtgleichgewicht zwischen den beiden Gruppen lag in den Händen des dubiosen Don Vizzini. Für die Mafia ging es bei dieser Auseinandersetzung ausschließlich darum, die richtige Wahl bezüglich der künftigen politischen Partner zu treffen. 1948 verdoppelten die Christdemokraten die Anzahl ihrer Sitze und etablierten sich somit für die nächsten vierzig Jahre als Mehrheitspartei: Don Vizzini war zu einer Entscheidung gelangt. Spätere Forderungen nach staatlichen Maßnahmen gegen die Mafia stießen daher auf taube Ohren.

Als Anerkennung dafür, dass die italienische Regierung sich bereit fand, die wirtschaftliche Kluft zwischen Sizilien und dem Festland zu schließen, halfen die Vereinigten Staaten, die Weltbank und später die EU mit Subventionen. Am radikalsten änderten sich die Bestimmungen beim Grundbesitz. Nach dem Krieg war immer noch mindestens die Hälfte des Ackerlandes in den Händen von einem Prozent der Bevölkerung. Das alte System der »abwesenden Grundeigentümer« wurde nun Kontrollregelungen unterworfen. Wer mehr als 200 ha Land besaß, konnte enteignet werden, wenn er sich nicht darum kümmerte und keine Verbesserungen durchführen ließ. So stieg die Anzahl der kleinen und mittleren Grundbesitzer beträchtlich.

Industrie

Dammbauprojekte waren – wie schon immer – schwer zu realisieren. Einige Vorhaben schlummerten schon seit hundert Jahren in der Schublade. An ihnen war grundsätzlich nichts falsch, doch kontrollierte die Mafia die Wasserversorgung und war daher an einer Änderung der Verhältnisse nicht sonderlich interessiert. So fing man mit dem Bauen an und stellte die Arbeiten ein, wenn die Dämme halb fertig waren.

1953 gelang dem Ölmulti Gulf Oil in der Nähe von Ragusa ein Glücksstreffer, auf den bald ein weiterer Ölfund bei Gela folgte. Sizilien wurde über Nacht zur Basis der italienischen Ölindustrie. Die Erdölindustrie zog die chemischen Sekundärindustrien an, auf dem Nelson-Gut bei Bronte wurde Erdgas entdeckt, und so konnte die dringend notwendige Industrialisierung Siziliens endlich in die Wege geleitet werden.

Diese Umwälzungen hatten auch Auswirkungen auf die Topographie der Insel. Die ehemals mächtige Hafenstadt Palermo wurde von Augusta mit seinen Ölanlagen in den Schatten gedrängt,

und Syrakus begann sich an seine einstige Größe zu erinnern. 1956 wurde Palermo von einem Bandenkrieg lahm gelegt. Die Mafia stemmte sich gegen die Industrialisierung, denn Industriearbeiter haben eine vergleichsweise gute Aus- wie Allgemeinbildung und sind selbstsicher.

Wenn auch der Lebensstandard dank der Erdöl- und Erdgasvorkommen stieg, musste man auf Sizilien doch der Tatsache ins Auge sehen, dass ein Mann als Arbeitsmigrant in Norditalien in einem Monat mehr verdienen konnte als zu Hause in einem ganzen Jahr. Zum Glück gelang es den Sizilianern, ihre besten Leute auf der Insel zu halten und die Jugend stärker zu motivieren, Hoffnungsträger einer besseren Zukunft Siziliens. ■

Sizilien heute

Palermo lockt mit diesem Slogan Touristen an: »Fallen Sie in Sizilien ein, alle anderen haben es schon getan«. Sizilien war nie sein eigener Herr. Selbst heute nennen kritische Stimmen die Insel eine römische Kolonie (wenn auch eine stark subventionierte), die den politischen Entscheidungen Roms und der Europäischen Union ausgeliefert ist. Die einzige einheimische Institution, die dauerhaft Macht ausübt und sich an der Armut der Insel bereichert, ist die Mafia.

Die Sizilianer drücken ihr Gefühl der Machtlosigkeit auf ganz bestimmte Weise aus. Am Abend, wenn sich die Männer auf der Piazza versammeln, schimpfen sie über die Regierung, über politische Parteien, die Mafia, einfach über jeden, dem sie die Schuld in die Schuhe schieben können. Sie reden darüber, wie gefangen und gelähmt sie sind. Ein junger Lehrer vergleicht das Leben auf Sizilien mit dem Gefühl der Atemnot. Er nennt das Gefühl *apnea.* »Wissen Sie, was *apnea* ist?«, fragt er. »Das ist, wenn jemand nicht atmen kann. Und genau so ist das auf Sizilien. Wir ersticken auf dieser Insel«.

Lohn und Brot

Die wirtschaftliche Situation hat sich allmählich gewandelt: Langsam macht sich ein gewisser Wohlstand bemerkbar. Das Pro-Kopf-Einkommen hat sich seit 1950 vervierfacht. Eine ältere Dame erinnert sich an die Armut vor dem Zweiten Weltkrieg, *i tempi di miseria,* als ihr Dorf von Großgrundbesitzern beherrscht wurde und die Bauern kaum genug zum Leben hatten. »Wir leiden nicht mehr so wie früher«, sagt sie. »Heute haben wir Strom, Toiletten, Autos und Ärzte«. Dann hält sie inne und blickt um sich. Sie schaut zu den Cafés hinüber, wo die Arbeitslosen kartenspielend ihre Zeit verbringen, und auf den kaputten Brunnen in der Mitte des Platzes. »Glauben Sie mir«, sagt sie, »solche Zustände wollten wir nicht«.

Sizilien hat bei 25 700 km² Fläche annähernd fünf Millionen Einwohner und ist damit die am

◄ **Bauer in der Provinz Trapani**
▲ **Korkverarbeitung in Castelvetrano**

dichtesten bevölkerte Region Italiens. Die Arbeitslosigkeit hat sich bei 24 % eingependelt. Das Pro-Kopf-Einkommen beträgt etwas mehr als die Hälfte des norditalienischen. Dabei verfügt Sizilien über die qualifiziertesten Arbeitslosen: 80 % haben einen Hochschulabschluss. Trotz dieser ernsten Probleme kamen 1991 auch noch 20 000 Albaner nach Sizilien und gesellten sich zu den vielen illegalen tunesischen und marokkanischen

Fischern, die an der Westküste um Trapani und Mazara del Vallo arbeiten.

Eine junge Studentin in Palermo unterhält sich über die wirtschaftliche Lage der Insel. Sie wird gefragt, was die Sizilianer tun können, um die Situation zu verbessern. »Auf Sizilien?«, fragt sie. »Es gibt nichts, was wir tun können – außer wegzugehen«.

Und sie gehen weg, auf der Suche nach Arbeit und Ausbildung. Die Besten und Klügsten gehen oft als erste. Viele schicken ihren Familien Geld, manche kehren wieder zurück. Doch die meisten lassen sich in ihrer Wahlheimat nieder und berauben Sizilien auf diese Weise seiner Menschen und seiner finanziellen Mittel.

Verheißung Wirtschaftswunder

Die Politiker verkünden immer wieder, ein »Wirtschaftswunder« sei in Sicht. Zu Mussolinis Zeiten waren es die Dämme, in den 1960er-Jahren das Erdöl, in den 70ern die Treibhäuser, in den 80ern ein Bauboom, und heute ist es der Tourismus und eine Brücke über die Straße von Messina, die es bringen sollten. Dabei ist es schon ein Wunder, dass Sizilien überhaupt eine Wirtschaft hat.

Etwa 40 % der Bevölkerung arbeiten in der Landwirtschaft und produzieren 20 % des Bruttosozialprodukts. Sizilien besitzt ein Viertel der italienischen Fischereiflotte, die hauptsächlich in Trapani und Mazara del Vallo stationiert ist. Wer aber glaubt, Sizilien wäre eine Agrarregion, der irrt. Besser spricht man von einer Wirtschaft mit landwirtschaftlichem Standbein und zunehmender Industrialisierung.

Die traditionellen Agrarprodukte Oliven, Trauben und Getreide sind nach wie vor lebensnotwendig. Während die riesigen Weizenfelder intensiv bewirtschaftet werden, ist bei der Olivenernte der Anblick alter, mit Körben beladener Bauern nichts Ungewöhnliches.

Auf dem landwirtschaftlichen Sektor hat die Provinz Ragusa mit ihrer Viehzucht, ihren Handelsgärtnereien und ihrem Weinanbau Modellcharakter. Die Bauern verwandelten eine einst malariaverseuchte Ebene in einen Treibhauswald, wo Frühgemüse und Treibhauspflanzen gedeihen.

Giuseppe Fava, Journalist und inzwischen auch unter den Mafia-Opfern, schimpfte über die unästhetischen Glasbauten an der Küste. Auch beklagte er das Verschwinden der sizilianischen Heimindustrien, wie etwa der Käseherstellung. Doch diese Entwicklung wurde aufgehalten. Die *cacciocavallo*-Käsemacher gibt es immer noch.

Unglaublich ist, dass – trotz der fruchtbaren Orangenhaine in Palermos Conca d'Oro – überall Orangensaft in Flaschen importiert wird. Die Zitrusfrüchte aus Marokko und Israel sind billiger, und außerdem machen den sizilianischen Entsaftungsmaschinen die Orangenkerne zu schaffen.

Auf Sizilien stehen viele unwirtschaftliche Anlagen in menschenleeren Gebieten ohne Infrastruktur. Diese »weißen Elefanten« verschandeln die Küste und verschmutzen das Meer. Ölraffinerien oder Chemiefabriken sind nicht personalintensiv, und die Gewinne werden von Mailand abgeschöpft. Schwerindustrie entstellt die Küste bei Augusta, Gela, Syrakus und Milazzo. Reich geworden ist Sizilien dadurch nicht.

Als Sektor mit großen Wachstumschancen wird der Tourismus gefördert. Die Fremdenverkehrsämter der Provinzen Palermo, Syrakus und Trapani zeigen großes Engagement. In Trapani werden insbesondere kulturelle Veranstaltungen in klassischer Umgebung angeboten. Viele Museen in den Kommunen haben jedoch nach wie vor ziemlich eigenwillige Öffnungszeiten, und das Engagement ihrer Mitarbeiter erschöpft sich in Kaffeepausen.

Es ist allzu leicht, den mangelnden Unternehmungsgeist der Sizilianer zu kritisieren. Man muss jedoch bedenken, dass die sizilianische Mentalität

Chi n'esce rinasce

»Wer weggeht, wird wieder geboren« sagt ein sizilianisches Sprichwort. Von 1950 bis 1970 suchten 1 Mio. Sizilianer im Ausland den Erfolg. Von den 25 Mio. Italienern in den Vereinigten Staaten sind 18 sizilianischer Abkunft oder haben sizilischstämmige Ehepartner. Mindestens 5 Mio. Sizilianer leben außerhalb Italiens. Die Pizzerien Torontos sind fest in sizilianischer Hand. Männer aus dem rauen Mussomeli enden als Gärtner im vornehmen englischen Ort Woking, Fischer aus Castellammare arbeiten am Great Barrier Reef als Taucher.

im Geschäftsleben gegen jegliches Risiko ist. Privatinitiativen werden nicht gerade ermutigt. Einzelpersonen sind oft nicht nur machtlos, ihre Projekte, ja selbst ihr Leben sind in Gefahr, wenn sie sich nicht an die bestehenden Regeln halten.

Freie Bahn für eine freie Wirtschaft

Viele Unternehmen zögerten, auf Sizilien zu investieren. Sie scheuten die mangelhafte Infrastruktur. Es ergibt keinen Sinn, so sagten sie, etwas herzustellen, wenn es keine verlässlichen Verkehrs- und Fernmeldeverbindungen gibt, um die Produkte auf den Markt zu bringen.

Man muss sich nur zu helfen wissen ...

Wenn es um ihren Vorteil geht, sind die Sizilianer ausgesprochen erfinderisch. 1992 waren Inspektoren der EU empört, als sie herausfanden, dass sie mit »wandelnden« Olivenbäumen überlistet worden waren. Um Extra-Subventionen zu erhalten, hatten die Bauern ihre Bäume in Kübel gepflanzt und sie dann immer genau dort aufgestellt, wo das Zählteam der EU gerade erwartet wurde.

Doch hat sich die Situation durch die moderne Technologie allgemein – auch auf Sizilien hat inzwischen jeder ein Handy – wie durch das Engagement der Sizilianer verändert.

Da nun keine Subventionen aus dem Fond der Cassa del Mezzogiorno mehr zu erwarten sind und das Rentensystem reformiert wurde, weht auf Sizilien jetzt der unangenehm frische Wind der freien Marktwirtschaft.

Junge Unternehmer kämpfen um einen Wandel im Geschäftsgebaren und haben in Catania und Syrakus auch schon Erfolge verbucht. Der »arabische« Westen der Insel – mit Ausnahme der Weingüter und -kellereien – reagiert auf Privatinitiativen immer noch etwas allergisch. Es gibt zwar ehrliche Unternehmer, aber ihre Rechtschaffenheit hat sie viel gekostet. Ehrlichkeit ist immer noch die weniger günstige Strategie.

In erster Linie fürchten ausländische Investoren jedoch die Mafia und die allgegenwärtige Kriminalität. Immerhin ist der Unterwanderung des politischen Systems durch die Mafia dank der Refor-

◀ **Sizilische Orangen stehen in harter Konkurrenz zu afrikanischen Importen**
▲ **Die einst von blühenden Zitrushainen gesäumte palermitanische Bucht Conca d'Oro gleicht heute einer Betonwüste**

men, Fahndungserfolge und Verurteilungen der letzten Jahre ein Riegel vorgeschoben worden, doch kann die Mafia nur dann wirklich endgültig vernichtet werden, wenn es den Sizilianern gelingt, eine von ihr unabhängige, starke Wirtschaft aufzubauen.

Bürokratie mit Blähbauch

Noch immer sind bis zu 20 % aller Beschäftigten Staatsbedienstete: Lehrer, Büroangestellte, Museumswächter. Der Schriftsteller Frederick Raphael nennt das moderne Sizilien »ein Musterbeispiel für Korruption, Missmanagement und Chaos«.

staatlichen Subventionen verschwinden. Viele Stadt- und Gemeinderäte wurden wegen Korruption aufgelöst. In der Industriestadt Gela versammelten sich im Jahr 1983 mehr als 5000 Bürger vor dem Rathaus und verbrannten aus Protest gegen die nicht funktionierende Stadtverwaltung Dokumente.

Noch in den 1970er-Jahren herrschte in Gela schreckliche Armut und ein ständiger Mangel an Unterkünften. Eine achtköpfige Familie musste nicht nur mit 30 m² Wohnfläche auskommen, sondern sich diese auch noch mit ihren Nutztieren teilen.

Die Regierung muss für Ruhegelder aufkommen, die niemandem zustehen, sowie für Jobs, in denen es nichts zu tun gibt und die von Lokalpolitikern als Gegenleistung für Stimmen vergeben werden.

Auch bauen die Sizilianer leidenschaftlich gern Straßen. Solche aufwändigen Projekte werden häufig durch landwirtschaftliches Gebiet geleitet oder verlaufen unsinnigerweise auf Pfeilern über flachem Land. Viele Straßen bestehen fast nur aus Schlaglöchern und sind permanent renovierungsbedürftig. Bei einer Reise über die Insel trifft man ständig auf unfertige Landstraßen, auf Museen, seit 20 Jahren *in restauro,* sowie nicht fertig gestellte Wohnprojekte. Sie alle zeugen von den »schwarzen Löchern« der Bürokratie, in denen die

In Licata und Palma di Montechiaro in den Wäldern bei Agrigent dominiert noch immer die Armut. Die *vedove bianche* (weißen Witwen) bleiben nach jedem Blitzbesuch ihrer nach Nordeuropa ausgewanderten Männer schwanger zurück. Oft gibt es nicht einmal Abwasserkanäle, fließendes Wasser oder Strom.

Baufällige Palazzi stehen im zerbombten Zentrum Palermos, und eine aus Bretterverschlägen bestehende Vorstadt Catanias ist als Klein-Beirut bekannt. Slums ohne Strom- und Wasserversorgung müssten laut Gesetz als nicht genehmigte Gebäude abgerissen werden, was aber kaum geschieht. Gut abgeschirmt liegen in Messina und vielen anderen Städten die unhygienischen Behausungen der *terremotati*, Menschen, die bei einem der vielen Erdbeben ihr Dach über dem Kopf verloren haben. Die erbärmlichen Lebensbedingungen und die hohe Kriminalitätsrate werden meist vor der Öffentlichkeit verborgen gehalten.

Trotz des Elends gibt es dank zahlreicher Einzelinitiativen und des gewandelten politischen Klimas Grund zur Hoffnung. Seit den 50er-Jahren, als Danilo Dolci im westsizilianischen Trappeto sein Forschungszentrum gründete, bemüht man sich, die Probleme Siziliens aufzudecken. Als Verfechter des passiven Widerstands half Dolci den Menschen, ihre politische Macht zurückzufordern, und löste damit eine Welle der Reformen aus, die heute noch nachwirkt.

Gegen die Mafia

Die Christdemokraten fühlten sich von Gottes Gnaden dazu ausersehen, Sizilien zu regieren, bis sich 1992 der Wind drehte. Plötzlich kamen die Reformer zum Zug. Die sich selbst traditionell als Bollwerk gegen den Kommunismus definierende Demokrazia Cristiana (DC) zerbrach an ihren Mafia-Beziehungen. Gegen Parteiführer Giulio Andreotti wurde mehrfach Anklage erhoben, die Berufungsverhandlung in seinem Hauptverfahren Palermo steht noch aus. Auch andere hochrangige Partei- und Parlamentsmitglieder wurden mit der Mafia in Verbindung gebracht und der Wahlmanipulation beschuldigt.

La Rete, eine Reformpartei, die dem Anti-Mafia- und Anti-Korruptions-Forum angehörte, füllte das Machtvakuum. Der Gründer von La Rete, Palermos Bürgermeister Leoluca Orlando, zog als der Kandidat, der die meisten Stimmen in ganz Italien erhielt, triumphierend durch Palermo. Obwohl er einige tief greifende Reformen in die Wege leiten konnte, um die wirtschaftliche Potenz des organisierten Verbrechens in der Stadt drastisch zu beschneiden, gibt sich der Politiker keinen Illusionen hin: Er räumt ein, dass die Mafia noch immer eine Anzahl der städtischen Unternehmen kontrolliert.

Neues Bürger-Bewusstsein

Manche Kenner Siziliens sehen den Grund für die gesellschaftlichen und wirtschaftlichen Probleme der Insel in der so genannten Mentalität des Südens: Wer nichts tut, kann nicht beschuldigt werden. Die Sizilianer werden häufig als rückständig, fatalistisch und kooperationsunwillig bezeichnet. Die Anthropologen nennen das »unmoralischen Familismus«, der jegliches Bemühen um das Gemeinwohl ausschließt.

In einer Gesellschaft wie der sizilianischen, die nur wenige Arbeitsplätze bereitstellt und in der ohne Beziehungen gar nichts geht, ist die Sorge um das persönliche Wohl und die Familie oft eine Frage des Überlebens. »Auf Sizilien herrscht kein kooperativer Geist«, sagt ein Elektriker. »Wir teilen nicht, weil es nicht unserer Natur entspricht. Wir nehmen, was wir bekommen, und alle anderen können zur Hölle fahren«. Und ein sizilianisches Sprichwort sagt: »Wer allein spielt, gewinnt immer«. Elvira Sellerio, Verlegerin aus Palermo, ist dennoch optimistisch: »Wir Sizilianer waren immer Untertanen. Das Erwachen eines bürgerlichen Bewusstseins ist neu. Gebt uns Zeit, damit wir lernen können, Bürger zu werden«. ■

◀ **Unsinnige Straßenbauprojekte – ein Mittel, um Arbeitsplätze zu schaffen**
▲ **Umweltverschmutzung gefährdet den Concordia-Tempel in Agrigent**
▶▶ **Gewerkschaftsveteranen in Mazzarino**

Siziliens Menschen

Sizilianer sind angeblich grüblerisch, misstrauisch, introvertiert und unergründlich. Bei näherer Betrachtung nimmt man jedoch auch Gleichmut wahr, einen alles hemmenden Konservatismus, die Neigung zu Wirklichkeitsflucht, Spiritualität und Sensibilität. Dieser widersprüchliche Charakter passt nicht zu dem sonnigen mediterranen Klischee des *dolce far niente,* dem eine gewisse Leichtigkeit anhaftet. Hat er einmal die ersten Hindernisse überwunden, trifft der Fremde auf Sizilien oft auf überwältigende Gastfreundschaft und grenzenlose Neugier.

Öffentlichkeit

Laut Cicero ist die Rhetorik ein Geschenk Siziliens an die Welt. Zwar ist die Debattierlust typisch sizilianisch, aber auch eine Kompensation fehlender Initiativen in der Öffentlichkeit. Der Schriftsteller Bufalino behauptet: »Wir haben nicht das Bedürfnis, unsere Wünsche in die Tat umzusetzen.« Bei seiner Ankunft auf Sizilien wurde König Viktor Emanuel gesagt, die sizilianischen Adeligen seien »arbeitsscheu und verweichlicht«. Diese Aussage ist bedeutungsvoller, als es zunächst den Anschein hat. »Am besten sagt man nein, dann kann man nicht beschuldigt werden«, erklärt ein Aristokrat und Universitätsprofessor aus Palermo. Die Passivität der Sizilianer hängt mit der Entfremdung des Individuums vom Staat zusammen.

1814 vermerkte der britische Gouverneur von Sizilien verblüfft: »Die Sizilianer erwarten, dass alles für sie getan wird; sie waren immer so daran gewöhnt zu gehorchen.« Sein sizilianischer Minister sprach sich für eine absolutistische Herrschaft aus: »Zu viel Freiheit ist für die Sizilianer dasselbe wie eine Pistole in den Händen eines Jungen oder Verrückten.« Nach Meinung von Kritikern sind die Sizilianer träge Bürger geblieben, abhängig von Subventionen und mit geringem Antrieb zur Selbsthilfe.

◄◄ **Am 8. März, dem Tag der Frauen, werden die Italienerinnen mit Mimosen beschenkt**
◄ **Fischer beim Netzeflicken**
▲ **Witwe in Naro**

Ihre Geschichte hat die Sizilianer gelehrt, Institutionen zu misstrauen. Der Katzenjammer aus den historischen Leidenserfahrungen führte sie in einen moralischen Sumpf, in dem sie die Illusion eines sozialen Wandels mit der Realität verwechseln. Nach Meinung des Journalisten Giuseppe Fava »ist die Unfähigkeit, die Gesellschaft zu strukturieren, die wahre sizilianische Tragödie«. Auf das Dilemma reagieren die Sizilianer traditionell

mit Auswanderung, oder Resignation, Mittäterschaft bei kriminellen Handlungen und Rückzug in die Familie. In Leonardo Sciascias Augen ist die Auswanderung keine Lösung, sondern einfach »eine moderne Sklaverei, wenn auch eine freiwillige und anscheinend unvermeidliche«.

Die Gesellschaft

Palermo steht sinnbildlich für den Rückzug aus der Welt und die Ambivalenz in der Beurteilung der eigenen Lage. Die nostalgischen Palermitaner geben nicht gern zu, dass die Mittelschicht in Scharen aus der Altstadt geflohen ist, um sich in grünen Dörfern oder sicheren Vorstädten an den Hügeln des Monte Pellegrino anzusiedeln. Und

Von Sorgentötern und anderen traditionellen Musikinstrumenten

Statistisch ist Palermo die lauteste Stadt Europas, doch selbst der oft abenteuerliche Verkehr kann die innige Leidenschaft der Sizilianer zur Musik nicht übertönen. Vincenzo Bellini (1801-1835), der Vater des Belcanto, wurde in Catania geboren. Zur einheimischen Musik gehören auch die Gregorianischen Gesänge, Scialpis romantische Balladen und Kunsertus arabische Klagelieder. Am tiefsten ergreifen die Sizilianer die wehmütigen Klagegesänge, die auf der Maultrommel, dem »scacciapensieri« (»Sorgentöter«), gespielt werden.

Traditionelle Instrumente sind »ciarameddu« (Dudelsack aus Ziegenleder), »friscalettu« (Rohrflöte), »tambureddu« (Tamburin) und »guatrara« (Blasinstrument aus Terrakotta). Das vielseitige sizilianische Temperament präsentiert sich in munteren Balladen, anzüglichen Liedchen und Heldengeschichten über Banditen und besiegte Gesetzgeber.

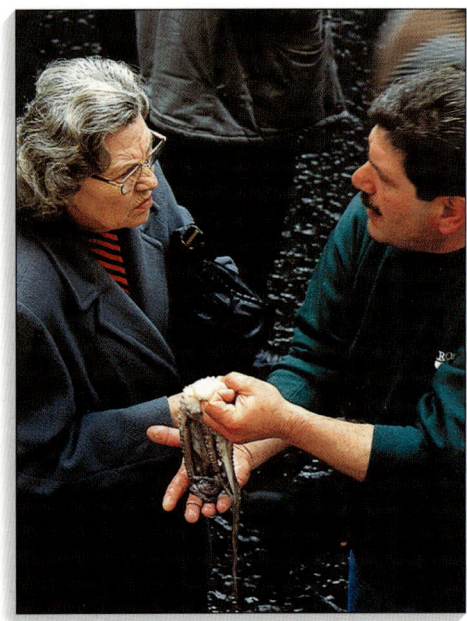

selbst hier sind Wächter, elektronisch gesicherte Tore und Wachhunde an der Tagesordnung. Nicht zu übersehen ist jedoch eine schrittweise Rückkehr der Mittelschicht ins Stadtzentrum, wo mittlerweile auch bis nach Mitternacht geöffnete Straßencafés und Bars die Jugendlichen anlocken. Araber und Afrikaner bewohnen die maroden Hafengebäude, während die benachbarten Viertel das Zuhause der Unterschicht *(sottoproletariato)* sind. Die Oberschicht führt ein so völlig anderes Leben, dass zwangsläufig ein soziales Vakuum entstehen musste. Auf dem Land ist die Kluft zwischen den Schichten noch tiefer. Auch dieses sozialen Ungleichgewichts wegen liegt manches historische Stadtzentrum nachts wie ausgestor-

ben. Palermo hingegen ist unter seinem dynamischen Anti-Mafia-Bürgermeister Leoluca Orlando aus dem Dornröschenschlaf erwacht und versucht, seine Altstadt zu beleben, ja in eine Vergnügungszone zu verwandeln.

Die privaten Tugenden und die öffentlichen Laster Siziliens sind mit seiner Vergangenheit verbunden. Um es mit Bufalinos Worten zu sagen: »Die Griechen schärften unser Feingefühl für Licht und Harmonie. Die Araber brachten uns den Duft orientalischer Gärten, der legendären Tausendundeinenacht, aber sie säten in uns auch eine fanatische Begeisterungsfähigkeit und den Hang zu Betrügereien und Ausschweifung. Die Spanier vermachten uns ihre Exaltiertheit und den Hochmut, die Großmut unseres Ehrenkodex, aber sie hinterließen uns auch einen starken Sinn für Asche und Tod.«

Der Historiker Giuseppe Quatriglio meint, das sizilianische Temperament sei zur Zeit der Araber am stärksten geprägt worden. »Unter arabischer Herrschaft verlor Sizilien seinen sonnigen, ausgeglichenen klassischen Charakter und eignete sich die schwerfällige, melancholische und grüblerische Wesensart an, die in Westsizilien immer noch vorherrscht.« Selbst heute wird man im Westen noch mit orientalischer Unergründlichkeit konfrontiert. Im Gegensatz dazu ist der griechische Osten demokratischer und pflegt eine engere Verbindung zum italienischen Festland.

Giuseppe Fava betrachtete Palermo als das *alter ego* Catanias. Wo die Palermitaner nobel, bürokratisch, parasitär, träge und dekadent sind, geben sich die *catanesi* volkstümlich, geschäftstüchtig, fleißig, schlau und zynisch. Die Einwohner von Syrakus dagegen gelten als kultiviert, gebildet, offen und ehrlich, aber auch als *babba* (naiv).

Siziliens ethnische Mischung macht sich auch in der Sprache bemerkbar. *Cristiani* (Christen) bedeutet einfach Leute, und *turchi* (Türken) nennt man allgemein islamische Gastarbeiter.

Kultur

Im sizilianischen Dialekt gibt es keine grammatikalische Zukunft, ein Indiz dafür, dass die Liebe zur Vergangenheit das Denken prägt. Bufalino beklagt das Ende eines »ärmeren, aber freundlicheren« Sizilien: »Wo sind die Messerschleifer, die Schmiede, die Fuhrmänner, die Färber, die Zahnzieher, die umherziehenden Geschichtenerzähler,

eines unbekannten Mannes. Zur modernen Kunst zählen Guttusos bäuerliche Landschaften, aber auch Francesco di Grandis grausige Gemälde, in denen er den Moment des Todes auf der Leinwand festhält.

Privattheater

Sicher in ihrer Schutzhülle aus Freundestreue und Familienzusammenhalt pflegen die Menschen ihr Glück. »Alles, was unser Prestige nur geringfügig ankratzt, wird als Frevel betrachtet, der manchmal nicht einmal durch Rache wieder gutgemacht werden kann.« Bufalinos Ansicht wird besonders

die Kupplerinnen und Wahrsagerinnen geblieben?« Die sizilianische Kultur sieht sich am Rande des Geschehens, trotzdem ist sie durchaus selbstverliebt. Norman Lewis führt dies auf die düstere Geisteshaltung der Sizilianer zurück, wobei ihre Kultur doch eher exotisch ist als dem Tod verpflichtet. Gaginis Madonnen aus reinem weißem Marmor kontrastieren mit dem »archetypischen« listigen Sizilianer in Antonello da Messinas *Porträt*

◀ **Auf dem Fischmarkt wird noch lebhaft gehandelt**
▲ **Die Großfamilie ist der Kern der sizilianischen Gesellschaft**

von den obersten und untersten Schichten der Gesellschaft geteilt. In einer unterdrückten Kultur hängt das Leben eines Menschen oft von einer *parola d'onore* (Ehrenwort) ab, daher müssen Versprechen unbedingt gehalten werden.

Jede Zurückweisung von Gastfreundschaft gilt als Loyalitätsverletzung. Ein Anwalt meint dazu: »Für uns ist Gastfreundschaft eine Freude, bei der beide Seiten eine Verpflichtung tragen. Eine Zurückweisung ist nicht nur unverschämt, sondern fördert auch unsere *complessi di tradimento* (Treuebruch-Komplexe).«

Sizilianer aller Klassen erheben ihre Männlichkeit zum Mythos. »Wir Männer aus Catania werden allgemein für fähig gehalten, unsere Ammen zu schwängern«, prahlt ein Mann in Lampedusas *Die Sirene*. Bufalino gibt auch die Schattenseite des sizilianischen *machismo* preis: Jede sexuelle Schwäche »verursacht in unserem Blut einen Wirbel aus Depression und Raserei, der uns zum Tragischen hin tendieren lässt.«

Im ländlichen Sizilien haben die Ansichten Giovanni Vergas aus dem 19. Jh. über die »ideale Frau« heute noch Gültigkeit: »Sie ist eine Person, die webt, Anchovis einsalzt und Kinder gebärt, wie es sich für eine gute Hausfrau geziemt.« In seinen Erzählungen kommt eine typisch freudlose Einstellung zu Beziehungen zum Ausdruck:

»Mädchen müssen heiraten, sonst hängen sie herum und warten darauf, dass man über sie stolpert wie über alte Kochtöpfe.« In *Sizilianische Verwandtschaft* formuliert Sciascia es etwas eleganter: »Je weiter sie von mir entfernt war, desto mehr gab sie vor, mich zu begehren. Sie war eine gute Ehefrau.«

Zu Held oder Heldin wird man auf Sizilien für gewöhnlich erst nach dem Ableben. Helden wie die Richter Giovanni Falcone und Paolo Borsellino mussten sterben, bevor ihre Verdienste wirklich gewürdigt wurden. Leoluca Orlando, mutiger Nachfolger im Kampf gegen die Mafia, hat lange um die Anerkennung der Palermitaner und die Durchsetzung seiner Reformen ringen müssen.

Insel zwischen Himmel und Hölle

»Wenn wir Verbrecher werden, dann sind wir die besten von allen«, verkündet eine ehrliche Hausfrau stolz. In *Der Leopard* erklärt Lampedusa diese Arroganz mit den Worten: »Die Sizilianer wollen sich aus dem einfachen Grund nicht bessern, weil sie sich selbst für perfekt halten. Ihre Eitelkeit ist stärker als ihr Elend. Jede Invasion von Fremden ... bringt ihre Illusion von der erreichten Perfektion durcheinander und stört ihr selbstgenügsames Warten auf nichts.«

Die modernen sizilianischen Schriftsteller betrachten das trotzig-melancholische Temperament

Gesualdo Bufalino

Der 1996 als 75-jähriger verstorbene Autor aus der sizilianischen Provinz veröffentlichte 1981 seinen ersten viel gelesenen Roman: »Diceria dell' Untore« – »Geschwätz des Seuchenverbreiters«, fiktive Erinnerungen eines Ich-Erzählers an den Zweiten Weltkrieg und einen Aufenthalt (»Lehrzeit des Todes«) in einem palermitanischen Tuberkuloselazarett im Jahr 1946. Die »Rocca« oberhalb von Palermo ist in eine Lungenheilstätte umgewandelt worden, die Festung wird zum »Zauberberg«, und das ist nicht die einzige nahe Verwandtschaft mit Thomas Manns berühmtem Roman. Charakteristisch für den Stil Bufalinos, des von Leonardo Sciascia entdeckten und geförderten »unzeitgemäßen Eindringlings in die Literatur«, sind die Ausdruckskraft und der Bilderreichtum seiner Sprache.

ihrer Landsleute als Ergebnis der Insellage. Für Leonardo Sciascia »war Sizilien immer das Sinnbild einer besiegten Insel«. Für Bufalino ist Sizilien »ein Paradies im Gewand der Hölle, eine Hölle im Gewand des Paradieses«.

Sie sehen sich selbst als launische Kräfte der allgegenwärtigen Natur, so gewaltig wie der mächtige Vulkan Ätna, aber erfüllt von einem Sinn für das Heilige. Die Spiritualität findet in spontanen Gottesdiensten ihren Ausdruck, die von weiblichen Laienpriestern geleitet werden. Im Alltag ist spürbar, dass Gott in jeder Form akzeptiert wird. Sciascia sagt: »Sizilien existiert auf der Ebene der Fantasie. Wie soll man dort ohne Einbildungskraft leben können?« ■

Leben auf dem Land

Die meisten Dörfer sind weder ganz traditionell noch total modern. Sie liegen in der Mitte, einem Niemandsland zwischen feudaler Vergangenheit und Hightech-Zukunft. Mit staatlicher Unterstützung wurde der Lebensstandard in den Dörfern zwar verbessert, aber das trug wenig dazu bei, dass sich die Wirtschaft dauerhaft entwickelt. Vor einer Generation wurden Elektrizität, sanitäre Anlagen, ärztliche Versorgung und Schulbildung noch als Luxus betrachtet. Heute sind sie meist selbstverständlich. Früher träumten die Bauern davon, Land zu kaufen, um es für sich selbst bestellen zu können. Jetzt ist das Verlangen nach Verbrauchsgütern, dem Farbfernseher, einem neuen Auto oder dem Appartement stärker.

Während das Konsumdenken immer stärker wird, sieht man kaum Anzeichen für wirklich tief greifende Veränderungen in den Dörfern. Ein Anthropologenteam beschreibt die Situation in den Provinzen als »Modernisierung ohne Entwicklung«: Die Landbewohner werden (durch staatliche Subventionen und Geldüberweisungen der Auswanderer) finanziell so weit unterstützt, dass sie einen Geschmack vom Reichtum im Norden bekommen, ohne dass ihre wirtschaftliche Unabhängigkeit gefördert wird.

Da viele Menschen unterbezahlt sind, müssen sie sich ihren Lebensunterhalt mit mehreren Jobs verdienen. Es ist nicht ungewöhnlich, dass eine Familie eine oder mehrere Landparzellen bewirtschaftet sowie eine weitere, deren Pacht mit einem Teil der Ernte bezahlt wird, dass sie einen Anteil an einer Olivenpresse besitzt und trotzdem noch Arbeit auf dem Bau annimmt. Die Konkurrenz ist groß, und »furberia« (Schlauheit) wird insbesondere im Arbeitsleben als Vorteil gewertet. »Man ist besser ein Teufel mit einer Tasche voll Geld«, heißt es, »als ein Narr mit ein paar Lire«. Von einem Mann wird erwartet, dass er Gelegenheiten beim Schopf packt und, wenn nötig, andere Leute übervorteilt, ohne sich dabei groß um die Moral oder das Gesetz zu kümmern.

Der Erfolg der Familie wird nicht nur am Reichtum gemessen, sondern auch an Einfluss und Prestige. In einem Land, wo die Regierung schon immer schwach war, wird die Macht des Einzelnen besonders hoch bewertet. Der Mann, der fähig ist, sich um seine eigenen Angelegenheiten zu kümmern,

wird geachtet. Er ist ein Ehrenmann, nicht nur in der Lage, seiner Familie zu helfen, sondern auch seinen Freunden. Die Loyalität der Familie schließt das ganze Dorf ein, insbesondere, wenn die Dorfbewohner mit Fremden konfrontiert werden. Oft stellen sich Menschen zunächst als Mitglieder einer Dorfgemeinschaft vor und erst danach als Sizilianer und noch seltener als Italiener. In Dörfern kommen nur drei oder vier Nachnamen häufig vor, und nach mehreren Jahren und vielen Hochzeiten fühlt sich

das ganze Dorf wie eine Großfamilie.

Ein jeder weiß dann um die Angelegenheiten des anderen, und es ist unerlässlich für den Familienstolz, dass man den Schein wahrt – es gibt nichts Wichtigeres als »fare una bella figura«. Dazu gehört, dass man sich gut kleidet, anständig benimmt, so tut, als hätte man einen bescheidenen Besitz, und seine Pflichten erfüllt. Denn Klatsch ist in den Dörfern allgegenwärtig. ∎

◀ **Boccia, das Spiel für alle Altersstufen**
▲ **Weidewirtschaft – für zahlreiche Bauern notwendig**

Männer, Frauen, Kinder

1989 erregte Lara Cardella, eine 20-jährige Studentin der Altphilologie, mit ihrem Buch *Ich wollte Hosen* erhebliches Aufsehen. Obwohl der Schauplatz der Handlung nicht benannt wird, ist es zweifellos Licata, die rückständige Heimatstadt der Autorin in der Provinz Agrigent. Der Roman handelt von der Bigotterie, den Vorurteilen und der Ächtung, denen eine junge Frau ausgesetzt ist, die gerne Hosen tragen möchte. Durch ihre Weigerung, sich anzupassen, wird sie zur *puttana* (sizilianisch für Hure) der Stadt.

»Nur Männer und Prostituierte tragen Hosen«, wird ihr gesagt. Doch *buttana* bezeichnet nicht so sehr eine Prostituierte als vielmehr eine Frau, die gegen den ländlichen Sittenkodex verstößt. Die Geschichte bestätigt Meinungen Außenstehender über die Benachteiligung der Frauen.

Die Fiktion des Romans fand einen hässlichen Widerklang im wirklichen Leben: Zu Beginn der 1990er-Jahre wurde ein junges Mädchen aus einem kleinen Dorf in Westsizilien gleich von einer ganzen Bande junger Burschen vergewaltigt, einige davon kannte sie aus ihrer Schule. Als sie das Verbrechen anzeigen wollte, schlossen sich die Familien der Täter gegen das Mädchen zusammen und verleumdeten das misshandelte Opfer aufs Übelste als »Flittchen« und »Dorfhure«, die doch nur das Gewünschte bekommen hätte und nun unschuldige Söhne in Schwierigkeiten brächte. Die junge Frau wurde Ziel einer eskalierenden Hasskampagne, vor der sie in ein norditalienisches Frauenhaus floh.

La Famiglia

Grundlegend für das Prestige der eigenen Familie ist der Schutz der *bella figura* (des Ansehens) und der *roba* (des Besitzes). Vorrangig wird von einem sizilianischen Mann erwartet, sein Ansehen zu wahren, und seine Familie, nicht etwa der Staat, ist der höchste Richter über sein Verhalten. In einem Roman Leonardo Sciascias heißt es: »Die einzige Institution im Bewusstsein der Sizilianer, die wirklich zählt, ist die Familie. Sie ist der Staat der Sizilianer. Der Staat, wie er für uns existiert, ist für sie irrelevant, lediglich eine *de facto*-Wesenheit, die auf Macht basiert. Der Sizilianer kann von der Idee des Staates weggetragen und vielleicht sogar Premierminister werden, doch der Kodex seiner Rechte und Pflichten wird innerhalb der Familie festgelegt«.

Lara Cardella sagt: »Meine Großmutter war so angesehen, wie es eine Mutter und Ehefrau in einer patriarchalischen Gesellschaft nur sein kann«. In den Augen vieler Sizilianerinnen ist ihre Gesellschaft matriarchalisch. In den adeligen Familien Palermos hatte immer die Dame des Hauses die Schlüsselgewalt inne.

Pilar Visconti warnt vor einer feministischen Auslegung der mittelalterlichen sizilianischen Gesellschaft. »Im Privatbereich haben die Frauen alles unter Kontrolle, und zwar nicht nur im Haushalt. Aber der Preis für die Macht hinter dem Thron ist, dass eine Frau sich in der Öffentlichkeit den Wünschen ihres Gatten fügen muss und es zu vermeiden hat, ihn zu verärgern«.

◀ **Priester mit aufmerksamen Zuhörern**
▲ **Passegiata am Nachmittag**

Elternliebe

Für jede Beziehung gibt es ein Sprichwort. »Ehre
deinen Vater und höre immer auf ihn, dann werden dich selbst die Steine lieben«. »Deine Mutter
ist deine Seele, wer sie verliert, wird sie niemals
finden«. Der *mammismo* ist eine kindliche Abhängigkeit von der Mutter, die besonders im geho-
benen Mittelstand der Städte verbreitet ist. Vincent Cronin nennt Sizilien »eine wohlwollende
Pädokratie, eine Gesellschaft, in der Kinder die
Macht besitzen«. Er behauptet, Kinder würden für
ihre Jugend und Schönheit gepriesen und seien
»die Meistgeliebten und damit die Mächtigsten«.

demonstrieren – um jeden Preis, auch den des
Wohls ihrer Tochter.

Inzwischen haben alle staatlichen Schulen Siziliens die Koedukation eingeführt, Mädchen und
Jungen lernen, ungezwungen miteinander umzu-
gehen, gehen gemeinsam zur Schule, Teenager
unternehmen die abendliche *passeggiata* Arm in
Arm, fahren zusammen Motorroller, tauschen
Küsse aus.

Doch spätestens hier endet die neu gewonnene
Liberalität auch schon wieder. Unabhängig von
der sozialen Schicht leben praktisch sämtliche
Söhne und Töchter bis zu ihrer Heirat bei den

Elterliche Gewalt

»Wir sind Hunde, die einen Besitzer suchen, der
uns streichelt, schlägt, aber auch beschützt«, klagt
die Schriftstellerin Cardella, »aber wer beschützt
uns vor unseren Besitzern, unseren Eltern?«

Junge Sizilianerinnen, namentlich in Kleinstäd-
ten und auf dem Land, sehen sich auch heute
noch oft mit strengsten überkommenen Moralvorstellungen konfrontiert. Eltern wachen mit
Argusaugen über die Moral – und vor allem den
Ruf – ihrer Töchter. Dabei entfalten sie eine enorme Autorität, die sogar bei Gerichtsverfahren in
die Waagschale geworfen wird. Mädchenerzie-
hung spielt sich unter den Augen der Öffentlichkeit ab, Eltern müssen korrektes Verhalten

Eltern und nicht etwa alleine in »eheähnlichen
Gemeinschaften«. Daher haben die Erzeuger immer noch eine nicht beträchtliche Kontrolle
über ihren Nachwuchs. Hier ein typischer Fall:
Die 17-jährige Tochter einer bürgerlichen Familie,
die von ihrem Freund schwanger geworden war,
sah sich blitzschnell als offizielle Verlobte des Sohnes im Hause ihrer Schwiegereltern wohnen. So
hatte das Mädchen nur die eine häusliche und
moralische Abhängigkeit gegen eine andere einge-
tauscht. Obwohl ihr Vater und die Brüder bedau-
erten, dass sie die Schule abbrechen und Berufs-
wünsche wie auch Karriereträume begraben
musste, befürworteten sie die Lebensumstellung
auf »Teenager-Hausfrau« ausdrücklich.

Stadt gegen Land

Zwischen dem Lebensstil in den Städten und dem auf dem Land besteht ein himmelweiter Unterschied. Dies ist verständlich, denn Sizilien war bis vor kurzem noch hauptsächlich ländlich. In den Städten sind vergleichsweise viele Frauen unabhängig. Im Gegensatz dazu werden die Mädchen in der Provinz oft übermäßig behütet und sind selten berufstätig. In manchen ländlichen Arbeiterfamilien zwingen Väter ihre Töchter dazu, die Schule im Alter von 12 Jahren zu verlassen. Und dies weniger, weil sie eine gute Ausbildung noch immer als unnütz ansehen, sondern vielmehr, weil

Laut Mary Taylor-Simeti, einer bekannten amerikanischen Autorin, die auf Sizilien lebt, »ist die Olivenernte einer der wenigen Anlässe, zu dem die Frauen gemeinsam mit den Männern auf die Felder gehen«.

Allerdings tragen nur noch wenige Bauernmädchen in der Provinz Caltanissetta oder Agrigent Faltenröcke und wenden den Blick nicht vom Boden. Doch lassen sie sich auch heute nur zu Festen in der Öffentlichkeit blicken, und wenn, nur in Begleitung ihrer Eltern. Es ist schwer, dieses altmodische Bild mit dem gesellschaftlichen Niveau in Palermo in Einklang zu bringen.

ihnen der Umgang ihrer heranwachsenden Töchter mit Jungen unerwünscht ist, zumal in einer Umgebung, die sie nicht kontrollieren können. Fortschrittliche Sizilianer ziehen ihre Kinder inzwischen weniger geschlechtsspezifisch auf.

In Selinunt müssen die Frauen der Fischer zwar zum Familieneinkommen beitragen, doch die Männer erlauben ihnen nicht, das Haus zu verlassen. Nur wenige Frauen arbeiten auf den Feldern.

◀ **Vulkanische Leidenschaft
in der Nähe des Ätna**
▲ **Traditionelle katholische
Hochzeit in Caltanissetta**

Eine Frau, die nachts allein mit dem Wagen unterwegs ist, muss mit anzüglichen Bemerkungen der männlichen Autofahrer rechnen. Den Segen der Gesellschaft haben sizilianische Hausfrauen lediglich dann, wenn sie zu Hause bleiben.

Gesellschaftsschichten

Unterschiede zwischen sozialen Klassen – oder »Kasten«, wie der Adel sie nennt – waren bis vor kurzem noch viel deutlicher erkennbar. In einer »guten« Familie war körperliche Arbeit verpönt, Reichtum wurde aber nie zur Schau gestellt. Die Kinder wurden nahezu spartanisch aufgezogen, sie bekamen kaum Spielzeug. Wie ihre Eltern ihnen wohlweislich beibrachten: »Si sapi unni si nasci e un si sapi unni si mori« (Man weiß, wo man geboren ist, aber nicht, wo man stirbt).

Dies erscheint als eine zynische Weisheit angesichts der wirklichen Armut vor ihrer Türschwelle, doch abgesehen von Reichtum und Kindererziehung ähnelten sich einige moralische Prinzipien dieser Klassen. Zum Beispiel legten beide Schichten auf die Jungfräulichkeit großen Wert. Bis zum Zweiten Weltkrieg hatten Söhne aus guter palermitanischer Familie vor ihrer Ehe nur wenig Freiheit und Töchter überhaupt keine. Daher war die Hochzeit eine enorme Erleichterung. Legale Heirat bedeutete legalen Sex.

Altersgenossen aus den Dörfern oder aus der Arbeiterklasse der Städte konnten vielleicht das sexuelle Tabu leichter umgehen, besonders die Jungen hatten mehr Möglichkeiten. Für die Mädchen war erst die Ehe die Befreiung von der elterlichen Kontrolle. Die Dinge haben sich seitdem geändert, doch aus welcher Gegend und welcher Familie jemand stammt, ist immer noch entscheidend.

Ehe oder Selbstbestimmung?

In den wunderschönen vor sich hinbröckelnden Palazzi aus dem 18. Jh. im historischen Zentrum Palermos leben zum Teil noch Großfamilien. Doch sie sind mittlerweile in der Minderheit: Die berühmten sizilianischen Familienbande erschlaffen nach und nach.

Vor die Wahl zwischen Schule oder Hausarbeit gestellt, zog Lara Cardellas Erzählerin die Schule den »langen Sitzungen vor dem Webstuhl oder dem Einwecken von Tomatenmark« vor. Die jungen Frauen fliehen in die Hochschulen in der Stadt. Der Wunsch nach mehr Bildung entspringt dem Verlangen nach mehr Selbstständigkeit, aber auch der hohen Arbeitslosigkeit. Obgleich eine akademische Qualifikation nicht automatisch zu einer Beschäftigung führt, bietet das Studium vielen Mädchen eine Möglichkeit, der Familie zu entkommen.

Auf die Frage, wie ihre junge Tochter die Studienzeit verbringe, antworteten die Eltern einer Studentin der Universität Palermo oder Catania, sie wohne bei Nonnen. Es war zwar allgemein bekannt, dass die junge Frau eine eigene Wohnung hatte, aber es wurde nie ausgesprochen. »Cosi

Ausreißen erlaubt . . .

Die Flucht der Liebenden, die »fuitina«, ist in der Arbeiterklasse immer noch üblich. Ein verliebtes junges Paar, das nicht zusammen schlafen darf, flüchtet, um die Ernsthaftigkeit seiner Absichten öffentlich zu demonstrieren. Die jungen Leute erhalten einen Raum im Haus von Verwandten, wo sie ihre »Heirat« vollziehen können. Wenn sie älter und finanziell unabhängig sind, wird die Verbindung legalisiert. Schliefe sie ohne die Billigung der Familie mit ihrem Freund, gälte sie als Prostituierte. Doch haben die moralischen Erwägungen einen praktischen Nebeneffekt: Die »fuitina« spart Geld! Das junge Paar kann sich ungeniert zeigen, die Familie des Mädchens erleidet dabei keine Schande, kann aber die enormen Ausgaben für eine große Hochzeit erst einmal abwenden. Unglücklicherweise enden viele dieser »Frühehen« sehr bitter für die junge Frau, die sich binnen kurzem ohne Berufschancen, ans Haus gebunden wieder findet. Denn meist hatten die Teenager nicht genug Zeit, sich gegenseitig wirklich kennen zu lernen, bevor die überkommene Moral sie zwang, sich öffentlich zueinander zu bekennen und Konsequenzen zu tragen.

è se vi pare«, wie Pirandello sagte, »wenn es so aussieht, dann ist es so«.

Falls ein Paar unverheiratet zusammenleben will, muss es nach Palermo oder Mailand ziehen. Vor kurzem wohnten zwei junge Leute in ihrem Heimatort zusammen, doch entbrannte ein derartiger Aufruhr, dass sie sich gezwungen sahen, den Ort zu verlassen.

Wie aufgeklärt eine Familie auch sein mag, eine große Hochzeitsfeier in Weiß ist immer noch der größte Wunsch einer Mutter für ihre Tochter. Viele junge Mädchen finden diese Tradition lästig, sehen sich jedoch gezwungen, dem althergebrachten Wunsch der Familie zu entsprechen, denn die Mehrheit der über 20-jährigen in Palermo wohnt noch bei den Eltern.

In der Vergangenheit war die Zeit der Liebeswerbung eine Angelegenheit im Verborgenen. Mario Puzo schreibt in *Der Sizilianer*, dass ledige Frauen, die am Fenster saßen und nähten, nur ihr Profil der Straße zuwenden und keinesfalls auf vorübergehende junge Männer reagieren durften, um nicht als Dirnen zu gelten. Leonardo Sciascias Roman *Sizilianische Verwandtschaft* offenbart diese Gefühle: »Ich hatte aus Liebe geheiratet, was in sizilianischen Städten verstohlene Blicke und wortlose Treffen bedeutet«.

Eine Frage der Ehre

Von einem Mann wird erwartet, dass er das Verhalten seiner Familie unter Kontrolle hat, einschließlich der Sexualität seiner Tochter – und natürlich seiner Frau. Bei einem Verstoß kann ein Mann entweder den Verlust der öffentlichen Wertschätzung akzeptieren oder versuchen, seine Ehre wiederzugewinnen, indem er Rache übt oder die Liebenden zur Heirat zwingt. Ein Steinmetz, der der Mafia angehört, bekennt freimütig, dass seine Frau noch nie allein einkaufen gegangen ist, und fügt hinzu: »Sie hat ihr eigenes Portemonnaie«, damit ihn niemand für geizig hält. In den unteren Klassen ist der Fleischeinkauf Männersache. Der Steinmetz ist froh, dass er drei Söhne hat. Sein Kollege stimmt ihm zu, dass ein Mädchen »immer ein schreckliches Risiko ist«. Er

kontrolliert seine Tochter ständig, »nicht, weil ich ihr nicht traue, sondern weil ich kein Vertrauen in die Gesellschaft habe«.

Es ist nicht der Sex, den die Familie fürchtet, sondern der Skandal. Denn die Gemüter gerieten immer schon schnell in Wallung, wenn es um Frauen ging, und Verbrechen aus Leidenschaft oder *delitto d'onore* geschahen häufig. Der »Mord zur Rettung der männlichen Ehre« bezog sich auf abgeschlossene Gemeinschaften, wo ein Ehemann, der die Untreue seiner Frau entdeckte, den Liebhaber töten musste. Selbst wenn dieser seinen Rivalen nicht umbringen wollte, wurde der Süh-

nemord von der Öffentlichkeit gefordert. Wer ein Verbrechen aus Leidenschaft beging, hatte lediglich mit einer Gefängnisstrafe von zwei bis fünf Jahren zu rechnen.

Heutzutage werden eheliche Zwistigkeiten bedeutend zivilisierter ausgetragen. Das Scheidungsgesetz von 1974 verlieh Frauen einen gleichberechtigten Status. Heute denkt ein Familienvater lieber zweimal nach, bevor er seiner Frau verbietet, arbeiten zu gehen, oder seine Tochter davon abhält, außerhalb des Heimatortes zu studieren. Eine Frau kommentierte das Bild Siziliens als einer Insel der Gewalt und sozialen Rückständigkeit folgendermaßen: »Wer einen Wolkenkratzer einreißen will, braucht eben Zeit«. ■

◄ Häkeln und Spitzenklöppeln –
eine typische Frauenarbeit
▲ Fröhliche junge Sizilianerinnen

Die Mafia

Es stimmt, ein großer Teil der Sizilianer ist mehr oder weniger direkt von der Mafia betroffen, doch hat sich die Einstellung ihr gegenüber tief greifend gewandelt – und darin liegt die bislang größte Gefahr für die Mafia.

»Die Mafia ist nicht nur ein Krake. Sie ist ein bösartiger Panther mit dem Gedächtnis eines Elefanten«, sagte Richter Falcone kurz vor seiner Ermordung 1992. Es muss unterschieden werden

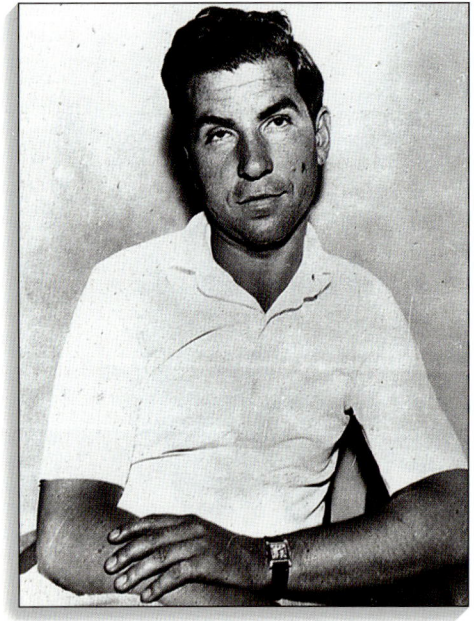

zwischen der kriminellen Mafia-Organisation Cosa Nostra und *mafia,* einer geistigen Einstellung. *Tutto il mondo è un paese* heißt es oft auf Sizilien – »überall auf der Welt ist es dasselbe«. Dieses Sprichwort dient gleichzeitig als Entschuldigung für die Mafia und als Angriff auf sie. Dahinter liegt eine Ablehnung der Mafia und der öffentlichen Duldung, auf der sie basiert. Fatalisten sehen die Mafia als einen genetischen Defekt Siziliens, doch Falcone hielt sie für »ein menschliches Phänomen, das daher einen Anfang, eine Entwicklung und ein Ende hat«.

Wurzeln im Mittelalter

Italiens übelste Plage – mit einem für 1994 geschätzten Verwaltungs- und Investitionsvolumen von rund 800 Milliarden DM – soll auf eine mittelalterliche Sekte zurückgehen, die *Beati Poli,* deren maskierte und mit Spießen sowie Schwertern bewaffnete Mitglieder in den unterirdischen Gängen Palermos lauerten. Sicher ist, dass die Mafia, wie wir sie kennen, im frühen 19. Jh. Gestalt annahm. Es waren Bruderschaften, angeblich mit dem Ziel, arme Sizilianer vor Korruption, Unterdrückung und feudaler Misswirtschaft sowie Landraub zu schützen – doch es sickerten auch schnell kriminelle Elemente ein.

Ab 1838, als sie erstmals aktenkundig wurden, unterwanderten die Bruderschaften alle Bereiche des öffentlichen Lebens auf Sizilien. 1875 hatte die Mafia das Haus der Bourbonen in Palermo im Griff. Wer zu hartnäckig gegen die Bruderschaften ermittelte, war rasch erst seinen Auftrag, dann seinen Arbeitsplatz los. In diesem Jahr wurde »Mafia« auch erstmals im Bericht einer parlamentarischen Kommission erwähnt.

Der Staat war eine ernste Bedrohung für den starken Individualismus, der auf Sizilien große Bedeutung hatte. Mangelndes Vertrauen in die Politik führte zu persönlicher Entfremdung und Rückzug: Hinter dem blassen Bild der schwachen italienischen Republik etablierte sich ein düsterer Inselstaat. Der *gabelloto* verzichtete auf die feudalen Rechte, doch der Preis für sein Überleben war Komplizenschaft. Die Mafia-Expertin Clare Sterling behauptet, dass »zwischen 1860 und 1924 nicht ein einziger sizilianischer Politiker ins italienische Parlament gewählt wurde, der nicht von der Mafia anerkannt wurde«. Daran hat sich bis heute einiges geändert.

Die moralische Kluft zwischen Staat und Gesellschaft führte dazu, dass man die Gesetzgeber oft verspottete, während Gesetzesbrecher geschützt und sogar verehrt wurden. Richter Falcone nannte sich »einen Diener

Mafia
→ Der Begriff ist erstmals um 1650 nachgewiesen, er soll »Hexe« heißen. Nach anderen Deutungen stammt er aus dem Dialekt oder von arabischen Lehnwörtern ab und bedeutet je nachdem »Schutz«, »Elend« oder »gedungener Mörder«.

des Staates *in terra infidelium* (im Land der Unge-treuen)«. Die Tradition nährte die *omertà,* den Eh-renkodex des Schweigens, und hüllte die Mafia-Verbrechen in eine Aura der Legalität. Wie ein sizilianisches Sprichwort sagt: »Wer viel redet, sagt nichts; wer wenig sagt, ist weise«.

Neubeginn in der Nachkriegszeit

Benito Mussolini wäre es beinahe gelungen, die Mafia und ihre Struktur zu zerschlagen, doch die Alliierten stellten deren Autorität und Einfluss nach der Landung auf Sizilien »versehentlich« (siehe S. 54) wieder her.

Die Mafia tat sich mit dem italienischen Staats-apparat zusammen, um das weit verbreitete Ban-ditentum zu unterdrücken, das sich während der faschistischen Belagerung auf ihrem Territorium breit gemacht hatte. Das im Grunde streng kon-servative Wesen der sizilianischen Mafia zeigt sich an den engen Verbindungen mit den Christdemo-kraten, die im Nachkriegssizilien die populärste Partei wurde.

»Amerikanisiert« und ihren ländlichen Wurzeln entwachsen, vollzog die Mafia in den späten 1950er-Jahren einen entscheidenden Schritt mit dem Einstieg ins lukrative Drogengeschäft. 1957

Das Schweigen brechen

Ein Erfolg der Anti-Mafia-Front war, den »omertà«-Kodex zu durchbrechen. Die Komplizenschaft mit der Mafia entstand aus den Unsicherheiten der Ver-gangenheit und politischer Enttäuschung. Schwei-gen gehörte zu den ererbten Eigenschaften der Sizilianer, aber Beobachter können eine Änderung dieser Einstellung bemerken. Die Kirche, oft unter Verdacht, den Verbindungen zwischen Mafia und Christdemokraten gegenüber blind zu sein, be-kennt nun Farbe. Palermos Kardinal Pappalardo hat die »malavita« (Unterwelt) öffentlich angepran-gert. Das Programm der »pentiti« gibt den Behör-den ein Werkzeug in die Hand, um die »Mauer des Schweigens« zu brechen. Zu den Überläufern gehören sowohl die Reuigen als auch solche, die sich aus anderen Motiven entschieden haben, dem Staat Beweise gegen die Mafia zu liefern.

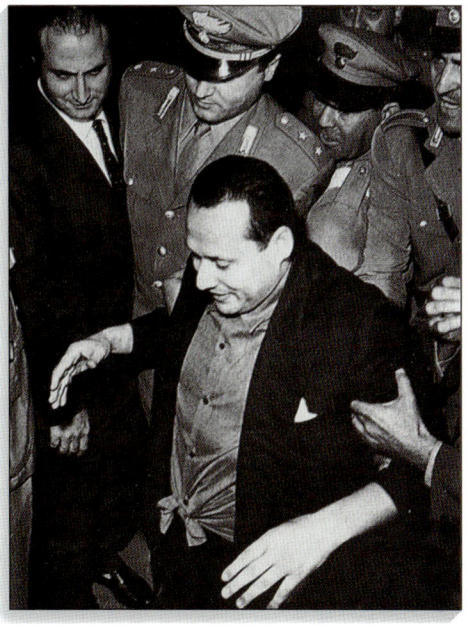

Calogero Vizzini und Lucky Luciano, ein Gangster, der aus einem amerikanischen Gefäng-nis vorzeitig entlassen wurde, um die Alliierten mit Geheiminformationen zu versorgen, ließen die Mafia wieder aufleben. Luciano beschrieb die Cosa Nostra mit Worten, die auch heute noch gültig sind: »Erst kommt die Mafia, dann deine Fa-milie, dann dein Geschäft und dann wieder die Mafia. Sie ist wie ein Privatklub, dem eine ganze Menge Leute angehören«.

◀ **Lucky Luciano, die Kontakt-person zur amerikanischen Mafia**
▲ **Luciano Liggio wird verhaftet**

legten die amerikanischen Bosse nach einem schweren Schlag gegen das organisierte Verbre-chen in den USA den Import von Heroin und an-deren Drogen in die Hände ihrer sizilianischen Kollegen. Lucky Luciano hatte noch vor seinem Tod 1962 die Basis dazu geschaffen. Die sizilia-nische Mafia erhielt mit dieser Verlagerung ihre heutige Prägung. Frank »Dreifinger« Coppola, an-geblich im Machtzentrum der neuen sizilianisch-amerikanischen Achse, schuf die ersten wichtigen Verbindungen zwischen der Mafia und den Politi-kern in Rom. Sein Schützling war Luciano Liggio, ein ehrgeiziger Gangster aus Corleone, der seine ersten Sporen während des Krieges auf dem Schwarzmarkt verdient hatte.

Krieg der Familien

Liggio führte seine Corleone-Familie an die Spitze des Heroinhandels und innerhalb der Cosa Nostra, indem er den internen Mafia-Kodex fast völlig ignorierte. Seit 1974 sitzt er im Gefängnis, konnte seine Herrschaft über die Mafia anfangs jedoch mit Hilfe seiner Statthalter Salvatore (Totò) Riina und Bernardo Provenzano aufrechterhalten.

Die Taktik der Corleonesi, die Riina fünf Jahre nach Liggios Verhaftung dessen Kontrolle entrissen, war einfach: Jeder Mafioso, der allzu begehrlich nach Machtpositionen strebte, oder, wie die alte Garde, vor denselben Praktiken zurück-

Carlo Alberto Dalla Chiesa, vor seiner Entsendung als Präfekt nach Palermo erfolgreich im Kampf gegen den Terrorismus. Als Reaktion setzte die Regierung ein Gesetz durch, um Hand an das Mafia-Vermögen legen zu können. Das Gesetz war von Pio La Torre vorgeschlagen worden, Kopf der Kommunistischen Partei Siziliens und Mafia-Opfer 100 Tage vor dem Tod Dalla Chiesas.

Dalla Chiesa hatte begonnen, in Siziliens bedeutender Bauindustrie, einer idealen Geldwaschanlage für Drogendollars, herumzustochern – und er hatte ein Wespennest getroffen, die »Dritte Ebene«: Wer in der Schaltzentrale des Staates schütz-

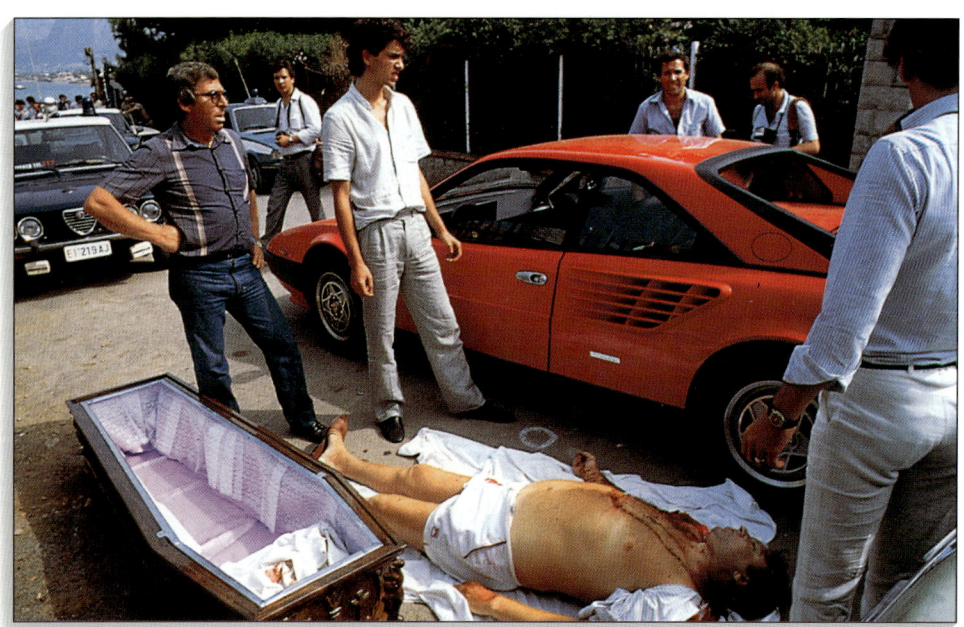

schreckte, wurde systematisch ausgelöscht. Der Familienkrieg von 1980 bedeckte Palermos Straßen mit Blut und sah die Corleonesi als unumstrittene Sieger. Riina allein wird mit über 1000 Morden in Verbindung gebracht.

Nicht alle Opfer waren Mafiosi. Als Antwort auf den Drogenhandel, der das Blutbad in Gang gesetzt hatte, wurde ein parlamentarisches Anti-Mafia-Komitee eingerichtet; die Mafia setzte eine Terrorkampagne dagegen, bei der hohe Beamte, Polizisten und Politiker in die Schusslinie gerieten. Die Liste prominenter Opfer beginnt mit Palermos Oberstaatsanwalt Pietro Scaglione, 1971 angeblich von Liggio, Riina und Provenzano ermordet. 1982 starb, zusammen mit seiner Frau, General

Der Preis der Reue

Der im April 2000 verstorbene Tommaso Buscetta, Kronzeuge gegen die Mafia, behauptete, seine Kehrtwendung gegen die Organisation sei erfolgt, weil diese ihre Werte verraten habe. Zweifellos war aber auch persönliche Rache im Spiel, schließlich hatte der Corleonese-Clan während der letzten Machtkämpfe zahlreiche Verwandte Buscettas ermordet. Nachdem dieser zum »reuigen Sünder« geworden war, eliminierten Killer auch den Rest seiner Familie: Ehefrau, Söhne, Eltern, Onkel und Tanten, insgesamt 33 Menschen wurden ermordet.

te und warnte wen, oder schlimmer, wer gab auch Anweisungen an die Mafia? Der wichtigste Mafia-Informant, Tommaso Buscetta, behauptete 1993, dass Giulio Andreotti, siebenmaliger italienischer Premierminister, die Ermordung Dalla Chiesas sowie eines Journalisten angeordnet habe, weil Letzterer zu viel wusste. 1993 glückte der Polizei ein entscheidender Schlag gegen die Mafia: Salvatore (Totò) Riina, der Boss aller Bosse, wurde zu lebenslanger Haft verurteilt.

Buscettas Aussagen nach seiner Verhaftung 1982 führten zu mehreren Mammut-Prozessen in den 1980er-Jahren, in denen Hunderte von Mafiosi angeklagt wurden, ein paar Tausend Jahre Haft verhängt wurden, und die den jungen Staatsanwalt Giovanni Falcone bekannt machten. Falcone wurde zum prominentesten Mitglied einer Gruppe von Beamten, die als der »Anti-Mafia-Pool« galten. Trotz des Erfolgs, die Mafia beinahe niedergerungen zu haben – einige sagen, genau deshalb –, wurde die Gruppe aufgelöst.

La Piovra, der Mafia-Krake, erwachte zu neuem Leben und rüstete sich zum Krieg gegen den Staat und die Verräter in den eigenen Reihen. Den größten Blutzoll musste bisher die Familie von Tommaso Buscetta leisten.

Wirtschaftlicher Zugriff

Bis zu den Korruptionsskandalen in den Jahren 1992 und 1993 waren die Norditaliener geneigt, den Sizilianern die Schuld an der zunehmenden Verarmung ihrer Regionen zu geben. Falcone behauptete hingegen, die Mafia habe den Norden reich gemacht, indem sie erhebliche Summen in Mailänder Handelsunternehmen, die Finanzwirtschaft und Bauindustrie investiert habe. Da der Staat der Motor der sizilianischen Wirtschaft ist, stammen die Gewinne der Mafia gewöhnlich aus Staatsverträgen. Doch Erpressung, Drogenhandel und die Öffnung der europäischen Grenzen halten ebenfalls erhebliche Gewinne bereit. Ironischerweise warf man Falcone vor, »mit seinen Ermittlungen ruinierte er Siziliens Wirtschaft«.

Ende der 1980er-Jahre, auf dem Höhepunkt der Kontrolle des Drogenhandels durch die Mafia,

◀ **Opfer der Mafia**
▲ **Anfang der 1990er-Jahre des 20. Jhs. häuften sich die Verhaftungen von Mafiosi**

wurden in der Nähe von Palermo und Alcano Pharmalabors entdeckt, die Heroin herstellten. Heutzutage tummeln sich auch unzählige Newcomer auf dem Drogenmarkt. In Städten wie Gela und Catania werben die Mafiosi sogar halbwüchsige Taschendiebe an, als Drogenkuriere und sogar Schläger ihre schmutzige Arbeit zu verrichten. Doch die 7000 Soldaten, die 1992 und 1993 nach Sizilien entsandt wurden, halbierten die Rate der Straßenkriminalität. Der Militäreinsatz gibt der Polizei die Möglichkeit, sich auf die Verfolgung von Mafiosi zu konzentrieren. Die Sizilianer jedoch betrachten die Armee als Besatzer.

Mafia-Experten äußern düstere Prognosen über die Zukunft Siziliens. Seit die Politiker sich scheuen, Verträge mit Mafia-Firmen zu schließen, sind die öffentlichen Arbeiten zum Erliegen gekommen. Die Säuberungsaktionen und die Privatisierung staatlicher Industrie werden wohl einen Gegenschlag des organisierten Verbrechens nach sich ziehen.

Partner des Verbrechens

Die parlamentarische Anti-Mafia-Kommission, 1962 gegründet, hatte einigen Einfluss, aber es fehlten ihr letztlich die gesetzlichen Vollmachten. Erschöpfte Ankläger gaben ihre Posten auf, und ihre vorgesehenen Nachfolger weigerten sich, nach Sizilien zu gehen. Das Ergebnis war eine unterbesetzte Judikative. Die Kommission leitete einen Prozess gegen Siziliens mächtigsten Christdemokraten ein, Salvatore Lima, Parlamentsmitglied und Europaabgeordneter. Auch weitere Parlamentarier wurden krimineller Handlungen verdächtigt. Als einer der *intoccabili* (Unberührbaren) überlebte Lima zwar politisch, doch dann geriet er in Konflikt mit der Mafia: Dass er es trotz seiner politischen Potenz nicht fertig gebracht hatte, das Urteil gegen einen Mafioso vor dem Obersten Gerichtshof kippen zu lassen, war im März 1992 sein Todesurteil. Der Mord an Salvo Lima bildete den

Vorstoß an die Spitze

Es war der 26. September 1995: Giulio Andreotti, siebenmaliger Ministerpräsident Italiens und einer der angesehensten Staatsmänner des Landes, schleppte sich in den Gerichtssaal des Gefängnisses Ucciardone in Palermo. Die Anklage gegen Andreotti lautete auf Mafia-Zugehörigkeit. Gegen den Ende 1999 erfolgten Freispruch hat die Staatsanwaltschaft im Jahr 2000 Berufung eingelegt.

In einem abgetrennten Verfahren in Perugia wurde Andreotti der Anstiftung zum Mord an Mino Pecorelli bezichtigt, einem Enthüllungsjournalisten, 1979 Opfer von Mafia-Killern. Hauptbelas-

Auftakt einer neuen Welle von Gewalttaten, zu der auch die Bombenattentate auf Falcone (dessen Frau und drei Leibwächter) und den Richter Paolo Borsellino gehörten.

1993 richtete sich der fürchterliche Terror dann auch gegen das kulturelle Erbe des Landes: Auf die Florentiner Uffizien, Mailands Palazzo Reale und Kunstgalerie sowie auf zwei Kirchen in Rom, San Giorgio in Velabro und San Giovanni in Laterano, wurden Anschläge mit teilweise verheerenden Folgen verübt. Doch angeblich waren die dafür Verantwortlichen nicht nur in der Mafia zu suchen, sondern auch in Kreisen von Politik und Wirtschaft, unter den Interessenten an einem neuen Pakt mit der Cosa Nostra.

tungszeugen gegen den Politiker waren *pentiti*, die bei jeder sich bietenden Gelegenheit von Andreottis Verteidigertruppe abgelehnt oder für unglaubwürdig erklärt wurden. Mit juristischen Spitzfindigkeiten gelang es, die Prozessdauer auf drei Jahre auszudehnen. Im Oktober 1999 endlich erging das Urteil: Freispruch wegen erwiesener Unschuld sowie aus Mangel an Beweisen.

In der Zwischenzeit hat die Polizei weitere Köpfe der Organisation festnehmen können: 1995 Leoluca Bagarella, Riinas Schwager und Nachfolger, 1996 Giovanni Brusca, einen der ruchlosesten Killer und Drahtzieher bei der Ermordung Falcones; und 1998 gingen mit Vito Vitale und Mariano Troia zwei weitere »dicke Fische« ins Netz.

Der Krake regt sich noch

Aus den Bürgermeister-Wahlen in Palermo ist Leoluca Orlando wiederholt – zum vorläufig letzten Mal Ende November 1997 – als strahlender Sieger hervorgegangen. Er hat es sich zur Aufgabe gemacht, die Mafia zu zerschlagen, und träumt davon, »ein normales Leben in einem normalen Land zu führen«. Als Bürgermeister von Palermo weigert er sich, der Mafia Schutzgelder zu zahlen.

Doch bleibt er bei allem berechtigten Stolz auf die schon erzielten Erfolge (»Wir haben die Mafia aus den Köpfen der Menschen verbannt«) Realist, kennt die Fakten und weiß, das bislang Erreichte ist nur ein Teilsieg: Die Empörung der Sizilianer über die Morde an den Mafia-Jägern Giovanni Falcone und Paolo Borsellino von 1992 schwächte die Position der Mafia in der öffentlichen Meinung, bislang ihre stärkste Waffe, und ließ gleichzeitig die Mauer des Schweigens, die *omertà,* brüchig werden. Außerdem kam man über striktere Gesetze, Spezialeinheiten der Polizei und eine »Wandlung innerhalb« an die Wurzeln des organisierten Verbrechens heran, konnte ihm eng auf den Leib rücken, es bloßstellen und isolieren wie nie zuvor.

Die Zahl der *pentiti,* der reuigen Sünder, wuchs von einer Hand voll im Mai 1992, als Falcone ermordet wurde, auf 500 im August 1993 an.

Dutzende wichtiger »Don«, darunter der »Kopf des Kraken«, Salvatore (Totò) Riina, der Pate von Corleone, wurden verhaftet. Über Jahre hatten sie aus dem Untergrund – in Palermo hieß dies häufig: öffentlich – ihre Macht ausgeübt, geschützt von jetzt diskreditierten Politikern, die im Gegenzug Wählerstimmen erhielten.

Die Mafia jedoch, früher traditionsbesessen, musste ebenfalls ihre Strukturen verändern. Das »Unternehmen« war in die roten Zahlen geraten, als seine Einkünfte sanken – weniger Staatsaufträge, dafür Beschlagnahmung von Mafia-Vermögen –, die Kosten aber stiegen. Während die alte Garde der Mafiabosse im Gefängnis sitzt, sind ihre Frauen gezwungen, das Familiengeschäft weiterzuführen. Somit werden jetzt auch Frauen, Kinder sogar, in die Gewaltmaschinerie hineingesogen.

◀ **Drohgebärde während eines Hochgerichtsprozesses**
▲ **Der ehemalige Premierminister Giulio Andreotti**

Doch auch das Bild des *mafioso* selbst hat sich gewandelt: Die jüngere Generation der Verbrecher agiert an der Börse ebenso rücksichtslos wie auf den Straßen Palermos und tritt, mit Computern bewaffnet, in sämtlichen europäischen Hauptstädten auf. Fachleuten zufolge nutzen sie nun das allseits beliebte neue Medium, das Internet, für ihre Unternehmungen und – vor allem – als Geldwaschanlage. Diese *mafiosi* wappnen sich gegen neue, entschiedene Versuche des Staates, Hand an ihr Vermögen zu legen. Das Machtvakuum, entstanden durch die Verhaftung Riinas und anderer Bosse, ist längst beseitigt. Riina soll eine

geheime Gegenmafia aufgebaut haben; mit ihr konkurrieren die *stidde* (siz. Dialekt für »Sterne«), abtrünnige Gruppen, um die Vorherrschaft innerhalb der Organisation.

Zu Drogenhandel und Erpressung kommt nun der äußerst gewinnträchtige Handel mit konventionellen und nuklearen Waffen im Nahen Osten und anderen Krisenregionen. Investitionen werden ebenso in Moskau wie in Palermo getätigt. Die Gewalttätigkeit der Mafia, einst auf die *vendetta* (»Blutrache«) beschränkt, dann gegen einzelne Persönlichkeiten des öffentlichen Lebens gerichtet, ist Menschen gegenüber weit wahlloser geworden und zielt jetzt auch auf ideelle Werte, beispielsweise nationale Kunstschätze. ■

Sizilien kulinarisch

Eines der am besten gehüteten Geheimnisse Siziliens ist seine traditionsreiche, exzellente Gastronomie. Nur wenige Rezepte sizilianischer Gerichte haben die Straße von Messina überquert – so beispielsweise die als *caponata* bekannten eingelegten Auberginen oder die süßen, mit Ricotta-Quark gefüllten *cannoli.*

Rezepte – von überall her

Wir wissen zu wenig über die Gerichte der Antike, um eine direkte Verbindung zur modernen sizilianischen Küche herstellen zu können, doch enthalten viele süßsaure Gerichte, wie zum Beispiel die *caponata,* eine Sauce auf Essigbasis, gleich der von Archestratus beschriebenen. Andere klassische Autoren berichten von Torten, ähnlich den *mustazzoli* (mit einem Sirup aus Traubenmost gesüßte Kekse) oder den in Sesam gewälzten *regina*-Keksen, die heute die Auslagen sizilianischer Bäckereien zieren. *Cuccia,* ein süßer Pudding aus Weizenkörnern, den die Einwohner Westsiziliens am Tag der hl. Lucia verspeisen, besitzt Gemeinsamkeiten mit dem Gericht aus gekochten Getreidekörnern, mit dem die alten Griechen den Beginn des Winters feierten.

Die Araber bereicherten sowohl die Landwirtschaft als auch die kulinarische Tradition mit Neuerungen. Zitrusfrüchte, Reis und Auberginen stiegen zu Hauptnahrungsmitteln auf. Zuckerrohr wurde eingeführt, und es entwickelte sich eine orientalische Vorliebe für Süßigkeiten, noch heute ein Markenzeichen der Sizilianer. Das berühmteste Gericht arabischer Herkunft ist die *cassata siciliana,* das traumhafte Dessert, überwältigend süß, mit Ricotta gefüllt, mit Mandelpaste und kandierten Früchten garniert.

Gegen Ende der Sarazenen-Herrschaft existierte bereits eine typisch sizilianische Küche. Die Normannen stellten arabische Köche ein, und bis zur Renaissance exportierte Sizilien Luxusnahrungsmittel wie Nudeln, Pralinen und Zitrusfrüchte nach Norditalien.

Die Armen überlebten mit Brot und Fenchel, der Adel genoss die ausgefallenen Gerichte der *cucina baronale.* Die aufstrebende *borghesia* bediente sich aus den Küchen beider Schichten und schuf jene Esskultur, die heute die sizilianische Kochkunst ausmacht. Im Grunde ist sie sehr flexibel: extravagant in ihren Festmählern, einfach in

der Alltagskost, aber immer darauf bedacht, die außergewöhnlichen Aromen der Insel zu verwenden und bestmöglich zur Geltung zu bringen.

Vorspeisen

Neben *caponata* locken *sarde a beccafico,* in Semmelbröseln gewälzte und mit Pinienkernen und Korinthen gefüllte Sardinen, die mit Lorbeerblättern und Orangensaft ausgebacken werden, sowie *involtini di melanzane,* gefüllte Auberginen in Tomatensauce. Diese Stars unter den *antipasti* stehen neben bescheideneren, aber genauso schmackhaften Snacks, die besonders bei sizilianischen Studenten und Arbeitern beliebt sind: *panelle* (mit Kichererbsen gefülltes Schmalzgebäck),

◄◄ **Olivenhändler auf dem Vucciria-Markt in Palermo**
◄ **Käsegeschäft in Syrakus**
▲ **Pasta reale – Obst aus Marzipan**

crocche di patate (Kartoffelkroketten), arancine (mit Hackfleisch und Erbsen gefüllte Reisbällchen) und Miniaturausgaben von pani cu la meuza (mit sautierter Rindermilz gefüllte Brötchen).

In den Städten der Monti Madonie und Nebrodi werden Salami, Kuhmilchkäse (caciotta und cacciocavallo), Schafskäse (tuma, primosale oder primiticcio), sonnengetrocknete Tomaten und in Öl eingelegte Waldpilze als antipasti serviert. An der Küste lassen sich die Köche von den Früchten des Meeres inspirieren. Hier beginnt man mit einer klassischen insalata di mare oder kleinen Tintenfischen, keiner größer als ein Daumennagel.

Das Salzwasser des Mittelmeeres verstärkt den Geschmack der Meeresfrüchte. Die sengende Sonne intensiviert das Aroma von Obst und Gemüse. Unter ihren Strahlen gedeihen Oregano, Minze, Knoblauch, Oliven und ein nussiger Hartweizen, aus dem Brot in Holzöfen (forno a legno) gebacken wird.

Pasta und Saucen, bitte!

Mit Reis, der bis zum 18. Jh. in der Gegend um Lentini nahe Syrakus angebaut wurde, macht man arancine. In Catania und der Ostküste erscheint Reis in Käse- und Fleischpasteten oder in köstli-

chen crespelle, in Honig getauchten Beignets (Schmalzgebackenes).

Doch sind die meisten Sizilianer der Ansicht, ausschließlich Nudeln eignen sich für einen anständigen ersten Gang. Unter arabischer Herrschaft war Sizilien wohl der erste Ort, an dem Nudeln in großen Mengen hergestellt und getrocknet wurden. Heute ist das beste Nudelgericht die schlichte, aber hervorragende pasta con le melanzane, in Ostsizilien als pasta alla norma bekannt. In diesem Essen vereinen sich sonnengereifte Tomaten, Basilikum, gebratene Auberginen und etwas gesalzene Ricotta zu einer köstlichen Sauce.

Tomaten sind eine wichtige Zutat in sizilianischen Gerichten, wie zum Beispiel der pasta alla

Straßenstände

Auf den Märkten Vucciria und Ballarò in Palermo können Sie sich mit der Vielfalt des frischen sizilianischen Obsts und Gemüses vertraut machen. Die Köstlichkeiten, die in Imbissbuden an der Straße verkauft werden, sollte man schon mal probieren. Auch Bäckereien und »tavola-calda«-Bars bieten warme Snacks an. In Westsizilien erfreuen sich Schmalzgebäck und Kroketten großer Beliebtheit sowie riesige Quadrate öliger, durchweichter Pizza (»sfincione«). Im Osten wird Brotteig mit Fleisch, Käse oder Gemüse gefüllt und dann gebacken.

carrettiera (Nudeln auf Fuhrmannsart), wobei reife Tomaten zusammen mit Olivenöl, Knoblauch, Peperoni und anderen Gewürzen püriert und anschließend unter die heißen Nudeln gehoben werden. Die hoch geschätzte *pasta al ragù* wird mit *'strattu* zubereitet, einer Tomatenpaste, die an der Sonne längere Zeit trocknen muss, bis sie eine lehmig-feste Konsistenz angenommen hat. Darin

Antike Köstlichkeit
→ Im Landesinneren Siziliens überdauerte ein Gericht besonderer Art die Zeiten: »maccu«, ein dickes Püree aus getrockneten Saubohnen, mit Öl und wilden Fenchelsamen gewürzt.

mahlzeit in Westsizilien ist *pasta cui tenerumi,* Spaghetti, die mit den zarten Sprossen der *cucuzza*-Kürbispflanzen gekocht werden. Auf den fertigen Nudeln verteilt man mit Knoblauch und Basilikum gewürzte und in Olivenöl getauchte Tomaten.

Westsiziliens berühmtestes Nudelgericht ist eine raffinierte Komposition mit Fisch. Der Legende nach wurde die exotische *pasta con sarde* im 9. Jh. von Köchen der einfallenden arabischen Armee erfunden, die verarbeiteten, was immer sie

werden dann kleine Fleischstückchen vom Schwein oder Rind gekocht.

Eine große Auswahl von Gemüsen wird mit Nudeln auf den Tisch gebracht. Bei der *fritella* kommen in wenig Fett gebratene Frühlingserbsen, kleine Saubohnen und winzige Artischocken an die Pasta. Außerdem bereitet man einfachere Nudelgerichte mit sautierten Zucchini, wildem Borretsch oder Senfkraut. Eine typische Sommer-

◄ **Kräuter- und Gewürzladen auf Lipari**
▲ **Auf dem Fischmarkt in Sferracavallo**

gerade zur Hand hatten: Sardinen, Safran, Pinienkerne, getrocknete Korinthen und wilde Fenchelschösslinge.

Im Osten der Insel ist eine üppige Sauce aus Anchovis und Semmelbröseln immer noch beliebt *(anclova e muddica).* Im Frühling, wenn Thun- und Schwertfisch gefangen werden, kocht man kleine Stückchen mit Tomaten und Minze und serviert sie zur Pasta.

In Enna wird das *ragù* zu Weihnachten mit Zimt, Nelken und Kakaopulver gewürzt. Bei Hochzeiten zwischen Syrakus und Ragusa serviert man es *'ncaciata,* mit hart gekochten Eiern und Käse überbacken, in einer Auflaufform, auf deren Rändern gebratene Auberginen stecken.

Lieber Fisch als Fleisch

Als Hauptgang gerät Fleisch meist zur Enttäuschung. Rindfleisch am Stück ist oft zäh und geschmacklos – weit besser mundet es als *falso magro,* gefüllt und in Tomatensauce mit Rotwein geschmort. Für die Bauern ist die tägliche *bistecca* (Steak) jedoch ein Symbol ihres neu gewonnenen Wohlstands. Eine ausgezeichnete Qualität besitzt hingegen das Fleisch der jungen Lämmer und Schweine, die sich auf den Weiden und in den ausgedehnten Eichenwäldern der Monti Madonie und Nebrodi tummeln durften. Schweinswurst ist auf Sizilien überall prima.

An hervorragenden Meeresfrüchten herrscht geradezu Überfluss. Fisch, ob gebraten, gegrillt oder *alla ghiotta,* mit Tomaten, Kapern und Oliven gedüns-tet, liebt man in der Gegend um Messina. In Syrakus genießt man einen gewissen sizilianischen Fisch *(stemperata),* auf süßsaure Art zubereitet.

In Anbetracht des exzellenten heimischen Gemüses fragt man sich, weshalb manche Restaurants zum Hauptgang *(secondo)* lediglich eine *insalata mista* servieren. Die *melanzane alla parmigiana* waren schließlich eine sizilianische Erfindung, auch wenn ihr Name dies nicht preisgibt – darüber hinaus existieren noch zahlreiche andere Arten der Auberginen-Zubereitung. Artischocken gibt es gebraten, gefüllt, auf Holzkohle geröstet oder *alla viddana* – gekocht und mit Öl, Petersilie und Knoblauch eingelegt. Blumenkohl wird gegart und dann mit Öl und Zitrone oder mit Anchovis, Käse, Oliven und Rotwein angerichtet.

Nachspeisen

Gegen Ende des Mahls hat man die Qual der Wahl! *Gelato* oder nicht *gelato,* das ist hier wirklich eine Gewissensfrage. Auf die Idee, Zucker und Jasminessenz zu vermischen und mit Schnee vom Ätna zu kühlen, kamen die Sizilianer durch ihre arabischen Besatzer und schulden ihnen ewigen Dank dafür. Und so haben die Inselbewohner seit Jahrhunderten eine Schwäche für Eiscreme. Alle Bars und Restaurants locken mit hausgemachtem sizilianischem Eis, es ist – natürlich – das beste der Welt!

Falls Sie sich nicht schon am Eis satt geschleckt haben, wartet noch der ganze Reichtum sizilianischer Konditorenkunst auf Sie: köstliche *mustazzoli*-Biskuits, *buccellato* oder *cuddureddu* mit Nuss- und Feigengeschmack sowie üppige arabische Nachspeisen wie die *cassata* und *cannoli.* Jahrhundertelang waren Nonnen die Hauptproduzenten von Süßigkeiten: In Palermo allein gab es mehr als zwanzig Klöster, deren jedes einzelne für eine bestimmte Leckerei berühmt war. Ein paar Klöster in Agrigent, Sciacca und Palma di Montechiaro verkaufen ihr Naschwerk noch heute. Andernorts, zum Beispiel in Erice, wird die Tradition von Frauen fortgeführt, die ihre Fertigkeiten im Waisenhaus erworben haben.

An Allerseelen finden sizilianische Kinder nach dem Aufwachen Zuckerpuppen und Obstkörbe an ihren Bettchen. Das Obst ist aus Marzipan, auf Italienisch *pasta reale* oder *martorana.* Heutzutage gibt es – glücklicherweise – das ganze Jahr über Obst und Gemüse als *pasta reale* zu kaufen. Die Kreativität der Konditoren in Syrakus, Taormina und Noto hat ihre fantasievollen Marzipan-Kreationen zur Kunstform erhoben. Köstlich, dekorativ und haltbar, eignet sich Marzipan vorzüglich als Souvenir, das Sie auch zu Hause noch lange an Ihren Sizilienurlaub erinnern wird.

▲ **Fischeintopf à la Catania in Aci Trezza**
▶ **Marsala dominiert die Vielfalt sizilianischer Weine**

Siziliens Weine

Trauben und Wein waren schon immer ein wichtiger Faktor von Siziliens Wirtschaft. In der ferneren Vergangenheit wurden sie freilich mehr wie Rohstoffe gehandelt, nur dazu ausersehen, den mitunter etwas langweiligen Gewächsen des Nordens mehr Farbe und Charakter zu verleihen – reifen doch an den traditionell niedrigen, buschigen Rebstöcken unter Siziliens kraftvoller Sonne Trauben von schier unglaublicher Süße. In den letzten Jahrzehnten, nicht zuletzt seit der Gründung des Weininstituts in Palermo 1950, vollzog man eine Kehrtwendung, weg von den Verschnittweinen hin zu eigenen Trinkweinen, und besann sich auch wieder auf die heimischen Traubensorten.

Erstaunlicherweise haben die Weißweine die Führung übernommen. Durch rechtzeitige Lese (bevor der Zuckergehalt zu hoch wird) und klugen Ausbau gelingen hier frische, trockene, doch köstlich fruchtige Tropfen, die den Vergleich mit etlichen der renommierten, teuren Marken nicht zu scheuen brauchen und ganz wunderbar mit der Sonne, dem Klima und den sizilianischen Speisen harmonieren.

Weingüter und Kellereien

Das große Weingut Regaleali, nahe Villalba in der Provinz Caltanissetta, ist nicht nur über die Grenzen der Insel hinaus berühmt für seine edlen Gewächse, sondern erlaubt auch einen Einblick in die alte Tradition sizilianischen Weinbaus. Das Gut befindet sich im Besitz des Grafen Tasca d' Almerita, der es revolutionierte, indem er vor über 20 Jahren die Erzeugerabfüllung einführte.

Die *Vini da Tavola* aus heimischen Trauben in allen drei Farben sind ausgezeichnete Trinkweine. Zu den Renommiergewächsen von Regaleali zählt der *Nozze d'Oro* (»Goldene Hochzeit«), ein Spitzenweißer mit Sauvignon im Verschnitt, anlässlich der Goldenen Hochzeit des Grafen im Jahr 1985 kreiert. Favorit des Grafen ist allerdings der *Rosso del Conte,* aus der Nero d'Avola- und der Perricone-Traube, in neuen Holzfässern gealtert. Kenner schwärmen von den frühen 1990er-Jahrgängen.

Zu den Marktführern gehört Terre di Ginestra, mit seinen reizend auf 900 Metern über dem Meer gelegenen Weinbergen. Der Betrieb der

Köstlicher Marsala-Wein

Um den Hafen Marsala an der Westküste Siziliens reifen die Trauben eines der besten Süßweine der Welt: Der bernsteinfarbene bis nussbraune Marsala wird aus einheimischen Weißweinen der Rebsorten Cataratto, Damaschino, Grillo und Inzolia gewonnen. (Seit ein paar Jahren verwendet man erstmals auch Rotwein.) Die Trauben werden auf übliche Art vergoren. Die Süße erreicht man durch Zugabe von »Sifone«, einem Verschnitt aus süßem Wein und Alkohol. Zudem wird der Wein »gespritet«, d. h. er bekommt noch einen Zusatz aus Weinbränden derselben Trauben. Beim Marsala unterscheidet man »dolce« (süß), »semisecco« (halbtrocken) und »secco« (trocken) sowie drei Hauptgruppen: den »fino« (einfach, Alkoholgehalt 17 Vol.- %, ein Jahr gealtert), den »Superiore« (18 Vol.- %, zwei Jahre im Holzfass gealtert, der »Superiore Riserva« vier Jahre) und den trockenen »Vergine« mit mindestens 18 Vol.- %, der wenigstens fünf Jahre im Holzfass gereift ist – als »Stravecchio« oder »Riserva« sogar zehn. Siziliens »Marsala-Papst« ist Marco De Bartoli, der sich ganz der Erzeugung feinster Marsala-Weine verschrieben hat; er produziert auch ungespritete Sorten.

Familie Miccichè in San Cipirello (Provinz Palermo) erzeugt mit modernen, schonenden Methoden sehr qualitätvolle *Vini da Tavola,* der Rote entsteht aus Nero d'Avola und Sangiovese, der Weiße überwiegend aus Cataratto.

Seit Generationen existiert ein nie endender Disput unter den einheimischen Winzern, welcher sizilianischen Rebsorte, dem Cataratto oder dem Inzolia, der Vorzug zu geben sei. Die Familie Rallo der Tenuta di Donnafugata hat sich beim Vigna di Gabbri für den Inzolia entschieden, ihr empfehlenswerter Hauswein Donnafugata Bianco ist ein Verschnitt aus beiden.

Auch bei Duca di Salaparuta bei Casteldaccia setzt man auf Inzolia. Hier werden jährlich rund zehn Millionen Flaschen produziert, fast die Hälfte geht ins Ausland. Bekannteste Weine sind der Corvo und der Colomba Platino, weit edler der weiße Bianca di Valguarnera (reiner Inzolia) und der rote Duca Enrico (reiner Nero d'Avola), beide z. T. barriquiert.

Die Trauben von den Hängen des Ätna haben eine spezifische Schwere, ein besonders fruchtiges Aroma – ideal für erlesene Rotweine. Ganz so weit ist man hier aber noch nicht. Mit einer Ausnahme: das Gut des Barone Scammacca, mit seinen ausgezeichneten weißen und roten Murgo-Weinen.

Die meisten Kellereien, darunter einige der besten, produzieren keine DOC-Weine *(Denominazione d'Origine Controllata,* mit kontrollierter Herkunftsbezeichnung).

Die größten Anbauflächen für DOC-Weine liegen im Westen der Insel, hinter Alcamo, wie auch die DOC-Region heißt. Hier sollte man den trockenen, fruchtigen Weißen probieren, vielleicht einen von Rapitalà, wo auch der frisch-fruchtige Bouquet di Rapitalà erzeugt wird, ein Sauvignon mit einheimischen Rebsorten.

Auch die COS, der modern geführte Großbetrieb des dynamischen Jungwinzers und Architekten Giusto Occhipinti in Vittoria (im Südosten der Insel in der Provinz Ragusa), erzeugt DOC-Weine: den eleganten roten (»kirschfarben«) Cerasuolo di Vittoria aus Nero d'Avola und – der angeblich besten einheimischen roten Rebsorte – Frappato. Diesen gibt es auch in Reinkultur und daneben einen etwas gehaltvolleren Roten, den Vignalunga aus der Nero d'Avola-Traube.

Gleichfalls einen anspruchsvollen Cerasuolo di Vittoria DOC erzeugt Giuseppe Coria, dessen Methoden ganz der Tradition verpflichtet sind, und der auch Rotweine nach Sherry-Art ausbaut.

Der »Meister des Marsala«, Marco De Bartoli, ist auch auf der Insel Pantelleria tätig, hier produziert er seinen Bukkuram, einen exzellenten Süßwein aus der Moscato-Traube, von den Einheimischen auch *Zibibbo* genannt.

Die Liparische Insel Salina mit ihrem fruchtbaren Vulkanboden hat eine ähnliche Tradition mit Dessertwein wie Pantelleria, doch ist hier der Malvasia beheimatet. Probieren Sie den köstlichen bernsteinfarbenen Malvasia delle Lipari DOC des Winzers und Architekten Carlo Hauner. Auch Caravaglio und Cantine Colosi sind empfehlenswert.

Schließlich sollen auch die sizilianischen Rosés nicht unerwähnt bleiben, der weitaus größte Teil entsteht aus Nerello Mascalese, einer hellroten Traube, die einen sehr ansprechenden klaren Rosé-Ton ergibt. Gut gekühlt passen die leichten fruchtigen Gewächse ausgezeichnet zur traditionellen sizilianischen Küche. ■

▲ Aus den Trauben an den Abhängen des Ätna gewinnt man reiche, fruchtige Weine
▶ Gegrillte Artischoken gehören zu einem sizilianischen Picknick

Filminsel Sizilien

Sizilien scheint wie geschaffen für ein Filmszenario. Weit mehr als ein attraktiver Schauplatz, präsentiert sich die Insel als Ort der Extreme, strengster Moralvorstellungen auf der einen, kaltblütiger Mafiamorde auf der anderen Seite. Hier wird der Kampf der Leidenschaften um Leben und Tod geführt, hier gehört das Melodrama zum Alltag. Ein Dorado für Filmregisseure, von Luchino Visconti, Franco Zeffirelli über die Brüder Paolo und Vitto-

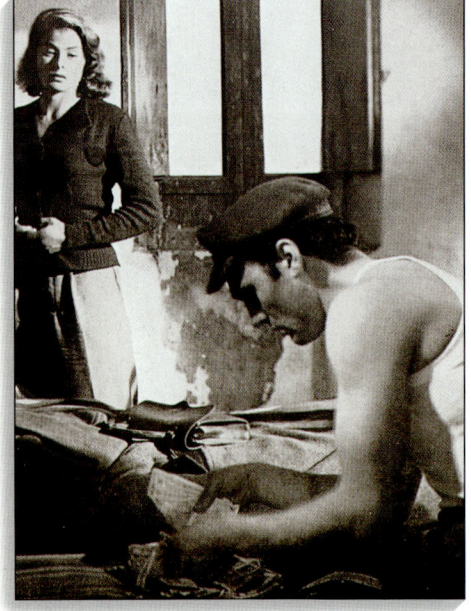

rio Taviani bis hin zu den Italo-Amerikanern Francis Ford Coppola und Michael Cimino.

Hollywoods Vorliebe für Sizilien als Gangsterland hat freilich dazu geführt, dass dem Filmpublikum ein höchst einseitiges Bild präsentiert wird, Quell ständigen Ärgers für Palermos Fremdenverkehrsverband. So diente die Mafia-Hauptstadt Corleone mit ihren zerklüfteten Felsen und finsteren Bewohnern als Schauplatz des Dreiteilers *Der Pate;* in den Bergen um Montelepre, einst Heimat von Salvatore Giuliano, Siziliens Robin Hood, tummelten sich die Banditen diverser Actionfilme. Die Gegend um den Ätna wurde in biblischen Epen wie *Barabbas* (1961) und Cecil B. DeMilles Mammutfilm *Die zehn Gebote* (1957) als Heiliges

Land vereinnahmt, Taormina ergab die romantische Szenerie für etliche Seifenopern. Und dann liegt da draußen vor der Küste noch Stromboli mit seinem ständig aktiven Vulkan ...

Der Film *Stromboli* (1950) spielt in der Ödnis dieser Insel und schildert die leidenschaftliche Beziehung zwischen einem Flüchtlingsmädchen aus Litauen und einem Fischer. Aus ihrer Zusammenarbeit bei diesem Projekt erwuchs die berühmte Romanze zwischen Ingrid Bergman und dem Regisseur Roberto Rosselini, nicht minder dramatisch als das Filmgeschehen. Nach dem Script musste die Bergman auf jeden Vulkanausbruch zunehmend hysterisch reagieren, während im wirklichen Leben die Mondlandschaft rings um den Drehort und der stete Aschenflug vom Vulkan dafür sorgten, dass ihr nicht nur Frisur und gute Laune, sondern schließlich auch die leidenschaftlichen Gefühle abhanden kamen.

Der faszinierende Naturalismus Giovanni Vergas (1840–1922) hat viele Bewunderer gefunden. Nach seinem Roman *Die Malavoglia* drehte Visconti 1947 *Die Erde bebt,* eine Geschichte von Armut und schicksalhaftem Unglück in einem gottverlassenen Fischerdorf nahe Catania. Es versteht sich, dass dabei echte, gänzlich unverständlichen Dialekt sprechende Fischer mitwirkten.

Francesco Rosis *Wer erschoss Salvatore G.?* (1961) ist die Geschiche einer Passion: das tragische Schicksal des größten sizilianischen Volkshelden. Im »Wilden Westen« Palermos angetreten, die Reichen zu berauben um den Armen zu geben, wurde Salvatore Giuliano für die Bauern zum Idol des Freiheitskampfes, von der Justiz jedoch verurteilt, schließlich verraten und 1950 ermordet. Im Film gewinnt das Geschehen die Dimension einer griechischen Tragödie; die eindringlichen Blicke, die stilisierten Gesten – all dies kulminiert in einem Leichenbegängnis als Finale.

1988 wurde die Geschichte des Giuliano von Regisseur Michael Cimino erneut verfilmt. Dem Drehbuch lag der spannende Roman von Mario

▲ Ingrid Bergman und
Mario Vitale in »Stromboli«
▶ Ballszene in »Der Leopard«

Puzo zu Grunde. Leider ändert auch die blendende Erscheinung des von Christopher Lambert verkörperten Banditen nichts daran, dass der Filmheld gegenüber dem echten Giuliano blass wirkt.

Viscontis *Der Leopard* (1966) ist hingegen Lampedusas gleichnamigem Meisterwerk durchaus ebenbürtig. Italienische Filmpuristen hatten zwar an der Besetzung des Prinzen Salina mit Burt Lancaster etwas auszusetzen, doch die Gesamtkonzeption des Films stieß in Cineastenkreisen kaum auf Kritik. Dem Regisseur gelingt es, leeren Prunk, verwelkte Größe und Dekadenz einer erstarrten Gesellschaft visuell zu vermitteln, wofür

Grundstimmung. Der von Massimo Troisi gespielte Titelheld ist der Sohn eines Fischers, der einem neuen Inselbewohner, dem im Exil lebenden chilenischen Dichter Pablo Neruda, die Post zu bringen hat. Nach und nach entwickelt sich sein Verständnis für Poesie (was ihm hilft, das Herz der Dorfschönen zu gewinnen), aber auch für Nerudas Kommunismus (was ihn schließlich umbringen wird). Eine fesselnde Geschichte, wundervoll fotografiert und 1995 hoch verdient für ein halbes Dutzend Oscars nominiert. Der Schauspieler Troisi hat mit diesem Film seine Karriere gekrönt: Einen Tag nach Abschluss der Dreharbeiten starb er.

die Drehorte in Palermo entsprechend effektvoll eingesetzt werden, ganz besonders der glitzernde Spiegelsaal des großen Palazzo Gangi-Valguarnera als Schauplatz des Ponteleone-Balls.

Liebe, Poesie und Humor

Basierend auf einer romantischen Erzählung von Antonio Skarmeta schildert *Der Postmann* (1994) das Leben auf einer Insel in den 1950er-Jahren. Dem Drehort Salina, eine der Liparischen Inseln, verdankt Michael Radfords Film seine angenehm melancholische

»Ein sizilianisches Schicksal«
→ 1961 drehten M. Roemer und R. Young im Armenviertel Palermos einen Film über die Familie Capra. 30 Jahre später waren sie erneut dort und haben die Veränderungen im Leben der Capras dokumentiert.

Cinema Paradiso (1988) ist der Rückblick auf ein neueres Stück sizilianischer Geschichte. Giuseppe Tornatores anrührendes Werk verfolgt die Geschehnisse um den Einzug des Tonfilms in eine sizilianische Kleinstadt aus der Sicht eines jungen Filmvorführers, der die Enge seiner Heimat verlassen und im Ausland berühmt werden möchte. Mit viel Humor zeigt der autobiographische Film den sizilianischen Temperamentsüberschwang und gewinnt selbst der drückenden Armut noch komische Züge ab. In Amerika brach er alle Kassenrekorde unter den ausländischen Filmen. Gabriele Pampinella, ebenfalls einmal Filmvorführer, erinnert sich noch gut daran, wie Tornatore und er die Polizei rufen mussten, um das randalierende Publikum bei der Aufführung der »Zehn Gebote« zur Räson zu bringen. In seinem Film *Der Mann, der die Sterne macht* (1994) beweist Giuseppe Tornatore einmal mehr seine Meisterschaft der leisen Töne – er lässt einen Betrüger aus Rom, der ein

Fall Mattei (1971) und *Die Macht und ihr Preis* (1976). Regisseur und Schriftsteller haben die gleiche einfühlsame, schmerzlich genaue poetische Sehweise. Rosi selbst charakterisiert den Autor als einen »Chronisten längst unglaubwürdiger Institutionen, machtloser Bürger und korrupter Bosse«.

Emilio Greco benutzt Sciascias letzte Erzählung als Vorlage für seinen Film *Ein einfacher Fall*

Kein Regionalautor
→ Leonardo Sciascia (1921–1989), auch öffentlich engagiert, analysierte in Kriminalromanen und Essays eine politische Kultur, in der »wenige herrschen und viele sich fürchten«.

übles Spiel mit einheimischen Sizilianern treibt, sich durch die Liebe wandeln.

Mafiastreifen

Zweifellos behandeln die auf Sizilien spielenden Filme am häufigsten das Thema Mafia. Dazu trugen wohl besonders die populären Anti-Mafia-Romane von Leonardo Sciascia bei, die tiefe menschliche und moralische Konflikte in einer Form behandeln, die den Regisseuren praktisch schon das Drehbuch liefert.

Der berühmte neapolitanische Filmregisseur Francesco Rosi hat sich wohl am meisten von Sciascias starken Plots inspirieren lassen. Direkte Umsetzungen dieser Stories sind vor allem *Der*

(1991). Er handelt von der skeptischen Haltung der Sizilianer gegenüber der staatlichen Justiz. Die Bilder der ewig gleichen Landschaft, der klassisch-sizilianischen Trägheit vermitteln ein Gefühl stiller Verzweiflung.

Das beste Porträt der Mafia ist jedoch dem Amerikaner Coppola zu verdanken. Seine Paten-Trilogie ist ein modernes Meisterwerk. *Der Pate Teil I* (1972) geht auf einen Roman von Mario Puzo zurück, der sich seinerseits von den mörderischen Auseinandersetzungen der Mafia von Castellammare in den 50er-Jahren inspirieren ließ. Der Pate, mit viel Engagement von Hollywoodstar Marlon Brando in Szene gesetzt, verdankt seinen Familiennamen dem berüchtigten Städtchen Corleone. Die weit ausgreifende Anlage des Films, die Stimmung und Kraft seiner Bilder erreicht eine Gefühlsintensität, wie sie sonst nur aus der Oper erwächst. Darstellungen von Geheimtreffen und Initiationsriten der Mafia-»Familie« schaffen eine dichte Atmosphäre. *Der Pate II* mündet in eine trostlose moralische Perspektive. Die letzten Einstellungen zeigen einen verzweifelten Corleone, der sich – gegen Ehre und Familienbande – für die Macht entschieden hat.

Der Pate III (1960) verfolgt das weitere Leben des mittlerweile schon kränkelnden Gangsters. Dem Zuschauer vermittelt dieser dritte Aufguss

von Verga. Durch schnelle, harte Schnitte, die das Operngeschehen und Szenen eines Mafiagemetzels gegeneinander setzen, gelingt es dem visionären Einzelgänger unter den Regisseuren noch einmal, seine Sicht Siziliens in komprimierter Form zu vermitteln.

Zeit des Zorns der deutschen Filmregisseurin Margarethe von Trotta (1993) handelt von den Richtern, die gegen die Mafia angetreten sind. Bei seiner Premiere in Palermo erhielt er von den Witwen der Mafiaopfer viel Beifall. Unter der Regie des Schweden Mikael Håfström entstand *Vendetta* (1995), eine Geschichte von Blut und Mannes-

vornehmlich Déjà-vu-Gefühle, wenn sich für Michael das Blatt erneut zum Schlechten wendet und Verdammnis statt Erlösung droht.

Ans Ende seines Films setzt Coppola ein Familientreffen in Palermos Teatro Massimo. Man spielt *Cavalleria Rusticana,* Pietro Mascagnis Vertonung eines bäuerlichen Melodramas nach einer Novelle

◀ **Christopher Lambert als Mafioso in »Der Sizilianer«**
▲ **M. Troisi und Ph. Noiret in »Der Postmann«**
▶ **Szene aus F. Rosis »Wer erschoss Salvatore G.?«**

mut, in der zwei schwedische Geschäftsleute von der Mafia in Rom gekidnappt, auf Sizilien gefangen gehalten und vom Filmhelden schließlich unter dem obligaten Kugelhagel befreit werden.

In seinem Film *I Cento Passi* (Die 100 Schritte) bearbeitet der italienische Regisseur Marco Tullio Giordana das Thema Mafia anhand des Schicksals einer sizilianischen Familie. Eindringlich schildert er die Konflikte eines mafiagläubigen Vaters mit seinem Sohn: Peppino will aufräumen mit dem alten Unrecht und schließt sich den Kommunisten an. Eines Tages wird er wohl »die hundert Schritte« bis zum Haus des örtlichen Mafia-Bosses hinter sich bringen ... Der Film wurde zum Publikumserfolg der September-Biennale 2000. ∎

Naturschutz auf Sizilien

Siziliens wilde Küstenregionen und das urwüchsige Landesinnere werden zunehmend touristisch erschlossen und unter Schutz gestellt. In den 1980er-Jahren hat man begonnen, die gesetzlichen Grundlagen für die Erhaltung und Überwachung natürlicher Lebensräume zu schaffen, und seither sind mehr als 80 Naturreservate eingerichtet worden. Allerdings mussten die Schutzmaßnahmen und die damit verbundenen Beschränkungen für die örtliche Entwicklung vielfach gegen lokale Widerstände durchgesetzt werden, die sich aus dem tief verwurzelten Misstrauen der Sizilianer gegenüber dem Staat und der wirtschaftlichen Misere, insbesondere dem Mangel an Arbeitsplätzen, erklären.

Andererseits harmonieren der Stolz der Einwohner auf die ursprüngliche Schönheit der Landschaft, ihre traditionellen ländlichen Berufe und die kleinbäuerliche Landwirtschaft sehr gut mit der Idee des Umwelt- und Naturschutzes. Dessen Protagonisten sehen in den überkommenen Handwerksberufen und -produkten wichtige, unbedingt erhaltenswerte Bestandteile der Regionalkultur. Überdies bieten die Naturparks auch neue Arbeitsmöglichkeiten: So beschäftigt das kleine Reservat von Zingaro über 200 Menschen.

Natürliche Vielfalt

Siziliens heiße Sommer und milde Winter schaffen zusammen mit dem mineralreichen Boden ideale Voraussetzungen für eine artenreiche Flora und Fauna. Im Frühjahr und Herbst machen Zehntausende von Zugvögeln auf der Insel Station und profitieren wie die einheimischen Arten von den Umweltschutzmaßnahmen, insbesondere der Überwachung von Jagd und Fischfang.

Neben Blumen und Pflanzen, die auch im übrigen Europa vertreten sind, gibt es auf Sizilien eine Reihe erfolgreicher »Zuwanderer« wie den großen Feigenkaktus (den die Einheimischen *fici d'India* nennen), den bevorzugt an Wasserläufen siedelnden Oleander, den Johannisbrotbaum (besonders

um Ragusa), den Eukalyptus und die Schirmpinie, von der die wohl schmeckenden Pinienkerne für die Pestosoße stammen. Zu den einheimischen Macchia-Pflanzen gehören die *erba bianca* (Waldabsinth), die Myrte, der Arbutus (Erdbeerbaum), Lentiske und die baumartige Wolfsmilch.

Die blitzgeschwinde Flucht der vom Schritt des Wanderers aufgeschreckten Eidechse, die klare Silhouette eines Adlers, der durch die Lüfte glei-

tet, das Aufblitzen eines springenden Delfins über der gleißenden blauen See gehören zu den unvergesslichen Erlebnissen einer Inselerkundung.

Es gibt drei Arten von Schutzgebieten: die Regionalparks, die Naturreservate und die Meeresreservate. Diese drei Kategorien sind ihrerseits wieder in Zonen von A bis D unterteilt, womit der jeweilige Umfang der Schutzmaßnahmen und damit auch die zulässigen Nutzungsarten gekennzeichnet werden. Wenn diese feinen Unterscheidungen auch mehr für die Einwohner als für Touristen relevant sein dürften, sollten die allgemeinen Vorschriften für den Schutz der Umwelt, die jede Parkverwaltung oder Informationsstelle aushändigt, genau beachtet werden. Man wird

◀ **Windmühle bei der Saline von Trapani**
▲ **Typische Macchiavegetation**

auch auf die besonderen Probleme, wie etwa die Brandgefahr, aufmerksam gemacht. Ebenso sollte man wissen, dass Campieren verboten ist.

In einigen Parks werden Wanderungen organisiert. Die Informationszentren versorgen die Besucher mit genaueren Informationen, darüber hinaus auch mit Kartenmaterial und Büchern über Flora, Fauna und Regionalgeschichte.

Die Regionalparks

Der **Parco dei Nebrodi** ist der größte Park Siziliens. Er wurde 1993 eingerichtet und erstreckt sich über einen großen Teil der Gebirgsregion von Santo Stefano di Camastra, etwa auf halbem Wege längs der Nordküste gelegen, bis hin zum Fuß des eindrucksvollen Ätna.

Zu diesem Gebiet gehören eine Anzahl von Städten und Dörfern, alte Buchen- und Eichenwälder sowie etliche Seen, die wichtige Lebensräume darstellen, so vor allem Biviere di Cesaru. Ohne Auto lässt sich der Park kaum erkunden.

Weiter westlich liegt der 1989 gegründete **Parco delle Madonie,** den ebenfalls bewaldete Höhenzüge bedecken, wo im Winter Ski gelaufen wird. Er ist höher und schmaler als der Nebrodi-Park und daher auch ohne PKW einfach erreich-

Ein Paradies für Vögel

Mehr als 150 Zug- und Standvögel hat man auf Sizilien registriert. Unter den Raubvögeln sind an erster Stelle Steinadler und Wanderfalke zu nennen. Die prachtvollen Wanderfalken waren noch bis vor kurzem durch den intensiven Einsatz von Insektiziden im Bestand bedroht, aber glücklicherweise haben sie sich wieder erholt und sind allein oder paarweise über den Felsen kreisend zu beobachten.

Es gibt noch eine ganze Reihe weiterer Raubvögel, denen die Vielzahl kleiner Säugetiere und Echsen die Lebensgrundlage liefert: den Bonelli-Adler und den roten Milan, die Sumpfweihe, den europäischen Sperber und diverse Eulenarten (Langohreule, Kleineule, Waldkauz und Schleiereule). Außer den allseits bekannten Amseln, Krähen, Rotkehlchen, Feldlerchen und Drosseln kann man den Wiedehopf, die rotschnäbelige Bergdohle, den Kleiber, die Kohlmeise, die sizilianische Langschwanzmeise, den Rotschwanz, die Mönchsgrasmücke, die Wachtel und verschiedene Finken entdecken.

An Sommerabenden schwirren Fledermäuse um die Terrassen, während sich weit oben Mauersegler und Rauch- oder Hausschwalben im Sturzflug üben.

bar, etwa mit den von Cefalù, Castelbuono und Petralia abgehenden Bussen. Für gute Unterkunft ist gesorgt. Im Sommer werden Treckingtouren mit Ponys und geführte Wanderungen angeboten.

Die wohl bekannteste Region Siziliens, der Vulkan Ätna mit seinem spektakulären Krater, wurde 1987 zum Regionalpark erklärt, zum **Parco dell'Etna.** Hier werden Treckingtouren unterschiedlicher Dauer veranstaltet, darunter die fünftägige *Grande Traversata Etnea.* Schöne Wanderungen kann man auch von einigen, zum Teil per Bus erreichbaren Basisstationen in den Gebirgsausläufern unternehmen. Im Winter sind wegen des Schnees und der oftmals schlechten Sicht keine Exkursionen möglich.

Der Park zeichnet sich besonders durch seinen Artenreichtum aus, von üppigen Zitrushainen und Bananenstauden auf den niederen Hängen über Mischwald und Pinien bis hin zur Einöde um den Vulkan, wo nur kleine winterharte Pflanzen und Blumen wie das Ätna-Veilchen gedeihen, die den extremen Temperaturunterschieden trotzen.

Die Naturreservate

Bislang sind auf Sizilien erfreulicherweise 83 solcher Reservate geschaffen worden. Hier werden zehn der bekannteren, schon besser ausgestatteten Reservate und zusätzlich die beiden größten Meeresschutzgebiete kurz vorgestellt.

Wegen ihrer Vorreiterrolle verdient die **Riserva Naturale dello Zingaro,** ein Stück ursprünglicher Küsten- und Hügellandschaft nahe Castellammare del Golfo, zwischen Trapani und Palermo, ganz besondere Beachtung. Als 1980 die Pläne zum Bau einer Hauptstraße längs dieser unberührten Küstenregion an die Öffentlichkeit drangen, wurde mit massiver Untersützung überregionaler Zeitungen und hochrangiger Wissenschaftler eine gigantische Kampagne gestartet. Die breite Öffentlichkeit zog mit, und so fand im Mai 1980 ein friedlicher Protestmarsch mit 6 000 Teilnehmern statt. Schließlich wurde diesem Druck sowohl in der Regionalversammlung wie auch auf nationaler Ebene Rechnung getragen; im Jahr darauf kam es dann zum Erlass eines Gesetzes, das die weitere Entwicklung der sizilianischen Naturparks und -reservate sichert.

Das Zingaro-Reservat hat man so gut geplant, dass es für jedermann – auch für Rollstuhlfahrer – zugänglich ist. Außer den fünf ausgezeichneten Badestränden, alten Wohnhäusern und der wunderschönen Landschaft warten in sorgfältig restaurierten alten Gebäuden ein naturhistorisches und ein archäologisches Museum, ein Meereslaboratorium und das touristische Zentrum auf Besucher. Das Reservat ist mit öffentlichen Verkehrsmitteln oder mit dem Auto zu erreichen, auch gibt es zahlreiche Unterkünfte im nahe gelegenen Sco-

pello. Die winzigen, im Juli und August voll besetzten Strände hat man im September fast immer für sich allein.

Direkt nördlich von Palermo ragt an der Bucht der gewaltige Felsbrocken des **Monte Pellegrino** empor. Ganz anders als Zingaro beherbergt dieses Reservat mit dem Schrein der heiligen Rosalia, der Patronin Palermos, eine touristische Attraktion ganz anderer Art, dazu noch die übliche Ansammlung entsprechender Souvenirläden. Die Familien aus der Stadt lieben den Ort vor allem als Picknickplatz. Man hat aber von hier aus wunderbare Ausblicke, vor allem von der zum Bergmassiv führenden Straße, und es gibt Wanderwege hinauf zum felsigen Gipfel.

◄ **Eine Schirmakazie an den Lavahängen des Ätna**
▲ **Wanderfalken brüten an felsigen Abbrüchen**

Zwischen dem etwa 15 km entfernten Palermo und dem Heiligenschrein besteht ein regelmäßiger Busverkehr.

Das **Ficuzza-Reservat** liegt in der Nähe von Marineo, 35 km südlich von Palermo. In seinem Zentrum bietet der kleine Weiler Ficuzza, ein ruhiger Flecken unterhalb der Rocca Busambre, einige stimmungsvolle Trattorien, wo man zu Mittag essen kann. Auch wenn der Bus von Palermo nach Corleone hier vorbeifährt, ist man mit dem Auto doch besser dran.

In den Salzsümpfen des 1984 geschaffenen Naturreservats von **Vendicari** trifft man auf eine

hoch spezialisierte Pflanzen- und Tierwelt. Man sollte sie im Herbst oder Winter besuchen, wenn sich hier Tausende von Watvögeln und Enten niederlassen und die geschützten Gewässer zusammen mit Flamingos, Störchen und Reihern nutzen. Außerdem haben sich die Reste eines Turms aus dem 15. Jh. und von den Griechen zur Fischkonservierung benutzte Kessel erhalten. Es empfiehlt sich, immer ein Fernglas mitzunehmen. Das etwa 45 km südlich von Syrakus gelegene Reservat ist nur mit dem Auto erreichbar.

Die **Necropoli di Pantalica** und das **Valle dell'Anapo** sind erst kürzlich zu Naturreservaten erklärt worden. Hier gibt es bemerkenswerte

Höhlenwohnungen aus der Bronzezeit und Wanderwege durch das Tal des Anapo vorbei an spektakulären Schluchten und Canyons zu entdecken. Eine weitere 13 km lange Wanderroute folgt inmitten bewaldeter Hügel der aufgelassenen Bahnlinie von Syrakus nach Ragusa. Die Tierwelt ist hier reich vertreten. Auch an dieses Gebiet, das circa 40 km westlich von Syrakus liegt, kommt man nur mit dem Wagen heran.

Ein anderes neu errichtetes Reservat, die **Gole dell'Alcantara,** ist nichts für schwache Nerven. Wer sich hier umtun möchte, sollte damit rechnen, durch einen eisigen Wasserlauf waten zu

Siziliens Tierwelt

Wenn auch einige Tierarten, wie etwa der Wolf, verschwunden sind, so haben sich neben dem Stachelschwein auch Rotfuchs, Feldhase, Wildkatze, Baummarder, Wiesel sowie die Haselmaus behaupten können. Zu den hier beheimateten acht Arten von Fledermäusen gehören das Mausohr sowie – die höchst seltenen Spezies – Kuhls- und Savis-Zwergfledermaus. An Reptilien findet man die grüne Eidechse, Schwarz- und Grünnattern, Grasschlangen, Vipern und den nachtaktiven Gecko. Neben der scheuen Landschildkröte, die aber wegen ihrer ausgezeichneten Tarnung nur schwer auszumachen ist, lässt sich auch die europäische Süßwasserschildkröte beobachten. Zu den amphibischen Bewohnern zählen die gewöhnliche Erdkröte, der Laubfrosch, der Baumfrosch und der Italienische Frosch mit seiner interessanten Streifenzeichnung.

müssen, über sich vielfarbige Regenbogen, die der Lichteinfall aus Millionen zerstäubender Tröpfchen tief in der Schlucht zaubert. Eine anregende Stunde zwischen Wasser und Fels! Von Taormina etwa 15 km entfernt, führen einige Buslinien zu diesem Naturschauspiel.

Die **Isola di Mozia, Lo Stagnone** und die **Saline di Trapani** bilden zusammen das Schutzgebiet um das antike Motya/Mozia. Das winzige Eiland, das im 8. Jh. v. Chr. am phönizischen Handelsweg lag, gehört zu einer Gruppe von vier Inseln in den stillen Gewässern um die äußerste Westküste Siziliens, etwa 15 km südlich von Trapani. Die Lagune steht bereits seit 1984 unter Schutz. In ihrem Salzwasser, das früher zur Salzgewinnung genutzt wurde, findet sich eine reiche Meeresflora und -fauna, darunter allein 40 verschiedene Fischarten. Die auffälligen Weiß- und Rosatöne in den Gewässern und die überaus reiche Inselvegetation bieten einen romantischen Anblick. Vom circa 6 km weiter südlich gelegenen Marsala kann man das Reservat mit dem Bus erreichen; außerdem gibt es einen Fährverkehr zu den Inseln.

Meeresreservate

Nur eine halbe Stunde von Trapani entfernt tauchen die drei wunderschönen, von Höhlen, kleinen Buchten und Ministänden umsäumten **Isole**

Abgelegenere Plätze kann man überall auf Fußwegen erreichen, deren Spuren nicht immer leicht zu erkennen sind. Wer ohne Führer unterwegs ist, sollte unbedingt viel Wasser mitnehmen und auf gelegentliche Felsklettereien eingestellt sein. Er wird mit menschenleeren Buchten inmitten der Küstenfelsen und köstlicher Stille belohnt.

Mit dem Boot kann man die Inseln bequem umrunden oder sich zur Grotta del Genovese fahren lassen, wo es prähistorische Höhlenzeichnungen zu bewundern gibt.

Seit 1987 existiert **Ustica** als gut ausgestattetes Schutzgebiet und Zentrum für Meeresstudien,

Egadi aus dem blauen Meer empor. Das klare, saubere Wasser und die Vielzahl der Meerespflanzen und -tiere reizen zum erholsamen Schwimmen und Tauchen. Auf den kleineren Inseln Levanzo und Marettimo findet man die oft ersehnte Ruhe selbst in der Sommersaison. Die Hauptinsel Favignana ist überwiegend flach und leicht mit dem Fahrrad zu erkunden.

◀ **Geckos gehen meist**
nachts auf Beutefang
▲ **Die kleine Insel Mozia ist**
Teil eines Naturschutzgebietes
▶ ▶ **Die in Wolken**
gehüllten Monti Nebrodi

dessen riesiges Aquarium einen Einblick in die ungeheure Vielfalt der Schwämme, Korallen und Fische vermittelt. Neben Erkundungsfahrten aufs Meer unter fachkundiger Leitung wird sogar eine Unterwasserexkursion angeboten – römische Amphoren inclusive! Jedes Jahr werden hier meeresbiologische Seminare, Ausstellungen und Fachkonferenzen abgehalten. Schnelle Tragflügelboote und Fährschiffe sorgen für eine regelmäßige Verbindung nach Palermo.

Wie man Kontakt mit den zahlreichen Reservaten und den Umweltagenturen in den Städten aufnehmen kann, die weitere Informationen bereithalten, ist den praktischen Reisetipps ab S. 321 zu entnehmen. ■

Sizilien begegnen

Überall trifft der fremde Besucher auf Siziliens kleines Ebenbild: ein Mädchengesicht mit Schlangenhaarfrisur und drei abgewinkelten Beinen, die Trinakria (»Die Dreieckige«), wie der antike Name der Insel lautete. Der Dreifuß symbolisiert die Sonne, mit der Sizilien überreich gesegnet ist. Schon ab Februar sind ihre Strahlen stark genug, um Mandelbäume erblühen zu lassen, später leuchten Orangen aus dem dunklen Grün der Plantagen. Im September biegen sich die Reben unter ihrer Traubenlast, und die Weinlese beginnt. Noch weit bis in den November hinein ist es warm genug zum Baden, lädt die abwechslungsreiche Landschaft zu Wanderungen oder gar zum Gipfelstürmen ein. Bewunderer von Naturschauplätzen haben es auf Sizilien besonders gut getroffen: schroffe Gebirgszüge, wildromantische Schluchten, Lagunen und Salzpfannen – ein Refugium nicht nur für Zugvögel. Zudem gibt es mehrere tätige Vulkane, die man erklimmen kann.

Ob Menschen oder Landschaften, Architektur und Kunsthandwerk, Feste, Bräuche und Küche – Sizilien hat sich aus dem Auf- und Ab seiner Geschichte, Goldenen Zeiten und solchen der Unfreiheit, das Beste bewahren können. Seine Lage zwischen Abendland und Okzident sowie der fruchtbare Boden hat eine lange Reihe von »Liebhabern« auf den Plan gerufen: Griechen und Phönizier, Punier und Römer, Byzantiner, Araber, Normannen, Staufer, Spanier und Franzosen gaben sich hier buchstäblich die Klinke in die Hand.

Doch was sie alle hinterließen, dieses schier unglaubliche Potpourri an Formen und Stilen, Glaubensvorstellungen, Sitten und Gebräuchen, ist einzigartig.

Die Heiligtümer, Theater und öffentlichen Bauten, mit denen die griechischen Siedler den Mutterstädten nacheiferten und den Wohlstand Magna Graecias zur Schau stellten, suchen – nicht zuletzt ihres vergleichsweise ausgezeichneten Erhaltungszustands wegen – auch in Hellas ihresgleichen. Die immer noch eindrucksvollen Tempel von Selinunt und Agrigent mit ihren gewaltigen Säulentrommeln, die Theater von Segesta, Syrakus und Taormina, eingebettet in herrliche Landschaften, führen den Besucher zurück in diese Zeit. Sinnenfreude heißt der römische Beitrag: Die Mosaiken in der Villa Romana del Casale bilden Lustbarkeiten aller Art in warmen Farben ab.

In Palermo konzentriert sich das bauliche Erbe der Araber, verschmolzen mit christlichen Inhalten: La Zisa und die Cappella Palatina. Byzanz vom Allerfeinsten, Kuppeln innen in Gold getaucht, begegnet man in der Chiesa La Martorana. Maurisches Gassengewirr in arabischen Stadtvierteln, an der Küste stattliche Burgen von Arabern, Normannen und Staufern, die den Bourbonen nicht selten als Kerker dienten.

Auch die Kathedralen von Cefalù und Monreale künden vom Zusammenspiel byzantinischen Kunsthandwerks und arabischer Eleganz mit normannischem Machtbewusstsein. Wohlproportionierte Architektur im Schwarz der Lavablöcke und im Honigton des lokalen Kalksteins: Catania und Noto, zwei Perlen des Barock, mit hinreißend schönem Fassadenschmuck, skurrilen Balkonkonsolen in der Form von Ungeheuern und Fratzen. Und im Campanile von Messina erstrahlt die größte mechanische Uhr der Welt, um 12 Uhr mittags beginnt ihr Schauspiel: Hahn, Löwe, sizilianische Nationalheldinnen und Apostelfiguren schlagen die Glocken, künden vom Lauf der Zeit. ■

◀ ◀ **Blühende Mandelbäume in der Provinz Agrigent – Quadriga auf Palermos prunkvollem Teatro Politeama**

◀ **Caltabellotta, reizvollster Ort in der Provinz Agrigent**

Sizilien

0 20 km

N

Genova, Livorno   Nap

T Y R R H E N I S C H E S   M E E R

Ísola di Ustica
Ustica

Cagliari, Tunis

Cagliari, Livorno

Tunis

Ísola delle Fémmine   Capo Gallo
Partanna-Mondello   Golfo di Palermo
Punta Ráisi
Capo
San Vito   Golfo di   Terrasini   Cinisi
San Vito lo Capo   A 29   Canni   **Palermo**   Capo Mongerbino
Punta Tannure   Monreale   Villagrázia   Capo Zafferano   Golfo c
Mácari   Castellammare   Bagheria   Términi Ime
Punta del Saraceno   Castelluzzo   Partinico   Piana degli   Bolognetta   Términi
Custonaci   Balestrate   186   Albánesi   A 19   Imerese
Érice   San Giuseppe   Baucina   Trabia   E 90
Ísole Égadi   Ísola di   **Trapani**   Castellammare   113   Jato   Godrano   Cáccamo
Lévanzo   del Golfo   E 90   San Cipirello   121   Montemaggiore
Ísola   Lévanzo   Paceco   **Alcamo**   San Giuseppe   Mezzojuso   Belsito
Maréttimo   Segesta   Camporeale   **Palermo**   Vicari   Alia
Maréttimo   Marausa   113   Vita   Calatafimi   A 29   Roccamena   Corleone   Valledo
Favignana   **Trapani**   Santa   Lercara   Vallelunga
Ísola Favignana   Ísole   Granatello   Salemi   Ninfa   Poggioreale   Contessa   Friddi
dello   115   Entellina   Prizzi   Castronuovo
Stagnone   Ciávolo   **Partanna**   Sambuca   Palazzo   di Sícilia   Valle
Marsala   Aquila   di Sícilia   Chiusa   Adriano   Prata
Petrosino   Santa Margherita   Sclàfani   Bivona   San Giovanni   189
di Bélice   Caltabellotta   Búrgio   Gémini   Mussó
Capo Feto   Castelvetrano   Menfi   Casteltérmini   Campofranco
Mazara del Vallo   E 90   Cianciana   San Biágio
Campobello   Calamónaci   Ribera   Plátani   Racalmu
di Mazara   **Selinunte**   Porto   Sciacca   **Agrigento**   Aragona
Palo   115   Cattólica   Favara
Capo Granitola   Casa Maragani   Bonsignore   Montallegro   Eráclea   Siculiana   **Agrigento**
Capo San   Capo Bianco   Valle del Te
Marco   Punta Grande   Porto
Cannatello   Palm
Empédocle   Punta Blanca   Montech

C a n a l e   d i   S i c i l i a

M I T T E L M E E R

Pantelleria

Linosa, Lampedusa

Trapani   Porto Empédocle
Ísola di Pantelleria   Í. di Lampione   **Ísole Pelágie**
Pantelleria   Í. di Linosa
M. Gibelé   Lampedusa
700   Punta Limarsi   **Ísole di**   Í. di Linosa
Punta   **Lampedusa**   Linosa
Polacca

Ísola Strómboli

Napoli

Ginostra · Figogrande

Ísole Eolie o Lípari

Ísola di
Basiluzzo

Ísola Panarea

San Pietro · Ísola Lisca
Bianca

Ísola Filicudi · Malfa

Ísola Alicudi · Filicudi Porto · Ísola Salina · Acquacalda

Alicudi Porto · Ísola Lípari · Lípari

Porto di Levante

Ísola Vulcano

Capo
Rasocolmo · Sparta

Capo
Villafranca · Castanea
Tirrena · delle Fùrie

Capo di
Milazzo · A 20

Punta Messinese · **Messina**

Golfo di Patti · **Milazzo** · Venético

Capo Calavà · Barcellona
Pozzo di Grotto

Gioiosa · Capo · Santa Lucia
Capo d' Orlando · Brolo · Marea · Tindari · del Mela · Pistunina · A 18
Capo d' Orlando · A 20 · Patti · Mazzarrà Sant' · Altolia
Naso · Sant' · Basicò · Andrea · E 45 · **Reggio di**
Sant' Ágata · Angelo · Castroreale · Alì · Scaletta · **Calabria**
di Militello · Frazzanò · Raccuja · Novara · Zanclea
Acquadolci · di Sicilia · Roccalumera
Cefalù · San Fratello · Tortorici · Montalbano · Mandanici · Santa Teresa di Riva
Santo Stéfano · Elicona · Roccella · Francavilla · Capo Sant' Aléssio
Impofelice · di Camastra · M. Soro · Valdémone · di Sicilia
Roccella · Fusa · 1847 · Gaggi · **Taormina**
Gratteri · Castelbuono · Case Mamma · Serra del Rè · Randazzo · Capo Taormina
Collesano · Mistretta · 1754 · Linguaglossa · Galatabiano
one · San Máuro · M. Pizzillo · Fiumefreddo di Sicilia
Polizzi · Castelverde · Capizzi · Poggio Tornitore · Cesarò · 2414 · Sant' · **Riposto**
Generosa · Petralia · Castel · 1671 · Maletto · Alfio · **Giarre**
avututo · Sottana · di Lúcio · Cerami · **Troina** · Monte Etna · Zafferana
A 19 · Castellana · Gagliano · 3323 · Etnea · Pozzillo
Gangi · Nicosia · Castelferrato · **Catania** · Nicolosi · **Acireale**
Resuttano · Almena · Regalbuto · Biancavilla · A 18
Enna · San Maria · Aci Castello
Iba · Santa Caterina · Leonforte · Agira · Centúripe · di Lícodia · Belpasso
ianopoli · Villarosa · Calascibetta · Ássoro · Catenanuova · **Paternò** · Aci Castello
Villarosa · Catenanuova · Misterbianco
tanissetta · **Enna** · Castel · Motta Sant'
altanissetta · Valguarnera · di Iudica · Anastásia · **Catania**
Masseria · Caropepe
San Cataldo · Sciortabino · Raddusa · Masseria · **IONISCHES**
adifalco · Pietraperzia · Aidone · Stimpato · Piana
anicatti · Barcamacca · la Calura · di Catania · **MEER**
Barrafranca · Piazza · 114
Borgo · **Villa** · Armerina · Palagónia · Golfo
ommatino · Braemi · **Imperiale** · 117bis · Mirabella · di Catania
Riesi · San Cono · Imbáccari · Militello in Val · Scordia · Capo Campolato
Mazzarino · di Catánia · 194 · Lentini · Carlentini · Capo Santa Croce
Ravanusa · Casa · 417 · **Augusta**
Campobello · Giufiscemi · Grammichele · Francofonte · Melilli · Golfo di Augusta
di Licata · Butera · Villa Gravina · Solarino · Capo Santa Panágia
Caltagirone · Licodia · Vizzini · Ferla
Niscemi · Eubéa · Bucchéri · Cássaro · Floridia · **Siracusa**
Mazzarrone · Granieri · Sórtino
Gela · Case · Monteroso · Almo · Palazzolo · Canicattini · Capo Murro
Mánfria · Iacono · Acate · Giarratana · Acréide · Bagni · di Porco
Licata · Chiaramonte · 115 · Capo Ógnina
Case Dirillo · Cali · 514 · Gulfi · Punta del Cane
Golfo di Gela · **Comiso** · **Ragusa** · **Siracusa** · **Avola**
Vittória · **Ragusa** · Noto
Bérdia Nuova · Santa Croce · **Módica** · Calabernardo
Camerina · Rosolini · Golfo di Noto
Punta Bracchetto · Marina · Scicli
Capo Scarámia · di Rágusa · Íspica · Fattoria San Lorenzo
Donnalucata · Sampieri · Marza · **Pachino**
Punta del · Pozzallo · **Ísola Capo Pássero**
Corvo · Punta · Portopalo di Capo Pássero
Religione

Palermo

0   200 m

Via del Mare

Piazza mmuzzo

Via Sammuzzo

Molo Sud

Via Galvani

Galileo

Via

Via Patuano

Ferraris

Alessandro Volta

Crispi

Via

Via

Filippo

Patti

Piazza XIII Vittime

Via

Via CM 8

Porta n Giorgio

Piazza . Giorgio i Genovesi

Via

Castello

Bivona

del

Castellammare

V. Buon Pastore

V. degli Spersi

S. Alessandro

Castello

Batildi

Mercato Ittico

Via

Orlando

V. Cianciolo

Via Magliisi

Piazza Castello

V. Sebastiano

Via Tonda

Tavola

TYRRHENISCHES

Piazza Fonderia

Cala

Via Cesarelli

La Cala

Piazzetta Cap. di Porto

MEER

Piazza F. Matera

Porta Carbone

Cala

Cassari

Via P.to Salvo

Santa Maria della Catena

Cala

Porta Felice

Tarzana

Via Tintori

27

Piazza S. Spirito

VUCCIRIA

Via dei

Vittorio

Emanuele

Via

22

Foro Italico (Umberto I)

VILLA

Via Chiavettieri

Piazzetta Dogana

S. Regia Zecca

Via della

V. Niscemi

A

Corso

Via Bottai

Piazza Marina

17

Vicolo S. Uffizio

V. de Franisci

23

Palazzo Butera

MARE

Oratorio di San Lorenzo

20

San Francesco d'Assisi

21

Santa Maria dei Miracoli

Palazzo Chiaramonte

18

Scopari

Via

Butera

Salita Mura di Cattive

V. Calascibetta

Piazza Cassa Risparmio

Piazza S. Francesco d'Assisi

Merlo

Resutana

Palazzo Mirto

19

Via all'Alloro

La Pietà

Porta Deigreci

Santa Anna

Lungarini

Via Cefalà

V. P. all'Alloro

Palazzo Abatellis (Galleria Regionale della Sicilia)

16

Lincoln

dici Piazza Aona

Piazza d'Aragona

V. S. Carlo

Via Castro

Alloro

La Gancia

Via Sp. Savona

Santa Teresa

Piazza della Kalsa

Via Teatro S. Cecilia

V. Schiavuzzo

V. Francesco Riso

Piazza Spasimo

Via S. Teresa

Abramo

Via Cecilia

Via del Sole

della

Piazza Ventimiglia

Divisi

Piazza S. Eumo

Flammino

Vetraria

Vicolo del Pallone

Cervello

azzetta della ssinese

Palazzo Aiutamicristo

15

La Magione

14

Piazza Magione

LA KALSA

dello

Santa Maria di Spasimo

Porta Reale

Foro Italico (Umberto I)

Via Monte Santo

Via Garibaldi

Via Magione

Carmelo Pardi

Via

VILLA GIULIA

Roma

Gorizia

Via della Pace

Via G. Filangieri

C. Rao

Lincoln

Via Trento

Via Milano

Corso

Porta Castro Filippo

ORTO BOTANICO

Via Trento

Porta Garibaldi

Abramo

Via Paci

24

a Segno

Piazza Giulio Cesare

Via Rosario Gregorio

Via Palmieri

Via Antonio di Rudini

Antonio

Via Michele Cipolla

Archirafi

Via Tiro

Stazione Centrale

Via Balsamo

Mille

Via P. Randazzo

Via Gaspare Mignosi

Ugo

Via

Bagheria

Die Stadt Palermo

Seite
114

In Siziliens Metropole liegen Schönheit und Zerstörung oft dicht nebeneinander, verschwenderische Hinterlassenschaften der arabisch-normannischen Zeit und barocke Prachtentfaltung, dazwischen liebenswertes maurisches Chaos.

Palermo ist einerseits chaotisch, andererseits eine Stadt wie eine überaus sinnliche Gewürzmischung. In *Der Leopard* atmet der Fürst nachts den Orangenduft ein und wird durchflutet von »dem islamischen Parfüm, das Sinnesfreuden bis jenseits des Grabes heraufbeschwört«. Palermo ist die Stadt der heißblütigen Dekadenz. In *Persephone's Island* (Persephones Insel) beschreibt die Amerikanerin Mary Simeti-Taylor ihre herbstliche Rückkehr in das Stadtleben Palermos: »Die Stadt erwartet uns ... die ersten Datteln, die zwischen den Pyramiden hellgrüner Blumenkohlköpfe orange glühen, rauchende Dreifüße, in denen Kastanien rösten, Blutvergießen und zerfallene Schönheit«.

und syrische Handwerker, persische Künstler sowie Berber- und Negersklaven – an keinem anderen Ort Europas sahen sich derart viele Nationalitäten vereint. Aus dieser bunten Mischung konnte sich die komplexe Stadtkultur entwickeln.

Die Araber errichteten 300 Moscheen, Vergnügungspaläste wie La Zisa und Jagdhütten wie La Cuba. Unter der Herrschaft ihrer Nachfolger, der Normannen, erlebte Palermo sein Goldenes Zeitalter, eine Periode, die von Reichtum und kultureller Vielfalt geprägt war. Um die Außenbezirke der Stadt erstreckten sich Zitrushaine, Weingärten, Seidenfarmen und Reisfelder.

Geschichte

Schon im 8. Jh. v. Chr. gab es eine phönizische Kolonie, von der nicht ein einziger Stein übrig geblieben ist; wir kennen noch nicht einmal ihren Namen. Die Griechen nannten die Stadt Panormos (Allhafen), da sich ihr Hafen die ganze Bucht entlang reihte, die ihrer Zitrushaine wegen den Namen *Conca d'Oro* (goldene Muschel) trägt. Obwohl einst römische Provinzstadt, gibt es in Palermo im Vergleich zur Ostküste nur wenige antike Überreste.

Ansonsten gleicht die Altstadt Palermos einem Labyrinth maurischer Alleen. Unter byzantinischer Herrschaft entstanden die wichtigsten Machtzentren: ein Vorgängerbau der heutigen Kathedrale und der Palazzo dei Normanni, später Königspalast, heute Sitz der Regionalregierung.

Doch erst die arabische Kolonisation ließ Palermo aufblühen. Damals lebten in der Stadt jüdische und lombardische Händler, griechische Bauleute, türkische

◄ ◄ **Palermos
Hafen**
◄ **Jahreszeiten-Brunnen
an der Kreuzung Quattro
Canti**
► **Juli-Prozession zu Ehren
der Stadtpatronin, der
hl. Rosalia**

Stadtführungen
Die meisten Kirchen in Palermo stehen unter der Obhut privater Gesellschaften, deren Mitglieder auch noch kostenlose Führungen anbieten. Im Projekt **Paten für ein Monument** werden Kinder aus sozial schwachen Familien zu Führern durch bestimmte lokale Sehenswürdigkeiten ausgebildet.

Die neuen spanischen Herren betätigten sich als Architekten und ließen Palermo entlang prachtvoller Boulevards ausrichten. Dieser Versuch, Ordnung in das Straßengewirr zu bringen, führte ins andere Extrem: zu einer übertriebenen Strenge. Straßen wurden verbreitert, begradigt und bis zum Meer vorangetrieben. Doch lebte jenseits der großen Kreuzung Quattro Canti die alte maurische Stadt in den verwinkelten Gassen, lebendigen Märkten und verkommenen Häusern weiter. Und die neue Stadtplanung schrieb die Trennung von Adeligen und Handwerkern, Armen und Reichen fest.

Seitdem hat sich kaum etwas verändert, außer dass große Teile der Mittelschicht das Stadtzentrum verlassen haben. 1943 zerstörten Bomben der Alliierten den Hafen und große Teile des historischen Stadtkerns. Die Mafia machte sich diese Tatsache zu Nutze und leitete für den Wiederaufbau des Zentrums bestimmte Gelder aus Rom und später von

◀ **Die Kathedrale von Palermo**

der EU in die eigenen Kassen. Korrupte Politiker kassierten ebenfalls Subventionen. Eine Schlüsselfigur war der Europarlamentarier Salvo Lima, der in den Diensten der Mafia stand. Als er 1992 in Palermo erschossen wurde, geriet das Gleichgewicht der Mächte ins Wanken. Als Reaktion auf die darauf folgenden Morde an den Richtern Falcone und Borsellino kam es in Palermo zu massivsten Protestaktionen. Nach einer längeren Periode der Instabilität erschien der große Hoffnungsträger der Palermitaner auf dem Plan: Leoluca Orlando mit seiner Anti-Mafia-Partei La Rete. In dem veränderten politischen Klima konnte sich auch ein Sozialverhalten einwurzeln, von großer Bedeutung ist hierbei das neue Verantwortungsgefühl der Bürger, insbesondere der jüngeren für ihr Gemeinwesen. Das findet seinen Ausdruck in zahllosen Projekten und Gruppen auf freiwilliger Basis, in der benachteiligte und gar nicht oder nur unzureichend beschäftigte Palermitaner erfolgreich organisatorische Aufgaben übernehmen, sie pflegen Kirchen, bauen Kulturzentren und soziale Netze auf. Bürgermeister Orlando verfolgt noch ein weiteres hohes Ziel: Unsere Stadt soll schöner werden! Und so lässt er Palazzi und öffentliche Gebäude restaurieren, Palmen pflanzen sowie eine funktionierende Straßenbeleuchtung installieren.

Sehenswertes

In Palermo herrscht eine unglaubliche Vielfalt an Stilrichtungen der verschiedensten Epochen. Nördlich der Via Cavour liegt das nüchterne Viertel Viale della Libertà mit seinen schicken Hotels. Die in der Kreuzung **Quattro Canti** zusammenlaufenden Straßen vierteln die Altstadt. **Kasr,** der ursprüngliche arabisch-normannische Stadtkern, liegt westlich dieser Kreuzung. Jedes *mandamento* (Viertel) besteht aus einer pittoresken Ansammlung von Häusern, Märkten und Barockkirchen.

Im Kasr ist sowohl die weltliche als auch die kirchliche Macht vertreten.

Seite
114

Nördlich des Corso Vittorio Emanuele erstreckt sich das mittelalterliche Arbeiterviertel **Capo** hinter der Kathedrale. Westlich der Via Maqueda und südlich des Corso Vittorio Emanuele liegt das Armenviertel **Albergheria**. Östlich der Via Roma beginnt die **Vucciria,** der Marktbezirk zwischen dem Hafen La Cala und San Domenico, ein weiteres Sorgenkind des Stadtoberhaupts, der sich für die Erhaltung der alten Bausubstanz und gegen Bodenspekulation stark macht. Südlich des Corso und östlich der Via Roma breitet sich **La Kalsa** aus, ein von Bomben stark beschädigter Stadtteil mit einem Museum und katalanisch-gotischen Palazzi.

Im **Kasr-Viertel,** benannt nach dem arabischen Wort für Burg, stehen die **Kathedrale** ❶ (tgl. 7–19 Uhr) und der Palazzo dei Normanni, die ehemalige obere Burg. Der Duomo ist eine typisch sizilianische Stilmischung mit unpassender, weil klassizistischer Kuppel, aber schöner südlicher Vorhalle im Stil der katalanischen Gotik. Im Chor hat sich die originale arabisch-normannische, schwarz-weiß abgesetzte Bausubstanz aus dem 12. Jh. mit Blendarkaden, Bänderfries und Medaillons erhalten. Das in den Farben Mint und Grau gehaltene barocke Innere ist angenehm kühl. Hier befinden sich in der ersten Seitenkapelle rechts vom Haupteingang die normannischen Königsgräber, sie sind aus dem seltenen rosafarbenen Porphyr gearbeitet und werden von sitzenden Löwen getragen. Die Schatzkammer im rechten Querarm birgt königliche Umhänge und eine Normannenkrone. In den Gassen um die Kathedrale ragen hohe Steinbauten auf, an denen überall Wäsche flattert. Nur einen Steinwurf vom Duomo entfernt, im **Vicolo Brugno,** einer armseligen Gasse, sitzen die Familien am offenen Feuer und grillen Singvögel oder Kastanien. Diese dunklen *vicoli* sind buchstäblich die Schattenseite des prächtigen Palermo.

Südlich trifft man auf den **Palazzo dei Normanni** ❷ (Mo, Fr, Sa 9–15 Uhr), den

▼ ▼ **Die Decke der Cappella Palatina**
▼ **Maurische Figuren an der Porta Nuova**

**Hinter den Kulissen
der Albergheria**
Eine reizvolle Besich-
tigungstour führt
durch die Alberghe-
ria: Eingeschlossen
sind ein sonst nicht
zugänglicher Turm,
ein Besuch bei einem
Postkarten-
maler und ein
gemächlicher Rund-
gang über den
Ballarò-Markt mit
Kost-
proben.
(Albergheria Viaggi,
Tel. 0 91 21 83 44.)

▼ **Der stimmungs-
volle Kreuzgang
von San Giovanni
degli Eremiti**

normannische Königspalast, seit byzantinischer Zeit Sitz der Regierung. Jetzt tagt
hier das sizilianische Parlament. Das kubische Gebäude ist von Mauern umschlossen, darin Gärten mit Orchideen, Papyrus,
Feigen- und Kapokbäumen.

Von einer Loggia aus erreicht man über
eine Freitreppe die **Cappella Palatina**
(Mo–Fr 9–11.45 und 15–16.45 Uhr).
1130 von Roger II. entworfen, repräsentiert sie die Verschmelzung der verschiedenen Kulturen und Religionen Siziliens:
christlich die Basilikaform mit Vierungskuppel, byzantinisch die Mosaiken, arabisch die Stalaktitendecke sowie die Marmorintarsien des Fußbodens und der
Wände. Die **Goldmosaiken** erinnern an
die Kreuzzüge: Palermo war einer der
Ausgangspunkte für die Reise ins Heilige
Land. Christus Pantokrator beherrscht die
Kuppel, er ist von Engeln und Heiligen
umgeben. An den Wänden erkennt man
biblische Szenen aus dem Alten und Neu-
en Testament.

Die **Stalaktitendecke,** ein überaus
prächtiges Meisterwerk orientalischer
Baukunst, ist einmalig für eine christliche
Kirche. Die Normannen beauftragten arabische Handwerker, das Paradies darzu-
stellen, woraufhin diese boshafterweise
nackte Frauen als Sujets wählten. Die
Normannen sorgten aber dafür, dass die
Blößen bedeckt und die Damen mit Heili-
genscheinen bekrönt wurden. Die Decke
ist immer noch ein Rausch der Schönheit:
Persische Achtzacksterne und islamische
Muqarnas in 24 kleinen Kuppeln, zwischen Palmen und Pfauen spielen Männer
Schach, jagen oder trinken. Die Tänzer
und Musikantinnen gehören in die Träu-
me von 1001 Nacht . . .

Der **Parco d'Orleans** ❸ (tgl. 9–13,
15–17 Uhr), die üppigen Gärten hinter
dem Palast, gehören dem sizilianischen
Präsidenten, sind aber öffentlich zugänglich. Ein Hinweisschild besagt, dass Er-
wachsene nur in Begleitung von Kindern
eingelassen werden. Zerlumpte Straßen-

kinder bieten daher ihre Dienste als »Leih-kinder« an ...

Das heruntergekommene Viertel **Capo** erstreckt sich nördlich des Kasr zwischen Kathedrale und Teatro Massimo. Mittelpunkt des Quartiers ist **Sant' Agostino ❹** (Mo–Sa 7–12, 16–17.30 Uhr), ein imposantes Kloster, das im Mittelalter über das Gebiet herrschte. Die 1275 erbaute Kirche wurde später von den Chiaramonte und Sclàfani erweitert.

Südwestlich liegt die **Piazza Beati Paoli,** einst angeblich Treffpunkt jenes geheimen Freimaurerbundes, aus dem die Mafia hervorging. Im **Palazzo di Giustizia,** dem modernen Gerichtshof, fanden die Mafiaprozesse statt. Dieses ungewöhnliche Viertel ist am heitersten während des täglichen Flohmarktes.

Südlich des Corso beginnt das baufällige Viertel **Albergheria,** wo einst normannische Hofbeamte und reiche Händler aus Pisa und Amalfi wohnten. Obwohl in den verfallenden, nur von morschen Planken

gestützten Gebäuden illegale Einwanderer hausen, ist die Atmosphäre des Ortes weit mehr von Zuversicht bestimmt als von Verfall.

Die Basilika **San Giovanni degli Eremiti ❺** (Mo–Sa 9–18.30, So 9–12.30 Uhr) liegt südlich des Palazzo dei Normanni. Diese byzantinische Kirche mit ihren fünf roten Kuppeln wurde Teil einer Benediktinerabtei und später in eine Moschee umgewidmet.

Motive der arabischen Architektur kennzeichnen den **Palazzo Sclàfani ❻** im katalanisch-gotischen Stil nordöstlich von San Giovanni. Er gehörte einer der mächtigsten Adelsfamilien, seinen patrizischen Charme bezieht er aus den arabischen Bogen und der Loggia.

Weiter östlich gelangt man zum **Carmine ❼,** einem Karmeliterkonvent inmitten des **Ballarò-Marktes.** Die nahe gelegene Jesuitenkirche **Casa Professa ❽** (tgl. 7.30–11.30 Uhr) wird auch **Il Gesù** genannt. Sie besitzt eine barocke Marmorin-

Seite 114

▲ Die Kuppel von San Giovanni degli Eremiti
▼ Der großzügige Brunnen an der Piazza Pretoria

nenausstattung mit Meeresgottheiten und Cherubim. Der Markt geht über in den **Corso Turkory,** einen Bezirk armer Einwanderer entlang der ehemaligen Stadtmauer.

Quattro Canti ❾

Auch als *il teatro* bekannt, bietet diese zentrale Kreuzung – nach Plänen des römischen Architekten Giulio Lasso 1620 vollendet – eine bunte Mischung aus Barock, arabisch-normannischer Pracht und mittelalterlichem Durcheinander. Von hier aus führen Wege ins Labyrinth des alten Palermo. Westlich der von Abgasen geschwärzten Via Marqueda gelangt man über mehrere Gässchen zurück zu den Stadtteilen Capo und Albergheria.

An der **Piazza Pretoria** ❿ dagegen zeigt sich die Stadt von ihrer besten Seite. Der barocke Platz trug ursprünglich wegen der frechen nackten Figuren am Springbrunnen den Spitznamen *Piazza Vergogna* (Platz der Scham). Das große,

▲ **Il Gesù (Casa Professa) war die erste jesuitische Gründung in Palermo**
◄ **Weihwasserbecken in San Giuseppe Teatini**

runde Becken des florentinisch-manieristischen Brunnens wird von allerlei Wassergottheiten und Nymphen bevölkert. Angeblich sollen ortsansässige Nonnen den nackten Göttern die Nasen abgeschlagen, kurz vor der Kastration jedoch Halt gemacht haben. An der Piazza erhebt sich auch der **Palazzo Senatorio** (tgl. 9–20 Uhr), das »überrestaurierte« Rathaus im gotischen Stil, und **San Giuseppe dei Teatini** ⓫ (Mo–Fr 8–12, 18–20 Uhr), eine Barockkirche. Ihr Inneres besteht aus vielfarbigem Marmor und wird von einer freskengeschmückten Kuppel überwölbt.

Die **Piazza Bologni** mit der **Università** galt bis 1943 als schönster barocker Platz der Stadt, sie wurde jedoch bei der Bombardierung des Nazi-Hauptquartiers durch die Alliierten zerstört. Eine Statue und mit Skulpturen verzierte Fassaden lassen den einstigen Glanz noch erahnen. Auf der anderen Seite der Via Maqueda erstreckt sich das jüdische Viertel um die frühere Synagoge San Nicolò. Man nannte sie Mesquita, weil sie an eine Moschee erinnert. Sie mutet jedoch weniger maurisch an als die zwei von Kuppeln bekrönten arabisch-normannischen Kirchen in der Nähe. **La Martorana** ⓬ (Santa Maria dell'Ammiraglio, Mo–Sa 9.30–13, 15.30–19, So 8.30–13 Uhr) wurde 1143 von Georg von Antiochia gebaut, dem syrischen Emir und Admiral König Rogers II. Der in Gold getauchte Bilderschmuck der Kirche vermittelt die griechisch-orthodoxe Liturgie, spirituelles Zentrum ist der »Allesbeherrscher«, der Christus Pantokrator in der Kuppel. Das Bauwerk selbst kann als Paradebeispiel architektonischer Formen- und Zahlensymbolik gelten: Bezugselemente sind Punkt, Kreis, Kreuz und Quadrat, Ordnungsprinzip ist die Zahl Vier.

San Cataldo ⓭ (Mo–Fr 9–15.30, Sa, So 9–13 Uhr) ist als Hochzeitskirche sehr begehrt. Das von drei erhöht aufgesetzten Halbkugelkuppeln bekrönte Gotteshaus ist eines der letzten Sakralgebäude Siziliens im arabisch-normannischen Stil. Mag dieser typische »Würfel« auch zunächst nüchtern erscheinen, so ist das nur eine Reaktion auf das viele Gold von La Martorana. Das gedämpfte Licht erleuchtet die drei Kuppeln, die von antiken Säulen getragen werden. Diese sind so zart, dass sie zu schweben scheinen.

La Kalsa

An der zerbombten **Piazza Magione** befindet sich die Missionsstation Mutter Teresas. Sie pflegte zu sagen, die Einwohner der Stadt sollten mit ihrer karitativen Hilfe vor der eigenen Tür beginnen, da Palermo ebenso arm ist wie die Dritte Welt. Offenbar wurde die Botschaft inzwischen vernommen, der Sinn für Eigentum geweckt: So haben sich neue Bars etabliert, und etliche Palazzi wurden restauriert, vor allem die nahe der Piazza Marina.

Außerdem gibt es an diesem Platz einen wunderschönen normannischen Sakralbau: Maurische Filigranfenster verraten die Herkunft von **La Magione** ⑭ (SS. Trinità, Mo–Sa 8–11.30, 15–18.30, So 8–13 Uhr). Diese Zisterzienserkirche wurde 1191 erstmals erwähnt und von Heinrich VI. dem Deutschen Ritterorden übergeben, in dessen Besitz sie bis zur Vertreibung des Ordens im Jahre 1432 blieb. Den Innenraum des nach Kriegsschäden teilweise wieder aufgebauten Gebäudes gliedern Marmorsäulen in drei Schiffe.

Der **Palazzo Aiutamicristo** ⑮, einen Platz weiter westlich, ist ein katalanisch-gotisches Herrenhaus mit Resten einer Loggia und eines von Säulen umgebenen Hofes. Südlich davon, im Herzen der Kalsa, hat **Lo Spasimo** (tgl. 8–24 Uhr) seine Pforten geöffnet: In einem Kloster des 16. Jhs. mit einer ganz eigenen, romantischen Atmosphäre wurde ein Kulturzentrum eingerichtet. Die Konzerte finden im Kreuzgang und der dachlosen Kirche statt – ein besonderes Open-Air-Erlebnis! Die **Via Alloro** war im Mittelalter das Patrizierzentrum der Stadt. Sie führt zum katalanisch-gotischen **Palazzo Abatellis** ⑯, in dem die schönste Kunstsammlung Siziliens, die Galleria Regionale della Sicilia (Mo–Sa 9–13.30, So 9–12.30, Di und Do

Seite 114

Per pedes durch Palermo
Hat Ihr Hotel keinen eigenen Parkplatz, vermeiden Sie es, Palermos Innenstadt mit dem Auto zu besuchen, es gibt dort nur wenige bewachte und daher sichere Parkplätze (z. B. an der Piazza Marina und der Piazza Bellini).

▼ **Byzantinisches Gold: die prunkvolle Decke der Kirche La Martorana**

Palermitanische Snacks
Es gibt eine Vielzahl leckerer palermitanischer Snacks, so etwa gefüllte, frittierte Reisbällchen (arancini) oder Kichererbsen, Zucchini und Auberginen im Backteig, gefolgt von Süßigkeiten: Marzipan oder Wassermelonencreme mit einem Hauch Jasminaroma. Eine Superadresse für sizilianischen Imbiss ist das **Il Golosone** auf der Piazza Castelnuovo.

auch 15–19.30 Uhr), ihren Sitz hat. Die Schätze werden ihrem Wert entsprechend präsentiert. Außer der Architektur – Hof und Loggia im Stil der Renaissance – gilt es hier byzantinische Mosaiken, neapolitanische Madonnen, bemalte Kruzifixe aus dem Mittelalter, Gagini-Skulpturen und sanft schattierte Renaissanceporträts zu bewundern.

Die **Piazza Marina** ⓱ war ursprünglich ein Sumpf. Die Araber legten ihn trocken und errichteten hier die erste Zitadelle. Der **Palazzo Chiaramonte** ⓲ (oder Palazzo Steri), eine katalanisch-gotische Festung der Feudalherren, wurde nach 1392 Sitz der Inquisition. In die trutzigen Gefängnismauern geritzt findet man eine ergreifende Bitte um *pane, pazienza e tempo* (Brot, Geduld und Zeit). Draußen wurden die bedauernswerten, von der Inquisition als Ketzer verurteilten Menschen verbrannt. Später gelangte das Gebäude, damals **Steri** genannt, in den Besitz der spanischen Vizekönige und des

◀ »Tante-Emma-Laden« traditionellen sizilianischen Stils

Gerichtshofs, bevor es dem Kanzler der Universität Palermo zufiel. Man sollte sich den herrlichen Innenhof und die Sala Magna mit der maurischen Kassettendecke nicht entgehen lassen. Die Piazza Marina nennt mit Stolz einen reizvollen, schattigen **Park** und gepflegte bengalische Feigenbäume ihr Eigen. Drumherum wetteifern Nippeshändler um die Gunst der Kunden, am Südwestende des Parks lohnt die bezaubernde kleine Renaissancekirche **Santa Maria dei Miracoli** (tgl. 8.30–12, 16–19 Uhr) den Besuch.

Der **Palazzo Mirto** ⓳ in der Via Merlo ist von außen wenig ansprechend, besitzt aber eine reizvolle Innenausstattung. Der Palast, heute ein Museum (Mo–Fr 9–18.30, Sa, So 9–12.30 Uhr), zeugt vom eklektizistischen Geschmack der palermitanischen Oberschicht des 18. Jhs. Chinoiserien und Empirestil prallen auf Neo-Gotik und Barock. Glanzstück des Museums ist – neben den Trompe-l'œil-Decken – der chinesische Salon mit seinen Lackschränkchen, Porzellangegenständen und pagodenförmigen Sitzen.

Ein Lächeln und ein Trinkgeld verschaffen Zugang zum **Oratorio di San Lorenzo** ⓴ (Mo–Sa 9–12 Uhr) in der Via Immacolatella, einem Juwel von der Hand des Stuckkünstlers Giacomo Serpotta.

Daneben erhebt sich **San Francesco d'Assisi** ㉑ (Mo–Sa 7–12, 16.30–18 Uhr), Palermos schönste gotische Kirche. Sie wurde einst von Händlern aus Pisa frequentiert, die in der Umgebung Handel trieben. Das abstrakte Portal verrät den arabisch-normannischen Einfluss. Gegenüber der Kirche wartet die berühmte **Antica Foccaceria** auf hungrige Gäste. Das Lokal ist bekannt für rustikale Snacks: *panini di panelle,* gebackene Kichererbsenhäppchen, und *pani cu' la meusa,* Rindermilz im Brötchen serviert.

Die **Marina** war bis zur Belle Epoque die großartige Strandpromenade Palermos. Schon Goethe erfreute sich an ihrer Pracht. Sie diente sowohl dem Gesehenwerden als auch amourösen Begegnungen. Heute heißt die Küstenpromenade **Foro Italico** ㉒ und ist Standort eines verwahrlosten Vergnügungsparks. Darüber prunkt der von Goethe gerühmte **Palazzo Butera** ㉘. Man hat Siziliens einst größten Palast, Opfer von Bomben der Alliierten, erst kürzlich restauriert und kann ihn wieder für Empfänge nutzen. Zur Aufwertung der Umgebung hat der Stadtrat einen Park anlegen lassen und die **Cattive** (die Bösen), eine Terrasse, wieder eröffnet. Sie verdankt ihren Namen den schlecht gelaunten Witwen und alten Jungfern, die von hier aus missmutig die Liebespaare betrachteten, die sich unterhalb der Terrasse vergnügten. Die Bomben der Amerikaner und die Vernachlässigung der Sizilianer haben die Strandpromenade zerstört, heimliche Rendezvous finden heutzutage bei der **Villa Giulia** (derzeit *in restauro)* statt. Im benachbarten **Orto Botanico** (Botanischen Garten, Mo–Fr 9–17, Sa, So 9–13 Uhr) kann man sich an einem Lilienteich oder zwischen Pavillons, Sphingen, Bambus, Bougainvilleen, Magnolien, Kapokbäumen und Palmen ausruhen.

Vucciria

Seinen Namen, abgeleitet vom französischen *boucherie,* erhielt dieses Viertel wegen der Unmengen von Fleisch, die auf dem **Vucciria-Markt** verkauft werden. Die Stände säumen die Gassen hinter **San Domenico** (tgl. 9–11 Uhr) und der Via Roma. Die umliegenden Straßen sind nach den alten Gewerben benannt: Silberschmiede, Eisenwarenhändler, Nudelhersteller, Schuhmacher. Heute gibt es in diesen farbenprächtigen Gässchen Kapern und Pinienkerne, Gewürze und getrocknete Tomaten, Spieße mit Innereien und nicht zuletzt Musik-Raubkopien zu kaufen. Besonders reizvoll stellt sich das Ambiente nach Einbruch der Dämmerung dar, wenn die Markisen beleuchtet sind.

Wenn Sie die turbulente Vucciria ausreichend genossen haben, lockt ein Drink in der verblichenen Pracht des **Hotel des Palmes** in der Via Roma. In einem der vergoldeten Salons komponierte Richard Wagner 1882 Teile seines *Parsifal.* Mafia-

Seite 114

Museo del Mare
Das frisch restaurierte **Museo del Mare** (tgl. 9.30–12 Uhr) im früheren Arsenal an der Via Cristoforo Colombo bietet interessante Wechselausstellungen und eindrucksvolle Meeresszenen.

▼ **Top-Adresse für Liebhaber von Innereien: die Antica Focacceria**

boss Lucky Luciano gab zu Kriegszeiten hier im Speisesaal Empfänge.

Die Gegend zwischen San Domenico, einer Kirche aus dem 17. Jh., und dem Hafen ist verwüstet und öde. Die Via Bambinai, früher die Straße der Puppenmacher, blieb jedoch bei ihren »Leisten«: In kleinen Läden werden Votivgaben und Krippenfiguren verkauft. Hier findet man auch das barocke **Oratorio del Rosario di San Domenico** ㉕ (Mo–Fr 9–13, 15–17.30, Sa 9.30 bis 12.30 Uhr), eine von Serpotta theatralisch inszenierte Kapelle mit zahlreichen Cello spielenden Putti, Adlern und allegorischen Figuren.

Das **Oratorio del Rosario di Santa Zita** ㉖ (Di–Fr 9–13, 15–18, Sa 9–13 Uhr) in der Via Valverde erreicht man nach einem Gang durch üppige Gärten. Die hin-

> ### Oratorio
> → Der Begriff leitet sich vom lateinischen »orare« = beten her und bezeichnet einen privaten oder halböffentlichen Gottesdienstsaal resp. Betraum (Hauskapelle).

reißenden Stuckarbeiten Serpottas stellen die Fürsprache der Jungfrau während der Seeschlacht von Lepanto 1571 in den Mittelpunkt seines mit feinsten Details belebten Stuckinterieurs.

Hinter der Kapelle beginnt **La Cala,** das vergammelte Hafengebiet. Fischerboote liegen hinter zerbombten Palazzi, in deren Kellern Einwandererfamilien leben. Doch hat man auch hier in diesem desolaten Viertel mit der Instandsetzung begonnen, so wurde die zerbombte Kirche **San Giorgio dei Genovesi** inzwischen in ein Ausstellungszentrum (Mo–Sa 9–13, 15–17.30 Uhr) verwandelt. **Santa Maria della Catena** ㉗ (Mo–Fr 9–13 Uhr), benannt nach der mittelalterlichen Eisenkette, die einst den Hafen abschloss, ist eine katalanisch-gotische Kirche mit Renaissance-Elementen und

▲ Im Teatro dei Pupi lernt man alle überlieferten Bühnenfiguren kennen

▼ Putto von Giacomo Serpotta im Oratorio del Rosario di Santa Zita

Seite
114

schöner Säulenhalle; sie hat einen großen Ruf als Hochzeitskirche. Von der Via Marqueda führt die Via Orologio durch ein Kunsthandwerkerviertel mit Puppenmachern zur Piazza Olivella. Die **Chiesa Sant' Ignazio all' Olivella** ㉘ grenzt an das **Museo Archeologico** ㉙ (Mo–Fr 9–13, 15–19, Sa 9–13 Uhr), wichtigstes Schatzhaus des klassischen Siziliens, das sich in einem Kloster der Spätrenaissance etabliert hat. Der Innenhof umschließt einen Lilienteich, ägyptische Priesterfiguren sowie phönizische Sarkophage in Menschenform mit »griechischen« Gesichtern und eckigen Körpern. Die grandiose **Sala di Selinunte** birgt die berühmten Metopen (Schmuckplatten des Tempelfrieses; siehe Seite 31) von Selinunt, etwa von Tempel C: Athene, die scheinbar ungerührt Perseus bei seinem Kampf mit der Gorgo (Medusa) zusieht, oder Herkules im Kampf gegen Zwerge. Andere Darstellungen zeigen Herkules beim Angriff auf eine muskelbepackte Amazone sowie die Hochzeit von Zeus und Hera. Eindrucksvoll sind auch die majestätischen wasserspeienden Löwenköpfe und der bronzene *Ephebe von Selinunt* (470 v. Chr.). Die Casuccini-Säle enthalten eine der größten etruskischen Sammlungen außerhalb der Toskana, neben Grabstelen, Urnen und Sarkophagen sind hier auch Stücke der Bucchero-Keramik zu bewundern.

Das moderne Viertel

Vom Museum gelangt man über die Via Cavour zur Piazza Giuseppe Verdi mit dem hervorragend restaurierten **Teatro Massimo** ㉚, der Oper (Führungen Mo–Sa 9–13 Uhr, Tel. 0 91 33 42 46). Das Gebäude mit den ausgewogenen Proportionen ist ein Werk des Palermitaner Architekten Giovanni Battista Basile, wurde 1897 eröffnet und ist mit seinen Architekturzitaten eher eklektizistisch als neoklassizistisch zu nennen. Der Portikus mit seinen korinthischen Säulen orientiert sich klar an griechischen Vorbildern, während das Gebäuderund und die Kuppel römischer Formensprache folgen. Das Stilgemisch setzt sich im Innenraum fort, doch

verträgt sich die herrliche barocke Freitreppe gut mit dem Blumendekor im Jugendstil. Diese bedeutende Bühne mit ihren 3400 Plätzen feierte nach 25-jährigem Dornröschenschlaf mit Verdis *Aida* eine glanzvolle Auferstehung – wachküssender Prinz war übrigens auch hier Palermos überragender Bürgermeister Leoluca Orlando, der es geschickt verstand, bürokratische Hindernisse beiseite zu schaffen, finanzielle Mittel aufzutreiben und politisch den größten gemeinsamen Nenner zu finden.

Die Vorstädte

Vom Foro Italico gelangt man nach kurzer Fahrt Richtung Südwesten zu ein paar weniger bekannten arabisch-normannischen Sehenswürdigkeiten.

San Giovanni dei Lebbrosi (Mo–Sa 9.30–11, 16–17 Uhr) erhebt sich in der Via Cappello, neben dem Corso dei Mille. Diese Kirche aus Kalk- und Ziegelstein mit roten Kuppeln gehört zu den frühesten

▶ **Der Innenhof des Museo Archeologico**

normannischen Bauwerken. Zwischen-durch war sie ein Hospital für Leprakran-ke. In der Nähe stößt man auf den **Ponte dell' Ammiraglio,** eine normannische Brücke über einen inzwischen umgelei-teten Fluss.

Ein arabisches Gewölbe führt zu **La Zisa** (Mo–Sa 9–18.30, So 9–12.30 Uhr) herauf, dem Palast, der an der Stelle einer römischen Villa errichtet wurde, um den vorhandenen Aquädukt zu nutzen. Der Boden des künstlichen Sees war mit Mee-res-Mosaiken ausgelegt. Das Schönste an La Zisa ist die Vorhalle mit ihrem Stalakti-tengewölbe, einem Springbrunnen und dem grandiosen Mosaikfries, der Pfauen und Jäger abbildet. Der restaurierte Palast beherbergt jetzt das **Museum der Arabi-schen Kultur.** Außerhalb der Mauern steht die mit Kuppeln bekrönte **Palast-kapelle,** deren Stalaktitengewölbe dem Mudéjar-Stil zuzuordnen sind.

Vor **La Cuba** (Mo–Sa 9–13, 15 bis 18.30 Uhr), am Corso Calatamimi ge-

▲ La Cuba und La Cubola, die Lustschlösschen König Heinrichs VI.
▼ Mumie eines Priesters im Convento dei Cappuccini
▼▼ In freudiger Erwartung seiner Zukünftigen

genüber der Via Quarto dei Mille, gab es zu arabischer Zeit einen wunderschönen künstlichen See. Boccaccio wählte diese »üppige Villa« als Hintergrund für eine Ge-schichte seines *Decamerone.* **La Cubola,** das letzte Glied in der arabischen Kette, liegt am Ende der Via Aurelio Zancla. Nach Palermo kommt man durch die spa-nische **Porta Nuova** zurück.

Der **Convento dei Cappuccini** (tgl. 9–12, 15–17 Uhr) mit Katakomben liegt südlich von La Zisa. Ganz der sizilia-nischen Leidenschaft für Makabres folgend, wurden hier die Leichname hoch gestell-ter Persönlichkeiten vom 16. Jh. bis 1920 einbalsamiert. Insgesamt werden hier über 8000 Mumien aufbewahrt.

Conca d'Oro

Die Außenbezirke sollten eigentlich mit Zitronenplantagen bewachsen sein, aber Spekulanten und die Mafia haben dafür gesorgt, dass das Land um Palermo fast nur noch aus Betonwüsten besteht.

Der **Parco della Favorita,** ein bourbonischer Park, wurde von Ferdinand III. im Exil entworfen. Die **Palazzina Cinese** mit ihren Originalmöbeln aus dem 18. Jh. wurde auf Geheiß Maria Carolinas, der Gemahlin Ferdinands, erbaut.

Die **Piana-dei-Colli-Villen,** einst Sommerresidenzen der Patrizierfamilien, sind von Bougainvilleen und Oleander überwuchert. Die benachbarte **Villa Niscemi** ist inzwischen restauriert und dient als Ausstellungszentrum (So vormittags, Garten tgl. bis Sonnenuntergang). Sie diente Lampedusa als Modell für das Haus Tancredis in *Der Leopard* und schon öfter als Filmkulisse.

Eine Straße führt durch Zitrushaine und über strauchbewachsene Hänge aus Sandstein auf den **Monte Pellegrino.** Hier befinden sich die **Grotte dell' Addaura** mit prähistorischen Felszeichnungen.

Das **Santuario di Santa Rosalia** (Öffnungszeiten unter Tel. 0 91 54 03 26), ein Heiligtum zu Ehren der Schutzpatronin Palermos, befindet sich in einer Grotte am San Pellegrino. Als sich Palermo 1624 in den Klauen der Pest befand, erschien Rosalia einem Bürger im Traum und wies ihn an, ihre Überreste zu suchen und sie dreimal um die Stadtmauern zu tragen. Dadurch wurde Palermo gerettet, und pflichtbewusst baute man zu Ehren Rosalias ein Heiligtum. Erst kürzlich wurde bewiesen, dass es sich bei den Reliquien um Ziegenknochen handelt. Doch die schöne Aussicht rechtfertigt den Aufstieg zu der Wallfahrtsstätte in der Höhle.

An der Küste liegt der Kurort **Mondello,** mit dem Bus vom Viale della Libertà aus leicht erreichbar. Mondellos Attraktionen sind klein aber fein: die erfrischende Meeresbrise, ein verfallener mittelalterlicher Wachturm, eine Belle-Epoque-Villa, und ganz zu schweigen von heißen Diskos und glamourösen Candlelight-Dinners. Highlight ist der eindrucksvolle Jugendstil-Pier, um 1890 im Auftrag eines belgischen Unternehmers errichtet. ■

Seite 114

Cantieri Culturali alla Zisa
In einem früheren Fabrikgelände nahe der Piazza La Zisa hat sich nun das Kulturzentrum in Palermo-Nord etabliert, seit man die imposanten Pavillons in Ausstellungsräume und Konzerthallen verwandelt hat.

▼ ▼ Art-déco-Nymphen im Hotel Villa Igiea
▼ Am Strand von Mondello

Triumph der Üppigkeit

Das Erdbeben von 1693 radierte den Baubestand zahlreicher sizilianischer Städte buchstäblich aus – eine Herausforderung an den Architekturgeschmack der zeitgenössischen Oberschicht wie auch ein reiches Betätigungsfeld.

Der sizilianische Barock ist ein hinreißendes Kunstschauspiel aus Silhouetten, atemberaubenden Perspektiven und in himmlische Höhen führenden Freitreppen. Die Dualität von Licht und Schatten, von konvexen und konkaven Formen ist Teil dieses Goldenen Zeitalters der sizilianischen Architektur. Höhepunkte des Barock sind gemeißelte oder geschnitzte Gesimse und Leisten, fantasievoll gestaltete Balustraden, verschwiegene Balkone mit skulptierten Konsolen und geheime Boudoirs.

Der üppige spanische Stil Palermos bildet einen starken Kontrast zur strengen, eher konformistischen romanischen Tradition in Catania. Die Villen in Bagheria (wie die oben gezeigte Villa Palagonia) besitzen imposante Treppenaufgänge und prächtige, mit Marmor verzierte Ballsäle.

Die berühmten Barockstädte Ragusa und Modica schwelgen in theatralisch inszenierten Räumen mit außergewöhnlichen Treppenfluchten.

In Noto steht Barock für Geräumigkeit, Symmetrie und Erhabenheit – die Stadt hinterlässt den Eindruck eines in Stein gehauenen goldenen Bühnenbildes.

▶ Paulus in Stein
Die 12 Apostel flankieren die breite Freitreppe von San Pietro in Modica, nach dem Erdbeben von 1693 musste die Anlage neu errichtet werden.

▲ Engelhaft
Das Oratorio del Rosario di Santa Zita (Palermo) mit seinem herrlichen Stuckinterieur ist ein Glanzstück Giacomo Serpottas (s. a. S. 133).

▶ Schauseiten
Die Fassaden der Palazzi am Quattro Canti in Palermo tragen Nischen mit Heiligen und Königen, davor sprudeln Springbrunnen der vier Jahreszeiten.

◀ Skurril
Barocke Balkone zieren die Fassade des Palazzo Villa-dorata in Noto, die skulptierten Konsolen schmücken mythologische Figuren.

▼ Wasserspiele
Die Brunnenanlage auf Palermos Piazza Pretoria wird von Statuen nackter Meereswesen, -göttinnen und -göttern bevölkert.

◀ Einturmfassade
Mit seinem Glockenturm ragt San Giorgio in Ragusa empor – ein Meisterwerk von Rosario Gagliardi.

▼ Traumkulisse
Den Festsaal des Palazzo Gangi-Valguarnera in Palermo wählte Visconti als Drehort des Ponteleone-Balls für »Der Leopard«.

▼ Weinreben
Palermos Kathedrale (12. Jh.) besitzt Ergänzungen späterer Zeiten, wie barocke Schmucksäulchen.

Meister des Stucks

Der 1656 in Palermo geborene Giacomo Serpotta entwickelte sich zum genialen Stukkateur, erhob diese Technik vom bloßen Handwerk in den Rang einer Kunst. Seine gelungensten Schöpfungen sind heute in verschiedenen Palermitaner Oratorien zu bewundern. Im Oratorio di San Lorenzo erstrahlen seine allegorischen Figuren in fragiler Schönheit. Das prachtvolle Oratorio del Rosario di San Domenico schmücken Personifikationen der Kardinaltugenden.

Das Oratorium der ehemaligen Dominikanerkirche Santa Zita ist ein Hauptwerk Serpottas, für dessen Vollendung er Jahrzehnte brauchte. Bezaubernde Putti im Faltenwerk eines riesigen Stuckvorhangs umgeben die bühnenartigen Reliefs. Im Zentrum ist die berühmte Seeschlacht von Lepanto abgebildet, in der christlich-spanische Truppen 1571 dem Vordringen der Osmanen ein Ende setzten.

Die Provinz Palermo

Seite
138

Aus der turbulenten Metropole führt der Weg zum grandiosen arabisch-normannischen Dom von Monreale, in die Monti Madonie, zur »Mafia-Stammburg« Corleone und in das Meeresschutzgebiet Ustica.

Außerhalb **Palermos ❶** entfalten sich die Jahrhunderte in einer kaum bevölkerten Landschaft. Extreme Licht- und Schattenseiten, Engstirnigkeit, Kleinstadtkämpfe und geistige Isolation kennzeichnen noch immer die wilde Provinz weitab der maurischen Üppigkeit **Monreales ❷**.

Sicherlich ist der prächtige Duomo der Höhepunkt der arabisch-normannischen Kunst. Wilhelm II. ließ **Kathedrale** (tgl. 8–20 Uhr) und Benediktinerkloster errichten, angeblich hatte ihn eine Vision dazu inspiriert. In Wahrheit veranlasste ihn wohl die Rivalität mit dem palermitanischen Erzbischof, Palermo mit einer größeren Kathedrale zu übertrumpfen. Zu guter Letzt triumphierte Wilhelm: Sein Marmorsarkophag steht in Monreale.

Der von massiven Wehrtürmen flankierte Dom bildet eine auffallend gelungene Synthese verschiedener Epochen und Kulturkreise. Das **romanische Portal** trägt Bronzetüren des Meisters Bonannus aus Pisa. Sein Gewände zieren Girlanden mit Figuren und Ungeheuern sowie vielfarbige Mosaiken. Die Apsiden sind die herrlichsten ganz Siziliens: eine poetische Abstraktion sich kreuzender Blendarkaden mit kunstvollen Einlegearbeiten.

Monreale zog Kunsthandwerker aus Persien, Afrika, Asien, Griechenland, Venedig, Pisa und der Provence an. Im golden schimmernden Inneren des Doms verbindet sich arabische Reinheit der Raumaufteilung mit byzantinischer Erhabenheit. Das Alter der **Mosaiken** ist umstritten. In den vollen Genuss der Schönheit der Schöpfungen auf den südlichen oberen Wandflächen des Mittelschiffs kommt man indes nur mit Hilfe eines Fernglases. Die Zartheit der Blumen, Obstbäume und exotischen Vögel ist einmalig. Der **Pantokrator** in der Apsis ist ein

Christus mit kraftvoller Autorität, ganz anders als der eher sanfte Heiland von Cefalù. Über dem Königsthron befindet sich eines der ältesten Mosaiken, das die Krönung Wilhelms II. durch Gott darstellt – ein Tribut an den König. Weitere Glanzlichter der Innenausstattung sind der Kosmaten-Fußboden, römische Kapitelle mit Büsten der Ceres und Proserpina (Demeter und Persephone) sowie eine vergoldete Balkendecke.

Der romanische **Kreuzgang** (Mo–Fr 9–13, 15–18.30, Sa, So 9–12 Uhr) zeugt von Wilhelms Vorliebe für die islamische Kunst. Jedes zweite Paar der insgesamt 288 marmornen Zwillingssäulen mit

◀ ◀ **Frühling in den Bergen bei Prizzi**
◀ **Der arabisch-normannische Kreuzgang des Doms von Monreale**
▶ **In der arabischen Zahlenmystik steht die Zahl Acht für Vollendung**

**Gaumenfreuden
in den trattorie**
Die örtlichen trattorie
laden ein zu pasta
con broccoli oder
pasta con le sarde,
Nudeln mit Brokkoli
oder Sardinen; als
Dessert gibt es die
trockenen biscotti di
Monreale. Trotz ihres
seltsamen Namens
ist die **Baby O Bar**
gegenüber der
Kathedrale ein
gemütlicher Ort,
wo man etwas
trinken oder (Eis)
essen kann.

ihren arabischen Spitzbogen ist mit Zickzackkanneluren oder Mosaikbändern verziert. Auch im Schmuck der Kapitelle wechseln sich Bilder aus dem christlichen und islamischen Glaubensschatz ab. Nachdem das Mauerwerk schon seit Jahren an vielen Stellen Risse aufweist, mussten und müssen etliche Säulen restauriert werden.

Die architektonischen Formen des prächtigen Brunnens in der Ecke basieren auf Symbolik und Zahlenmystik. Die Zickzacksäulen stehen für Palmen, im Islam Zeichen der geistigen Regeneration und der Unsterblichkeit.

Die wahrhaft berauschende Wirkung des Doms braucht ein Weilchen um abzuklingen, ein Spaziergang oder eine Fahrt in der Pferdekutsche von der Kathedrale aus führt in die verkehrsberuhigte Alt-

Kulturbanausen

→ Ein sizilianisches Sprichwort sagt: »Wer nach Palermo geht, ohne Monreale gesehen zu haben, lässt einen Esel zurück und kommt selbst als Esel wieder.«

stadt von Monreale, an baufälligen Barockkirchen und Läden vorbei. Nach dem turbulenten Palermo strahlt Monreale provinzielle Ruhe aus. Doch immerhin entstand hier Siziliens größte Kaserne für Carabinieri, nachdem Mafia-Killer 1983/84 ortsansässige Polizeibeamte ermordet hatten.

Von der auf einem Hügel thronenden Chiesa **Madonna delle Croci hat** man einen herrlichen Blick bis zur Küste.

Das Landesinnere

In der üppigen Gebirgslandschaft von **Boccadifalco** ❸ liegt die Benediktinerabtei **San Martino** (Mo–Fr 9–12 Uhr; 9 km westlich von Monreale; schlechte Piste). Sie ist bekannt für karitative Arbeit und ihren monumentalen Treppenaufgang, die

Gemälde aus dem 18. Jh. und die umfangreiche Klosterbibliothek.

Das mittelalterliche Herz von **Montelepre ❹** besteht aus verwahrlosten Gassen und Höfen um die Chiesa Madre. Vor dem Zweiten Weltkrieg herrschte der Bandit Salvatore Giuliano über diese trostlosen Felsen. Er wurde unwissentlich sowohl Handlanger der Separatistenpartei als auch Schachfigur der Mafia (s. S. 94).

Nur wenig scheint sich seit seiner Ermordung 1950 in Castelvetrano verändert zu haben. **Piana degli Albanesi ❺** (SS 624) scheint förmlich über einem See zu hängen. Saftige, von Hügeln umgebene Weiden wurden im 15. Jh. zur neuen Heimat griechischsprachiger Einwanderer, die damals fälschlicherweise als Albaner bezeichnet wurden. Die Gemeinde siedelte sich hier 1488 an, nachdem türkische Truppen ihr Heimatland besetzt hatten. Seitdem haben etliche Generationen ihre Sitten und ihren orthodoxen Glauben in dieser fröhlichen Stadt bewahrt. Hochzei-

ten und Beerdigungen, das Dreikönigsfest und Ostern sind die Anlässe für althergebrachte byzantinische Zeremonien in traditioneller Tracht. Die Einwohner sprechen daheim griechisch, die Straßen sind griechisch wie auch italienisch beschildert. Die Küche des Ortes ist zugleich ein kultureller Eintopf: *stranghuie* (Gnocchi), *brumie me bathé e thieré,* ein Bohneneintopf, oder *dash,* Hammel auf albanischgriechische Art.

Corleone ❻ (SS 118) liegt eingebettet zwischen sonnenverbrannten Hügeln und grünen Hochebenen. Auf den ersten Blick scheint nichts den berüchtigten Ruf der Mafiastadt zu rechtfertigen. Doch bei näherer Betrachtung nimmt man doch eine erhöhte Wachsamkeit wahr. Erstaunlicherweise genießt der Ort einen Ruf als Wiege großer Geister, egal ob Priester, Wissenschaftler oder Gangster...

Das **Castello** im Zentrum wird von einem sarazenischen Turm überragt. Bis 1976 diente es als Gefängnis, heute leben

Seite
138

▲ Barocker Brunnen in Partinico
▼ Gottesdienst im Dom von Monreale

hier Franziskanermönche. Die barocken Klöster und Palazzi Corleones sind verfallen, die Kirchen mit Vorhängeschlössern gesichert. Die einst vornehme Stadt des 18. Jhs. bricht in sich zusammen und die Bürger sehen erstaunt zu. Nur die **Chiesa Madre** mit ihrem Barockinterieur und dem mit Fresken bemalten Gewölbe ist noch eine Zeugin besserer Zeiten.

Anders als in den benachbarten Orten müssen die Laden- und Geschäftsbesitzer von Corleone kein *pizzo* (Schutzgeld) zahlen, denn hier befindet sich der Stützpunkt des mächtigsten Mafia-Clans. Als sich 1993 die Nachricht von der Verhaftung Salvatore (Totò) Riinas, des *capo di tutti capi,* verbreitete, applaudierten die Schulkinder, doch die Männer mit den ramponierten Filzkappen verharrten bewegungslos auf der Piazza.

Das südöstlich gelegene **Prizzi** ❼ ist berühmt für sein Osterfest. Es geht auf die Zeit der Sikaner zurück und ist als *ballo dei diavoli* (Tanz der Teufel) bekannt. Dar-

▲ Die Sarazenen-Festung von Cefalà Diana
◄ Der Ort Corleone wird noch heute von seiner Mafia-Vergangenheit überschattet

in kommt der ewige Dualismus, der Kampf zwischen Gut und Böse, Licht und Dunkelheit, Winter und Frühling, Christentum und Heidentum zum Ausdruck.

Das 10 km Richtung Südwesten entfernte Nachbardorf **Palazzo Adriano** ❽ ist typisch für die Rivalitäten in diesem provinziellen Hinterland. Zwei düstere Kirchen teilen sich den Hauptplatz in gegenseitiger Antipathie: die orthodoxe Santa Maria dell' Assunta und die katholische Santa Maria del Lume.

Fährt man entlang der SS 188 und der SS 121 zur Küste zurück, passiert man das Dorf **Mezzojuso** ❾, das sich auf einem Hügel in den Ficuzza-Wäldern verbirgt. Wie auch in anderen Dörfern leben hier Einwohner albanischer und arabischer Abstammung sowie konträre religiöse Gruppierungen zusammen. Die Chiesa dell' Annunziata, die katholische Kirche, wird im wahrsten Sinne des Wortes von der orthodoxen San Nicola überschattet, die wunderschöne byzantinische Ikonen birgt. Die albanische Kirche **Santa Maria delle Grazie** birgt neben Fresken die herrlichste Ikonostase ganz Siziliens. Im angrenzenden Kloster werden griechische Manuskripte und Miniaturen restauriert und ausgestellt.

Nördlich davon ist an der verfallenen Burg und dem gut erhaltenen Badehaus in **Cefalà Diana** ❿ der maurische Einfluss unverkennbar. Diese Bäder, die an der alten Straße nach Agrigent liegen, dienten müden Pilgern einst als Rastplatz. Doch lockt damals wie heute auch der starke weiße *passito,* ein Wein aus Misilmeri.

Die Nordküste

Von Palermo nach Cefalù kommt man an der kurvenreichen Küste durch **Capo Zafferano** und nach **Solunto** ⓫ mit seinen Ruinen (Mo–Fr 9–18, Sa, So 9–12 Uhr). Die auf den majestätischen Klippen liegenden antiken Überreste sind weit weniger eindrucksvoll als ihre wilde Umgebung. Von hier hat man einen wunderbaren Blick auf Weinberge, eine Burg und Cefalù. Jenseits der Olivenbäume und Felsen lädt der Strand in der Nähe des Leuchtturms am Kap zum Schwimmen ein. **Porticello,** an der Küste unterhalb Soluntos gelegen, ist ein altes Fischerdorf und beliebtes Ausflugsziel der Palermitaner an Sonn- und Feiertagen, denn man bekommt hier hervorragende Meeresfrüchte ...

Dahinter – und etwa 15 km von Palermo entfernt – liegt **Bagheria** ⑫, wo während des 19. Jhs. zahlreiche pompöse Landhäuser entstanden. Die ersten Siedler im 17. Jh. waren hier die Fürsten Butera, Angehörige der Branciforte-Familie, der mächtigsten Dynastie Siziliens. Die Villen sind hauptsächlich im Stil der Spätrenaissance erbaut, in U-Form, mit großen Treppenaufgängen und einem Hauptflügel, der von geschwungenen Seitenflügeln flankiert ist. Die *stanze del scirocco,* Zimmer im Souterrain, nutzte die Herrschaft als Zuflucht vor den heißen Sommerwinden. Während einige der Villen heute heruntergekommen und verfallen sind und bei anderen Betonflickwerk die Wirkung ruiniert, genossen manche Landsitze, wie die prächtige **Villa Valguarnera,** stets die Pflege ihrer adligen Besitzer. Lediglich die großen Parks hat man inzwischen verkleinert.

Die ziemlich heruntergekommene, jedoch immer noch stolze **Villa Butera** beherrscht die Hänge des Corso Butera. In der **Villa Cattolica** (Di–So 10–16 Uhr) hat heute das **Renato-Guttuso-Museum** seinen Sitz, die großartigen Werke des bedeutendsten modernen sizilianischen Malers sollte man sich keinesfalls entgehen lassen. Der weitläufige Garten birgt das Grab des vielseitigen Künstlers, der 1912 in Bagheria geboren wurde und 1987 in Rom starb.

Der Prinz von Palagonia ließ 1715 die **Villa Palagonia** (tgl. 9–12, 16–19 Uhr) mit ihrem außergewöhnlichen elliptischen Grundriss errichten. Sie ist fraglos eine der interessantesten und schönsten Barockvillen überhaupt, nicht zuletzt ih-

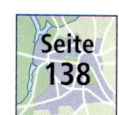

Seite 138

Literaturtipp
Dacia Marainis »Bagheria – eine Kindheit auf Sizilien« ist 1997 im Münchner Piper Verlag erschienen. Die Autorin schildert in diesem Roman Erlebnisse ihrer Kindheit in der prachtvollen Villa Valguarnera in Bagheria.

▼ **Capo Zafferano**

rer rings um das Gebäude angebrachten Tuffsteinfiguren wegen: Zwerge, Monster, Drachen, ein Pferd mit Menschenhänden hat der Enkel des Bauherrn hier versammelt, und die Empörung seiner Zeitgenossen – darunter auch Goethe! – sicher weidlich genossen. Leider ist der achteckige Eingang zerstört, und man nähert sich dem Bauwerk von der Rückseite. Den Haupteingang flankieren zwei Wasserspeier mit klaffenden Mäulern, die den Lakaien zum Löschen von Fackeln dienten. Ein doppelter Treppenaufgang führt nach oben ins *piano nobile,* dessen Spiegeldecke den Himmel symbolisiert.

San Nicola l'Arena ⑬ (8 km vor Termini Imerese) ist ein malerisches Fischerdorf. Die Burg aus dem 15. Jh. oberhalb des Hafens wurde allerdings in einen Nachtklub umgewandelt. In der Nähe befindet sich die *tonnara* (Thunfischfangstelle) aus Ziegelsteinen, die daran erinnert, dass die Küste noch bis vor kurzem hauptsächlich vom Thunfischfang lebte.

Termini Imerese ⑭ ist eine insgesamt wenig geglückte Kombination aus Industriestandort, Ferienziel und Ruinenstätte. Aus antiker Zeit haben sich der griechische Zeustempel, ein Amphitheater sowie römische Stadtmauern erhalten. Die von Messina aus gegründete Stadt wurde von den Römern Therma Himera genannt und war für ihr Mineralwasser und ihre Bäder berühmt. Der barocke Duomo ragt in der Nähe der Ruinen des alten Himera empor und trägt unterhalb des Turms ein römisches Gesims. Rund 10 km landeinwärts (SS 285) liegt **Caccamo** ⑮, eine Hügelfestung aus dem 12. Jh. Die normannische Burg ist die am besten erhaltene Westsiziliens, ihre Türme, Zinnen und Wälle wirken trotz der barocken Umgestaltung mittelalterlich. Das restaurierte Kastell kann im Rahmen einer umfassenden Tour besichtigt werden (Reservierungen unter Tel. 0 91 54 54 23).

Zurück an der Küste, gilt es in **Cefalù** ⑯ das Gegenstück zum Dom von

▲ **Groteske Figur an der Villa Palagonia in Bagheria**
▼ **Das barocke Gotteshaus von Termini Imerese**

Monreale zu bewundern. Der **Duomo** (tgl. 8.30–12, 15.30–18 Uhr) wurde 1130 im Auftrag Rogers II. begonnen. Der Grundriss mit den Zwillingswehrtürmen und dem dreiapsidialen Chor ist sehr eindrucksvoll. Die Fassade erhielt erst 1242 ihr heutiges Aussehen. Roger sah im Bistum Cefalù das Gegengewicht zu Monreale und ein offizielles Sprachrohr der Staatskirche. Die Bedeutung des Ortes spiegelt sich auch in seiner Bestimmung als Grablege und der Nähe des neu erbauten Königspalastes.

Das Mittelschiff der Kathedrale ist durch antike römische Säulen mit Spitzbogen abgeteilt. Die weihevolle Atmosphäre entsteht durch die byzantinischen Mosaiken, die der Apsis wurden bereits 1148 während der ersten Bauphase vollendet. In der Darstellung des Pantokrators vereinen sich das byzantinische Ideal der stilisierten Erhabenheit mit dem normannischen des naturalistisch-leidenden Antlitzes. Im Zuge der seit mehreren Jahr-

zehnten andauernden aufwändigen Restaurierungsarbeiten ist der Innenraum stets von neuem mit Statuen oder Sakralgegenständen verstellt und daher nicht immer voll zugänglich. Der Bau bekam auch einige moderne bunte Glasfenster, so dass nun manchmal kleine Vögel das Kirchenschiff durchflattern und so dem Ehrfurcht gebietenden alten Gotteshaus ein wenig Lebendigkeit schenken.

Von der **Piazza del Duomo** hat man den Blick auf die Kathedrale am Fuß steiler Klippen frei, die sich bis zu den Befestigungen hinaufziehen. An diesem Platz befindet sich auch der Corso, ein Priesterseminar aus der Renaissance, sowie ein säulenverzierter Palazzo – und das reizende Caffè Duomo, das zum Eisessen, Espresso- oder Camparitrinken einlädt.

Bei einem Rundgang durch **Cefalù-Stadt** gelangt man zum **alten Hafen,** ganz offensichtlich eine maurische Anlage. Die **Via Porto Salvo** führt an verfallenen Kirchen und Kunsthandwerksläden vorbei.

Seite
138

Romantische Buchten
Die besseren Strände von Cefalù gehören zu den einzelnen Hotels: das **Le Calette** (Tel. 0 92 14 24 14 44) gestattet gegen Gebühr den Zugang zu einer reizvollen, felsigen kleinen Bucht.

▼ **Die mittelalterliche Trutzburg von Caccamo**

▲ Christus
Pantokrator
im Apsismosaik
der Kathedrale
von Cefalù

▲ Christus
Pantokrator
im Apsismosaik
der Kathedrale
von Cefalù
▼ Schon am
felsigen Strand
schieben sich die
Zwillingstürme
der Kathedrale
von Cefalù ins Bild

Im Sommer wird die Stadt mit ihren zauberhaften Keramik- und Goldschmuckläden zur Touristenfalle. Die Restaurants locken mit französischen Gaumenfreuden. Durch die **Porta Pescare**, eines der übrig gebliebenen mittelalterlichen Tore, gelangt man zu einer Bucht mit Strand und Bootsanlegestellen. Abends bieten Strand, Festung und Corso die Kulisse für die *passeggiata* mit oder ohne *gelato*.

Von der Piazza Duomo fällt die Straße steil ab zum **Museo Comunale Mandralisca** (tgl. 9–13.30, 15.30–19.30 Uhr). Prunkstück ist das *Bildnis eines Unbekannten* von Antonello da Messina. Es schmückte einst die Hintertür einer Apotheke auf der Insel Lipari, bis das spöttisch dreinblickende Gesicht einem Angestellten derart auf die Nerven ging, dass er dem Porträt die Augen auskratzte.

Die **Zitadelle,** die ursprüngliche arabische Stadt, thront auf einer Felsnase. Die **Salita Saracena** führt durch drei Ringe von Stadtmauern. Auf zwei Wegen kann man die steilen Klippen erklimmen und auf rostfarbene Dächer hinabblicken. Am Wegesrand wachsen Fingerhut, wilder Fenchel, Bärenklau und Alraun. Unten erkennt man felsige Meeresarme, das azurblaue Meer und Sandstrände.

Die Monti Madonie

Im Vergleich mit den Monti Nebrodi (s. S. 306 f.) sind die außerhalb von Cefalù gelegenen Bergenklaven mit ihren von der Ventimiglia-Dynastie befestigten Dörfern wesentlich leichter zugänglich, besser für den Tourismus erschlossen und weniger mit der Mafia verschwistert. Außerdem trägt das Gesicht dieser Region – im Gegensatz zu vielen anderen Siziliens – weder die Narben planloser Abholzung noch ist es durch Bausünden entstellt. Piano Cervi und Monte San Salvatore sind förmlich durchlöchert von Bächen und Aquädukten. Die majestätischen Madonie-Tannen wachsen hier auf den zerklüfteten

Bergketten schon seit der Eiszeit, ihr Holz fand auch in der Dachkonstruktion des Doms von Monreale Verwendung. Die abgelegeneren Regionen bieten noch heute Wölfen, Wildkatzen und Adlern Zuflucht. Die Dörfer in den Monti Madonie haben es dem allmählich zunehmenden Tourismus zu verdanken, dass sie ihrer drückenden Armut langsam entfliehen können. Der *agriturismo* (Ferien auf dem Bauernhof) bietet im Sommer hervorragende Möglichkeiten, die Gegend kennen zu lernen. Für Wintersportler sieht's momentan noch nicht ganz so rosig aus, Ski fahren kann man bisher nur im kleinen Gebiet von **Piano Battaglia.**

Südlich von Cefalù gelangt man durch Olivenhaine und Kiefernwälder zunächst nach **Gibilmanna** mit seinem Heiligtum – Pilger aus ganz Sizilien treffen sich hier alljährlich am 8. September – sowie dem **Museum** mit einer Sammlung sakraler Kunst und Exponaten des bäuerlichen Lebens (tgl. 10–13, 15–19 Uhr). Weiter geht

es dann nach **Isnello** (7 km südlich von Cefalù). Die verfallene byzantinische Stadtfestung thront hoch oben über den Türmen und Kalksteinklippen. Mit einer feudalen Trutzburg kann auch das 12 km südöstlich gelegene **Castelbuono** ⓱ aufwarten. Das Dorf profitiert von seiner Lage an der *autostrada* Palermo–Messina und bietet einen fast idyllischen Anblick mit seiner Piazza und den properen, gepflegten Fassaden, den anheimelnden *trattorie* sowie den gut restaurierten Kapellen und Klöstern. Die Kirche Matrice Vecchia besitzt ein katalanisch-gotisches Portal, eine Säulenhalle und in der Krypta sehr schöne gotische Fresken.

Die Route folgt der SS 286 weiter südlich (22 km) nach **Geraci** und erreicht **Gangi** ⓲ mit seiner ovalen Anlage und dem bröckelnden Wachturm. Früher war die Sadt einmal ein Banditennest, heute leidet die schwer arbeitende Bevölkerung vor allem unter der Abwanderung der Jugend. In der Ferne ragen die Hänge der

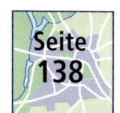

Paradiesische Monti Madonie
Natur- und Pflanzenfreunde kommen in den Monti Madonie auf ihre Kosten: In den niedrigeren Lagen gedeihen hier neben Oliven und Haselnüssen auch Mandelbäume. Die Hänge weiter oben sind von Buchen, Steineichen, Kastanien und Ahornbäumen bestanden.

▼ **Altstadt und Strand von Cefalù**

Seite 138

Stilvoll speisen
Im Zentrum von Castelbuono ist einer der sizilianischen Gourmettempel beheimatet: Das **Nangalarruni** (Tel. 09 21 67 14 28) ist berühmt für seine Pilzgerichte, Gemüse und Fleischsorten vom Grill.

Monti Madonie empor, ihr höchster Gipfel ist Madonna dell' Alto. **Gangi Vecchio** im Umland ist einer der reizvollsten Plätze für *agriturismo* (Tel. 09 21 68 91 91); man kann sich hier auch mit Olivenöl, Wein, Käse und Salami eindecken.

Folgt man der SS 120 nach Westen, erkennt man bald die markante Silhouette von **Petralia Soprana ⑲**, einer wohlhabenden Stadt auf einem Felsvorsprung. An der Piazza del Popolo erhebt sich die Chiesa Maria di Loreto, die auf den Fundamenten einer Moschee errichtet wurde. Überdachte Gänge führen zu Plätzen mit bezaubernder Aussicht, die allerdings durch ein Parkhaus getrübt wird. Halb versteckt in den Gassen stehen prächtige Herrenhäuser mit Barock- oder Rokokobalkonen sowie zwei Wachtürme.

Das auf einem bewaldeten Abhang gelegene **Petralia Sottana ⑳** (»Unteres Petralia«) strahlt Ruhe und Behaglichkeit aus. Die ehemalige normannische Festungsstadt, jetzt Bergkurort, besitzt drei

Gotteshäuser: eine romanische, eine gotische und eine barocke Kirche. Die Chiesa Matrice thront auf einem Hügel mit schöner Aussicht, hüllt sich aber oft in Nebel.

Die Straße Richtung Westen nach **Polizzi Generosa** führt an *masserie,* feudalen Gutshöfen, vorbei. In diesem Wanderort stärken sich Besucher mit *pasta cu l'asparaci* (Nudeln mit Spargel). Die Chiesa Matrice birgt ein mittelalterliches Triptychon der Madonna mit dem Jesusknaben – ein blumenbekränztes Werk im Stil der flämischen Meister.

Inselparadies

Auf das rund 60 km von Palermo entfernte **Ustica ㉑** kann man mit dem Tragflügelboot übersetzen und die kleine Insel gut im Rahmen eines Tagesausflugs kennen lernen. Taucher werden hier jedoch sicher gerne Quartier nehmen. Siziliens am besten ausgestattetes Meeresreservat ist auch Zentrum für Meeresstudien, das über ein riesiges Aquarium verfügt. Unter Wasser gelangt man in eine Zauberwelt: ein Feuerwerk von Farben, Korallen, Schwämme und Seeanemonen, Barrakudas, Brassen, Skorpionfische und Zackenbarsche. Die Insel selbst hat passenderweise die Form einer Meeresschildkröte, sie ist vulkanischen Ursprungs und erlebte Phönizier, Sarazenen und ein Dasein als Strafkolonie. Seit Beginn der 1960er-Jahre entwickelte sie sich allmählich zum hoch geschätzten Tauchrevier und ist seit 1987 als Meeresschutzgebiet ausgewiesen.

Die zerklüftete Küstenlinie birgt Unmengen von Höhlen und kleinen Felsbuchten, die teilweise über Küstenpfade zugänglich sind. Wasserratten werden schnorcheln oder tauchen wollen – eine weitere Alternative ist das Beobachtungsboot, durch dessen gläsernen Rumpf sich das Meeresgeschehen gut verfolgen lässt. Auch archäologische Entdeckungstouren werden angeboten. Unter kundiger Führung schwimmt man zu Schiffswracks und römischen Amphoren, die noch heute in Sturzlage im sandigen Meeresboden eingebettet sind. ■

◄ **Der kleine Ort Patralia Sottana steigt aus dem Nebel der Monti Madonie**

Die Oberen Fünftausend

Während der spanischen Herrschaft entwickelte der Adel den »spagnolismo«, die Leidenschaft für Pomp und Zurschaustellung. Unter den Bourbonen gehörte zu den angestrebten Statussymbolen auch der Erwerb erlauchter Titel. Das puritanische Haus Savoyen konnte dem aufwändigen Lebensstil des Adels im Sizilien des 18. Jhs. wenig entgegensetzen. Ein Palast in Palermo und eine Villa in Bagheria waren das Mindeste. Lampedusa beschrieb seine Villa in Santa Margherita als ein »Pompeji des 18. Jahrhunderts«. Auch der Palazzo Gangi-Valguarnera in Palermo und die Villa Palagonia in Bagheria waren äußerst luxuriös ausgestattet, was einem englischen Besucher folgende Bemerkung über den palermitanischen Adel entlockte: »Sie verschwenden ihre Zeit mit Bällen, Maskeraden und anderen Zerstreuungen.«

Die vornehmen Familien konsumierten Eis, schneegekühlte Sorbets und Getränke in enormen Mengen. Dazu sammelte man im März den Schnee, formte ihn zu Kugeln und rollte diese in kühle Höhlen. Dort wurden sie in Stroh und Salz verpackt und bei Bedarf auf Eseln ins Tal transportiert.

Nachdem König Ferdinand II. von Neapel nach Sizilien geflohen war, setzte er hohe Strafen für die Wilderei auf königlichen Ländereien aus. Auch der Adel begann, öffentlichen Grundbesitz bei Palermo für private Jagden einzuzäunen.

Es kam tatsächlich so weit, dass sich Aristokraten beim König beschwerten, weil die niederen Klassen sie in Sachen Mitgift, Beerdigungen und Gefolge kopierten. Der Versuch Viktor Amadeus II., den Besitz von Kutschen zu limitieren, scheiterte. Schon damals gab es Verkehrsstaus in Palermo. Den Adeligen wurde nahe gelegt, mit dem Pferd in die Stadt zu reiten, doch die nachmittägliche Kutschfahrt blieb »d'obbligo«. Als Goethe fragte, weshalb man den herumliegenden Mist niemals wegfege, bedeutete man ihm, die Leute von Rang wünschten weiche Wege für ihre Kutschen. Während des 18. Jhs. verdoppelte sich die Bevölkerung Palermos auf etwa 200 000 Einwohner. Die Stadt gab viel Geld aus für Paraden mit Festzügen, Feuerwerk und Maskeraden. Die größte Veranstaltung war – und ist – das fünf Tage dauernde Fest zu Ehren der hl. Rosalia, der Schutzpatronin Palermos. Festwagen des Orchesters war eine über zwanzig Meter lange »carozza«, einer römischen Galeere nicht unähnlich, die von Elefanten, Bären und Mauleseln gezogen wurde.

1783 ließ der Vizekönig die Feierlichkeiten einschränken, mit dem gesparten Geld wollte er die Aussteuer armer Mädchen finanzieren. Kein anderer Anlass hatte jemals Arm und Reich gleichermaßen auf die Barrikaden gebracht. Aus Furcht vor Aufständen griff der König ein und machte die Etatkürzungen rückgängig. Und so wird noch heute jedes Jahr im Juli ein rauschendes Fest gefeiert . . . ■

▶ Mandolinespieler an der Villa Palagonia

Die Provinz Trapani

Seite
152

Westsizilien ist am stärksten arabisch und von seiner Seefahrertradition geprägt, die kulturellen Hinterlassenschaften der Mauren und Phönizier kommen stärker zum Tragen als das griechische Erbe.

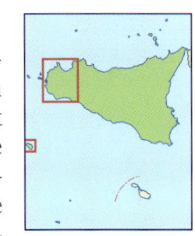

Die Provinz Trapani ist in jeder Hinsicht sehr vielfältig, nicht zuletzt deshalb lässt sie sich nur schwer wirklich erfassen. Diese alte Seefahrerregion spielte in vielen Epochen der sizilianischen Geschichte eine bedeutende Rolle, vom phönizischen Motya/Mozia zum griechischen Selinunt, dem mittelalterlichen Erice bis zum arabischen Mazara. Die Landschaft umfasst Wälder, Weinberge, Salzpfannen und Naturschutzgebiete an der Küste. Die Provinz trägt die ausgeprägtesten arabischen und phönizischen Züge der Insel, und dennoch wird hier, im Herzen des islamischen Sizilien, der Marsala produziert.

Trapanis Bürger und der äußerst engagierte Fremdenverkehrsverein strafen das alte Negativ-Image »lethargisch und träge« Lügen: Der Verein eröffnet ständig neue Museen oder veranstaltet Konzerte und Festspiele in antiken Stätten. Es wird auch gegen Umweltverschmutzung, Boden- und Bauspekulanten sowie die Zerstörung der Salzpfannen an der Küste gekämpft. Erfolge haben sich inzwischen eingestellt: Man ist stolz auf den ersten Naturpark Siziliens und die geschützten Windmühlen, Salzpfannen und Marschen. Im Jahr 2000 wurde auch ein neues Tourismus-Programm auf Kiel gelegt, der *pescaturismo,* wobei interessierte Feriengäste unter kundiger Führung von ortsansässigen Fischern die Küste und Meeresparks entdecken sowie alles über Fische und Fischen lernen können.

besonders deutlich in der Architektur, vielen Verhaltensweisen und – natürlich – in der Küche zu Tage: Ergebnis ist eine Art Kultur- und Geschmackspotpourri. Die Stadt besitzt einen auch heute noch bedeutenden Hafen, von hier laufen Schiffe zum Ägatischen Archipel und der maurischen Insel Pantelleria aus (s. Seite 168). Noch immer existieren die traditionellen Erwerbszweige Trapanis: die Korallen-, Thunfisch- und Salzindustrie. Das Salz, Symbol der Unvergänglichkeit, aber auch der Unfruchtbarkeit, spiegelt gleichsam die Überlebenskünste einer auf Irrwege geratenen Stadt. Trapani haftet nämlich der Ruf einer zentralen Geldwaschanlage

◀ ◀ Hirten lassen ihre Schafe bei den Ruinen Segestas weiden
◀ Fischer in Trapani
▶ Bunte alte Hausfassaden beleben das Stadtbild Trapanis

Die Stadt Trapani

Als Seefahrermacht waren die Geschicke von **Trapani** ❶ eng mit der Geschichte des Mittelmeeres verknüpft; man trieb Handel mit der Levante, Amalfi, Karthago und Venedig. Der arabische Einfluss tritt

der Mafia an – ein Gerücht, das durch die Existenz zahlreicher Privatbanken in der Stadt seine Bestätigung zu finden scheint.

Optisch macht Trapani zunächst einen guten Eindruck. Von ferne gewahrt man seichte, von schmalen Dämmen umgebene Lagunen. Beim Näherkommen übt die Altstadt einen gewissen Zauber aus, doch auch hierher ist die fade Architektur moderner Städtebaus schon vorgedrungen. Die Sehenswürdigkeiten sind nicht gerade überragend. Es lässt sich gut ein halber Tag damit zubringen, bevor man vielleicht einen Ausflug zu den der Küste vorgelagerten Inseln unternimmt. Neben dem lebendigen Obst- und Fischmarkt an der **Piazza Mercato di Pesce** wartet Trapani mit einer würdevollen gotischen Kirche, einer Kunstsammlung und zahlreichen baufälligen Barockpalazzi auf. Im Judenviertel verbreiten verfallende Bauten, vor allem der **Palazzo Giudecca,** einen gewissen Charme. Nicht entgehen lassen sollte man sich ein Essen in einem der Hafenre-

▲ **Die Umgebung von Trapani ist reich an alten, gut erhaltenen Windmühlen**

staurants, um einheimische Spezialitäten zu kosten, etwa die Fischsuppe *cuscusu.*

Das **Santuario dell'Annunziata** (tgl. 7.30–12, 16–18 Uhr), eine Karmeliterkirche im Stil der Chiaramonte-Gotik, liegt etwa 3 km nördlich der Altstadt. Zu ihrem Reiz tragen der barocke Glockenturm, eine gotische Fensterrosette und ein mit Zickzackmustern verzierter Torweg bei. Das Kircheninnere besitzt ein Rokokoschiff und mehrere überkuppelte Kapellen. Die Cappella dei Pescatori mit ihren Fresken ist den Fischern gewidmet, die Cappella dei Marinai für das Heil der Seefahrer zuständig. Letztere trägt im Inneren sowohl Züge der katalanischen Gotik als auch der Renaissance. Hinter dem Hochaltar verbirgt sich die Cappella della Madonna mit der **Madonna di Trapani,** einer gotischen, reich mit Juwelen geschmückten Statue. Die wundertätige Madonna wird von gläubigen Fischern ebenso verehrt wie von schwarz gekleideten Sizilianerinnen.

Provinz Trapani

0   20 km

Das **Museo Nazionale Pepoli** (Mo–Sa 9–14, So 9–13 Uhr) wartet im ehemaligen Kloster nebenan auf Besucher. Krippen aus Korallen, vergoldete Figürchen, emaillierte maurische Lampen, Majolika-Fliesen und Vasen zeugen von kunsthandwerklicher Fertigkeit. Atemberaubend schön ist das Kruzifix aus schwarzem Ebenholz und Perlmutt mit seinem lachsfarbenen Heiland aus Korallen.

Umgebung von Trapani

Gleich im Norden lockt ein schöner Ausgangspunkt für die Entdeckung dieses Küstenstreifens. Die gewundene Bergstraße hinauf zum legendären **Eryx** säumen im Frühling wilde Gladiolen sowie blühende Akazien- und Zitronenbäume. In Nebelschwaden gehüllt oder von Blütenteppichen umgeben, ist die mittelalterliche Stadt **Erice ❷** eine in 751 m Höhe gelegene Sommerfrische. Die **karthagischen Mauern** mit eingeritzten punischen Symbolen existieren noch. Das nahe **Quartiere Spagnolo,** eine interessante spanische Bastion, entstammt dem 17. Jh.

Die mystische Stadt wurde von den Elymern gegründet, Anhänger der mediterranen Fruchtbarkeitsgöttin. Von den Elymern und Phöniziern wurde sie Astarte, von den Griechen Aphrodite und den Römern Venus genannt. Jedes Frühjahr flog die Göttin in Begleitung von Tauben zu ihrem Heiligtum nach Sicca Veneria, dem heutigen el-Kef in Tunesien. Ihre Rückkehr signalisierte das Wiedererwachen der Natur.

In Erice behielten Römer die frühen Kulte und Rituale bei, zu denen auch die Tempel-Prostitution gehörte. Zahlreichen Invasionen zum Trotz blieb das Heiligtum von Erice unversehrt. Auch ohne Anliegen an die Göttin ist die Aussicht von den **Balio-Gärten** eine Pilgerreise wert. Die Landschaft aus Salzpfannen und Meer erstreckt sich bis zu den Ägatischen Inseln und dem Kap Bon in Tunesien. Die englische Dichterin Fiona Pitt-Kethley bringt die Sache auf den Punkt: »Wenn Sie eine schöne Aussicht haben wollen, dann steigen Sie auf den Eryx und nicht auf den verdammten Ätna.«

Auf einem Felsen überragt das **Castello di Venere** (tgl. 8–14, 15–18 Uhr) die **Torretta Pepoli,** eine gotische Fantasie des Grafen Pepoli. Geschützt im Inneren der zinnenbewehrten Normannenfestung befinden sich die wenigen marmornen Relikte des **Tempels der Venus Erycina** neben einer Quelle. Nachdem Fiona Pitt-Kethley selbst ein Stück Marmor geklaut hatte, um ihr Glück in der Liebe zu beschwören, meinte sie: »Wahrscheinlich haben bereits Generationen von Verliebten vor mir dasselbe getan, deshalb blieb von dem Tempel nichts mehr übrig.« Das schöne Kultbild der Göttin wird im sicheren Stadtmuseum vor »Liebhabern« geschützt. Durch die **Porta Trapani,** ein mittelalterliches Tor, gelangt man in die **Via Vittorio Emanuele,** eine gewundene Pflasterstraße, gesäumt von jahrhundertealten Palazzi. In der Via Chiaramonte, innerhalb der Mauern der mit einem drei-

Seite 152

Souvenirs aus Korallen
In Trapani werden aus Korallen schöne (Schmuck-) Gegenstände gearbeitet. Nach Besichtigung der antiken Exponate im Museo Nazionale Pepoli kann man sich dann den modernen Korallen-Souvenirs zuwenden. Eine gute Adresse dafür ist die Goldschmiede **Platimiro Fiorenza** in der Via Orsoio.

▶ **Vor dem Hintergrund des Eryx erstreckt sich der Hafen Trapanis**

eckigen Grundriss angelegten Stadt, dominiert das strenge gotische **Gotteshaus** (tgl. 10–12, 15–18 Uhr) von 1314. Das Portal und die Fensterrosette entstammen der ersten Bauphase, Dachzinnen und Säulenhalle wurden später hinzugefügt. Der Innenraum erhielt im Zuge der Modernisierung des 19. Jhs. Stukkaturen im neogotischen Stil, dabei wurde manch älterer Schmuck einfach übertüncht. Im schönen **Re Aceste** in der Via Conte Pepoli 45 kann man sich kulinarisch trösten.

Hoch oben auf einer Klippe leuchtet die weiße Kuppel der **Chiesa San Giovanni** über einem grünen Tal. Die meisten der bräunlichen Steinkirchen sind gotischen Ursprungs, wurden aber barockisiert. In **San Pietro** finden sich ein bezaubernder Kreuzgang und hübsche Medaillons; **San Giuliano** hingegen ist mit seiner harmonischen honiggelben Fassade und dem eleganten Campanile eine der stimmungsvollsten Kirchen. Die verwitterte **Chiesa Addolorata** hat sich ihre gotische Seele bewahrt und birgt *I Misteri,* die wertvollen Figuren der Karwochen-Prozessionen.

Vergil hat den Eryx einst mit dem Berg Athos verglichen – doch ist er nicht länger eine heilige Stätte. Waisenhäuser und Klöster wurden zu Keramik- und Teppichgeschäften, in Nachtklubs und Restaurants umfunktioniert. Doch hinter dieser der Öffentlichkeit zugewandten Seite liegt ein privates Erice der verborgenen Gassen, skurrilen barocken Balkonkonsolen, Votivnischen und geheimnisumwitterten Innenhöfe.

Zu den Attraktionen Erices zählt das inzwischen sehr namhafte September-Festival, in dessen Rahmen Musik aus dem Mittelalter und der Renaissance gespielt wird. Die etwas verschlafen wirkende Zitadelle dient auch als Tagungsort für Wissenschaftskongresse, initiiert vom international renommierten **Centro Ettore Majorana.** Dieses Kultur- und Wissenschaftszentrum hat seinen Sitz in einem reizvollen alten Konvent.

▲ Maria Grammatico präsentiert vor ihrer Bäckerei einen Teller süßer Köstlichkeiten
◄ Das Castello di Venere in Erice

Dolcissimi dolci

Zu den Traditionen Erices gehören die *dolci ericini,* außergewöhnlich süße Kuchen, die bis zur Schließung des Klosters im Jahre 1975 von Novizinnen gebacken wurden. Seitdem klagen die Einheimischen, dass sie nicht mehr hausgemacht schmecken. Maria Grammatico kämpft in ihrer **Pasticceria Maria** in der Via Vittorio Emanuele um den Ruf der besten Bäckerin Siziliens. Erlernt hat sie ihr Handwerk schon als Novizin und fürchtet, dass sie selbst keine Nachfolgerin mehr finden wird. Neben *pasta reale* (Marzipan) haben ihre süßen Kreationen so fantasievolle Namen wie *sospiri* (Seufzer) und *belli e brutti* (Schöne und Hässliche).

Das ehemalige Kloster steht in der Via Guarnotti, aber die süßen sizilianischen Erinnerungen reichen bis zur benachbarten **Piazza San Domenico.** Unweit der Barockkirche locken die Kuchenköstlichkeiten der **Pasticceria San Carlo.** Das **La Pentollacia** (Tel. 09 23 86 90 99) in einem ehemaligen Mönchskloster in der Via Guarnotti serviert vorzügliches Couscous.

Die Küste entlang bis nach Castellammare

Diese Küste war früher berühmt für ihren Thunfischreichtum, doch sind die meisten *tonnare* (Thunfischfangplätze) inzwischen aufgegeben. Die Küstenstraße führt an der **Tonnara di Bonagie** vorbei zum schönsten Naturpark Siziliens. Die **Riserva Naturale dello Zingaro** ❸ liegt auf einer felsigen Landzunge mit zahlreichen Buchten. Das Schutzgebiet wurde zwar unter Mitwirkung von Behörden, Bürgern und Ökologen geschaffen, doch vertreten Zyniker die Ansicht, ohne die Zustimmung der Mafia wäre hier gar nichts gegangen. Einheimische behaupten, in den versteckten Buchten legen noch immer Fischerboote mit türkischem Heroin an.

Auf der Landzunge erstreckt sich **San Vito lo Capo** ❹, ein blühender Badeort mit einem schönen Strand und guten Fischlokalen. Der Nordeingang von Lo Zingaro liegt 11 km südöstlich von hier,

nahe den Ruinen von Torre dell'Impiso. Die Küstenstraße führt um das Naturschutzgebiet herum, vorbei an rauhen Bergen, Schäferhütten, verlassenen *tonnare,* verfallenen Türmen und zerklüfteten, steil ins Meer abfallenden Klippen.

Scopello di Sopra ❺, 10 km vor Castellammare, markiert den südlichen Zugang zum Naturschutzgebiet, es besitzt jetzt auch ein Informationsbüro und einen Parkplatz. Das Fischerdorf gruppiert sich um den *baglio,* das imposante mittelalterliche Gehöft. Neben einer ländlichen *trattoria* und der Gelegenheit, frischen Bauernkäse zu erwerben, ist die einzige Sehenswürdigkeit die **Tonnara,** die interessanteste Thunfischfangstelle an der Küste. Zur stimmungsvollen Atmosphäre tragen eine rosafarbene Villa, eine Kapelle, Lagerräume und Baracken bei, in denen die Thunfischfänger während der Fangsaison wohnen. Die hoch aufragenden Wachtürme der Sarazenen sollten Piraten abschrecken.

Seite 152

▼▼ **Die Riserva Naturale dello Zingaro**
▼ **Der pittoreske Ort Castellammare del Golfo**

Von **Castellammare del Golfo** ❻ hat man eine wundervolle Aussicht über den gesamten Golf; von der Hafenanlegestelle aus verkehren Schiffe zum Naturschutzgebiet Lo Zingaro (Tel. 0 92 33 42 22). Die hübschen pastellfarbenen Häuschen, die Burg und der idyllische Hafen lassen die Vergangenheit der Stadt als Mafia-Hochburg vergessen. In den 1950er-Jahren saßen über 80 % der männlichen Bevölkerung im Gefängnis, und während der Vernichtungskriege der Mafia machten sich die meisten Auswanderer vom Hafen dieses Ortes nach Amerika auf.

Durch die weich fließende Landschaft südlich von Castellammare gelangt man zu den Ruinen von **Segesta** ❼ (tgl. 9–1 Stunde vor Sonnenuntergang), einer der romantischsten Stätten der Antike. Segesta wurde von den Elymern gegründet, die sich – nach dem Fall der Stadt – als geflüchtete Trojaner bezeichneten, während moderne Wissenschaftler in ihnen die Nachfahren eines iberisch-ligurischen

▲ Die Salzhügel südlich von Trapani tragen »Ziegeldächer« als Regenschutz

▼ Das griechische Theater von Segesta bietet einen herrlichen Rundblick

Stammes sehen wollen. Eine Verbindung mit Troja böte jedoch eine Erklärung für ihren unversöhnlichen Hass auf die Griechen. Aus dieser Feindschaft heraus beteiligten sie sich auch an der Zerstörung von Selinunt. Segesta selbst wurde 307 v. Chr. von Syrakus geplündert.

Der dachlose **dorische Tempel** wurde nie fertig gestellt, eine *cella* sowie Säulenkanneluren fehlen ganz – interessanterweise leidet der harmonische Gesamteindruck keineswegs darunter. Das **griechische Theater** auf dem Hügel gegenüber umgibt ein Hauch unendlicher Verlassenheit – die richtige Einstimmung auf die im Sommer dort aufgeführten griechischen Tragödien.

Erdbebengebiet

1968 erschütterte ein starkes Erdbeben Westsizilien. Über 50 000 Menschen wurden obdachlos, und viele müssen noch heute in Notquartieren hausen.

Schuld daran sind die Ineffizienz der Bürokratie und die verschwundenen Gelder für den Wiederaufbau.

Salemi ❽, eine auf einem Hügel erbaute Stadt 30 km nördlich von **Castelvetrano,** gehört zu den interessantesten vom Erdbeben heimgesuchten Orten. Seit man vergeblich versuchte, die Burg aus dem 13. Jh. abzustützen, sind nur noch die engen Gassen aus dem Mittelalter und die zerfallenden Kirchen sehenswert.

Gleich östlich trifft man auf **Gibellina Nuova ❾**, die wenig ansprechende »Ersatzstadt« für den vom Erdbeben zerstörten, 18 km weiter westlich gelegenen alten Ort. Dem neuen Gibellina mit seinem am Architekturkonzept der 1970er-Jahre ausgerichteten futuristischen Aussehen fehlt jeglicher historischer Bezug – vielleicht mag das sogar hilfreich sein, denn die Stadt versucht, sich als Zentrum moderner Technologien zu etablieren.

Ruderi di Gibellina ❿ ist nur noch ein Schutthaufen, die Bewohner haben den Ort nach dem Erdbeben sofort verlassen. Auf den Ruinen wurde eine Bühne für Benefizkonzerte und die Aufführung griechischer Tragödien wie auch zeitgenössischer Theaterstücke errichtet.

Die afrikanische Küste

Im Süden Trapanis erstreckt sich die »afrikanische« Küste, die näher an Tunesien als am Festland Italiens liegt. Sie ist bekannt für ihre **Salzpfannen,** Überbleibsel eines seit der Zeit der Phönizier und Römer auf Grund nahezu idealer Bedingungen florierenden Wirtschaftszweiges. Die Salzgewinnung war vom 14. bis zum 17. Jh. die Säule der regionalen Wirtschaft. Heute führt die *via del sale,* die Salzstraße, von Trapani nach Mozia, vorbei an frisch restaurierten Windmühlen und Salzpfannen. Im Brackwasser der Lagunen tummeln sich Wildenten, Graureiher und Kraniche. Daher ist das Areal als Naturschutzgebiet ausgewiesen.

Seite 152

Erlesene Seidenstickerei Castellammare del Golfo gehört zu den Zentren der sizilianischen Seidenstickerei. Jedoch Vorsicht: Unter die echten, exakt gearbeiteten Kunstwerke schleicht sich oft billige, qualitativ mindere asiatische Importware!

▼ ▼ **Der dorische Tempel von Segesta**
▼ **Die Zitadelle von Salemi**

Pescaturismo
Meerestourismus ist
ein interessante neue
Form der Urlaubsge-
staltung und lässt
sich von den meisten
Häfen Trapanis und
den der Küste vorge-
lagerten Ägatischen
Inseln aus betreiben.

In **Nubia ⓫**, 5 km südlich von Trapani,
kann man im **Museo delle Saline** (tgl.
9–12, 15–18 Uhr) die Funktionsweise einer Entsalzungsanlage studieren. Weiter
südlich umgeben Salzpfannen und seichte
Lagunen die recht verschmutzten **Isole
dello Stagnone**, Siziliens größte Lagune.
Besonders romantisch ist abends der Anblick der untergehenden Sonne im Wasser
der Salzpfannen. An der Küste gegenüber
Mozia hat in einer umgebauten Windmühle ein neues, hervorragend ausgestattetes Salzmuseum sein Quartier bezogen,
die **Mulina Salina Infersa** (tgl. 9–20 Uhr).

Mozia

Es führt zwar ein phönizischer Damm
nach **Mozia ⓬**, doch ziehen die meisten
Besucher den Seeweg und die Bootsfahrt
vor. Mozia hieß ursprünglich Motya und
ist die älteste punische Siedlung Siziliens
am äußeren Ende der **Lagune Stagnone**.
Die Insel wurde vom Marsalahändler Jo-

seph Whitaker gekauft, der die Ausgrabungen ins Zentrum seines Lebens stellte.
Die Phönizier hatten hier eine Handelsniederlassung für Glas, Keramik, Elfenbein, Stoffe und Metall eingerichtet, präg-
ten Münzen mit dem Haupt der Gorgo
(Medusa) und verehrten Astarte, Baal sowie Sonnen- und Mondgöttinnen.

Als Dionysios I. Motya belagerte, ließ er
einen künstlichen Hafen anlegen, damit
das Waffenarsenal in die Nähe der Stadtmauern gebracht werden konnte. Die
Überlebenden des Massakers – oder der
Sklaverei – siedelten sich in Lilybaeum
(Marsala) an.

Im **Museum** mit Whitakers Sammlung
in den neuen Räumen der **Delia Whitaker Dependance** können die Exponate
übersichtlich präsentiert werden. Ein ech-
ter Höhepunkt ist die Marmorstatue eines
griechischen Jünglings aus dem
5. Jh. v. Chr., die im Sand der Lagune entdeckt wurde. Sein langes peplosartiges
Gewand ist in Plisseefalten gelegt und so

▼ **Die
Arkaden von
Mazara del Vallo**
▼ ▼ **Lebhafte
Diskussion
unter Sizilianern
neben dem Dom**

hauchfein gearbeitet, dass es die muskulöse Körperlichkeit des Epheben mehr betont als kaschiert.

Unweit des Museums lauern auf schlichten schwarz-weißen Kieselmosaiken Drache, Löwe und Stier. Der Pfad im Westen führt zum **Cothon,** einem künstlichen punischen Dock mit einem gepflasterten Kanal, der ins Meer fließt. Weiter im Norden gelangt man zu einem Opferfriedhof, einem *Tophet.*

Marsala

Marsala ⓭ wurde auf dem nächsten Vorgebirge 10 km südlich errichtet. Der Name der Stadt lautet arabisch Mars-al-Allah (Hafen Gottes). 397 v. Chr. gründeten die Überlebenden von Mozia auf dem Capo Boeo das karthagische **Lilybaeum,** den am besten verteidigten Seestützpunkt der Punier auf Sizilien und einzige Stadt, die dem griechischen Expansionsdrang nach Westen widerstehen konnte. Heute resi-

diert hier das **Museo Marsala** (tgl. 9–13, Mi, Sa und So auch 16–19 Uhr) mit einem rekonstruierten **punischen Schiff,** das im Ersten Punischen Krieg vor den Ägatischen Inseln sank. 68 Ruderer bildeten seine Mannschaft, die Eisennägel sind bis heute nicht verrostet. Im anschließenden archäologischen Park von **Capo Boeo** (tgl. 9–13, 16 Uhr–1 Stunde vor Sonnenuntergang) sind **römische Mosaiken** mit Darstellungen eines angeketteten Hundes und einer Medusa zu bewundern.

Marsala selbst wurde 1943 schwer beschädigt, deshalb beschränken sich seine Sehenswürdigkeiten auf das **Museo degli Arazzi** (Di–So 9–13, 16–18 Uhr) mit flämischen Tapisserien und die **Hauptkirche.** Sie ist dem hl. Thomas Becket von Canterbury geweiht. Das Schiff zieren ursprünglich für die Kathedrale von Canterbury geschaffene Säulen.

Das interessante **Stabilimento Florio** (Tel. 09 23 78 11 11) ist eine der ganz typischen Marsala-Destillerien. Die meisten

Seite
152

**Fahrten
»auf dem Meer«**
Bis 1917 konnte man im Pferdekarren über den Damm von Mozia fahren. Da er etwas unter Meeresniveau verläuft, gewann man den Eindruck, sich direkt auf dem Wasser zu bewegen.

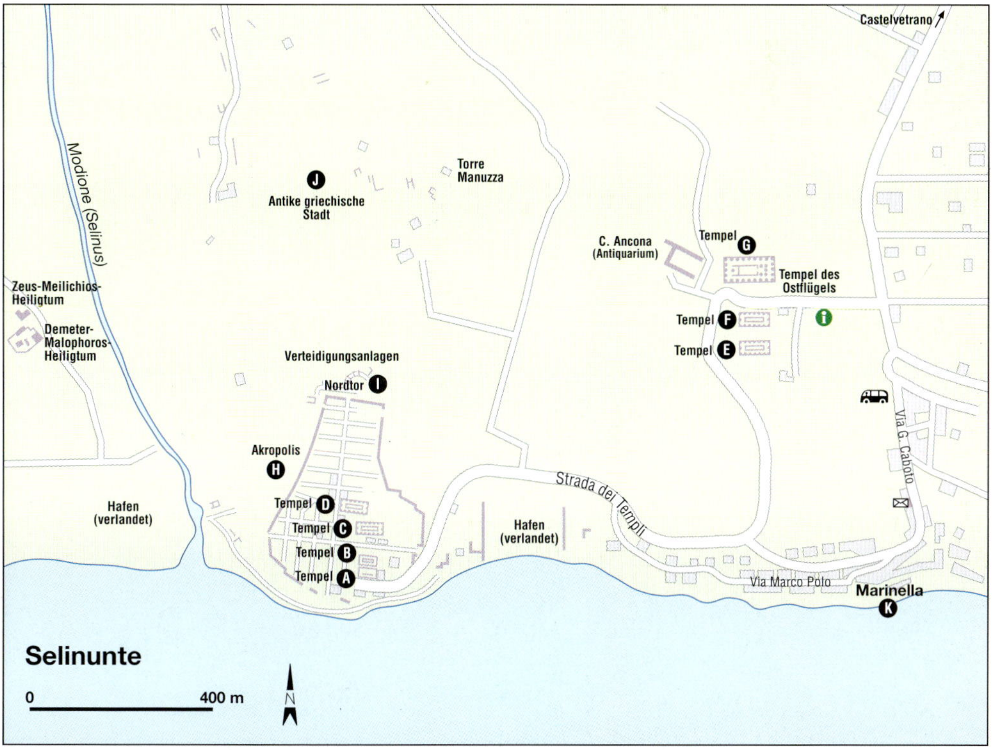

Zeus-Meilichios-Heiligtum

Demeter-Malophoros-Heiligtum

Modione (Selinus)

J
Antike griechische Stadt

Torre Manuzza

C. Ancona (Antiquarium)

Tempel **G**

Tempel des Ostflügels

Tempel **F**

i

Tempel **E**

Verteidigungsanlagen

Nordtor **I**

Akropolis **H**

Strada dei Templi

Tempel **D**

Tempel **C**

Tempel **B**

Tempel **A**

Hafen (verlandet)

Hafen (verlandet)

Via G. Caboto

Via Marco Polo

Marinella **K**

Castelvetrano

Selinunte

0 ————— 400 m

N

entdeckt man in den *bagli,* den mauerumfriedeten Anwesen mit eleganten Innenhöfen. Die Florio-Dynastie gehört zu den bedeutendsten Unternehmerfamilien Siziliens, als erste aber handelten die britischen Kaufleute Ingham und Woodhouse mit dem bernsteinfarbenen Dessertwein (s. Seite 91). Das Florio-Museum besitzt eine feine Marsala-Kollektion, einschließlich der als Speisewürze und Arznei deklarierten Flaschen, die in Zeiten der Prohibition nach Amerika verschifft wurden.

Unweit des Meeres und Lilybaeums errichtete man die unscheinbare **Chiesa San Giovanni** über der Grotte von Sibilla Sicula, der Prophetin Apolls. Das ihr geweihte Heiligtum wurde um eine Quelle aus dem Felsen gehauen. Jungfrauen waren hier die Medien des Orakels, sie tranken vom reinen Wasser, die Seherin deutete ihre Worte und verwandelte sie in Antwortsprüche für die Ratsuchenden.

Von hier gelangt man auf einer reizvollen Küstenstraße nach **Mazara del Val-**

lo ⬤, einem Ort mit mehr Atmosphäre als Sehenswürdigkeiten, der an eine nordafrikanische Stadt erinnert. Eine verwitterte **Normannenfestung** überragt den palmenbestandenen Park und blickt aufs Meer. Die normannische **Kathedrale** erhielt im Barock eine neue Gestalt und birgt zwei sehenswerte römische Sarkophage. Das schönste Gotteshaus findet man jedoch im Herzen des Fischerviertels, an der **Porta Palermo.** Die zinnenbewehrte normannisch-byzantinische Kirche **San Nicolò Regale,** deren Fußboden römische Mosaike zieren, thront über dem tunesischen Hafen.

Der Fluss Mazaro ist bis zum Markt voller Fischerboote. In der **Via Pescatori** wimmelt es von tunesischen Fischern, Frauen sieht man keine. Dahinter beginnt die **Kasbah,** ein schier unentwirrbares Netz enger Gassen mit Hinterhofidylle. An der **Piazza Bagno** kann Mann sich im **Hammam,** dem türkischen Dampfbad, entspannen und massieren lassen.

▲ **Tempel A auf der Akropolis von Selinunt**
▼ **Tempel E in Selinunt zur Frühlingszeit**

Griechisches Erbe

Die westlichste griechische Kolonie ist **Selinunt** ⓯ (30 km östlich von Mazara). Es wurde 628 v. Chr. von Siedlern aus Megara Hyblea (s. Seite 25) gegründet. Als Todfeind von Segesta geriet die Stadt in die Auseinandersetzung zwischen Karthagern und Athenern. Von der Plünderung durch die Karthager 409 v. Chr. erholte sie sich nie, 250 v. Chr. wurde Selinunt vollends zerstört. Anhand der Fundsituation der in Sturzlage konservierten Säulen vermuten die Archäologen, dass die Stadt einem Erdbeben zum Opfer fiel.

Der weitläufige **archäologische Park** (tgl. 9–19 Uhr) ist nicht von Bauwerken eingeschlossen, sondern liegt friedlich sich selbst überlassen. Er wird von zwei Flüssen und antiken Häfen begrenzt, die längst völlig verlandet sind. Die ältesten Heiligtümer, die **Tempel Ⓐ, Ⓑ, Ⓒ** und **Ⓓ**, stehen auf der **Akropolis** von Selinunt, die **Haupttempel Ⓔ, Ⓕ** und **Ⓖ** auf dem **östlichen Hügel.** Ein neuer Eingang geleitet den Besucher mittels Tunnels unter Sandbänken zum wieder aufgebauten **Tempel E,** wohl einst der Zeusgattin Hera (Juno) geweiht. Die zugehörigen Statuen bereichern heute die berühmte Sammlung des Museo Archeologico von Palermo (s. Seite 129) – sehr zum Leidwesen der Einheimischen, die den Tempelschmuck, die Metopen und Friese gerne zurück hätten, vor allem aber die von einem hiesigen Bauern ausgegrabene *Statue eines Epheben.*

Tempel F, aus archaischer Zeit und wohl Heiligtum der Göttin Athene, ist am stärksten lädiert. Auch der Apollo zugeschriebene **Tempel G** ist ein riesiger »Trümmerhaufen«, nur eine Säule wurde bislang restauriert und wieder aufgestellt. Jede Säule dieses Tempels wurde aus 100 Tonnen schweren Steintrommeln zusammengefügt: sie alle blieben unvollendet. Bruchstücke ihrer Stuckverkleidungen mit Spuren der Bemalung kamen bei Grabungsarbeiten ans Licht.

Auf der von Schutzwällen umschlossenen **Akropolis Ⓗ** sind einige Teile der **Be**festigungsanlage **Ⓘ** erhalten, Verbindungsgräben und Tore. Das Gelände ist nur unzureichend ausgeschildert und die zeitliche Zuordnung der einzelnen Bauwerke ohnedies nicht eindeutig möglich: So wurden beispielsweise mit Steinen der Tempel C und D im 5. Jh. n. Chr. an dieser Stelle Häuser eines byzantinischen Dorfs errichtet.

Im Norden der **Akropolis** erstreckt sich die antike **griechische Stadt Ⓙ.** Sie wird auf beiden Seiten von **Nekropolen** flankiert, die jedoch noch nicht völlig freigelegt sind. Selinunt ist ein von großer Tragik umwitterter Ort und zugleich unglaublich schön. Gerahmt von Tempeln liegt der Strand von **Marinella Ⓚ,** mit seinen Sanddünen und netten Lokalen.

4 km südlich von Campobella di Mazara befinden sich die antiken Steinbrüche von **Cave di Cusa.** Antike »Werkstattskizzen« zeigen, wie die Kapitelle mit Hebelkraft aufgerichtet und die Säulen in Karren nach Selinunt gezogen wurden. ■

Seite
152
159

Jazz-Festival
Das Jazz-Festival von Marsala findet alljährlich im Juli statt, mitten in der historischen Altstadt. Um auch für die großen Jazz-Interpreten attraktiv zu werden, konnte die rührige Festivalleitung die ortsansässigen Weinkellereien als Sponsoren (und Lieferanten!) gewinnen.

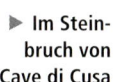

▶ **Im Steinbruch von Cave di Cusa**

Die Ägatischen Inseln

Seite
152

Im Sommer fallen die Urlauber auf die leicht erreichbaren Ägatischen Inseln (Isole Egadi) ein, nach der Saison kehren Frieden und Beschaulichkeit zurück. Viel weiter südlich liegt Pantelleria, Siziliens afrikanischer Vorposten.

Die Ägatischen Inseln blicken auf 15 000 Jahre Geschichte zurück und besitzen die schönsten prähistorischen Höhlenzeichnungen Italiens. Mit dem Ende der Punischen Kriege gelangte die phönizische Handelsniederlassung in römische Hände. Für die Araber waren die drei Inseln das Sprungbrett für die Eroberung Siziliens, unter der Herrschaft von Normannen und Aragonesen wurden sie befestigt. Die Spanier förderten die Korallenindustrie, bevor sie die Inseln 1637 an die Dynastie Pallavicini-Rusconi verkauften. Diese genuesischen Bankiers erhielten eine Baronie samt Fischereirechten. Die lukrativen Verbindungen der Ägatischen Inseln zu Genua und der ligurischen Küste setzten sich fort, als der Archipel im Jahr 1874 von der Florio-Familie gekauft wurde.

reichen, das es in Cala Dogana zu mieten gibt, und den Ausflug mit Segeln und Schwimmen verbinden.

Die Wände der Höhle bergen Levanzos größten Schatz: Ritzzeichnungen aus dem Mesolithikum. Tanzende Menschen und Tiere, überwiegend Hirsche, wurden hier verewigt. Außerdem gibt es mehrere Felsmalereien aus der Jungsteinzeit. Obwohl 5000 Jahre jünger, sind sie in deutlich starreren Posen dargestellt: stilisierte Figuren von Gottheiten, Menschen, Vierbeinern und Fischen. Hervorstechendes Sujet ist der Thunfisch, auch heute noch König der Ägatischen Gewässer.

Levanzo

Die kleinste der Inseln ist dem Festland am nächsten, der Großteil der Küste nur per Boot erreichbar. Der Hafen **Cala Dogana** 🖸 besteht aus wenigen Häusern mit Ferienzimmern, ein paar *alberghi, caffè* und *trattorie*. Die Teerstraße wird am Ortsende zu einem verschmutzten Weg und führt durch das Tal zwischen dem Pizzo del Monaco und Pizzo del Corvo. Die Hänge sind mit *macchia mediterranea* bedeckt wie Lavendel, Wolfsmilchgewächse und wilder Thymian.

Am oberen Ende des Tals gabelt sich der Pfad. Rechts liegen einige Bauernhäuser und Schafställe, links führt der Pfad im Zickzack die steile Küste bis ans Meer hinunter zur **Grotta del Genovese** 🖸. Diese tiefe Höhle ragt über die felsige Küstenlinie. Bei ruhiger See und günstigem Wind kann man die Grotte mit einem Boot er-

◄ ◄ **Der Hafen von Favignana**
◄ **Die Festung Santa Caterina thront hoch über den Thunfisch-Fängern**
► **Zwei »Skulpturen« aus Favignana**

Favignana

Traditionelle Fischgerichte
Es ist nicht verwunderlich, dass Fisch und Meeresgetier den Speisezettel der Ägatischen Inseln anführen: Es gibt verschiedene Pasta-Delikatessen, etwa Spaghetti mit Thunfisch oder Hummer; eine Reminiszenz an die Zeit der Araberherrschaft ist Couscous mit Fisch.

▼ **Die unwirtlichen Hänge Levanzos**

Gegenüber von Levanzo liegt **Favignana,** die größte und am stärksten besiedelte Insel. Ihre höchste Stelle im Westen ist der Gipfel des Monte Santa Caterina. Favignana präsentiert sich recht prosaisch als das Land des Thunfischs, Tuffs und Tourismus.

Die Landwirtschaft hat Favignana weniger geprägt als Thunfischfang und Tuffsteingewinnung. Alte Abbaumethoden veränderten die Landschaft stark, bevor es in den 1950er-Jahren wegen der hohen Förderungs- und Transportkosten des porösen Kalksteins zu einem Stillstand kam. Die Insel ist eine einzige Hommage an den Stein, ihre Hänge sind mit Tuffsteinhäusern übersät. Auch die Klippen und Höhlen bestehen aus ockerfarbenem, rotbraunem und cremefarbenem Tuff.

Auf einer Fahrradtour zu einer der Buchten wird man hinter Wällen unzählige Gärten entdecken. Die von wildem Thymian überwucherten Steine schützen die Tomaten, Orangen-, Zitronen- und Feigenbäume, die auf dem Boden der verlassenen Steinbrüche angepflanzt sind, vor der rauen Meeresbrise.

Andere Steinbrüche liegen direkt am Meer, so dass der frisch gewonnene Tuff gleich in Boote verladen und zum Festland transportiert werden konnte. Steine aus der labyrinthartigen **Cala Rossa** ⑬ wurden für den Bau ganzer maurischer Städte verwendet. Der reizvolle Anblick der Abbruchwände und die durch Erosion entstandenen Felsformen haben Cala Ros-

> **Aigates**
> → In der griechisch-römischen Antike ihres Ziegenreichtums wegen »Aigates« (griech. »aix« = Ziege) genannt, wurden die Ägatischen Inseln im Italienischen zu Isole Egadi.

sa und Cavallo zu begehrten Bade- und Picknickplätzen werden lassen.

Die *tonnara* (Thunfischindustrie) von Favignana spielte im Mittelmeerraum einst eine bedeutende Rolle. Im ruhigen Wasser des **Hafens ⓲** spiegeln sich die Ziegeldächer und Schornsteine der **Tonnara Florio.** Die Thunfischkonservenfabrik wurde Anfang der 1990er-Jahre stillgelegt, wodurch 500 Arbeitsplätze verloren gingen; die Verarbeitung geschieht aber immer noch in Trapani. Als die Insel Ignazio Florio gehörte, wurden pro Tag bis zu 10 000 Fische gefangen. Heute sind es weniger als 2000 im Monat. Gründe für den starken Rückgang sind in erster Linie Überfischung, Umweltverschmutzung sowie Lärm. Trotzdem blüht die Thunfischindustrie, denn die traditionellen Fischfangtechniken sind mit Hilfe neuer Methoden zum Aufspüren der Schwärme modernisiert worden. Das arabisch-normannische **Forte Santa Caterina** diente unter den Bourbonen als Gefängnis für po-

litische Häftlinge und ist jetzt militärisches Sperrgebiet. Das **Forte San Giacomo,** früher Normannenfestung und danach ebenfalls Bourbonenkerker, ist dieser Bestimmung treu geblieben: Im Hochsicherheitstrakt sitzen diverse Mafiosi ein.

Marettimo

Die geheimnisvollste, gebirgigste und grünste der Ägatischen Inseln liegt westlich, ist von ihren Schwesterinseln durch einen Meeresabschnitt getrennt, der archäologische Schätze birgt: Auf dem Grund der See liegen unter anderem die Überreste der 241 v. Chr. von den Römern vernichteten karthagischen Flotte.

In dem Hafen **Marettimo ⓴** gibt es kein Hotel, doch einige Appartements mit Service. Die Schönheit der Natur lockt Besucher an: Taucher erforschen die in der zerklüfteten Küste mehr oder minder verborgenen 400 Höhlen und Grotten; Pflanzenliebhaber studieren die Vegetation und

Seite
152

▲ Der
Palazzo Florio
aus dem Jahr 1876
beherbergt heute
ein Kulturzentrum
mit Kunstgalerie
▼ Favignanas
felsige Küste

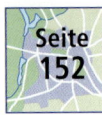

Seite 152

Kunststücke
In seiner
Bottega d'Arte,
Via Marzamemi 7,
Tel. 09 23 92 16 96,
können Sie die
naiv gemalten See-
stücke aus Gianni
Mattos Werkstatt
bestaunen –
und erwerben ...

die übrigen Urlauber schwimmen im blauen Wasser, unternehmen Bootsfahrten zu den Kalksteinhöhlen und wandern in der atemberaubenden Landschaft umher.

Ehrgeizige erklimmen den **Monte Falcone,** um die Insel von oben kennen zu lernen. Leichter fällt der Weg zu den **Case Romane,** den Ruinen römischer Befestigungsanlagen unweit des Ortes; man braucht vom Hafen aus nur den Hinweisschildern zur Pizzeria Filli Pipitone zu folgen. Die arabisch-normannische Kapelle in der Nähe wurde angeblich von byzantinischen Mönchen erbaut. Ein anderer Pfad führt nördlich an den Klippen entlang zum Kap **Punta Troia ㉑,** wo eine Sarazenen-Zitadelle aufragt. Ursprünglich ein Wachturm, wurde das Bauwerk vom Normannenkönig Roger II. zu einer stattlichen **Burg** erweitert. 500 Jahre später bauten die Spanier sie um und fügten auch eine unterirdische Zisterne hinzu – später für die Gefangenen der Bourbonen die gefürchtetste Zelle.

◀ **Thunfisch-Fischer von Favignana**

Pantelleria

Die Insel ist Tunesien (70 km) näher als Sizilien (100 km); mit der Fähre von Trapani aus braucht man rund fünf Stunden dorthin. Der musikalisch klingende Name »Pantelleria« leitet sich vom arabischen »Tochter der Winde« her, denn das Eiland hat selbst im glühend heißen afrikanischen August die felsige Nase im Wind. Über die Insel verstreut liegen niedrige Gehöfte, umschlossen von terrassierten Hängen, die dem Kapern- oder Weinanbau dienen (s. Seite 92). Siziliens größte Insel ist vulkanischen Ursprungs, das beweisen die herumliegenden Lavablöcke, Basaltfelsen, heißen Quellen und die vielen *cuddie,* kleine, längst erloschene Kraterlöcher. Ein solcher kleiner Krater in der Nähe des Weilers Bugeber hat sich in den **Lago di Venere** (See der Venus) verwandelt, sein warmes, schwefelhaltiges Wasser dient örtlichen Bademeistern als Heilmittel gegen ungezählte Leiden. Auch haben sich in etlichen Inselgrotten regelrechte Natur-Saunen entwickelt, so etwa die **Stufa del Bagno di Arturo** bei Siba. Schwimmer und Taucher wissen die Abgeschiedenheit der kleinen Buchten und heißen Quellen zu schätzen; damit gleicht sich der Mangel an Stränden aus. Die herrliche Unterwasserwelt zieht ohnedies jeden in ihren Bann ...

Einerseits modern, andererseits etwas heruntergekommen, atmet der **Ort Pantelleria ㉒** Lebendigkeit und exotisches Flair. Letzteres spiegelt sich in den Häusern und Restaurants, wo vorzügliches Couscous mit Fisch serviert wird. Eine Wanderung führt von hier zum Hafen von **Scauri ㉓** an der Südküste, vorbei an traditionellen *dammusi-*Häusern, Weinbergterrassen und kleinen Siedlungen durch eine schwarze Lavalandschaft. Auch begegnet man seltsamen bienenkorbähnlichen Grabbauten, den *sesi,* angeblich schon in der Jungsteinzeit von ersten afrikanischen Einwanderern errichtet. Steinwälle umschließen Orangenhaine und Kapernpflanzungen, bewacht von einer widerstandsfähigen einheimischen Eselrasse. ■

Das große Thunfisch-Massaker

Die einzigen Feinde des Thunfischs sind der Mörderwal, die Makos und – allen voran – der Mensch. Die Jagdleidenschaft gehört zur psychischen Grundausstattung der Sizilianer. Auch auf Favignana hält man den Thun- und Schwertfischfang für die größte Herausforderung des Meeres an einen Mann. Und außerdem hat die Insel schon immer davon gelebt.

Die Fangsaison dauert von Mai bis Mitte Juni. Früher konnte ein Tag die Geschicke der Insel für ein ganzes Jahr bestimmen. Noch immer ist das grausame, blutige Ritual fester Bestandteil der alten Tradition, aber auch Touristen finden sich inzwischen als Zuschauer ein.

Der Thunfisch jagt vor der Küste Norwegens, aber seinen Laich legt er im Frühling in den warmen Gewässern Siziliens ab. Gefangen wird er in der »tonnara«; diese Technik lernten die Fischer von den Arabern im 9. Jh. Die Araber zeigten den Insulanern, dass sich der Thunfisch vor dem Ablaichen nicht ködern lässt. Also muss man quer durch den ganzen Hafen Netze auslegen, um eine Todesfalle zu konstruieren.

Bojen markieren ein Rechteck auf dem Wasser. Zwischen den Schwimmern sind bis zu 10 km lange Netze aufgehängt. Die Fische werden in fünf Vorkammern getrieben, von denen aus sie nur noch in die »camera della morte« schwimmen können, in die 15 m tiefe Todeskammer.

Bei günstigem Wind machen sich die Fischer in schwarzen Booten auf den Weg, um die Netze zu kontrollieren. Die sechzig Männer singen die »cialoma«. Der »rais« betet seine Beschwörungsformeln. Alle hören auf sein Kommando.

Acht schwarze Boote bilden einen Kreis um das Netz. Hält der »rais« den Augenblick für gekommen, wird der Schwarm in die Todeskammer geschleust. Auf den Befehl »tira, tira!« wird das Netz festgezogen. Der »rais« singt den Schlachtruf. Auf jede Strophe folgt der Refrain »Aiamola, aiamola«, das heißt wohl »Allah! Che muoia!« (Allah! Er möge sterben!).

Wenn das Netz auf die Größe eines Fußballfeldes zusammengezurrt ist, beginnt der Todestanz der Fische, die »sarabanda della morte«. Die Tiere versuchen verzweifelt, in die Freiheit zu springen, bevor die Männer ihre gewaltigen Haken hinter ihren Kiemen einschlagen.

Manche Thunfische sind so groß wie Menschen, sie können mit ihren messerscharfen Schwanzflossen tödliche Wunden verursachen. In 15 Minuten werden bis zu 200 Thunfische getötet, viele verenden dabei an Herzschlag oder Hyperventilation.

Die Verarbeitung des Fangs kann bis zu drei Monate dauern. Die mächtigsten Exemplare müssen wie Baumstämme zersägt werden. »Bottarga« (Thunfischrogen), Thunfischsteak und »soppressata« (Thunfischsalami) sind Delikatessen – das gilt auch für »spaghetti tonno all'araba« (Spaghetti mit Thunfisch und Kapern). ■

► Beim Wiegen der Thunfische fließt noch immer Blut

Agrigent und das Tal der Tempel

Seite
174

**Die Stadt präsentiert sich als verwirrende Mixtur,
hier treffen Antike und Neuzeit, maurisches Gassengewirr und moderne
Bausünden aufeinander, das Tal der Tempel (Valle dei Templi) hingegen
ist einfach nur atemberaubend schön.**

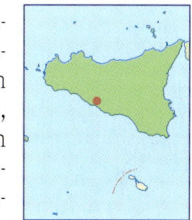

Syrakus mag die mächtige Metropole des griechischen Sizilien gewesen sein, doch Akragas (Agrigent) war zweifellos luxuriöser. Um 580 v. Chr. zogen die vielen Quellen und die zauberhafte, gut geschützte Lage von Akragas Siedler aus Gela herbei. Tyrannen beherrschten die mondäne Stadt, und 406 v. Chr. plünderten die Karthager sie (siehe S. 29). Unter den Römern wurde Akragas ein Zentrum der Schwefelgewinnung.

Die Byzantiner machten 535 n. Chr. mit einer Ausnahme sämtliche heidnischen Tempel dem Erdboden gleich. Im Mittelalter geriet Akragas in Vergessenheit, und das Interesse an der antiken Stätte erwachte erst wieder durch Goethe und die deutschen Romantiker.

Der hier geborene Philosoph Empedokles hatte einst behauptet, die Einwohner der Stadt »bauten für die Ewigkeit, feierten jedoch, als gäbe es kein Morgen«. Die Tempel der Stadt ließen sich durchaus mit denen Athens vergleichen. Nähert man sich heute der Stadt, drängt sich eine weitere Parallele zu Athen auf – hinsichtlich der hässlichen Industriegebiete, der Hochhäuser und des Smogs.

Es ist eine bittere Ironie, dass eine für ihren luxuriösen Lebensstil bekannte Stadt so tief sinken kann. Agrigent hat seine Janusköpfigkeit, seine Natur der schroffen Gegensätze bis auf den heutigen Tag beibehalten. So besteht der mittelalterliche Stadtkern aus einem Labyrinth maurischer Gassen mit armseligen Häusern – als Kontrastprogramm dazu wollte man das neue Viertel mit Blick auf die Tempel elegant aufziehen. Natürlich ging einiges daneben, Überbelegung und unfachmännische Bauweise hatten häufige Erdrutsche zur Folge. 1966 kostete dies zahlreiche Menschen das Leben. Als bekannt wurde, dass gewissenlose Bauinspektoren es allen leicht gemacht und den Baugrund unzureichend überprüft hatten, kam es zu einem Skandal. Heute erheben sich an dieser Stelle reizlose Mittelklasse-Appartements – doch mit Blick auf die antiken Heiligtümer. Jenseits des Tals der Tempel liegt ein eher trist wirkender Stadtkern mit heruntergewirtschafteten öffentlichen Gebäuden. Doch der etwas seelenlose Eindruck der Stadt verflüchtigt sich an einem Abend bei einer Flasche Wein und einer Platte gefülltem Schwertfisch ganz schnell.

◄ ◄ **Der
Tempel des
Olympischen
Zeus**
◄ **Das Tal
der Tempel**
► **Alte
Steintreppe
in Agrigent**

Sehenswürdigkeiten

Bilderrätsel
Suchen Sie im Presbyterium von Santo Spirito das **Wandgemälde einer Nonne**, die hinter den Gitterstäben der Klausur hervorblickt.

Es klafft ein tiefer Graben zwischen dem heutigen Agrigent und dem antiken Akragas, und die moderne Provinzhauptstadt, wenig inspirierendes Ergebnis architektonischer Kompromisse, wird wohl kaum je aus dem Schatten der glanzvollen antiken Metropole herauswachsen können.

Hat man nur einen einzigen Tag Zeit für Agrigent, sollte man sich direkt ins Tal der Tempel begeben und die einzigartige Atmosphäre dort genießen. Parkplatzprobleme und die nicht allzu vertrauenswürdigen öffentlichen Verkehrsmittel (meiden Sie die Linienbusse in der Altstadt!) sowie die Entfernung zu den Heiligtümern erfordern die sinnvolle Planung eines Kurzbesuchs. Falls man nicht in der Nähe der antiken Stätten Quartier genommen hat, lässt sich ja vielleicht ein stimmungsvolles Picknick bei den Tempeln arrangieren. Ein Stadtrundgang lohnt ohnehin erst nach 17 Uhr wirklich, da vorher nicht allzu viel geboten ist.

Über der Via Atenea liegt die Zisterzienserabtei **Santo Spirito** ❶ aus dem Jahr 1290. Dieser auch als **Badia Grande** bekannte Komplex ist dem Chiaramonte-Stil zuzuordnen. Die Kirche besitzt ein goti-

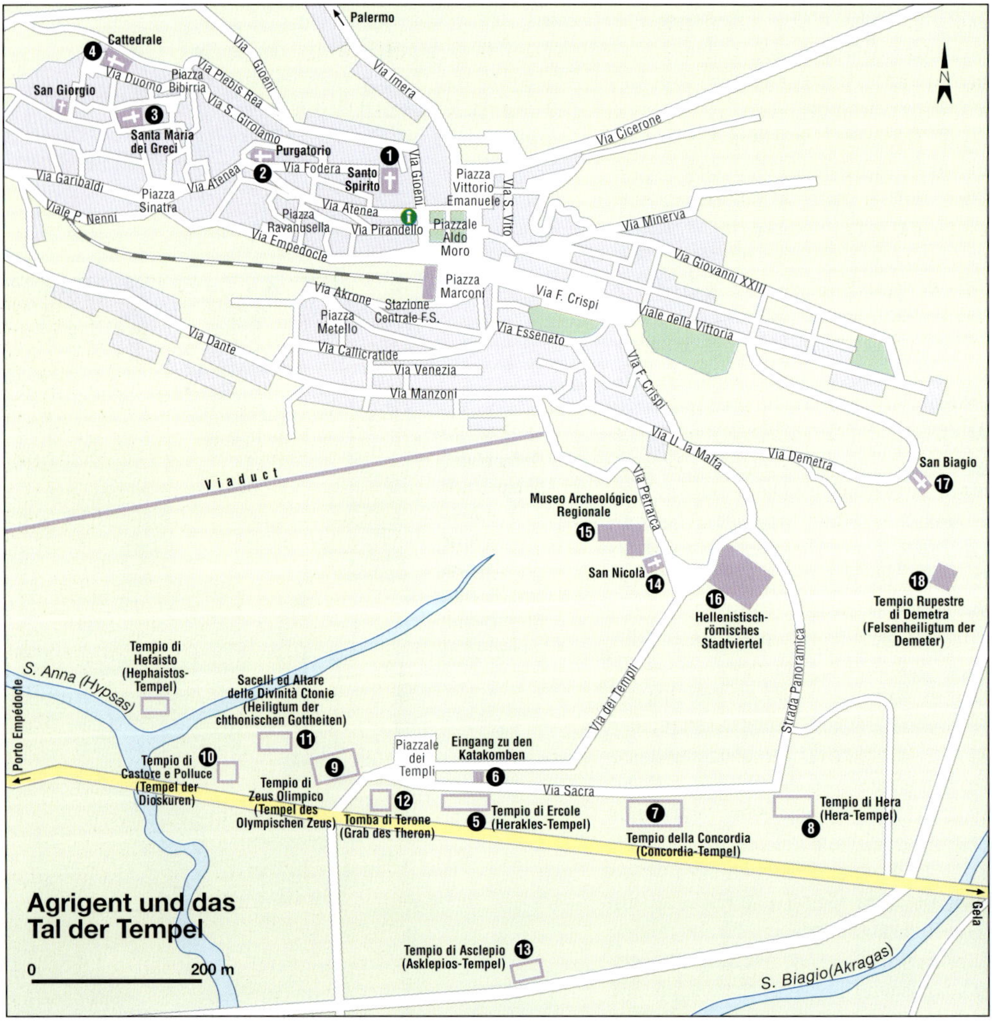

Agrigent und das
Tal der Tempel

0   200 m

sches Portal und Fensterrosetten sowie eine getäfelte Decke und barocken Stuck. Das Dormitorium, der gotische Schlafsaal, führt zum Stiftshaus mit seinen Sprossenfenstern.

Nach seiner Restaurierung ist das Kloster in ein multifunktionales Ausstellungszentrum (Sizilianische Kunst!) verwandelt worden. Die Sakristanin aus dem Haus gegenüber schließt für ein angemessenes Trinkgeld die Kirche auf. Noch heute wohnen die Zisterzienserinnen auf der durch ein Gitter abgetrennten Nonnenempore abends der Messe bei. Tagsüber verkaufen sie Süßigkeiten aus Mandeln und Pistazien in allerlei Formen sowie Osterlämmer aus Marzipan. Angesichts dieser Gaumen- und Kulturfreuden fühlte sich der französische Schriftsteller Dominique Fernandez zwischen der »barocken Opulenz« der Architektur und der »arabischen Üppigkeit« der Süßigkeiten hinund hergerissen. Übrigens haben die *dolci* triumphiert . . .

An der Piazza del Purgatorio ist die einfach **Purgatorio** ❷ genannte Kirche aus dem 17. Jh. reich mit Stukkaturen des Barockmeisters Giacomo Serpotta geschmückt. Ein Löwe bewacht den Eingang zu dem unterirdischen Trink- und Abwassersystem, das mit seinen Leitungen und Zisternen der Wasserversorgung der Stadt diente.

Weiter westlich, inmitten maurischer Gässchen, befindet sich die normannische **Chiesa Santa Maria dei Greci** ❸. Ein gotisches Portal des 13. Jhs. gewährt Zutritt zum Mittelschiff mit seiner Freibalkendecke und Freskenfragmenten. Das Gotteshaus wurde um einen griechischen Athena-Tempel herumgebaut. Ein dunkler Korridor birgt Basen und einige Trommeln von sechs dorischen Säulen, die Überreste jenes Heiligtums. So vereint diese Kirche den griechischen Götterhimmel mit der christlichen Glaubenswelt; auch ist überliefert, dass der Apostel Paulus hier einst gepredigt haben soll.

Die **Kathedrale** ❹ mit arabisch-normannischen, katalanisch-gotischen und barocken Elementen thront auf einer Anhöhe im Westen der Stadt. Das normannisch-gotische Hauptschiff besitzt eine Kassettendecke mit Einlegearbeiten; Trompe-l'œil-Malerei erzeugt die Illusion einer Kuppel. Die prächtigen Barock-Stukkaturen im Chorraum bilden einen deutlichen Kontrast zu der strengen gotischen Kapelle. Der Duomo wurde auf dem Burghügel, der antiken Akropolis, errichtet.

Im Sommer erwacht die Antike zu neuem Leben: Zu Ehren Persephones werden Freiluftvorstellungen klassischer Dramen gegeben. Das moderne Leben spielt sich auf dem **Viale Vittoria** ab, die baumbestandene Promenade ist Schauplatz der abendlichen *passeggiata*.

Seite
174

Das Tal der Tempel

Das Tal der Tempel bildet ein natürliches Amphitheater, hier erwacht für Augenblicke die Antike zu neuem Leben. Noch immer wachsen im *valle dei templi* wilder Thymian und Fenchel, glänzen die Blätter

▲ Die normannische Kirche Santa Maria dei Greci
▶ Agrigent im Frühling

Feines Naschwerk
Das köstliche Gebäck der Zisterzienserinnen von Santo Spirito sollten Sie unbedingt probieren; weitere Lieblingssüßigkeiten der Agrigenter sind arabischer Herkunft, wie die berühmte »cassata siciliana« und die gefüllten »cannoli«-Teigrollen.

▼ **In diesem Tal lag einst Siziliens vornehmste Stadt**

des Olivenbaums silbern und blühen die Mandelbäume rosa. Der schönste Eindruck der Heiligtümer entsteht, wenn man bei Nacht die **Strada Panoramica** und **Via dei Templi** entlangfährt: Die illuminierten Bauwerke erstrahlen vor dem schwarzen Hintergrund der Landschaft – und die Atmosphäre ist überwältigend.

Wer morgens früh genug aufsteht, kann die Welt der Antike noch in Ruhe genießen. Sollten Sie den Concordia-Tempel nicht vom eleganten Restaurant in der Villa Athena aus betrachten wollen, denken Sie daran, ein Picknick mitzunehmen.

Der **Piazzale dei Templi** bildet den Eingang zu den Haupttempeln, war einst die Agora und ist bis heute dem alten Kaufmannsgeist verpflichtet. Barkeeper fungieren gleichzeitig als Fremdenführer, und kleine Jungen halten gegen ein Trinkgeld ein Auge auf die Autos der Besucher.

Die antiken Baumeister haben die Tempelstadt bewusst so angelegt, dass sie vom Meer aus weithin sichtbar war: Ori-

entierungspunkt der Seeleute zum einen, wie auch Zeichen dafür, dass sie besonderen göttlichen Schutz vor irdischen Gefahren genoss. Man hat den archäologischen Park zweigeteilt, das östliche Areal ist stets frei zugänglich, der umzäunte Westteil täglich von 8.30–19 Uhr.

Das östliche Areal und der Herakles-Tempel

Zunächst erblickt man den dorischen **Tempel des Herakles ❺**. 520 v. Chr. errichtet, ist er der älteste Sakralbau am Ort. Seine Dimensionen (67 x 25 m) entsprechen knapp denen des Athener Parthenon; damit übertrifft ihn hier nur der Zeus-Tempel an Größe. Ursprünglich zierten Löwen, Blätter und Palmetten das Gebälk des Bauwerks. Der Engländer Alexander Hardcastle, der sich mit großer Hingabe den Ausgrabungen und der Erforschung widmete, ließ 1924 acht der wuchtigen Säulen wieder aufrichten – auch damals noch eine echte Großtat.

Die **Villa Aurea** im Oliven- und Mandelhain gehörte früher Hardcastle. Links führt ein Pfad zu den **Katakomben** ❻, die am anderen Ende der Villa bei einer Nekropole enden. Die aus dem Felsen gehauenen Gänge sind gut beleuchtet. Bogen verbinden Räume mit kreisförmigen Waben *(tholoi)*, in denen sich Nischengräber türmen. Durch eine konvexe Zisterne wird der Hauptgang belüftet. Die ältesten Gräber entstammen dem 4. Jh. v. Chr. Die römischen Nekropolen liegen im Süden, die griechischen Gräber sind über das gesamte Stadtgebiet verteilt.

Am Ende der Via Sacra grenzt der **Concordia-Tempel** ❼ aus der Zeit um 430 v. Chr. an die alten Stadtmauern. Nach dem Hephaisteion (»Theseion«) in

Athen ist er der am besten erhaltene dorische Tempel überhaupt. Die konkrete Zuschreibung an eine Gottheit ist schwierig, doch sind viele Experten zu der Ansicht gekommen, dass dieses schöne Bauwerk einmal der Erd- und Fruchtbarkeitsgöttin Demeter geweiht war.

Der Tempel konnte die Zeiten überdauern, weil man ihn – vermutlich bereits im 6. Jh. – in eine Kirche umwidmete. Die Säulenzwischenräume wurden zugemauert und die Wände der *cella* eingerissen bzw. mit Bogen durchbrochen, dadurch entstand eine dreischiffige Basilika. Leider sind die Metopen und der Giebel zerstört. Bis 1788 wurde hier die heilige Messe gefeiert; dann erhielt der lokale Fürst die Erlaubnis, die klassische Schlichtheit des Bauwerks wie-

Tempel
→ Die Grundrisse der antiken Heiligtümer veränderten sich, vom einfachen Antentempel mit vorspringenden Seitenwänden (Anten) und zwei Säulen über den Prostylos mit Säulenvorhalle zum Peripteros mit einem umlaufenden Säulenkranz.

Seite 174

Speisen mit Weitblick
Besonders elegant speist man im **Restaurant Athena** im gleichnamigen 4-Sterne-Hotel (Tel. 09 22 59 62 88, Fax 0 92 40 21 80). Der Genuss ist nicht billig, aber den Preis wert: Man hat einen großartigen Blick auf sämtliche Heiligtümer.

▼ **Schafe vor dem mächtigen Concordia-Tempel**

derherzustellen. Dessen konisch zulaufende Säulen neigen sich unmerklich nach innen und und nehmen dadurch dem massiven Gebälk optisch seine drückende Schwere. Von genialen Baumeistern ausgeklügelt sind auch die unterschiedlich breiten Kanneluren, die sich zu den Ecken hin verjüngen. Ursprünglich waren die Säulen zum Schutz des Sandsteins mit Stuck aus Marmorstaub überzogen und in kräftigen Blau- und Rottönen bemalt. Die vollendeten Proportionen des Heiligtums kommen wahrscheinlich in seiner heutigen Sandfarbe ohne ablenkende Polychromie noch besser zur Geltung.

Unseligerweise ist der Tempel derzeit wegen Restauration abgesperrt und teilweise von Gerüsten verstellt. Außerdem entbrannten im Jahr 2000 kontroverse Diskussionen darüber, ob man stark beschädigte Bauglieder des Heiligtums abtragen und – auf Dauer oder unbestimmte Zeit – durch moderne Rekonstruktionen ersetzen solle. So hart der Vorschlag Ar-

chäologen, Denkmalpfleger und Antiken fans erscheinen mag – soll der Tempel ein weiteres Jahrtausend überleben, wird man um derartige drastische Sanierungs maßnahmen wohl kaum herumkommen Ein Trost: Die Originalteile wären im aus gezeichneten Agrigenter Archäologischer Museum sehr gut aufgehoben und könn ten ihrer Bedeutung entsprechend präsen tiert werden.

Der **Hera-Tempel** ❽ erhebt sich auf ei nem Grat, einst der Festungswall de Stadt. Den Römern war Hera als Göttin Juno, die Beschützerin von Ehe und Fami lie, vertraut. Ihr Tempel aus der Mitte de 5. Jhs. thront »hoch oben auf dem Berg wie eine Opfergabe an die Götter«. Doch war die Schwester und Gemahlin des no torisch ungetreuen Zeus auch eine ebens eifer- wie rachsüchtige Göttin, die mit re chen Opfern auf dem Altar neben de Mauern besänftigt werden musste.

Teile der *cella,* 25 Säulen und viel Säulentrommeln blieben unversehrt, alle andere fiel Erdbeben oder Plünderunge zum Opfer. Blickt man auf das Tal, kom men einem die Verse des Dichters Pinda in den Sinn, der Agrigent als »lieblichst Stadt auf Erden« pries.

◀ Eine der kolossalen **Stützfiguren des Zeus-Tempels**

Der Westteil und der Zeus-Tempel

Auf dem Rückweg zum Eingang sollt man seine Schritte in die Straße zur **Tempel des Olympischen Zeus** ❾ ler ken. Der dorisch-ionische Kolossalbau is absolut einzigartig: nicht nur seiner ge waltigen Dimensionen (Fundament etw 56 x 113 m) und seiner besonderen Ge stalt mit dem dreischiffigen Grundriss we gen, sondern auch weil man hier – nac ionischem Vorbild – Halbsäulen, Pfeile und Pilaster statt Rundsäulen errichtete Zudem treten erstmals in der griechische Architektur menschliche Skulpturen a Stützfiguren in Erscheinung. **38 Telamo nen** trugen einst (neben den Pilastern) di Last des Gebälks. Doch hatten die Riese auch eine ästhetische und allegorisch Funktion, sie unterbrachen die Gleichfö migkeit der Ringhalle und nahmen das in

Ostgiebel einst dargestellte Thema von Zeus und der Gigantomachie wieder auf. (Der Westgiebel zeigte den Trojanischen Krieg.) Die Kopie eines Telamon streckt sich auf dem Boden aus, das Haupt des träumenden Riesen ruht auf seinen Unterarmen. Vier der originalen Riesen haben eine Heimstätte im Archäologischen Museum gefunden. Im Tempel wechselten die männlichen Giganten mit Karyatiden, weiblichen Stützfiguren, ab und repräsentierten die drei zu jener Zeit bekannten Kontinente und deren Bewohner: Afrika, Asien und Europa.

Das Heiligtum blieb jedoch selbst in der Blüte seiner Zeit unvollendet. Und heute ist man vollends auf die eigene Vorstellungskraft angewiesen, denn das Bauwerk wurde als Steinbruch missbraucht, zahlreiche Quader wurden für den Bau von Porto Empedocle wiederverwendet.

Im Westen des Zeus-Tempels führt die sandige Via Sacra zum **Tempel der Dioskuren Castor und Pollux ⑩**, der Zwillingssöhne des Zeus. Da Castor sterblich und Pollux unsterblich war, verbrachten sie ihre Tage abwechselnd in der Unterwelt und auf dem Olymp. Der mit seinen 31 x 13 m kleine dorische Peripteros entstammt dem 5. Jh. v. Chr.

Die Antikenbegeisterung des 19. Jhs. führte dazu, dass ein Teil des Bauwerks wieder aufgestellt wurde – wobei man allerdings munter Architekturteile aus klassischer, hellenistischer und römischer Zeit vermischte. Und so ist das Ergebnis der »Rekonstruktion« ein ebenso malerisches wie ungeheuer fotogenes Kaleidoskop der Stile und Epochen. Die Einheimischen bezeichnen den Tempel als *tri culonni*, denn von der Stadt aus sind nur drei der vier Säulen sichtbar. Trotz seines Namens war das Bauwerk ursprünglich eine Kultstätte der Persephone und Demeter sowie des Weingottes Dionysos.

Diese Theorie wird auch durch die Kultstätten in der Umgebung gestützt. Man bezeichnet den Bezirk als **Heiligtum**

Seite 174

Settimana Pirandelliana
Jedes Jahr im Juli ehrt die Stadt Agrigent den großen Sohn aus dem Provinzort Caos mit einer **Pirandello-Festwoche**, in der Filme laufen, Theater gespielt und das Werk des Dramatikers diskutiert wird.

▼ **Der Hera-Tempel aus dem 5. Jh. v. Chr.**

Populäre Pizzeria
Bei Reisegruppen
und Einheimischen
gleichermaßen
beliebt ist der Pizza-
Treff mit Tempelblick
Kokalos, Via Cava-
lieri Magazzeni,
Tel. 09 22 60 64 27,
Do Ruhetag.

▼ Streng, aber
imposant: die
Kirche San Nicola

der **chthonischen Gottheiten** ⓫, der Erd-
und Unterweltgötter, zu denen die drei
genannten ja auch gehören. Opferaltäre
und viele kleine Heiligtümer für Fruchtbarkeit, Unsterblichkeit und ewige Jugend
kennzeichnen diesen einst von einer
Mauer umschlossenen Bezirk.

Unweit des **Piazzale dei Templi** trifft
man auf die **Tomba di Terone** ⓬, das so
genannte Grab des Theron, einst gutwilli-
ger Tyrann von Akragas. Doch entstand
das Gebäude in römischer Zeit (70 v. Chr.)
wohl als Heroon, Gedenkstätte für einen
bedeutenden Bürger der Stadt.

Außerhalb der antiken Mauern liegt
der **Asklepios-Tempel** ⓭ halb in einem
Mandelhain verborgen. Sicher wurde diese dem Gott der Heilkunst geweihte Kultstätte nicht zufällig zwischen dem Fluss
Akragas und einer heiligen Quelle errichtet. Der Bau selbst hat glatte Wände, eine
Säulenhalle besaß er nicht. Von hier
überblickt man die Reihe der erhabenen
»goldenen Tempel«.

Vom Piazzale dei Templi folgt man ein
kurzes Stück der Via dei Templi, die zum
Nobel-Hotel Villa Athena, dem Archäologischen Museum, dem griechisch-römischen Viertel und anderen heidnischen
Relikten führt. Auf dem Weg erinnern Befestigungsanlagen daran, dass Agrigent
einst von Mauern mit Türmen und Toren
umschlossen war, von denen noch Reste
und Fundamente erhalten sind.

Die strenge, aber imposante Fassade
der romanischen Kirche **San Nicolà** ⓮ an
der Via Petrarca ähnelt Monumenten des
alten Rom. Das ist nicht so abwegig, be-
denkt man, dass die Kirche angeblich an
der Stelle eines dem römischen Sonnen-
gott Sol geweihten Tempels steht. Die Zisterzienserkirche des 13. Jhs. wurde im
15. Jh. von den Franziskanern verändert.

Zum angrenzenden **Museo Archeologico Regionale** ⓯ (So–Di 9–13, Mi–Sa
9–13 und 14–17.30 Uhr) gehören eine
Kirche, ein Hof und Tempelfundamente.
Am bedeutendsten sind die griechisch-rö

mische Abteilung, die Urne aus einem bronzezeitlichen Sikanergrab sowie eine »Trinacria« (die Dreibeinige), das antike Symbol Siziliens. Zu den besonderen Schätzen des Museums zählen auch die hervorragende Kollektion attischer Vasen des 6. und 5. Jhs. v. Chr., wasserspeiende griechische Löwenköpfe, ein Ephebe und das lebendig wirkende römische Mosaik einer Gazelle. Ein Marmorsarkophag trägt im Relief die ergreifende Darstellung eines toten Kindes, das von einem Wagen ins Jenseits geleitet wird.

Das **hellenistisch-römische Viertel** ⓰ (tgl. 9 Uhr–1 Std. vor Sonnenuntergang) breitet sich gegenüber aus. Der antike Handels- und Wohnbereich zeigt eine gitternetzartige Anlage. Man trifft auf Reste von Aquädukten, Wasserkanälen aus Terrakotta und Stein sowie Geschäfte, Tavernen und Patrizierhäuser. Die Villen sind mit Fresken geschmückt, ihre Böden mit Mosaiken ausgelegt, die von Glaseinfassungen geschützt werden.

Im Osten, am anderen Ende der Via Panoramica, erstreckt sich ein Teil der griechischen Mauern. Auf einem Felsen erhebt sich die normannische **Chiesa San Biagio** ⓱, ihr Vorgängerbau war ein alter Tempel der Demeter und Kore. Zwei kreisrunde Altäre liegen zwischen dem christlichen Gotteshaus und einem weiteren Weiheort der Fruchtbarkeitsgöttin: Am Fuß der Klippe öffnet sich der **Tempio Rupestre di Demetra** ⓲, das Felsenheiligtum der Erdgöttin Demeter. Sikanische Ureinwohner schufen es im 7. Jh. v. Chr. noch vor der Stadtgründung, und damit ist es die älteste Kultstätte im Tal. Offiziell nicht zugänglich – doch gibt es einen Kustos, einen modernen Charon, der gegen ein Trinkgeld Besucher in die »Unterwelt« begleitet. Eine Felsentreppe führt hinunter in den Hades, eine aus dem anstehenden Felsen gehauene Höhle. Zurück im Tageslicht, erfreut man sich noch mehr an der herrlichen Landschaft, und die Luft ist schwer vom Duft des Eukalyptus. ∎

Seite 174

Preisgünstige
Es ist nicht eben komfortabel – einige Zimmer haben kein Bad, dafür aber eine atemberaubende Aussicht auf das Tal der Tempel, das preisgünstige **Traveller-Hotel Villa Belvedere**, Via San Vito 20, Agrigent, Tel./Fax 0 92 22 00 51.

▼ **Antikes Gesims am Museo Archeologico**

Die Provinz Agrigent

Seite
186

Diese eigenwillige Südprovinz hat wirklich von allem etwas: erdbebengeschüttelte Städte, reizvolle Bergdörfer, bezaubernde Badeorte, Trutzburgen an der Küste und weit draußen die Pelagischen Inseln.

Die Leute aus der Provinz Agrigent sind ein seltsamer Schlag, »ne carne ne pesce« (weder Fisch noch Fleisch). Und doch hat diese Gegend außergewöhnliche Menschen hervorgebracht: Empedokles, den vor Sokrates lebenden Philosophen, Luigi Pirandello, den Dramatiker, und Leonardo Sciascia, den politischen Romanschriftsteller. Sie alle waren begnadete Einzelgänger mit einem bittersüßen Bezug zu ihrem Heimatland.

Die Provinz ist – abgesehen von der Hauptstadt – für den Tourismus noch kaum erschlossen. Hier im Flachland wird man keine rasanten Entdeckungen machen oder spektakuläre Panoramen genießen, dafür jede Menge bezaubernde »kleine« Sehenswürdigkeiten. Die Menschen leiden an großer Armut und unter der wohl ungebrochenen Mafia-Präsenz. Die Provinz gibt sich introvertiert, wenig bereit, sich zu verändern oder etwa mit größeren Konzessionen bei den Touristen anzubiedern. Zwar sind etliche örtliche Tourismusbüros vorhanden, sie scheinen aber durchgehend geschlossen zu sein.

Streifzüge Richtung Osten

Die Route ins Agrigenter Hinterland führt vorbei an kleinen Orten maurischen Ursprungs, die sich auf zerklüfteten Hügeln festzuklammern scheinen und während der muslimischen Eroberung und darüber hinaus befestigt wurden. Viele davon waren bis ins frühe 20. Jh. hinein Zentren der Schwefelgewinnung. Sie leiden noch heute am Zusammenbruch dieses Industriezweiges, obwohl sie sich inzwischen auf Landwirtschaft und Weinbau umorientiert haben.

Verlässt man **Agrigent ❶** auf der SS 122 in Richtung Caltanissetta, trifft man auf Favara, früher einer der Orte für Schwefelabbau, der eine mittelalterliche Burg und einen Barockboulevard sein Eigen nennt. Von hier aus gelangt man über die hügelige Straße Richtung Osten in die Nachbarstadt **Naro ❷**, die mit einer Chiaramonte-Burg und barocken Villen innerhalb zinnenbewehrter Stadtmauern aufwartet. Nicht mehr weit ist es nun in die Provinz Caltanissetta.

Fährt man auf der SS 410 in südlicher Richtung zum Meer, wird man mit zahlreichen herrlichen Ausblicken entlang der

◄ ◄ **Der maurische Hafen von Sciacca**
◄ **Die Fischernetze müssen oft geflickt werden**
► **Landschaft bei Cianciana**

17 km-Strecke belohnt. Einziges Glanzstück von **Palma di Montechiaro** ❸ ist die **Chiesa Madre,** die noch immer ihrer Restaurierung harrt. Etwa 2 km südlich endet die Küstenstraße im Badeort **Marina di Palma.** Von hier führt die SS 115 zurück nach Agrigent.

Raubritter und Freunde der Burgenarchitektur folgen derselben Straße weiter Richtung Osten, denn an der Küste zog sich einst ein dichter Gürtel von stattlichen Befestigungsanlagen entlang. **Castello di Palma** ❹ und (noch weiter östlich) **Torre di Gaffe** ❺ gehören zu den eindrucksvollsten Zitadellen. **Licata** ❻ besitzt ebenfalls ein schönes Castello aus dem 16. Jh., mehrere vornehme Palazzi und einen ganz passablen Strand.

> ### Luigi Pirandello
> → Der überragende Dramatiker und Erzähler (1867 bis 1936) gründete 1925 in Rom das »Teatro d'Arte«. Weltruhm erlangte sein Stück »Sechs Personen suchen einen Autor«; 1934 wurde sein Schaffen mit dem Nobelpreis gewürdigt.

An der Südwestküste

Gleich außerhalb von Agrigent, auf der Straße nach Porto Empedocle, kommt man zum Dorf **Caos,** dem Geburtsort Luigi Pirandellos. Mit dem ihm eigenen Sinn für Ironie konnte sich der große Theaterautor daher »Sohn des Chaos« nennen. Sein Geburtshaus ist jetzt ein **Museum.** Die Asche des Dramatikers wurde auf seinen Wunsch unter einer Kiefer am Rand der Klippen beigesetzt. Das einst so idyllische Fleckchen Erde ist nun von einem expandierenden Industriegebiet umschlossen, doch hätte Pirandello selbst, dessen Leben ein Extrem zwischen himmelhohen Siegen und vernichtenden Niederlagen war, diesen postumen Sturz aus

Provinz Agrigent

0   20 km

dem Stand der Gnade sicher mit spöttischem Lächeln hingenommen.

Weitere 7 km von Agrigent nach Süden liegt **San Leone,** das reizvolle, wenngleich durchschnittliche Seebad, bis in die 1960er-Jahre ein schlichtes Fischerdorf. **Porto Empedocle ❼**, westlich von San Leone, ist trotz seiner illustren Vergangenheit längst von allen guten Geistern verlassen: Hier wurden für den Bau der Hafenmauer klassische Bauwerke niedergerissen. Vielleicht straften die zu Recht erbosten Tempelgötter den Ort im Gegenzug mit Hässlichkeit. Der verschandelte Platz sollte gemieden werden, außer man möchte von hier aus mit der Fähre zu den Pelagischen Inseln (s. Seite 190 f.) übersetzen. Glücklicherweise führt bald die SS 115 durch die dünn besiedelte Landschaft direkt zu den eindrucksvollsten klassischen Stätten der Provinz.

Von dem antiken Ort **Eraclea (Heraclea) Minoa ❽** (tgl. 9 Uhr–1 Std. vor Sonnenuntergang) hat man eine wunderbare Aussicht auf weiße Klippen, goldene Sandstrände und Kiefernwälder.

Das klassische Heracla war eine Satellitenstadt Selinunts. Die Bevölkerung wurde jedoch der Landstreitigkeiten zwischen Puniern und Griechen wegen von den Karthagern vertrieben und der Ort zum Niemandsland. Zwar ist Eraclea Minoa bezaubernd, vor allem atmosphärisch, doch bieten die bisher freigelegten antiken Relikte wenig Spektakuläres: Überreste der Stadtmauern, ein hellenistisches Theater, eine Nekropole sowie mehrere Ruinen von Villen aus griechischer und punischer Zeit. Immerhin dauern die Grabungen an, wenn auch mit »typisch sizilianischer« Langsamkeit.

Im Küstenort **Sciacca ❾** lebt die großenteils arabische Bevölkerung vom Fischfang. Sein Name stammt von den lateinischen und arabischen Wörtern für Wasser ab *(aqua* und *xacca),* denn Sciacca war ursprünglich ein phönizischer Kurort und später römischer Marinestützpunkt.

Seite 186

Casa di Pirandello
Das Geburtshaus (und Museum) des großen italienischen Dramatikers liegt in der Frazione Villaseta, Contrada Caos, (Tel. 09 22 51 11 02), und ist Mo–Fr von 9 Uhr-1 Std. vor Sonnenuntergang geöffnet.

▼ **Die Küste von Eraclea Minoa bei Sonnenuntergang**

Es wurde von San Calogero evangelisiert und erlebte unter den Arabern dank seiner zentralen Lage zwischen Mazara und Agrigent eine Blütezeit. Im 16. Jh. wurde Sciacca durch den Streit zweier Familien, der normannischen Perollos und der katalanischen Lunas, in zwei Lager gespalten. Es begann ein stufenweiser wirtschaftlicher Abstieg, der durch die Wiederbelebung des Hafens und der Thermalquellen aufgefangen werden konnte. Zudem besitzt der Ort eine alte Tradition als Keramikzentrum, hier werden vor allem Steinzeug-»Fischkörbe« in allen Größen mit knallbunter Bemalung und Glasur gefertigt. Besucher zieht es auch wegen der Sandstrände nach Sciacca.

Architektonische Besonderheiten gibt es in Sciacca nicht, dafür aber herrliche Seeblicke. Die Stadt mit ihren goldbraunen, verwitterten Gebäuden wurde auf mehreren Ebenen erbaut. Über dem Hafen erhebt sich wie eine Art natürlicher Balkon die Altstadt. Einige verfallene normannische Burgen, mittelalterliche Tore und aragonesische Mauern sind Teil des breiten architektonischen Spektrums. Ganz oben erstreckt sich das maurische Viertel mit engen Gassen und Gewölben.

Den **Corso Vittorio Emanuele** säumen Palazzi vieler Stilepochen. Hübschestes öffentliches Gebäude ist der **Palazzo Steripinto** mit Rustikaquadern als Kennzeichen der Renaissance und katalanisch-gotischen Elementen.

Die **Piazza Scandaliato** ist das geschäftige Zentrum der Stadt, an warmen Sommerabenden bieten tunesische Straßenhändler Kleider, Lederwaren und bunt bemalte Keramik an. Zum **Palazzo Comunale** gehört ein arabischer Turm, und den Abschluss der Piazza bildet der **Duomo** mit arabisch-normannischer Apsis und barocker Fassade. Die Kirchen Sciaccas repräsentieren alle Stilrichtungen: So entstammen die **Chiesa San Calogero** und **San Domenico** dem Barock, während der **Convento di San Francesco** klare Linien mit einem maurischen Kreuzgang verbindet. Die **Chiesa del Carmine** ist Teil einer normannischen Abtei mit gotischer Fensterrosette und halbherzig restaurierten Barockelementen. Gegenüber stehen ein mittelalterliches Tor und die **Chiesa Santa Margherita** mit gotischem Portal. Weiter östlich stößt man auf die Ruinen der romanischen **Chiesa San Nicolò**, die einen Kontrast zu **Santa Maria della Giummare** bildet, einer katalanisch-gotischen Kirche mit normannischen Türmen und barockem Interieur. Innerhalb der aragonesischen Mauern kommt man zur **Badia Grande**, einer schönen Abtei, die im 14. Jh. entstand.

Castello Bentivegna oder **Incantato** (das verzauberte Schloss) ist die verrückte Kreation Filippo Bentivegnas, eines bäuerlichen Bildhauers. Der »Gesichterwald« aus Lavablöcken und Olivenholz zwischen Mandel- und Olivenhainen außerhalb Sciaccas ist sein Werk. Aus dem Gestein des Monte Kronio meißelte er 3000 Köpfe von Teufeln, Politikern und Rittern mit sehr schlichten, aber dennoch eindrucksvollen Zügen.

▲ **Beim Karneval von Sciacca nimmt die ganze Stadt an Paraden und Wettkämpfen teil**
◄ **Liebevoll gestaltete Fassade in Sciacca**

Sciacca ist einer der ältesten Kurorte Italiens. In **Terme Selinunte**, dem Kurhaus im Jugendstil, das von reichen Italienern frequentiert wird, kann man Rheuma und Atembeschwerden mit Moorbädern wirksam begegnen. Nördlich davon liegt der Kurort **San Calogero** ⑩ auf dem Monte Kronio. Hier gibt es einen Mini-Vulkan, sprudelnde heiße Quellen und dampfende Grotten, die als Saunen genutzt werden.

Das zerklüftete Hinterland

Über Obstplantagen und Olivenhaine gelangt man auf das Hochland. Nach tiefen Schluchten schiebt sich **Caltabellotta** ⑪ ins Blickfeld, der schönste Ort in der Provinz Agrigent. Er ist immer zauberhaft, ob in Nebel getaucht oder mit blühenden Bäumen im Hintergrund.

Ganz oben, direkt unterhalb der Burgruine, ragt die normannische **Chiesa Madre** mit originalem Portal und Spitzbogen auf, vollständig restauriert für das Heilige Jahr 2000. Weiter unten, an der Piazza Umberto, steht die reizvolle **Chiesa del Carmine,** gleichfalls neu hergerichtet. Darunter blickt man auf die schattigen Berge und die weiße Chiesa San Agostino. Am Ortsrand kommt man zum Kloster **San Pellegrino** über einem Abhang, der übersät ist mit Gräbern einer Nekropole.

Westlich von Caltabellotta stößt man auf das wegen seines Sees und der damit verbundenen zahlreichen Wassersportmöglichkeiten berühmte **Sambuca di Sicilia** ⑫, eine Siedlung aus arabisch-normannischer Zeit. Hobby-Archäologen können sich im benachbarten **Monte Adranone** umsehen, wo Reste einer griechischen Kolonie wie auch Hütten und Grabkammern aus der Eisenzeit zu Tage kamen.

Santa Margherita di Belice ⑬ gehörte zum Landbesitz Lampedusas, der an die Provinzen Palermo und Trapani angrenzt. Hier bestand vor einiger Zeit das Epizen-

Seite
186

Castello Bentivegna
Das »verzauberte Schloss« des Bildhauers finden Sie in der Via Filippo Bentivegna bei Sciacca, Tel. 09 25 99 30 44. Di–Sa von 10–12 und 16–18 Uhr kann man dort die eigenwilligen Kreationen des Meisters bestaunen.

▼ Aus Lava gemeißelte Köpfe von Filippo Bentivegna

Ausflug in die Bronzezeit
Ein Abstecher von Agrigent nach Norden durch das Platani-Tal führt zu Nekropolen aus der Bronzezeit nahe dem Dorf **Sant' Angelo Muxaro.** Hier befand sich der Stammsitz der Sikaner, die den Westen der Insel bevölkerten. Dieser Abkunft verdanken die Agrigenter angeblich auch ihre dunklere Hautfarbe …

trum eines Erdbebens. Zwischen Montechiaro und der Küste liegt das gleichfalls erdbebengeschädigte **Menfi,** bedeutender Ort des Weinanbaus in der Provinz Agrigent. Im Westen lockt die Provinz Trapani mit der berühmten antiken Stadt Selinunt.

Die Pelagischen Inseln

Dieser sonnenverdorrte Archipel dreier Inseln, Tunesien näher als Sizilien, liegt inmitten starker Strömungen. Zwar wird in einigen Sektoren Landwirtschaft betrieben, doch sind die Inseln wegen der rücksichtslosen Abholzung fast unfruchtbar, auch die Olivenhaine, Wacholderbüsche und Johannisbrotbäume nahezu völlig verschwunden. Noch vor 50 Jahren war der größte Teil der heutigen Mondlandschaft Ackerland! Die Einheimischen haben glücklicherweise ihre ökologischen Irrwege erkannt und – zunächst einmal – klein angelegte Wiederaufforstungsprojekte in Lampedusa auf den Weg gebracht.

Mit besonderen Sehenswürdigkeiten können die Inseln nicht dienen, doch sind sie dank der herrlich klaren, von zahllosen Fischen und Meeresgetier bevölkerten Gewässer ein Paradies für Badenixen, Schnorchler und Tauchsportbegeisterte. Papageienfische und Seehunde tummeln sich im klaren Wasser, während Meeresschildkröten ihre Eier an den Stränden der **Isola dei Conigli** (Kanincheninsel) ablegen. Kormorane und Adler kreisen über den Felsen, zwischen denen sich Kakteen eingewurzelt haben.

Heute bilden der Fischfang und das Schwammtauchen die Hauptverdienstquellen, dazu kommen die Einnahmen aus dem langsam aufblühenden Tourismus in Lampedusa. Insulaner und Küche sind tunesischer Abstammung. Unbedingt sollte man sich die maurischen *dammusi*-Häuser aus dem ortstypischen Stein ansehen und ein Couscous mit Fisch probieren, ruhige Spaziergänge am Meer unternehmen und die – außer im hoch-

▼ **Blick hinunter auf Caltabellotta**

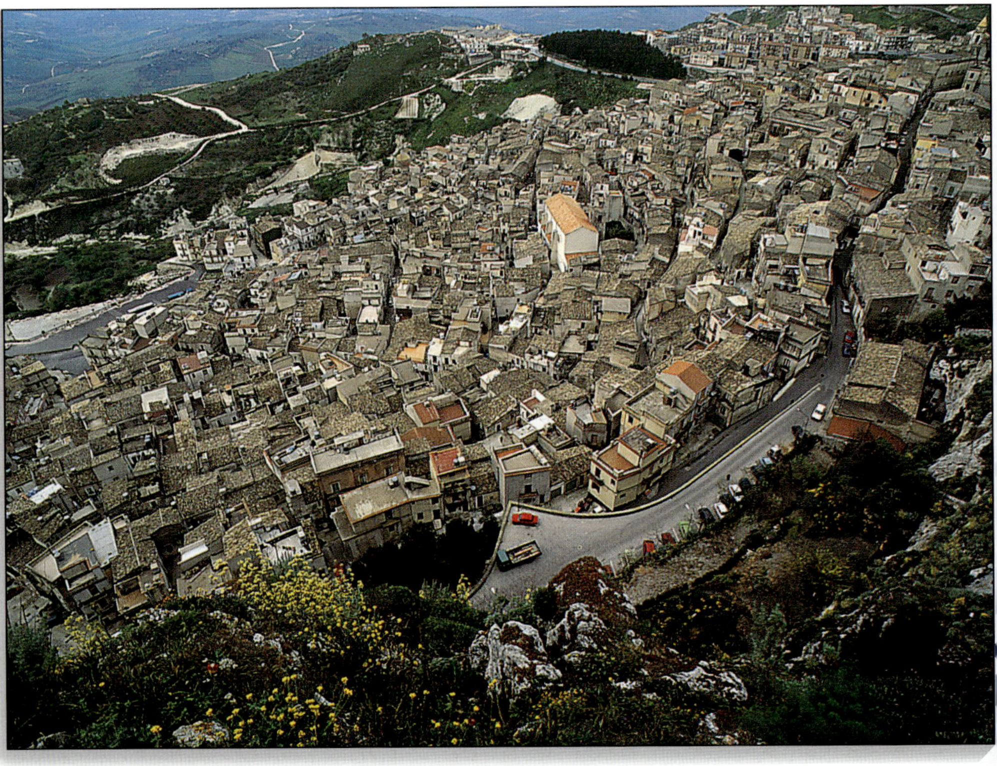

sommerlichen Lampedusa – immer noch friedliche, stille Atmosphäre genießen.

Lampedusa  wird auf Grund seiner exponierten Lage das »Geschenk Afrikas an Europa« genannt – in neuerer Zeit der zahllosen illegalen Einwanderer wegen auch »Hintertür Italiens«. Erstmals wurde die Insel von Phöniziern und Griechen besiedelt, später erhielt sie die Adelsfamilie Lampedusa. Sie schlug ein Kaufangebot Königin Viktorias aus, nahm aber 1843 das Ferdinands II. an. Unter den Bourbonen kamen sizilianische Siedler hierher, vermischten sich jedoch bald mit den tunesischen Fischern an der Südküste. Diese verdienen ihren Lebensunterhalt heute mit Schwammtauchen, zudem existiert eine örtliche Konservenfabrik.

Die **Kasbah** im **Hafen** von Lampedusa gleicht dem Labyrinth eines Kaninchenbaus; hier werden Gewürze, verschiedene Fische und Ziegen feilgeboten. Tatsächlich ist der Hafen auch die beste Adresse, um in einer seiner Kneipen die einheimischen Spezialitäten zu kosten: Spaghetti mit Sardinen, Kaninchen auf süß-saure Art oder die beliebten kandierten Früchte und exotisch gewürzte Desserts.

In der Mitte der Insel befindet sich das **Santuario di Porto Salvo**, eine Kirche mit weißem Turm in einem üppigen Garten, der von Grotten umgeben ist, wo einst sarazenische Piraten hausten. Das Heiligtum birgt eine Marienstatue, die tiefe Verehrung genießt und alljährlich im September in einer feierlichen Prozession über die Insel getragen wird.

Einige Ecken Lampedusas sind der brutalen Abholzung entgangen, so etwa die Bucht von **Cala Galera**, die von Pinien und Wacholderbüschen bestanden ist. Während man das Landesinnere gut auf einem Zweirad erkunden kann, erforscht man die unzähligen versteckten Höhlen, zerklüfteten Buchten und die Kalksteinklippen an der Küstenlinie am besten von der Seeseite her.

Linosa , die Sizilien am nächsten gelegene Insel, entstand bei einer unterseeischen Eruption und ist eigentlich die Spitze eines riesigen Vulkans, das erste Glied

jener Vulkankette, die sich bis zum Vesuv und darüber hinaus hinzieht. Da es von dieser windstillen Insel kein Entkommen gibt, wurde sie vorübergehend als Strafkolonie für Mafiosi benutzt.

Die drei sichtbaren Vulkankrater sind zwar erloschen, doch die Strände noch immer mit schwarzen Blöcken übersät. Zahlreiche Urlauber wandern durch die reizende Landschaft, um die *dammusi* zu bewundern. Dieser traditionell arabische Haustypus mit dem die Hitze auffangenden Kuppeldach geht zurück auf jungsteinzeitliche Hütten. Die wurden einst von den ersten Siedlern der Insel, afrikanischen Fischern, errichtet.

Lampione , ein unbewohntes Riff, ist ungeschützt geblieben und seine Oberfläche ganz ausgetrocknet. Doch im herrlich klaren Wasser wimmelt es von Meeresbewohnern: Fische, Seeanemonen, Schwämme – aber auch hungrige Haie. In Sizilien haben eben auch die Paradiese ihre Schattenseite … ■

Inselhüpfer
Die Pelagischen Inseln lassen sich von Porto Empedocle (bei Agrigent) aus in achtstündiger Fahrt mit der Fähre ansteuern, es gibt aber auch einen Direktflug von Palermo nach Lampedusa.

Seite
186

▶ **Mächtig ragt dieser Felsen über Caltabellotta auf**

Religiöse und weltliche Feste

Viele Feste Siziliens wurzeln in seiner Geschichte, stehen häufig noch in religiösen Zusammenhängen. So dankt Palermo seiner Schutzpatronin, der hl. Rosalia, für die Errettung von der Pest im Jahr

1624 mit Feierlichkeiten, die eine Kombination frommer Gebete und ausgelassener Fröhlichkeit darstellen. Andere Feste sind zwar eng mit dem Kirchenjahr verknüpft, aber trotzdem heidnischen Ursprungs, der nicht selten noch heute durchscheint. So markiert der Karneval zwar den Beginn des Fastens und damit eine Zeit der Abstinenz, vielerorts gestalten sich die Festivitäten jedoch wie eine moderne Neuauflage der antiken Saturnalien.

Ostern, eines der beiden Hauptfeste der christlichen Kirche, begeht man in Sizilien auf höchst unterschiedliche Weisen: So gibt es Prozessionen mit Reliquien oder *Lebenden Bildern,* Passionsdarstellungen von Laienschauspielern, Ehrenbezeugungen an die *Addolorata* (Schmerzensmutter). Nicht selten werden alte Riten dunkler Herkunft wieder aufgenommen. So versuchen beispielsweise in der *Abballu de li diavoli,* der Osterprozession von Prizzi, maskierte Teufelsgestalten, angeführt vom Tod persönlich, die Begegnung der Muttergottes mit dem Auferstandenen zu verhindern – einerseits dramatische Neuinszenierung christlicher Inhalte, zum anderen ein leises, wohl unbewusstes Echo der Lupercalien, des römischen Hirtenfestes.

◄ **Griechentum**
In Piana degli Albanesi, einer griechisch-orthodoxen Enklave, werden Feste nach dem Ritus der byzantinischen Ostkirche begangen.

▶ **Christus-Marathon**
Die Osterprozession durch Trapani dauert nicht weniger als 20 Stunden, vom Nachmittag des Karfreitags bis Karsamstag Vormittag.

▲ **Mysterienspiele**
Am Gründonnerstag inszenieren die Bewohner von Marsala die Heilsgeschichte neu, sie zeigen episodenreiche Darstellungen aus der Passion Christi.

▲ **Modernes Manna**
Zum Fest des hl. Calogero werden besondere Brötchen gebacken und während der Prozession verteilt.

▶ **Weißmützen**
Karfreitag in Enna: Die Bruderschaften veranstalten ihren Umzug unter völligem Stillschweigen.

Weltliche Feste

Längst nicht alle Feste sind religiösen Ursprungs. Die Sizilianer feiern mit Begeisterung auch Jahrestage von Geschichtsereignissen, unabhängig davon, ob diese einen realen Hintergrund besitzen oder dem Bereich der Legende zugehören.

In Adrano, Piazza Armerina und andernorts werden die Heldentaten Rogers II. in Historienspielen beschworen, mit Fahnenschwenkern, Turnierwettkämpfen und anderem »echt normannischem« Brauchtum.

Die »Festa della Castellana« in Caccamo zeigt in einer Prozession mit Kostümen, wie die Lokalprominenz in früheren Zeiten einmal aufzutreten beliebte.

Stars des alljährlichen Festumzugs in Messina zu Ehren der Jungfrau Maria sind die sagenhaften Stadtgründer, die Riesen Grifone und Mata, in Gestalt zweier 8 m hoher bemalter Kolossalfiguren. In Agrigent feiert man im Februar die »Sagra del Mandorla in fiore«, das Mandelblütenfest, mit viel internationaler Folklore.

▲ ▼ Superfete
Palermos größtes Spektakel ist das »U Fistinu«, ein Sechs-Tage-Fest mit Feuerwerk, Prozessionen und - allgemeinem Gaudium zu Ehren der hl. Rosalia.

▲ Ahnenkult
Die Palermitaner verzehren solche Zuckerfigürchen an »I Morti«, dem etwas bizarren Totenfest zu Allerheiligen, auf dem Friedhof, am Familiengrab.

Die Provinz Caltanissetta

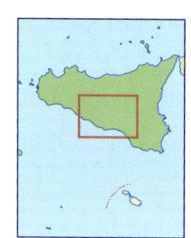

Seite 198

**Sie ist das Herz von Siziliens Wildem Westen,
ein eigenwilliges Gebiet mit oft schroffen Landschaften,
misstrauischen Menschen, wo traditionelle Ehrvorstellungen überlebt
haben und man schwer an der Mafia trägt.**

Die Caltanissetta gehört zu jenen Regionen, deren Gesamteindruck, die Stimmungen, die sie vermittelt, ihr Wesen ausmacht und nicht einzelne herausragende Orte. Hier eröffnen sich interessante Panoramen, Ausblicke auf Hügeldörfer, normannische Burgruinen und in purpurfarbene Canyons.

Caltanissetta nahm eine zentrale Position in der Schwefelgewinnung ein, und die Landschaft ist durchzogen von stillgelegten Minen. Die Menschen fühlen sich von der Geschichte betrogen: Das Leben in den Minen war selbst für sizilianische Verhältnisse hart und die Sterblichkeitsrate im Hinterland sehr hoch.

Die Provinzhauptstadt **Caltanissetta** ❶ wirkt wie eine knappe Zusammenfassung des Überlebenskampfes der Region. Der Name reflektiert ihre wechselvolle Vergangenheit: Arabische Eroberer fügten der Vorsilbe *Kalat,* arabisch für Burg, den griechischen Namen *Nissa* hinzu. Einst war die Stadt befestigt, im letzten Krieg wurden die mittelalterlichen Bauwerke im Stadtkern zerstört, doch haben sich in den Außenbezirken noch Spuren dieser Zeit erhalten. Die Gebäude der Stadt selbst stammen überwiegend aus dem 19. Jh.

Caltanissetta ist kein reiner Marktort, aber Agrarzentrum des sizilianischen Landesinneren, in dem hauptsächlich Getreide und Baumwolle angebaut werden. Die Stadt war historischer Mittelpunkt des sizilianischen Bergbaus, und ihre Wirtschaft brach in den 1960er-Jahren mit der Aufgabe der Schwefelgewinnung zusammen. Inzwischen werden Kalium und Magnesium gefördert, und es ist bescheidener Wohlstand eingekehrt.

Als Sitz des Obersten Gerichtshofs für Strafsachen werden in Caltanissetta die komplexesten und umstrittensten Mafia-Prozesse verhandelt. Indes trägt die Provinz selbst den Makel der Mafia-Kollaborateurin, und die Einheimischen hier zögerten wohl am längsten, den Kampf gegen den Kraken aufzunehmen und Zivilcourage zu zeigen, die doch im neuen Jahrtausend zum »Markenzeichen« Siziliens werden soll.

Der Gerichtshof von Caltanissetta ist trotz seiner unbestrittenen Integrität ständig unterbesetzt und damit blockiert – die Fälle stauen sich. Zyniker halten dies für Absicht, um verdächtigen Mafiosi einen Vorsprung einzuräumen ...

◀◀ **Das zinnenbewehrte Castello Manfredonico bei Mussomeli**

◀ **König Umberto I. wacht über Caltanissetta**

▶ **San Cataldo ist berühmt für seine Terrakottaproduktion**

Sehenswürdigkeiten

Dreh- und Angelpunkt Caltanissettas ist die **Piazza Garibaldi**. Hier überragt der von Glockentürmen flankierte barocke **Duomo** die hässliche neoromanische Kirche San Sebastiano, das barocke Rathaus und den Brunnen mit einem angerosteten Bronze-Neptun. Im Inneren der Kathedrale ist allerlei Kitsch angesammelt. Eine von Borremans bemalte Decke wird durch das barocke Dekor ergänzt: rosa Säulen und Nymphen. Rechts vom Hauptschiff ziehen Heilige in Glaskästen die Aufmerksamkeit auf sich. Ein Siegesengel und Cherubim schmücken einen bunten Sarg mit Glas- und Goldverzierung.

Hinter dem Rathaus führt die Via Palazzo Paterno zum halb verfallenen **Palazzo Moncada**. Hier lebte einst die Moncada-Dynastie, Feudalherren der Region ab 1406. Das barocke Gebäude zieren wasserspeiende Löwen. Der Bau wurde nie fertig gestellt, und auch das nur gemäch-

A.A.S.T.
Jedes Schild mit den Buchstaben A. A. S. T. (für »Azienda Autonoma di Soggiorno e Turismo«) weist den Weg zur örtlichen Tourismusbehörde.

lich voranschreitende Restaurierungsprogramm wird daran nichts ändern.

Den **Corso Umberto,** die Hauptstraße, säumen dunkle, baufällige Häuser und verwahrloste Bars. Selbst bei Regen versammeln sich draußen die älteren Männer, um über Politik zu diskutieren. In den Bars wird trockenes Gebäck mit Amaro hinuntergespült, denn schließlich ist Caltanissetta der Hauptproduzent dieses berühmten *digestivo.*

Das **Museo Archeologico** (Mo–Sa 9.30–13, 15–17 Uhr) in der Via Napoleoone Colajanni besitzt Objekte aus prähistorischer und griechischer Zeit, aus Siedlungen und Felsengräbern der Region. Am schönsten sind die kunstvoll bemalten attischen Vasen, verzierte Urnen, das Terrakottamodell eines Tempels und die frühesten bronzezeitlichen Figuren, die auf Sizilien ans Licht kamen. Der **Palazzo del Carmine,** ein 1371 gegründetes Kloster, beherbergt jetzt das Polizeipräsidium. Im Park der Villa Amedeo können Sie

Provinz Caltanissetta

0   20 km

MITTELMEER   Golfo di Gela

Ihren Blick über zerklüftetes Gelände schweifen lassen.

Barocke Glockentürme beherrschen das Weichbild der Stadt. San Domenico beeindruckt weniger als die **Chiesa Sant'Agata,** eine schlichte Barockkirche mit hinreißendem Interieur. Bereits 1300 gegründet, ist sie eine Hommage der Jesuiten an ihren berühmten Ordensgründer Ignatius von Loyola.

Der Altar mit feinen Marmorintarsien wetteifert mit einer allegorischen Darstellung der damals bekannten Kontinente: Afrika wird von einem Löwen repräsentiert, Asien von einem Kamel, Amerika als jüngst entdeckter Erdteil von einem Köcher mit Pfeilen und das katholische Europa von der Papstkrone.

Ignatius von Loyola
→ Ursprünglich war der spanische Adelige Offizier, nach schwerer Verwundung hatte er ein religiöses Bekehrungserlebnis, gründete 1534 die »Societas Jesu«, den Jesuitenorden, und wurde 1541 dessen erster General.

Das Umland

Glücklicherweise ist es von der wenig inspirierenden Provinzhauptstadt nur ein Katzensprung zu mehreren sehenswerten prähistorischen oder mittelalterlichen Stätten, die weit mehr als nur flüchtiges Interesse verdienen, auch wenn sie nicht ihrer Bedeutung entsprechend konserviert sind. **Santa Maria dei Angeli** östlich von Caltanissetta ist die Ruine einer normannischen Kirche mit reich verziertem gotischem Vorbau. Praktisch gleich daneben stehen die Überreste des **Castello Pietrarossa** auf einem Felsvorsprung. Friedrich II. suchte hier Zuflucht, als er gegen die Dynastien der Chiaramonte und Ventimiglia Krieg führte. 1567 verwandel-

Seite 198

Veranstaltungen
Alljährlich im Mai wird in Caltanissetta neben einer großen Viehauktion auch eine Kunsthandwerksmesse abgehalten.

▼ **Brunnen auf der Piazza Garibaldi von Caltanissetta**

Ostern
In Caltanissetta beginnen die Feiern der Karwoche am Palmsonntag und enden mit der Verehrung des Schwarzen Christus am Karfreitag. Bei der Gründonnerstagsprozession tragen die 15 lokalen Gilden 15 Skulpturengruppen, die Szenen vom Leidensweg Christi veranschaulichen, durch die Straßen.

▼ **Das Castello Manfredonico überragt Mussomeli**

te ein Erdbeben die normannisch-arabische Burg in einen Trümmerhaufen.

5 km südlich liegen die Ruinen des maurischen **Gebel Habib** auf dem Monte Gibil Gabel (arab.: Berg der Toten). Hier befand sich einst Nissa. Die Stadt hatte Verbindung mit den Griechen in Gela und Agrigent, wurde aber im 5. Jh. v. Chr. verlassen. Übrig geblieben sind eingestürzte Befestigungsanlagen sowie prähistorische und griechische Felsengräber.

An den Flanken des **Monte Sabucina** erstreckt sich eine interessantere prähistorische Stätte, auch wenn deren spektakulärste Funde inzwischen das Archäologische Museum von Caltanissetta bereichern. Fahren Sie auf der alten SS 122 von Caltanissetta Richtung Enna; sie überquert beim **Ponte Capodarso,** einer venezianischen Brücke des 16. Jhs., den Salso. Nach 6 km ist die Route zum **Parco Archeologico Sabucina** ❷ ausgeschildert.

Diese bronzezeitliche Siedlung wurde später von gräzisierten Sikuler-Stämmen besetzt. Es entwickelte sich eine blühende, von Mykene beinflusste Kolonie, die vom 6. bis zum 4. Jh. v. Chr. bestand. Die Sikuler lebten in einem befestigten Ort, davon sind noch Teile des Mauerrings mit Wachtürmen, ein Heiligtum, zwei Brunnen sowie Überreste von Hausfundamenten erhalten.

Der Wilde Westen

Eine weite Rundstrecke westlich der Provinzhauptstadt führt durch schäbige, atmospärisch jedoch sehr reizvolle Bergdörfer. Die Siedlungen wurden traditionell auf Hügeln errichtet, egal ob Burgen oder Wehrdörfer, einerseits aus verteidigungstaktischen Gründen, aber auch, um den malariaverseuchten Ebenen zu entkommen. Allerdings war es an der Tagesordnung, dass die Landarbeiter zwischen Beschäftigungsstelle und Heimatdorf pendeln mussten. In der Feudalzeit bewohnten Barone die Adlerhorste, doch haben

Auswanderung und ihre isolierte Lage viele von ihnen in regelrechte »Gespensterburgen« verwandelt. Der Blick aus einer solchen Zitadelle gleitet über Schluchten und öde Ebenen, schwefelfarbene Hügel und verlassene Minen.

Santa Caterina Villarmosa ❸, 20 km nördlich von Caltanissetta an der SS 122, ist zu Recht auf seine Stickerei- und Spitzenmanufaktur stolz, für die Fans filigraner Näharbeiten ein lohnender Ausflug.

Villalba ❹, etwa 35 km westlich, abseits der SS 121 gelegen, ist eine weitere heruntergekommene Mafia-Hochburg, über die Don Calogero Vizzini herrschte, Genco Russos legendärer Vorgänger. Vizzini war von 1942 bis zu seinem Tod 1954 der oberste Boss der Mafia. Als Bürgermeister regierte er diese verwahrloste Stadt, als wäre sie sein Privatbesitz. Sein Grabstein in Villalba beklagt – natürlich – den Tod eines Ehrenmannes ...

Schon immer hatten es die Menschen von Villalba sehr schwer: Vor dem Aufstieg der Mafia wurden sie von nicht ortsansässigen Großgrundbesitzern und deren Verwaltern ausgebeutet. Wie auch andere normannischen Städte war es »Lieferant« billiger Arbeitskräfte für das Gut Micciche. Das Anwesen, heute als **Weingut Regaleali** international bekannt, ist zwar inzwischen geschrumpft, aber immer noch ein bedeutender Wirtschafts- und damit Machtfaktor der Gemeinde. In Vallelunga Pratameno, der Nachbarstadt an der Grenze zur Provinz Palermo, fließt der Wein in Strömen. Die umliegenden Weinberge gehören auch zu Regaleali, das sich seit Generationen im Besitz der Grafen Tasca d'Almerita befindet. (s. Seite 91)

Mehr als die meisten umliegenden Orte hatte **Mussomeli ❺**, 20 km südlich von Villalba, im 20. Jh. unter der Mafia und der Auswanderung zu leiden. Im späteren 14. Jh. von Manfredi III Chiaramonte, dem Sohn Friedrichs II., gegründet, blühte Mussomeli im 16. Jh. auf, wurde Residenzstadt, Sitz etlicher Orden, mit zahl-

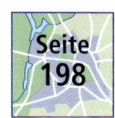
Seite 198

▼ Hat mit seiner Mafia-Vergangenheit zu kämpfen: Mussomeli

reichen Gotteshäusern und Adelspalazzi ausgestattet. Ein Spaziergang durch die Altstadt lohnt sich also.

Mussomeli lebte schon immer gefährlich: Die Stadt war Heimat und politischer Rückhalt von Don Genco Russo, dem Mafia-Boss von 1954 bis ans Ende der 1960er-Jahre. Der auch unter dem Namen *Zi Peppi Jencu* (Onkel Peppi, der Kleine Bulle) bekannte Russo trug zur Übernahme des amerikanischen Heroinkartells durch die Mafia bei. Die berühmtesten Mafiosi des Ortes setzten sich in den 1960er-Jahren nach New York ab.

Während seines Prozesses Ende der 1960er-Jahre wurde eine von 7000 Bürgern aus Mussomeli unterzeichnete Petition vorgelegt. Darin hieß es: »Russo hat sein Leben unserem Wohlergehen gewidmet und war zu jeder Zeit ein Musterbeispiel an Redlichkeit und Rechtschaffenheit.« Man drohte damit, Telegramme von 37 christdemokratischen Abgeordneten zu veröffentlichen, in denen sie dem

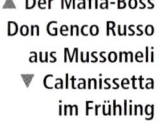

▲ **Der Mafia-Boss Don Genco Russo aus Mussomeli**
▼ **Caltanissetta im Frühling**

capo di tutti capi (dem Mafia-Oberboss) für seine Wahlunterstützung dankten. Don Genco Russo wurde freigesprochen und starb 1976 in Mussomeli eines natürlichen Todes.

2 km östlich der Stadt erhebt sich das **Castello Manfredonico,** benannt nach Manfredi III Chiaramonte, der bei der Verteidigung seines Königreiches gegen Karl von Anjou den Tod fand. Die auf einem uneinnehmbaren Felsen thronende Burg verschmilzt fast mit dem Berg. (Anmeldung wichtig, unter Tel. 0 93 49 92 11 11 oder 09 34 91 14 95.)

Die Landstraße vollführt einige Zickzackkurven, bevor man nach 13 km Richtung Süden in **Sutera** ❺ landet, der ersten von ein paar heruntergewirtschafteten Städtchen, die im alten Schwefelminengebiet um Caltanissetta auf Felsvorsprüngen errichtet wurden. In Sutera folgt man der SS 189 etwa 4 km weit und biegt dann in das östlich, Richtung Caltanissetta, verlaufende Landsträßchen ein. Jenseits von ein paar abenteuerlichen Krümmungen liegt Suteras »Schatten« **Bompensiere** ❼. Rund 15 km weiter davon trifft man auf **Serradifalco** ❽, eine andere vernachlässigte kleine Hügelstadt, einst das Jagdgut eines Herzogs, die ein Höhenzug mit Villalba verbindet. **San Cataldo** ❾, das sich östlich auf bewaldeten Hügeln erstreckt, war einst der Verwaltungssitz eines großen landwirtschaftlichen Unternehmens, heute ist es wegen seines Kunsthandwerks berühmt, vor allem für Terrakottagefäße und Schmiedeeisen.

Die südliche Küstenregion

Gewundene Hochlandstraßen verbinden das raue Hinterland mit den Ebenen bei Gela im Süden. Auf den höheren Gipfeln gedeiht nur alpine Flora, aber weiter unten gehen die bewaldeten Hänge bald in Oliven- und Mandelplantagen über. Auf der Fahrt nach Süden kommt man durch verschlafene Städte, deren Einwohnerzahlen während der Auswanderungswellen stark zurückgingen. Ihnen gemein ist die prekäre wirtschaftliche Lage und die damit verbundene Armut. **Sommatino, Riesi** und **Niscemi** sind solche Orte; **Delia** ❿ unterscheidet sich von ihnen durch seine Burgruine.

Die SS 626 verbindet das zerklüftete Hinterland von Caltanissetta mit der Küstenebene um Gela. **Mazzarino** ⓫ liegt etwa 10 km östlich der Hauptdurchgangsstraße zwischen Gela und Sabucina; es ist über die SS 190 erreichbar. Auch hier gibt es Reste einer Burg, die von den Fürsten Butera erbaut wurde. Verfallene Palazzi und Kirchen verbreiten Nostalgie. Die Chiesa San Domenico birgt eine anrührende Madonna von Paladino. Zu den Schätzen der Chiesa dei Cappuccini zählt ein Marmortabernakel des 18. Jhs., das mit Elfenbein, Ebenholz, Korallen und Schildpatt verziert ist.

Butera ⓬, ein Städtchen auf einem Kalksteinhügel 18 km südlich gelegen, kann auf eine wechselvolle Geschichte zurückblicken. Das Lehen erlebte unter spanischer Herrschaft eine Blütezeit. Es gehörte der Branciforte-Familie, den Fürsten Butera. Die vergleichsweise gut erhaltene Festung aus dem 11. Jh. ist derzeit nicht zugänglich.

Die **Chiesa Madre** beherbergt eine Paladino-Madonna und ein Triptychon aus der Renaissance. In der Nähe trifft man auf den **Palazzo Comunale** (Rathaus) mit seinem Portal aus dem 14. Jh. Butera ist eine ehemalige sikanische Kolonie und stark griechisch geprägt. Dies wird an Heiligtümern, Befestigungsanlagen sowie den Bestattungsriten deutlich. So sind zahlreiche Türen von Stufengräbern aus dem 8. Jh. v. Chr. nördlich der Stadt mit griechischen Ornamenten verziert.

Östlich von Butera, an den Ufern des **Lago di Disueri** ⓭, erstreckt sich eine Nekropole aus der späten Bronzezeit.

Südöstlich von Butera, an der SS 117, bilden die auf einem Hügel gelegenen Ruinen von **Castelluccio** ⓮ eine willkommene Abwechslung im Flachland um Gela.

Seite
198

Nicht nur Wein ...
Zum Weingut Regaleali bei Vallalba in der Provinz Caltanissetta gehört inzwischen auch eine Kochschule, wo man Gerichte der traditionellen sizilianischen Küche zubereiten lernt. Die Kurse werden in italienischer oder englischer Sprache angeboten, die Teilnehmer wohnen auf dem Gut. Näheres im Infoteil ab S. 321.

▶ **Das Portal der Chiesa Madre in Mazzarino**

Die verfallene Burg wurde einst von Friedrich II. errichtet. In der Nähe erinnert ein **modernes Kriegerdenkmal** an die Landung der Alliierten 1943 (s. Seite 54).

Castelluccio thront über der fruchtbaren **Gela-Ebene,** wo Getreide, Wein und Oliven, aber auch Artischocken, Orangen, Zitronen und Baumwolle kultiviert werden. Dieses »Schlaraffenland« wirkte einst wie eine herzliche Einladung auf die Griechen, die erste Welle damals hochwillkommener Einwanderer. **Gela ⓯** war für Unternehmergeist, hervorragende Militärarchitektur und künstlerische Perfektion berühmt. 688 v. Chr. wurde Gela von dorischen Griechen aus Rhodos und Kreta besiedelt. Außergewöhnlich schöne Münzen, Figürchen aus Terrakotta und die blühende Agrarlandschaft zeugen von dieser glanzvollen Zeit.

Von hier breitete sich der hellenische Einfluss über das restliche Sizilien aus. Doch Gela wurde 405 v. Chr., ein Jahr nach der Niederlage Agrigents, von den Karthagern geplündert. 282 v. Chr. vernichtete der Tyrann von Agrigent die Stadt, indem er die gesamte Bevölkerung deportieren ließ. 1943, als die Alliierten Sizilien befreiten, wurde Gela fast völlig dem Erdboden gleichgemacht.

Doch lohnt es sich trotz allem, die Industriegebiete zu durchqueren, um in die Altstadt zu gelangen. Das **Museo Archeologico** (tgl. 9–13, 15–20 Uhr) am Corso Vittorio Emanuele im heute *Molino a Vento* (Windmühle) genannten Viertel wurde über einem Teil der Ausgrabungsstätte errichtet. Es präsentiert neuere archäologische Funde, viele der älteren befinden sich in Syrakus. Die reichhaltige Sammlung des Museums umfasst griechische Vasen, Münzen, ionische Kapitelle und Sarkophage aus Terrakotta. Die Terrakotten aus Gela waren zu großgriechischer Zeit für ihre feinen Muster berühmt. Bestes Stück der Kollektion ist der Kopf eines Pferdes aus dem 6. Jh. v. Chr. Das **Grabungsareal** trägt Spuren der ersten

Kulinarische Köstlichkeiten
Wer an Gelas Riviera gebadet hat, kann sich hier an »maccheroni con melanzane« (mit Auberginen) oder »stigghuilata 'mpanata focaccia«, Brot mit Gemüse-, Fleisch- oder Fischfüllung, gütlich tun.

▼ **Die Zitadelle von Butera mit ihrem massiven Bergfried**

Siedlungen am Osthang wie auch Ruinen von Heiligtümern und Häusern der antiken Akropolis.

Die mächtige **Capo-Soprano-Befestigungsanlage** (tgl. 9 Uhr–1 Std. vor Sonnenuntergang) ist Gelas Hauptattraktion. Die von Timoleon, dem wohlwollenden Syrakusaner Tyrannen, nach seinem Sieg 338 v. Chr. über die Karthager errichteten **Stadtmauern** sind auf einer Strecke von rund 300 m freigelegt, bis 1948 waren sie völlig von Sanddünen bedeckt. Die gut erhaltenen, am Westende der Stadt gelegenen, von Kiefern, Mimosen- und Eukalyptusbäumen umgebenen Wälle sind mit einem Wehrgang, Wachtposten und Türmen ausgestattet. Die unteren Mauerpartien bestehen aus Stein, die oberen aus ungebrannten Lehmziegeln.

Il Golfo di Gela

Hier kann man die Mondlandschaft der Küste Gelas besuchen. Westlich von Gela ist der Strand mit Bunkern aus dem Zweiten Weltkrieg übersät. **Falconara** ⑯ ist ein kleiner Erholungsort und besitzt zwei bezaubernde goldene **Sandstränden:** Manfria und Roccazzelle.

Das **Castello di Falconara** thront auf einer Landzunge über dem Meer. Es besteht aus sandfarbenen Steinen, seine Mauern sind mit Zinnen bewehrt. Der Hauptturm stammt aus dem 14. Jh. Dieses Bauwerk mit seiner grandiosen Lage gehört palermitanischen Adligen und dient ihnen als Sommersitz.

In nördlicher Richtung gelangt man durch reizende Eukalyptuswälder und Korkplantagen nach Piazza Armerina und in das römische Sizilien (s. Seite 32). Hier erstrecken sich die schon vom römischen Dichter Vergil zur Zeit des Kaisers Augustus besungenen **Campi Geloi,** jene Grassteppen, wo den großen griechischen Tragiker Aischylos angeblich sein Schicksal ereilte (s. Seite 28). Sein Grab blieb bis heute unentdeckt. ■

Seite
198

Griechische Bäder
Das Viertel Capo Soprano birgt eine weitere Besonderheit: runde und hufeisenförmige griechische Sitzbäder aus dem 4. Jh. v. Chr., die einzigen, die sich auf Sizilien erhalten haben.

▼ **Das Castello di Falconara am Golf von Gela**

Die Provinz Enna

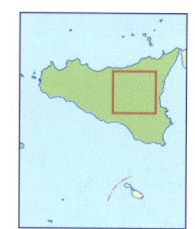

**Die hoch gelegene Provinz im Landesinneren besitzt mit
ihrer römischen Villa nicht nur ein antikes Superhighlight,
dazu eine Anzahl windzerzauster Hügelstädte und Trutzburgen,
ihr ist auch eine ganz besondere Spiritualität eigen.**

Als *Umbelicus Siciliae* (Nabel Siziliens) richtet Enna den Blick vor allem nach innen. Dieses einsame, sonnenverbrannte Zentrum der Insel ist die einzige Provinz des Landes ohne Meereszugang.

Wegen ihres Demeter-Kultes und des Persephone-Mythos gilt **Enna ❶** als heilig. Abgesehen von Auseinandersetzungen mit Syrakus war Enna während der Griechenherrschaft eine wohlhabende und relativ unabhängige Stadt. Nachdem die Oberhoheit auf die Römer übergegangen war, huldigten die Inselbewohner den alten Fruchtbarkeitsgöttinnen unter den neuen römischen Namen Ceres und Proserpina auch weiterhin. Trotz einiger Aufstände der geschundenen Sklaven wurde Enna zum heimlichen »Brotkorb« Roms. Die Sarazenen bereicherten die Region: Außer Baumwolle und Zuckerrohr kultivierten sie Pistazien und errichteten Kastelle. Die berühmte Burg der Stadt Enna verdankt ihre Existenz hingegen in erster Linie den Normannen. Das grausame Regime der Bourbonen rief den Widerstand der Bevölkerung wach, was Ennas Ruf als »Hort der Rebellion« bestätigte.

Sehenswürdigkeiten

Ennas Sehenswürdigkeiten sind zwar nicht gerade klein und stehen dicht beieinander, doch wenn die Nebel niedersinken, bedarf man zur Orientierung schon der Stadtmauern. Eleonora von Aragón, Gemahlin Friedrichs II., ließ die **Kathedrale** (tgl. 9–13, 16–19 Uhr) im Jahr 1307 errichten, doch vernichtete 1446 ein Feuer das Gros der Kirchenschätze. Ein Teil der Kassettendecke aus dem 16. Jh. wurde wiederhergestellt; kolossale Holzskulpturen bilden den Kampf zwischen guten und gefallenen Engeln ab; das Kastanienholz schimmert matt im Licht. Nur der Glockenturm schwankt gefährlich. Die **Schwarze Madonna** wartet im Verborgenen – hinter zwei Türen in einer Seitenkapelle. Am Karfreitag legen Bürger Votivgaben auf ihr goldenes Gewand und tragen die Madonna in einer feierlichen Prozession durch die Stadt. Das anschließende **Museo Alessi** (Di–So 9–13, 16–19 Uhr) präsentiert den verbliebenen Teil des Kirchenschatzes: Gemälde, Weihrauchgefäße und Kandelaber sowie eine beachtliche, mehrere Tausend Stücke umfassende Münzsammlung. Vor allem

◀ ◀ Sonnenuntergang bei Enna mit dem Ätna im Hintergrund
◀ Castello di Lombardia – eine echte Trutzburg
▶ Gemüsehändler neben der Kathedrale von Enna

▲ Die
achteckige Torre
di Federico II im
Giardino Pubblico

aber rangiert die Madonnenkrone, ein Diadem des 17. Jhs. mit Diamantbesatz.

Eine ganze Reihe würdevoller Herrenhäuser und Kirchen, wie etwa der katalanisch-gotische Palazzo Pollicarini und die Barockkirche San Benedetto, säumt die **Via Roma.** Für die abendliche *passeggiata* wird die Straße zur Fußgängerzone, eine gute *pasticceria* und gemütliche *trattorie* sorgen für das leibliche Wohl. Am Ende der Via Roma – angeblich genau am »Nabel Siziliens« – ragt die **Torre di Federico II** 24 m hoch auf, ein unter Friedrich II. entstandener achteckiger, inzwischen verfallener Wohnturm. Von einem

Aussichtspunkt *(belvedere)* öffnen sich reizvolle Ausblicke, ein unterirdischer Geheimgang verbindet das Bauwerk mit dem **Castello di Lombardia** (tgl. 9–13, 15–17 Uhr) auf dem Hügel. Von den ursprünglich 20 Türmen sind nur noch sechs übrig, mehrere Höfe führen zur **Torre Pisana,** dem am besten erhaltenen. Hier wird man mit einem Panoramablick über ganz Sizilien beschenkt.

Auf der **Rocca di Cerere** unterhalb der Zitadelle stand einst eine Kultstätte der Demeter, von Cicero als Tempel mit Statuenschmuck beschrieben. An Ort und Stelle bekommt man es jedoch nur mit dem

[Karte: Provinz Enna]

Felsen zu tun und kann die herrliche Aussicht genießen, Spuren der Fundamente des alten Heiligtums sind kaum auszumachen. Der Sage nach entführte Hades Persephone vom Ufer des **Lago Pergusa** in die Unterwelt. Auf Bitten ihrer Mutter Demeter durfte sie jedoch für einen Teil des Jahres auf die Erde zurückkehren und dort für Fruchtbarkeit sorgen. Die Höhle des Hades befindet sich am Südufer des 9 km südlich von Enna gelegenen Sees. Sein von Rappen gezogener Wagen musste jedoch erheblich rasanteren Gefährten weichen: Um den See führt heute eine Rennstrecke – schon fast ein Sakrileg an Persephone und ihre Wiesen mit den blühenden Narzissen.

Plätze mit Aussicht

Diese Rundstrecke führt durch die burgenreiche Landschaft nördlich von Enna. Der Stadt gegenüber erbauten die Araber während der Belagerung 951 das Bergdorf **Calascibetta** ❷, heute einigermaßen heruntergekommen, aber atmosphärisch reizvoll. Zwar wurde die Sarazenen-Festung schließlich doch von Roger I. eingenommen, bewahrte sich aber ihre maurischen Züge. Rostfarbene Häuser schmiegen sich an die Hänge, und die Chiesa Madre krallt sich in den nackten Fels. Die nahe gelegene **Nekropole Realmese** enthält Gräber des 8 und 7. Jhs. v. Chr., die aus dem Felsen herausgeschlagen wurden.

Von hier geht es weiter auf der SS 121 Richtung Norden nach **Leonforte** ❸, im 17. Jh. von der Familie Branciforte gegründet. Dieses ehemalige Lehensgut ist berühmt für seine farbenprächtige Karfreitagsprozession und den **Granfonte,** eine imposante, am Ortsrand gelegene Brunnenwand: 24 Wasserspeier füllen die Becken mit dem kostbaren Nass.

Sperlinga ❹, nördlich von Leonforte an der SS 117, ist höchstwahrscheinlich Siziliens faszinierendste Trutzburg (tgl. 9–13, 14 Uhr bis Sonnenuntergang). Die Türme mit ihren Zinnen und Bastionen reichen bis ans Ende des steilen Abhangs. Das Dorf selbst besteht nur aus einer Reihe bescheidener Häuschen. Unterhalb der Burg wurden Kammern aus dem Felsen geschlagen, und einer geheimen unterirdischen Stadt Raum gegeben. Die normannische Festung des Jahres 1082 wechselte 1597 aus den Händen der Chiaramonte in den Besitz der Natali, Fürsten von Sperlinga. Unter den Bourbonen verkam auch diese Zitadelle zum Kerker. (1973 vermachte Baron Nicosia sie der Stadt.) Als Sperlinga seine Blütezeit erlebte, begann der Niedergang Siziliens. Nach der blutigen Sizilianischen Vesper von 1282 wurde Sperlinga die letzte Bastion derer von Anjou. Nach wie vor bilden aus dem Felsen geschlagene Treppenstufen den einzigen Zugang. Steilpfade führen den Hügel hinauf, girlandengleich sind überall Warnschilder angebracht. Nach dem Einsturz einer Wand im Jahr 1999 ist das Kastell nun wieder zu besichtigen. Von den Zinnen ganz oben hat man einen wundervollen Ausblick auf Eichenwälder, Olivenhaine und Weideland.

Seite 210

Gemütliche Restaurants
Enna verfügt über eine ganze Reihe guter, familiär geführter Restaurants, wo man sehr leckere gegrillte Gemüse, herzhafte Suppen, Würste mit Fenchel oder gefülltes Lamm vorgesetzt bekommt – so etwa im **La Griglia,** in der Via Falantano 19.

▶ **Der Blick von Enna auf Calascibetta**

211

Gegrillter »castrato«
Die einfachen, kleinen Trattorien in den Hügelstädten um Enna offerieren eine besondere kulinarische Spezialität: »castrato« (kastrierten Schafbock vom Holzkohlengrill).

▼ Der Granfonte mit seinen 24 Wasserspeiern in Leonforte

Nicosia ❺, 8 km südöstlich von Sperlinga, erstreckt sich über vier Hügel. Es war eine griechische Stadt, byzantinisches Bistum, arabisches Fort und normannische Zitadelle. Im Mittelalter trennte der Glaubenskampf die römisch-katholischen Neuankömmlinge aus dem Norden von der einheimischen, dem griechisch-orthodoxen Ritus verpflichteten Bevölkerung. Nach etlichen Scharmützeln siegten die Einheimischen.

Das Stadtzentrum beherrscht **San Nicolò**, die Kathedrale aus dem 14. Jh. mit ihrem gotischen Campanile. Das Erdbeben von 1967 wirkte hier wie die Französische Revolution: Der katalanische Portikus ist voll von kopflosen Statuen. Nach Betrachtung des gotischen Portals mit seinen Löwen und Cherubim kann das barocke Innere trotz des fein gearbeiteten Chorgestühls und der Gagini-Statue eigentlich nur enttäuschen.

Von der stadtbeherrschenden Kathedrale führt die Salita Salomone zur romanischen **Chiesa San Salvatore** hinauf. Von deren Portikus reicht der Blick über die Dächer zur Chiesa Santa Maria Maggiore auf dem Nachbarhügel. Der **Palazzo Salomone** auf der Piazza unterhalb ist der Sitz von Nicosias bedeutendster Familie, die auch heute noch Einfluss auf das Leben der Stadt nimmt.

Von der **Piazza Garibaldi**, dem Hauptplatz, führen zahllose *vicoli* (gewundene Gässchen) Nicosias Hügel hinauf. Die **Via Salamone** schlängelt sich oberhalb der Kathedrale an verfallenen Palazzi und mit Wasserspeiern verzierten Klöstern vorbei.

All dies überragt die Kirche **Santa Maria Maggiore**. Nach einem Erdbeben im 18. Jh. wurde das normannische Gotteshaus in barockem Stil wieder aufgebaut. Von der Terrasse aus blickt man auf die von Kakteen und Disteln überwucherte Burg. *Cardi* (frittierte Disteln) sind übrigens eine lokale Spezialität, doch warten die **Trattoria La Pace** in der Via della Pace mit noch anderen leckeren Gerichten auf.

Seite
210

Fogt man der SS 120 etwa 20 km in Richtung Nordosten, kommt man nach **Cerami ❻**. Das Dorf wird von einer Burgruine beherrscht, die Waldlandschaft nur von Obstgärten und Viehweiden unterbrochen. Ganz in der Nähe, nördlich der SS 120, liegt in einem wildromantischen Ambiente der **Lago di Ancipa.**

Weiter geht es auf der SS 120 bis nach **Troina ❼**, Siziliens höchstgelegenem Ort, einst ein arabisch-normannisches Fort. In dieser Festung erlebten Graf Roger und seine Frau 1064 eine Belagerung durch die Sarazenen. Doch während die muslimischen Feinde ihren »Siegesrausch« ausschliefen, flohen die Normannen durch die überwölbten Geheimgänge, die sich tief unter den Burgruinen entlangziehen.

Die Zitadelle überragt eine Stadt, in deren mittelalterliche Gassen mehrere Kirchen hineingezwängt wurden. Die Kirchen sind fraglos imposant, wie es sich für Siziliens erste normannische Diözese (1082 dazu erhoben) gehört. Die **Chiesa Matrice** besitzt einen befestigten Glockenturm, eine Krypta und massive Außenmauern. Das Kircheninnere erhielt eine barocke Politur. Die Schatzkammer birgt den Rubinring Rogers. Draußen führt ein Gang unter dem Glockenturm hindurch und zurück zur normannischen Festung. Auf den Grünflächen liegen einzelne Ruinen der Burg und der Kapelle verstreut. Hier oben trifft sich Troinas Jugend, um die Aussicht über die windgepeitschten Hügel zu genießen.

Agira ❽ breitet sich 30 km südlich von Troina in hügeligem Gelände aus und wird von einer Sarazenen-Festung überragt. Die Kirchen im Schatten der Burg sind zwar äußerlich schlicht, besitzen jedoch wertvolle Sakralkunstwerke. Die Chiesa **Santa Maria Maggiore** birgt ein Triptychon aus dem 15. Jh. und normannische Kapitelle, in der Chiesa **Santa Maria di Gesù** wird als größte Kostbarkeit ein bemaltes Kruzifix von Fra Umile da Petralia gehütet. Die gotische Chiesa **San Salvatore** mit einer Fassade des 16. Jhs. birgt in der Schatzkammer eine mittelalterliche Mitra mit Edelsteinbesatz.

Hinter dem **Lago di Pozzillo,** einem künstlichen See, zweigt eine kleine Straße von der SS 121 ab, durch Orangen- und Olivenhaine nach **Centuripe ❾**. Der Name leitet sich wahrscheinlich vom lateinischen Ausdruck für »hundert Abhänge« her. Von dieser Stadt, die auch den Ehrennamen »Balkon Siziliens« trägt, öffnet sich ein wirklich grandioses Panorama auf Catania und den Ätna. Cicero nannte diese gräzierte Sikuler-Siedlung auf Grund ihres fruchtbaren Bodens, des Schwefels und der Salzminen die reichste Stadt Siziliens. Im **Museo Archeologico** (Mo–Fr 9–13 Uhr) sind Skulpturen, Terrakotten und Gefäße ausgestellt. Weitere Grabungsfunde kamen in Castello di Corradino am einstigen Standort eines römischen Mausoleums ans Tageslicht. Am Fuß des Monte Calvario sind die Ruinen einer griechischen Villa erhalten und im Bagni-Tal die Überreste römischer Bäder.

Auf der Autobahn A 19 gelangt man zurück nach Enna.

▶ **Die krummen Gässchen von Nicosia**

Die Hügel im Süden

Die Region im Süden Ennas hat weit mehr zu bieten als heruntergekommene Hügelstädtchen: Neben griechischen Siedlungen lagen hier auch römische Vorposten, allen voran die traumhafte Villa Romana del Casale bei Piazza Armerina.

Südwestlich der Stadt schmiegen sich einige einsame Orte an die Hügel, die die Grenze zur Provinz Caltanissetta bilden. **Pietraperzia** ❿ versorgte einst die Barresi-Dynastie. **Barrafranca** ⓫ entstand 10 km südöstlich von Enna auf einem Ausläufer des Erei-Gebirges. Nach seiner Vergangenheit als römischer Vorposten und normannisches Lehnsgut verleibten es 1530 die Branciforte ihren Feudalbesitztümern ein. Die barocke **Chiesa Madre** zieren schöne Malereien. Das Dörfchen **Bastia** blickt über Ruinen aus byzantinischer Zeit. Sein Reiz liegt in den lokalen Erzeugnissen wie Oliven, Mandeln und Trauben; der Ort ist förmlich unterminiert von Höhlen, die als

Weinkeller dienen. Und zu Ostern erwacht auch dieses Fleckchen Erde zu geschäftigem Leben, wenn in einer farbenprächtigen Prozession riesige Figuren durch die Stadt ziehen und die Passionsgeschichte Christi dargestellt wird.

In östliche Richtung gelangt man nach **Piazza Armerina** ⓬ und zur **Villa Romana del Casale,** diesem grandiosen Vermächtnis römischer Kultur. Mag die Stadt selbst auch nur Kulisse sein, so ist ihr doch eine gewisse, wenn auch schon verblichene Eleganz eigen. Da die Wirtschaft durch die Schließung der Schwefelminen stark angeschlagen ist, soll jetzt der Tourismus als Einnahmequelle einspringen.

Treppenfluchten und Gassen führen zur barocken **Kathedrale** auf dem terrassierten Hügel hinauf. Imposante Freitreppen akzentuieren den großzügigen Belvedere und die barocke Fassade. Der katalanisch-gotische Campanile mit den Blendbogen stammt noch vom Ursprungsbau und gibt den Ton für die Gestaltung

▲ Chilischoten und Kaktusfeigen auf dem Markt von Agira
▼ Diese Herren posieren vor dem Hintergrund von Nicosia

des Kircheninneren an. Der benachbarte **Palazzo Trigona** bildet den vergleichsweise nüchternen Gegensatz zu den barocken Höhenflügen des Duomo.

Von der Piazza Duomo und der Piazza Garibaldi führt ein dichtes Netz winziger Gässchen hangabwärts. Die neben dem Palazzo Trigona abzweigende Via Floresta lenkt die Schritte zur pittoresken aragonesischen **Burg**. Auf einem Bummel entlang der **Via Monte,** der mittelalterlichen Hauptstraße, offenbart sich dem Besucher ein Stück Geschichte. Viele der Palazzi gehen bis auf die Normannen und Aragonesen zurück. Hält man sich rechts, vorbei an türmchenbestückten Häusern, gelangt man zur **Chiesa San Martino** aus dem 15. Jh. Vom dicht bebauten Viertel auf dem Hügel führt der Weg nach etwa 1 km weiter Richtung Norden zur schmucklosstrengen **Chiesa Sant' Andrea,** einem über dem Grundriss eines griechischen Kreuzes errichteten normannischen Priorat, dessen Innenraum Fresken zieren.

dei Normanni in Palermo gedient. Einer Theorie zufolge soll Kaiser Diokletian sich nach der Einführung der Tetrarchie, der Aufteilung der Herrschaft über das Römische Weltreich unter zwei *Augusti* und zwei *Caesares,* nach Split zurückgezogen und sein Mitregent Maximian Sizilien zu seiner Residenz erkoren haben.

Ob Luxuslandhaus oder Jagdsitz, die Villa lag nach einer Überschwemmung rund 700 Jahre lang unter Schlammschichten verborgen. Nachdem 1950 ein Schatzhort entdeckt worden war, begann man ernsthaft mit den Grabungsarbeiten. Doch gilt es in den Haselnussplantagen noch viel freizulegen: Von den Sklavenquartieren bis zur Wasserversorgung ruht noch alles unter der Erde. Denn interne Querelen bereiteten den Ausgrabungen 1985 vorerst ein Ende und führten zu Verzögerungen bei der Restaurierung der Mosaiken, die 1991 einer Überschwemmung und 1998 primitivem Vandalismus zum Opfer fielen. Etliche haben sich verfärbt,

Weltkulturerbe
Inzwischen wurde die Villa Romana von der UNESCO als Weltkulturerbe gewürdigt, als »Paradebeispiel eines Großgrundbesitzes mit landwirtschaftlichem Unternehmen im Weströmischen Reich – und luxuriöses Symbol der römischen Ausbeutung der Insel«.

Kaiserlicher Glanz

Inmitten von Eichen- und Haselnusswäldern liegt die **Villa Romana** ⓭ an der römischen Straße, etwa 5 km südwestlich des Ortes **Casale.** Die ausgeschilderte Route zur römischen Villa führt durch den heruntergekommenen Teil der Stadt und verläuft direkt am Fuß des Hügels, wo sich der Blick auf die Landschaft mit ihren Olivenbäumen öffnet. Die hervorragenden Jagdmöglichkeiten in diesen Wäldern ließen die ursprünglichen Eigentümer der Villa wohl diesen Ort wählen.

Sehr wahrscheinlich gehörte die Villa 286–305 zuerst Maximian, mit vollem Namen Marcus Aurelius Maximianus, dem Mitregenten Kaiser Diokletians. Danach ging sie durch die Hände weiterer Herrscher. Auch zur Zeit der Araber wurde sie bewohnt, 1160 jedoch vom Normannenkönig Wilhelm I. zerstört.

Vielleicht hat das unvergleichliche Flair der Villa Casale mit ihren hinreißenden Mosaiken den Normannen als Inspirationsquelle für den Entwurf des Palazzo

▶ Das Kriegerdenkmal von Agira erinnert an die Kämpfe von 1943

Übernachten nahe der Meisterwerke
Sollten Sie in Piazza Armerina übernachten wollen, empfiehlt sich die vorherige Planung: Der Ort selbst verfügt über ganze drei Hotels, eines ist immer »in restauro«. Wer in der Nähe der Mosaiken nächtigen möchte, geht ins **Hotel Mosaici da Battiato**.

bei anderen ist die Oberfläche beschädigt, diejenigen der Großen Halle eingeschlossen. Hätte sich dasselbe in Venedig ereignet, ein Schrei der Entrüstung wäre durch die Weltöffentlichkeit gegangen. In Sizilien hingegen beschränkte man sich darauf, Plünderer und ihre Komplizen von nächtlichen Beutezügen abzuschrecken. Inzwischen sind die lokalen Behörden aber doch aktiv geworden: Man hat beschlossen, die archäologische Stätte ab dem Jahr 2000 unter den Schutz der Region zu stellen, und ein langfristiges Restaurierungsprogramm für die Villa verabschiedet, das auch den internationalen Standards der Denkmalpflege genügen soll.

Wer den ortsüblichen Völkerwanderungen aus dem Weg gehen möchte, sollte sich entweder gleich in der Früh oder erst gegen Abend hier einfinden, die Villa Romana ist von 8–19.30 Uhr zugänglich. Mag das Gewölbe verloren und die Fresken verblasst sein, den Reiz der Villa machen die 50 Räume aus, deren Fußböden

mit Mosaiken in warmen Farben bedeckt sind. Durch ihre Vitalität, Ausdruckskraft und inhaltliche Freizügigkeit unterscheiden sie sich von den Vorbildern aus Antiochia oder Tunesien. Bei der Gestaltung spielten neben den rein ästethisch-dekorativen Gesichtspunkten immer auch Sinn für Lebenslust eine Rolle, für subtile Sinnlichkeit, Humor und Realität.

Beim offiziellen Rundgang betritt man die Villa durch den **Bäderbereich,** nicht durch den Haupteingang, wo man durch einen **Triumphbogen** in ein **Atrium ➊** mit dreiseitigem Säulenumgang und Schrein für Venus gelangt. Die Mosaiken der **Palästra ➋**, des Gymnastik- oder Zirkussaals, bilden ein Pferderennen im Circus Maximus ab. Daneben geht es zu den kleineren **Damenlatrinen ➌** mit antiken »Bidets« und zu den **Thermen**. Im achteckigen **Frigidarium ➍** (Kaltbad) tummeln sich Seeungeheuer, Kentauren und Tritonen. Zentrum der Villa ist das **große Peristyl ➎** mit Wasserbecken und (neu

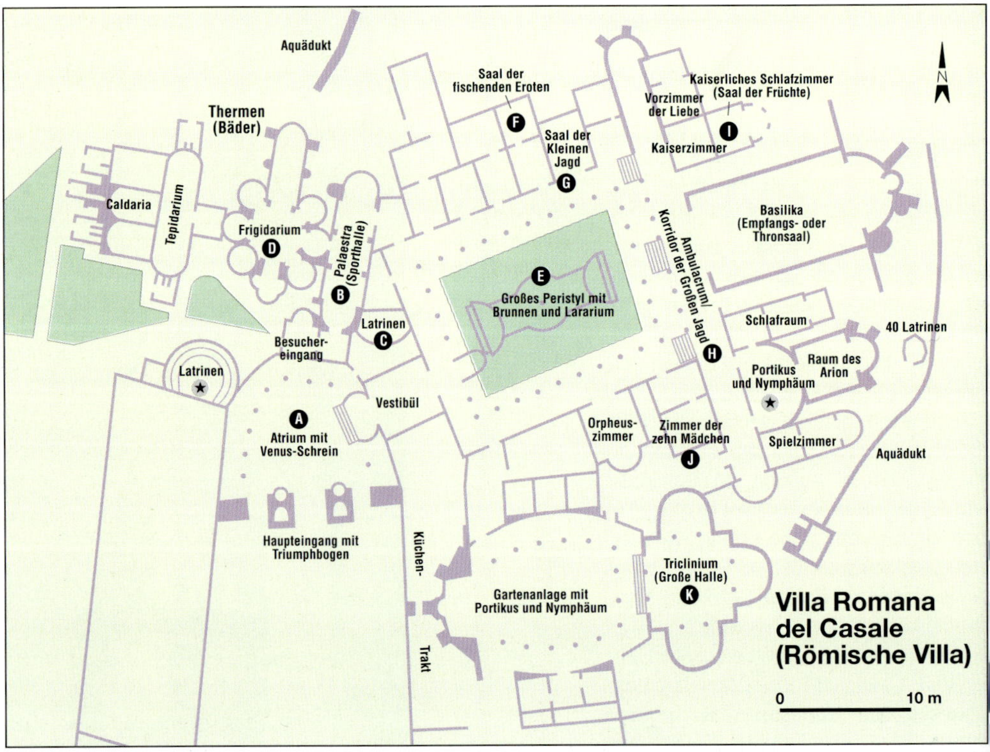

Villa Romana del Casale (Römische Villa)

Aquädukt

Saal der fischenden Eroten

Kaiserliches Schlafzimmer (Saal der Früchte)

Vorzimmer der Liebe

Thermen (Bäder)

F

Saal der Kleinen Jagd

Kaiserzimmer

Caldaria

Tepidarium

Frigidarium **D**

Palaestra (Sporthalle) **B**

G

Basilika (Empfangs- oder Thronsaal)

Ambulacrum Korridor der Großen Jagd

Großes Peristyl mit Brunnen und Lararium **E**

Latrinen **C**

Besuchereingang

Schlafraum

40 Latrinen

Latrinen ★

Vestibül

A
Atrium mit Venus-Schrein

Raum des Arion

Portikus und Nymphäum ★

H

Orpheuszimmer

Zimmer der zehn Mädchen

Spielzimmer

Aquädukt

J

Haupteingang mit Triumphbogen

Küchen-

Trakt

Gartenanlage mit Portikus und Nymphäum

Triclinium (Große Halle)

K

0   10 m

---

aufgestellter) Statue. In der Südwestecke liegt ein kleines, U-förmiges **Lararium.** Dieser Altar für die Hausgötter *(Laren)* war in römischen Häusern obligatorisch.

Im **Saal der fischenden Eroten** ❻ umarmt eine nackte Meerjungfrau einen Delphin, Fischer beobachten die Szene. Im **Saal der Kleinen Jagd** ❼ erblickt man eine aufregende Hirschjagd, die Gefangennahme eines wilden Ebers und einen fröhlichen Umtrunk auf die erfolgreiche Strecke. Für die Römer war die Jagd weit mehr als nur Nahrungsmittelbeschaffung: Sport, sinnliches Vergnügen und Abenteuer zugleich.

Entlang der Ostseite des Großen Peristyls verläuft das **Ambulacrum,** der Korridor mit dem **Mosaik der Großen Jagd** ❽. Diese Mosaiken bilden Fang und Transport exotischer Tiere für Zirkusspiele in Rom ab, Löwen, Geparden, Nashörner und Schwäne in Fallen und Käfigen. Ein von Leibwächtern umringter vornehmer Herr überwacht das Ausladen der Schiffe

– hier hat sich wohl der Eigentümer der Villa ein Denkmal setzen lassen. Die Länder, in denen sich der Tierfang abspielt, sind durch Personifikationen repräsentiert. Die bezaubernd erotisch-exotische, barbusige *Königin von Saba* wird von einem Tiger und einem Elefanten flankiert.

Das **Kaiserliche Schlafzimmer** ❾, auch Saal der Früchte, zieren Feigen, Trauben und Granatäpfel, bei den Griechen Symbole der Fruchtbarkeit. Das benachbarte **Kaiserzimmer** zeigt den armen, von Odysseus geblendeten Zyklopen Polyphem, den die Künstler mitleidsvoll zusätzlich zum (zerstörten) Stirnauge noch mit zwei »normalen« Augen ausstatteten. Das angrenzende **Vorzimmer der Liebe,** die Suite der Kaiserin, präsentiert eine zauberhafte Darstellung von Liebenden, die unter dem Schutz der vier Jahreszeiten bzw. deren Allegorien stehen. Das **Zimmer der zehn Mädchen** ❿ beweist, dass der Bikini keineswegs eine Erfindung Coco Chanels aus den 1950er-Jahren ist.

Seite
216

Erfrischung
Sämtliche Bars in Piazza Armerina bieten eine herrliche und gesunde Erfrischung an: »spremuta d' arancia«, frisch gepressten Orangensaft! Ein prima Kraftstoff für weitere Unternehmungen.

▼ **Mosaik im Korridor der Großen Jagd in der Villa Casale**

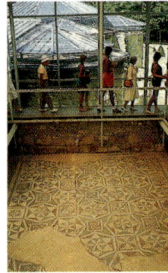

Das **Triclinium** Ⓚ, die Große Halle mit ihren drei Apsiden, ist das Glanzstück der Villa. Hier wurden die aus der Mythologie bekannten Zwölf Arbeiten des Herkules verewigt. Die olympischen Götter sehen sich durch Aufstände der Giganten bedroht, von den Giftpfeilen des Herkules getroffene Riesen winden sich in Agonie, und ein mächtiger nackter Heros triumphiert. Zum Fürchten sind der dreiköpfige Höllenhund Zerberus sowie die schreckliche Hydra mit ihrer Schlangenfrisur.

Alle Facetten des Lebens, auch die privatester Natur – viele davon blieben in der christlichen Kunst ausgeklammert –, werden hier dargestellt: kindliches Spiel, jugendlicher Tanz, Liebe, Jagd und Sport, überlieferte Mythen. Diese zeitlose Qualität gelingt selbst bei der Verbildlichung unverhüllter Erotik. Vielleicht wirken die »Bikini-Mädchen« ja auf den heutigen Betrachter wirklich etwas zu statuarisch und lebensfern, doch die ästhetischeren Darstellungen nackter Männer gewinnen durch die starken Hell-Dunkel-Kontraste und die Verwendung der (falschen) Perspektive an Intensität.

Die römischen Götter erscheinen allzu sterblich – sie mögen zwar voller Energie stecken und realistisch dargestellt sein, doch mangelt es ihnen an innerer Tiefe, der wesentlichen Dimension griechischer oder christlicher Kunst. Die inhaltlich reichhaltigen Darstellungen der Villa Casale sind jedoch fraglos Zeugnisse fröhlichen, ungebrochenen Heidentums.

Griechisches Erbe

Aidone ⓮, 10 km nordöstlich von Piazza Armerina gelegen, ist das Fenster zur Welt der Griechen. Hier gibt es eine Burgruine zu sehen sowie einige mittelalterliche Kirchen, deren Äußeres mit Bogen, durch Ziegel in warmen Rotbraun- oder Stein in Honiggelbtönen aufgelockert ist. Die Chiesa San Domenico etwa hat eine Fassade aus Rustikaquadern. Das **Museo Ar-**

▲ **Die Mosaiken sind zum Schutz vor der Witterung überdacht**

▼ **Drei der zehn Mädchen aus dem gleichnamigen Saal**

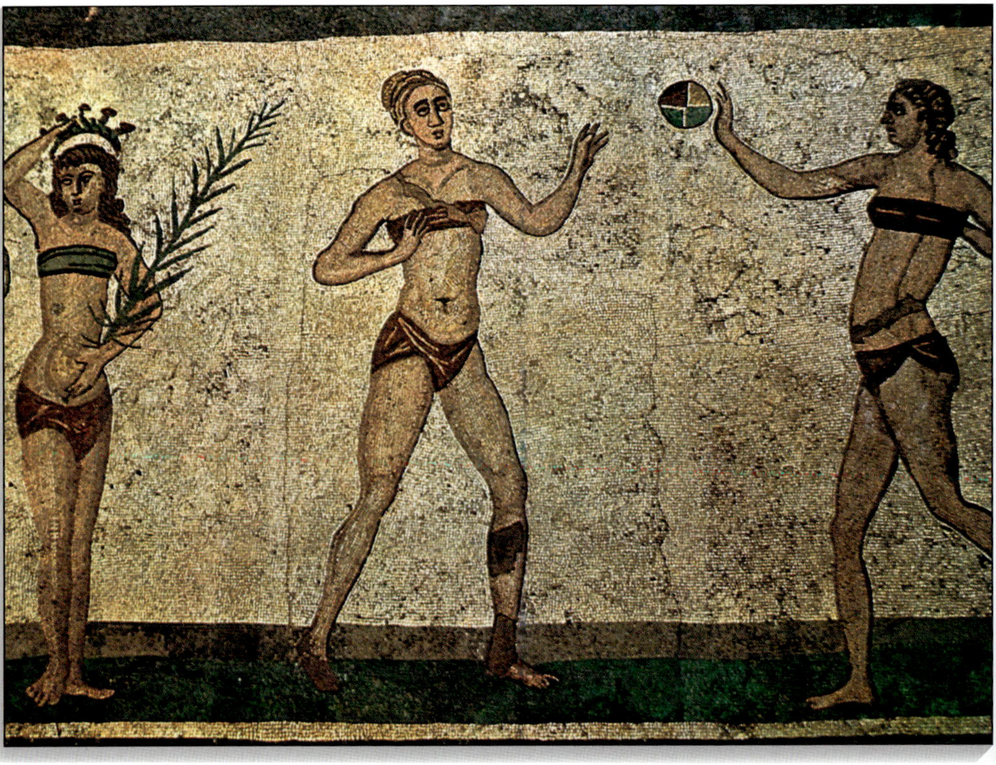

cheologico (tgl. 9–13.30, 15–19.30 Uhr) mit Sitz in einem Kloster des 17. Jhs. bietet eine Einführung in die Grabungsstätte von **Morgantina** ⓯ (tgl. 9 Uhr–1 Std. vor Sonnenuntergang). Der Ort liegt 5 km östlich in wunderschöner Landschaft. Die sikulische Siedlung wurde im 6. Jh. v. Chr. hellenisiert und hatte 500 Jahre Bestand. Als Morgantina 211 v. Chr. in die Hände der Römer fiel, verkauften diese die griechische Bevölkerung in die Sklaverei.

Die antiken Relikte sind zwar nicht so aufregend wie die Villa Casale bei Piazza Armerina, dafür vermitteln sie ein Stück Alltagsleben. Das Areal gliedert sich in einen »offiziellen« Teil mit der Agora und benachbarten Geschäften, öffentlichen Bauten, Kornspeicher, Brunnen, Münzprägestätte, Theater und Sakralbezirk sowie ein Wohnquartier auf dem Westhügel. Eine breite Treppe führt auf die **Agora** mit dem wesentlich später – um 200 v. Chr. – entstandenen *macellum,* einem überdachten Markt mit Innenhof

und kleinem Rundtempel. Ihre Nordseite schließt das 92 m lange **Gymnasion** ab. In dessen Nachbarschaft lag das *bouleuterion,* das **Rathaus,** nach der Zerstörung durch die Römer von diesen für zwei *tabernae* zweckentfremdet. Ost- und Westseite der Agora liefen in Säulenhallen aus, im Süden grenzen die Mauern eines heiligen Bezirks *(temenos)* und das Theater an. Der **Sakralbereich** umfasst Kultstätten chthonischer Götter, Unterwelt- und Fruchtbarkeitsgottheiten wie Gaia, Demeter und Kore. Das **Theater** entstand im 3. Jh. v. Chr.; es soll einmal bis zu 5000 Personen Platz geboten haben. Auf dem Westhügel wurde das Wohnviertel mit dem streng rechtwinkligen Straßensystem freigelegt. Besonders erwähnenswert sind die **Casa Pappalardo** und das **Haus mit Bogenzisterne** aus dem 3. Jh. v. Chr., die beide reizvolle Mosaikfußböden besitzen. Das **Haus der Goldmünzen** verdankt seinen Namen einem Hortfund von 44 Goldstücken aus dem 4./3. Jh. v. Chr. ∎

Seite 210

Literaturtipp
Wer sich näher mit Siziliens Vergangenheit befassen möchte, dem sei folgende interessante Darstellung empfohlen: Moses I. Finley, Das antike Sizilien. Von der Vorgeschichte bis zur arabischen Eroberung. TB, München 1993.

▼ **So genannte Königin von Saba im Korridor der Großen Jagd**

Die Provinz Ragusa

Seite 224

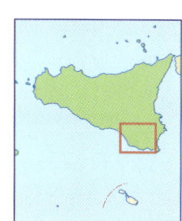

**Eine Region der subtilen Gegensätze:
hügeliges Hinterland umschlossen von Bruchsteinmauern,
dahinter antike Stätten und Strände mit goldgelbem Sand,
Höhlenwohnungen unweit barocker Stadtzentren.**

Bescheidener Wohlstand kennzeichnet diese Region; *discreto benessere,* stilles Wohlbehagen ist hier angesagt. Die Wirtschaft der Provinz basiert auf Weinbau, Viehzucht, Käseherstellung und den Großgärtnereien – inzwischen werden allerdings auch hier genmanipulierte Tomaten gezogen. Obwohl auch die *Ragusani* auf die schnelle Lira aus Asphalt und Erdöl setzten – Letzteres wurde erst in den 1960er-Jahren entdeckt –, blieb die Agrikultur langfristig doch die zuverlässigere Einnahmequelle.

Da Industrialisierung und Tourismus die Provinz erst vergleichsweise spät erreichten, ist Ragusa eine durch Fabriken oder Urlauberhochburgen verschandelte Küste erspart geblieben. Was können die Treibhäuser in den Sanddünen da schon großartig stören? Und Kultur ist auch reichlich geboten: von Höhlensiedlungen über Zeugnisse der klassischen Antike bis zum barocken Charme der Städte Ragusa und Modica – und wer davon schon mal genug hat, rekelt sich genüsslich an einem der herrlichen, unverdorbenen Strände.

Alte Rivalinnen

Einst mächtige Trutzburg der Normannen, wurde Ragusa später zum Lehen der Cabrera-Dynastie. Doch das verheerende Erdbeben von 1693 suchte auch diese Provinz heim, und von Ragusa blieb nur noch ein Haufen Steine übrig. Vermögende Kaufleute legten daraufhin Ragusa Alta an, die neue Stadt auf dem Hügel. Der Adel weigerte sich jedoch, seine eingestürzten Palazzi ganz aufzugeben und machte sich an den Wiederaufbau von Ragusa Bassa (Ibla) am ursprünglichen Standort. Erst 1926 wurden die beiden

Städte zusammengelegt, aber die alte Rivalität blieb bestehen.

Ragusa Alta ❶ hingegen ist nüchtern, ausdruckslos, gewinnt nur durch etliche Barockbauten, Kirchen und viel besuchte Restaurants ein wenig Reiz. Die pompöse Barockkirche **San Giovanni** mit ihrer üppig geschmückten Fassade und dem hoch aufragenden Campanile ist die Kathedrale der Stadt. Ihre heitere Beschwingtheit passt zum geschäftigen Treiben in den vielen Bars und Veteranenclubs – übrigens ist Ragusa eine regelrechte »Club-Stadt«. An den nahe gelegenen Barockbauten prunken bauchige schmiedeeiserne Balkone

◀◀ Ragusa Alta und Ragusa Ibla
◀ Blick über die Dächer der Altstadt
▶ Skulpturenschmuck am Dom von Ragusa

mit reich skulptierten Gesimsen. Die Masken an der Fassade des **Palazzo Bertini** auf dem Corso Italia repräsentieren die drei Stände: einen Bauern, einen Adeligen und einen Kaufmann, eine gute Einführung in Ragusas Wirtschafts- und Sozialgeschichte. Der **Palazzo Zacco** am Corso Vittorio Veneto verfällt: Ein zahnloses Ungeheuer streckt seine Zunge heraus und macht sich über die gegenüberliegende Chiesa San Vito lustig. Südlich davon erstreckt sich eine Schlucht, die von drei Brücken überspannt wird. Eine davon errichtete Don Calogero, ein alter Pfarrer, der die tägliche anstrengende Berg- und Talwanderung zu seiner Pfarrei und seinen Schäfchen leid war. Die Sammlung des **Museo Archeologico** (tgl. 9–13, 15–18.30 Uhr) am Ponte Nuovo ist reich an Fundstücken aus Camarina und den sikulischen Nekropolen der Provinz. Die Ausstellung umfasst Gräber, griechische Vasen und byzantinische Mosaiken sowie die Rekonstruktion einer antiken Töpfer-

werkstatt. Am anderen Ende des Abgrunds liegt das dicht bebaute Ibla, nun über die neu errichtete Ringstraße leicht erreichbar.

In **Ragusa Ibla ❷**, einer auf mittelalterlichem Grundriss angelegten Barockstadt, herrscht eine private Atmosphäre. Kameraschnappschüsse halten braune Steinhäuser mit Familienwappen, filigrane Balkone, elegante Treppenaufgänge, dunkle Innenhöfe mit schlafenden Hunden, geheimnisvolle Torbogen, barocke Brunnen und verblichene alte Palmen fest.

Doch hat sich viel getan in den letzten Jahren, und das alte Ibla ist aus seinem Dornröschenschlaf erwacht: Die heruntergekommenen Häuser sind restauriert, junge Familien der Mittelklasse eingezogen, die den knorrigen Charme dem faden modernen Stadtteil vorziehen. Durch neue Brücken und Straßen ist Ibla für die Menschen aus der unteren Stadt leichter zugänglich geworden, doch konnte es sich seine Abgeschiedenheit und seinen

Ländliche Spezialitäten
Die Provinz Ragusa ist berühmt für ihren aromatischen Honig und die milden bis kräftigen Käsesorten: Ricotta, Mozzarella, Provola und Cacciocavallo, sie werden für herzhafte Gerichte ebenso verwendet wie in Süßspeisen.

Provinz Ragusa

0   10 km

gemächlichen Lebensrhythmus bewahren. Wurden früher abends die Bürgersteige hochgeklappt, hat sich heute in der Fußgängerzone ein bescheidenes, aber anziehendes Nachtleben etabliert: Zahlreiche Bars nisteten sich in den historischen Adelspalästen ein.

Die von verdorrten Hügeln gerahmte gotische **Santa Maria delle Scale** markiert den Ortseingang. Die Kirche wurde nach dem Erdbeben von 1693 wieder aufgebaut. Aus der Ursprungszeit stammen noch das mittelalterliche Portal, ein katalanisch-gotisches Schiff mit Ornamenten der Renaissance sowie mit Blumen und Tieren geschmückte Bogen. Von hier führen 250 Treppenstufen im Zickzack hinunter nach Ibla, jede Windung eröffnet neue Ausblicke auf einsame Bauernhöfe in der Ferne und die blaue Kuppel der unterhalb gelegenen Kathedrale.

Neben der Treppe, die das neue mit dem alten Ragusa verbindet, erhebt sich der barocke **Palazzo della Cancelleria.** Der anschließende überwölbte Durchgang, die goldenen Häuser und die verfallene Kirche bereiten dem Besucher einen ungewöhnlichen Empfang in *chiaroscuro.* Die **Chiesa dell' Idria** ist die Hauskapelle der Cosentini, einer von Iblas tonangebenden Familien. Die Gassen sind so eng, dass man ziemlich weit gehen muss, bis man endlich den Glockenturm und den mit Majolika geschmückten Dom erblickt. Zwischen den Stufen zum Gotteshaus und dem Corso Mazzini ist der **Palazzo Cosentini** eingezwängt, Stammsitz der gerade erwähnten Familie mit Durchgang zur Kapelle. Seine atemberaubenden Balkone zieren Konsolen in Form barbusiger Sirenen und Ungeheuer mit geblähten Nüstern. Aus dämonisch blickenden Gesichtern mit offenen Mündern züngeln Skorpione und Schlangen – eine Warnung vor der Klatschsucht.

Weiter geht's zur **Piazza della Repubblica,** wo die barocke **Chiesa del Purgatorio** eine elegante Freitreppe überragt. Der Glockenturm wurde auf byzantinische Stadtmauern gesetzt, die man von den Stufen der Salita dell' Orologio aus sehen

kann. Nach der in den Gassen herrschenden Enge überrascht die großzügige Weite der **Piazza del Duomo.** Palmen, barocke Herrschaftshäuser und aristokratische Klubs säumen den Platz. Dominiert wird dieser jedoch von Rosario Gagliardis **San Giorgio,** einem Prunkstück des sizilianischen Barock. Im Duomo San Giorgio schlägt das Herz der Stadt. Er stand unter dem Patronat des Adels, denn der hl. Georg gilt als inoffizieller Schutzheiliger der Aristokratie. Die auf einer Terrasse errichtete Kathedrale aus Sandstein lenkt den Blick des Betrachters auf ihre konvex ausschwingende, durch Säulen gegliederte, mit Statuen geschmückte Einturmfassade. Den Campanile bekrönt eine 43 m hohe blaue Kuppel, Zutat des Jahres 1820 und gleichzeitig das weithin sichtbare Wahrzeichen der Stadt. Eine kleinere »Kollegin«, ebenfalls von der Hand Gagliardis, ist die **Chiesa San Giuseppe.** Was ihr an Üppigkeit fehlt, macht sie mit spielerischer Eleganz leicht wett.

Seite
224

Sizilianische Delikatessen
Typisch für das wieder erstandene Viertel ist die schicke **Bar Al Portale.** Mit exzellenten Delikatessen wartet die **Antica Drogheria** am Corso XXV Aprile auf, darunter Honig von den Monti Iblei, Kräuter, Käse, Salami und diverse feine »biscotti« (Kekse).

► **Auf dem Gelände des Giardino Ibleo stehen drei erdbebengeschädigte Gotteshäuser**

Der **Palazzo Arezzo** grenzt direkt an die Piazza Duomo. Er gehört Baron Vincenzo Arezzo, dessen Familie jahrhundertelang in Ragusa das Szepter schwang. Rundplastische Igel, die Wappentiere der Familie, schmücken die Fassade. Die Arezzo besitzen noch immer einen Großteil der Provinz: Weideland, Villen und eine Burg. Aus dem althergebrachten Verantwortungsgefühl der Grundherren und sozialem Engegement heraus hat die Familie Krankenhäuser, Parks und Kirchen in der Region finanziert.

In der Nähe wurde der **Circolo di Conversazione** (bitte klingeln!), ein literarischer Salon, von Adeligen und dem unermüdlichen Vincenzo Arezzo begründet. Zur üppigen Belle Epoque-Inneneinrichtung gehört eine Trompe-l'œil-Decke mit allegorischen Darstellungen.

Der angrenzende **Palazzo Donnafugata** blieb als Club, Privattheater, Galerie und Lesesalon lange Zeit allein dem Adel vorbehalten. Später hat man zwar auch einige »Snobs« zugelassen, doch bekommen das prunkvolle Interieur bis heute nur wenige Privilegierte, zum Bankett geladene Gäste, zu sehen.

Hinter der Kathedrale versteckt sich der barocke **Palazzo la Rocca.** Die Strenge seiner Fassade wird von Balkonen gebrochen, deren Konsolfiguren adelige Karnevals-Lustbarkeiten des 18. Jhs. darstellen. Auch ein Lautenspieler und ein hornblasender Cherubim treiben mit engumschlungenen Liebenden ihre Possen.

Die Gassen im Schatten der Kathedrale sind *suggestivo,* voller Atmosphäre, wie es die Italiener gerne nennen. Hier ist das Zentrum des alten jüdischen Ghettos und Handwerkerviertels, das dem Ende seiner Restaurierung entgegensieht und von jungen Bewohnern und Galerien für Kunstgewerbe neu belebt wird.

Der reizvolle **Giardino Ibleo** wurde auf einem Bergausläufer am Ostende Iblas angelegt. Im Frühling sind die Figuren, Palmen und der Teich von Rabatten mit blühenden Narzissen und Iris umgeben. Auf dem Gelände findet man auch drei stark beschädigte Kirchen, alle Opfer des Erdbebens von 1693. Im Giebelfeld des katalanisch-gotischen **Portale San Giorgio** am anderen Ende des Parks kämpft der hl. Georg mit dem Drachen. Das Eingangsportal aus dem weichen einheimischen Gestein ist das letzte Relikt der einstigen Kirche, sein Gewände reich mit Figuren und Ornamenten geschmückt.

In dieser für Alt-Ibla ganz uncharakteristisch prächtigen Umgebung verweilen alte Einheimische wie auch Jungverliebte gern. Man genießt den Blick über Terrassen und Bruchsteinmauern hinunter in ein Tal, das mit Sikulergräbern förmlich übersät ist.

Doch trotz der Zeichen von Noblesse sind manche Viertel von Ibla bettelarm, münden in Sackgassen mit aufgegebenen Hotels und armseligen Hütten neben Felsenhöhlen. Hier findet man Spuren des mittelalterlichen, byzantinischen und sogar vorchristlichen Ragusa. Die alten Sikulergräber werden jetzt oft als Lagerräume, Weinkeller oder sogar Garagen genutzt.

▲ Die Polizia Municipale verkörpert die örtliche Polizeigewalt
◄ Der heilige Georg als Drachentöter schmückt das Portal von San Giorgio

Westlich von Ragusa

Hinter Ragusa breitet sich das bäuerliche Umland aus. Oliven-, Mandel- und Johannisbrotbäume gedeihen hier, doch die Bauern in den gut bewässerten Regionen steigen zunehmend auf Treibhauskulturen um. In Küstennähe und Flusstälern wachsen Zwergpalmen, Steineichen, Platanen, Aleppokiefern und Mastixbäume. Auf den Ebenen erblickt man jedoch nur staubgraue Bauernhäuser, niedrige Bruchsteinwälle, endlose Felder ...

Eine steil an den Hügeln Iblas abfallende Straße führt über eine weite Ebene nach Comiso ❸. Diese Stadt, eine Mischung aus Mittelalter und Barock, geriet in den 1980er-Jahren als umstrittener NATO-Stützpunkt

Gewände
→ Die beim schräg eingeschnittenen Fenster oder Portal an einem Gebäude entstehenden Freiflächen. Sie können profiliert, mit eingestellten Säulen und figürlich oder ornamental geschmückt sein (»Stufen-Portal«).

in die Schlagzeilen. Die Friedensbewegung veranstaltete Protestmärsche, weil hier bis 1991 die letzten Cruise Missiles auf europäischem Boden stationiert waren. Einige der Baracken dienen mittlerweile den albanischen Flüchtlingen als Unterkünfte. Langfristig soll die Militärbasis jedoch in einen neuen Flughafen umgewandelt werden – zu Gunsten einer komfortableren Infrastruktur für den beständig wachsenden Touristenstrom im Südosten Siziliens.

Vom 15. bis 18. Jh. herrschte in Comiso die aragonesische Dynastie der Naselli. Vom **Castello** erhalten sind das alte gotische Portal und ein achteckiger Turm, ursprünglich ein byzantinisches Baptisterium. Alles andere wurde im 16. Jh. neu angelegt. Obwohl auch

Seite 224

Ibla Buskers' Festival
Alljährlich im Oktober rückt der Giardino Ibleo in den Mittelpunkt des Geschehens: Zum Ibla Buskers' Festival reisen Straßenmusikanten aus der ganzen Welt an, ihre Vorführungen sichern ihnen Kost und Logis.

▼ Ein alter Trödler lockt mit verschiedensten Schnäppchen

Comiso 1693 von dem Erdbeben heimgesucht wurde, hat ein Teil der antiken Stadt überdauert. Das Wasser aus dem **Diana-Brunnen** auf der Piazza di Municipio ergoss sich einst in römische Bäder.

Das Innere der Kapuzinerkapelle **Santa Maria delle Grazie** bietet den Besuchern einen grausigen Anblick: die mumifizierten Körper von Mönchen und Wohltätern in schrecklichen Verrenkungen.

Das westlich von Ragusa an den Ausläufern der Monti Iblei gelegene **Vittoria ❹** ist ein reiches Weinbauzentrum. Die Stadt wurde 1607 von Vittoria Colonna gegründet, der Tochter des spanischen Vizekönigs und Frau des Grafen von Modica. Leider haben hinter den sauberen Fassaden der Stadt inzwischen Verbrechen und Drogenhandel Einzug gehalten – klares Indiz für die Präsenz der Mafia in dieser Gegend. Das furchtbare Blutbad von 1999 ging jedenfalls auf das Konto der »Krake«. Sicher lässt sich Vittoria nicht mit anderen Juwelen des Barock

vergleichen, doch kann sich die großzügige **Piazza del Popolo** immerhin der barocken Chiesa Madonna delle Grazie rühmen. Zwischen unpersönlichen Bauten der Moderne liegen herrschaftliche Villen mit wunderbaren Innenhöfen. Zu den schönsten gehören der Palazzo Pavia aus der Renaissance in der Via Palestro, in der Via Cancellieri der Palazzo Taina als Bauwerk der venezianischen Gotik und der Palazzo Piazzese im Jugendstil in der Via Matteotti.

Südlich von Ragusa

Das **Castello di Donnafugata ❺** (Di–So 9–13 Uhr) liegt 20 km südwestlich von Ragusa. Inmitten von Johannisbrotbäumen und Palmen empfindet man diese neuzeitliche Mauren-Persiflage als sizilianische Schöpfung *sui generis.*

Der Ursprungsbau der Burg datiert aus dem Jahr 1648, wurde aber von Corrado Arezzo, Baron von Donnafugata, als fanta-

Auf zum Comiso-Test! Der Legende nach wird sich das Wasser des Diana-Brunnens nicht mit Wein mischen, wenn es von unkeuscher Hand eingegossen wurde …

▼ **Die Fonte di Diana in Comiso**

sievolle Schöpfung des *ottocento* (19. Jh.) neu gestaltet und blieb bis in die 1970er-Jahre Familienbesitz.

Das Äußere der Zitadelle erweckt den Eindruck, als sei ein venezianischer Palazzo per fliegendem Teppich ins Reich von Tausendundeiner Nacht versetzt worden. Die zinnenbewehrten Mauern der Fassade erinnern an eine arabische Wüstenfestung, doch lockert ein Balkon mit maurischen Bogen die strenge Linienführung auf. Unter den Bogenfenstern öffnet sich faszinierenderweise eine Loggia im Stil der venezianischen Gotik.

Die schönsten der 120 Zimmer befinden sich im *piano nobile,* dem herrschaftlichen Obergeschoss: Es enthält ein privates Rauchzimmer, eine Gemäldegalerie, einen Billardsaal, einen Wintergarten und ein Konversationszimmer. Im Musikzimmer illustrieren Fresken den Zeitvertreib der Adligen: Malerei, *belcanto*-Gesang, Klavier- und Schachspiel. Auch in seinem jetzigen Zustand des Verfalls vermag der Palast noch immer zu bezaubern. Die Kapelle mit dem Tonnengewölbe ist in magisches Licht getaucht. Noch märchenhafter scheint der Glanz des *salone degli specchi* (Spiegelsaal): Fließende Stoffe, verblasstes Gold, Intarsientische und staubige Lüster schaffen eine Atmosphäre wie in Lampedusas *Der Leopard.* Vor dem Verlassen des Castello sollte man noch einen Blick auf die Lagerräume, Stallungen und Dienstbotenquartiere werfen. In seiner Glanzzeit waren auf dem Anwesen 1000 Menschen beschäftigt.

Das antike **Camarina ❻**, 598 v. Chr. von griechischen Kolonisten gegründet, liegt 12 km westlich von Donnafugata an der Küste. Die parallelen Straßen der Stadt zogen sich über drei Hügel an der Mündung des Flusses Ippari. 258 v. Chr. wurde sie von den Römern zerstört.

Den Mittelpunkt des Ortes bildet das **Antiquarium** (tgl. 9–1 Std. vor Sonnenuntergang) mit den Resten einer zerstörten Stadtmauer, einem Turm, Grabsteinen und Sarkophagen. Neben dem Museum liegen die Fundamente eines Athena-Tempels. Im *Haus des Altars* sind die Räume

radial um einen Innenhof angeordnet, in dessen Mitte sich auf einem Mosaikfußboden ein Altar mit dorischem Fries erhebt. Nur einen Steinwurf entfernt, am Fuß der Klippen, hat sich der schicke *Kamerina Club Med* angesiedelt.

In **Punta Secca** südlich von Camarina ist die Freilegung der römischen Hafenstadt **Caucana ❼** noch nicht abgeschlossen. Wie im Fall von Gela (s. Seite 204 f.), weiter nordwestlich an der Küste, hat sich ein Teil des Hafens durch die Versandung erhalten. Viele Schätze traten hier zu Tage: hellenistische Amphoren, römische Münzen und jüdische Leuchter. Und inmitten all der Trümmer liegt eine byzantinische Kirche mit dem farbenfrohen Mosaik einer Ziege.

Wie wäre es nach all den Altertümern nun mit einem Picknick unter den Schatten spendenden Schirmkiefern am Sandstrand oder mit fangfrischem Fisch in einer *trattoria* des modernen Badeorts Marina di Ragusa östlich von Caucana?

Seite 224

Alle Wege führen zum Wein …
Im örtlichen Tourismusbüro ist eine **Weinkarte** erhältlich, in der namhafte Produzenten in der Umgebung verzeichnet sind.

▲ **Maurische und gotische Elemente verbinden sich harmonisch am Castello di Donnafugata**
▶ **Die Piazza del Popolo in Vittoria mit der Chiesa Madonna delle Grazie**

229

Südöstlich von Ragusa

»Cubbaita« und andere Leckereien
Die Modicani sind begnadete Patissiers: vor allem Schokoladenpastete und »cubbaita«, eine arabische Süßspeise aus Mandeln, Honig und Sesam, verführen nicht nur Naschkatzen immer wieder aufs Neue. Am Corso Umberto finden Sie **L' Antica Dolceria Bonaiuto**, eine der renommiertesten Pasticcerie Modicas.

▼ **Die Ruinen des griechischen Hafens von Camarina**

Hinter Gehöften und Bruchsteinmauern kommt man zu zwei Brücken, und plötzlich blickt man auf eine graubraune, an den Hang geschmiegte Stadt. Die ehemalige Provinzmetropole **Modica** ❽ hat als mächtigstes Lehnsgut Siziliens eine bewegte Geschichte hinter sich. Die arabische Festung Mudiqah mit ihrer blühenden Landwirtschaft kam 1296 an die Familie Chiaramonte. Später geriet Modica unter spanischen Einfluss und ging von den Caprera-Vizekönigen auf die in Spanien lebende Henriquez über. Überall in der Stadt begegnet man den Wappen aller drei Dynastien: Berge, eine Ziege und zwei Burgen. Nach dem großen Erdbeben von 1693 wurde auch Modica im Barockstil neu errichtet.

Lange Zeit war es als das »Venedig des Südens« bekannt. Doch nachdem Modica 1902 von einer verheerenden Überschwemmung heimgesucht worden war, leitete man die Flüsse um und überdeckte die Kanäle. Deshalb macht nicht mehr das Wasser den Reiz der Stadt aus, sondern vielmehr der Kontrast zwischen den prächtigen Kirchen und den Häusern.

In unsicherer Hanglage thront die **Chiesa San Giorgio** (tgl. 9–12, 16–20 Uhr) vor dem Hintergrund felsiger Terrassen. Eine imposante Freitreppe mit 250 Stufen in der vollen Fassadenbreite führt zu dem 1738 geweihten Gotteshaus hinauf. Die herrliche Schauseite mit dem dreistöckigen, konvex vorschwingenden Glockenturm, durch vollplastische Säulen vertikal gegliedert, ist ein Musterbeispiel für den sizilianischen Barock – sie kann nur von der Hand des Baumeisters Rosario Gagliardi stammen.

Neben einem solchen Wunderwerk treten die anderen Kirchen zwangsläufig in den Hintergrund. Dabei glänzt auch die dreischiffige Basilika **San Pietro** mit einem stattlichen Treppenaufgang, Statuen der Apostel heißen die Gläubigen willkommen. Die gerade Fassade ist mit Pilastern, Sprenggiebeln und Voluten geschmückt.

Im benachbarten **Vicolo Grimaldi** liegt unterhalb der gleichnamigen Barockkirche die einst freskengeschmückte byzantinische Kapelle **San Nicolò Inferior,** eine Höhlenkirche. Schlüssel und Begleitheft für die **Cripta del Convento di San Domenico** direkt um die Ecke erhalten Sie im Tourismusbüro in der Via Grimaldi. Die mittelalterliche Krypta des nicht gerade aufwändig restaurierten Klosters (heute Rathaus) war einst eine verborgene Zufluchtsstätte, später Grablege für die Dominikanermönche. Zur Zeit der Inquisition als Folterkammer missbraucht, wurde sie erst 1972 im Zuge der Renovierungsarbeiten entdeckt.

Das **Museo Campanilla** (Mo–Fr 9–12 Uhr) ist eines der skurrilsten kleinen Provinzmuseen. Im 17. Jh. vom Arzt und Philosophen Tommaso Campanilla als Hospital für Syphiliskranke gegründet, war es bis ins frühe 20. Jh. hinein in Be-

trieb. Die Behandlungen basierten auf arabischen Heilmethoden des 8. Jhs.: So wurden die Kranken zum Ausschwemmen der »schlechten Stoffe« in saunaähnlich erhitzte Bleikammern gelegt und zusätzlich mit heißem Wasserdampf bestrahlt. Die unheimlichen Zellen sind noch erhalten und zu besichtigen, sie stehen in beinahe surrealistischer Verbindung zu den Arbeitsräumen des örtlichen Stadtrats.

Fährt man von Modica Richtung Süden, ist es nicht weit bis zum barocken **Scicli** und der Küste. Die südöstliche Route führt ins Ispica-Tal und die Provinz Syrakus. Die 13 km lange **Cava d'Ispica ❾** (tgl. 9–18.30 Uhr) ist von Kalksteinwänden eingefasst. Schon in der Vorzeit haben Menschen in dieser Schlucht gelebt. Ihr Südende überragt der **Castello,** ein Felsen in Form einer Burg. Die Talsohle unterhalb ist mit Oleander, Feigenkakteen und Johannisbrotbäumen dicht bewachsen. Am besten sind die Gräber im nördlichen Ausläufer der Schlucht erhalten.

Seite 224

Kinotipp!
1999 drehte Regisseur Fabio Conversi in Scicli und dem Barockwunder Noto seinen neuen Film »C'era una volta in Sicilia« (»Es war einmal in Sizilien«) mit Michele Placido. Thema der Handlung ist die Ankunft von Garibaldis Rothemden auf Sizilien.

▼ **Das Häusermeer von Modica**

Die als **La Larderia** bekannte Reihe von Katakomben aus dem 5. Jh. gehört als umfassendste derartige Anlage im Südosten Siziliens zu den örtlichen Höhepunkten. Der Freskenschmuck in der **Grotta di San Nicola** und **Grotta di Santa Maria** stellt die Madonna und Heilige dar, die Felsenkapelle Santa Maria war bis in die 1950er-Jahre bewohnt. Leider ist das Areal nur teilweise zugänglich, doch kann man von einigen Tischen der gemütlich-rustikalen **Trattoria Il Noce Antico** (»Die antike Nuss«, Tel. 09 32 90 68 46) das Gelände gut überschauen.

Südwestlich der Schlucht liegt **Scicli ❿**. Die düsteren Kirchen und grandiosen Barockbauten scheinen in dem verschlafenen Marktflecken völlig fehl am Platz. Ihre honigfarbenen Fassaden sind mit einer Vielzahl christlicher und mythologischer Figuren, etwa Sirenen, Faunen und Ungeheuern, dekoriert, die vom Schmuck griechischer Tempel und romanischer Kathedralen inspiriert sind. Wenigstens ein Teil des alten Stadtzentrums ist inzwischen restauriert. Zur überwiegend älteren Bevölkerung zogen in jüngster Zeit Kunsthandwerker, Tischler und Schmiede. Jedoch ist viel von der etwas getrübten, introvertierten Stimmung geblieben; auch gab es bis Ende des Jahres 2000 noch kein Hotel in der Stadt.

Die **Piazza Italia,** das Herz Sciclis, öffnet sich vor der **Chiesa Sant'Ignazio.** Ihr vergoldeter Innenraum birgt eine neapolitanische Darstellung der *Geburt Christi* sowie das Gemälde einer für Scicli schicksalhaften Schlacht zwischen Türken und Christen im Jahr 1091. Das erfolgreiche Dazwischentreten einer kriegerischen Muttergottes dürfte wohl den Sieg gebracht haben ... Dieses historische Ereignis, dessen Bedeutung auch die große Zahl der Marienkirchen in Scicli erkennen lässt, wird noch heute mit einem Stadtfest gefeiert.

An der **Via Mormino Penna,** einem gepflegten Boulevard aus der Barockzeit,

▲ San Giorgio in Modica
▼ Die Höhlenwohnungen von Cava d'Ispica

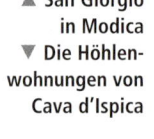

stößt man auf die schön restaurierte Fassade der **Chiesa San Giovanni.** Ihrem konvex-konkaven Schwung und dem plastischen Schmuck entspricht das üppig mit Stuck verzierte, maurisch-türkisgrüne Kircheninnere – ein Sonderfall auf Sizilien. Das Besondere am direkt südlich gelegenen **Palazzo Beneventano** sind der Schmuck seiner Fassade und die hinreißenden Balkonkonsolen: mythologische Tiere, Grotesken und Fratzen. Fast genauso *splendido* ist der **Palazzo Fava;** hier kämpfen wilde Greifen mit einem Cherubim hoch zu Ross. Östlich davon, am Fuß des Hügels, drängen die majestätische Kuppel und die Apsiden der Kirche **Santa Maria La Nuova** ins Bild. Sie markiert die Grenze zum faszinierenden mittelalterlichen Stadtviertel, erkennbar an seinen bescheidenen Häusern und den mit Topfpflanzen beinahe zugestellten Gassen und Treppen.

Oberhalb der Stadt erheben sich eine Burgruine und die kürzlich restaurierte **Chiesa San Matteo,** Letztere an der Stelle einer einstigen Sikulersiedlung. Der reizvolle aufwärts führende Pfad ist zum beliebtesten Sommerspazierweg der Einheimischen geworden.

An Ragusas Küste

Zur Provinz Ragusa gehören einige der schönsten Strände Siziliens. Weniger als 10 km von Scicli entfernt, umfasst die Küstenlandschaft Sanddünen, Marschgebiet, reizvolle felsige Badeplätze und Kieselstrände mit Heidekraut als Farbtupfen. Rund um die archäologische Stätte von **Camarina** ❻ öffnen sich einladende Sand- und Felsstrände, etwa an der Landzunge von **Punta Bracetto.** Weiter östlich, im Seebad **Marina di Ragusa** ⓫ mit seinen zahlreichen Fischlokalen, gibt es die einzigen offiziell betriebenen Strände, die außer fürs Surfen auch noch für andere Wassersportarten eingerichtet sind. Eine Geisterstadt im Winter, verwandelt sich Marina di Ragusa im Sommer in einen quicklebendigen Badeort mit zahllosen Ferienwohnungen und -häusern. Im

Osten erstreckt sich das waldreiche Naturschutzgebiet von **Fiume Irminio.** Der Küstenstreifen **Donnalucata** ⓬ ist zwar mit Treibhäusern zugepflastert, besitzt aber auch einige schöne Sandstrände.

Auf der Weiterfahrt nach Osten gelangt man nach etwa 7 km zur felsigen Landspitze von **Punta del Corvo.** Das bei den Einheimischen nicht nur wegen seiner Sanddünen beliebte pittoreske Fischerdorf **Sampieri** ⓭ strahlt eine gelassene Atmosphäre aus. Hinter dem nächsten Küstenvorsprung liegt der Hafen von **Pozzallo** ⓮, in dem man die örtlichen Fischspezialitäten, etwa fangfrischen Thunfisch und Sardinen, kosten sollte. Der Strand des Ortes grenzt allerdings dicht an ein Industriegebiet. Die Badeplätze in Richtung der östlich gelegenen Provinz Syrakus sind jedoch durchaus akzeptabel. Von Pozzallo aus kann man einen Tagesausflug nach Malta unternehmen, oder Sie lernen eine Perle barocker Baukunst kennen, die bezaubernde Stadt Noto (s. Seite 251 ff.). ■

Seite 224

Klassiker der Literatur
Sizilien hat viele große Schriftsteller hervorgebracht; mit dem in Modica geborenen Salvatore Quasimodo (1901–1968) ist sogar ein zweiter Literatur-Nobelpreisträger vertreten. Neben herausragenden Übertragungen antiker Klassiker schuf er vor allem Gedichte mit starkem Bezug zum Alltagsleben, eine »poesia sociale«.

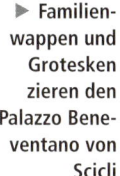

▶ **Familienwappen und Grotesken zieren den Palazzo Beneventano von Scicli**

Die Stadt Syrakus

Seite
236

**Bezaubernd, kultiviert, aber von ungleich langsamerem Lebensrhythmus
als das quirlige Catania und nicht ganz so hinreißend wie Palermo.
Dennoch erobert Syrakus die Herzen seiner Gäste:
als Hauptstadt des Genusses.**

Die Stadt wurde 733 v. Chr. von korinthischen Siedlern gegründet, die Verbindungen zu Sparta unterhielten. Die Herrschaft lag in den Händen einer Reihe machtbewusster lokaler Tyrannen. In die Regierungszeit Gelons (gest. 478) fällt Syrakus' »goldene Zeit«, unter Dionysios dem Älteren stieg es zur wichtigsten Macht im Mittelmeer auf. Entscheidend war dabei der Seesieg über die Athener im Jahr 415 v. Chr. Dionysios I. regierte Syrakus 38 Jahre lang als Tyrann. Er muss ein begnadeter Demagoge, ausgezeichneter Stratege, begabter Techniker und Verfasser miserabler Tragödien gewesen sein. Unter seiner Oberhoheit entstanden monumentale Gebäude, die zu den großartigsten Werken der westlichen Welt zählten. In seiner Blütezeit übertraf Syrakus sogar Athen an Macht und Prestige.

Nachdem über dem Griechenland der Antike die Sonne untergegangen war, sank Syrakus zur römischen Provinz herab. Angeblich christianisierten Petrus und Paulus die Stadt auf ihrem Weg nach Rom. Unter Konstantius II. avancierte Syrakus kurzfristig (von 662–668) zur Metropole von Byzanz und brachte zahlreiche Päpste und byzantinische Patriarchen hervor. Nach Plünderungen seitens der Araber im Jahr 878 und später durch die Normannen geriet die Stadt in Vergessenheit, gelangte aber unter spanischer Herrschaft allmählich wieder zu Reichtum.

Die Stadtteile

Syrakus ist weitläufig, seine alte griechische Unterteilung besteht noch heute. **Ortygia** (italien. Ortigia), die »Wachtelinsel«, das kulturelle Herz der griechischen Stadt, blieb sich treu: Obwohl reichlich

mit katalanischen und barocken Palazzi ausgestattet, wirkt dieses bezaubernde Viertel beschaulich und zurückhaltend – trotz der steigenden Zahl von Bars und Trattorien. Hier verbringen die Einheimischen gerne ihre lauen Sommerabende.

Den Gegensatz dazu bildet das nördliche Viertel **Tyche** auf dem Festland, das außerhalb der Grenzen des römischen Syrakus lag, es ist eine wahre Totenstadt voll antiker Katakomben. Das klassische Geschäftsviertel **Achradina** grenzt an Ortygia, und westlich davon erstreckt sich der Stadtteil **Neapolis.** Längst keine »neue Stadt« mehr, verkörpert Neapolis das anti-

◄ **Die Göttin
der Jagd
bekrönt die
Fonte Aretusa
in Ortygia**
► **Griechisches Erbe:
Korinthische
Kanne mit
Tierfriesen
im Museo
Archeologico**

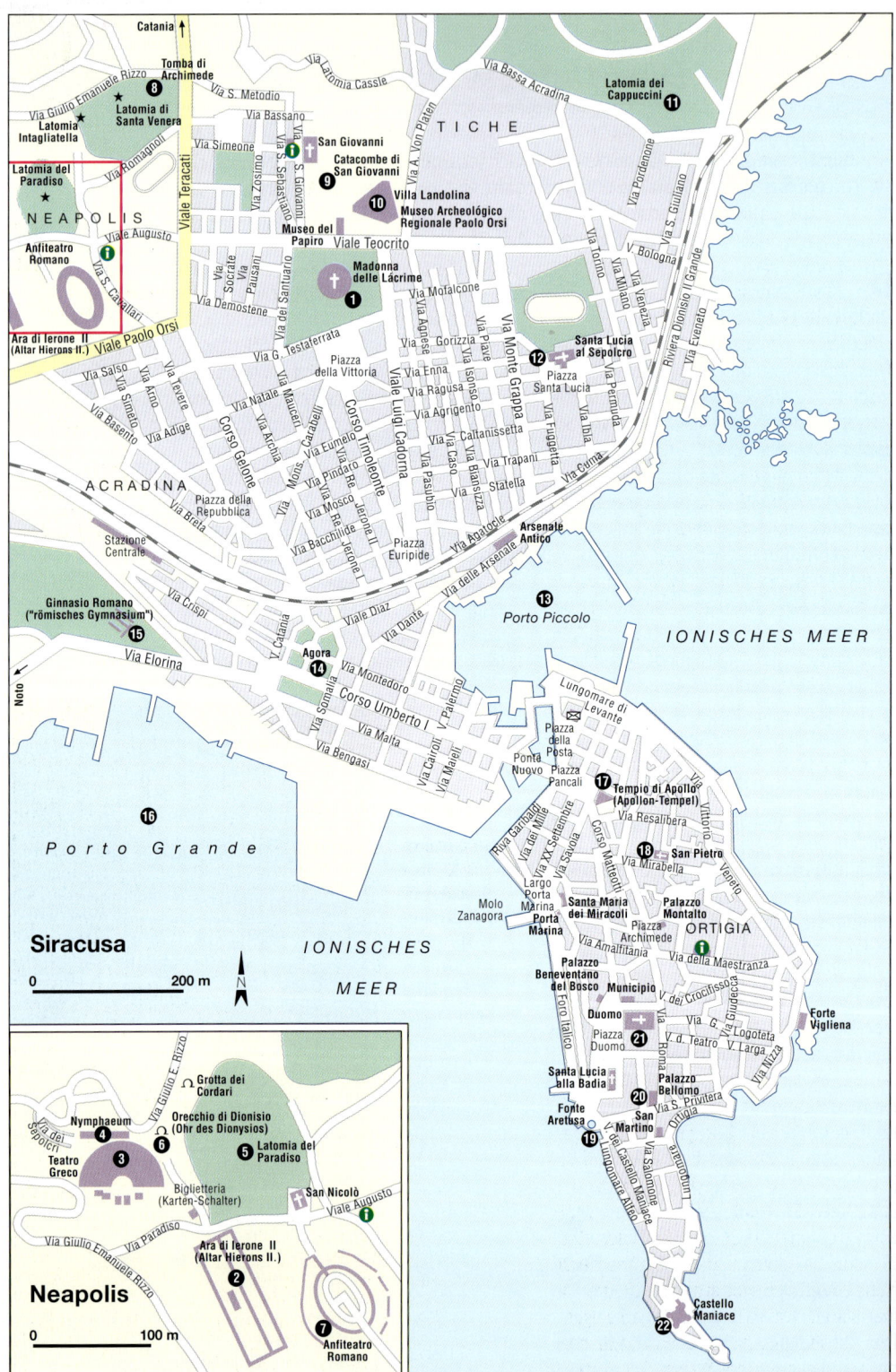

Catania ↑

Tomba di Archimede ●8

Via Giulio Emanuele Rizzo
Latomia di Santa Venera ★
Latomia Intagliatella ★

Via S. Metodio
Via S. Bassano
Via S. Sebastiano

Via Latomia Cassie

Via Bassano

Via A. Von Platen

Via Bassa Acradina

Latomia dei Cappuccini ●11

T I C H E

San Giovanni ●
Catacombe di San Giovanni ●9
Villa Landolina
Museo Archeológico Regionale Paolo Orsi ●10
Museo del Papiro ●

Via Simeone
Via Zosimo

N E A P O L I S
Latomia del Paradiso ★
Viale Augusto

Anfiteatro Romano ●

Via S. Cavallari

Ara di Ierone II (Altar Hierons II.)
Viale Paolo Orsi

Via Romagnoli
Viale Teracati

Via Teocrito
Madonna delle Lácrime ●1

Via Santuario
Via Socrate
Via Pausani
Via Demostene

Piazza della Vittoria
Via G. Testaferrata

Via Salso
Via Tevere
Via Simaeto
Via Adige
Via Basento

Corso Gelone
Via Natale
Via Mauceri
Via Aichia

Via Eumelo
Mons. Carabelli
Via Pindaro
Via Mosco
Via Baccchilde

Via Re Jerone II.
Via Re Jerone II.

A C R A D I N A

Piazza della Repubblica

Stazione Centrale

Ginnasio Romano ("römisches Gymnasium") ●15

Via Crispi
Via Catania
Viale Diaz
Viale Dante

Via Elorina

Agora ●14

Via Montedoro
Corso Umberto I
Via Somalia
Via Malta
Via Bengasi
Via Cairoli
Via Majeli
Via Palermo

Via Mofalcone
Via Agnese
Via Gorizzia
Via Piave
Via Enna
Via Ragusa
Via Caltanissetta
Via Caso
Via Pasubio
Via Blanizza
Via Fraggetta
Via Ibla

Santa Lucia al Sepolcro ●
Piazza Santa Lucia ●12

Via Trapani
Statella
Via Agatocle
Via delle Arsenale

Piazza Euripide

Arsenale Antico

Porto Piccolo ●13

Via Monte Grappa
Via Torino
V. Bologna
Via Venezia
Via Milano

Riviera Dionisio I Grande
Via Pordenone
Via S. Giuliano
Via Permuda
Via Curna
Via Eveneto

I O N I S C H E S   M E E R

Noto ←

Porto Grande ●16

Lungomare di Levante
Piazza della Posta
Ponte Nuovo
Piazza Pancali

Tempio di Apollo (Apollon-Tempel) ●17
Via Resalibera
San Pietro ●18
Via Mirabella

Via Savoia
Via XX Settembre
Via dei Mille
Riva Garibaldi

Molo Zanagora
Largo Porta Marina
Porta Marina

Santa Maria dei Miracoli
Piazza Archimede
Palazzo Montalto

Via Amalfitania
Via della Maestranza

O R T I G I A

Palazzo Beneventano del Bosco
Municipio
Duomo
Piazza Duomo ●21
Santa Lucia alla Badia

Via Mirabella
Via Matteotti
Via Roma
Via Vittoria
Via Veneto
Via G. Logoteta
V. d. Teatro
V. d. Larga
Via Nizza
Via S. Priviera
Via Salomona

Forte Vigliena
Forte

Palazzo Bellomo ●20
San Martino ●

Fonte Aretusa ●19

Lungomare Alfeo
Lungomare di Castello Maniace

Castello Maniace ●22

Siracusa

0 ————— 200 m

N

I O N I S C H E S
M E E R

Grotta dei Cordari ●
Nymphaeum ●4
Orecchio di Dionisio (Ohr des Dionysios) ●6
Latomia del Paradiso ●5
Teatro Greco ●3
Biglietteria (Karten-Schalter)
San Nicolò ●
Viale Augusto

Via Giulio E. Rizzo
Via dei Sepolcri
Via Paradiso

Ara di Ierone II (Altar Hierons II.) ●2

Via Giulio Emanuele Rizzo

Neapolis

0 ————— 100 m

Anfiteatro Romano ●7

ke Griechentum mit einem öffentlichen und einem sakralen Bezirk, seinen Theatern und Heiligtümern.

Tyche und Achradina wurden 1943 zwar bombadiert, doch blieb der Großteil von Syrakus unversehrt. Noch heute ignoriert die Stadt gerne die Folgen von Naturgewalten wie auch menschliches Versagen: so etwa das Erdbeben von 1991, seine schwergängige Wirtschaft oder die Trägheit der Stadtverwaltung.

Moderner Widerpart zur klassischen Vollkommenheit und nützlicher Orientierungspunkt, weist die **Chiesa Madonna delle Lacrime ❶** den Weg zu den Grabungsstätten von Neapolis und Tyche; zudem kann man sie von fast allen Orten der Stadt aus sehen. 1953 soll an dieser Stelle das Wunder einer weinenden Marienstatue stattgefunden haben. Der Schrein in Gestalt einer gigantischen Träne entstand in den 1980er-Jahren und ist inzwischen ein beliebtes Ziel bei Wallfahrern (tgl. 6–12.30, 16–19 Uhr). Die kunstverwöhnten Einheimischen nennen das Gotteshaus *spremilimoni* (Zitronenpresse): Seine eigenwillige Architektur ist wirklich Geschmackssache!

Neapolis, die archäologische Ausgrabungsstätte mit ihren Theatern, Gräbern und Steinbrüchen (tgl. 9 Uhr–1 Std. vor Sonnenuntergang), liegt inmitten Schatten spendender Nadel- und Olivenbäume. Im Sommer jedoch glühen die klassischen Relikte trotzdem unter der Sonne.

Auf dem Weg zum Griechischen Theater passiert man die **Ara di Ierone II ❷**, die mit imposanten Telamonen bestückten Überreste des Altars von Hieron II. Das außerordentlich flach angelegte **Teatro Greco ❸** wurde um 474 v. Chr. errichtet und im 3. Jh. v. Chr. gründlich umgestaltet und erweitert. Es fasste 15 000 Zuschauer, seine *cavea* (Halbrund für die Zuschauer) ist durch zwei Korridore *(diazomai)* quergeteilt, in der Vertikalen sind es neun Sektoren *(cunei),* die Zeus und Mitgliedern der Herrscherfamilie gewidmet waren, was Weihinschriften belegen. Die Römer bauten das Theater um und nutzten es auf ihre Weise: Mit einem Damm stauten sie Wasser auf und lenkten es so um, dass die *orchestra* geflutet werden konnte, etwa um Seeschlachten (Naumachien) in Szene zu setzen oder für Gladiatorenkämpfe. Von ganz oben hat man eine umwerfende Aussicht auf das moderne Syrakus und die spiegelnde See. Das **Nymphäum ❹** auf der Terrasse ist eine Brunnenanlage mit Wasserfall, Quellen und einer Grotte, die einst Nischen für Statuen und Votivopfer enthielt.

Ein Pfad windet sich von der Rückseite des Teatro Greco durch einen Wald zu einem Felsbogen und der üppigen **Latomia del Paradiso ❺**, einem Steinbruch, wo heute Oliven- und Zitrusbäume wachsen. Das **Orecchio di Dionisio (Ohr des Dionysios) ❻** ist eine 65 m lange, 23 m hohe künstliche Grotte in Gestalt einer Ohrmuschel, die ihren Namen dem Maler Caravaggio verdankt. Dieser stellte sich vor, dass der Tyrann Dionysios die feuchte, wie ein Gehörgang geformte Höhle mit ihrer extremen Schallverstärkung (angeb-

Seite 236

Touristeninformation
Syrakus besitzt zwei **Fremdenverkehrsbüros,** eines in Ortygia (Via Maestranza 33, Tel. 0 93 16 52 01), das andere nahe Neapolis (Via San Sebastiano 43, Tel. 09 31 48 12 32).

▶ **Der Eingang zur Grotte »Orecchio di Dionisio« in Neapolis**

Tragödien im »Ohr des Dionysios«
Die Schauspielerin Grazia Visconti liebt es, in »ihrem« Teatro Greco in Tragödien mitzuwirken: »... das Heilige des Platzes erfüllt die Schauspieler mit einem Sinn für Grandeur und Schicksal.« La Visconti singt sogar im »Ohr des Dionysios« – bei dessen atemberaubender Schallverstärkung ein Erlebnis!

▼ **Das Griechische Theater in Syrakus**

lich um das 42fache!) als Kerker hatte anlegen lassen, wo er seine Gefangenen heimlich belauschen wollte. Grabungsfunde in und vor der Höhle legen aber eine sakrale Funktion des Ortes nahe, möglicherweise bestand hier ein Heiligtum der Demeter. Die Wände der benachbarten **Grotta dei Cordari** (wegen Steinschlags verschlossen) bestehen aus vielfarbigem Gestein, das zahllose Meißelspuren trägt; denn hier prüften die Hanfseilmacher die Reißfestigkeit ihrer Produkte. Ein (gleichfalls nicht mehr zugänglicher) Tunnel verbindet die Latomia del Paradiso mit der **Latomia Intagliatella,** von der ein Felsbogen in die nach Zitronen duftende **Latomia di Santa Venere** mit ihren Votivnischen führt. Man kann sich kaum vorstellen, dass diese Gärten einmal Folterkammern waren: Nach ihrem entscheidenden Sieg über Athen ließen die Syrakusaner zahllose Kriegsgefangene mit Flaschenzügen in die Gruben hinab und dort schmachten.

Den Weg säumen steinerne Sarkophage. Ein separater Eingang (das Ticket ist hier noch gültig) führt in das **Anfiteatro Romano** ❼, das römische Amphitheater. Die riesige Ellipse (140 x 119 m) entstammt dem 3. Jh. v. Chr. Zwischen dem Teatro Greco und dem römischen Amphitheater steht die romanische **Chiesa San Nicolò,** sie birgt eine römische Zisterne. Auf einem Spaziergang entlang der Via Giulio Emanuele Rizzo lernt man die antike Stadt mit ihrem Aquädukt, der mit Gräbern bestückten **Via dei Sepolcri** und schönem Rückblick auf Neapolis kennen.

Weiter oben begegnet man in der (nicht immer zugänglichen) **Grotticelli-Nekropole** hellenistischen und byzantinischen Gräbern. Ein eleganter römischer Portikus umrahmt die **Tomba di Archimede** ❽, das »Grab des Archimedes«, in Wahrheit ein römisches *columbarium,* ein Friedhof für Aschenurnen. Mit den **San-Giovanni-Katakomben** ❾ (tgl. 9–13, 14–17 Uhr, Di geschl.) in der Nähe betritt man die Welt der verfolgten Christen. Unter der Führung eines freundlichen Mönches können die Besucher frühchristliche Sarkophage bewundern, eine Darstellung des hl. Petrus aus dem 4. Jh. und ein Mosaik, das den Sündenfall abbildet. Den Garten beherrscht die Ruine der **Chiesa San Giovanni Evangelista,** an deren verzierten Fenstern und Türen oft die Wäsche der Mönche zum Trocknen flattert. Diese Kirche Johannes des Täufers war die erste Kathedrale von Syrakus und dem ersten Bischof Marcianus geweiht. Stufen führen hinunter in die mit den Katakomben verbundene **Cripta di San Marziano.** Sie wurde nach Bischof Marcianus benannt, der in der Mitte des 3. Jhs. den Märtyrertod durch Steinigung erlitten hatte. Das eindringende Licht fällt auf verblasste Fresken der hl. Lucia, skulptierte Gesimsleisten und einen Altar, an dem schon der hl. Paulus gestanden haben soll.

Die wohl vielfältigste und schönste archäologische Sammlung Siziliens besitzt das **Museo Archeologico Regionale Paolo Orsi** ❿ (in der Saison tgl. 9–13.30, 15.30–18.30 Uhr) im Park der **Villa Landolina** (Via A. Von Platen), über einem alten Steinbruch und einer heidnischen Nekropole errichtet. Die ausgezeichnet aufbereitete Sammlung präsentiert in drei Sektoren Exponate aus prähistorischer und klassischer Zeit, Funde aus Syrakus sowie Stücke aus Eloro, Gela und Agrigent. Die Vorgeschichte ist mit Tontöpfen aus Pantalica und Abbildungen von Zyklopen sowie Zwergelefanten vertreten.

Paradestücke des Museums sind zwei Werke wie sie unterschiedlicher kaum sein könnten: die (kopflose) römische Marmorkopie der *Venus Anadyomene* oder *Landolina* aus dem 2. Jh. v. Chr. und die in Megara Hyblaea ans Licht gekommene archaische Skulptur aus bemaltem Kalkstein, eine sitzende Fruchtbarkeitsgöttin, die ihre kleinen Zwillinge stillt (6. Jh. v. Chr.). Und auch sonst ist das Spektrum der Ausstellung weit gespannt.

Seite 236

Klassische Dramen
In griechischer Zeit wurden im Griechischen Theater von Syrakus unter anderem »Die Perser« des Tragikers Aischylos uraufgeführt. Heute stehen alle zwei Jahre im Sommer (Mai/Juni, in den geradzahligen Jahren) Dramen von Sophokles und Euripides auf dem Spielplan.

Gleich um die Ecke zeigt das **Museo del Papiro** (tgl. 9–14 Uhr) Teile seiner Papyrusbestände sowie die ägyptischen Techniken der Papierherstellung. Die Via A. Von Platen führt zu den **Vigna-Cassia-Katakomben** mit ihren Beisetzungskammern und freskenverzierten Wänden. Von dort aus gelangt man zur **Latomia dei Cappuccini ⓫**, einem mit Vegetation »gesprenkelten« Steinbruch direkt an der Küste. Derzeit ist das Areal nur von der weiter oben verlaufenden Via Acradina aus überschaubar.

Weiter südlich umgeben Katakomben (unzugänglich) die **Chiesa Santa Lucia al Sepolcro ⓬**, eine Gründung San Zosimos, des ersten griechischen Bischofs von Syrakus. Die Kirche ist der hl. Lucia geweiht, der tief verehrten Schutzpatronin der Stadt, die im Jahr 304 den Märtyrertod sterben musste.

Am Kleinen Hafen, dem **Porto Piccolo ⓭**, wurden die kärglichen Überreste des alten **Waffenarsenals** (Arsenale Antico) und Bootshauses ausgemacht. Unweit steht auch das byzantinische Bad, wo Kaiser Konstantius II. 668 angeblich von einem Sklaven mit einer Seifenschale ermordet wurde. Auf dem **Piazzale del Foro Siracusa** erstreckt sich das so genannte Forum, eigentlich die **Agora ⓮** von Achradina, das Markt- und Handelszentrum der griechischen Stadt. 1943 wurde sie durch Bombardements der Alliierten und der deutschen Luftwaffe schwer beschädigt.

Weiter westlich ruht an malerischem Ort das **Ginnasio Romano ⓯**. Die fälschlich als römisches Gymnasium bezeichnete, nicht sehr gut erhaltene Anlage war einst ein Theater mit vorgelagertem Tempel, einem Peripteros aus Marmor. Ganz in der Nähe trifft man auf den **Porto Grande ⓰**, wo Dionysios der Ältere im Jahr 415 v. Chr. der attischen Kriegsflotte ihre vernichtende Niederlage beibrachte. Heute dient der Große Hafen als Umschlagplatz für Industrie und Handel.

▲ **Die Künstler gestalten Papyri auch nach Ideen ihrer Kunden**
▼ **Die Hafenpromenade in Ortygia**

Ortygia

Über den **Ponte Nuovo** und dann zwischen vertäuten Booten und pastellfarbenen »venezianischen« Palazzi hindurch gelangt man zu den **Darsena,** den inneren Docks. Das reizvolle Ortygia auf der anderen Seite wartet mit einer baufälligen Brücke und – entlang der Riva Garibaldi – mit diversen Nobelhäusern auf.

Nur das traumwandlerische Ragusa könnte mit dieser Oase der Ruhe konkurrieren – ein Ort für Spazier- und Müßiggänger sowie Liebhaber ausgedehnter Essgelage. Obwohl für die Restaurierung Ortygias bereits EU-Gelder vorhanden sind und die baufälligen Palazzi vor den Augen der entsetzten Bürger in sich zusammenzusinken drohen, geht hier wieder einmal nichts: Die schwerfällige Bürokratie und Lobbyisten mit anderen Zielen verhindern die Aufnahme diverser bitter notwendiger Projekte zur Rettung der Sehenswürdigkeiten und der alten Bausub-

stanz. Doch gibt es durchaus auch positive Signale. Nachdem in den 1960er-Jahren zahllose Familien in die gesichtslosen Vororte der Stadt weggezogen sind, wird die schleichende »Vergreisung« des Stadtteils jetzt aufgefangen durch die Zuwanderung einer neuen Generation berufstätiger junger Leute, die den Charme des alten Viertels lieben gelernt haben.

Die mit zwei Naturhäfen, Trinkwasserquellen und dem Wohlwollen des Orakels von Delphi gesegnete Insel war ein Heiligtum der Jagdgöttin Artemis, deren Haupttempel als *Sofa der Artemis* bekannt war. Bereits in den frühen Tagen der neuen Religion verschmolz die griechische Göttin mit der christlichen Stadtheiligen Lucia, die immer noch mit Festen geehrt wird.

Die Einfahrt nach Ortygia an der Piazza Pancali dominiert der archaisch-dorische **Apollon-Tempel ⓱**. Dieser älteste Sakralbau der Stadt wurde um 565 v. Chr. errichtet, von den Byzantinern in eine christliche Kirche, unter den Arabern in

Seite
236

Stimmungsvolle »trattorie«
In der Via Gemmellaro findet man einige der besten »trattorie« Ortygias, etwa das **Ristorante Archimede** (Nr. 8, Tel. 0 93 16 97 01), mit hitverdächtigen Meeresfrüchten und »antipasti«.

▼ **Fischerboote im Porto Piccolo**

Theorie und Praxis

»Gebt mir einen Punkt, auf dem ich stehen kann, und ich werde die Erde bewegen«, soll Archimedes einst gesagt haben, nachdem er sich über die Gesetze der Hebelwirkung klar geworden war. Doch verdankt ihm die Nachwelt weitere wesentliche Erkenntnisse und Erfindungen: etwa eine Winde, mit der ein Einzelner ein Schiff vom Stapel laufen lassen konnte, oder die Wasserschnecke, die er während seiner Zeit im ägyptischen Alexandria konstruierte, eine Vorrichtung, um Wasser von einem niedrigeren auf ein höheres Level zu transportieren. Des Gelehrten eigentliche Berühmtheit fußt allerdings auf der Entdeckung des »Archimedischen Prinzips«, einer der Grundlagen der Hydrostatik.

Die Vorstellung, dass Archimedes tief in Gedanken versunken in der Badewanne lag und plötzlich mit dem Schrei »Heureka!« aufsprang, gehört natürlich in den Bereich der Legende. Doch als er eine Krone aus einer Goldlegierung näher untersuchte, fand er heraus, dass ein Körper in einer Flüssigkeit so viel an Gewicht verliert, wie die verdrängte Flüssigkeitsmenge wiegt – d. h. das von einem Gegenstand verdrängte Wasser entspricht dem Gewicht des Gegenstandes und nicht seinem Volumen. Danach konnte er die Anteile der verschiedenen Metalle der Goldlegierung bestimmen.

In seinen Werken beschrieb Archimedes jedoch nicht seine technischen Errungenschaften, sondern Theorien und Axiome, die er aufgestellt hatte. Die Schwerpunktsbestimmungen führten ihn zu mathematischen Problemen, wie den Inhaltsberechnungen geometrischer Flächen und Körper.

Der 287 v. Chr. in Syrakus geborene Archimedes arbeitete für König Hieron II. und dessen Sohn Gelon. Während der beiden Jahre im 2. Punischen Krieg, als der römische Befehlshaber Marcellus die Inselhauptstadt belagerte, bewies der geniale Denker und Erfinder einmal mehr, wie gut er sich auch auf nützliche Konstruktionen verstand: Die von ihm erfundenen Steinschleudern bzw. Langstrecken-Katapulte wurden mit großem Erfolg bei der Verteidigung von Syrakus eingesetzt. Darüber hinaus gelang ihm die Anordnung von Brenngläsern in einer Form, die es ermöglichte, Schiffe der römischen Flotte auf große Distanz in Brand zu setzen.

Auch der letzte Ausspruch des Genies ist überliefert und damit unsterblich geworden: Archimedes soll im Jahr 212 am Strand von Syrakus gesessen und, ganz in sein Tun vertieft, Zeichen in den Sand gekritzelt haben, als ein römischer Soldat mitten in seine Berechnungen trampelte. »Noli turbare circulos meos!«, »Störe meine Kreise nicht!«, soll Archimedes daraufhin entnervt ausgerufen haben – und da der römische Haudegen natürlich nicht wusste, wen er vor sich hatte, erschlug er den großen Mathematiker kurzerhand mit seinem Schwert. ∎

◀ Bronzestatue des großen Erfinders und Ingenieurs

eine Moschee umgewidmet und 1862 durch Zufall wieder entdeckt. Wie er einmal ausgesehen haben muss, verrät das Modell des Heiligtums im Archäologischen Museum.

Die **Chiesa San Pietro ⑱** gleich im Südosten wurde angeblich von Petrus gegründet und unter Bischof Germanus zu einer byzantinischen Basilika mit drei Schiffen erweitert. Apsis und Blendarkaden entstammen dem 8., das aufwändig dekorierte Portal dem 14. Jh. Die Via XX Settembre westlich der Kirche schließt Teile der **griechischen Mauer** ein. Die insgesamt 4,8 km lange Stadtbefestigung wurde von 60 000 Arbeitern binnen 20 Tagen in Tag- und Nachtschichten errichtet. Überreste davon sind auch noch in anderen Teilen der Stadt zu sehen.

Unweit von hier umgeben prächtige Villen die **Piazza Archimede,** das barocke Zentrum Ortygias mit seinem sehr schön restaurierten Springbrunnen und würdevollen Patrizierhäusern. Die geheimnisvolle **Via Maestranza** bildet den Mittelpunkt des alten Gildenviertels mit seinen spanischen Herrschaftsvillen. Zwischen düsteren Innenhöfen und tanzenden Skulpturen locken die süßen Köstlichkeiten zahlreicher *pasticcerie.*

Jede Wendung Richtung Westen führt zurück zum Meer. Hier markiert die **Porta Marina** das Herz des katalanisch-gotischen Viertels um die **Chiesa Santa Maria dei Miracoli** aus dem 15. Jh. Am Ufer entlang geht es zur **Fonte Aretusa ⑲**, einer Trinkwasserquelle, dem Wahrzeichen von Syrakus. Die Nymphe Arethusa soll hier einst von Alpheios, einem Flussgott, heftig bedrängt worden sein.

Als sie das Meer erreichte, verwandelte Artemis die Verfolgte in eine Quelle, und sie kam heil in Ortygia an. Doch zog Alpheios sie dort unter die Wellen und »vermischte sein Wasser mit dem ihren«.

Tetradrachmen

→ Die Silbermünzen mit dem von Delphinen umspielten Profil der Arethusa besaßen schon in ihrer Ausgabezeit im 5. Jh. im Mittelmeerraum hohe Geltung. Heute zählen sie zu den schönsten Zeugnissen antiker Kunst überhaupt.

Abends trifft sich die Syrakusaner Jugend in diesem von Papyruspflanzen bestandenen und Enten bevölkerten romantischen »Liebesnest«. Nymphen ziehen die Kaffeehausterrassen an der Hafenseite vor ...

Landeinwärts, an der Via Cappodieci, steht der **Palazzo Bellomo ⑳** (tgl. 9–14 Uhr), Ortygias schönste katalanisch-gotische Villa und Kunstgalerie. Durch den kühlen, eleganten Innenhof gelangt man zur neugestalteten **Galleria Regionale.** Die Hauptattraktionen sind Michelangelo da Caravaggios Meisterwerk, die *Grablegung der heiligen Lucia* und eine *Verkündigung* von Antonello da Messina. Als weitere Highlights der Sammlung gelten sakrale und profane Gegenstände des 14. bis 18. Jhs., Krippenfiguren, byzantinische

Seite
236

Syrakus im Film
Filminsel Sizilien: Diesmal geht es auf Spurensuche nach Giuseppe Tornatores neuem Streifen »Malena«, einer Romanze, die der sizilianische Regisseur während des Faschismus spielen lässt und 1999 auch in Ortygia gedreht hat – so etwa auf der Piazza del Duomo.

▶ **Fangfrische Meeresfrüchte auf dem Markt**

Ikonen, sizilianischer Altarschmuck sowie katalanische und spanische Gemälde.

Eine Treppe führt zum **Duomo ㉑** (tgl. 8–12, 16–19 Uhr), einst ein Athena-Tempel. Antike Säulen zieren seine Außenwände in der Via Minerva, ein Indiz dafür, dass hier eine heidnische Kultstätte in eine christliche Kirche umgewidmet wurde. Davor war das Heiligtum – einer der drei Siegestempel nach der Schlacht von Himera – mit seiner prachtvollen Fassade, die von einer Athena-Statue mit glänzendem Schwert und Bronzeschild bekrönt wurde, ein »göttlicher Leuchtturm« für die Seefahrer. Welche Vorstellung: Der Tyrann Dionysios I. persönlich huldigte der Göttin in dieser Kultstätte!

Und der heutige Dom kann wahrhaftig auf eine wechselvolle (Bau-)Geschichte zurückblicken: Einst antikes Heiligtum, dann frühchristliche Kirche, im 7. Jh. durch San Zosimo zur Kathedrale erhoben, unter den Normannen mit einer neuen Fassade und Fenstern in den Wänden

▲ Frisch gebackenes Brot gibt es in diversen Formen
▼ Der Dom von Syrakus mit seinem eindrucksvollen Innenraum und der prächtigen Barockfassade

der ehemaligen *cella* versehen, erlitt er 1542 und 1693 große Erdbebenschäden, die zum Wiederaufbau in den Jahren 1728–1757 führten. Diesen Meisterleistungen in Konzeption und Baukunst verdanken Dom und Domplatz ihr heutiges Aussehen. Die herrliche himmelstrebende Barockfassade mit ihrer faszinierenden Licht- und Schattenwirkung geht auf den Entwurf des palermitanischen Architekten Andrea Palma zurück. Im Inneren der dreischiffigen Basilika dominieren die dorischen Tempelsäulen; die Seitenkapellen wurden im 17. und 18. Jh. angefügt, wofür die Mauern in den Säulenzwischenräumen abgetragen wurden. Die Kreuzkapelle enthält Bilder der beiden heiligen Stadtbischöfe. San Zosimo stammt von der Hand Antonello da Messinas. Die schöne Apsis des nördlichen Seitenschiffs birgt Werke von Antonello Gagini.

Verstärkt wird die eindrucksvolle Wirkung des Domplatzes durch angrenzende Gebäude: die 1707 neu geweihte Kirche

S. Lucia alla Badia mit ihrem schmiedeeisernen Balkon, dem 1779–1788 umgebauten **Palazzo Beneventano del Bosco,** früherer Sitz des Malteser-Ordens sowie dem ehemaligen Senatorenpalast und jetzigen **Rathaus** von 1633.

Spaziergänge am Meer

Abends oder zur Siestazeit ist im stimmungsvollen Porto Piccolo nur das Rauschen der Wellen zu vernehmen. Die Anwohner warnen Reisende gern davor, den Kleinen Hafen, seine abbröckelnden Palazzi und die Schnellrestaurants am Abend zu besuchen: wegen der *sciappatori,* der Taschenräuber. Doch seitdem Ortygia sich zum Zentrum des Syrakusaner Nachtlebens gemausert hat, mit neuen Bierkneipen und gemütlichen Bars, ist die Gegend dank des geschäftigen Treibens natürlich auch viel sicherer geworden. Der westliche Küstenstreifen zwischen der Porta

Marina und der Fontana Aretusa avanciert im Sommer zum Modelaufsteg, die Jeunesse dorée paradiert, beginnt ihre *passeggiata* bei der Fontana Aretusa, die Sie auch über die Spazierwege am Meer im Osten von Ortygia erreichen können. Weitere reizvolle Anblicke beschert eine Schiffsrundfahrt um die Insel. Die Boote legen an der Zanagora-Mole am Largo Porta Marina ab.

Das zerklüftete Ostufer ist nicht weniger interessant, etliche Palazzi und Lagerhäuser am **Lungomare di Levante** sind längst renoviert. Das ehemalige jüdische Ghetto um die Via Giudecca mag zu nächtlicher Stunde auch suspekt erscheinen, vor allem die dunklen Gassen hinter der Via Nizza; das Kap rund um die **Forte Vigliena** ist ein netter Sommer-Badeplatz und durch etliche kleine Bars belebt.

Die südliche Landspitze Ortygias wird von den befestigten Überresten des **Castello Maniace ❷** dominiert. Die Stauferburg, einst Wächterin über die beiden

Tafeln wie Dionysios
Restaurants mit Atmosphäre und Kolorit konzentrieren sich in den Seitenstraßen von Ortygia. Spezialitäten sind Meeresfrüchte und »stimpirata di coniglio«, eine Pastete aus Kaninchenfleisch und Gemüse.

▼ **Die Palazzi auf Ortygia trotzen der windgepeitschten See**

Seite 236

Wer die Schönheit angeschaut mit Augen ...
Der deutsche Dichter August Graf von Platen (1796–1835) liebte einsame Spaziergänge am Meer. Neben klassizistischer Lyrik verfasste er politisch-satirische Zeitgedichte, historische Balladen und Romanzen. Der in Vergessenheit geratene Romantiker fand seine letzte Ruhestätte im Park der Villa Landolina.

Küsten von Syrakus, schart heute noch Militär um sich: Die Truppen spielten während der frühen 1990er-Jahre eine bedeutende Rolle im Kampf gegen die Mafia. Die schöne Festung wird noch bis ins Jahr 2001 militärischen Zwecken dienen, dann sollen die Baracken weichen und die Restaurierungsarbeiten abgeschlossen sein, um einem multifunktionalen Ausstellungszentrum Platz zu schaffen. Weiter nördlich hat man – vom **Lungomare Ortygia** aus – einen herrlichen Blick auf die windgepeitschte Felsenküste.

Ausflüge rundum

Nahe der Stadt locken Sandstrände und zwei echte Sehenswürdigkeiten die Besucher an: eine griechische Burg und ein papyrusbestandenes Flussgebiet. Etwas weiter weg, südlich von Syrakus (SS 115 Richtung Noto), liegen in **Arinella, Ognina** und **Fontane Bianche** herrliche und sehr populäre Strände, im Sommer sieht

◄ **Das Castello Eurialo sicherte einst die »Achillesferse« von Syrakus**
► **Palazzi mit typischen Balkonen in Ortygia**

man buchstäblich vor lauter goldbraunen Körpern den goldenen Sand nicht mehr. Der **Lido Sayonara** ist weniger überfüllt. 20 km von Syrakus entfernt erstreckt sich rund um ein spanisches Kastell der felsige Strand **Brucoli,** der hervorragend zum Schwimmen geeignet ist. Bei klarer Sicht kann man von hier bis zum Ätna sehen.

Im antiken **Epipolae,** 8 km nordwestlich von Syrakus, trutzt das **Castello Eurialo** (tgl. 9 Uhr–1 Std. vor Sonnenuntergang; Hinweisschilder »Belvedere«), das eine Sonderstellung unter den Militäranlagen der Griechen einnimmt. Die von Dionysios I. selbst entworfene massige Burg diente dem Schutz der »Achillesferse« von Syrakus, jener Stelle, wo die nördliche auf die südliche Stadtmauer trifft. Außer soliden Mauern und aus dem Felsen geschlagenen Burggräben verfügte die Festung über ein Verlies mit fünf Wachtürmen. Als äußerste Sicherheitsmaßnahme hielt man den einzigen Eingang mit mehreren Mauern verschlossen. Residierte Dionysios in der Burg, wurden seine Frauen angeblich erst nach vorheriger Leibesvisitation vorgelassen.

5 km südlich der Stadt sprudelt die **Fonte Ciane,** eine malerische Quelle nahe den Ruinen des Zeus-Tempels. Die Ciane ist ein mythischer Fluss, benannt nach der Nymphe Kyane, die versucht hatte, den Raub der Persephone durch Hades zu verhindern und deshalb in eine Quelle verwandelt wurde.

Ab März kann man hier am kleinen Flusshafen Kanus mieten, der beste Weg, die reizvollen Flussarme von Ciane und Anapo zu erkunden. (Falls Sie den einzigen Bootsmann mit den richtigen Schlüsseln nicht auftreiben können: Machen Sie sich darauf gefasst, Ihr Kanu eigenhändig über ein Wehr zu hieven!) Die Ciane-Bootsfahrt führt durch Papyrushaine mit ihren Verzweigungen. Leider kann man auf dem Flüsschen nicht mehr bis zur Fonte Aretusa nach Syrakus vordringen, sein Bett ist streckenweise dicht zugewachsen, doch stellt sich auf solch einem Ausflug ein wunderbares Verständnis für Menschen und Landschaft ein. ■

Die Provinz Syrakus

**Außerhalb der Stadt Syrakus präsentiert sich
die Provinz als Querschnitt Siziliens: eine Mischung aus Barock,
klassischer Antike und Vorgeschichte.**

Die Griechen kolonisierten die Provinz Syrakus erst 200 Jahre nach dem übrigen östlichen Sizilien. Seitdem ruht sie sich auf ihren Lorbeeren aus, hält mit der anstrengungslosen Überlegenheit der geborenen Aristokratin ihr griechisches Herz und die levantinische Seele hoch. Ökonomisch ist Syrakus allerdings hinter ihre beiden besser erschlossenen Nachbarinnen Catania und Ragusa zurückgefallen. Kurzsichtige Planer zerstörten in den 1950er-Jahren einen weiten Küstenstreifen, verleitet vom schnellen Geld aus der Petrochemie. Jetzt muss die Provinz einen hohen Preis für diese Fehlkalkulation bezahlen: Die Strände sind verschmutzt, andere Industriezweige wegen Überalterung nicht konkurrenzfähig, die Arbeiterschaft ist schlecht ausgebildet, Tourismuseinrichtungen stecken vielfach noch in den Kinderschuhen.

Die Reise von **Syrakus** ❶ Richtung Süden stellt die Landschaft der Provinz vor: niedrige Bauernhöfe und duftende Zitronenhaine, goldene Sandstrände und als Kontrast ein raues, zerklüftetes Hinterland. Der flache Küstenstreifen lädt zu ausgedehnten Spaziergängen ein, und im Landesinneren gilt es, zauberhafte Orte mit schimmernden Oliven- und Mandelbäumen zu entdecken.

Garten aus Stein

Vom reizvollen Marktflecken **Avola** führt der Weg hinauf zum Paradies für die Liebhaber spielerisch-heiterer bis grotesker Formen: **Noto** ❷ ist die schönste Barockstadt der Insel und stellt sich entsprechend dar. Bewunderer rühmen ihre Anmut, Symmetrie und Weite. Es sind zwar leider etliche Museen *in restauro,* Gebäude sowie Sehenswürdigkeiten im Verfall

begriffen und nicht zugänglich, doch liegen die Hauptattraktionen Notos unter freiem Himmel und lassen sich ungestört bestaunen.

Nachdem Noto Antica bei dem Erdbeben von 1693 zerstört worden war, machte sich Prinz Landolina für den Wiederaufbau stark. Die neue Stadt sollte auf einem nahen Berghang angelegt werden, Giuseppe Lanza, ein sizilianisch-spanischer Architekt, erhielt den Auftrag für die Planung. Er ließ Noto um drei parallele, horizontal um den Berghang verlaufende Achsen herum anordnen, zudem hatte er drei große Piazze mit je einer Kirche vorgesehen. Die Entwürfe nahmen in warmem,

◄◄ **Papyrusstauden am Fluss Ciane**
◄ **Normanne und Maure am Portal von San Sebastiano in Ferla**
► **Treppenaufgang von SS. Nicolà di Mira e Corrado in Noto**

Noto allein durchstreifen
Wenn Sie die Stadt für sich allein haben möchten, besuchen Sie Noto im Sommer! Denn dann sind die Einheimischen vor der Hitze in die Seebäder von Noto Marina oder Lido di Avola geflohen.

goldenem Kalkstein Gestalt an. Es entstanden viele grandiose Treppenaufgänge mit interessanten Perspektiven. Realisiert wurden die Vorstellungen von Gagliardi und Sinatra, zwei glänzenden einheimischen Architekten.

Im 20. Jh. ist der Schönheit übel mitgespielt worden: Nachlässige Politiker verschuldeten Fehlplanungen, statt sich um dringend notwendige Konservierungsmaßnahmen zu kümmern; starker Verkehr und Naturgewalten taten ein Übriges. Leider ist der honigfarbene Kalkstein sehr anfällig für Erosion wie auch Luftverschmutzung. Zwar hat man seit dem Erdbeben von 1986 mit Geldern von UNESCO und EU einiges restauriert – doch ist bei nur allzu vielen Projekten auf halbem Wege die Luft ausgegangen: Erhaltens- und sehenswerteste Kirchen stecken in Stützkonstruktionen oder folienverkleideten Gerüsten, noble Barockpaläste sind für die Öffentlichkeit gesperrt. Zu den kontrovers diskutierten Instandsetzungs-

▼ **Barocke Pracht am Palazzo Villadorata in Noto**

vorhaben in Noto gehört der Umbau der prächtigsten Herrschaftshäuser, wie etwa des Palazzo Trigona, in Tagungszentren. Das aufgelassene weitläufige Kloster San Tommaso ist heute ein finsteres Gefängnis. Besser passend?

Die größten Verheerungen der jüngeren Zeit brachte ein heftiges Unwetter mit sich, das Dach und Kuppel der Kathedrale SS. Nicolà di Mira e Corrado zum Einsturz brachte. Doch trotz sofort bereitgestellter Gelder wurden die Restaurierungsarbeiten erst Ende 1999 in Auftrag gegeben.

Theaterbühne Noto

Die monumentale **Porta Reale** führt zum **Corso Vittorio Emanuele,** einem herrschaftlichen Boulevard, an dem sich drei große Plätze zu steinernen Theaterbühnen öffnen. Die **Piazza XVI Maggio** an seinem Westende zieren Palmengärten, Araukarien und ein aus Noto Antica stam-

mender Herkules-Brunnen. Hinter diesen schattigen Gärten erhebt sich **San Domenico,** eine vom römischen und spanischen Barock beeinflusste Kirche des Architekten Rosario Gagliardi. Gegenüber erglänzt die reich vergoldete Fassade des **Teatro Emanuele.** Das ebenfalls angrenzende **Collegio dei Gesuiti** ist derzeit eingerüstet. Es war Sitz des Konservatoriums, bis das Erdbeben von 1989 den Klängen der Barockmusik ein Ende setzte. Südlich davon, am Westende der Via Ducezio, sind Bauten von Gagliardis Assistenten Vincenzo Sinatra zu sehen, das **Karmeliterkloster** und die **Chiesa del Carmine.** Nur die nicht ganz passende, weil im Gegensatz zur Form des Innenraums stehende konkave Fassade der Kirche stammt von der Hand eines anderen Baumeisters. Das weiße, mit Stuckarbeiten ausgestattete Innere ist ein Beispiel für Notos minimalistische barocke Interieurs. Unbedingt sollte man dem Deckenfresko die gebührende Aufmerksamkeit widmen: Darin geht es um die allzeit heftig diskutierte theologische Grundsatzfrage der unbefleckten Empfängnis: »Mutter oder Jungfrau?« heißt es auch hier ...

Die Via Vittorio Emanuele leitet über zur **Piazza Municipio,** Notos Dreh- und Angelpunkt. Die goldene Anmut der Gebäude passt zu den majestätischen Proportionen der Architektur, das Szenario wird von bernsteinfarbenen Hügeln gerahmt. Die Architektur des **Palazzo Ducezio,** des eleganten Rathauses, ist deutlich französisch beeinflusst, erinnert immer wieder an Versailles. Gegenüber fällt der Blick auf den **Dom SS. Nicolà di Mira e Corrado,** eine Kathedrale mit großartiger Freitreppe, deren Fassade zwei niedrige Glockentürme flankieren. Ein Teil der eingestürzten Kuppel ragt jäh empor, auch das Dach und der in feinen Pastelltönen gehaltene Innenraum sind noch längst nicht wieder hergestellt, doch konnte ein Teil der Baugerüste inzwischen entfernt werden.

Der **Palazzo Vescovile** daneben erinnert in seiner schlichten Funktionalität eher an einen Stall als an ein Bischofspalais. Die Barockfassade des benachbarten **Palazzo Landolina** ist derzeit komplett verhüllt.

Der **Palazzo Villadorata** in der Via Nicolaci (nördlich der Piazza Municipio) des Architekten Paolo Labisi ist Notos ganzer Stolz. Don Nicolaci stiftete der Stadtbibliothek einen Flügel des herrlichen Palastes. Dieses barocke Juwel ist inzwischen restauriert worden.

Die Fenster zieren Friese mit Arabesken und ornamentalem Schmuck oder Wesen aus der Mythologie wie Greifen, Sphingen, Sirenen, Kentauren und Cherubim. Auch die herrlichen Konsolen der schmiedeeisernen Balkons bestehen aus grotesken und mythologischen Figuren, die aber weniger bedrohlich, als vielmehr spöttisch-karikierend wirken. Zwar spielt der Palazzo Villadorata einen Hauptpart in Notos Theaterszenario, doch gehören auch die Darsteller der Nebenrollen, wie die Klöster und Kirchen, keineswegs zur zweiten Garnitur. Ebenfalls interessant:

Seite 252

Empfehlenswerte pasticceria
Noto wirkt zwar sehr einladend, doch gibt es nicht sonderlich viele Bars und Restaurants in diesem »Wunder des Barock«: Versuchen Sie es einmal im **Mandolfiore,** einer eleganten pasticceria und gelateria an der Piazza del Carmine.

► **Vom Zahn der Zeit angenagt: der Herkules-Brunnen**

die Via Giovanni XXIII hinter dem Dom mit Nischen für Statuen, gemeißelten Simsen und bauchigen Balkons.

Die untere Stadt war Klerus und Adel vorbehalten. Über dem großartigen offiziellen Gesicht Notos erkennt man auf dem Abhang um die hügelige Piazza Mazzini den *populare,* den »Bezirk des Volkes«. Den Platz dominiert die **Crocifisso-Kirche,** ein Gagliardi-Bau. Die beiden romanischen Löwen ihres Portals stammen aus Noto Antica. Wenn das Gotteshaus wieder zugänglich sein wird, kann man auch die in seinem üppig barocken Inneren stille Madonna von Francesco Laurana wieder bewundern.

Ein Besuch des friedvollen **Giardino Pubblico** am Ostende des Corso Vittorio Emanuele wäre ein schöner Abschluss für eine Stadtbesichtigung. Alte Feigenbäume bilden ein grünes Dach über dem Park.

Noto Antica ❸ schmiegt sich an die Hügel zu Füßen der Monti Iblei. Während der arabischen Herrschaft war Noto Antica eine der drei Hauptstädte Siziliens, deren jede über ein Drittel der Insel regierte. Vor 1693 besaß die Stadt antike Bauten, romanische und barocke Kirchen, Klöster und Herrenhäuser. All dies fiel dem furchtbaren Erdbeben zum Opfer. Heute sind die einzigen Überreste eine Burgruine, Befestigungsanlagen, Gräber und einige verfallene Häuser.

Die Küste im Süden

Östlich von Noto liegt **Eloro** ❹ an dem noch unverdorbenen Küstenstreifen, der bis Capo Passero reicht. Hier an der Mündung des Tellarus-Flusses hatten die Syrakusaner Ende des 8. Jhs. v. Chr. die Stadt Eloros gegründet, von der noch Mauern, Säulen, zwei Eingänge, die Agora und ein Demeter-Heiligtum erhalten sind (tgl. 9 Uhr–1 Std. vor Sonnenuntergang).

Außerhalb der Grabungsstätte ragt die **Colonna della Pizzuta** in den Himmel, eine hellenistische Begräbnissäule, einem Schornstein nicht unähnlich. Im benachbarten Weiler **Caddeddi** wurde eine ebenfalls hellenistische Villa freigelegt, ihr Mosaikenschmuck zeigt Jagdszenen.

An dieses wilde, unwegsame Gelände grenzen einsame Stein- und Sandstrände. Nach 6 km Richtung Süden durch Zitrushaine und Mandelplantagen gelangt man nach **Vendicari** mit seinem verlockenden Strand. Das Feuchtgebiet von Vendicari mit seinen Salzpfannen ist inzwischen Naturschutzreservat und bekannt als Vogelparadies. Spaziergänger kommen hier voll auf ihre Kosten: Ein ausgeschilderter Wanderpfad führt durch Sand und Marschland, entlang an mittelalterlichen Wasserkanälen geht es zu den Salzpfannen, vorbei an ebenfalls aus dem Mittelalter stammenden Festungsbauten, einem Stauferturm und einer aufgegebenen Thunfischfabrik. (Die Parkrangers bieten auch Führungen durch die Botanik, bisher allerdings nur auf Italienisch.)

Weiter südlich an der Küste liegt **Marzamemi** ❺. Eingeweihte nennen es das reizvollste Fischerdörfchen der Provinz. Die Sommerfrische Marzamemi erfreu

Gaumenfreuden aus dem Meer
Fischliebhaber sollten diese beiden Adressen in Marzamemi kennen: das **Adelfio** (Via Marzemini 7) mit feinsten Thunfisch- und Sardinengerichten und **L'Aquario** (Via Jonio 1), wo Sie sich Ihren Fisch direkt aus dem Bassin heraussuchen können.

◄ **Notos Kathedrale SS. Nicolà di Mira e Corrado**

sich zwar wachsender Beliebtheit bei Einheimischen wie Touristen, doch ist es in seinem Herzen ein fleißiges Fischerdörfchen geblieben, mit Hummerkörben und den obligatorischen zum Trocknen ausgebreiteten Fangnetzen. Im Sommer zieht es die meisten Syrakusaner weiter in den Süden nach **Pachino ❻** und an die Sandstrände um Capo Passero. Das Pachino von heute ist ein ruhiges Weinanbauzentrum mit barockem Stadtkern. Die Bevölkerung des Hinterlands betreibt hauptsächlich Gartenbau, während sich die Küste zum Hauptziel des Syrakusaner Naherholungstourismus gemausert hat.

Dahinter liegt **Capo Passero ❼**, die äußerste Südspitze der Provinz, mit zahlreichen ruhigen Feriendörfern. Noch bis vor kurzem lebten diese Orte vom Thunfischfang und der Thunfischverarbeitung. Jetzt existiert nur noch ein einziger Fischereibetrieb.

Wer nun Lust auf Einsamkeit und genug Ausdauer hat, kann von **Portopalo di Capo Passero** aus zu einer kleinen Insel rudern, die mitten im Meer zwischen dem sizilianischen Strand und Afrika schwimmt.

Seite 252

Nördlich von Syrakus

Das Meer nördlich der Provinzhauptstadt sollte man besser meiden: Hier werden die meisten chemischen Abwässer von ganz Europa ins Meer geleitet. Die Anlagen der chemischen Industrie rund um Augusta haben bereits 48 km Strand zerstört. Dennoch besitzt dieser Küstenstreifen bei Dunkelheit einen ganz seltsamen Reiz: glitzernde Bohrtürme, die Silhouetten riesiger Öltanks und bleiern glänzender Schornsteine.

Thapsos, eine Grabungsstätte auf der **Halbinsel Magnisi,** liegt unerträglich nahe an den qualmenden Fabriken. Beißende Abgase bedrohen auch **Megara Hyblaea ❽**, 728 v. Chr. gegründet und damit eine der ältesten griechischen Städte Sizi-

▼ Portopalo di Capo Passero mit der kleinen vorgelagerten Insel

liens. Vor den Schutzwällen einer hellenistischen Burg haben sich eine Mauer und Sarkophage erhalten. **Augusta ❾**, Spiegelbild von Syrakus im Miniaturformat, besaß einst Ausstrahlung und Prestige. Wenn auch der Doppelhafen und das barocke Stadtzentrum überdauern konnten, so hat die Industrie hier doch bereits enorme Schäden angerichtet. Ein kleiner Trost: Immerhin gibt es in Augusta einige gute Restaurants.

Das Hinterland

Diese verlassene Region wirkt abweisend im Vergleich zu den charmanten Barockstädten der Küstenlinie. Doch liegen in dieser schon Jahrhunderte vor der Gründung Syrakus' von Sikulern besiedelten Landschaft die Wurzeln Siziliens: Auf der felsigen Hochebene erstreckt sich **Pantalica,** *die* prähistorische Stätte der Region. Bevor man die Nekropole erreicht, führt die Route um die ausgebleichten weißen

oder blassgrünen Monti Iblei herum ins traumhafte **Anapo-Tal.** Wanderfeste Besucher mit viel Muße sollten den Nordeingang von Pantalica ansteuern, es führt ein Weg via Palazzolo und Ferla dort hin. In **Ferla,** einem typischen, ebenfalls barock wieder aufgebauten Landstädtchen, lohnen die Pfarrkirche Sant'Antonio Abbate und San Sebastiano, eine dreischiffige Basilika mit Vierungskuppel und skulpturengeschmücktem Barockportal, den Besuch.

Ungeachtet ihrer Bedeutung fließt der Touristenstrom an den **Necropoli di Pantalica ❿** (tgl. 9 Uhr bis Sonnenuntergang) vorbei. Die Schluchten, ein üppig grüner Garten Eden als Kontrapunkt zu der Kargheit der Monti Iblei, bildeten lange ein beliebtes Ausflugsziel der Syrakusaner. Doch hat die Stätte außer ihrem landschaftlichen Reiz weit mehr zu bieten: Am Ende einer Schlucht erstreckt sich eine Totenstadt der Sikuler mit insgesamt vier Nekropolen. Der Fluss Anapo hat sich hier seinen Weg durch den Stein gegraben, die

▲ **Felsrelief mit Heroen beim Bankett in Akrai**
▼ **Die idyllisch gelegene Nekropole von Pantalica mit ihren Felsgräbern**

Schlucht ist von Zitrusbäumen und wilden Blumen bewachsen. In diesem geheimen Garten, dem größten frühzeitlichen Friedhof Siziliens, fand man über 5000 Gräber, rechteckige Öffnungen, vom 13. bis ins 8. Jh. v. Chr. aus den bloßen Wänden des Kalksteinplateaus gehauen. Zwar ist Pantalicas Geschichte in Dunkel gehüllt, doch befand sich laut der Überlieferung hier einst Hybla, die Residenz des Sikulerkönigs, der den Griechen die Kolonisation von Megara Hyblaea gestattete. Pantalica wurde im Jahre 733 v. Chr. verlassen, aber in byzantinischer Zeit wieder besiedelt.

Eine Landstraße führt in den verschlafenen Ort **Palazzolo Acreide** ⓫. Auch er fiel dem großen Erdbeben 1693 zum Opfer und wurde barock wieder aufgebaut. Sein herber Charme zeigt sich an vielen Adelshäusern und ihren phantastisch-grotesk gestalteten Balkonkonsolen, so auch in der Via Umberto am **Palazzo Zocco** mit seinem eigenwilligen Barockschmuck.

Die Straße mit dem Hinweisschild »Teatro Greco« führt zu den Überresten der antiken Stadt **Akrai** ⓬, einer syrakusanischen Gründung von 664 v. Chr., die sich einst auf einem Areal von rund 36 ha ausbreitete. Der reizvolle, von Mauern umzogene **Archäologische Park** (tgl. 9–13, 15–19 Uhr) birgt ein kleines griechisches Theater aus dem 3. Jh. in ausgezeichnetem Erhaltungszustand, eindrucksvolle Steinbrüche mit Nischen für Votivtafeln und Relikte von Heiligtümern, etwa den Aphrodite-Tempel aus dem 7. Jh. v. Chr. oder die Ferali-Tempel (Kultnischen) östlich des Hügels. Einen zehnminütigen Spaziergang entfernt, begegnet man in einem kleinen Tal den **Santoni** (Heiligen). Diese Serie von zwölf grob behauenen Skulpturen entstand zu Ehren der Muttergottheit Kybele, der Magna Mater, deren Kult seinen Ursprung in Kleinasien hat.

Den Weg aus der Stadt bildet die **Strada Panoramica** – und sie macht ihrem

Umwelt-interessiert?
Dann informieren Sie sich in Augusta über den Umweltschutzverband **Mare Nostrum** (Unser Meer), der von den Fabrikarbeitern unterstützt wird und sich die Sauberhaltung von Luft und Küste zum Ziel gesetzt hat.

▼ **Mobiler Gemüsehändler in Palazzolo Acreide**

Von kampflustigen Puppen und knallbunten Karren

Ausdruck einer herrlich lebendigen Folklore, präsentieren die liebevoll hergerichteten Puppen und die mit grellem Schlachtengetümmel bemalten Karren Siziliens Geschichte als bunten Bilderbogen.

Die umherziehenden Puppentheater sind schon seit Jahrhunderten für die Unterhaltung der Inselbewohner zuständig, wobei sie Heiligenlegenden und Heldenepen genauso zur Aufführung bringen wie Räuberpistolen. Am beliebtesten sind jedoch die Paladine, die zwölf getreuen Ritter am Hofe Karls des Großen, und ihre Glaubenskriege gegen die Sarazenen. Während die Christen üblicherweise auf der linken Hälfte der Bühne umherstolzieren, gehört den Sarazenen – weithin kenntlich an Turbanen und Pumphosen – die rechte Seite. Die Zuschauer kennen natürlich sämtliche Proagonisten, die Ritter Orlando (»der rasende Roland«) und Rinaldo, die schöne Angelica ebenso wie den gottlosen Verräter Gano di Magonza – und sie identifizieren sich mit ihren Helden. Die Emotionen schlagen hoch, vor allem in den turbulenten Schlachtenszenen geht das Publikum lautstark mit.

Wunder auf Rädern

Die leuchtenden Gelb-, Rot- und Blautöne der Puppentheater finden sich auch auf den geschnitzten Holzkarren Siziliens wieder, wo buchstäblich jeder Millimeter bemalt ist. Die Künstler können für ihre Motive und Muster tief in die Schatztruhe des multinationalen Erbes greifen: so malen sie grazile arabische Arabesken und Schmuckbänder; neben normannischen Ritter- und Heldensagen sowie biblischen Geschichten erstrahlen mit prächtigen Kostümen die Kreuzfahrer und Napoleons Truppen.

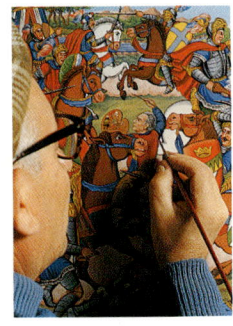

▶ **Krieg auf Rädern**
Die Seiten dieses palermitanischen Karrens tragen Szenen aus »Orlando Furioso«, dessen blutrünstiges Geschehen auch oft im Puppentheater gezeigt wird.

▲ **Schlachtenmaler**
Auch heute noch sind die Kämpfe zwischen Kreuzfahrern und Sarazenen ein beliebtes Sujet, hier verewigt der Maler auch sein eigenes Porträt.

▲ **Kunstvolle Helden**
Theaterpuppen werden aus Buchen-, Oliven- oder Zitrusholz geschnitzt und ihre Glieder mit Drähten verbunden.

◀ **Treue Paladine**
Ritter in Bronzerüstungen, individuell wie die Details sind auch ihre Gesichtszüge (Museo Internazionale delle Marionette, Palermo).

Die sizilianische Keramik passt mit ihren Farben und den schwungvoll ausgeführten Mustern gut zu den Theaterpuppen und Karren der Insel.

Dank seiner schier unerschöpflichen lokalen Tonvorkommen war Caltagirone schon »Keramikort«, lange bevor die Araber den einheimischen Töpfern die Geheimnisse ihrer Glasuren und Farben verrieten – besondere Blau-, Grün- und matte Orange-Gelbtöne, die später für die sizilianische Majolika typisch wurden. Neben Gebrauchsstücken wie Schüsseln, Vasen und Krügen zaubern die Keramiker von Caltagirone auch dekorative Fliesen, Medaillons und Figurinen in der ihnen eigenen Handschrift. Santo Stefano di Camastra ist Siziliens zweitgrößtes Keramikzentrum. Der kleine Ort an der Straße Messina-Palermo scheint vor lauter Steinzeug förmlich aus den Nähten zu platzen: Das Angebot an Platten, Terrinen und Schüsseln ist malerisch in mehreren Reihen zu beiden Seiten der Straße arrangiert. Der lokale Stil hat traditionell etwas Rustikales, beliebt sind Fischmotive.

▲ **David und Goliath**
Die Puppen aus Acireale sind größer als ihre palermitanischen Kollegen. Hier ein Acireale-Orlando im Kampf mit einem Riesen.

◀ **Mörderisch**
Schlachten werden nicht nur zwischen Christen und »Ungläubigen« ausgetragen; auch Ritter stellen sich gefährlichen Ungeheuern.

▲ **Kunsthandwerk**
Der bunt bemalte Karren in Monreale dient nun als Touristenattraktion, Seiten und Abschluss sind gleichermaßen liebevoll geschmückt.

Die Stadt Catania

Seite 262

Siziliens zweitgrößte Stadt Catania ist eine kühne Barockfantasie aus schwarzem Vulkangestein – die dynamische »Tochter des Ätna« empfiehlt sich als Ausgangsort für Ausflüge zum Schicksalsberg der Insel.

Catania hat in der Amtszeit des beliebten Bürgermeisters Enzo Bianco eine aufsehenerregende Wende zum Positiven genommen. In den letzten Jahren erhielt die Stadt von der EU sowohl Wirtschaftshilfe als auch Mittel aus dem Förderprogramm zur Sanierung der Innenstädte. Der Duomo ist restauriert, die wichtigsten historischen Stätten werden derzeit hergerichtet, und auch die Hafengegend bekommt ein völlig neues Gesicht. Auf dem Kultursektor sprühte ein wahres Feuerwerk künstlerischer Aktivitäten, es wurden zahlreiche Open-Air-Großveranstaltungen initiiert, und das Nachtleben mit unzähligen neuen Cafés, Restaurants, Kneipen und Discos im historischen Zentrum avancierte zum besten auf ganz Sizilien. Catania ist auch eine lebendige Universitätsstadt mit einer aktiven Kulturszene, unter anderem mit guten Theateraufführungen, klassischen Konzerten und einem Jazz-Festival im September. In den heruntergekommenen Gegenden ist die Zahl der kleinkriminellen Delikte wohl immer noch relativ hoch, doch zumindest hat sich die Stadt im Wesentlichen aus den Klauen der Mafia befreien können.

Unter dem Vulkan

An der Stelle des heutigen Catania bestand bereits eine alte Siedlung der Sikuler, die 729 v. Chr. von griechischen Siedlern aus Naxos übernommen und erweitert wurde. Mit der Eroberung durch die Römer, besonders unter der Regentschaft des Kaisers Augustus, erlangte die Stadt Wohlstand und Bedeutung. Angst und Schrecken brachten allerdings die Christenverfolgungen: 253 n. Chr. starb die hl. Agata, die hochverehrte

Schutzpatronin Catanias, den Märtyrertod. Seit jeher wird die Statue der hl. Agata angebetet, um die drohenden Lavaströme abzuwenden – nicht immer mit Erfolg, denn der Vulkanausbruch von 1669 zerstörte das Stadtzentrum, als gerade 12 000 Menschen in den Kirchen die Gottesdienste besuchten. Bei dem verheerenden Erdbeben von 1693 kamen gar zwei Drittel der Bevölkerung ums Leben. Als der Ätna 1983 nach langer Ruhepause wieder Feuer spuckte, brach Panik unter der Bevölkerung aus, denn die Angst, die Stadt könnte ein zweites Pompeji werden, ist nicht unbegründet.

◄ **Aalverkäufer auf dem Markt von Catania**
► **Die Porta Uzeda führt auf die Piazza del Duomo**

Sehenswürdigkeiten

Catania besitzt das wohl homogenste Stadtbild ganz Siziliens. Die Visionen des Architekten Giambattista Vaccarini, der vom römischen Barock beeinflusst war, prägte sie in den Jahren nach 1730, als ihn der Senat zum Stadtbaumeister erhoben hatte. Balkongitter mit schwungvollen S-Kurven und eine Vorliebe für Hell-Dunkel-Kontraste setzen architektonische Akzente. Das Vulkangestein erscheint auf den ersten Blick deprimierend, doch dann zeugen die raffinierten farblichen Effekte von Vaccarinis genialer Baukunst.

Die **Piazza del Duomo ❶** ist das barocke Zentrum der Stadt und ein würdevolles, großzügig angelegtes Ensemble. Obwohl von verschiedenen Architekten entworfen, bilden die einzelnen Gebäude ein harmonisches Gesamtbild. In der Mitte des Platzes prangt das Wahrzeichen der Stadt, die **Fontana dell' Elefante,** ein Brunnen Vaccarinis.

▲ **Das Geburtshaus Vincenzo Bellinis (1801–1835) beherbergt jetzt das Museo Belliniano mit Erinnerungsstücken des Komponisten**

Der restaurierte **Duomo ❷** (tgl. 8–12, 16–19 Uhr) wurde 1092 vom Normannengrafen Roger de Hauteville als Wehrkirche begonnen und nach dem großen Erdbeben von 1693 im Barockstil wieder errichtet, wobei die Grundstrukturen jedoch erhalten blieben, die eindrucksvolle, wenngleich nicht vollendet harmonische Fassade ist ebenfalls ein Werk Vaccarinis. Das Gotteshaus stellt ein großartiges Puzzle der Stadtgeschichte dar: Für den Säulenschmuck der Barockfassade wurde etwa das antike Theater geplündert. Das Innere birgt im Untergeschoss römische Bäder, unter dem Hauptschiff befindet sich eine romanische Basilika, und römische, aber auch byzantinische Säulen begrenzen die Seitenschiffe. Die Kapelle der hl. Agata, ein überladener Altarraum aus vielfarbigem Marmor, ist frisch renoviert, ebenso wie die Grabmäler der spanischen Herrscher Siziliens aus dem 14. Jh.

Gleich nebenan, östlich vom Dom in der Via Museo Biscari, prunkt der **Palazzo**

Seite 262

Biscari ❸, Catanias elegantester und eindrucksvollster Barockpalast, seine Fassade trägt Figuren frohlockender Engel, Karyatiden und grinsender Ungeheuer. Der schöne *salone della musica* ist bei Konzerten öffentlich zugänglich, dieser Saal mit seinem grandiosen Treppenaufgang, der Musikergalerie und dem allegorischen Deckengemälde gilt als Glanzstück des Rokoko.

Die **Via Crociferi,** westlich des Doms, wurde im 17. Jh. auf einem Lavastrom angelegt; gesäumt von barocken Kirchen und noblen Palazzi, ist sie die prächtigste Straße der Stadt, eine quirlige und während des Semesters von den Studenten belebte Fußgängerzone.

Am südlichen Ende der Straße, gegenüber der frisch renovierten **Chiesa San Francesco,** befindet sich das **Museo Belliniano ❹** (Mo–Fr 9–13 Uhr), hinter dessen verwitterter Barockfassade sich ein Museum mit Erinnerungsstücken und Originalpartituren des Komponisten Vincenzo Bellini verbirgt. Den Vater des *belcanto* würdigt man auch im Dom, wo er seine letzte Ruhestätte fand, sowie im elegant restaurierten **Teatro Bellini ❺**, das 1890 mit seiner Oper *Norma* eröffnet wurde.

In der Nähe, in der Via Sant' Anna, kommt man zur Geburtsstätte eines weiteren berühmten *catanese*. Die **Casa di Giovanni Verga** ist ein liebenswertes **Museum** (Tel. 09 57 15 05 98, Mo–Sa 9–13, Di, Do, Fr auch 15–18.30 Uhr) mit der originalen Einrichtung des Schriftstellers.

Folgt man der Via Crociferi nach Norden, trifft man auf Vaccarinis **Chiesa San Giuliano ❻** mit ihrer bezaubernden Loggia. Von hier, dem Ende der Fußgängerzone, führt die Via Sangiuliano zum Eingang der **Piazza Dante,** dem Zentrum einer heruntergekommenen, aber faszinierenden Gegend.

Die barocke **Chiesa San Nicolò ❼** (tgl. 10–12 Uhr) gegenüber gleicht eher einem düster-sakralen Fabrikgebäude als einer Kirche. Sie wurde im 16. Jh. als größtes Gotteshaus Siziliens geplant, doch niemals vollendet.

Das benachbarte **Monasterio di San Nicolò ❽** (Öffnungszeiten variabel) war früher ein weitläufiges Benediktinerkloster, heute hat hier die Geisteswissenschaftliche Fakultät der Universität Catania ihren Sitz. Derzeit werden in der Eingangszone ausgedehnte Grabungen durchgeführt, doch hinter dem abgesperrten Bereich liegen die bezaubernden früheren Kreuz- und Arkadengänge mit einem verwahrlosten Garten und einem merkwürdig verzierten Pavillon in der Mitte.

An der Nordseite dieses heruntergekommenen barocken Platzes liegt die **Chiesa di Santo Carcere ❾**, auch bekannt als **Sant' Agata al Carcere** (Di–Sa

---

In Gottes Hand

→ Als der spätere Schriftsteller Giovanni Verga 1840 in Catania das Licht der Welt erblickte, besaß die Stadt 50 000 Einwohner, 103 Kirchen, 23 Klöster und 22 wohltätige Einrichtungen.

Stadterkundung Catania erkundet man am besten zu Fuß und mit öffentlichen Verkehrsmitteln. Wer mit dem Auto anreist, parkt am besten im zentral gelegenen mehrstöckigen Parkhaus, Parcheggio Bellini/ Borsellino, nahe beim Markt.

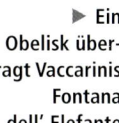

▶ **Ein Obelisk überragt Vaccarinis Fontana dell' Elefante**

16–19 Uhr). Der Legende nach wurde die hl. Agata vor ihrem Martyrium hier gefangen gehalten. Die prachtvolle **Via Etnea,** die Hauptdurchfahrt der Stadt, verläuft parallel zur Via Crociferi und bietet einen atemberaubenden Ausblick auf den Ätna. Der eleganteste Abschnitt liegt zwischen der Piazza Duomo und dem **Giardino Bellini** ❿. Dieser erholsame und gepflegte öffentliche Park ist eine Oase der Stille inmitten des geschäftigen Treibens auf Catanias Straßen.

Das restaurierte **Castello Ursino** ⓫ (Di–So 9–18 Uhr), eine Festung der Staufer südlich der Via Etnea, wurde auf einem Steilhang errichtet. Von hier blickt man auf den Uferbereich, wo früher der Hafen lag: Sein Becken füllte sich beim Ausbruch des Ätna im Jahr 1669 mit Lava, und die Burg stand plötzlich nicht mehr an der Küste, sondern im Landesinneren. Im 13. Jh. war sie der Sitz der aragonesischen Regierung und wurde unter den spanischen Vizekönigen zum Palast

umgebaut, heute dient sie als Museum und Ausstellungshalle. In den oberen Stockwerken ist das **Museo Civico** mit seiner umfangreichen Kunstsammlung untergebracht, und in anderen Trakten der Burg wurden Räume für Sonderausstellungen hergerichtet.

Das antike Catania

Viele Besucher stehen enttäuscht vor den antiken Überresten der Stadt: Im Gegensatz zum hoch gelegenen gewaltigen Amphitheater in Taormina hat Catania nur ziemlich versteckt gelegene Monumente aus schwarzem Lavagestein zu bieten. Doch trifft man in den heruntergekommenen Vierteln im Stadtzentrum an jeder zweiten Straßenecke auf eine römische Säule, ein römisches Grab oder Überreste von Thermenheizungen.

Das **Teatro Romano** ⓬ (an der Via Vittorio Emanuele 266; tgl. 8 Uhr–1 Std. vor Sonnenuntergang), auch »Teatro Greco« genannt, wurde an der Stelle eines früheren griechischen Theaters erbaut; Gänge im Untergeschoss aus römischer Zeit sowie ein Teil der *scena* und der *orchestra* sind noch erhalten. Der Marmor, mit dem das Theater einst ausgestattet war, wurde von den Normannen abgetragen und zur Verschönerung des Doms verwendet. Nebenan liegt das halbkreisförmige **Odeon,** die Rede- und Probebühne. Die Baumaterialien wurden auf Grund ihrer Farbkontraste ausgewählt: dunkles Vulkangestein, rote Ziegel und heller Marmor. Erste Grabungen erfolgten hier bereits im 18. Jh., nachdem man die umliegenden Gebäude abgerissen hatte, und auch heute noch liegt das Grabungsareal ganz versteckt zwischen einem mittelalterlichen und einem barocken Stadtviertel.

Auf der an der Via Etnea gelegenen Piazza Stesicoro liegen verstreut die Überreste des größten Amphitheaters der Insel, des **Anfiteatro Romano** ⓭ (geschlossen, aber von außen einsehbar); das Bauwerk entstammt dem 2. oder 3. Jh. n. Chr. Dieser Ort war wohl einst Schauplatz des Martyriums der hl. Agata. Jahrhunderte

▲ Die schönsten Strände der Stadt liegen am Golf von Catania
◄ Tauben finden barocke Landeplätze im Giardino Bellini

später wurden auf der freien Fläche des ehemaligen Theaters die Trümmer des Erdbebens von 1693 »entsorgt«. Antike **Nekropolen** erstrecken sich nördlich und östlich des Areals und sind an zahlreichen Stellen sichtbar, besonders an jener unterhalb der Rinascente-Dependance in der Via Etnea.

Märkte und Treffpunkte

Gleich südlich des Duomo, eingekeilt zwischen Dom- und Hafenviertel, erstreckt sich **La Pescheria,** der lärmende allmorgendliche Fischmarkt. Auf Marmorplatten werden Meerbrassen und Schwertfische, Muscheln und Seeigel, sich windende Aale und Hummer präsentiert. Das Viertel ballt sich um die **Porta Uzeda,** das monumentale barocke Stadttor, das den Hafen mit der Bürgerstadt verband. Jenseits des angrenzenden Parks der Villa Pacini wird das bunte Treiben der Hafengegend rund

um die Via Dusmet zum Revier der Fischer, kleinen Läden und sporadisch auftretenden *scippi* (Handtaschenräuber). Nicht weit davon entfernt befindet sich **Le Ciminiere,** jenes interessante Gebäude, in dem Catanias progressivstes und lebendigstes Kulturzentrum untergebracht ist. Es liegt direkt am Meer zwischen dem Hafen und dem Bahnhof, und die beiden Kamine – Markenzeichen der alten Schwefelfabrik – ragen immer noch in den Himmel empor.

Der Besuch des wenig eleganten, aber faszinierenden Marktes **Fera o Luni** (tgl. außer Sonntag) auf der **Piazza Carlo Alberto ❶** weckt beim Gourmet den Appetit auf die vielseitige Küche Catanias. Flankiert von zwei Kirchen bietet der Platz ein Meer bunter Markisen. Für Schnäppchenjäger wird der sonntägliche Antiquitätenmarkt von Interesse sein, auf dem man alles finden kann – Trödel, sizilianische Keramik, anspruchsvolles Kunsthandwerk und rustikale Möbel. ■

Seite 262

Sommerliche Erfrischungen
Die »chioschi« bieten Limonaden, die mit »seltz« (Sprudel) und nach Belieben mit einer Prise Salz aufgepeppt werden. Die übliche Bestellung lautet »seltz e limone con/senza sale«, Sprudel mit gepresstem Limonensaft mit oder ohne Salz.

▼ **Männerpalaver auf der Piazza del Duomo**

Die Provinz Catania

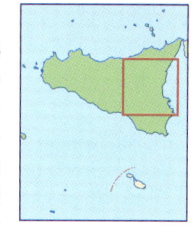

Seite 270

Zwar umfasst die Provinz Catania einen langen Küstenstreifen mit urigen, pittoresken Fischerdörfern, doch ihr Herzstück ist das vulkanische Hinterland des Ätna.

Ähnlich wie die Kalifornier am erdbebengefährdeten Andreasgraben warten die Sizilianer auf den »großen Schlag«, das Jahrhundert-Erdbeben oder den verheerenden Vulkanausbruch. Bis dahin jedoch lassen sie es sich gut gehen und freuen sich an den reichen Erträgen des Lavabodens. Über 20 % aller Sizilianer leben in der Nähe des Ätna. Die Bauern zieht der fruchtbare Grund an, und die reichen Stadtbewohner bauen hier ihre Villen – wegen der grandiosen Aussicht, der kühlen Sommertemperaturen und des Skisportangebots im Winter. Im Gegensatz zu den Erdbeben auf Sizilien sind bei den Eruptionen des Ätna die Sachschäden zwar enorm, Menschen kommen dabei jedoch selten zu Schaden. Und nach 20 Jahren eignet sich Vulkanasche hervorragend für den Anbau von Früchten, Wein und Auberginen.

Die Küstenregion der Provinz unterscheidet sich stark vom vulkanischen Hinterland und seiner bäuerlichen Kultur. Die Orte am Meer profitieren von Siziliens Wurzeln als griechischer Handelskolonie, und inzwischen strahlen die positiven Veränderungen in der Hauptstadt Catania auch auf die Provinz aus. Sie jedoch gleich als »sizilianisches Silicon Valley« zu bezeichnen, wie es manche Einheimische tun, mag übertrieben erscheinen, doch die renommierte technische Fakultät der Universität Catania wirkt durchaus als Motor für die ansässige Mikroelektronik- und Telekommunikations-Industrie.

Auf dem touristischen Sektor wird dank der wachsenden Beliebtheit der grandiosen Ätna-Landschaft viel in Hotels investiert, und in der Provinz Catania etablieren sich aufstrebende Ferienorte und Handelszentren. Gleichzeitig wird der Ätna-Regionalpark streng überwacht und da-

mit auch die Einhaltung des Bauverbots im Umland. 1999 flog auf, dass im naturgeschützten Küstenabschnitt des Simeto-Tals durch die laxe Handhabung der Bestimmungen für Baugenehmigungen viele Schwarzbauten entstanden waren. Kurz entschlossen wurden diese innerhalb weniger Tage abgerissen, und die Verwaltung demonstrierte so den Einheimischen, dass von behördlicher Seite nun ein anderer Wind weht. In den nächsten Jahren soll bei Fiumefreddo der Themenpark »Ätnaland« entstehen, der Wissenswertes über Vulkanismus anschaulich darstellen soll, etwa mit Miniaturvulkanen und simulierten Ausbrüchen.

◀◀ **Farbenfroh bemaltes Keramikgefäß aus Caltagirone**
◀ **Die hinreißende Scalazza in Caltagirone**
▶ **Frauen am Gemüsestand in Acireale**

Die Küste der Zyklopen

Fährt man von **Catania** ❶ Richtung Norden, lässt eine willkommene Meeresbrise bald die Bilder der schäbigen Vorstädte verfliegen. Die Provinzgrenze verläuft entlang der Ionischen Küste bis nach Taormina. Die »Küste der Zyklopen«, wie dieser Abschnitt in Homers *Odyssee* auch genannt wird, bietet ein wildromantisches Bild. Die **Isole Ciclopi** sind zerklüftete Felsen, die vor der Küste bei Aci Trezza aus dem Meer ragen. Im Sommer haben die Fischrestaurants Hochsaison, und

▲ **Fischerboot in Aci Trezza mit den Glück bringenden Ornamenten**

die Fischer bieten Bootsfahrten für die Touristen an. Doch die alten Fischerdörfer bleiben davon glücklicherweise im Wesentlichen unberührt: Auf dem allmorgendlichen Fischmarkt wird dort der nächtliche Fang an Sardellen und Sardinen, Tintenfischen und Meeresfrüchten für die Fischsuppe angeboten.

Das nicht weit von Catania entfernte Küstenstädtchen **Aci Castello** ❷ beeindruckt mit seiner gewaltigen Burg, die hoch auf einer Felsenklippe über dem Meer thront. Die zinnenbewehrte Normannen-Festung hat sich trotz häufiger Vulkanausbrüche und eines massiven An-

Seite 270

griffs der Aragonesen sehr gut erhalten. Auf der Dachterrasse wurde kürzlich ein bezaubernder Garten angelegt. Rund um die Burg locken die spektakuläre Felsenküste zu Erkundungen und mehrere Fischrestaurants zur Einkehr.

Das Fischerdorf **Aci Trezza** ❸ möchte gern ein Feriendorf werden. Zu Berühmtheit gelangte es durch den Roman *Die Malavoglia,* worin der in Catania geborene Schriftsteller Giovanni Verga mit feinem Humor und Einfühlungsvermögen die traditionelle Lebensweise einer hiesigen Fischerfamilie schildert (s. Seite 94).

Nahe beim Hafen lädt die **Casa del Nespolo** (tgl. 9.30–11.30, 16.30–19 Uhr) zum Besuch, ein kleines Fischereimuseum mit Bezug auf Vergas Romane. Ein neu konzipierter Verga-Pfad führt von der Burg in Aci Castello, wo Szenen aus seinem Werk nachgestellt sind, über einen Rundgang durch das Verga-Museum in Aci Trezza zu einer literarischen Bootsfahrt rund um die Bucht – krönender (und unvermeidlicher) Abschluss ist eine Fischmahlzeit in der Trattoria Verga mit Blick über den Hafen.

Das auf seinen »königlichen« Namen (ital.: *reale* = königlich) stolze **Acireale** ❹ steht abseits der Feriendörfer und des agrarischen Hinterlandes. Das frühere Akis, eine griechische Siedlung, wurde häufig von verheerenden Vulkanausbrüchen und Erdbeben heimgesucht. Ihre barocke Neuerrichtung verdankt die Stadt daher dem Zorn des Ätna und ihren talentierten Handwerkern. Verglichen mit anderen Küstenorten sind selbst die modernen Wohnblocks der Stadt ansehnlich und gepflegt. Acireale ist ein sehr lebendiger Ort, bekannt für seine Lebensqualität, die Schwefelbäder und seine umsichtige Kommunalpolitik; niemand hier versucht, sich dem Tourismus anzubiedern. Hier haben wohlhabende Einheimische ihre ex-

Giovanni Verga
→ Von historisch-politischen Romanen ging der große sizilianische Autor (1840–1922) zu realistischen und sozialkritischen Schilderungen seiner Heimat über und wurde der bedeutendste Vertreter des italienischen »verismo«.

klusiven Clubs und beteiligen sich – Noblesse oblige – an sozialen Projekten der Stadt. Dieses gehobene, elitäre Ambiente macht Acireale zu einem beliebten Schauplatz für Hochzeiten der besser gestellten jungen *Catanesi.* Nur in der Karnevalszeit verwischen sich die Standesunterschiede, und die Stadt verwandelt sich in ein lebhaftes Spektakel. An Ständen gibt es Masken, Spielzeug, mit Federn besetzte Fantasie-Kostüme, Nougat, Nüsse und Pilzgebäck zu kaufen.

Die Grandezza des **Duomo** aus dem 17. Jh. wurde durch moderne Baumaßnahmen weitgehend zunichte gemacht. Der **Palazzo Comunale** mit seiner eleganten Fassade und den kunstvoll geschmiedeten Eisenbalkons stammt aus der ersten

Originelle Sorbets
Acireale gilt als Erfinder des Sorbets, da der dortige Erzbischof bis in moderne Zeiten das sizilianische Monopol auf den Ätna-Schnee hielt.

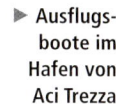
▶ **Ausflugsboote im Hafen von Aci Trezza**

Karneval in Acireale
Die meisten Sizilianer lieben aufwändige Prozessionen und prächtige Feiern – doch gelten die Karnevalsumzüge von Acireale selbst bei festverwöhntem Publikum als ganz besonders gelungen und mitreißend, laut Fremdenverkehrsamt »Siziliens schönster Karneval«.

Blütezeit des Barock in Catania. Im Karneval verwandelt sich der Platz vor dem Rathaus in ein lebendiges Freilufttheater. Am gleichen Platz, zwischen Straßencafés und den anderen großen Kirchen, erhebt sich die weiße, frisch restaurierte Barockkirche **Santi Pietro e Paolo.** Die überladene Barockfassade von **San Sebastiano** an der Piazza Lionardo Vigo erinnert mit ihren Scharen von Cherubim und den originellen Steinmetzarbeiten an das glanzvolle Finale einer Oper.

Im überschaubaren historischen Zentrum sind die großartigen Barockbauten um die **Piazza del Duomo** gruppiert. Es besteht ein schöner Kontrast zwischen den großzügigen Platzanlagen und den umliegenden verwinkelten Vierteln. Von den Parks der Stadt genießt man einen märchenhaften Ausblick auf die Zyklopen-Küste mit ihren Klippen und Buchten. Vom **Giardino Pubblico** (Stadtpark) führt ein Spazierweg am Meer entlang nach **Santa Maria la Scala,** einem malerischen Fischerdorf mit Booten an seinem Strand aus Lavagestein und einem Wachtturm.

In **Santa Venera,** einem Kurort südlich der Stadt, vertraut man auf die Heilkräfte der radioaktiven Wasser aus dem Ätna. Bäder in schwefelhaltigem Lavaschlamm halfen angeblich schon den alten Römern gegen Rheuma und Hautkrankheiten.

Fiumefreddo di Sicilia ❺, nördlich von Giarre-Riposto, ist eine angenehme Zwischenstation auf der Reise ins vulkanische Hinterland wie auch Sprungbrett ins schicke Taormina (s. Seite 287 ff.). Es wurde nach einem kühlen Fluss benannt, der durch dicht bestandene Papyrushaine fließt.

Südlich von Catania

Im Südwesten der Provinz erstreckt sich die **Piana di Catania,** ein ödes Flachland, der Sage nach die Heimat der Laistrygonen, menschenfressender Riesen. Im 19. Jh. war es noch als Brutstätte der Ma-

▼ **Der pittoreske Hafen von Santa Maria la Scala bei Acireale**

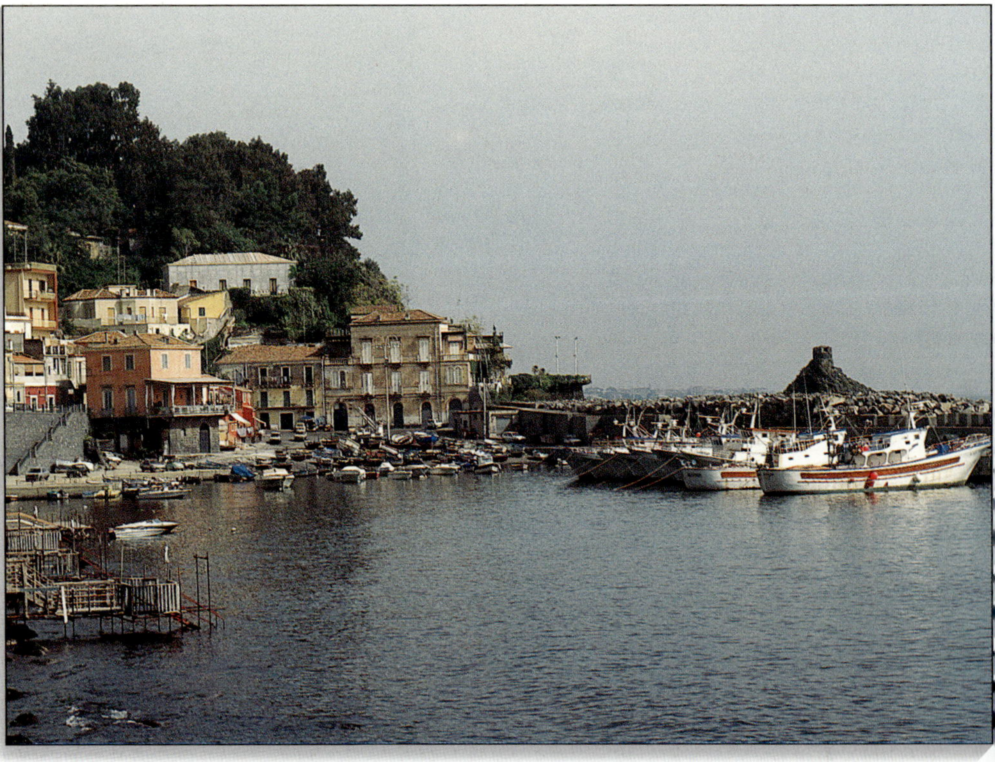

laria bekannt, daher existieren hier kaum Bauernhäuser. Doch heute verleiht die Üppigkeit der Obstgärten, Zitronen- und Orangenhaine sowie das Weideland der Ebene ein anziehendes Äußeres.

Militello in Val di Catania ❻ ist der einzige bedeutende Ort in der Gegend. Er besitzt einen mittelalterlichen Stadtkern, eine Burgruine und mehrere Barockkirchen. Das hügelige Landesinnere im Süden hat dagegen einige reizvolle Städtchen zu bieten, allen voran den Keramikort Caltagirone.

Das auf der SS 417 von Catania aus erreichbare **Grammichele** ❼ ist eine bizarre Barockstadt, ein Paradebeispiel für die kühne Neuplanung der Städte nach dem folgenschweren Erdbeben von 1693. Innerhalb eines sechseckigen Grundrisses führen die Straßen strahlenförmig aus dem Zentrum heraus. Die Chiesa Madre und das Rathaus sind typisch für die streng-gemäßigte Barockkonzeption der Stadt und ihr klares geometrisches De-

sign. Dieser nüchterne Eindruck wird jedoch durch die unkonventionelle Lebensweise ihrer Bewohner konterkariert.

Das bezaubernde **Caltagirone** ❽, weiter südlich an der SS 417, erstreckt sich über drei Hügel. Zwar leitet sich sein Name von den arabischen Wörtern für »Burg« und »Höhle« her, doch reicht die Stadtgeschichte viel weiter zurück. Gegründet wurde der Ort von Kolonisten aus Griechenland, heute zeigt er jedoch eine klare barocke Prägung. Die imposantesten Gebäude der Oberstadt, erstaunlich prächtig für diesen Landstrich Siziliens, säumen die **Piazza Municipio.** Die ehrwürdige Villa **Corte Capitaniale** ist mit Skulpturen aus der Gagini-Schule geschmückt. Das **Museo Civico** (Di–Fr 9–13 Uhr) unterhalb der Piazza Umberto war in der Bourbonen-Zeit ein gefürchteter Kerker, seine Sammlung umfasst interessante Grabungsfunde aus griechischer und römischer Zeit wie auch erlesene Keramik der Renaissance.

Seite
270

▲ Kunstvoll bemalte Keramikgefäße des 17. Jhs. aus Caltagirone
▼ Pensionäre in ihrem Club, dem »circolo«

Puppentheater
Caltagirones **Mostra die Pupi Siciliani** (tgl. 10–13, 15.30–19 Uhr, Via Roma 65, Tel. 0 93 35 40 85) ist sowohl ein Marionettentheater als auch ein Puppenmuseum, an seiner Sammlung lernt man die Unterschiede zwischen den Puppen aus Palermo und denen Catanias kennen.

Seine große Geltung gewann Caltagirone jedoch als Zentrum der sizilianischen Töpferkunst, es ist für seine dekorative Majolika berühmt. Gegenstände aus Keramik zieren Nischen, Simse und sogar Balkone. Selbst eine Brücke, der **Ponte San Francesco,** trägt Keramikblüten. Das **Museo della Ceramica** (tgl. 9–18.30 Uhr) im wunderschönen Park unterhalb der Piazza Umberto birgt sizilianische Töpferwaren aus der Vorgeschichte bis heute. Die Hauptattraktion der Stadt bildet die **Scalazza,** eine 1608 nach Plänen Giuseppe Giacalones errichtete Treppe, die Ober- und Unterstadt verbindet. Ihre 142 Stufen sind unterhalb mit Keramikfliesen verkleidet, die traditionelle Szenen wie auch ornamentale Muster in fröhlich-leuchtenden Farben zeigen. Während des Julifestes wird dort jedes Jahr ein neuer prächtiger Lichterteppich inszeniert, »gewirkt« aus 5000 Öllämpchen, die unter dünnen Schirmchen aus Papier stehen, den so genannten *coppi.*

◀ **Die Gola dell' Alcantara – eine bizarr geformte Schlucht**

Die Umgebung des Ätna

Im Herzen der Provinz Catania öffnet sich gähnend der Krater des Ätna. Sogar die Provinz Messina wird noch von seinen sich ständig neu öffnenden Lavaspalten bedroht. Die Einheimischen reißen Witze, dass selbst die Mafia nicht in der Lage sei, die unzähligen Münder des Ätna zu verschließen. Schon lange vor den Griechen verehrten die Sikuler den Ätna. Adranus, ihr Feuergott, wohnte in den brodelnden Tiefen des Vulkans. Für die Griechen war der Ätna die Schmiede des Gottes Hephaistos, der mit der glühenden Lava Schwarze Magie betrieb. Für die Sizilianer ist der Ätna auch heute noch eine lebendige Gottheit. Ein Anwohner, der Tischler Pino Torrisi, meint dazu: »Man darf nie schlecht vom Ätna reden. Es gab ihn schon vor 200 Millionen Jahren, und wir sind nur Gäste auf seinen Hängen. Gegen seinen Willen sind wir nichts.«

Alle Straßen führen zum Ätna

Die Fahrt um den Vulkan herum ist eine Reise durch Licht und Schatten. Von der Ionischen Küste bis zu den fruchtbaren Hügeln am Fuß des Ätna erstrecken sich Zitronen- und Olivenhaine, Obstgärten und Nussplantagen. Doch direkt an die Hänge des Ätna schmiegen sich wie in einer Mondlandschaft Dörfer aus dunklem Vulkangestein und normannische Burgruinen – ein seltsam anmutender Kontrast. Von Taormina führt eine Eisenbahnstrecke durch die Talsohle und über eine Brücke aus Lavablöcken nach Randazzo. Um aber den Ätna in seiner ganzen Größe zu erfassen, fährt man am besten mit dem Auto um ihn herum oder folgt der Route der einspurigen Circumetnea-Bahn von Catania nach Giarre.

Von Fiumefreddo an der Küste bei Taormina führt ein Ausflug ins Alcantara-Tal. Die **Gole dell' Alcantara** ❾, eine herrliche Schlucht, wurde in den 1950er-Jahren von einem Filmproduzenten aus Taormina entdeckt. Er war so begeistert von ihrem geheimnisvollen Zauber, dass er einen gewundenen Pfad bis zum Fluss hinunter bauen ließ, und er war auch der Erste, der die Schlucht in seinen Filmen in Szene setzte. Von oben blickt man auf bewaldete Klippen hinunter, die in einen seltsam geformten Canyon abfallen. Das Flussbett hier ist steinig und mit den Überresten eines prähistorischen Lavastroms gefüllt, aus dem sich einst auch die Halbinsel Capo Schisò bildete. Dieser Canyon entstand nicht durch Erosion, sondern durch das Aufeinandertreffen von vulkanischem Magma und kaltem Wasser.

Ein Stück weit Richtung Westen an der SS 185 liegt **Francavilla di Sicilia ❿** in einem fruchtbaren Tal mit Zitrushainen und Feigenkakteen. Der Ort wurde von König Roger II. gegründet und erlebte unter spanischer Herrschaft eine Blütezeit. Die normannische Burgruine dominiert einen Hügel in der Talsohle, sie bewachte einst die Straße nach Randazzo. Das andere Relikt aus der Normannenzeit ist die auf einem kleinen Felsplateau erbaute Einsiedelei **La Badiazza,** die bei dem schweren Erdbeben von 1693 zerstört wurde.

Gagini hinterließ in der **Chiesa Madre** eine Madonna und auf der Piazza San Paolo einen mit seinen Skulpturen geschmückten Springbrunnen. In die **Matrice Vecchia** führt eine Renaissancetür verziert mit Weinblattmotiven. Das schönste Bauwerk ist der **Convento dei Cappuccini,** ein Kloster aus dem 16. Jh. mit spanischen Wachhäuschen und Marmorbrüstungen. Im Inneren ist es über und über mit Intarsien und Schnitzereien verziert, die im 17. Jh. von Mönchen angefertigt wurden.

Castiglione di Sicilia ⓫, südlich von Francavilla an der Nordflanke des Ätna gelegen, ist ebenfalls eine Station der Circumetnea-Bahn. Die auf einer Felsnase thronende alte Festung ist hauptsächlich als normannisches Lehnsgut bekannt, obwohl ihre Schutzwälle bereits unter den Griechen entstanden. Enge mittelalterliche Gassen winden sich zur halb verfallenen Lavasteinkirche San Pietro und der größeren Chiesa Maria della Catena hinauf. Das **normannische Fort** mit seinem

Wachturm beherrscht das Tal und nötigt dem Betrachter gebührenden Respekt ab, ebenso wie der bedrohliche Anblick der Schlacken- und Geröllströme, die sich vom Ätna herabwälzen.

Linguaglossa ⓬, eine weitere Station der Ätna-Bahn, an den nördlichen Hängen des Ätna und 18 km südöstlich von Castiglione gelegen, wurde als Ski- und Holzfällerort bekannt. Das Chorgestühl und die hölzerne Deckenverkleidung in der barocken **Chiesa Madre** zollen den Wäldern Tribut, das Lavagestein des Straßenpflasters dem Vulkan. Der Ort ist ein guter Ausgangspunkt für Wanderungen in die Umgebung. Auf einer Tour gelangt man durch Kiefernwälder zur **Grotta del Gelo,** einer Lavahöhle mit Lichteffekten.

Eine alte Brücke führt zu der stimmungsvollen mittelalterlichen Stadt **Randazzo ⓭,** die sich westlich von Castiglione an die Nordhänge des Ätna schmiegt, nicht weit von den Kratern entfernt. Sie wurde von Griechen aus Naxos gegründet

Seite 270

Ätna-Bahn
Die einspurige Eisenbahnstrecke rund um den Ätna, seit 1894 in Betrieb, bietet eine beeindruckende Fahrt von Catania mit Halt in Paternò, Adrano, Bronte, Maletto und Randazzo und zurück zur Küste bei Giarre-Riposto. Die Fahrt dauert etwa 5 Stunden. Informationen unter Tel. 0 95 37 48 42.

▶ Weinberg mit Pavillon bei Linguaglossa

und erlebte unter den Normannen ihre Glanzzeit. Den Staufern diente sie als Sommerresidenz und Fluchtort vor der Hitze Messinas. Heute ist Randazzo eine gut erhaltene Marktstadt mit zinnenbekrönten Kirchen und wehrhaften Mauern aus dem 14. Jh. Für eine Stadt in den Klauen des Ätna ist Randazzo in einem erstaunlich guten Zustand. Die Eruption von 1981 drohte die Mauern zu verschlingen, und Lavaströme, die man auch heute noch ausmachen kann, blockierten die umliegenden Straßen und Eisenbahnstrecken. Eines der beiden erhaltenen Stadttore, die **Porta San Martino,** markiert den Eingang zum befestigten mittelalterlichen Stadtkern. Die elegante Piazza San Martino ist das Herzstück des bis auf die Grundmauern zerstörten lombardischen Viertels. Die schöne **Chiesa San Martino** besitzt einen lombardischen Campanile aus dem 13. Jh. Dieser aus Lava- und Kalkblöcken errichtete, gestreifte Glockenturm passt gut zu der frühba-

rocken Fassade aus grauem und weißem Stein. Nebenan liegt das **Castello-Carcere,** eine mittelalterliche Burg, die den Bourbonen als Kerker diente. Sie soll Sitz des Archäologischen Museum der Stadt werden. Die Inschrift neben den Fenstern ist Philipp II. gewidmet, die Einschlaglöcher hingegen stammen aus dem letzten Gefecht mit den Nazis im Jahr 1943.

In der **Via Umberto** versammeln sich einige Wahrzeichen der ehemaligen Königsstadt, wie etwa der **Palazzo Reale,** der trutzige Sommerpalast der Staufer, in dem sich jetzt ein kleiner Markt etabliert hat. Die Schmuckgeschäfte in den Straßen präsentieren erstaunlich üppige Auslagen, Anzeichen von Reichtum; gelegentlich sind Scheiben und Hauswände aber auch mit Anti-Mafia-Parolen beschmiert. Die Via Umberto mündet in die weitläufige **Piazza Municipio,** Randazzos quirliges Zentrum. Die dort ansässigen Büros der konkurrierenden politischen Parteien sind die Relikte überkommener Rivalitäten.

▲ In der Umgebung von Bronte gedeihen exzellente Pistazien
▼ Am Nordrand des Ätna erstreckt sich die Stadt Randazzo

Seite 270

Doch bietet das riesige Schachspiel auf dem Platz die Chance, alte Rechnungen friedlich zu begleichen. Den Platz dominiert der **Palazzo Comunale,** das ansprechend restaurierte Rathaus. Um den Menschenmassen zu entkommen, biegt man am besten in die **Via degli Archi** ab, ein idyllisches Gässchen mit Arkaden, das zur Piazza San Nicolò und ins griechische Viertel führt. An einer Ecke erhebt sich Santa Maria della Volta, die Ruine einer ausgebombten Kirche aus dem 14. Jh. Die Platzmitte gehört der eindrucksvollen griechischen **Chiesa di San Nicolò** mit ihrer Apsis aus dem 14. Jh., der monumentalen frühbarocken Fassade und dem sich verjüngenden Campanile. Eine der Skulpturen Gaginis im Kircheninnenraum stellt den hl. Nikolaus dar.

Nelsons Gut

Zwischen Randazzo und Bronte erstreckt sich die bewaldete Vulkanlandschaft bis **Maletto** ⓮, das für seinen Wein und seine Erdbeeren bekannt ist. Der Ort bildet den höchsten Punkt der Ätna-Bahn und öffnet den Blick auf kürzlich ausgetretene Lavaströme. Von hier führt eine Abzweigung nach rechts zum Gut Admiral Nelsons oder der Abtei in Maniace, Richtung Süden geht es nach Bronte.

Folgt man den Schildern zum Castello di Nelson, erreicht man die **Abbazia di Maniace** ⓯ (tgl. 9–13 Uhr), die sich den Platz mit dem Castello teilt. Graf Roger legte das Wehrkloster in einer bewaldeten Senke an. Die Kapelle wurde zum Gedenken an eine siegreiche Schlacht gegen die Sarazenen im Jahre 1040 errichtet. Mit Hilfe der Normannen gelang es dem byzantinischen Befehlshaber Maniakes, die Araber in die Flucht zu schlagen und Sizilien wieder für Konstantinopel zu gewinnen. Später empfing Admiral Nelson das Anwesen aus der Hand Ferdinands IV. als Dank für sein Mitwirken an der Niederschlagung des Aufstands von 1799 in Neapel. Obgleich er auch zum Herzog von Bronte ernannt wurde, besuchte Nelson seine sizilianische Domäne nie, jedoch soll er angeblich davon geträumt ha-

ben, sich mit Emma Hamilton einmal hierher zurückzuziehen. Nelsons Nachkomme, der Viscount Bridport, gab das 12 500 ha große Anwesen erst 1981 auf und verkaufte die Obstgärten, Nussplantagen und Milchwirtschaftsbetriebe. Dennoch finden sich noch Erinnerungsstücke an Nelson, wie etwa Gemälde von Seeschlachten und eine Karaffe für Portwein.

Schönster Teil der Benediktinerabtei ist die spätnormannische Kapelle, deren ursprüngliche Holzdecke, das Portal und die Skulpturen noch erhalten sind. Infolge des Erdbebens von 1693 und der späteren Anglisierung ist von der ursprünglichen Burg nichts mehr auszumachen. Das Anwesen gleicht äußerlich einem englischen Landgut, ein Eindruck, der durch den vornehmen Friedhof noch verstärkt wird. Im Park findet man gepflegte Hecken, Zypressen und Palmen.

In Richtung Bronte verändert die Landschaft ihr Gesicht. Zwischen den Walnuss- und Kastanienhainen verstreut liegen auf

▶ **Santa Maria – die größte Kirche Randazzos**

den höheren Hügeln vulkanische Gesteinsbrocken und Überreste des Lavastroms von 1823. In der Umgebung von Bronte sind die Hänge mit Pistazienbäumen bestanden: 80 % der italienischen Pistazienernte wachsen auf diesen intensiv bewirtschafteten Terrassen.

Bronte 🟤 wurde 1520 von Karl V. gegründet. Als Verwaltungszentrum für die 24 Dörfer des Herzogtums stand die Stadt einst in voller Blüte, übrig geblieben ist ein schlichter Marktflecken und Umschlagplatz für den Nusshandel. Das verdankt Bronte hauptsächlich seiner ungünstigen Lage, denn es ist zwischen zwei Lavaströmen am Westabhang des Ätna eingeschlossen. Doch selbst die verwahrlosten Kirchen der Spätrenaissance mit ihren zinnenbesetzten Türmen strahlen noch immer einen gewissen Reiz aus. Die **Chiesa Madre** an der Piazza Pio IX enthält eine schöne Mosaikdecke, die **Chiesa San Sebastiano** gegenüber verblasste Fresken und griechische Säulen.

▲ **Roger I. ließ die normannische Burg von Adrano aus schwarzen Lavablöcken errichten**
◄ **Adranos Klosterkirche Santa Lucia**

Südlich von Bronte weichen die gepflegten Chalets auf den Hochebenen baufälligen Wohnhäusern und rauem Gestrüpp. An die Stelle der Pistazienplantagen treten verwahrloste, von Kakteen überwucherte Hänge, auf denen große Lavabrocken liegen, und dazwischen strecken weiße, mit Vulkanasche bedeckte Bäume ihre kargen Äste traurig in den Himmel. 1985 hat der Vulkan dieses Gebiet verwüstet, und alles wurde mit großer Hast wieder aufgebaut, doch je nach Laune des Ätna wird es vielleicht kaum Zeit zur Reue geben.

Adrano 🟤 an den Südwesthängen des Ätna ist ein heruntergekommener Marktflecken mit mythischen Wurzeln. In den Außenbezirken finden sich Reste der ruhmreichen Vergangenheit. Dionysius I. gründete die Stadt Adranon im 4. Jh. v. Chr., im Altertum war ihr dem sikulischen Feuergott Adranus geweihtes Heiligtum berühmt. Mythischen Praktiken vertraut die Stadt auch heute noch: Bei dem eigentümlichen Volksfest im August »fliegt« ein als Engel verkleidetes Kind ein Seil entlang, das die alten Mächte der Stadt symbolisch verbindet: die Burg, das Rathaus und eine Statue des Feuergottes. Der Zauber scheint zu wirken: Bis jetzt hat Adranus seine Stadt vor dem feurigen Schlund des Ätna bewahrt.

Der Reiz Adranos geht von der geschäftigen **Piazza Umberto** aus. Wie in Randazzo haben die politischen Organisationen und Wohlfahrtsvereine ihren Sitz am wichtigsten Platz des Ortes. Hier erhebt sich auch die Ehrfurcht gebietende **normannische Zitadelle,** von Roger I. im 11. Jh. auf den Fundamenten eines arabischen Vorgängerbaus errichtet und später von den Aragonesen umgestaltet. Das **Museum** (tgl. 8.30–12 Uhr) präsentiert griechische Skulpturen und sikulische Keramiken. Die Kapelle in der oberen Etage wurde auf Wunsch der Gattin Rogers mit Kapitellen aus Lavastein verziert.

Die **Chiesa Madre,** eine Normannenkirche neben der Burg, hat durch ungeschickte Restaurierungen schwer gelitten. Ihr Inneres birgt ein mehrflügeliges Altar-

bild in grellen Farben und alte Mess-
bücher. Die Basaltsäulen könnten noch
von dem griechischen Adranus-Tempel
stammen, der einst an dieser Stelle stand.
Der Geschichtsschreiber Plutarch berichtet von einer dramatischen Fürbitte an
den Gott am Vorabend einer Schlacht: Als
Zeichen der Erhörung soll die Bronzestatue des Adranus zu beben begonnen haben. Reminiszenz an das altertümliche
Adranon sind auch die **griechischen
Stadtmauern** am Ende der Via Buglio.

Biancavilla ⓲, 5 km südlich von Adrano, wurde 1480 von Flüchtlingen aus Al-
banien auf einem Basaltrücken angelegt.
1991 hat man eine Gruppe der ins Land
strömenden Albaner hier untergebracht,
doch setzten diese sich rasch in die Provinz Palermo ab und zogen von dort in
das wohlhabendere Norditalien weiter.
Echt albanisch ist hier heute nur noch die
Madonna der Almosen, eine Ikone der
ersten Flüchtlinge. Sie ist in der grandiosen Chiesa Madre zu besichtigen.

Während Biancavilla in unserer Zeit für
seine Feigenkakteen bekannt ist, verdankt
Paternò ⓳, auf halber Strecke zwischen
Biancavilla und Catania gelegen, den
Ruhm seinen Orangen, den saftigsten
ganz Siziliens. Die Stadt ist vom Barock
inspiriert, aber das **normannische Fort**
auf einem vulkanischen Hügel ungleich
interessanter. Die gebieterische Strenge
der aus Lavagestein errichteten Festung
des 14. Jhs. kommt auch in der großen
Halle und der freskengeschmückten Kapelle zum Ausdruck. Hier starb Friedrich II. auf der Reise zu seiner Lieblings-
festung Enna (s. Seite 210). In der Nähe
trifft man auf die **Chiesa Madre,** eine normannische Kirche mit gotischer Fassade,
sowie die Ruine der gotischen **Chiesa San
Francesco.** Die Nazis nutzten diesen Hügel als Beobachtungsposten. Als sie von
den Alliierten unter Beschuss genommen
wurden, kamen 4000 Menschen um. Das
Stadtviertel um die Burg, die Rocca Nor-
manna, weckt angenehmere Assoziatio-

Seite
270

**Catanische
Spezialitäten**
Es lohnt sich, die hei-
mischen Erzeugnisse
der einzelnen Dörfer
zu probieren: typisch
sizilianisches Gebäck
oder Lammbraten
und Würste mit Fen-
chel gewürzt, gefolgt
von Kastanien- oder
Zitrusblütenhonig,
eingelegten Pfirsi-
chen und frischen
Trauben.

▼ **Blühende
Mandelbäume und
Opuntien an den
Hängen des Ätna**

nen: Im Sommer können die Besucher hier Open-Air-Konzerten lauschen, sich an gefüllten Auberginen, der Spezialität des Ortes, gütlich tun oder einfach den Anblick der Orangenplantagen genießen.

Nicolosi, östlich von Paternò, ist ein gesichtsloser Skiort und das südliche Einfallstor zum Wein- und Wanderland der Ätna-Region. Der östlich der bewaldeten Monti-Rossi-Zwillingskrater gelegene Ort fiel der Eruption von 1669 zum Opfer. Heute ist er der Ausgangspunkt kurzer Rundwege zu den etwa 200 erloschenen Kratern und in die Abgründe prähistorischer Vulkankegel. (Im Büro der Experten des Ätna-Regionalparks in Nicolosi bekommt man Routenvorschläge.)

Östlich davon, an der Straße nach **Trecastagni ⓴**, sieht man die Lavabruchstellen von 1886 und 1910. Im Mittelalter war die Stadt ein Lehnsgut. Heute ist sie bekannt für ihre **Chiesa Madre,** eine Renaissancekirche, wahrscheinlich entworfen von Antonello Gagini, der ein ebenso guter Architekt wie Bildhauer war. Ganz in der Nähe fällt der malerische niedrige Glockenturm der Chiesa del Bianco aus dem 15. Jh. ins Auge sowie die lombardisch-romanische Chiesa Sant' Antonio di Padova mit Kreuzgängen des 17. Jhs. Attraktiver ist jedoch die Gelegenheit, das traditionelle **Kunsthandwerk** der Region zu bewundern: bunt bemalte sizilianische Karren (s. Seite 258 f.), Objekte aus Schmiedeeisen, Korbflechtereien, glasierte Keramik und eine große Auswahl an Lavasteinskulpturen sowie Schnitzereien aus dem knorrigen Olivenholz. Aber auch um die Mandelkekse, die herrlichen Sorbets und die trockenen Rotweine Trecastagnis sollte man nicht unbedingt einen Bogen machen ...

Den Ätna bezwingen ...

Der Aufstieg zum Kegel des Vulkans ist nicht jedermanns Sache. Ihn zu umfahren, ist faszinierend und sicher, während der Aufstieg Vorsicht erfordert und beson-

▼ Der erloschene Silveri-Krater

ders bei Nebel nur wenig Genuss verheißt. Natürlich gibt es qualifizierte Führer, doch sollte man sich vorher erkundigen, was es denn so zu sehen gibt. Je nach Jahreszeit und Laune des Ätna gehört dazu jede Menge Geröll, aber wenn man Glück hat, auch Erdspalten mit aufsteigenden Schwefeldämpfen, ein rauchender Krater oder sogar Blicke auf einen Lavastrom *(fronte lavica)*, und an manchen Stellen kann man die Hitze unter den Schuhsohlen spüren.

Das Beste (und relativ preisgünstigste) ist es, bei einer geführten Gruppe mitzumachen, doch wer das Abenteuer sucht, sollte sich einen privaten Bergführer engagieren. Allein können geübte Wanderer auf eigenes Risiko (!) bis zu einer gewissen Höhe, derzeit etwa 300 m, aufsteigen. Doch ist es in jedem Fall dringend angeraten, sich voher über die Wege und Wetterbedingungen beim Personal der Hütte kundig zu machen – denn je nach Aktivität des Vulkans sind die Wege manch-

mal gesperrt. Wer auf Nummer Sicher gehen will, sollte lieber eine organisierte Route buchen, dabei sind die Risiken gering. Ortsansässige Agenturen bieten sogar Nachtausflüge an, die bis zum Tagesanbruch dauern. Informieren Sie sich über die aktuellen Angebote, bevor Sie aufbrechen (s. Infoteil ab Seite 321). Wem es an Kondition oder entsprechender Ausrüstung für Wanderungen fehlt, der bucht am besten eine Fahrt mit der Seilbahn, die auch eine geführte Tour mit einem Kleinbus und einen Gipfelspaziergang miteinschließt.

Wenn Sie an den Hängen des Ätna entlang oder durch den Regionalpark fahren möchten, folgen Sie den Schildern »Etna Sud«, dem südlichen Zufahrtsweg über **Zafferana Etnea ㉑**. Da dieser wenig anziehende Bergkurort nur 500 m vom Krater des Monte Serra Calvarina entfernt liegt, führt er ein gefährliches Dasein. 1992 blieb das Dorf einen Monat lang Gegenstand der Schlagzeilen, weil es Gefahr

Seite 270

Der Ätna in Zahlen: Der Ätna bedeckt eine Fläche von rund 1200 km², die Höhenangaben schwanken – wie bei aktiven Vulkanen üblich – zwischen 3263 m bis zu 3490 m, der Umfang beträgt 140 km.

▼ **Unterwegs zum Rifugio Sapienza**

Seite 270

Ottobrata
Zafferana Etneas **Herbstfest** begann als eine Art Erntedankfeier, doch lieben die Catanesi das Einheimsen von Nüssen, Pilzen, Honig und Wein bei dieser Gelegenheit inzwischen sehr – guter Grund für einen Wochenendausflug.

lief, vom Ätna verschlungen zu werden – dabei hatte es sich gerade erst vom Erdbeben des Jahres 1984 und dem Ausbruch von 1986 erholt. Die barocke **Chiesa Madre** stand im Brennpunkt inbrünstiger Gebete, als die Weingärten und Zitrusplantagen der Umgebung untergingen. Von Zafferana Etnea führt eine Straße nach **Sapienza** und auf den Ätna. Wenn man der reizvollen **Casa-Cantoniera-Straße** weiter aufwärts folgt, machen die bewaldeten Hänge einer Einöde mit Lavaströmen, kahlen Flächen oder braunem, halb mit Schnee bedecktem Geröll Platz. Selbst im tiefsten Winter ist die Schneedecke nicht dicht, da sie die Bodentemperatur stellenweise zum Schmelzen bringt. Überall zwischen den erkalteten Strömen liegen frische Lavabrocken, und hie und da kämpfen Ätna-Veilchen und Ginster ums Überleben.

Das **Rifugio Sapienza** ❷ ist eine vom italienischen Alpenverein geführte Hütte auf 1800 m Höhe. Wie alles rund um den

Ätna, liegt auch sie gefährlich und musste erst in jüngerer Zeit wieder aufgebaut werden – nach einem Vulkanausbruch, der sich laut Gedenktafel am 9. April 1983 ereignete und in der Hütte mit grellbunten Fotos dokumentiert wird. Vor der Berghütte sieht man einen der zahlreichen erloschenen Krater. Mit der **Seilbahn** gelangt man nach oben.

Die Qualität der **Aussicht** hängt ab von der Tätigkeit des Vulkans und vom Wetter, vor allem aber vom vorherrschenden Wind: Es ist lebensgefährlich, die aus den aktiven Kratern ausströmenden Gase einzuatmen! Blauer Rauch gilt als Indiz für das Ausströmen von Magma, eine *corona* hingegen, den leuchtenden Schein glühender Schwefelgase, sieht man eher selten. Aktive Krater sollte man besser nur von weitem betrachten, vor allem wenn sie gerade Schwefeldämpfe ausstoßen oder wenn die *bombe* – geschmolzene »Lavabomben« – explodieren. Auf dem rauchverhangenen Grund des Kegels blubbert glühende Lava. In Zeiten intensiver seismischer Tätigkeit speit der Vulkan geschmolzenes Gestein und bietet besonders nachts einen faszinierenden Anblick. Die Führer bestimmen Aussichtspunkte in sicherer Entfernung, von wo aus man dem Spektakel folgen kann.

Auch der **Abstieg** wird spannend, wenn man dabei frische Lava zu sehen bekommt – ohne Führer ist dies jedoch höchst gefährlich! 1992 dehnte sich ein Lavastrom von einem Nebenkrater bis zum Valle del Bove aus und füllte das ganze Tal, bevor er nach Zafferana weiterfloss. Dabei wurde Sand bis zu 600 m hoch in die Luft geschleudert, regnete wieder herab und zerstörte dabei Straßen und Häuser. Das **Valle del Bove** ❷, am besten von **Milo** aus zu sehen, war früher eine Talspalte, die bei den Eruptionen der letzten Jahre, 1986, 1992 und dem dramatischen Ausbruch Anfang des Jahres 2000, als eine Art natürliches Auffangbecken die Lava aufnahm, wodurch die Städte im Tal verschont blieben. Heute ist der vulkanische Kanal unter den frischen Lavamassen kaum noch zu erkennen. ■

◄ Heute ist das Valle del Bove großenteils mit Lava aufgefüllt

Feuer speiender Riese

Wenn Siziliens berühmt-berüchtigter Vulkan ausbricht, sind die Folgen und Verheerungen unabsehbar. Die Dauer der einzelnen Eruptionen ist kolossal unterschiedlich, sie kann zehn Minuten, aber auch bis zu zehn Jahre betragen, wie es zuletzt 1614 der Fall war.

Im Lauf der Jahrhunderte hat sich Catanias Küstenlinie analog zu den Lavaströmen zurückgezogen oder ausgedehnt. Nicht einmal das große Erdbeben von 1908, das Messina ausradierte und 84 000 Menschenleben forderte, hat die Küste wesentlich verändert, doch sorgte der Ätna oft genug dafür, dass die Landkarten neu gezeichnet werden mussten. 1978/79 beispielsweise ergossen sich gewaltige Lavamassen ins Meer und erreichten gar die Stufen der Kapelle von Fornazzo, einem Küstenort bei Giarre. Und es geschah ein Wunder: die kircheneigene Madonnenstatue gebot der gefräßigen Lava Einhalt.

Die Geschichte weiß von etlichen besonders dramatischen Ausbrüchen mit verheerenden Folgen: Die Lavaströme von 1381 und 1669 verschlangen Catania und zerstörten Nicolosi, 1886 und 1910 kam Trecastagni nur um Haaresbreite davon, Anfang der 1920er-Jahre schlug den Orten Gerro und Mascali die letzte Stunde, 1923 blieben Castiglione und Linguaglossa nur knapp verschont. Die Eruption von 1981 hätte beinahe das Ende von Randazzo bedeutet, die Lavazunge leckte bereits an den Stadtmauern.

Die Straße zum Südhang des Ätna, zum südlichen Aufstiegspunkt, verläuft durch erkaltete Lavaströme, denen die frühere Straße 1984 zum Opfer fiel. 1983 hatten schon die Alpenvereinshütte, das Rifugio Sapienza, jenseits davon, näher am vulkanischen Herzen des Ätna, sowie umliegender Besitz, Skilifte und Straßen dran glauben müssen.

Während der gewaltigen Eruption 1992 kam eine Spezialeinheit der amerikanischen Marines dem bedrängten Ort Zafferana Etnea am Osthang des Feuer spei-

enden Riesen zu Hilfe: Die Männer, ausgerüstet mit den größten Hubschraubern der Welt, flogen die Krateröffnung an, warfen gewaltige Betonblöcke in den wachsenden Lavastrom hinab und brachten ihn so zum Stillstand.

Für praktisch alle Ausbrüche seit 1997 war der Südost-Krater verantwortlich, eingeschlossen jene Aktivitäten, die 1999 begannen und sich im Jahr 2000 fortsetzten. Der rot glühende Kegel war meist von Catania aus auch bei Tag sichtbar, in Taormina konnte man nachts beobachten, wie ein zweiter Krater regelrechte Brandbomben spie. Im Februar 2000 geschah es dann: Mit einem gigantischen Feuerwerk zerbarst der Südost-Krater in zwei Teile, Flammenbälle und Magmatitgestein wurden bis zu 600 m hoch in die Luft geschleudert – ein gigantisches nächtliches Schauspiel, und überall in der Provinz zu sehen. ■

▶ Ein gigantisches Feuerwerk erglüht am nächtlichen Himmel

Taormina

Seite 288

Siziliens kosmopolitischer Treffpunkt war schon lange vor dem Krieg als »Oase des süßen Nichtstuns« äußerst populär, das Image einer gewissen mondänen Trägheit hängt der Stadt auch heute noch an.

Taormina ist das schönste Urlaubsziel Siziliens, ein hinreißender Ort, den die Dichter seit der Antike preisen. Goethe geriet über seine majestätische Lage ins Schwärmen: »Nun sieht man an dem ganzen Gebirgsrücken des Ätna hin, links das Meerufer bis nach Catania, ja Syrakus; dann schließt der ungeheure dampfende Feuerberg das weite breite Bild, aber nicht schrecklich, denn die mildernde Atmosphäre zeigt ihn entfernter und sanfter, als er ist.« D. H. Lawrence war ebenso verliebt in die griechische Stadt und nannte sie »the dawn-coast of Europe« (Küste des europäischen Erwachens).

Doch dieser Schauplatz der Urgewalten wurde gezähmt und ist nun ein sicheres, unsizilianisches Nest. Hundert Jahre Tourismus haben den rebellischen Geist der Einheimischen geschwächt, die Armut ausgelöscht und unerwünschte Personen verdrängt. Französische Besucher vergleichen Taormina mit St. Tropez: modisch, aber unwirklich. Aber wer ist angesichts der anderen turbulenten, chaotischen sizilianischen Städte oder des Misstrauens in den Bergdörfern schon scharf auf die Realität?

Mai, September und Oktober sind die idealen Reisemonate für einen Besuch in Taormina, dann herrschen relativ wenig Betrieb und ein angenehm mildes Klima.

Die auf Terrassen angelegte Stadt war einst eine berühmte Homosexuellen-Enklave und für viele Norditaliener eine Zuflucht vor der Winterkälte. Heute zieht dieser sichere Hafen auch romantische heterosexuelle Paare und die kultivierte Mittelklasse aus ganz Europa an. Die vielen Traditionshotels, die feinen Restaurants und zahllose Boutiquen mit schicker Designermode verleihen der Stadt ein unvergleichliches Flair.

Seinen Rang als mondäner Badeort könnte Taormina nur eine Stadt streitig machen, das nahe Palermo gelegene Cefalù. Doch verfügt nur Taormina über die besagten Nobelherbergen wie auch ein breit gefächertes Spektrum an Kultur-, Freizeit- und Sportangeboten.

Böse Zungen lästern, die Stadt sei deshalb frei von Korruption, weil auch die Mafiosi auf ein »sauberes« Urlaubsquartier Wert legten ... Edelfummel hin, Designerboutiquen her, allem Glamour und den blasierten modernen Kreuzfahrern zum Trotz: Taorminas majestätische Schönheit, seine liebenswürdige Dekadenz und der zeitlose Charme sind immer

◀ ◀ **Reste des Bühnenhauses im Griechischen Theater**
◀ **Bildergalerie in der Via Teatro Greco**
▶ **Obststand mit Zitrusfrüchten**

▲ **Die im 12. Jh. wieder errichtete »Torre dell' Orologio« bekam im 17. Jh. ihre Uhr**

noch echt. Zwar besitzt nun auch diese Stadt endlich ihr Internet-Café, doch chatten die Einheimischen nach wie vor von Balkon zu Balkon miteinander.

Die Innenstadt ist für den Verkehr nahezu gesperrt, Parken teuer und unbequem, die Anzahl der Plätze begrenzt. Da man im Stadtgebiet aufgrund seiner Lage Höhenunterschiede bis zu 250 m bewältigen muss, die meisten Hotels auf einige wenige Orte konzentriert und die gebührenfreien Busse unzuverlässig sind, wird man für den Weg in die Stadt oder zum Hotel häufig ein Taxi brauchen.

Ruhmreiche Vergangenheit

Taormina war ursprünglich eine Siedlung der Sikuler am Fuß des Monte Tauro. Bis die Griechen 403 v. Chr. aus ihrer ersten Kolonie hierher flohen, bildete Taoromenion einen Außenposten von Naxos (s. Seite 309). Unter den Römern erhielt die Stadt den Namen Tauromenium und dazu eine Garnison. Im Mittelalter florierte Taormina: Im 9. Jh. avancierte es zur Metropole des byzantinischen Sizilien. Als letzte der byzantinischen Festungen musste Taormina vor der arabischen Übermacht kapitulieren. 902 wurde sie geschleift, jedoch bald neu errichtet. 1078 eroberte der Normannengraf Roger de Hauteville die Zitadelle, unter seiner Herrschaft erlebte die Stadt eine lange Zeit des Friedens und Wohlstands. Später gelangte sie in die Hände der Aragonesen, die ihre reich dekorierten Palazzi hinterließen.

Taorminas absolutes Highlight ist das **Teatro Greco ❶** (tgl. 9–17.30 Uhr), dessen hufeisenförmige *cavea* (Halbrund für die Zuschauer) vor einem aufregenden Panorama aus dem Hügel gehauen wurde. Da die Griechen die Natur verehrten, bildeten in griechischen Theatern Meer und Himmel die natürliche Kulisse, war der Weitblick kalkuliert. Die Römer hingegen bevorzugten höhere Bühnenhäuser

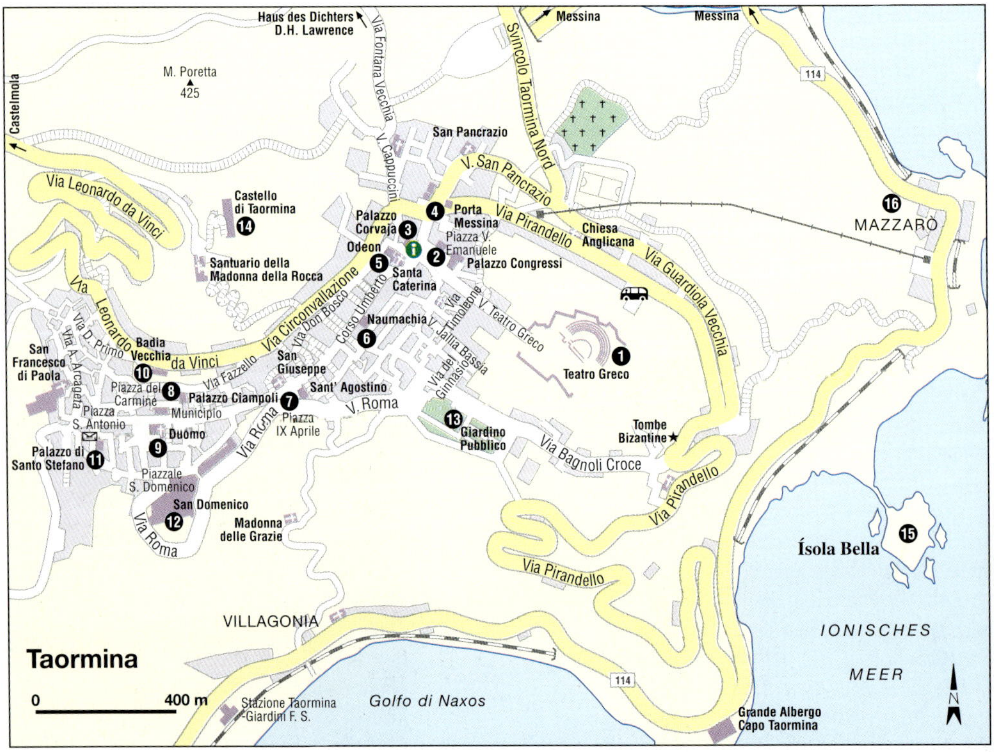

[Karte: Taormina]

(Proszenien) mit Arkaden und künstliche Hintergründe. Aus den Bühnenwänden entwickelten sich mit der Zeit richtige Prunkfassaden mit Blindfenstern und Statuennischen. Das griechische Theater von Taormina entstand unter dem Tyrannen Hieron II. im 3. Jh. v. Chr., die Römer erweiterten es im 2. Jh. n. Chr., später verwandelten sie das Theater wie auch das von Tindari in eine Arena für Gladiatorenkämpfe.

Romantiker und Puristen halten zu den Olympischen Göttern und schätzen die zeitlose Tiefe der griechischen Kunst höher als den »belanglosen« römischen Pomp. Das gut erhaltene römische Bühnenhaus zeugt jedoch von großer Kunstfertigkeit. Im 19. Jh. wurden die Granitsäulen und korinthischen Kapitelle

– allerdings an der falschen Stelle – wieder errichtet. Die Freunde griechischer Kunst begrüßen den Verfall des römischen Bühnenhauses, da so die ursprüngliche Atmosphäre wieder spürbar wird. Nur den Katzen, die in den Ruinen ihre Sonnenbäder nehmen, dürfte es egal sein, ob sie ihre Pfötchen auf Marmor der Griechen oder eine römische Ziegelmauer setzen.

Wer den Ansturm der Touristen unterlaufen möchte, sollte gleich am Morgen oder erst am Abend hierher kommen. Der im Hintergrund dampfende Ätna verleiht dem Szenario etwas Geheimnisumwittertes. Zitrusplantagen bedecken die Hänge, Kakteen und Orchideen wuchern auf den Klippen. Unten erstreckt sich die Küste mit ihren Fels-

Theater
→ Die herrlichen großen Theater der Griechen und Römer haben klein angefangen: als ebener, runder Tanzplatz an einem Hügel, mit übereinander in den Hang gestellten hölzernen Zuschauerbänken und einer Holzkonstruktion als Bühne.

Seite
288

Die Aussicht macht den Preisunterschied wett: Suchen Sie sich eine Unterkunft mit Blick auf den Ätna, vor allem, wenn er aktiv ist. Die Zimmer der Hotels San Domenico Palace und Grande Albergo Capo Taormina bieten eine herrliche, wenn auch nicht preiswerte Aussicht auf den Vulkan.

▼ **Treue Paladine als Puppen**

**Taormina
Arte-Festival**
Im Theater wird noch heute gespielt, jedoch nicht antike Dramen, vielmehr gibt es jeden Juli und August Vorstellungen zeitgenössischer Stücke, Ballett und Konzerte. (Info und Tickets im Tourismusbüro, Palazzo Corvaja, Tel. 0 94 22 32 43.)

▼ **Die Piazza
del Duomo**

blöcken, draußen schwimmt die romantische Isola Bella.

Die **Piazza Vittorio Emanuele ❷**, ein geschäftiger und lauter Marktplatz, wurde auf dem römischen Forum angelegt. Die Piazza säumt der **Palazzo Corvaja ❸**, ein historisches Herrenhaus, wo 1411 das sizilianische Parlament tagte. Heute beherbergt er das Fremdenverkehrsamt und ein Ausstellungszentrum. Auf der anderen Seite des Platzes gelangt man durch das mittelalterliche Stadttor, die **Porta Messina ❹**, zur kleinen **Chiesa San Pancrazio,** die über einem Isis-Tempel errichtet wurde. Das auch liebevoll *Teatrino Romano* genannte **Odeon ❺**, ein römisches Auditorium, wird zum Teil von der anmutigen Chiesa Santa Caterina verdeckt.

Auf dem Prachtboulevard, dem **Corso Umberto,** ist Vorsicht geboten: Hier kann man einem wahren Kaufrausch erliegen. Palazzi aus dem 15. Jh. wurden zu Geschäften, Boutiquen und Bars. Majolika in leuchtenden Farben bemalt, Lederwaren

und die berühmten sizilianischen Puppen wetteifern mit Kronleuchtern und Reproduktionen antiker Statuen um die Gunst der Kunden.

Die **Naumachia ❻**, eine 5 m hohe und 122 m lange Mauer aus der römischen Kaiserzeit mit elegant geschwungenen Arkadenbogen und 18 verschieden großen Apsisnischen, galt lange Zeit als Prunkfassade und Abschluss eines großen Beckens für Wasserschlachten, so genannte Naumachien. Wahrscheinlich handelt es sich aber nur um eine Stützmauer für eine dahinterliegende Hügelterrasse, die eine Zisterne abschloss.

Die **Piazza IX Aprile ❼** bildet die Mitte des Corso Umberto, hier bieten schicke Cafés nicht nur eine herrliche Aussicht auf den Ätna, sondern ebenso auf die zahlreichen Flaneure. Die **Chiesa Sant' Agostino** aus dem 15. Jh. beherbergt heute die anheimelnde städtische Bibliothek. **San Giuseppe** ist eine Kirche im Stil des Barock und sonntags überfüllt.

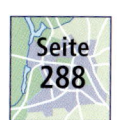

Seite 288

Der Corso setzt sich auf der anderen Seite der **Porta di Mezzo** fort: Die **Torre dell' Orologio** (Uhrturm) markiert die Grenze zum mittelalterlichen Stadtviertel. Eine breite Treppe führt zum katalanisch-gotischen **Palazzo Ciampoli ❽**, heute das Hotel Palazzo Vecchio. Schenken Sie seiner aragonesischen Fassade mit den zweigeteilten Fenstern die gebührende Aufmerksamkeit, bevor Sie hineingehen und in der Bar Saint Honoré einen der süßen sizilianischen Kuchen probieren. Derart gestärkt können Sie anschließend zur Via Venezia, einer bezaubernden Nebenstraße des Corso, hinauf- oder zum Dom hinuntersteigen.

Auf der **Piazza del Duomo** spielt sich viel vom sozialen Leben Taorminas ab. Scheint die erste Frühjahrssonne, spielen Kinder hier Fußball oder legen ihre Rollerblades an. Die Jeunesse dorée posiert, und die unverwüstlichen, allzeit tief gebräunten Latin Lovers lauern auf leichte ausländische Beute.

Umgestaltungen während der Renaissance haben nichts an der strengen Ausstrahlung des **Duomo ❾** (tgl. 8–12, 15.30–18.30 Uhr) geändert. Sein allwinterlicher Konzertzyklus mit klassischer Musik lockt die Besucher immer wieder an. Vor dem Dom steht ein verspielter Barockbrunnen mit Seepferdchen, Amoretten und einem molligen weiblichen Kentauren, dem Wahrzeichen der Stadt.

Gegenüber führen Stufen zur Piazza del Carmine und zur **Badia Vecchia ❿** (Sommer: tgl. 9–13, 16–19 Uhr; Winter: Mo–Fr 9–13, 16–18, Sa 9–13 Uhr), einer zinnenbewehrten normannischen Abtei des 14. Jhs., heute Sitz eines kleinen Museums mit archäologischen Funden. Zwar wurde hier mit der Restaurierung eindeutig übertrieben, doch besitzt das Kloster noch immer Ornamente aus der Entstehungszeit, Spitzbogenfenster, Friese und Gitterwerk. Der **Palazzo di Santo Stefano ⓫** gilt als Taorminas reizvollstes mittelalterliches Bauwerk. Besonders schön

Wahre Gaumenfreuden
Auf den Terrassen der Via Naumachia speist es sich vorzüglich zu Mittag. Besonders empfehlenswert ist das **Ristorante Gambero Rosso** auf Nr. 11 (Tel. 0 94 22 30 11).

▼ Hoch oben über Taormina thront das **Dorf Castelmola**

sind die normannisch-gotischen Zwillingsfenster mit Spitzbogen und Maßwerk sowie der Intarsienfries unterhalb der Dachzone, ein Vermächtnis der Sarazenen. Der Palazzo birgt noch ein Vermächtnis ganz anderer Art: Werke des vor ein paar Jahren verstorbenen Bildhauers Giuseppe Mazzullo aus Francavilla bei Taormina.

Von hier windet sich die Via del Ghetto zum **Kloster San Domenico** ⓬ aus dem 15. Jh., heute ein Luxushotel. Im Zweiten Weltkrieg wurde es bombardiert, doch blieben die – nun in komfortable Schlafzimmer verwandelten – Zellen und die Kreuzgänge unversehrt.

Spaziergänge in Taormina

Auch der nahe **Giardino Pubblico** ⓭, der öffentliche Park, ist ein Erbstück: Die in den 1920er-Jahren verstorbene Engländerin und Amateur-Ornithologin Florence Trevelyan hinterließ ihn der Stadt.

▲ Die Sonnenmotive auf den Keramiken lassen sich bis in griechische Zeit zurückverfolgen
◀ Die Gondeln der Seilbahn von der Innenstadt hinunter zum Mazzarò-Strand

Ebenfalls an der Nordseite Taorminas, am Fuß des Monte Tauro, steht ein verfallenes mittelalterliches **Castello** ⓮. Man erreicht es in etwa einer halben Stunde über einen windgepeitschten Steilpfad, der das **Santuario della Madonna della Rocca** oben auf den Klippen passiert. Der Aufstieg ist anstrengend und sollte keinesfalls in der Mittagshitze unternommen werden, doch ist die Aussicht von dort oben einfach grandios.

Von Taormina schlängelt sich die **Via Leonardo da Vinci** hinauf nach **Castelmola,** einem Dörfchen, das auf einem Kalksteingipfel thront. (Es gibt eine Buslinie hier herauf.) Von diesem natürlichen Balkon über dem Meer aus kann man noch einen Abglanz des einstigen Taormina erahnen. Im **Caffè San Giorgio** sind die Autographen berühmter Persönlichkeiten ausgestellt. Früher war es das Stammlokal des britischen Premier Winston Churchill, heute ist es fest in Händen trinkfester deutscher Urlauber, die sich hier ihr Bier und den einheimischen Mandelwein schmecken lassen.

Unterhalb von Taormina fallen blanke Klippen ab, draußen im Meer schwimmt die zu Recht so genannte bezaubernde **Isola Bella** ⓯. Eine Seilbahn *(funivia)* verbindet die Stadt mit dem Strand von **Mazzarò** ⓰. In den nahen Unterwasserhöhlen finden Taucher rote Seesterne, Barsche, Skorpionfische und Seeigel. Sehen Sie Fische lieber auf einem Teller liegen, sollten Sie die grauen und rosa Klippen oberhalb Taorminas erklimmen.

Verabschieden Sie sich von Taormina bei Nacht. Die katalanisch-gotischen Fassaden werden angestrahlt, und die Plätze glänzen im Mondlicht beinahe pinkfarben. Man sieht den Glutkegel des Ätna leuchten, bevor er mit dem Meer, den Sternen und Gipfeln verschmilzt. Nachtschwärmer zieht es in die Restaurants des Vicolo Stretto. Einsame Spaziergänger ersteigen die Salita Ibrahim zum Kloster Carmine mit seinem Turm und dem friedvollen Garten. Träumer wandeln die Via Caruso zur Badia Vecchia entlang, sammeln Augenblicke. ■

Ort des Lasters

Wenn Harold Acton Sizilien »als höfliche Umschreibung für Sodom« betitelte, meinte er natürlich nur Taormina und die dort während einer Periode »griechischer Dekadenz« entstandene Homophilen-Enklave.

Die Schwulenresidenz wurde der Öffentlichkeit durch zwei Deutsche bekannt: Um 1875 zog Otto Geleng, ein Landschaftsmaler, nach Taormina. Seine künstlerische Umsetzung der Szene fand große Beachtung, seine Gemälde erreichten die Pariser Salons, wo sie ihren Betrachtern den Atem verschlugen. Obwohl mit einer Sizilianerin verheiratet, huldigte der Künstler der Ansicht: Frauen dienen der Fortpflanzung, Knaben der Lust.

Sein jüngerer Freund Wilhelm von Gloeden kam 1880 nach Taormina und blieb bis zu seinem Tod. Der blonde Baron liebte es, sizilianische Hirtenjungen abzulichten, die Schönheit ihrer nackten Körper stellte er den griechischen Göttern gleich. Seine Aufnahmen der lasziv posierenden, mit Pantherfellen drapierten oder im Gegenlicht des Sonnenuntergangs fotografierten Buben waren bald ein gefundenes Fressen für die übersättigte Berliner High Society.

Auch der berühmte Schriftsteller Oscar Wilde legte gern bei den Bildkompositionen mit Hand an und stattete die »Objekte vielfacher Begierden« mit Lorbeerkränzen oder Panflöten aus. Von Gloeden war restlos hingerissen von Wilde, ihm erschien der englische Dandy sogar »göttlich«. Der Dichter gab das Kompliment aber nur auf der künstlerischen Ebene zurück, denn privat bevorzugte auch er schöne Knaben.

Ein weiterer »Lüstling« mit Promi-Gefolge war Gayelord Hauser, Diätpapst der Hollywoodgrößen. In den 1940er-Jahren des 20. Jhs. durchtanzten Marlene Dietrich, Gloria Vanderbilt, Rita Hayworth und Joan Crawford die Nächte auf seinen Festen. Doch während die meisten männlichen Einwohner Taorminas die Leinwandgöttinnen mit den Augen verschlangen, fühlte Hauser sich von den lokalen Götterknaben ungleich stärker angezogen.

Truman Capote und Tennessee Williams waren regelmäßige Gäste der wilden Partys in der Villa Hauser. Beide Autoren kamen auch nach Taormina um zu schreiben, doch richteten sie sich mit Alkohol allmählich zu Grunde. Capote beschuldigte Williams zwar »sich Jungen für den Nachmittag zu mieten«, doch musste man beide nicht selten sturzbesoffen in den Bars am Corso auflesen. Doch ob nüchtern oder betrunken, Tennessee Williams wurde seinem Image vom »einsamen Wolf« jedenfalls auf Sizilien nicht gerecht.

Vom Klatsch über die besonderen Vorzüge Taorminas angelockt, erschien auch der große Jean Cocteau, neugierig auf die »Knaben mit den Mandelaugen«. Somerset Maugham und Anatole France tauchten ebenfalls gern in die schillernde Szene ein und genossen das »Disneyland der Sünde«. ■

▶ Ein Schäferknabe posiert für Wilhelm von Gloeden

Die Provinz Messina

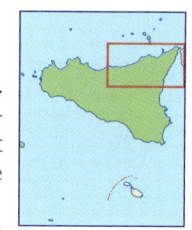

Seite 299

**Messina liegt inmitten zweier Welten:
seiner spitz zulaufenden Form verdankt es eine endlos lange Küstenlinie
mit beliebten Touristenbadeorten; das raue, gebirgige Hinterland
bildet einen hinreißenden Kontrast dazu.**

Messina, das »Tor Siziliens«, wirbt mit dem Slogan *»Monti e mare«* für seine zerklüfteten Berge und abwechslungsreichen Meeresufer. Die tyrrhenische Küste bietet Felsenbuchten, Salzseen und Sanddünen. Zitronenhaine werden von Immergrün, Ginster und Feigenkakteen gesäumt. Die ionische Seite ist flacher, wirkt aber mit ihren Sandstränden und freundlichen Kurorten ebenso exotisch. Beide Küsten locken mit historischen Stätten, Burgruinen, köstlichen Meeresfrüchten und einem traumhaften Landesinneren.

Der Gegensatz zwischen den eleganten Küstenorten und der seit ewigen Zeiten unveränderten Lebensweise der Bauern in den Bergregionen könnte stärker nicht sein. Im zerklüfteten Hinterland findet man maurische Kirchen und Madonnen von Antonello Gagini, Siziliens größtem Bildhauer. Man erlebt bunte Volksfeste und sieht Bauern auf Eseln nach Hause reiten. Und diese Welt entlässt den Besucher dann nach Taormina mit seinem internationalen Flair – welch ein Kontrast!

Die Region kennt unzählige uralte Mythen und Sagen. Die griechischen Seefahrer fürchteten die Zwillingsdämonen Skylla (einen reißenden Strudel) und Charybdis (ein sechsköpfiges Meeresungeheuer). Im 18. Jh. entdeckte man, dass der Strudel durch das Zusammentreffen zweier Strömungen entstand. Ein Erdbeben im Jahr 1908 hat den Strudel einiges von seiner Wildheit gekostet, doch existieren noch immer Wasserwirbel, sehr treffend *bastardi* genannt.

Um 730 v. Chr. von griechischen Kolonisten gegründet, war Messina später eine phönizisch-punische Kolonie. Ihre Glanzzeit erlebte die Stadt unter den Normannen, die sie befestigten. Über Jahrhunderte hinweg war sie ein wichtiger Hafen. Messinas Niedergang kam mit dem Ausbruch der Pest im Jahr 1743, und damit nicht genug, folgten Erdbeben, Kriege und eine Choleraepidemie.

Die größte Katastrophe bildete jedoch das Erdbeben von 1908, dem binnen 30 Sekunden rund 84 000 Menschen zum Opfer fielen. Die Küstenlinie sank einen halben Meter; Getöse und Erschütterungen waren sogar noch auf Malta vernehmbar. 1943 galt Messina als letzte Bastion der Nazis. Die Bomben der Alliierten zerstörten die Stadt und kosteten 5000 Menschen das Leben. Derartige Schicksals-

◀◀ **Mit Blick aufs italienische Festland: der Hafen von Messina**
◀ **Mosaikgeschmückte Fassade in Messina**
▶ **Die Kuppel des Tempio del Cristo Re**

schläge haben eine sehr pragmatische Mentalität gefördert, eine Art »Recycling-Bewusstsein« – alles noch irgendwie Verwendbare wurde für den Wiederaufbau genutzt.

Außerdem kurbelte der notwendige Neubeginn die Wirtschaft an – heute gibt es Reifen-, Öl- und Zementindustrien in Messina und Milazzo, weshalb beide Städte nicht mehr vom Obstanbau abhängig sind. Der Tourismus wurde ebenfalls zur Einkommensquelle. Dank der guten Infrastruktur Messinas erwarten zahlreiche Hotels ihre Gäste. Das Wohlergehen dürfte von besseren Kommunikationsmöglichkeiten und vom Bau einer Hängebrücke zum Festland abhängen. Immerhin ist die *autostrada* Messina–Palermo endlich betriebsbereit.

Die Sache mit der Sichel
In der Antike hieß Messina Zankle, nach seinem sichelförmigen Hafen, angeblich aber auch nach der Sichel, mit der Zeus seinen Vater entmannte.

▼ **Der Campanile des Doms mit seiner mechanischen Uhr**

Die Gaginis

→ Wie sein Vater Dominico wurde auch Antonello Gagini (1478–1536) ein großer Bildhauer. Sein Stil war von Eleganz und Anmut geprägt. Spätestens ab 1509 arbeitete er ständig in Palermo, wo er eine große Werkstatt leitete.

Die Stadt Messina

Mit ihren breiten Boulevards, dem weitläufigen Straßennetz und imposanten öffentlichen Gebäuden im Stil klarer Zweckmäßigkeit besitzt **Messina ❶** von allen sizilianischen Städten die am stärksten kosmopolitisch geprägte Ausstrahlung. Gewöhnlich braucht man eine Weile, bis man mit ihr warm wird, doch lohnt ein Besuch, denn sie birgt Kostbarkeiten. Als Ausgangsbasis für touristische Streifzüge eignen sich Taormina oder ein Ort an der tyrrhenischen Küste hingegen besser.

Dem sichelförmigen **Hafen** verdankte Messina seinen klassischen Namen Zankle (griech. zanklon = Sichel). Der Hafen steht unter dem Schutz der Madonnina,

Provinz Messina

0   10 km

N

TYRRHENISCHES MEER

einer großen Statue, die auf der historischen Hafenmauer wacht. Rund um die Sichel erkennt man noch die Reste der **Cittadella,** einer spanischen Bastion des 16. Jhs. Trotz des Getümmels im Hafen hat man das Gefühl der Weite und eine überwältigende Aussicht. Nichts versperrt den Blick auf die Stadt, denn Messina wendet dem Meer – anders als Palermo – ihre »Schokoladenseite« zu.

Der **Duomo** (tgl. 9.30–19.30 Uhr) symbolisiert die Zähigkeit der Sizilianer: Die 1197 geweihte Kathedrale hat nach gewaltigen Schäden durch Feuer und Erdbeben schon im Mittelalter ihre normannische Grundsubstanz weitgehend eingebüßt, wurde im 15. und 16. Jh. unter spanischer Oberhoheit dem damaligen Architekturgeschmack angepasst, erlebte 1783 und 1908 weitere schwere Erdstöße und wurde schließlich 1919–1923 wiederhergestellt. Dieser Bau nahm jedoch unter dem Bombenfeuer der Aliierten im Zweiten Weltkrieg schwere Schaden. Beim späteren Wiederaufbau wurden mit Erfolg die Überreste der alten Bausubstanz integriert. Am grau-rosa Innenraum beeindrucken vor allem seine Proportionen. Zu den restaurierten Schätzen gehören u. a. eine bemalte Holzdecke, Mosaike aus dem 14. Jh. in der halbrunden Apsis, glitzernde Altäre der Renaissance und eine Gagini-Statue des heiligen Johannes. Den Hochaltar ziert eine außergewöhnliche Madonna, mit Silberkrone vor byzantinisch-goldenem Hintergrund, eine Vision des sizilianischen Realismus. Am besten hat die Sakramentskapelle in der linken Apsis die verschiedenen Übergriffe von Mensch und Natur überstanden. Der **Campanile** besitzt die größte mechanische Uhr der Welt, ein Werk der Gebrüder Ungerer aus Strassburg von 1933. Eine Turmseite enthält eine astronomische Uhr mit Mondphasenanzeige, eine andere ist aufwändig mit Nischen verziert, in denen mittags um 12 Uhr Allegorien und religiöse Szenen in

Seite 299

▲ Die Fähren zwischen Messina und dem italienischen Festland transportieren auch ganze Eisenbahnzüge

Gang gesetzt werden. Darüber stehen – im Wortsinn – mit Dina und Clarenza zwei sizilianische Nationalheldinnen aus der Sizilianischen Vesper und bringen die Glocken zum Klingen.

Der frei stehende Glockenturm wirft seinen Schatten auf eine Orgie aus allegorischen Figuren und Meeresgeschöpfen: Die **Fontana di Orione** vor dem Dom ist ein Meisterwerk von Giovanni Montorsoli, einem Schüler Michelangelos. Auf der nördlich des Doms gelegenen **Piazza Antonello** reihen sich öffentliche Gebäude des Jugendstils aneinander, unter denen die Galleria Vittorio Emanuele herausragt.

Den benachbarten Platz dominiert die **Chiesa Santissima Annunziata dei Catalani** (nur So zur Messe geöffnet), eine arabisch-normannische Kirche mit byzantinischem Einschlag und eines der schönsten sizilianischen Gotteshäuser überhaupt. Die Fassade besticht durch ihre Blendarkaden, die Ornamentbänder und -friese und die Sternenmedaillons in den

▲ Von Antonello da Messina (um 1430–1479) sind etliche Meisterwerke im Museo Regionale in Messina zu bewundern
◄ An vielen Kiosken gibt es frisch gepressten Orangensaft

Bogen. Das Mittelschiff ist von einem Tonnengewölbe, die Seitenschiffe von Kreuzgewölben überfangen. Hängezwickel in Form von Viertelkuppeln (Trompen) leiten von der quadratischen zur Kreisform über und ermöglichen so das Aufsetzen der Kuppel mit ihrem hohen Tambour.

Die **Chiesa di Santa Maria degli Alemanni,** unweit des Doms, ist eine dachlose Ruine der Gotik, zu Beginn des 13. Jhs. vom Deutschen Ritterorden gegründet. Dahinter sieht man die **Chiesa Sant' Elia** aus dem 17. Jh., nach jenem Schutzpatron benannt, der die Stadt 1743 dann doch nicht vor der Pest bewahren konnte.

Auf der **Piazza Unità** findet man nur noch eine Kopie von Montorsolis Neptunbrunnen, das Original aus der Renaissance ist im **Museo Regionale** (tgl. 9–14 Uhr) zu sehen. Die Sammlung bewahrt auch Werke zweier bedeutender Ehrenbürger der Stadt: Antonello da Messina war seit 1456 hier tätig. Er ist Siziliens berühmtester Maler und der größte Renaissance-Künstler Süditaliens. Sein ergreifendes Gregorius-Polyptychon verbindet die Technik der flämischen Meister mit dem Feingefühl nord- und mittelitalienischer Maler, etwa eines Piero della Francesca, sowie dem sizilianischen Gespür für Licht. Das am besten erhaltene Werk ist die *Madonna mit dem Kind,* ein Ölgemälde auf Holz. Auch Caravaggio arbeitete in Messina. Seine dramatischen Posen und die typische Lichtführung zeigen sich in den Werken *Anbetung der Hirten* und *Auferstehung des Lazarus.*

Messinas Nachtleben

Das Einkaufsviertel von Messina wirkt nur bei Nacht romantisch, wenn die zahllosen Lichter am Hafenufer glitzern. Im Sommer beschließen viele den Tag mit einer *passeggiata* vom Meer zu den Cafés auf der Piazza Cairoli. Verliebte Teenies schätzen die filmreife Auffahrt vom Viale Umberto zum Botanischen Garten.

Im Sommer verlagert sich das Leben der Städter nach **Mortelle,** einem kleinen Seebad rund 10 km nördlich von Messina. Unterwegs passiert die Küstenstraße die früher ihrer Muschelbänke wegen bekannten Laghi di Ganzirri und die **Torre del Faro,** die »Zehenspitze Italiens«. Die Halbinsel besaß einst einen Neptun-Tempel, dessen Säulen als Spolien im Dom von Messina verbaut sind. Heute blickt man auf Hochspannungsmasten und Stromkabel, die Elekrizitätsversorgung Siziliens. Mortelle liegt direkt auf der anderen Seite des Kaps, es lockt mit Sandstränden, Popkonzerten und Open-Air-Kino.

Die tyrrhenische Küste

Die landschaftlich reizvollste Strecke von Messina nach Milazzo und an die Küste ist die SS 113, die alte Römerstraße. Der erste Abschnitt windet sich die Monti Peloritani hinauf, vorbei an Pinienwäldern, Ginster, Oleanderbüschen und Geranien. Selbst von der Autobahn aus sieht man das klare Blau des Meeres durch die Bäume schimmern. Beim Verlassen der Stadt kann man die Ruinen dreier Festungen

und apricotfarbener Kirchen auf den Hügeln erkennen.

Unmittelbar bevor die SS 113 unter der Autobahn hindurchführt, geht rechts eine Straße zur **Badiazza** ab, einem frei zugänglichen Benediktinerkloster. Die Ruine aus dem 12. Jh. soll ursprünglich ein byzantinischer Kornspeicher gewesen sein. Von der SS 113 aus, am Kamm der Monti Peloritani entlang bis zum Monte Antennamare, hat man einen herrlichen Blick über Pinienwälder und die Meerenge, vor allem bei Portella San Rizzo.

Von Messina führt eine Straße durch Pinienwälder und Olivenhaine nach **Milazzo ❷**. Die Ölraffinerie auf dieser grünen Halbinsel stört die Harmonie der Landschaft schon ein wenig, doch machen die angenehme frische Brise, das imposante Kastell und die Aussicht auf die gezackte grüne Landzunge, die sich bis zu den Liparischen Inseln erstreckt, den Anblick der Fabrik wieder wett. Milazzo ist das antike Mylae und damit Schauplatz des

Seite 299

▼ Torre del Faro – die Spitze der Provinz Messina

sagenhaften Schiffbruchs von Odysseus. Hier findet man Spuren alter Zivilisationen und Kulturen, dazu gehören eine bronzezeitliche Siedlung nördlich des Kastells und ein griechischer Friedhof auf der Piazza Roma. Seit den Normannen sah sich die Festung von Milazzo regelmäßig belagert: Wer sie besaß, kontrollierte das Tyrrhenische Meer.

Das wenig ansprechende Handelszentrum drängt sich um den Fuß der Burg. Den historischen Kern bildet die **Città Murata** (ummauerte Stadt). Paläste mit Barockbalkonen und eleganten Steinmetzarbeiten verschönen die Unterstadt, hauptsächlich in der Via Umberto I. Hier steht auch der **Duomo Nuovo,** der neue Dom, die Apsis birgt sehenswerte Gemälde der Renaissance. Doch sind die Chiesa San Giacomo aus dem 15. Jh. und die Chiesa del Carmine aus dem 16. Jh. die interessanteren Sakralbauten.

Die **Salita San Francesco,** eine von Gotteshäusern flankierte Treppe, führt

▲ Der italienische Freiheitsheld Giuseppe Garibaldi
▼ Wassersport am reizvollen Sandstrand von Santa Maria di Pollina
▼▼ Über allem wacht Milazzos normannische Zitadelle

durch das spanische Viertel hinauf zum mittelalterlichen Kastell. Die **Chiesa San Salvatore** aus dem 17. Jh. gehörte einmal zu einer Benediktiner-Abtei, San Rocco dagegen ist eine ältere Wehrkirche. Die **Chiesa San Francesco di Paola** aus dem 15. Jh. wurde barock umgestaltet. Schatz des überladenen Innenraums ist eine Madonna mit Kind von Gagini. Der Burg gegenüber erhebt sich die **Chiesa del Rosario,** einst Sitz der spanischen Inquisition.

Das **Castello** (Di–So 10–12, 15–17 Uhr) thront neben einer Felsklippe mitten auf der alten griechischen Akropolis. Die Festung ist ein Bau der Staufer aus dem 13. Jh. Ein Torweg führt zum Hauptturm und dem Großen Parlamentssaal mit einem Museum. Die ursprünglich arabische Zitadelle ging im Laufe ihrer Geschichte durch viele Hände. Die Stunde ihrer Befreiung schlug jedoch 1860, als sie die Truppen Garibaldis erstürmten.

Der kürzlich restaurierte **Duomo Vecchio,** der alte Dom, ragt ebenfalls in-

Seite
299

nerhalb der Burgmauern über einem Frei-
lichttheater empor.

Bootsausflüge zur **Baia del Tono** ❸
führen vorbei an Riffen, kleinen Buchten
und Grotten sowie den beliebtesten Bade-
plätzen, wie der Baia San Antonio oder
der Baia la Renella. Nahe der Baia del Tono öffnet sich die **Grotta di Polifemo,** die
mythische Höhle des Polyphem, wo Odysseus einst den Zyklopen geblendet haben
soll. Auf der 7 km langen Bootsfahrt vom
Leuchtturm **Al Faro** zur Baia del Tono
sieht man die beiden aktiven Vulkane Siziliens, Ätna und Stromboli. Ein Spaziergang vom Leuchtturm zum Capo Milazzo
führt durch üppige Vegetation. Wer den
Monte Trinità erklimmt, wird mit einem
weiten Rundblick belohnt, der bis über
die Liparischen Inseln reicht.

Ausflüge ins Umland
Santa Lucia del Mela ❹ im Hinterland
von Milazzo ist ein Sarazenendorf mit einer normannischen Burg. Im 16. Jh. gelangte der Ort als Handelsposten auf der
lombardischen Seidenstraße zu Wohlstand. Die Kirchen verdanken ihre reichen Kunstschätze unter anderem der örtlichen Silbermine.

Der 1607 restaurierte normannische
Duomo weist ein gotisches Portal und
Kostbarkeiten des 16. Jhs. auf, wie etwa
eine Statuette der hl. Lucia von Antonello
Gagini. Die an das Kastellseminar angren-
zende Kirche besitzt eine Madonna von
Gagini, die Bibliothek eine Sammlung er-
lesener illuminierter Manuskripte.

Folgt man der SS 113 von Milazzo in
Richtung Westen und nimmt die Abzweigung nach Süden mit dem Wegweiser
»Castoreale«, gelangt man ein wenig tiefer
ins Küstenhinterland. **Castoreale** ❺ ist
ein heruntergekommenes Dorf, das das
Milazzo-Tal beherrscht. Die im
8. Jh. v. Chr. von den Sikulern gegründete
Siedlung erlebte als mittelalterliche Baronie eine Blütezeit. Heute ist nur noch eine
Burgruine der Sommerresidenz von Friedrich II. zu sehen. Viele Kirchen wurden
beim Erdbeben von 1978 beschädigt, ihre
Schätze blieben jedoch zum Glück erhal-

ten. Die Chiesa Santa Maria degli Angeli
birgt eine schöne *Geburt Christi* und eine
Madonna aus der Renaissance, die Chiesa
Sant' Agata eine *Verkündigung* von Gagini. Als wahres Meisterwerk des Bildhauers gilt jedoch die Statue der hl. Katharina
in der Chiesa Matrice, einer restaurierten
Renaissancekirche.

In der fruchtbaren Küstenebene gedeihen Wein, Oliven und Orangen. **Castoreale Terme** gegenüber den Liparischen
Inseln ist ein bekanntes Thermalbad. Das
im Hinterland, nahe dem Ort **Rodi,** auf
dem Grat der Monti Peloritani gelegene
Longane ❻ (tgl. 10 Uhr bis Sonnenuntergang) ist eine megalithisch-sikulische Siedlung, die im 5. Jh. v. Chr. von Messina
vollkommen zerstört wurde. Von Rodi aus
geht es erst einmal wieder Richtung Küste, dann aber zurück ins Landesinnere
nach **San Biagio** ❼. Der Ort besitzt eine
römische Villa aus dem 1. Jh., ihre Bäder
sind mit Mosaiken geschmückt, die tanzende Delphine und Fischer abbilden.

**Kurzweilige
Wartezeit**
In Milazzo, dem
mythologischen
Schauplatz des
odysseischen Schiff-
bruchs, kann man
sich die Wartezeit
auf die Fähre mit
dem Genuss von
Schwertfisch oder
»bottarga« (Meer-
äschenrogen) aufs
Angenehmste ver-
treiben.

▶ **Warten
auf die Fähre
im Hafen
von Milazzo**

**Lohnender
Abstecher**

Das mittelalterliche Hügeldorf **Roccavaldina** besitzt ein imposantes Herrenhaus mit einer historischen Apotheke. Deren Sammlung von Renaissance-Majoliken aus Urbino umfasst bemalte Mörser und Albarelli, neben mit Engeln und Meerjungfrauen verzierten Kännchen. Noch bis ins 19. Jh. wurden in diesen Apothekergefäßen Arzneien zubereitet und aufbewahrt.

Über die SS 113 wieder an die Küste gelangt, kann man in **Oliveri** ❽ endlich mehr dem irdischen als dem Kunstgenuss frönen: Meeresfrüchte und hervorragende Strände statt Kirchen. Von hier bis Cefalù erstreckt sich der unbestritten sauberste Küstenstreifen ganz Siziliens. Oliveri selbst wartet mit einer normannisch-arabischen Burg auf. Direkt am Meer gibt es eine umgebaute *tonnara,* eine Thunfischfangstelle. Doch die traditionellen Thunfisch-, Auberginen- und Pastagerichte zeigen, dass das Leben sich hier inmitten der Touristenströme einiges von seiner Ursprünglichkeit bewahrt hat. Oliveri liegt am **Golfo di Patti,** der sich im Westen bis zu den Klippen des Capo Calavà erstreckt. Seine Buchten werden von den Monti Nebrodi gerahmt.

Die Stadt **Tindari** ❾ dominiert das Flachland. Hier zeugen Trümmer von Tyndaris, einer der letzten griechischen Kolonien auf Sizilien. Im **Archäologischen Park** (tgl. 9–2 Std. vor Sonnenun-

◄ **Castoreale,
die elegante
Sommerfrische
Friedrichs II.**

tergang), einer relativ naturbelassenen antiken Stätte, tummeln sich jede Menge Ziegen. Die griechische Stadt entstand auf einer Siedlung aus der Bronzezeit. Überreste der Befestigungsmauer und öffentlicher Gebäude sind heute noch zu sehen. Eine der drei städtischen Hauptadern, der *decumani,* führt zur augusteischen Gewölbebasilika. Sie bildete einst den Eingang zum Forum, dem Handels- und Marktplatz und Zentrum der Stadt. Im **Antiquarium** sind Skulpturen, Keramiken, eine tragische Maske und eine Büste des Kaisers Augustus ausgestellt. Italienische Besucher fühlen sich meist von der heiligen Schwarzen Madonna in der angrenzenden Kirche stärker angezogen. Das **Santuario della Madonna Nera** wurde auf der antiken Akropolis über einer alten Kapelle errichtet. Die schillernde Kirche ist ein zeitgenössischer Erguss von Kitsch, wie ihn die Sizilianer lieben. Die byzantinische schwarze Ikone, der angeblich besondere Kräfte eigen sind, trägt die Devise »Nigra sum, sed hermosa« (Schwarz bin ich, aber schön). Der Wallfahrtsort ist immer stark frequentiert, besonders aber am 8. September, dem Festtag der Schwarzen Madonna.

Unterhalb des Cap Tindari liegt die **Laguna Oliveri,** einer der schönsten Naturhäfen Siziliens. Auf einem Strandspaziergang kann man sich am Fisch- und Vogelreichtum der Lagune erfreuen.

Patti ❿ erstreckt sich auf einem Hügel oberhalb einer landwirtschaftlichen Nutzfläche. Sein mittelalterliches Viertel mit den Kirchen zwischen der Via Ceraolo und der Kathedrale verbreitet einen sanften Zauber. Die **Cattedrale di San Bartolomeo,** im 18. Jh. an die Stelle eines normannischen Gotteshauses gesetzt, birgt bemerkenswerte Schätze: eine Madonna von Antonello da Saliba und den Renaissance-Sarkophag Adelasias, der Gemahlin Rogers I. Weitere Zeugen der Normannenherrschaft sind die Turmruine, der Torweg und ein Rest der Stadtmauer.

Die größte Attraktion Pattis aber ist die **römische Villa** bei Marina di Patti, deren Überreste beim Bau der *autostrada* Messina-Palermo zum Vorschein kamen. Die prächtige kaiserliche Villa (tgl. 9–1 Std. vor Sonnenuntergang) wurde 4 n. Chr. von einem Erdbeben zerstört, wieder aufgebaut und bis ins 4. Jh. bewohnt. Geschmackvoll dekorierte Räume öffnen sich einem Peristyl, die Mosaiken zeigen überwiegend geometrische Motive, aber auch Tier- und Blumendarstellungen in tiefen, warmen Farben. Wie die noch schönere Villa Romana von Piazza Armerina (s. Seite 215 ff.) leidet Patti – mit rund 20 000 m² immerhin weit größer als die Konkurrentin – unter den periodischen Überschwemmungen sowie mangelhafter Konservierung. Nach dem Kunstgenuss kann man sich an den **Stränden von Marina di Patti** erholen.

Mare e monti

Zwischen Patti und Capo d' Orlando reihen sich etliche wenig charakteristische Urlaubsorte, die gegen Küstenverbauung und Mafia ankämpfen – wobei sie

erstere Schlacht in jüngerer Zeit verloren, letztere jedoch gewannen. So etwa **Gioiosa Marea ⓫**, von wo aus man nach **Gioiosa Vecchia** hinaufwandern kann, einer im 18. Jh. nach schweren Erdrutschen verlassenen Geisterstadt. **Brolo ⓬** wartet mit einem zinnenbewehrten Sarazenenturm, einer verfallenden Stadtmauer und einigen Herrschaftshäusern auf. Seine eigentliche Reize sind jedoch kulinarischer Natur: Fischsuppe und Tintenfischgerichte sowie eine intensiv schmeckende Salami aus den Hügeln hinter Brolo.

Von Brolo führt ein Abstecher ins Landesinnere nach Raccuja, Tortorici und Castell' Umberto. Zitronenhaine weichen Pinienwäldern – bald erreicht man die **Monti Madonie,** im Sommer strohtrocken und im Winter voller Skifahrer (s. Seite 144 f.). Die Dörfer auf den Gipfeln genießen die Aussicht bis zu den Liparischen Inseln. Von Brolo führt eine kurvenreiche Route über Sinagra nach **Raccuja.** Wintersportfans fahren in der Saison

Seite 299

Freilichtbühne
Das griechisch-römische Theater von Tindari kann zwar nicht mit dem Taorminas mithalten, doch dafür ist seine Lage über der Bucht einmalig. Im Sommer kann man hier Aufführungen klassischer Dramen, Opern und Konzerten erleben.

▼ **Blick von Tindari auf die Lagune Oliveri**

weiter auf der SS 116 in den Skiort **Floresta**. Auf dem Rückweg an die Küste nach Capo d'Orlando passiert man etliche reizvolle kleine Ortschaften, biegt man dazu nach links von der SS 116 ab. Im bestens als Mafia-Hochburg bekannten **Tortorici** ⓫ stehen einige schöne Kirchen mit Skulpturen von Gagini-Schülern. Auch **Galati Mamertino,** westlich von Tortorici, ist ein lohnender Halt auf den Spuren Gaginis. Etwa 10 km nördlich von Tortorici trifft man auf **Castell' Umberto** ⓮, ehemals ein feudales Landgut mit langer dominikanischer Tradition. Ständige Erdrutsche veranlassten die Bewohner, den historischen Stadtkern aufzugeben. Dennoch hat sich das *centro storico* mit seiner Burgruine und von wildem Wein bewachsenen Kirchen einen eigenen, ländlichen Reiz bewahrt.

▲ Santo Stefano di Camastra ist eines der bedeutendsten Keramikzentren Siziliens
▼ Die Monti Madonie sind großenteils unter Naturschutz gestellt worden

Capo d'Orlando ⓯ ist eine windgepeitschte Landzunge, die plötzlich auftretenden Stürmen ausgesetzt ist. Die gleichnamige Stadt liegt am Rand einer fruchtbaren Ebene und lebt vom Tourismus sowie Orangen- und Zitronenplantagen. Außer einem Strand mit walförmigen Findlingen und dem mittelalterlichen Kastell samt Kirche hat dieser Ferienort wenig Interessantes zu bieten.

Sant'Agata di Militello ⓰ westlich von Capo d'Orlando spielte in den Anti-Mafia-Kampagnen der letzten Jahre eine Vorreiterrolle. Urlauber verbinden den Namen des Ortes jedoch weit eher mit einem beliebten und belebten Sandstrand, mit sommerlichen Promenaden und regelmäßig verkehrenden Tragflügelbooten zu den Äolischen Inseln. Interessant sind auch das Heimatmuseum im Palazzo Gentile und die – inzwischen in ein ausgezeichnetes Restaurant verwandelte – Burg der Fürsten Lanza di Scalea e Trabia.

Die Monti Nebrodi

Bewundern Sie auf der Fahrt nach San Fratello und Cesarò das raue, waldreiche

Hinterland der **Monti Nebrodi** und Madonie. Die abgelegene, zerklüftete Landschaft ist von eigenem Reiz und lädt zu Wandertouren ein. Die abgerundeten Silhouetten der Nebrodi-Berge sind mit Eichen- und Buchenwäldern bestanden, darumherum erstreckt sich Weideland. Außer den friedlich grasenden Schafen und Ziegen sind hier Falken, Habichte und Adler wie auch wild lebende Hühner beheimatet. Verglichen mit der Madonie-Gebirgskette sind die Monti Nebrodi schwerer zugänglich, das Weiterkommen im zerklüfteten Gebirgszug geht weit langsamer vonstatten. Da es an geeigneten Ost-West-Verbindungen mangelt, muss man häufig weite Umwege in Richtung Küste in Kauf nehmen.

San Fratello ⓱, 18 km von der Küste entfernt, ist eines der typischsten Nebrodi-Dörfer, vor allem während seines Dämonenfestes, bei dem es in allen Farben erstrahlt. Das Osterfest der Juden, die *Festa dei Giudei,* ist eine wilde Jagd kostümierter Gestalten durch das Dorf. In der von Roger I. gegründeten lombardischen Kolonie wird immer noch gallischer Dialekt gesprochen. Sehenswert sind hier eine normannische Kirche und ein Franziskanerkloster aus dem 15. Jh.

Die SS 289 schlängelt sich nun durch zerklüftetes Terrain nach **Cesarò ⓲**, im Schatten der Nordwestausläufer des Ätna. Von hier aus kann man leicht in die benachbarte Provinz Catania hinüberwechseln. Wer doch lieber an der Küste bleiben möchte, folgt der SS 113 in westlicher Richtung zu einem der bedeutendsten sizilianischen Keramikzentren: nach **Santo Stefano di Camastra ⓳**. Die Straßen sind gesäumt von Ständen mit herrlich bunt bemalten Tellern, Platten, Schüsseln – man kommt kaum daran vorbei, ohne etwas zu kaufen. 8 km westlich von Santo Stefano liegt **Halaesa** (tgl. 9–1 Std. vor Sonnenuntergang). Die alte Siedlung der Sikuler, deren archäologische Grabungsarbeiten nach sizilianischer Art immer noch etwas zögerlich vorangehen, erlebte ihre Blütezeit unter den Griechen. **Castel di Tusa ⓴** markiert die Westgrenze der Provinz, bemerkenswert sind seine Burgruine und der felsige Strand.

Von hier aus verläuft die Route nun quer durch das Landesinnere bis an die ionische Küste der Provinz Messina. Die reizvolle SS 117 führt 16 km weit durch die Monti Nebrodi nach **Mistretta ㉑**, einer rostfarbenen Stadt auf einem Grat. Trotz ihrer 22 Kirchen dreht sich in dieser Stadt alles um Macht, weniger um Frömmigkeit. Der Mafia-Clan von Mistretta unter der Führung von Giovanni Tamburello verfügt über reiche Erfahrung im Erpressen von Geldern. Doch gelang es den Geschworenen beim Gerichtsverfahren 1992 trotz erdrückender Beweise der Staatsanwaltschaft nicht, Tamburello zu verurteilen. Die Stadt erinnert mit ihrer Burgruine, der mit Skulpturen verzierten Chiesa Madre, den rot gedeckten Häusern und den kopfsteingepflasterten Straßen an ein Bild vergangener Zeiten. Von Mafia-Reichtum ist hier jedenfalls nichts zu sehen ...

Seite 298

Mutige Unternehmer
Capo d' Orlando, Tortorici, Sant' Agata, Fratello: Die Städte der Provinz Messina waren einst Mafia-Hochburgen. Doch 1992 wurde dem »Kraken« an dieser Küste der Kampf angesagt. Zum ersten Mal weigerten sich einheimische Geschäftsleute, den Clans »pizzo« (Schutzgeld) zu bezahlen.

▶ Im Gespräch mit der Nachbarin erledigt sich die Näharbeit einfach schneller

Die ionische Küste

Von Messina bis **Taormina** ㉒ (s. Seite 287 ff.) verläuft die Autobahn direkt entlang der Küste. Die exotische Vegetation, die hier zubetoniert wurde, ist weiter südlich noch unberührt. Von der Küstenstraße nach Süden zweigen verlockende Wege ins Hinterland ab.

Verlassen Sie die Autobahn bei **Santa Teresa di Riva,** um in dem Dorf Gebirgsluft zu atmen. Trotz der Nähe zu Taormina scheint hier die Zeit stillzustehen: Karge Gipfel und heiße Schluchten sowie Berge, von Winterstürmen geformt und von der Hitze ausgedörrt. Doch die süß duftenden Büsche und runden Formen maurischer Klöster mildern den rauen Eindruck dieser verwegenen Landschaft.

Das Bergdorf **Savoca** ㉓ ist für seine makabren Mumien bekannt, die einheimische Mönche in einer Krypta einbalsamierten. Das Kloster war bis 1970 bewohnt und wartet auf seine Restaurie-

◄ **Zahlreiche Mumien in den Katakomben von Savoca wurden von modernen Vandalen mit grüner Farbe beschmiert**

rung durch eine katholische Mission. In den Katakomben des **Cappuccino Convento** (tgl. 9–13, 16–19 Uhr, im Winter 15–17 Uhr) ruhen 32 grauenhaft mumifizierte Leichen aus dem 17. Jh. Zu einer Zeit, als man die Toten noch in den örtlichen Abwassergraben warf, konnten sich nur adlige Familien das traditionelle Einbalsamieren leisten.

Fort von diesem makabren Szenario! Wenden Sie sich lieber dem mittelalterlichen Dorf zu. Savocas Name leitet sich von *sambuca* her, den alten Bäumen auf den Hügeln, die noch heute ihren Duft verströmen. Ein Weg führt an kakteenbewachsenen Terrassen und Olivenhainen vorbei hinauf zum Ortskern. Die Straßen erhielten eigens für die Dreharbeiten zum Film *Der Pate* ein neues Pflaster. Francis Ford Coppola fand in der staubigen Piazza, der windzerzausten Kirche, mit dem rauchenden Ätna im Hintergrund und dem leuchtenden Ionischen Meer seine perfekte Location.

Genauso stimmungsvoll sind die von Feigenkakteen überwucherten Kirchen, verfallenen Taubenschläge, verlassene Häuser und ins Meer absackende Terrassen. Die Chiesa San Nicolò verlor zwar bei einem Erdrutsch ihren Chor, bewahrte sich aber ihre Würde; genau wie die Chiesa Madre ihren Zauber, der auch den bekannten Filmregisseur in seinen Bann schlug. Die auf einem schmalen Grat über dem Meer errichtete Kirche wurde auf Kosten der Filmproduktion renoviert. Ihr maurisches Portal, der aragonesische Torweg und die Säulen sind herrlich.

Das oberhalb von Savoca gelegene **Casalvecchio Siculo** ist ein lebendigeres, aber weniger komplexes Dorf. Im vergoldeten Inneren der Chiesa Madre singen alte Witwen. Nach dem Ortsausgang führt die erste Abzweigung mit dem Wegweiser SS Pietro e Paolo nach links eine steile Straße hinunter zu einer Klosterkirche im Val d'Agro. Die **Chiesa SS Pietro e Paolo** ㉔ ist trotz ihrer abgeschiedenen Lage am Ufer des ausgetrockneten Agro die bedeutendste Kirche der Normannen ganz Ostsiziliens. 1116 entstand auf Geheiß Rogers II. hier ein erster Sakralbau. Die griechische Inschrift über dem Westportal nennt Gerhard den Franken als Baumeister der 1172 wiedererrichteten Kirche. Die Streifen der Fassade kommen durch rotes Ziegelwerk, schwarze Lavablöcke, hellen Kalkstein und grauen Granit zu Stande. Ihre beiden verschiedengestaltigen Kuppeln erinnern an türkische Moscheen. Vorgeblendete Arkaden und der Zinnenkranz runden das Bild ab. In diesem Bauwerk verschmelzen verschiedene Stilrichtungen harmonisch miteinander. Im dreischiffigen Kircheninneren gingen arabische Muqarnas (Stalaktitengewölbe) und normannische Stützbogen eine glückliche Verbindung ein.

Bevor man sich nach Taormina aufmacht, sollte man **Giardini-Naxos** ㊲, die erste griechische Kolonie Siziliens, nicht versäumen. Sie wurde 735 v. Chr. als Naxos auf einem erkalteten Lavastrom angelegt. Nachdem die Stadt sich im Kampf gegen Syrakus auf die Seite Athens geschlagen hatte, zerstörte sie Dionysios I. 403 v. Chr. Der mit mehreren Grabungskampagnen erforschte Gipfel des Capo Schisò ist zugänglich (tgl. 9–1 Std. vor Sonnenuntergang, folgen Sie den Schildern mit der Aufschrift »scavi«).Die griechischen Stadtmauern sind teilweise erhalten, der Tempel der Aphrodite wird noch freigelegt. Das Museum präsentiert Objekte aus griechischer, römischer und byzantinischer Zeit, darunter den Kopf eines Silen, eines antiken Hirtengottes.

Giardini-Naxos ist der am schnellsten expandierende Badeort der Insel. Zitronenhaine müssen neuen Siedlungen Platz machen. Doch locken die verschiedenen weitläufigen, von Lavafelsen gesäumten Strände und das schillernde Nachtleben viele Besucher an. In **Letojanni,** bis in die 1960er-Jahre ein schlichtes Fischerdorf, entsteht derzeit ein Ferienzentrum mit allen möglichen Freizeitangeboten, vom Reiten über diverse Wassersportarten bis zur Unterwasserfotografie. ■

Seite
298

←	🖃	bar Turrisi
←	🖃	bar Duomo
←	🛏	hotel Panorama di Sicilia
←	✕	bar trattoria 777
←	✕	Le Mimose PIZZERIA
←	✕	da Pippo
←	✕	La Campagnola
←	✕	PIZZERIA Valle dell' Etna
←	🖃	bar S. Giorgio

▼ **Die stimmungsvolle Isola Bella mit dem Capo Sant' Alessio im Hintergrund**

309

Die Liparischen Inseln

Seite 314

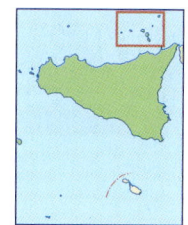

Der inzwischen blühende Tourismus hat den Archipel – abgesehen von Alicudi und Filicudi – aus seinem Dornröschenschlaf wach geküsst. Zwei der Liparischen Inseln (Isole Lipari), auch Äolische Inseln (Isole Eolie) genannt, besitzen noch tätige Vulkane.

An der Nordküste Siziliens erstreckt sich unter dem Meeresspiegel ein 200 km langer vulkanischer Gebirgszug, von dem sich die felsigen Inseln des Äolischen Archipels erheben. Sieben von ihnen sind (mindestens) seit der Bronzezeit und bis heute bewohnt.

Das mineralreiche vulkanische Gestein der Liparischen Inseln war die Grundlage ihres frühen Wohlstands. Denn Obsidian, ein schwarzes amorphes Vulkanglas, verwendete man für Schneidewerkzeuge. Er wurde auf Lipari abgebaut und vor mehr als 5000 Jahren im gesamten Mittelmeerraum gehandelt. Bimsstein wird auf der Insel auch heute noch gewonnen.

Obgleich heutzutage Landwirtschaft und Fischfang keine große Bedeutung mehr haben, bauen viele Familien immer noch ihr eigenes Gemüse an und ernten Oliven sowie Kapern zum Einlegen.

Fähren und Tragflügelboote bringen Sie zu den Inseln, deren vulkanischer Ursprung deutlich erkennbar ist. Jede besitzt mindestens einen Krater, und schwarze Bänder mit leuchtenden Rot- und Gelbtönen des Gesteins zeugen von früheren Lavaströmen.

Lipari

Als größte der Inseln und Heimat der Hälfte der äolischen Bevölkerung bildet Lipari den lebendigen Mittelpunkt des Archipels. Sein Reichtum an Mineralien und Thermalquellen brachte der ganzen Region gute Einkünfte. Schon von weitem sieht man die gedrängten Dächer der **Stadt Lipari ❶**. Sie wird beherrscht von der auf einem Hügel angelegten Zitadelle, deren massive Mauern aus spanischer Zeit die Kathedrale und den Bischofspalast aus

dem 17. Jh., Überreste von Dörfern aus der Eisen- und Römerzeit sowie griechische Gräber einschließen.

Tragflügelboote legen an der **Marina Corta** an der Südseite der Zitadelle an, Fähren im Norden, an der **Marina Lunga.** Die beiden Quais sind durch die wichtigste Einkaufsstraße verbunden, den Corso Vittorio Emanuele. Die Touristeninformation (geöffnet Sept.–Juni, Mo–Sa) liegt auf der Seite der Marina Lunga. Die wichtigsten Sehenswürdigkeiten versammeln sich im Umkreis des Hafens. Von der **Zitadelle** (tgl. 9–19 Uhr) kann man von einem schattigen Aussichtsplatz unter den

◄ ◄ **Die kleine Stadt Marina Lunga auf Lipari**
◄ **Das Tragflügelboot legt in Marina Corta an**
► **Bimsstein und Obsidian – beliebte Mitbringsel von den Liparischen Inseln**

Pinienbäumen der Ausgrabungsstätte gut auf die ganze Stadt und auf die anderen beiden archäologischen Hauptattraktionen, die **Zona Archeologica** und die **Contrada Diana necropolis,** hinunterschauen.

Die Ausgrabungen gegenüber der **Kathedrale** veranschaulichen auf spektakuläre Weise die verschiedenen Bauphasen, die bis etwa 2000 Jahre vor der römischen Epoche zurückreichen. Dabei hat jede dieser Kulturen ihre Autorität durch den weiteren Ausbau der Festung unterstrichen. Dieser »archäologische Anschauungsunterricht« ist einzig in Europa und hat die Datierung anderer Stätten ermöglicht. Das grandiose **Museo Eoliano** (tgl. 9–14, 16–19 Uhr), zum Teil im Bischofspalast untergebracht, birgt eine Fülle von

Bimsstein
→ Das weiche, poröse Ergussgestein entsteht während des Erkaltens der Lava durch rasch entweichende Gase. Industriell wird das Vulkanitgestein zur Wärmedämmung und als Schleifmittel verwendet.

Exponaten aus dem ganzen Archipel, unter anderem die ältesten und am besten erhaltenen griechischen Theatermasken.

Rund um die Insel verläuft eine gut ausgebaute Straße und verbindet die acht größten Dörfer miteinander. Eine Tour mit dem Taxi führt zu wundervollen Panoramen mit reichlich Gelegenheit zum Fotografieren. **Canneto ❷,** 4 km nördlich der Stadt Lipari, besitzt einen langen Strand aus Kies und schwarzem Sand sowie eine Reihe kleiner Cafés und *trattorie.* Etwa 1 km weiter kann man auf einem kurvigen Sträßchen zur **Spiaggia della Papesca** hinunterfahren, einem vom Bimssteinstaub weiß »gepuderten« Sandstrand. Diesem Staub verdankt das Meer seine unglaubliche Farbe: ein Türkis bis zum 2 km

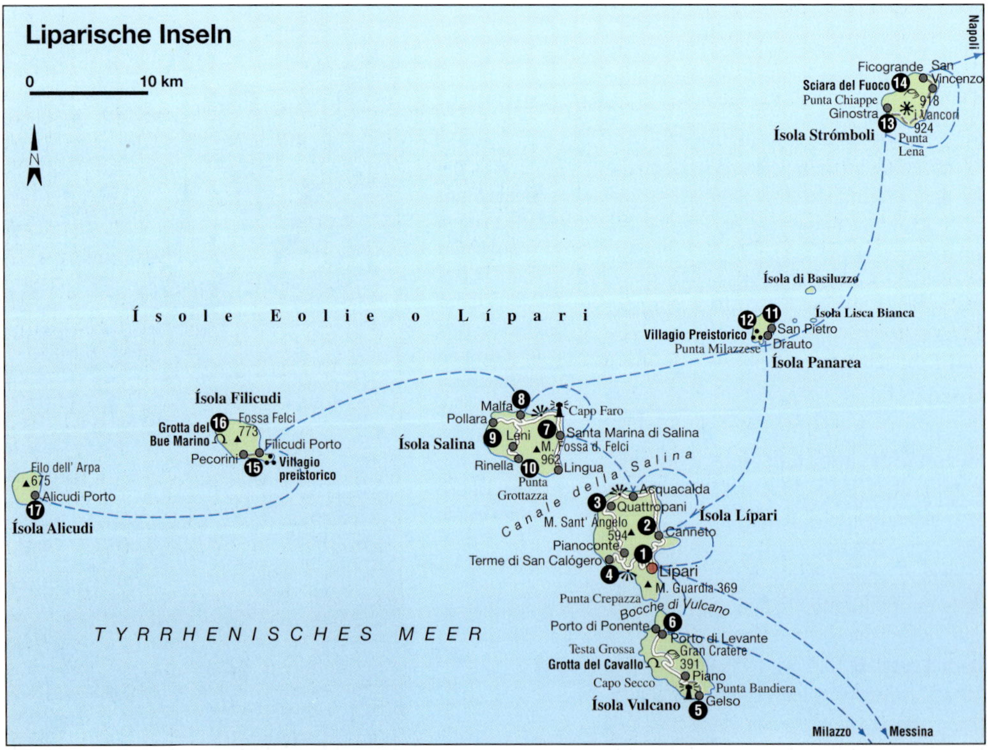

▲ Schwertfisch ist ein wesentlicher Bestandteil der liparischen Küche

Liparische Inseln

0 ———————— 10 km

N

Ísole Eolie o Lípari

TYRRHENISCHES MEER

Ísola Strómboli
Sciara del Fuoco ⓮
Ficogrande San Vincenzo
Punta Chiappe
Ginostra 918 Vancori
924
⓭ Punta Lena

Ísola di Basiluzzo

Ísola Lisca Bianca
⓬ ⓫ San Pietro
Villagio Preistorico
Punta Milazzese Drauto
Ísola Panarea

Ísola Filicudi
Grotta del ⓰ Fossa Felci
Bue Marino 773
Pecorini Filicudi Porto
⓯ **Villagio preistorico**

Malfa ❽ Capp Faro
Pollara Santa Marina di Salina
❾ Leni ❼ M. Fossa d. Felci
Ísola Salina 962
Rinella ❿ Lingua
Punta
Grottazza Acquacalda
Quattropani
❸ Ísola Lípari
M. Sant' Angelo ❷ Canneto
594
Pianoconte ❶
Terme di San Calógero Lipari
❹ M. Guardia 369

Filo dell' Arpa
675
Alicudi Porto
⓱
Ísola Alicudi

Canale della Salina

Punta Crepazza
Bocche di Vulcano
Porto di Ponente ❻ Porto di Levante
Testa Grossa Gran Cratere
Grotta del Cavallo 391
Capo Secco Piano
❶ Punta Bandiera
Ísola Vulcano ❺ Gelso

Milazzo Messina

Napoli

nördlich gelegenen **Porticello.** Hier wird immer noch Bimsstein abgebaut. An Straßenständen kann man große Brocken oder Steinschnitzereien kaufen und am Strand selbst kleine Bimssteine sammeln.

2 km weiter auf der Rundfahrt kommt man nach **Acquacalda,** dem nördlichsten Dorf der Insel. Einige Cafés und eine kleine *trattoria* am felsigen Strand öffnen den Blick nach Salina, auf der anderen Seite eines schmalen Meeresdurchgangs. Hinter Acquacalda windet sich die Straße bergauf an den **Puntazze-Felsen** vorbei, eröffnet Panoramen von Stromboli bis Alicudi und führt dann weiter durch Felder und grüne Landschaft in den 5 km entfernten Ort **Quattropani ❸.** Hier gibt es eine schöne Kirche und Ausblicke auf die fruchtbare Westseite der Insel. 6 km weiter, vorbei an mehreren Dörfern, erwarten im Ort **Pianoconte** Liparis größtes Weingut und eine Hand voll Restaurants die Besucher. An einer schmalen Straße zur Küste hinunter findet man die Thermalbäder von **San Calogero ❹.** Zurück auf der Hauptstraße, windet sich der Weg weitere 4 km bis nach Lipari, vorbei an **Quattrocchi,** wo der *belvedere* einen Rastplatz und Blicke übers Meer nach Vulcano bietet.

Vulcano

Nur 1 km von Lipari entfernt, jenseits der Bocche di Vulcano, erhebt sich der rauchende Krater von **Vulcano ❺** hinter seinem kleineren Bruder **Vulcanello,** der 183 v. Chr. auf dem Meeresgrund ausbrach. Gleich bei der Ankunft in **Porto di Levante ❻** riecht man schon die Schwefeldämpfe, was zusammen mit den limonengrünen, gelben und rötlichen Felsen einen faszinierenden Gesamteindruck vermittelt. Der **Strand** von Porto di Levante ist trotz des Schwefelgeruchs sehr beliebt. Direkt südlich davon, hinter einem riesigen vielfarbigen Felsen, liegen die berühmten Fango-Schlammbäder *(fanghi).* Ein zehnminütiger Spaziergang über den Isthmus bringt einen zum zauberhaften schwarzen Sandstrand bei **Porto di Ponente,** wo man abends traumhaf-

te Ausblicke auf den Sonnenuntergang und die zackigen Felsen von Pietralunga und Pietra Menalda vor der Küste genießen kann. Im Norden führt die Straße nach **Vulcanello** und etwa 2 km weiter, an der nordöstlichsten Spitze der Insel, ins **Valle dei Mostri.** Das »Tal der Ungeheuer« ist eine Ansammlung bizarrer Felsskulpturen, die durch Lava und Erosion geschaffen wurden und besonders am frühen Morgen oder am Abend, wenn das Schattenspiel »wilde Bestien« herbeizaubert, einen faszinierenden Anblick bieten.

Zu einem Besuch auf Vulcano gehört die Besteigung des aktiven Kraters, des **Gran Cratere** oder **Fosse di Vulcano.** Die Besteigung dauert etwa eine Stunde, doch kann sie – trotz der Hitze und der ungeschützten Lage des Kraters – jeder unternehmen, der einigermaßen fit ist. Man sollte unbedingt genug Trinkwasser dabei und festes Schuhwerk an haben. Während man auf dem Zickzackweg höher steigt, über schwarzen Sand und

Seite 314

Wundersame Heilbäder
Wenn Sie auf Vulcano ein Bad nehmen, bleiben Sie höchstens 20 Minuten in dem heißen Heilschlamm. Dieser sollte auch nicht in die Augen kommen, denn das brennt höllisch.

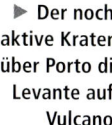
▶ **Der noch aktive Krater über Porto di Levante auf Vulcano**

Bezaubernder Malvasia
In Malfa – wie auch auf der ganzen Insel Salina – werben Reklameschilder für den Malvasia, einen süßen, goldfarbenen Dessertwein aus sonnengetrockneten Trauben, der noch heute auf der Insel gekeltert wird. Doch nur eine Weinkellerei produziert den »Malvasia delle Lipari DOC« kommerziell.

verkrusteten Lavafelsen, vorbei an tiefen, durch frühere Eruptionen eingeschnittenen Furchen, wird der Schwefelgeruch intensiver. Oben angekommen, wird man jedoch mit einem geradezu unirdisch schönen Anblick in das riesige, mit roten und gelben Kristallen überzogene Kraterbecken belohnt, aus dem es zuweilen faucht und dampft. Die Umrundung der Kaldera dauert etwa eine halbe Stunde, und man genießt dabei die herrliche Aussicht auf die anderen Inseln und die flache Ebene im Süden Vulcanos.

Salina

Im Kontrast zu den vielen Farben Vulcanos steht das üppige Grün von Salina: Seine beiden Gipfel sind dicht bestanden von Kiefern, Eichen und Esskastanienbäumen, die kleinen Städtchen der Insel und ihre stillen Strände bieten einen friedvollen, erholsamen Aufenthalt. Die Boote legen bei **Santa Marina di Salina ❼** an, in der

◀ **Beim Schwefelbad auf Vulcano**

Mitte der östlichen Küstenlinie. Hier gibt es eine kleine Hauptstraße und ein paar Cafés und *trattorie,* von wo aus sich das Kommen und Gehen am Quai gut beobachten lässt. Nach etwa 2 km entlang der felsigen, palmengesäumten Küste trifft man auf **Lingua,** dessen winziger Leuchtturm die Südspitze der Insel markiert; dahinter erstreckt sich eine Lagune, die früher der Salzgewinnung diente und der die Insel ihren Namen verdankt.

Die wichtigste Stadt, **Malfa ❽**, ist 7 km von Santa Marina entfernt. Hinter dem Hafen begegnet man einer kunterbunten Ansammlung pittoresker alter Bootshütten und halb verfallener Fischerhäuser, die an den steilen Hang geklebt erscheinen. Hier und überall auf der Insel wird für den berühmten Malvasia geworben. Zudem gibt es auch ausgezeichneten Rotwein aus ökologischem Anbau. Busse fahren von Malfa aus über die ganze Insel, doch verpassen Sie nicht die letzte Abfahrt, denn es kann äußerst schwierig werden, ein Taxi aufzutreiben.

Von Malfa schlängelt sich die Straße steil etwa 6 km hinauf zum kleinen Dorf **Pollara ❾**, das auf der einen Seite eines halbversunkenen Kraters thront. Es gibt dort zwei wunderschöne Strände, die man von der Bushaltestelle an der Kirche in einem 20-minütigen Spaziergang erreicht. Im Sommer kann man Kanus und Tretboote mieten, um die zahlreichen Höhlen und Grotten zu erkunden.

Zwischen den beiden Bergen, von denen sich der alte Name für die Insel, *Didyme* (Zwilling), ableitet, verläuft die Straße direkt nach Süden durch das **Val di Chiesa,** vorbei am **Santuario della Madonna del Terzito.** Das Kloster und seine Kirche sind seit vielen Jahren Ziel von Pilgerfahrten. Dahinter zieht sich der Weg hinauf zum **Monte Fossa delle Felci,** dem östlichen Gipfel, der heute ein Naturschutzgebiet ist. Der Anstieg beginnt in schattigem Mischwald, ist gut ausgeschildert und endet oben in einem Geröllfeld mit grandiosen Ausblicken. Je nach der gewählten Route braucht man zwischen vier und sechs Stunden für den Anstieg. Da der

Abstieg nach Santa Marina sehr rutschig ist, muss man sich dafür viel Zeit lassen. Vom Val di Chiesa schlängelt sich die Straße steil abwärts durch das Dorf Leni nach **Rinella** ❿, einem kleinen Fischerhafen, an dem die meisten Fähren und Tragflügelboote ein zweites Mal anlegen.

Panarea

Das kleinste bewohnte Eiland der Äolischen Inseln, Panarea, heißt bei den Einheimischen auch die »Blumeninsel«. Seine sorgfältig in Stand gesetzten Villen sind mit Bougainvilleen und Hibiskus überwuchert. Im Vergleich zu den eher ländlich geprägten Nachbarn ist Panarea ausgesprochen schick, und sein kleiner Hafen füllt sich im Sommer mit einer gut betuchten Klientel neben einer Flotte schnittiger Jachten. An der Ostküste bilden die drei Dörfer **Ditella, San Pietro** und **Drauto** eine bunte Ansammlung pittoresker, gepflegter Häuschen und winziger Gassen.

Die Fähren legen bei **San Pietro** ⓫ an. Von Drauto führt ein leichter, 1 km langer Spaziergang über die Stufen zum Sandstrand bei der **Punta Milazzese.** An dieser wunderschönen felsigen Landspitze kann man die Überreste eines bronzezeitlichen Dorfs, des **Villagio preistorico** ⓬, besichtigen. Die 1948 dort gefundenen Artefakte sind im Museum von Lipari ausgestellt. Direkt hinter dem kleinen Kap öffnet sich die winzige Bucht **Cala Junco,** ein Dorado für Schwimmer.

Ein steiler ausgeschilderter Weg führt von Cala Junco über den Gipfel der **Punta del Corvo** zur Westseite der Insel und zurück nach San Pietro – eine ziemlich anstrengende, aber reizvolle dreistündige Wanderung. Nördlich von Ditella, bei **Calcara,** gibt es Fumarolen: Felsspalten, aus denen stoßweise Gas und Dampf entweichen, die die Erde mit den Kristallen gelber, weißer und grüner Mineralien überziehen. Unterhalb von Calcara erstreckt sich ein felsiger Strand. Von San

Seite 314

Filmparadies Salina
Begeben Sie sich doch einmal auf Spurensuche nach Ihnen bekannten Schauplätzen: Der weltweit erfolgreiche bezaubernde Film »Il Postino« (Der Postmann, 1994) wurde ausschließlich auf Salina gedreht.

▼ **Blick auf die Blumeninsel Panarea**

Pietro kann man eine Bootsfahrt zum heute verlassenen **Basiluzzo** und zu den winzigen Inselchen **Datillo** und **Lisca Bianca** unternehmen. Die zwei Eilande sind ausgesprochene Badeparadiese, die von den Einheimischen liebevoll *le formiche* (die Ameisen) genannt werden.

Stromboli

Vulkanbesteigung
Wanderschuhe für die Besteigung des Stromboli gibt es im Tourenbüro zu leihen – neben der Bar Ingrid, gegenüber der Kirche San Vincenzo.

Auch wer den Namen Liparische Inseln noch nie gehört hat, kennt den von Stromboli. Der Aufstieg zum Krater, der glühend heiße Lava in den Himmel schleudert, ist ein unvergessliches Erlebnis. Der Ort Stromboli besteht offiziell aus drei Dörfern, doch gelten diese als ein Stromboli. Es ist ein lebendiger kleiner Ort, in dem es von Menschen aller Hautfarben nur so wimmelt. Er besitzt eine Reihe von Restaurants und Cafés, in denen man in Ruhe seine Unternehmungen planen kann. Faule Tage lassen sich wunderbar an den langen, seichten Stränden

▼ **Der ebenmäßige Kegel des Stromboli**

mit schwarzem Sand, Klippen und Kies zubringen. Das kleine **Ginostra** ⓭ auf der Südwestseite der Insel ist nach wie vor nur vom Meer aus erreichbar. Die Fähre muss draußen ankern und warten, bis Passagiere und Güter in kleinen Booten übergesetzt sind. Angeboten werden auch Schiffstouren zum **Strombolicchio,** einer schroffen Felsnadel vulkanischen Ursprungs mit hoch aufragendem Leuchtturm, und zum Fuß der **Sciara del Fuoco** ⓮. Bei dieser »Feuerstraße« strömt glühende Lava aus den oberhalb gelegenen Kratern ins Meer. Ein solcher Ausflug ist bei Nacht besonders aufregend, wenn sich die Funken sprühender Explosionen und die rote Lava leuchtend vom dunklen Himmel abheben.

Der Aufstieg zum Gipfel mit seinen vier aktiven Kratern ist ohne Führer offiziell verboten, doch können Sie bei einer Reihe von Agenturen im Dorf einen Platz in einer geführten Gruppe buchen. Die Krater »explodieren« in unregelmäßigen Zeitab-

Seite 314

ständen mit unterschiedlicher Heftigkeit. Sie schleudern Lava empor, begleitet von Asche und Gaswolken wie auch gewaltigem Donnerrollen und Getöse. Vom Gipfel hat man einen grandiosen Blick auf alle Nachbarinseln.

Filicudi

Von Lipari vier Stunden mit der Fähre oder eine Stunde mit dem schnellen Tragflügelboot entfernt, liegt Filicudis runder Rücken ruhig im klaren Wasser, dessen Form an einen Walfisch erinnert. In **Filicudi Porto ⓯** stören die modernen Bausünden und Hotelanlagen vielleicht etwas, doch kann man von hier aus, am Rand der schmalen Wege und Pfade, die raue Schönheit der Insel erkunden. Eine Bootstour führt zur **Canna,** einem natürlichen, 70 Meter hoch aus dem Meer aufragenden Obelisken, und zur **Grotta del Bue Marino ⓰** an der jäh abfallenden Nordseite. Die »Höhle des Meeresochsen« war einst die Heimat von Mittelmeer-Mönchsrobben. Die sinkenden Einwohnerzahlen haben viele Häuser leer stehen lassen, von den Ruinen nehmen die riesigen *fichi d'India* (Feigenkakteen) Besitz. Auf der Landzunge der Insel, dem vom Hafen nur knapp 1 km entfernten **Capo Graziano,** liegen die Überreste der ältesten Siedlung auf den Äolischen Inseln: ein Dorf der Bronzezeit, das um 1800 v. Chr. bestanden hat. Sporttaucher lieben die Insel wegen der exzellenten Wasserqualität und der bunten Vielfalt des Meereslebens. Es gibt auch ein paar Restaurants, ein Café und einige Hotels, die allerdings nur im Sommer in Betrieb sind.

Alicudi

Alicudi, am westlichen Ende der Inselkette, besitzt eine nahezu perfekte Kegelform. Die auf seinen Hängen angelegten Dörfer und terrassierten Felder reichen bis hinauf zum Gipfel des **Filo dell' Arpa,** wo die Relikte der alten Siedlungen zwischen Stechginster und Heidekraut verstreut sind. Die kleine Kirche San Bartolo aus dem 17. Jh. thront hoch oben über dem Meer und blickt hinunter auf die steilen Hänge des Scorbio und zur kleinen Ebene von Bassina, die sich um die Ostküste erstreckt. Auf der Insel gibt es keine Straßen. Esel tragen ihre Lasten die alten Stufenpfade hoch.

Alicudi verfügt über zwei kleine Geschäfte und ein Hotel (nur im Sommer geöffnet). Alle 100 Einwohner leben auf der Ostseite der Insel in einer Streusiedlung um **Alicudi Porto ⓱**. Eifrige Wanderer können die Insel zu Fuß umrunden. Insgesamt sind es zwar nur 7 km, doch muss man an manchen Stellen klettern und zudem zwei kurze Strecken schwimmend zurücklegen, um unpassierbare Klippen zu überwinden. Man sollte 6 bis 7 Stunden für die Tour einrechnen und darf nicht vergessen, ausreichend Wasser und Proviant mitzunehmen. Die Alternative – und weit weniger anstrengend – ist ein Ausflug zu Wasser, bei der man schöne Lavaformationen bewundern kann. ■

Kapernfreunde aufgepasst!
Auf den Äolischen Inseln wachsen unzählige Kapernsträucher, deren kleine grüne Knospen gesammelt und mit Meersalz eingelegt werden. Nach einem etwa 14-tägigen Fermentationsprozess haben sie ihren bitteren Geschmack verloren. Sie sind überall erhältlich – je kleiner desto teurer – und schmecken einfach wunderbar!

▶ **Lastesel auf Alicudi**
▶ ▶ **Sonnenuntergang über dem Ätna**

Landeskunde

Geographie

Sizilien ist die größte Insel des Mittelmeers. Drei Meere umschließen sie: das Tyrrhenische Meer im Norden, das Ionische im Osten und das Afrikanische (oder Sizilianische) im Süden. Doch beherrscht wird Sizilien von seinen Bergen. Der Ätna ist 3323 m hoch und sogar im Hochsommer von Schnee bedeckt. Zwei Gebirgszüge queren die Insel von Osten nach Westen. Der nördliche ist die Fortsetzung des kalabrischen Apennins und setzt sich aus den Monti Peloritani, Nebrodi und Madonie zusammen. Die südliche Bergregion umfasst die Monti Erei und Iblei, von Schluchten durchzogene Hügelketten aus Kalkstein.

An der Nord- und teilweise auch an der Ostküste erheben sich die Berge majestätisch gleich hinter den Stränden. Nur die Provinz Trapani rund um Marsala, die Umgebung von Gela in der Provinz Caltanissetta und die Ebene von Catania sind tief liegende Regionen.

Enna besitzt als einzige Provinz Siziliens keinen Küstenanteil. Enna ist mit 931 m die höchstgelegene Provinzhauptstadt Italiens.

Da bei Sizilien die Kontinentalplatten von Europa, Afrika und Asien aufeinander treffen, hat die Insel auch eine turbulente Geohistorie hinter sich. Erdbeben zerstörten antike und moderne Städte und immer wieder verheeren Ausbrüche des Ätna ganze Landstriche. Auf Stromboli und Vulcano sind zwei weitere Vulkane tätig.

Der Ätna brachte das unfruchtbarste und zugleich das fruchtbarste Land auf Sizilien hervor: Ist die vulkanische Lava auf seinen Hängen erst einmal abgekühlt und verwittert – das dauert etwa zehn Jahre –, wird sie zum ertragreichen Ackerland. Doch bestehen die neuen Ablagerungen von Lava im oberen Bereich des Vulkans aus blankem schwarzem Fels. Die Vegetation des Vulkanbodens reicht von Pionierpflanzen wie Flechten und Moosen bis zu tropischen Feigen und Olivenbäumen auf den tiefer gelegenen Hängen – und Wein.

Früher war ein Großteil Siziliens bewaldet, aber im Lauf der Jahrhunderte musste der Baumbestand der Landwirtschaft weichen oder wurde für Bauholz gerodet. Auf den Monti Nebrodi und Teilen des Ätna gedeihen noch immer Eichen-, Buchen- und Kastanienwälder. Typisch für das Landesinnere sind weite Felder, die sich über die Hügel bis zum Horizont erstrecken, ohne erkennbare Anzeichen menschlicher Behausungen. Diese Landschaft ist geprägt von der früher üblichen Bewirtschaftung durch (vielfach abwesende) Großgrundbesitzer und ihre Verwalter auf ihren Latifundien. Die die Felder bewirtschaftenden Tagelöhner wohnten nicht auf dem Land, sondern in großen Dörfern der Umgebung.

Die Küste Siziliens umfasst felsige Klippen im Norden, Nordosten und auf vielen der kleinen Inseln wie auch Sandstrände, diese vor allem im Süden und Südosten. Zwischen Trapani und Marsala besteht die Küste aus Salzlagunen, auch als stagnone bekannt. Mehr über Flora, Fauna und Naturschutz erfahren Sie auf den Seiten 99–103.

Klima

Sizilien ist zu Recht für seinen ganzjährigen Sonnenschein berühmt. Die heißesten Monate, Juli und August, sind außerdem sehr trocken. In den Bergen weht sogar im Hochsommer nicht selten ein kühler Wind, aber in den tiefer gelegenen Regionen ist es drückend heiß, und die Bevölkerung flüchtet aus den Städten im Landesinneren an das Meer. Erst im Oktober sinken die Temperaturen wieder auf durchschnittlich 22 °C.

An der Küste ist der Winter im Allgemeinen kurz und mild. In den Bergen bringt er jedoch oft Schnee und kann bitterkalt sein. Die Skiorte am Ätna haben von Dezember bis Februar Saison. Im Inland werden viele Regionen von plötzlichen Stürmen heimgesucht, die auch mit Überschwemmungen einhergehen können. Doch ab Februar beginnen in den Küstengebieten die Frühlingsblumen ihre farbigen Köpfchen zu zeigen, die Mandelblüten entfalten ihre Pracht, und das ausgetrocknete Sizilien verwandelt sich in ein grün-buntes Paradies. Die Temperaturen bleiben bis Mai oder Juni angenehm, aber je mehr die Winterregen auftrocknen, umso brauner wird die Landschaft.

Durchschnittstemperaturen in °C:

Dez-März	12–15
Juli/Aug	28
April	18
Sept	24
Mai	21
Okt	22
Juni	24
Nov	18

Politik und Wirtschaft

Sizilien ist eine »autonome Region«, die erste Italiens und diejenige mit der größten Unabhängigkeit von der Zentralregierung in Rom. Als solche besitzt sie ihr eigenes Parlament und viele andere, separat organisierte Behörden sowie eine eigene Polizei.

Auch die neun sizilianischen provincie sind selbstständig und wählen ebenso wie die comuni (Städte und Dörfer) ihren eigenen Rat. Stadträte werden immer wieder wegen Korruptionsaffären aufgelöst. Im Zuge der politischen Säuberungen von 1993 wurden mehr als 20 % der in der regionalen Verwaltung Tätigen wegen Verdacht auf Mafia-Verbindungen überprüft.

Die deputati (Deputierte oder Parlamentarier) der sizilianischen Regionalversammlung sind hervorragend bezahlt; dazu kommen hohe Personalvergütungen und Spesen.

Der clientelismo, das Prinzip »eine Hand wäscht die andere«, ist in Wirtschaft und Politik noch immer vielfach gültig. Ein Regionalpolitiker erwartet von denjenigen, die er unterstützt hat, eine praktische Gegenleistung, und leicht wird diese wiederum zur Vorbedingung für weitere Hilfe. Schmiergeldzahlungen für Aufträge gibt es zwar nicht nur auf Sizilien, doch sind sie hier noch fast an der Tagesordnung.

Der Beamtenapparat ist – gemessen an der Einwohnerzahl Siziliens – überdimensioniert. Der Überschuss an sizilianischen Beamten führt dazu, dass Briefe aus Norditalien zum Sortieren in den Süden geschickt werden. Deshalb kann die Zustellung eines Briefs von einer an eine andere Adresse innerhalb Mailands volle acht Tage dauern.

In Sizilien begegnet man der einheimischen Politik und Wirtschaft noch immer mit einem gewissen Misstrauen. Vielleicht zu Unrecht. Denn im Vergleich zur früheren Armut ist das moderne Sizilien zu größerem materiellem Wohlstand gelangt und gibt zu einigem Optimismus Anlass: Ein neues Wahlsystem und eine neue Generation von Politikern sorgen dafür, dass sich die Zustände allmählich wandeln wie auch das Vertrauen der Bevölkerung in staatliche Institutionen und Maßnahmen wächst.

Wie manch andere Region am Rande der EU leidet Sizilien unter seiner enormen Entfernung von den zentralen europäischen Märkten. Die Kommunikationsprobleme werden zusätzlich durch die schleppenden Postverbindungen und Bahndienste erschwert. Auf dem Papier liegt Sizilien weit hinter dem EU-Durchschnitt, was Einkommen und Produktivität anbelangt, und ist noch immer von der traditionellen Landwirtschaft weitaus abhängiger als das restliche Italien.

Die Erhöhung des Lebensstandards seit dem Ende des Zweiten Weltkriegs hat das Leben radikal verän-

dert. Bei der Landreform von 1950 wurde der Großgrundbesitz in kleinere landwirtschaftliche Betriebe aufgeteilt. Zwar erhielten dadurch besitzlose Bauern zum ersten Mal eigenes Land, aber die kleinen Höfe reichten als Lebensgrundlage oft nicht aus.

In den fruchtbareren, tiefer liegenden Regionen wie beispielsweise der Conca d'Oro, an den Abhängen des Ätna, um Catania und in dem tief liegenden westlichen Teil der Provinz Trapani werden in Intensivwirtschaft Weizen, Zitrusfrüchte, Plantagenobst, Oliven, Wein- und Tafeltrauben angebaut. Zwar bilden die Billigprodukte aus Spanien und Nordafrika eine starke Konkurrenz für die sizilianischen Zitrusfrüchte, doch wird der sizilianische Wein immer besser und immer bekannter, wodurch er sich neue Märkte erobern kann.

Eine neue Anbauweise wird vor allem an der Küste südlich von Ragusa um Comiso sichtbar: Riesige Gewächshäuser »zieren« kilometerweit die Landschaft. Aber selbst hier hat man Mühe, die Waren zu wettbewerbsfähigen Preisen auf den Markt zu bringen.

Ein weiterer traditioneller Industriezweig, die Fischerei, ist noch immer wichtig, hat sich aber drastisch verändert. Die Küstenfischerei hat an Bedeutung verloren, liefert aber noch frischen Fisch für die Märkte und Restaurants.

Die Verarbeitung und Verpackung von landwirtschaftlichen Erzeugnissen ist einer der gesündesten Industriezweige Siziliens. Die alten Schwefelminen von Caltanissetta und Enna sind nicht mehr profitabel und wurden größtenteils geschlossen. Im Laufe der letzten 40 Jahre versuchte man immer wieder, größere Industrien in Sizilien anzusiedeln, darunter auch chemische Aufbereitungsanlagen und Ölraffinerien. Die Entdeckung von Öl und Gas in der Provinz Ragusa schien zunächst viel versprechend, aber die Vorkommen erwiesen sich als zu gering.

Ein allmählich regelrecht »boomender« Industriezweig ist der Tourismus. Ein Großteil der Bau- und Dienstleistungsbranche lebt davon, was Saisonarbeit bzw. saisonal bedingte Arbeitslosigkeit zur Folge hat.

Zu wenig Arbeitsplätze und Emigration ins Ausland oder nach Norditalien sind typische Probleme der Politik, prägen das wirtschaftliche und soziale Gefüge. Die Landflucht nimmt immer noch kein Ende, und die Bevölkerung von Palermo und Catania verzeichnet nach wie vor deutliche Zuwachsraten; all dies verschärft die sozialen Probleme.

Dennoch sollte man die Armut nicht überbewerten. Denn Städte wie Catania und Palermo rangieren zwar auf der Produktivitätsskala ganz unten, nehmen aber dank des Schwarzmarkts bei den Ausgaben (Konsum) Plätze weit oben ein.

Der Schwarzmarkt lässt sich nicht in Zahlen fassen, dennoch ist er von enormer Bedeutung: nicht nur der Drogenhandel mit seinen sämtlichen (kriminellen) Begleiterscheinungen (»Geldwaschanlagen«), sondern auch andere Geschäfte in nicht offensichtlich illegalen Unternehmen.

Die Insel hat noch heute unter dem althergebrachten, tief verwurzelten System der »Vetternwirtschaft«, politischer Privilegien und dem damit untrennbar verbundenen kriminellen Umfeld zu leiden.

Reiseplanung & **R**eiseformalitäten

Informationen

Vor Antritt der Reise erhalten Sie Auskünfte, Broschüren, Karten und weitere Informationsmaterialien bei den Niederlassungen des Staatlichen Italienischen Fremdenverkehrsamtes **Ente Nazionale Italiano per il Turismo (ENIT)**.

Deutschland:

- ■ **ENIT**, Karl-Liebknecht-Str. 34, 10178 Berlin, Tel. (030) 2 47 83 97, Fax 2 47 83 99, E-mail: enit-berlin@t-online.de
- ■ **ENIT**, Goethestraße 20, 80336 München, Tel. (089) 53 03 69, Fax 53 45 27, E-mail: enit-muenchen@t-online.de
- ■ **ENIT**, Kaiserstraße 65, 60329 Frankfurt/M., Tel. (069) 23 74 30, Fax 23 28 94, E-mail: enit.ffm@t-online.de

Österreich:

- ■ **ENIT**, Kärntnerring 4, A-1010 Wien, Tel. (01) 5 05 43 74 oder 65 42 74, Fax 5 05 02 48.

Schweiz:

- ■ **ENIT**, Uraniastraße 32, CH-8001 Zürich, Tel. (01) 2 11 36 33, Fax 2 11 38 85.
- ■ **Office National Italien du Tourisme**, 3, Rue de Marché, CH-1204 Genève, Tel. (0 22) 28 29 22, Fax 28 29 23, E-mail: enit@bluewin.ch

Fremdenverkehrsämter auf Sizilien

In der Mehrzahl der Tourismusbüros gibt es einen oder mehrere Angestellte, die Englisch, Französisch und Deutsch sprechen. Sie sind jedoch nicht immer anwesend, und auch ihre Fremdsprachenkenntnisse sind von recht unterschiedlicher Qualität.

Einige Tourismusbüros verfügen über eine wahre Flut von Informationen über ihre Provinz, einschließlich ausführlicher Broschüren, Landkarten und Bücher. Doch geben nicht alle diese Unterlagen mit derselben Begeisterung weiter.

Wenn Sie schriftlich Informationen anfordern, müssen Sie sich auf eine lange Wartezeit gefasst machen: Selbst wenn Sie auf Italienisch schreiben, wird es dauern, bis Sie eine Antwort erhalten.

Die Tourismusbüros der Provinzen heißen jetzt theoretisch alle AAPIT (Azienda Autonoma Provinciale per l'Incremento Turistico), aber sie verstecken sich immer noch gelegentlich hinter ihrem alten Titel EPT oder werden mit APT abgekürzt. Die Tourismusbüros in den Städten sind normalerweise als Azienda Autonoma per il Turismo ausgewiesen. In kleinen Orten werden sie manchmal Pro Loco genannt und haben wechselnde Öffnungszeiten. Adressen der einzelnen Touristeninformationen finden Sie im Kapitel »Städte von A–Z« auf Seite 365 ff.

Reisedokumente

Besucher aus EU-Mitgliedsstaaten und der Schweiz benötigen für einen Aufenthalt von weniger als drei Monaten einen gültigen Pass oder Personalausweis. Kinder unter 16 Jahren müssen einen Kinderausweis besitzen oder im Elternpass eingetragen sein.

Eine Liste der Konsulate auf Sizilien und der Botschaften in Rom finden Sie auf S. 336.

Geld

Währung

Die italienische Währungseinheit ist die Lira, Pl. Lire, abgekürzt LIT. Es gibt Scheine zu 1000, 2000, 5000, 10 000, 50 000 und 100 000 Lire sowie Münzen zu 10, 20, 50, 100, 200 und 500 Lire.

Für Fremd- und Landeswährung gibt es keine Einfuhrbeschränkungen. Die Ausfuhr von bis zu 20 Mio. Lire ist erlaubt. Seit 1999 besteht die Euro-Währungszone mit festen Wechselkursen:

1 Euro = 1 936,27 LIT, 1 DM = 989,99 LIT, 1 öS = 140,714 LIT, 1000 LIT = 1,010 DM bzw. 7,107 öS. Ein sFr ist (tageskursabhängig) etwa 1200 LIT wert.

Banken

Die Banken sind Montag–Freitag 8.30–13.30 Uhr geöffnet, manche auch nachmittags 14.30–16 oder 15–16.30 Uhr.

Zum Geldwechseln müssen Sie einen Pass oder Personalausweis vorlegen. Denken Sie daran, dass das Tauschen in Italien eine recht umständliche Transaktion ist, besonders auf Sizilien: Hier muss man gleich zweimal anstehen, zuerst am Schalter und dann an der Kasse. Die einheimischen Kunden kommen in der Regel vor Ihnen dran. Nehmen Sie sich also Zeit, und gehen Sie am besten morgens.

In fast allen Banken müssen Sie Handtaschen, Kameras und Metallgegenstände wie zum Beispiel Schlüssel in ein Schließfach am Eingang sperren und anschließend eine Sicherheitsschleuse passieren, weil man Raubüberfälle verhindern möchte. Für einen vollgepackten Touristen kann das sehr lästig werden, denn die Schließfächer sind gewöhnlich klein!

Nicht alle Banken geben Ihnen Bargeld auf Ihre Kreditkarte, und manche Kleinbank weigert sich unter Umständen, auf bestimmte Währungen ausgestellte Reiseschecks einzulösen. Im Allgemeinen fährt man als Tourist mit den größeren, national oder international tätigen Banken besser.

Travellercheques und Kreditkarten

Das sicherste Zahlungsmittel sind Reiseschecks. Allerdings verlangen die Banken beim Einlösen Gebühren, und Geschäfte oder Restaurants wechseln zu einem schlechten Kurs bzw. behalten bis zu 10 % Gebühren ein. Viele Hotels nehmen Reiseschecks gar nicht an, vor allem außerhalb von Touristenzentren. Auch in vielen Tankstellen können Sie weder mit Reiseschecks noch mit Kreditkarten bezahlen. Kreditkarten werden in Städten auch außerhalb der Touristenzentren in den meisten Geschäften und Lokalen akzeptiert, auf dem Land ist das (noch) nicht üblich. Wer Kreditkarten akzeptiert, hat gewöhnlich den Aufkleber »Sí, carta, sí« am Schaufenster oder der Tür.

Eurocheques und Bankomaten

Eurocheques können bei Banken bis zu 300 000 Lire pro Scheck eingelöst werden. Am beliebtesten ist Bargeld, das man jedoch auf keinen Fall in größeren Mengen mit sich führen sollte. Am Bankomaten (EC-Karte plus Geheimnummer) bekommt man üblicherweise 300 000 bis 500 000 LIT pro Tag. Bitte beachten Sie, dass nicht wenige dieser Automaten nachts und am Wochenende kein Geld »herausrücken«, weil viele Banken die für die Transaktion notwendigen Telefonleitungen um diese Zeiten gesperrt haben.

Kleidung und Reisegepäck

Da die sizilianischen Sommer (Mai bis Oktober) sehr heiß werden, braucht man luftige Kleidung. Bedenken Sie aber, dass man in vielen Kirchen in Shorts oder Miniröcken nicht eingelassen wird.
Im Frühling (April bis Mai) und Herbst (Oktober bis November) sollte man sich außer leichter Kleidung aber auch eine Sommerjacke und/ oder Pullover einpacken. Zwischen Dezember und März ist wärmere Kleidung angesagt, da es vor allem in den Bergen empfindlich kalt werden kann. Oft ist der Ätna im Winter schneebedeckt, und für die Besteigung der Lavafelder braucht man das ganze Jahr über festes Schuhwerk. (Näheres im Abschnitt Ätna auf S. 354).
Freizeitkleidung wird überall akzeptiert, außer in Luxushotels und Nobelrestaurants. Die Sizilianer selbst gehen immer nur gut gekleidet zum Essen aus.

Haustiere

Wenn Sie mit einem Tier einreisen wollen, müssen Sie einen Herkunftsnachweis für Ihren Vierbeiner, ein Tollwut-Impfzeugnis (mindestens 20 Tage und höchstens 11 Monate alt) sowie ein amtstierärztliches Gesundheitszeugnis (höchstens 1 Monat alt) vorweisen.

Zoll

Für persönliche Dinge wird kein Einfuhrzoll fällig. Die Ein- und Ausfuhr von Narkotika, Waffen und Diebesgut ist – natürlich – strikt untersagt. Für bestimmte Waren (Antiken, Antiquitäten) bestehen Ein- bzw. Ausfuhrfuhrbeschränkungen. Auch hängt es davon ab, ob die Waren etwa zollfrei (z. B. am Flughafen, im Flugzeug oder auf dem Schiff) gekauft wurden.
Seit der Einführung des europäischen Binnenmarktes haben sich die Bestimmungen für den Import zollfreier Waren deutlich gebessert. Für Mitglieder der EU gilt: Wenn die innerhalb der EU erworbenen Güter für den persönlichen Bedarf bestimmt sind, entfallen die Abgaben. Dafür hat die EU bestimmte Richtwerte festgelegt. Überschreiten Sie diese, müssen Sie den Nachweis erbringen, dass es sich tatsächlich um Ihren persönlichen Bedarf handelt. Die Freimengen sind: 800 Zigaretten, 400 Zigarillos, 200 Zigarren, 1 kg Rauchtabak. Alkohol: 10 l, Getränke mittleren Alkoholgehalts (wie Portwein und Sherry): 20 l, Wein: 90 l (davon max. 60 l Schaumwein), Bier: 110 l. Schweizer dürfen weniger reichlich hinlangen: 200 Zigaretten, 1 l Sprituosen, 2 l Wein und Souvenirs bis 200 sFr.
Wenn Sie große Warenmengen oder besonders wertvolle Güter ein- oder ausführen möchten, wenden Sie sich bitte wegen der einschlägigen Bestimmungen vorher an das italienische Konsulat oder Ihre zuständige Zollbehörde.
Die Zollbehörden auf Sizilien sind ziemlich aktiv, teilweise um den

Schmuggel aus Nordafrika zu bekämpfen, teilweise um den Fluss von Mafia-Gütern und -Geld einzudämmen. Der Reisende ist davon jedoch kaum betroffen.
Beachten Sie außerdem, dass für Import und Export jeder Art von Handelsware verschiedene Bestimmungen bestehen. Informationen erteilen das italienische Konsulat und die Zollbehörden im Heimatland.

Flugzeug

Sizilien besitzt zwei große Flughäfen, Falcone-Borsellino/Punta Raisi in Palermo und Fontanarossa in Catania. Ein kleiner Flughafen befindet sich in Trapani, weitere sind in Planung. Nach Messina gelangt man über den Flughafen Reggio di Calabria auf dem Festland gegenüber von Messina. Auch Lampedusa und Pantelleria, zwei der kleineren Inseln, können mit dem Flugzeug von Palermo oder Trapani aus angesteuert werden.
Von München und Frankfurt/M. fliegt die Lufthansa direkt nach Palermo bzw. Catania. Von allen anderen deutschen Flughäfen (Lufthansa und Alitalia) sowie von Wien (Austrian Airlines) und Zürich (Swiss Air) führen die Flüge über Mailand und Rom. Der Reiseveranstalter TUI bietet Charterflüge von München nach Catania an. Weitere Informationen erhält man bei den einzelnen Fluggesellschaften oder im Reisebüro.
Öffentliche Busverbindungen von den Flughäfen Palermos und Catanias in die Innenstädte finden Sie im Kapitel »Reisen auf Sizilien« (S. 327 ff.), Informationen über die Flughäfen in Sizilien und die Fluggesellschaften auf S. 327 f.

Auto

Die Anreise mit dem Auto ist nicht billig. Zu den Benzinkosten kommen die hohen Autobahngebühren in Italien, die Kosten für die Fähre sowie für Übernachtungen, die man wegen des langen Anreiseweges einplanen sollte.

Mitzuführen sind lediglich die nationalen Autopapiere. Die internationale grüne Versicherungskarte für Kraftfahrzeuge ist zwar nicht vorgeschrieben, ihre Mitnahme wird aber dringend empfohlen.

Die kürzeste Strecke von München über den Brenner und Verona nach Palermo beträgt über 1700 km, von Wien über Venedig 2000 km und von Chur über Mailand 1900 km. Von München nach Bologna sind es 500 km, von Bologna nach San Giovanni etwa 1000 km und von Messina nach Palermo 200 km.

Von Norditalien fährt man auf der Autostrada del Sole (A1) von Mailand aus nach San Giovanni. Von dort setzen Fähren ungefähr alle 20 Minuten über die Straße von Messina über. Die Fahrt dauert etwa 30 Minuten, doch ist zur Hauptreisezeit mit langen Warteschlangen zu rechnen. Reservierungen sind nicht möglich!

Es gibt auch eine Fährverbindung zwischen Reggio di Calabria und Messina, diese Fähren verkehren jedoch seltener.

In Italien ist das Benzin teuer, es ist ratsam, vor der Einreise nochmal voll zu tanken. Die A1 ist eine Mautautobahn von Mailand nach Salerno (südlich von Neapel). Man bezahlt bar oder mit einer Magnetstreifenkarte, die in ACI-Büros an der Grenze oder an Autobahntankstellen erhältlich ist. Große Autos, Wohnwagen, Wohnmobile und Bootsanhänger kosten extra. Die letzte Teilstrecke ab Salerno ist mautfrei.

Nähere Informationen erhält man beim ADAC, ÖAMTC oder dem Schweizer Automobilclub. Weitere Einzelheiten über das Autofahren in Sizilien, auch über Leihwagen, erfahren Sie im Kapitel »Reisen auf Sizilien« auf S. 331 f.

Zug

Es gibt keine direkte Zugverbindung nach Sizilien, aber zwischen München und Rom verkehrt täglich ein Zug. Die Fahrt München–Sizilien dauert etwa 36 Stunden. Die Kosten für eine Rückfahrkarte sind deutlich niedriger als für ein Flugticket.

Die Fahrpläne ändern sich zweimal im Jahr, nähere Informationen sind bei der Deutschen Bundesbahn oder den italienischen Fremdenverkehrsbüros (ENIT) erhältlich. In Italien kann man sich an den Bahnhöfen und in Reisebüros über die genauen Fahrzeiten erkundigen und auch Plätze reservieren lassen. Fahrpläne sind an den Bahnhofskiosken erhältlich.

Personen unter 26 Jahren werden Ermäßigungen angeboten (z. B. Twenticket). In Italien gibt es ebenfalls eine Reihe von Sonderarrangements, so etwa den Chilometrico, mit dem eine oder mehrere Personen eine bestimmte Anzahl von Kilometern zu einem Sonderpreis reisen können. Auskünfte über aktuelle Angebote erhält man an Bahnhöfen und in Reisebüros.

Das Reisen mit dem Zug bietet den Vorteil, dass man mehr von der Landschaft sieht und auch Zwischenstopps einlegen kann. Außerdem lernt man auf diese Weise Sizilianer bereits vor der Ankunft in Sizilien kennen.

Die Hauptzüge von Norditalien nach Sizilien (alles Nachtzüge mit Restaurant, Liege- und Schlafwagen):

- Conca d' Oro: von Mailand nach Palermo.
- Treno del Sole: von Turin nach Palermo und Agrigent.
- Freccia del Sud: von Mailand nach Syrakus.
- Trinacria: von Mailand nach Trapani, Syrakus und Catania.

Es verkehren auch täglich rapidi (Eilzüge) zwischen Rom und Palermo, Catania und Syrakus.

Die Überfahrt von Villa San Giovanni nach Messina ist ein Erlebnis für sich: Die Zugwagons werden mit großem Zeitaufwand in die Fähre rangiert und in Messina wieder hinausbugsiert. Kommt man mit einem Nachtzug an, so erblickt man Sizilien zum allerersten Mal vielleicht im Schein der Morgensonne: ein Ereignis, das die nicht unwahrscheinliche Verspätung des Zuges mehr als wettmacht.

Schiff

Die beiden führenden Fährgesellschaften teilen sich die Abfahrtshäfen auf dem Festland, Grandi Navi Veloci läuft auch unter dem Namen Grandi Traghetti. Will man die lange Auto- oder Zugfahrt durch Italien vermeiden, so stehen einem folgende Fähren zur Verfügung:

Genua–Palermo: Grandi Traghetti (etwa 20 Stunden).

Genua–Palermo: Tirrenia (etwa 23 Stunden).

Livorno–Palermo: Grandi Navi Veloci (etwa 19 Stunden).

Neapel–Palermo: Tirrenia (etwa 11 Stunden).

Es gibt auch eine Fähre der Gesellschaft Siremar von Neapel über die Liparischen Inseln nach Milazzo. Sie ist eine echte Alternative für Zugreisende, die diese Inseln besuchen möchten.

Fähren kann man im heimischen Reisebüro oder direkt bei den italienischen Fährbüros buchen. Adressen in Sizilien finden Sie in »Reisen auf Sizilien« (s. S. 329 f.). Hier die Adressen der Büros in Italien:

Genua

- **Tirrenia,** Staz. Marittima, Ponte Colombo, Tel. 01 02 69 81.
- **Grandi Navi Veloci,** Via Fieschi, 17, Tel. 0 10 58 93 31 und 0 10 5 50 91.

Livorno

- **Grandi Traghetti,** Calata Tripoli, Tel. 05 86 40 98 04.

Neapel

- **Linee Lauro,** Tel. 08 15 51 33 52 oder 09 16 11 16 16.
- **Tirrenia,** Staz. Marittima, Molo Angioino, Tel. 08 17 20 11 11 und 0 81 31 21 81.
- **Siremar,** Carlo Genovese, Via Depretis, 78, Tel. 08 15 51 21 09 und 08 15 51 21 13, Fax 08 15 51 21 14.

Catania

- **Tirrenia,** Via Androne, 63, Tel. 0 95 31 63 94.

Palermo

- **Grandi Navi Veloci,** Via Mariano Stabile, 179, Tel. 0 91 58 78 32. Kabinen gibt es auf allen Fähren, sie müssen in der Hochsaison aber früh gebucht werden. Der Preis ist dann zwar sehr hoch, doch lassen sich so beträchtliche Kosten für Benzin, Autobahn und Übernachtung sparen. Grandi Traghetti ist ein Privatunternehmen und hebt in der Hochsaison seine Preise gerne an. Tirrenia ist frühzeitig ausgebucht.

Bus

Mit dem Bus nach Sizilien zu reisen, ist nicht einfach, da es keine direkten Busverbindungen gibt. Wenn man bereits in Italien ist, kann man einen Express-Bus von Rom nach Messina, Catania und Syrakus mit Anschluss von Catania nach Palermo besteigen. Diese Busse sind schneller als die Bahn und pünktlicher. Auskunft erteilen die italienischen Reisebüros. Die Busse fahren vom Hauptbahnhof in Rom (Stazione Termini) ab und benötigen rund elf Stunden nach Sizilien.
Info: **Deutsche Touring GmbH,** Am Römerhof 17, 60486 Frankfurt/Main, Tel. (069) 7 90 30.

Pauschalreisen

Auch eine gute Möglichkeit, Sizilien näher kennen zu lernen, sind Pauschalreisen, die von zahlreichen Reiseveranstaltern angeboten werden.

4
Reisen auf Sizilien

Allgemeines

Einfacher ist das Reisen sicherlich, wenn man ein Auto mietet. Außerdem fällt man mit einem sizilianischen Nummernschild nicht so auf. Wenn Sie auf eine der kleinen Inseln fahren, ist das Auto unter Umständen nur Ballast, denn »richtige« Straßen sucht man dort oft vergeblich.
Die öffentlichen Verkehrsmittel sind eine vernünftige Alternative, vor allem wenn man es nicht so eilig hat. Mit Bus und Bahn erreichen Sie in Sizilien fast jeden Ort. Allerdings kann es Ihnen passieren, dass Sie an einem Bahnhof oder einer Straßenkreuzung stundenlang auf Ihr Verkehrsmittel warten müssen. Fahrräder sind nur dann sinnvoll, wenn Sie ein Fahrradfreak oder mindestens in blendender Kondition sind. Ein Großteil Siziliens ist einfach zu gebirgig und zu heiß für eine vergnügliche Radtour. Wo das Gelände zum Radfahren geeignet ist, kann man Drahtesel mieten, beispielsweise auf den Inseln oder in den Ebenen der Provinz Trapani. Per Autostopp kommt man nur langsam vom Fleck. Allzu leicht endet man mitten im Nirgendwo. Frauen sollten lieber ganz darauf verzichten.
Die großen Zeitungen von Sizilien informieren über Inlandflüge, Fährverbindungen, Bahn- und Busverbindungen. Das ist die beste Art, sich aktuelle Informationen zu verschaffen. Genaueres über sizilianische Zeitungen lesen Sie bitte im Kapitel »Medien« unter Zeitungen/Zeitschriften auf S. 333 f. nach.

Die Karten der sizilianischen Fremdenverkehrsbüros reichen aus, wenn Sie an einem Ort bleiben. Für Ausflüge brauchen Sie unbedingt eine gute Landkarte. Die besten Karten Italiens gibt der Touring Club Italia (TCI) heraus, u. a. auch eine Karte von ganz Sizilien einschließlich der Inseln im Maßstab von 1:200 000 (erhältlich im Buchhandel und an Tankstellen).

Flugzeug

Internationale Flughäfen

4

- **Falcone-Borsellino/Punta Raisi,** Flughafen von Palermo, Tel. 0 91 59 16 98. Fluginformationen, Inlandflüge: 09 17 02 04 86 und 09 17 02 03 02; internationale Flüge: 09 17 02 03 01 und 09 17 02 04 00.
- **Fontanarossa,** Flughafen von Catania, Tel. 09 57 30 62 77 und 09 57 30 62 88.
- **Messina,** Flughafen von Reggio di Calabria auf dem Festland: Verbindung mit dem Tragflügelboot nach Messina, Tel. 09 65 32 02 87.

Weitere Flughäfen

Außer in Palermo und Catania gibt es noch in Trapani, auf Lampedusa und Pantelleria Verkehrsflughäfen. Diese drei bedienen überwiegend Inlandflüge.

- **Trapani Birgi:** Tel. 09 23 84 11 30. Flüge von und nach Palermo, Pantelleria, Lampedusa und Rom.
- **Lampedusa:** Tel. 09 22 97 02 99. Flüge von und nach Palermo und Trapani, Mailand und Rom.
- **Pantelleria:** Tel. 09 23 91 13 98. Flüge von und nach Palermo und Trapani, Mailand und Rom.

Fluggesellschaften auf Sizilien

Palermo
- Alitalia, Viale della Libertà, 29, Tel. 09 16 01 93 33; ebenso in der

Via Mazzini, 59, Tel. 09 16 01 91 11. Auskunft: 1 47 86 56 43.

■ **KLM,** Via Amm. Gravina, 80, Tel. 0 91 33 12 07.

■ **Pan Am,** Via Mariano Stabile, 114–118, Tel. 0 91 58 48 88.

■ **Air France,** Piazza Vitt. Emanuele, 48, Monreale, Tel. 09 16 40 32 83.

Catania

■ **Air France,** Corso Martiri della Libertà, 184–186, Tel. 0 95 53 22 10 oder 0 95 53 27 41; am Flughafen Fontanarossa, Tel. 0 95 34 59 21.

■ **Alitalia,** Via L. Rizzo, 18, Tel. 0 95 25 23 33 oder 0 95 25 11 11; auch am Flughafen Fontanarossa, Tel. 0 95 31 17 11 und 0 95 31 13 61

■ **TWA,** Corso Martiri della Libertà, 38, Tel. 0 95 53 50 54 oder 0 95 53 49 61.

■ **Lufthansa,** Corso Martiri della Libertà, 188, Tel. 0 95 53 31 38 oder 0 95 53 27 57.

■ **Swissair,** Via Monsignor Ventimiglia, 117, Tel. 0 95 32 01 48.

■ **British Airways** u. a., Fahrkartenschalter am Flughafen, Tel. 0 95 34 53 67.

Messina

■ **Agenzio Meo,** Via del Vespro, 56, Tel. 0 90 71 91 92.

Flughafen Palermo

Von Falcone-Borsellino/Punta Raisi verkehren regelmäßig Busse von und zum Hauptbahnhof von Palermo. Sie halten an der Piazza Ruggero Settimo vor dem Teatro Politeama.

Die Busse werden von Prestia e Commandè betrieben (Tel. 0 91 58 04 57). Die Fahrpläne richten sich nach der Jahreszeit und hängen sowohl am Flughafen als auch am Bahnhof aus. Zum Flughafen fährt der Bus das erste Mal normalerweise zwischen 5 und 6 Uhr morgens, das letzte Mal gegen 22.45 Uhr. Vom Flughafen fährt der erste Bus zwischen 7 und 8 Uhr, der letzte gegen 24 Uhr. Die Fahrt dauert etwa

45 Minuten. Der letzte Bus wartet auf den letzten Flug des Tages.

Vom Flughafen Palermo mit dem Auto

Für eine erste Begegnung mit dem Fahrstil der Sizilianer ist Palermo recht stressig. Richtung Westen können Sie einfach die A29 Richtung Trapani nehmen. Wollen Sie nach Cefalù oder Catania, folgen Sie der A29 Richtung Palermo, beachten Sie aber die Abzweigungen für die A19 und A20 nach Catania, Enna und Messina. Dadurch bleiben Sie auf der Ringstraße um Palermo (Viale della Regione Sicilia).

Flughafen Catania

Der Alibus verkehrt von 5–24 Uhr regelmäßig alle 20 Minuten zwischen dem Flughafen von Catania (Fontanarossa) und dem Hauptbahnhof. Fahrkarten bekommt man an einem Automaten im Flughafengebäude oder beim tabacchi; sie müssen im Bus entwertet werden.

Vom Flughafen Catania mit dem Auto

Wenn Sie nach Syrakus wollen, folgen Sie dem Schild nach Syrakus und biegen gleich nach Verlassen des Flughafens Richtung Süden ab. Ist Ihr Ziel Palermo, folgen Sie dem Schild zur A19. Die Autobahn beginnt einige Kilometer nach dem Flughafen. Wer nach Taormina und Messina über die A18 Richtung Norden will, muss zunächst nach Catania. Dabei folgen Sie den Schildern »Catania Centro« und »Catania Porto«. So gelangen Sie an die Küstenstraße nach Catania. Dann müssen Sie sich nach den Hinweisschildern zur A18 richten. Möchten Sie nach Giardini-Naxos, dann verlassen Sie die Autobahn bei Taormina Sud.

Nach Taormina selbst gelangen Sie, wenn Sie die Autobahn an der zweiten Taormina-Ausfahrt (Taormina Nord) verlassen. Von hier windet sich die Straße steil bis in die Stadt hinauf.

Stadtbus

In Palermo, Catania und Messina verkehren die Stadtbusse häufig, sie sind die praktischsten Transportmittel. Fahrkarten muss man vor Fahrtantritt in einem Büro der Busgesellschaft (AMAT), einem Zeitungskiosk oder in einem tabacchi (Tabakgeschäft) kaufen und beim Einsteigen entwerten.

Taxi

Taxis kann man herbeiwinken, an Standplätzen besteigen oder telefonisch bestellen. Zuschläge bezahlt man für Gepäck, an Sonn- und Feiertagen, und einen Sonderzuschlag vom und zum Flughafen. Die Ausstattung der Gefährte wie auch das Verhalten ihrer Lenker sind sehr unterschiedlich: Außerhalb (!) Palermos zieht man Touristen gerne »über den Tisch«, deshalb Fahrpreis vorher aushandeln!

In Palermo

■ **Autoradio Taxi:** Tel. 0 91 51 33 11 oder 0 91 51 31 98.

■ **Radio Taxi Trinacria:** Tel. 09 16 82 54 41.

In Catania

■ **Radio-Taxi:** Tel. 0 95 33 32 16 und 0 95 33 09 66.

Schiff

Die kleinen Inseln Siziliens werden vor allem von den Fähren (traghetti) und Tragflügelbooten (aliscafi) angesteuert. Der Fahrplan richtet sich nach der Saison. Im Sommer legen Fähren und aliscafi mehrmals am Tag in den wichtigeren Zielhäfen an, aber im Winter besuchen sie kleinere Inseln oft nur einmal pro Woche. Bei (oft) stürmischem Wetter sind die Inseln häufig tagelang vom Festland abgeschnitten. Die Preise für die Fähren sind niedrig. Wenn mehrere Gesellschaften dieselben Ziele bedienen, handelt es sich im Allgemeinen um Konkurrenzunternehmen. Die Fahrkarte ist daher nur auf dem Schiff gültig, das auch von dem Unternehmen betrieben wird, bei dem man die Fahrkarte erworben hat. Deshalb sind One-Way-Tickets oft praktischer als Rückfahrkarten.

Im Folgenden die wichtigsten Häfen, Routen und Schifffahrtsgesellschaften:

Liparische Inseln

Fähren und Tragflügelboote legen häufig in Milazzo (Provinz Messina) ab. Milazzo ist per Zug von Messina und Palermo aus zu erreichen, per Bus von Messina und dem Flughafen von Catania. Im Sommer fahren bis zu 11 Tragflügelboote pro Tag nach Lipari und Vulcano und 6 nach Santa Marina di Salina. Zu den anderen Inseln verkehren mehrmals pro Woche Fähren, doch kann man auch alle Inseln von Lipari aus erreichen. Die Fähre braucht nach Lipari rund zwei Stunden, das Tragflügelboot etwa 30 Minuten.

Lipari und Vulcano sind gute Ausgangsorte für die Entdeckung der anderen Liparischen (oder Äolischen) Inseln. Von Cefalù, Messina, Palermo und Neapel verkehren ebenfalls Schiffe zu diesem sehenswerten Archipel.

Ägatische Inseln und Pantelleria

Von Trapani starten Fähren und Tragflügelboote mehrmals am Tag, sogar in der Nebensaison, nach Favignana, Levanzo und Marettimo (den Ägatischen Inseln). Die Überfahrt nach Favignana dauert mit der Fähre etwa 45 Minuten. Die Fähre nach Pantelleria verkehrt täglich, im Winter nur Sa–Mo, sie braucht 5 Stunden bis ans Ziel. (Trapani ist von Palermo aus per Bahn oder Bus zu erreichen.) Auf Favignana kann man Fahrräder mieten. Die Insel ist ziemlich flach, weshalb das Radfahren dort viel Spaß bereitet.

Die Pelagischen Inseln Linosa und Lampedusa

Einmal täglich (eigentlich nächtlich) brechen im Sommer die Fähren von Porto Empedocle (Provinz Agrigent) nach Lampedusa auf mit Zwischenstopp auf Linosa. Im Winter verkehren die Fähren an sechs Tagen pro Woche. Falls vorhanden, sollte man eine Kabine buchen. Die Fähren transportieren auch Autos, sind im Sommer aber oft ausgebucht. In dieser Zeit pendeln auch Tragflügelboote zwischen den beiden Inseln.

Agrigent ist per Bahn oder Bus erreichbar, ein Stadtbus bringt Sie in 30 Minuten von dort nach Porto Empedocle. Von Palermo oder Trapani kann man auch nach Lampedusa fliegen.

Ustica

Im Sommer pendeln Fähren und Tragflügelboote täglich zwischen Palermo und Ustica, in der Nebensaison nur Fähren.

Schifffahrtsgesellschaften

Beachten Sie, dass in einigen Fällen Agenturen und nicht die Schifffahrtsgesellschaften selbst genannt sind.

Milazzo
- **Siremar** (Ag. Aliatour), Via dei Mille, Tel. 09 09 28 32 42 und 0 90 98 00 90 (Fähren und Tragflügelboote).
- **SNAV,** Via L. Rizzo, Tel. 09 09 28 45 09 und 09 09 28 76 42 (Tragflügelboote).
- **NGI,** Via dei Mille, 26, Tel. 0 90 98 11 16 oder 09 09 28 40 91 (Fähren).

Messina
- **SNAV,** Cortina del Porto, Tel. 0 90 36 21 14 und 0 90 36 40 45.

Alicudi
- **Siremar,** Tel. 09 09 88 97 95.

Filicudi
- **Siremar,** Tel. 09 09 88 99 60.

Panarea
- **Siremar,** Tel. 0 90 98 30 07.

Salina
- **Siremar,** Tel. 09 09 84 30 04 (S. Marina) und Tel. 09 09 80 91 70 (Rinella).

Lipari
- **Siremar,** Tel. 09 09 81 13 12.

Stromboli
- **Siremar,** Tel. 0 90 98 60 16 und 09 09 81 28 80 (Ginostra).

Vulcano
- **Siremar,** Tel. 09 09 85 21 49.

Trapani
- **Siremar,** Tel. 0 92 32 77 80 (Tragflügelboote zu den Ägatischen Inseln).
- **Siremar,** Via Amm. Staiti, Tel. 09 23 54 05 15 (Fähren zu den Ägatischen Inseln).
- **Traghetti delle Isole,** Tel. 0 92 32 24 67, Tickets bei Egatour Viaggi, Via Amm. Staiti, 23, Tel. 0 92 32 17 54 (Fähren zu den Ägatischen Inseln).
- **Alivit Due,** Tel. 0 92 32 40 73 (Tragflügelboote zu den Ägatischen Inseln).
- **Aliscafi SNAV,** Tel. 0 92 32 71 01 (Tragflügelboote nach Pantelleria).

Favignana
- **Siremar,** Tel. 09 23 92 13 68 (Fähren und Tragflügelboote).

Levanzo
- **Siremar,** Tel. 09 23 92 40 03 (Fähren und Tragflügelboote).

Marettimo
- **Siremar,** Tel. 09 23 92 31 44 (Fähren und Tragflügelboote).

Porto Empedocle
- **Siremar,** Tel. 09 22 63 66 83 und 09 22 63 66 85 (Fähren zu den Pelagischen Inseln).

4

Lampedusa
- **Siremar,**
Tel. 09 22 97 00 03 (Fähren).

Linosa
- **Siremar,**
Tel. 09 22 97 20 62 (Fähren).

Palermo
- **Grandi Traghetti,** Via F. Crispi, Tel. 0 91 58 78 01.
- **Siremar,** Via F. Crispi, 120, Tel. 09 16 90 25 55 (Fähren und Tragflügelboote).
- **SNAV** (Ag.), Via P. Belmonte, 51, Tel. 0 91 58 65 33 (Tragflügelboote).
- **Tirrenia,** Palazzina Stella Maris, Via F. Crispi, Tel. 0 91 33 33 00.

Ustica
- **Siremar,** Piazza Vito Longo, Tel. 09 18 44 90 02 (Fähren, Tragflügelboote).
- **SNAV,** Via S. Bartolomeo, Tel. 09 18 44 90 77 (Tragflügelboote).

Schiffsverbindungen zwischen Catania und Syrakus

In Catania:
- **Tirrenia,** Piazza Grenoble, 26, Tel. 0 95 31 63 94.
- **Virtus Rapid** (Ag.), Via Etnea, 63, Tel. 0 95 31 61 55 und Piazza Europa, 2, Tel. 0 95 37 55 10.

In Syrakus:
- **Tirrenia,** Agenzia Servizi Marittimi, Viale Mazzini, 4–5, Tel. 0 93 16 69 56.

Die Adressen und Telefonnummern der Gesellschaften, deren Schiffe von Genua, Livorno und Neapel nach Sizilien fahren, finden Sie unter »Anreise« auf S. 326 f.

Zug

Das Zugnetz der FS (Ferrovie dello Stato) ist ausreichend, vorausgesetzt, man möchte auch dorthin, wohin die Züge fahren: nämlich hauptsächlich entlang der Küste von Palermo nach Messina und

weiter nach Catania und Syrakus. Beide Routen eröffnen herrliche Panoramen, so dass man versuchen sollte, einen Sitzplatz auf der Meerseite zu ergattern. Auch Agrigent, Syrakus, Trapani und Enna sind mit dem Zug erreichbar, allerdings benötigt man für die Reise dorthin Geduld und Zeit. Will man das Landesinnere, die Süd- oder Westküste erforschen oder zwischen kleineren Orten hin- und herpendeln, so ist das Bahnnetz (falls überhaupt vorhanden) nicht zu empfehlen.

In Italien verkehren verschiedene Zugtypen, die man kennen sollte:
- **Rapido:** schnell, meistens pünktlich. Normalerweise sind Zuschlag und Platzreservierung erforderlich. Manche rapidi haben nur eine Erste Klasse.
- **Espresso:** verkehrt auf den Hauptrouten über lange Strecken und hält nicht in sehr kleinen Orten.
- **Diretto:** verkehrt auf den Hauptrouten über lange Strecken und hält in einigen kleineren Orten. Fährt laut Fahrplan langsamer als der espresso (nicht unbedingt ein großer Zeitunterschied).
- **Locale:** Nahverkehrszug. Meist langsam, hält überall.

Zugauskunft erhält man an Bahnhöfen und in den meisten Reisebüros, die auch Zugfahrkarten verkaufen. Vor allem, wenn man Sitz-, Liegewagen- oder Schlafwagenplätze reservieren möchte, sind Reisebüros oft schneller und zuverlässiger als Bahnhöfe (wo man mit langen Warteschlangen rechnen muss). Informationen zu Fahrplänen und Reservierung (gebührenfrei) Tel. 1 47 88 80 88.

Das Fundbüro im Bahnhof von Palermo ist rund um die Uhr geöffnet. Informationen über die Circumetnea-Linie um den Ätna finden Sie im Kapitel »Unternehmungen« auf S. 353.

Bus

Eine gute Möglichkeit, die Insel, vor allem das Landesinnere und den

Süden, zu erkunden, sind Busse, die Siziliens größere Städte miteinander verbinden. Busse sind zuverlässiger und schneller als Züge, dafür auch teurer. Nur für die Strecke Palermo–Messina benutzt man besser den Zug.

Hier die wichtigsten Busstrecken und -unternehmen:

Von Palermo aus:
- **SAIS,** Via Balsamo, 16, Tel. 09 16 16 60 28. Busverbindungen nach Rom, Caltagirone, Caltanissetta, Catania, Enna, Piazza Armerina, Gela, Messina, Sciacca, Syrakus, Noto, Cefalù, Gangi, Petralia und Termini Imerese.
- **Cuffaro,** Via P. Balsamo, 13, Tel. 09 16 16 15 10. Busse nach Agrigent, Favara, Racalmuto, Grotte, Castrofilippo, Conistini.
- **Autoservizi Salemi,** Piazza Marina, Tel. 09 16 17 54 11. Busse nach Castelvetrano (bei Selinunt), Marsala, Mazara del Vallo und Salemi.
- **Interbus,** Tel. 09 16 16 79 19. Busse nach Syrakus.
- **Segesta,** Tel. 09 16 16 79 19. Busse nach Rom und Trapani.

Von Agrigent aus:
Stadtbusse fahren vor dem Bahnhof auf der Piazza Marconi ab. Der Busbahnhof für das übrige Sizilien befindet sich auf der Piazza Roselli beim Postamt. Die wichtigsten Unternehmen:
- **SAIS,** Via Ragazzi del 199, 12, Tel. 09 22 59 52 60.
- **S. Lumia,** Via F. Crispi, 87, Tel. 0 92 22 04 14.

Von Catania aus:
Der Busbahnhof befindet sich vor dem Hauptbahnhof.
- **AST,** Piazza Giovanni XXIII, Tel. 0 95 34 73 30. Busse nach Acireale, Etna Rifugio Sapienza und Caltagirone.
- **SAIS,** Via d' Amico, 18, Tel. 0 95 53 61 68. Busse nach Mes-

sina, Taormina, Enna, Agrigent, Caltanissetta, Palermo, Nicosia, Syrakus, Noto und Pachino.

Von Caltanissetta aus:

Die Busse fahren in der Via Catania ab.
■ **SAIS,** Via Calabria, Tel. 09 34 59 25 97. Die Busse fahren nach Palermo, Catania, Agrigent, Enna.

Von Enna aus:

■ **SAIS,** Viale Diaz, Tel. 09 35 50 09 02. Die Busse fahren von der Piazza Scelfo in der Unterstadt nach Piazza Armerina, Catania, Palermo und Caltagirone ab.
RI-Busse starten auf der Piazza Garibaldi nach Catania und Nicosia-Troina.

Von Messina aus:

■ **Giuntabus,** Via Terranova, 8, Milazzo, Tel. 0 90 67 37 82.
■ **SAIS,** Piazza della Repubblica, 6, Tel. 090/77 19 14. Busse nach Taormina, Catania und Palermo.

Von Ragusa aus:

Alle Busse halten vor dem Bahnhof. Sie fahren unter anderem nach Catania, Messina, Syrakus, Caltagirone, Piazza Armerina und Rom.

Von Syrakus aus:

■ **AST,** Piazza delle Poste, Tel. 09 31 46 27 11. Busse nach Lentini, Catania, Comiso, Ispica, Modica, Noto, Pachino und Ragusa.
■ **SAIS,** Via Trieste, 28, Tel. 0 93 16 67 10. Die Busse fahren unter anderem nach Catania, Noto, Pachino, Palermo und Taormina.

Von Trapani aus:

Stadtbusse und Busse in die übrige Provinz Trapani fahren auf der Piazza Umberto ab. Die Busse nach Palermo und Agrigent starten von der Piazza Garibaldi.
■ **AST,** Piazza Montalto, Tel. 0 92 32 10 21.

Auto

Autobahnen

Zwischen Messina und Catania und an der Nordküste von Messina nach Capo d' Orlando sind die Autobahnen gebührenpflichtig. Am schnellsten kommt man auf der Autobahn nach Catania von Messina nach Palermo, auch wenn dies auf der Landkarte nicht der kürzeste Weg ist. Die nördliche Küstenstraße führt zwar durch eine wunderbare Landschaft, ist aber zwischen Sant' Agata di Militello und Cefalù recht kurvenreich und wird auch von zahlreichen Lastwagen benutzt.
Mautfrei: Die Autobahn von Catania nach Palermo ist mautfrei, ebenso die autostrade von Palermo nach Trapani und Mazara del Vallo in den Westen der Insel. Die Autobahnen haben einen guten Oberflächenbelag, und man kommt schnell voran. Staus bilden sich nur selten.

Andere Straßen

Die strade statali sind, abgesehen von den Autobahnen, die Hauptverkehrsstraßen. Sie sind nummeriert und erscheinen auf Landkarten und in Adressen als SS115 usw. SS-Straßen sind normalerweise gut ausgeschildert und haben einen guten Oberflächenbelag. Die Beschaffenheit anderer sizilianischer Straßen reicht von hervorragend bis verheerend, und dieses ganze Spektrum begegnet einem manchmal innerhalb nur weniger hundert Meter. Manchmal sind wegen Ausbesserungsarbeiten ganze Straßenabschnitte unpassierbar. Es gibt Straßen, die man schon seit über zehn Jahren gesperrt halten muss. Im Landesinneren sind die Straßen im Winter oft überschwemmt. Hauptstraßen und Abzweigungen sind normalerweise gut ausgeschildert, doch fehlen in ländlichen Gebieten manchmal die Hinweisschilder, oder sie sind gar falsch. Eine gute Straßenkarte leistet hier auch gute Dienste.

Im Straßenverkehr

Geschwindigkeitsbeschränkungen

In Städten 50 km/h; auf gewöhnlichen Straßen außerhalb der Ortschaften 90 km/h; auf Autobahnen 110 km/h für Kleinwagen (bis zu 1100 ccm) und 120 km/h für alle anderen Fahrzeuge. Übertretungen werden teuer bestraft.

Alkohol

Die Promillegrenze liegt in ganz Italien bei 0,8! Eine Überschreitung kann den Führerschein kosten.

Sicherheitsgurte

Das Anlegen von Sicherheitsgurten ist Pflicht, doch werden Sie sich wundern, wie wenige Sizilianer sich daran halten. Autos mit sizilianischen Kennzeichen und angeschnallten Passagieren sind meist Mietwagen. Für Motorradfahrer gilt Helmpflicht. Die Bußgelder für Nichteinhaltung der gesetzlichen Vorschriften sind drastisch.

Kleinkinder

Bis zum Alter von neun Monaten müssen Kleinkinder in einem Babysitz transportiert werden, Kinder von neun Monaten bis zu vier Jahren auf dem Rücksitz.

Mit dem Auto in die Städte

Fahrer, die leicht nervös werden, sollten ihre ersten Verkehrserfahrungen in Sizilien nicht gerade während der Stoßzeiten in Palermo oder Catania machen, da der Fahrstil hier üblicherweise ziemlich unkonventionell ist. **Parkplätze** sind in beiden Städten schwer zu finden. Durch Palermo kämpft man sich am leichtesten, wenn man sich an Hauptstraßen wie die Via Roma und die Via Maqueda hält, die sich mit dem Corso Vittorio Emanuele treffen. Die Kreuzung Quattro Canti ist ein markanter Orientierungspunkt, genau wie das Teatro Politeama. Hinweisschilder zum Palazzo dei Normanni, dem Bahnhof und dem Teatro Politeama sind an den großen, in die Stadt führenden Straßen angebracht – wenn auch etwas lückenhaft. Vielleicht ist es am einfachsten, anfangs eines dieser Ziele anzusteuern. Leicht nervöse Fahrer sollten die kleinen, stark befahrenen Straßen im Zentrum meiden. Abgesehen von dem Risiko, sich heillos zu verfransen, haben ausländische Besucher oft Schwierigkeiten mit der Enge der Straßen sowie mit aus Einbahnstraßen entgegenkommenden Fahrzeugen und nicht zuletzt mit dem Anblick allzu jugendlicher Autolenker.

In beiden großen Städten gibt es **Umgehungsstraßen,** die stark frequentiert werden, wo man aber doch viel besser klarkommt als auf den Straßen der Innenstadt.

Fahrer und Fußgänger

Sizilianische Fußgänger leben in dem Glauben ihnen gehöre die Straße, und die sizilianischen Fahrer lassen sie freundlicherweise dabei. Man muss sich schnell an diesen Verkehr anpassen: Fußgänger laufen genau vor Ihrem Auto über die Straße oder stehen auf der Fahrbahn und unterhalten sich. Von Ihnen als Fahrer erwartet man, dass Sie darauf gefasst sind.

Tankstellen

An der Küste finden Sie sie in jedem größeren Ort, aber an den vielen kleinen Straßen im Landesinnern nur in großen Intervallen. Die Tankstellen haben normalerweise von 8–20 Uhr geöffnet, von 12–16 Uhr Uhr ist Mittagspause. Nur die Autobahntankstellen sind durchgehend in Betrieb.

Parken

In den größeren Orten gestaltet sich die Parkplatzsuche schwierig.

»Rimozione forzata« bedeutet, dass unter diesem Schild parkende Autos abgeschleppt werden. Lassen Sie nichts sichtbar im Auto liegen.

Parkplätze in Palermo

An folgenden Orten existieren Parkplätze (gebührenpflichtig!) des italienischen Automobilklubs ACI bzw. der AMAT (Azienda Municializzata Autotrasporti): Piazza Castelnuovo, Piazza Verdi, Piazza Marina, Piazzale Ungheria und Piazza Spinuzza.

Parkmöglichkeiten bei archäologischen Stätten

In der Nähe der meisten bedeutenden archäologischen Stätten (wie etwa der Villa Romana del Casale bei Piazza Armerina und den griechischen Tempeln in Selinunt) gibt es halboffizielle Parkplätze, für deren Benutzung man beim wachsamen Aufseher eine Gebühr bezahlt. An anderen Orten bieten Ihnen vielleicht Straßenkinder an, Ihr Auto »im Auge zu behalten«. Es ist ratsam, ihnen den verlangten Betrag auszuhändigen, denn dann können Sie davon ausgehen, Ihr Auto bei Ihrer Rückkehr auch noch unbeschädigt vorzufinden.

Mietwagen

Überall auf der Insel kann man Autos mieten. Die internationalen Autovermietungen sind sämtlich vertreten und haben in den meisten Urlaubsorten Filialen. Doch können – vor allem in der Nebensaison – die Angebote der einheimischen Firmen günstiger sein. Man sollte dabei die eingeschlossenen Leistungen genau prüfen. Oft ist es preisgünstiger, das Auto vor Reiseantritt über ein Reisebüro im Heimatland anzumieten. Hier eine Auswahl der Firmenfilialen in Palermo:
- **Avis,** Via Principe di Scordia, 28, Tel. 0 91 58 69 40.
- **Hertz,** Servicenummer Tel. 1 99 11 22 11 (Mobiltelefon: 02 48 23 36 62).
- **Maggiore/Budget**, Via A. de Gasperi, 179, Tel. 0 91 51 31 72, am

Flughafen Falcone-Borsellino/Punta Raisi: Tel. 0 91 59 16 81, Reservierungen: Tel. 1 47 86 70 67.
- **Europcar,** am Flughafen Punta Raisi, Tel. 02 70 39 97 00 und 0 91 59 16 88.
- **Sicily by Car,** Via V. di Marco, 4, Tel. 0 91 58 10 45 und 0 91 32 85 31.

Organisierte Ausflüge

Eine Möglichkeit, die Region um Ihren Urlaubsort besser kennen zu lernen, bietet die Teilnahme an einem organisierten Ausflug. Praktisch jedes Reisebüro in den wichtigsten Ferienzentren organisiert Touren mit fremdsprachigen Führern. In der Hauptsaison kann man von Taormina aus Ausflüge an folgende Orte unternehmen: Vulcano, Lipari, Syrakus, Agrigent, Palermo, zur Schlucht von Alcantara, nach Piazza Armerina, Enna, zum Ätna – z. B. bei Sonnenuntergang. Von Cefalù aus werden Touren nach Palermo, Agrigent, Piazza Armerina, Gangi, Petralia Sottana und an andere Orte Westsiziliens angeboten. Erkundigen Sie sich bitte auch in den lokalen Tourismusbüros bzw. in denen der größeren Städte oder bekannten Urlaubsorte.

Praktische **I**nformationen

Behinderte

Reisen auf Sizilien ist für Behinderte nach wie vor sehr problematisch: Behindertengerechte Einrichtungen existieren immer noch nur wenige, so hat man beispielsweise nur in Catania und Palermo die Bürgersteigkanten abgesenkt. Auch in Hotels und Restaurants sind Rollstuhlfahrer und andere Menschen mit Handicap auf fremde Hilfe angewiesen. Anlaufstellen sind die örtlichen Tourismusbüros und die ENIT-Vertretungen.

Der italienische Spastiker-Zentralverband verschickt auch eine Liste mit Adressen:

■ **AIAS Nazionale,** Via Cipro, 4 H, 00135 Roma,
Tel. 00 39 06 31 61 32.
Gruppenreisen für Behinderte bietet an:
■ **Dimsi S.p.a.,** Via Vampolieri 8/A, 95020 Aci San Filippo (CA), Tel. 09 57 67 83 52 und
09 57 87 90 95. Sie können auch Frau Margot Schmid Pagano kontaktieren: 09 57 67 83 74.

Drogen

Wie im legendären »Herzen der Mafia« nicht anders zu erwarten, gibt es an jeder Straßenecke Drogen, sogar in kleinen Städten und Dörfern. Seien Sie nicht überrascht, wenn Ihnen eine ganz bieder wirkende ältere Dame am Bahnhof von Palermo Stoff anbietet, schließlich arbeitet bei dem Geschäft ja die ganze Familie mit. Und lassen Sie sich bloß nichts andrehen!

Elektrizität

Das Netz ist auf 220/30 Volt und 50 Hertz Wechselstrom ausgelegt. Die Stecker haben zwei oder drei runde Stifte. Für die meisten europäischen Stecker braucht man einen Adapter (»spina di adattamento«), der an der Hotelrezeption, in Supermärkten und Elektrogeschäften erhältlich ist.

Fotografieren

Das Licht der sizilianischen Sommer ist extrem hell. Das sollten Sie bei der Wahl Ihrer Filme und bei der Kameraeinstellung berücksichtigen (Filter). Filme und Fotoausrüstungen sind in Italien wegen der hohen Besteuerung sehr teuer, daher

decken Sie sich am besten zu Hause mit ausreichend Material ein.
Aus Sicherheitsgründen sollte man Fotoausrüstungen nicht im Auto und schon gar nicht gut sichtbar liegen lassen.
Blitzlicht und Stativ darf man in den Museen generell nicht einsetzen. Folgen Sie in Kirchen beim Fotografieren bitte unbedingt den Anweisungen, vor allem hinsichtlich Blitz.

Gesetzliche Feiertage

Die Banken und meisten Geschäfte sind an den folgenden Feiertagen geschlossen:
Neujahr (Capodanno) – 1. Januar
Heiligdreikönig (Befania) –
6. Januar
Ostermontag (Lunedì di Pasqua)
Tag der Befreiung (La Resistenza) –
25. April
Tag der Arbeit (Festa del Lavoro) –
1. Mai
Mariä Himmelfahrt (Ferragosto) –
15. August
Allerheiligen (Ognissanti) –
1. November
Mariä Empfängnis (Festa dell'
Immacolata) – 8. Dezember
1. Weihnachtsfeiertag (Natale) –
25. Dezember
2. Weihnachtsfeiertag (Santo Stefano) – 26. Dezember
Die Banken können vor einem Feiertag früher schließen. Wenn der Feiertag auf einen Dienstag oder Donnerstag fällt, schließen viele Geschäfte am Montag davor oder dem Freitag danach. Man nennt das ponte, »Brückentag«.
Die meisten Städte und Dörfer haben noch eigene zusätzliche Festtage (feste locali) der verschiedensten Arten und Anlässe. (s. auch im Reiseteil bei den einzelnen Orten sowie »Unternehmungen« ab Seite 342).

Internetadressen

www.sicily.infocom.it
www.itwg.com/rg-sicil.asp

www.aapit.pa.it
www.walksicily.de
Wer den mächtigen Vulkan Stromboli gerne erstmal virtuell erklimmen möchte:
www.educeth.ch.ethz.ch/stromboli

Medien

Radio & Fernsehen

Es gibt Dutzende von Privatsendern, die allesamt mittelmäßig sind. Die kommerziellen Rundfunkstationen bringen eine Mischung aus Pop und Telefoneinlagen. Suchen Sie einfach eine Frequenz, bis Sie etwas Passendes finden. Wegen der vielen einander überlagernden Lokalsender muss man sowieso oft neu einstellen.
Die nationale Rundfunkstation (RAI) sendet unter anderem Nachrichten, Aktuelles und Dokumentarbeiträge; vor allem RAI 3 hat klassische Musik im Programm. Den BBC World Service kann man nur auf Kurzwelle empfangen (in Süditalien schlecht).
Die öffentlich-rechtlichen Fernsehkanäle strahlen einige regionale Nachrichtenprogramme aus (vor allem in RAI 3). Abgesehen von den seltenen Reiseberichten oder Dokumentarfilmen lässt das Regionalfernsehen insgesamt nur allzu viele Wünsche offen.
Wenn Sie Kinder haben, sollten Sie beachten, dass das italienische Privatfernsehen seine Programme oft mit Pornofilmen füllt, die andernorts unter die Zensur fielen.

Zeitungen und Zeitschriften

Sicilia Pagine Gialle Turismo sind die Gelben Seiten für Touristen in Sizilien. Sie werden jedes Jahr überarbeitet und sind bei den großen Fremdenverkehrsämtern erhältlich. Jedem Besucher, der mehr als nur ein paar Tage auf Sizilien bleibt oder unabhängig reist, sind sie sehr nützlich. Sie decken die ganze Insel ab, und der Index ist in fünf Sprachen verfasst (Italienisch, Englisch, Französisch, Deutsch, Spanisch).

In größeren Städten erhält man europäische Zeitungen meist einen Tag nach ihrem Erscheinen. Abseits der Touristenzentren wird fast ausschließlich italienische Presse verkauft.

Die größten italienischen Zeitungen (Corriere della Sera, La Repubblica) veröffentlichen eine gesonderte Ausgabe für den Süden. Für Urlauber sind vor allem die Angaben über An- und Abfahrtszeiten der Verkehrsmittel, Dienst habende Ärzte und Apotheken, Tankstellen etc. interessant.

Die wichtigsten Zeitungen Siziliens

■ **Il Giornale di Sicilia** ist die Morgenzeitung Palermos und deckt den westlichen Teil der Insel ab. Sie veröffentlicht für jede westliche Provinz einen Lokalteil und die vollständigsten Angaben über Fahrpläne etc. Il Giornale bewegt sich rechts von der Mitte, das Wort »Mafia« erschien zeitweise auffallend selten in der Berichterstattung. Man munkelt, die Zeitung sei neuerdings weniger abhängig.

■ **L'Ora** erscheint in Palermo, die Zeitung gilt als unabhängig, tendiert leicht nach links und berichtet (meist) relativ offen.

■ **La Sicilia,** die wichtigste Zeitung Catanias, enthält auch Lokalteile für Syrakus, Ragusa und Enna. Ihre Position liegt wohl immer noch rechts von der Mitte.

■ **La Gazetta** ist eigentlich keine rein sizilianische Zeitung. Ihre Haupteinzugsgebiete sind Messina und Reggio di Calabria. In der Provinz Messina hat sie die höchste Auflage, und sie ist nicht so linientreu wie die Zeitungen der Insel, da ihre Berichterstattung weniger dem Einfluss sizilianischer Machtstrukturen unterliegt.

Zeitschriften

Die folgenden sizilianischen Publikationen sind vor allem für Besucher nützlich:

■ **Ciao Sicilia** erscheint monatlich in Englisch und Italienisch und ist vor allem für Touristen konzipiert. Enthalten sind die wichtigsten Ereignisse des Monats sowie interessante Artikel über verschiedene Teile der Insel.

■ **Sicilia Magazine,** eine Illustrierte in Englisch und Italienisch mit zahlreichen Fotos. Sie erscheint viermal jährlich in Catania. Ihre Artikel befassen sich auch mit Kunst, Kultur und Klatsch.

■ **Un mese a Palermo,** Monatszeitschrift, die über alle Ereignisse und Attraktionen in Palermo informiert. Man erhält sie kostenlos in Fremdenverkehrsbüros.

■ **Sicilia Illustrata,** eine Monatszeitschrift, die sich mit aktuellen Ereignissen sowie der Politik und Kultur Siziliens beschäftigt.

■ **Kalos** heißt eine reich bebilderte, alle zwei Monate erscheinende Zeitschrift über Kunst und Geschichte.

■ **Sikelia,** eine wissenschaftlich ausgerichtete Zeitschrift über sizilianische Kunst, Geschichte und Kultur, erscheint alle zwei Monate in Schwarz-Weiß.

■ **Sicilia Tempo** nennt sich eine Monatszeitschrift über Wirtschaft und Politik.

Mücken

Dass es in Sizilien viele Moskitos und zanzare (Mücken) gibt, merken Sie spätestens dann, wenn Sie abends bei geöffnetem Fenster das Licht brennen lassen. Leider ist hier neben mehr oder weniger hilfreichen Mitteln zum Einreiben die pure Chemie am wirksamsten: Die grünen, langsam verbrennenden Ringe gegen Mücken gibt es überall zu kaufen, ebenso die kleinen Apparätchen mit langsam verdampfenden »Anti-Mücken-Kissen«, die in die Steckdose gesteckt werden.

Öffnungszeiten

Die Geschäfte sind normalerweise von 9–12.30/13 und 15.30/16 bis 19.30 Uhr geöffnet. In Fremdenverkehrsorten haben viele Läden (Lebensmittel-Supermärkte) auch am Sonntag auf. Lebensmittelgeschäfte und Tankstellen schließen am Mittwoch Nachmittag. In Städten sind sonstige Läden am Montag Vormittag geschlossen.

Bars und Restaurants sind an sich gesetzlich verpflichtet, einen Tag pro Woche zu schließen; dieser Ruhetag steht auf einem Schild am Eingang.

Die Bürostunden sind Mo–Fr normalerweise zwischen 7.30 und 12.30 sowie 15.30 und 18.30 Uhr. Post- und andere Ämter sind häufig nur am Vormittag geöffnet. Banken s. unter »Geld« S. 324.

Museen haben in der Regel montags geschlossen (Genaueres dazu in der Rubrik »Unternehmungen« ab S. 342).

Post

Die Öffnungszeiten der Postämter sind Montag–Freitag 8.30–13.30 Uhr. In Palermo hat das Hauptpostamt in der Via Roma (nahe der Piazza Domenico) 24 Stunden am Tag geöffnet (voller Service von 8 bis 20 Uhr).

Briefmarken (francobolli) erhält man in den tabacchi (Tabakgeschäften), in Postkartenläden und Bars. Innerhalb der EU kostet ein Brief oder eine Postkarte 850 LIT.

Die Post ist nicht gerade für ihre Geschwindigkeit berühmt. Einen wichtigen Brief sollten Sie espresso (per Express) verschicken. Geben Sie in Notfällen aber lieber ein Telegramm auf. Das geht beim Postamt, einer SIP-Telefonzentrale oder indem man bei einem Privatanschluss die Nummer 186 wählt. Auf Briefe gehört der Vermerk »fermo posta«.

Telefon

Fernsprecher funktionieren entweder mit Münzen (100, 200 oder 500 Lire) oder – inzwischen überwiegend – mit Telefonkarten (scheda oder carta telefonica); gettoni

(Telefonmünzen) sind weitestgehend aus dem Verkehr gezogen. Telefonkarten gibt es in den Hauptstellen und Läden der italienischen Telefongesellschaft SIP, in Bars oder am Zeitungskiosk.

In großen Städten sind die Telefonzellen häufig kaputt. Zuverlässiger sind die öffentlichen Fernsprecher in Bars oder Geschäften. Hinweis auf ein öffentliches Telefon ist ein draußen angebrachtes gelbes »T«.

Telefonbücher liegen in den Hauptstellen der SIP aus, sie ist in Städten und auf den Flughäfen von Catania und Palermo vertreten, von dort kann man auch telefonieren. Bezahlt wird nach Beendigung des Gesprächs.

Vom Hotel aus telefonieren ist zwar bequemer, doch müssen Sie mit hohen Zuschlägen rechnen. Günstiger sind auf alle Fälle öffentliche Fernsprecher. An Sonntagen und nach 22 Uhr sind Gespräche billiger. Bei internationalen Ferngesprächen von Sizilien bzw. Italien aus kommt nach der Vorwahl des jeweiligen Landes die Ortsvorwahl (ohne die 0 davor) und die Nummer des Fernsprechteilnehmers.

Internationale Vorwahlnummern:

Deutschland: 0049, Österreich: 0043, Schweiz: 0041, Italien: 0039. Nationale Telefonauskunft in Italien: 12, internationale: 176. Bei Telefonaten in Italien muss seit 1998 grundsätzlich die Ortsvorwahl mitgewählt werden, auch wenn man im selben Ortsnetz bleibt!

Telefonbüros

■ **Palermo:** Piazza Giulio Cesare: 24-Stunden-Service
Piazzale Ungheria, 22: 8–21.30 Uhr
Via P. Belmonte, 92: 8–20 Uhr
Am Hafen: 8–20 Uhr
Am Flughafen: 8–22 Uhr
■ **Catania:** Via A. Longo: 24-Stunden-Service
Piazza Giovanni XXIII: 8–20 Uhr
Am Flughafen: 8–20 Uhr

Trinkgeld

Trinkgelder sind üblich. In Hotels mit gutem Service sind 10 000 LIT pro Woche für den Zimmerservice durchaus angemessen. Derselbe Betrag reicht auch für den Oberkellner aus. Gewöhnlich teilt die Belegschaft diese Trinkgelder unter sich auf. In Restaurants ist der Service oft im Preis inbegriffen. Ein Trinkgeld ist Ermessenssache, doch sind 10 % der Gesamtrechnungssumme üblich.

Taxifahrer erwarten etwa 10 %, bei sehr kurzen Fahrten genügen auch 5 %. Bei einheimischen Führern kommt es auf die Qualität und die Länge des Ausflugs an, normal sind zwischen 2000 und 5000 LIT pro Person. Der Fahrer erwartet eine vergleichbare Anerkennung. In kleinen Orten sind Kirchen und andere Sehenswürdigkeiten vielfach geschlossen. Meist wohnt der Kirchendiener (sacristano) in der Nähe und sperrt Ihnen gerne auf. Etwa 2000 Lire pro Person und mehrere herzliche Dankesbekundungen »grazie mille« sind dafür angezeigt.

Wasser

Fast überall kann man Leitungswasser trinken. Die Italiener bevorzugen allerdings Mineralwasser, und das wird gewöhnlich auch in Restaurants serviert. An manchen Orten läuft im Sommer das Wasser nur noch spärlich oder zu bestimmten Zeiten – bitte gehen auch Sie sparsam mit dem kostbaren Nass um! Vor allem im Süden der Insel wurde das Grundwasser teilweise durch Industrieabwässer verschmutzt, und das Wasser aus der Dorfpumpe sollte man nicht trinken. Im Zweifelsfall fragen Sie am besten die Einheimischen. Wasser mit dem Hinweis »Non potabile« darf man auf keinen Fall trinken.

Zeit

In Italien gilt die Mitteleuropäische Zeit (MEZ).

Sicherheit & Kriminalität

Die meisten Menschen verbringen in Sizilien einen unbeschwerten Urlaub. Obwohl die Mafia in den letzten Jahren schwere Machtverluste erlitten hat, ist sie natürlich noch immer präsent. Doch wird der Durchschnittsreisende kaum bewusst mit ihr in Berührung kommen (und Provokationen sollte man sich tunlichst verkneifen!). Folgende Informationen sind in weniger glücklichen Situationen hilfreich:

Bei kleineren Vergehen und wenn es sich um allein reisende Frauen handelt, zeigt sich die Polizei oft recht gleichgültig. Sie müssen erst nachweisen, wer Sie sind und wo Sie wohnen, bevor Sie mit Ihrer Geschichte überhaupt beginnen dürfen. Wichtige polizeiliche Ermittlungen können so durch diese Formalitäten aufgehalten werden.

Handelt es sich um einen schwer wiegenden Vorfall oder gar ein Verbrechen, wenden Sie sich am besten sofort an die Botschaft Ihres Landes und die Carabinieri – gleichzeitig. Gehen Sie dann »alla siciliana« vor: Wenden Sie sich an den einflussreichsten Sizilianer, den Sie kennen, und bitten Sie um seine Unterstützung. Es hilft, wenn man Freunde an der richtigen Stelle hat. Das Hauptproblem für Touristen sind die kleinen Vergehen: Taschendiebstahl, Handtaschenraub und Diebstahl aus Autos (die jungen Kriminellen nennt man scippatori oder scippi). Diebstähle aller Art geschehen am häufigsten in Palermo, Catania und dem historischen Zentrum von Syrakus. In den meisten Touristenorten muss man ebenfalls vorsichtig sein, während Taormina und Cefalù als sehr sicher gelten.

6

335

Sicherheitsregeln

Versuchen Sie, nicht allzu sehr nach Tourist auszusehen, und stellen Sie vor allem Wertsachen und Geld nicht offen zur Schau. Verbergen Sie Kamera, Geld und Brieftasche. Tragen Sie keinen kostbaren Schmuck – oder zumindest nicht offen sichtbar! Wenn Sie eine Handtasche dabei haben, gehen Sie auf der Innenseite des Gehsteigs – sonst können sich Motorradfahrer im Vorüberfahren Ihre Tasche schnappen und abdüsen. Lassen Sie Geld und Wertgegenstände im Hotelsafe. Sehr verlockend für die scippatori sind Geldbörsen in der Gesäßtasche. Schecks und Karte getrennt aufbewahren!

Im Auto: Lassen Sie Gepäck oder Wertgegenstände nie sichtbar im Auto liegen. Parken sollte man abseits der Straße (leider gibt es nur wenig Hotelparkplätze). Unterwegs sollten Sie alle Fahrzeugpapiere mitführen, aber beim Parken aus dem Auto herausnehmen. Sollte Ihnen das Auto abhanden kommen, brauchen Sie die Papiere für die Diebstahlsanzeige.

Vor allem in Catania und Palermo haben sich die scippatori auf eine Art mobiles Verbrechen spezialisiert: Sie stehen im Stau, plötzlich biegt vor Ihnen ein Motorrad ein. Sie bremsen. Ein Jugendlicher reißt Ihre Türe auf, schnappt sich, was er auf die Schnelle greifen kann, schwingt sich aufs Motorrad, und weg ist er. Die Chancen für den Dieb stehen günstig, denn meist liegen Kameras oder Handtaschen auf dem Beifahrersitz. Verschließen Sie während der Fahrt also die Wagentüren und packen Sie Ihre Wertsachen am besten in den Kofferraum (auch wegen der bei Hitze geöffneten Fenster).

Wenn Sie tatsächlich beraubt wurden, erstatten Sie schnellstmöglich Anzeige bei der örtlichen Polizei. Sie brauchen eine Kopie der Anzeige für Ihre Versicherung. Doch was noch wichtiger ist: Oft erhalten Sie zumindest einen Teil der gestohlenen Sachen recht schnell wieder. Es scheint da zwischen der Polizei und den Dieben eine stillschweigende Übereinkunft zu existieren: Wenn es nicht zu gewalttätigen Handlungen kam und die Dokumente und Kreditkarten zurückgegeben werden, lässt die Polizei die Verfolgung der Straftäter schleifen.

Tipps für Frauen

Wenn Sie blond sind, fallen Sie auf. Es mag sexistisch klingen, aber Zurückhaltung bei Kleidung und Verhalten erspart Ihnen manchen Ärger, vor allem wenn Sie alleine und in Gegenden reisen, die noch nicht sehr stark touristisch erschlossen sind!

Ziehen Sie sich sehr schlicht oder formell an. Tragen Sie einen Ehering, und sprechen Sie von Ihrem Mann, als wäre er mit Ihnen auf Reisen, nur soeben in einer Besprechung (denn der Ehering allein wird unter Umständen als Herausforderung betrachtet!).

Lehnen Sie es ab, wenn man Sie mitnehmen oder Ihnen etwas zeigen will, und setzen Sie sich nicht allein in Parks oder an den Strand. Meiden Sie Stadtzentren bei Nacht, vor allem die Nebenstraßen. Fragen Sie im Hotel, wie sicher das umliegende Viertel ist. Wenn Sie abends ausgehen, leisten Sie sich ein Taxi. Wenn Sie sich wirklich in Gefahr fühlen, sprechen Sie eine Frau an, am besten eine in Begleitung eines Mannes.

Mögliche Gefahrenzonen

In Palermo, Catania und auf der Insel Ortygia in Syrakus gibt es die meisten scippi. Meiden Sie die Bahnhofsviertel von Palermo und Catania sowie die zahlreichen unbeleuchteten Nebenstraßen des historischen Zentrums von Palermo nach Einbruch der Dunkelheit. La Kalsa in Palermo können Sie tagsüber gut besichtigen, nachts jedoch sollten Sie dieses Viertel meiden. Das Viertel San Cristofero in Cata-

nia (hinter der Burg) sollte man grundsätzlich umgehen, und seien Sie auf der Hafenseite des Fischmarkts auf der Hut. In Syrakus lohnen die typischen Restaurants unbedingt den Besuch, aber seien Sie im Hafengebiet der Via Nizza spät abends sehr vorsichtig, außer es sind sehr viele Menschen unterwegs. Entdecken Sie die maurische Kasbah in Mazara del Vallo, aber am Tag und in Begleitung. Lassen Sie sich im Hotel über potentielle »Unsicherheitszonen« an Ihrem Urlaubsort aufklären.

Diplomatische Vertretungen

Konsulate auf Sizilien

Deutschland
■ **Palermo,** Via E. Amari, 124, Tel. 0 91 58 33 77 und 0 91 33 34 19.

Österreich
■ **Palermo,** Via Leonardo da Vinci, 145, Tel. 09 16 82 56 96.

Schweiz
■ **Catania,** Piazza Cavour, 36, Tel. 0 95 44 78 84.

Botschaften

Deutschland
■ **Roma,** Via Po, 25c, Tel. 06 88 47 41, Fax 0 68 54 79 56.

Österreich
■ **Roma,** Via Pergolesi, 3, Tel. 0 68 55 82 41.

Schweiz
■ **Roma,** Via Barnaba Oriani, 61, Tel. 0 68 08 36 41.

Notruf

Polizei/Carabinieri: 112
Erste Hilfe: 113
Vigili del Fuoco: 115 (Feuerwehr und Rettungsdienst)

ACI: 116 (der italienische Automobilklub leistet Pannenhilfe)

Medizinische Versorgung

Bürger aus Mitgliedsstaaten der Europäischen Union haben ein Recht auf dieselbe medizinische Versorgung wie Italiener. Sie müssen sich jedoch vor Reiseantritt einen Auslandskrankenschein (für EU-Bürger ist dies das Formular E 111) bei Ihrer örtlichen Krankenkasse besorgen. Damit werden die Kosten für die Behandlung und Arzneimittel gedeckt, doch Sie müssen die Rezeptgebühr und einen Teil der Arzneikosten selbst bezahlen. Beachten Sie, dass dieser Krankenschein einen Abbruch der Reise und die Rückführung ins Heimatland nicht abdeckt. Schließen Sie also nach Möglichkeit eine private Auslandskranken- bzw. Zusatzversicherung ab. Praxisärzte bevorzugen Barzahlung.

Die Internationale Organisation für medizinische Hilfe für Reisende (IAMAT) veröffentlicht für ihre Mitglieder ein Verzeichnis englisch sprechender Ärzte im Ausland. Das europäische IAMAT-Büro befindet sich in der Schweiz, 57 Voirets, 1212 Grand-Lancy, Genève.

Wer rezeptpflichtige Medikamente einnimmt, sollte sich zu Hause für die Dauer der Reise ausreichend eindecken und den Beipackzettel sicherheitshalber separat aufbewahren, falls die Arznei doch einmal verloren geht.

Sollten Sie in Sizilien eine ärztliche Behandlung in Anspruch nehmen müssen, gehen Sie mit dem Formular E 111 zur U.S.L. (Unità Sanitaria Locale, dem örtlichen Gesundheitsamt, Telefonnummern im Fernsprechbuch). Dort wird man Ihnen einen Arzt des staatlichen Gesundheitssystems nennen und die notwendigen Papiere mitgeben.

Bei einem Notfall können Sie mit der Telefonnummer 113 Hilfe herbeirufen oder sich direkt ins Krankenhaus (die meisten haben einen 24-Stunden-Notdienst, den Pronto Soccorso) oder zum Arzt begeben. Doch denken Sie daran, dass Sie die Behandlungskosten erst einmal vorstrecken müssen. Sammeln Sie alle Belege für Ihre Krankenkasse. In vielen Gegenden wird im Sommer eine rund um die Uhr tätige Guardia Medica Turistica (medizinischer Notdienst für Touristen) eingerichtet. Die Telefonnummern gibt es im Hotel, in Apotheken, im Fremdenverkehrsbüro und bei den Lokalzeitungen.

Welche Apotheke (farmacia) Dienst hat, entnehmen Sie der Tageszeitung (Giornale di Sicilia für Palermo und den Westen, La Sicilia für Catania und den Osten) oder schauen Sie auf die an den Apotheken aushängende Liste der dienstbereiten Apotheken, das Netz ist relativ dicht.

Unterkunft

Hotels

Auf Sizilien gibt es über 500 Hotels der unterschiedlichsten Standards. Eine vollständige Liste erhalten Sie bei den örtlichen Touristenbüros oder bei den Fremdenverkehrsämtern der Provinzen (Azienda Provinciale per il Turismo, APT).

Außerhalb der Touristenzentren ist das Niveau der Hotels im Allgemeinen niedriger als in Nord- oder Mittelitalien. Aus Gründen der Bequemlichkeit und der Sicherheit sollten Sie lieber eine Unterkunft wählen, die eine Kategorie höher rangiert, als die Sie vielleicht sonst gebucht hätten.

Hotelkategorien

Es gibt erhebliche Preisunterschiede innerhalb der verschiedenen Kategorien und natürlich bestimmt in jeder Region die Nachfrage das Angebot. Außerdem muss man damit rechnen, große Qualitätsunterschiede bei den Hotels derselben Kategorie vorzufinden, je nachdem, ob sie sich in Touristenzentren, größeren Städten wie Syrakus und Catania oder in abgelegeneren Landstrichen befinden.

Zahlungsweise

Die meisten Hotels ab der 3-Sterne-Kategorie akzeptieren die gängigen Kreditkarten und nehmen auch Eurocheques an. Reiseschecks sind weniger üblich. Es empfiehlt sich, gleich bei der Buchung nach den Zahlungsmodalitäten zu fragen. Die Sizilianer haben eine Vorliebe für Cash. Es hat einige Fälle von Hotels in Mafia-Besitz gegeben, die in Betrügereien mit Kreditkarten verwickelt waren. Sinnvollerweise sollten Sie daher, zurück in der Heimat, Ihre Kreditkartenquittungen und die Kreditkartenabrechnung überprüfen.

Preise

Es gibt erhebliche Preisunterschiede zwischen großen und kleinen Orten sowie Haupt- und Nebensaison. Die Touristenbehörden der Provinzen und Städte geben aktuelle Preislisten der Hotels heraus. Die Preise werden von den Touristenbehörden zum Jahresanfang bestimmt, und die Hotels dürfen keine höheren Preise fordern, als für jedes Zimmer einzeln festgelegt.

Beachten Sie, dass etliche Hotels nur in der Hauptsaison geöffnet haben (etwa von Mai bis Oktober). Bei großer Nachfrage bestehen die Hotels in vielen sizilianischen Urlaubsorten üblicherweise auf Halb- oder Vollpension. Umgekehrt können Sie sich außerhalb der Hauptsaison in den in Betracht kommenden Hotels nach einem Preisnachlass erkundigen: einem »sconto« wegen der »bassa stagione« (Nebensaison).

Preiskategorien

Für die Hotelliste im Kapitel »Städte von A–Z« (s. Seite 365 ff.) gelten diese Preiskategorien (pro DZ):
$$$$$ über 450 000 LIT
$$$$ 300 000 – 450 000 LIT
$$$ 150 000 – 300 000 LIT
$$/$ unter 150 000 LIT
Der Vermerk »Frühstück extra« verweist darauf, dass das Frühstück nicht im Preis der Übernachtung inbegriffen ist.

Tipps für Individualreisende

Nach wie vor gibt es auf Sizilien nicht in allen attraktiven oder für einen Zwischenstopp günstigen Orten Unterkunftsmöglichkeiten. Vor allem in der Hauptsaison empfiehlt es sich daher, Zimmer rechtzeitig im Voraus zu buchen – dies gilt auch und besonders für die Touristenzentren Cefalù, Ragusa und Taormina. Wenn Sie außerhalb der Saison reisen, ist es ratsam, einen Tag vorher telefonisch zu reservieren, denn ein einziger Kongress könnte schon zur Zimmerknappheit in der ganzen Region führen.
Auf Grund der großen Entfernungen auf Sizilien kann es Einzelreisenden passieren, dass sie in abgelegenen Gegenden nicht so leicht eine Unterkunft finden. Aus diesem Grund führen wir im Kapitel »Städte von A–Z« (s. Seite 365 ff.) auch Hotels auf, die wir normalerweise nicht unbedingt empfohlen hätten, die Ihnen jedoch höchst willkommen sein werden, falls Sie sich tatsächlich einmal im gebirgigen Hinterland länger als geplant aufhalten sollten und nicht wissen, wo Sie übernachten können. (Unseren Zusätzen können Sie aber entnehmen, welche Hotels wirklich akzeptabel und welche eher als »Notlösungen« anzusehen sind.) Wer jedoch vorhat, viel herumzureisen, sollte eine vollständige Liste der Hotels auf Sizilien und den Nachbarinseln dabei haben.

Vergessen Sie nicht, dass eine große Kluft zwischen den Großstädten und den ländlichen Gebieten Siziliens herrscht. Im gebirgigen Hinterland, besonders in den Hotels der unteren Kategorien, sieht man es nicht gerne, wenn Sie erst spät am Abend eintreffen. Dies bedeutet in der Praxis: Wenn Sie es nicht vorher angekündigt haben, dann kann es passieren, dass Sie nach 20 Uhr nicht mehr aufgenommen werden. Weibliche Gäste (selbst in der Gruppe) müssen damit rechnen, von misstrauischen Hotelangestellten regelrecht »verhört« zu werden, wenn sie sich nicht in männlicher Begleitung befinden. Sobald man sie aber als »respektabel« erkannt hat, werden sie auch freundlich akzeptiert.

Sicherheit

Im Allgemeinen befinden sich die Hotels der höheren Kategorien in den sicheren weil besseren Stadtvierteln. Wo dies nicht der Fall ist – z. B. in den Großstädten –, wird dies in der Liste ab Seite 365 ff. extra vermerkt. Besondere Achtsamkeit ist geboten, wenn man nach einem Hotel in der Altstadt Catanias oder Palermos Ausschau hält. Familien oder Frauen allein unterwegs sollten ein Hotel an einer Hauptstraße oder in einem der neueren Stadtviertel wählen.

Auflistung der Hotels:

Der besseren Orientierung wegen werden die Hotels im Kapitel »Städte von A–Z« (s. Seite 365 ff.) abweichend vom Reiseteil nicht nach einzelnen Provinzen sondern in alphabetischer Reihenfolge der Städte aufgeführt.

Villen

Villen bilden in Cefalù, Taormina, Mondello, Castellammare del Golfo und einer wachsenden Zahl anderer Urlaubsorte an der Küste sowie in den Bergen eine interessante Alternative zu Hotels. Individualreisenden ist es oft nicht möglich, an Ort und Stelle eine Villa zu mieten, da die meisten schon lange im Voraus vergeben sind. Häufig ist ein Aufenthalt in solch einem Feriendomizil nur im Rahmen einer über das heimische Reisebüro gebuchten Pauschalreise möglich.

Jugendherbergen

In Sizilien gibt es nur wenige Jugendherbergen. Sie sind häufig geschlossen. Die privaten Herbergen in Syrakus und Messina sind am ehesten geöffnet und am schönsten. Adressen siehe unter Städte von A–Z: Enna, Lipari, Nicolosi, Messina und Syrakus.

Ferien auf dem Bauernhof

Agriturismo bedeutet Urlaub auf dem Land, für gewöhnlich auf einem Bauernhof. Er ist ein aufblühender Tourismuszweig und eine interessante Alternative zu einem Hotelurlaub, denn auf diese Weise kommt man Land und Leuten doch erheblich näher, denn als Pauschaltourist. Nähere Auskünfte erteilen:
■ **Associazione Regionale Agriturist,** Via Alessio di Giovanni, 14, Palermo, Tel. 0 91 34 60 46.
■ **Agriturist,** Via Toselli, 49, Catania, Tel. 0 95 32 08 77, Fax 0 95 31 29 81.
■ **Turismo Verde/Consorzio Villaggio Globale,** Via Remo Sandron, 61, Palermo, Tel. 091 34 87 66, Fax 0 91 34 24 27.
www.raisi.it/villglob
■ **Adelkam Viaggi e Turismo,** Via G. Amendola, 57/A, Alcamo (TP), Tel. 09 24 50 87 43, Fax 09 24 50 87 42 (eine Mitarbeiterin, Frau Susanna, spricht deutsch).

Provinz Palermo

■ **Tenuta Gangivecchio,** C. da Gangivecchio, Tel. 09 21 64 48 04,

Fax 09 21 68 91 91. 100 000 LIT für volle Verpflegung.

■ **Fattoria Manostalla,** C. da Manostalla, 90041 Balestrate, Tel. 09 18 78 70 33, E-mail: aefar@tin.it, www.wel.it. Mit Swimmingpool. Doppelzimmer 100 000 LIT mit Frühstück.

Provinz Agrigent

■ **Fattoria Mosè,** Via Pascal, 4, C. da Mosè, 92100 Agrigento, Tel./Fax 09 22 60 61 15. Appartements mit 2, 4 und 6 Betten. 50 000 LIT pro Person, keine Kochgelegenheit.
■ **La Montagnola,** C. da Gorghi-Montagnola, 92019 S. Margherita Belice, Tel. 0 92 53 20 21, Fax 09 25 99 70 07.

Provinz Syrakus

Syrakus

■ **Azienda Agricola Rinaura,** SS115, 4 km südlich von Syrakus, Tel. 09 31 72 12 24. Kein agriturismo, aber 1-Bett-Appartements in einem Bauernhaus. Ganzjährig geöffnet.
■ **Villaggio le Grotte,** Viale Lidi, Fontane Bianche, Tel. 0 93 17 90 62 5. Bungalows, nur Juli/August.

Noto

■ **Azienda Agricola Roveto,** Auskünfte erteilt Sig. Giuseppe Loreto, Via Adige, 3, Siracusa, Tel. 0 93 16 60 24, Fax 0 93 13 69 46. Kein Bauernhof, dafür Appartements (Mindestaufenthalt 3 Tage für 2 Personen) in einem Naturschutzgebiet.

Provinz Catania

Randazzo

■ **L' Antica Vigna,** Via Montelaguardia, 95036 Loc. Montela-

guardia, Tel. 0 95 92 40 03, Fax 0 95 92 33 24. 6 Zimmer, 16 Betten. 60 000–70 000 LIT pro DZ, Frühstück extra.
■ **Azienda Agrituristica Fondo 23,** Via Giuseppe La Rena Fondo, 23, Tel. 0 95 59 25 21. Kein agriturismo, aber Appartements in einem Bauernhaus des 14. Jhs. Ganzjährig geöffnet.

Giarre

■ **Azienda Agricola Russo Tocca,** Loc. Mascari, Tel. 0 95 93 12 59, Fax 09 57 79 47 65. Kein Bauernhof, Appartements am See. Ganzjährig verfügbar.

Provinz Messina

Capo d' Orlando

■ **Azienda Agricola F.P. Milio,** Loc. San Gregorio, Tel. 09 41 95 50 08 oder 03 36 92 46 66, Fax 09 41 95 52 81. Englische Sprachkenntnisse.

Caronia

■ **Masseria Santa Mamma,** Monti Nebrodi, Tel. 09 16 25 57 10 oder 09 41 79 40 46. Nur Appartements. Frühzeitige Buchung unbedingt empfehlenswert. In schneereichen Wintern geschlossen.

Portopalo di Capo Passero

■ **Villaggio Turistico Capo Passero,** Via Tagliamenti, 22–26, Tel. 09 31 84 20 30. 2-Bett-Appartements ohne Kochgelegenheit, dafür aber Vollpension möglich. Ganzjährig geöffnet.

Camping

Es gibt über 80 offizielle Campingplätze in Sizilien, die meisten davon liegen an der Küste. Je nach Ausstattung sind die Plätze mit 1 bis 4 Sternen bewertet. Die überwiegen-

de Mehrheit hat 2 Sterne und bietet annehmbaren Service. Die Preise differieren sehr stark zwischen den einzelnen Provinzen. Sie liegen zwischen 6000 und 10 000 LIT pro Person/Tag, dazu kommen noch die platzabhängigen Zuschläge (10 000 bis 24 000 LIT). Nicht überall steht heißes Wasser zur Verfügung. Einige Plätze sind in der Hochsaison überfüllt. Auf vielen Plätzen werden Schlafsack-Liegeplätze für Reisende angeboten, die ohne Zelt unterwegs sind.

Wildes Campen wird nirgendwo gerne gesehen und ist in den Nationalparks strengstens untersagt. Im Sommer ist bei offenen Feuern Vorsicht geboten, Brandgefahr! Hier folgt eine Auswahl an Campingplätzen:

Provinz Palermo

■ **Palermo: Eolie Yachting Spa,** Via Principe di Belmonte, Tel. 0 91 32 14 19 und **El Bahira Spa,** Via La Malfa, 68, Tel. 09 16 88 27 39.
■ **Cefalù: Costa Ponente,** Loc. Ogliastrello, Tel. 09 21 42 00 85, Fax 09 21 42 31 22 und **San Filippo,** Loc. Ogliastrello, Tel. 09 21 42 01 84. April–Okt. geöffnet.
■ **Sferracavallo: Trinacria,** Via Barcarello, 26, Tel./Fax 0 91 53 05 90 und **Club dell' Ulivo,** Via Pegaso, 25, Tel./Fax 0 91 53 30 21. Beide bieten auch Bungalows an.
■ **Termini Imerese: Himera,** Stazione di Buonfornello, Tel. 09 18 14 01 75, Fax 09 18 15 92 06.

Provinz Trapani

■ **Castellammare del Golfo: Ciauli,** C. da Ciauli, Tel. 0 92 43 90 42 (nur Juli/August); **Lu Baruni,** Scopello, Tel. 0 92 43 91 33 und **Nausica,** Via Milano, 24, Tel. 0 92 43 30 30, Fax 0 92 43 51 73. Ganzjährig.

7

- **Campobello di Mazara: Sombrero,** Lido di Tre Fontane, Tel. 0 92 48 03 00.
- **Castelvetrano: Lido Hawai,** Loc. Triscina, Tel. 0 92 48 41 01. Nur Mai–Sept.
- **Marsala: Biscione,** Via Biscione, Petrosino, Tel./Fax 09 23 73 14 44. Neuer Platz 13 km südlich von Marsala, Tauchzentrum.
- **San Vito lo Capo: El Bahira,** Loc. Salinella, Tel. 09 23 97 25 77, Fax 09 23 32 26 96. Ausgezeichnete Ausstattung, nur Juni–Okt. geöffnet; **La Fata,** Via P. Martarella, 78, Tel. 09 23 97 21 33. Ganzjährig, gepflegt; **Soleado,** Via del Secco, 40, Tel. 09 23 97 21 66, Fax 09 23 97 40 51. Strandnah.

Ägatische Inseln

- **Favignana: Egadi,** C. da Arena, Tel. 09 23 92 15 55, Fax 09 23 53 93 70. Ganzjährig. **Miramare,** Loc. Marasolo, Tel. 09 23 92 13 30. Auch Bungalows verfügbar, ganzjährig.

Provinz Agrigent

- **Agrigent: Campeggio Internazionale San Leone,** San Leone, Tel. 09 22 41 61 21 und **Nettuno,** San Leone, Tel. 09 22 41 62 68. Beide ganzjährig geöffnet.
- **Eraclea Minoa: Eraclea Minoa Village,** Tel. 09 22 84 73 10. Geöffnet von April bis September. 3-Sterne-Campingplatz am Strand unterhalb der Ruinen eines griechischen Theaters. Keine Hotels, nur wenige Häuser.
- **Lampedusa** (Pelagische Inseln): **La Roccia,** Loc. Cala Greca, Tel. 09 21 97 00 55, Fax 09 21 93 38 22. Ganzjährig.
- **Menfi: La Palma,** C. da Lido Fiori, Tel. 0 92 57 22 32. Ganzjährig.

Syrakus

- **Augusta: La Baia del Silenzio,** Loc. Campolato, Tel. 0 93 19 88 81. Ganzjährig geöffnet.

- **Avola: Sabbia d' Oro,** C. da Chiusa di Carlo, Tel. 09 31 82 24 15. Ganzjährig geöffnet.
- **Melilli: Happy Holiday,** C. da Campane, Tel. 0 93 19 51 51. Ganzjährig geöffnet.
- **Portopalo di Capo Passero: Campeggio Captain,** C. da Capo Isola delle Correnti, Tel. 09 31 84 25 95 und **Capo Passero,** Vigne Vecchie, Tel. 09 31 84 23 33.
- **Syrakus: Campeggio Fontane Bianche,** Loc. Fontane Bianche, Tel. 09 31 79 03 33. 1. Mai–30. Sept. geöffnet.

Provinz Catania

- **Acireale: Panorama,** Via S. Caterina, 65, Tel. 09 57 63 41 24. Ganzjährig geöffnet.
- **Aci Trezza: Gatea,** Via Livorno, 148, Tel. 0 95 63 60 15.
- **Calatabiano: Castello di San Marco,** San Marco, 19, Tel. 0 95 64 11 81, Fax 0 95 64 26 35. Ganzjährig geöffnet.
- **Catania: Jonio,** Loc. Ognina, Via Villini a Mare, 2, Tel. 09 54 91 14 39, Fax 0 95 49 22 77. Ganzjährig geöffnet.
- **Europeo,** Viale Kennedy, 91, Tel. 0 95 59 10 26, Fax 0 95 59 19 11. Ganzjährig geöffnet.
- **Nicolosi: Etna,** Via Goethe (Pineta Monti Rossi), Tel. 0 95 91 43 09. Ganzjährig geöffnet.
- **Riposto: Praioia,** Loc. Carruba, Tel. 0 95 96 43 66, Fax 09 57 12 45 46. April–Sept. geöffnet.

Umgebung des Ätna

- **Linguaglossa: Clan dei Ragazzi,** C. da Golfo Monica, Strada Mareneve, Tel. 0 95 64 36 11. Ganzjährig geöffnet.
- **Taormina: Camping S. Leo,** Via Nazionale, Tel. 09 42 62 46 58. Ganzjährig geöffnet.

- **Letojanni: Camping Paradise International,** Loc. Meliano, SS 114, Tel. 0 94 23 63 06. April–Sept. geöffnet.

Provinz Messina

- **Forza d' Agro: Forza d' Agro Mare,** Tel. 09 42 75 11 58. Nur Juli/August geöffnet.
- **Capo d' Orlando: Camping S. Rosa,** Via Trazzera Marina, Tel. 09 41 90 17 23. 15. Juli–15. Sept. geöffnet.
- **Furnari: Camping Bazia,** C. da Bazia, Tel. 0 94 18 10 06. Nur im Sommer geöffnet.
- **Gioiosa Marea: Camping Gioiosa,** C. da Capo Calavà, Tel. 09 41 30 15 23. April–Sept. geöffnet; **Camping Residence Cicero,** Via Cicero S. Giorgio, Tel. 0 94 13 95 54; **Camping Tirreno,** C. da Calavà, Tel. 09 41 30 10 28. Beide nur im Sommer geöffnet.
- **Milazzo: Camping Villaggio Cirucco,** Tel. 09 09 28 48 45.
- **Oliveri: Camping Baia del Principe,** Via Lungomare, 11, Tel. 09 41 31 38 17. Nur im Sommer geöffnet.
- **Patti: Simenzaro Beach,** Loc. Galice, Tel. 09 41 31 71 56. (Achtung: hier ist das Meer verschmutzt!)
- **Tusa: Camping lo Scoglio,** SS 113, Tel. 09 21 33 43 45. Nur im Sommer geöffnet.

Liparische Inseln

- **Lipari: Camping Baia Unci,** Via Marina Garibaldi Canneto, Tel. 09 09 81 19 09, Fax 09 09 81 17 15. Ostern–Ende Okt. geöffnet.
- **Salina: Campeggio Tre Pini,** Frazione Rinella-Lani, Tel. 09 09 80 91 55. Mai–Sept. geöffnet.
- **Vulcano: Camping Togo Togo,** Via Porto Ponente, Tel. 09 09 85 23 03. April–Sept. geöffnet.

Essen & Trinken

Sizilianische Küchentraditionen, Spezialitäten und Weine werden in einem eigenen Kapitel auf S. 87 ff. vorgestellt – zum Appetitholen . . . Und damit Sie die richtige Wahl unter all den vielen verschiedenen »Gourmet-Tempeln« treffen können und dort auch bekommen, was Sie möchten, folgen hier ein kleiner Restaurant-Sprachführer und einige regionale Spezialitäten:

Das Wohin

- ■ **Bar/Caffè:** alle möglichen Getränke; in Touristenzentren gibt es außerdem noch Sandwiches und Snacks.
- ■ **Locanda, Osteria, Rosticceria, Trattoria:** einfache einheimische Gerichte.
- ■ **Ristorante:** besondere und teurere Gerichte.
- ■ **Pizzeria:** pizza und manchmal auch pasta.
- ■ **Gelateria:** Eisdiele.
- ■ **Tavola Calda:** warme, preisgünstige (Tages-)Gerichte; meist Selbstbedienung. Eventuell müssen Sie Ihre Mahlzeit im Stehen an der Theke verzehren.

Bei den meisten Restaurants hängt die Speisekarte neben dem Eingang aus, andere bieten Tagesgerichte an. Viele servieren auch ein menù turistico, eine häufig fantasielose und leider auch sonst nicht allzu empfehlenswerte Mahlzeit aus drei Gängen zum Fix-Preis. (Natürlich gibt's dabei auch hervorragende Ausnahmen: Schauen Sie sich das jeweilige Lokal gut an und folgen Sie im Zweifelsfall Ihrer Nase!)

Preiskategorien der Restaurants

Natürlich sind die Preise abhängig vom Umfang, dem Aufwand der einzelnen Gänge des Menüs und den Getränken. Die folgenden Angaben können daher nur als Richtwerte gelten (pro Person, drei Gänge, eine halbe Flasche Hauswein):

$$$$ = Luxus (ab 100 000 LIT)
$$$ = teuer (von 60 000–100 000 LIT)
$$ = mittel (bis ca. 60 000 LIT)
$ = preiswert (bis ca. 35 000 LIT)

Regionale Spezialitäten

Palermo

Das bekannteste Gericht Palermos ist die pasta con le sarde, auch pasta alla palermitana, Nudeln mit einer Sauce aus Sardinen, Tomaten, Pinienkernen und Rosinen. Pasta con le sepie sind Nudeln mit Tintenfischsauce – nichts für »Schwarzseher«! Fisch spielt überhaupt eine Hauptrolle in der Küche Palermos. Incasciata wird mit Broccoli, Wurst, Rosinen, Knoblauch und Pinienkernen zubereitet. Il braciolone sind dicke Fleischscheiben, gefüllt mit gekochten Eiern, Petersilie, Schweineschmalz und Käse. »Pupi di zucchero« sind Figürchen aus Zucker, die zu bestimmten Gelegenheiten gefertigt werden.

An Straßenständen isst man in Palermo statt Hot Dogs doch lieber stigghiola, mit Zwiebeln, Käse und Petersilie gefüllte und gegrillte Ziegeninnereien. Fritelle, Pfannkuchen aus Maismehl, gibt es mit verschiedenen Füllungen. Panini di panelle, Quadrate aus gebackenem Kichererbsenmehl, bekommt man überall an den Straßenständen angeboten.

Provinz Palermo

Mit Ausnahme der Restaurants in Palermo und Cefalù gibt es in der Provinz Palermo eigentlich keine außergewöhnlichen ristoranti. Zu empfehlen sind stattdessen locande, osterie oder trattorie. Viele dieser Lokale haben sehr willkürliche Öffnungszeiten, zahlreiche bleiben den Winter über geschlossen.

Provinz Trapani

Il cuscusu, eine Abwandlung des arabischen Couscous, dürfte die bekannteste Spezialität sein, er wird mit frischer Fischsuppe abgerundet. Es gibt auch Gemüse-Couscous. Tonno alla marinara: frischer Thunfisch aus den einheimischen Gewässern. Gefüllte Zucchini und Auberginen gehören ebenfalls zum Speiseplan, den Abschluss bilden köstliche Desserts wie le mustazzole aus Erice und le paste vergini aus Alcamo.

Ägatische Inseln

Die Spezialität der Inseln ist Thunfisch. Es gibt eine ganze Reihe guter Restaurants auf Levanzo und vor allem auf Favignana. Besonders zu empfehlen ist tonno all'araba, ein auf arabische Art zubereiteter Thunfisch, der in Wein und etwas Öl mit Paprika und Kapern gedünstet wird.

Provinz Agrigent

Viele Delikatessen entdeckt man in dieser Region: coniglio all'agrodolce: Kaninchen mit Auberginen, Kapern, Oliven, Sellerie, Zucker und Wein, frischer gegrillter Fisch, vor allem in den Küstengebieten wie Sciacca, Porto Empedocle und Lampedusa. La 'mpignulata ist ein Dessert aus Mandeln und Zucker, cucchiteddu ein mit eingemachtem Kürbis gefüllter Kuchen. Auch das Gebäck aus Mandeln und Pistazien der frommen Schwestern vom Kloster Santo Spirito in Agrigent ist (mindestens) eine Sünde wert . . .

Provinz Caltanissetta

Zu den Gaumenfreuden dieser Provinz gehören vor allem: minestra di verdura (eine Gemüsesuppe), caponata mit Zwiebeln und Oliven, gebackene Ricotta und Ravioli. Allerdings ist Caltanissetta mit Restaurants (noch) spärlich ausgestattet. Auch in den meisten Städten im Landesinneren hat man keine allzu große Auswahl.

Provinz Enna

Spezialitäten in dieser Region Siziliens sind la fruscatola, eine Suppe aus Milch und Mehl; maccheroni a tre dita, Eiernudeln mit einer Sauce aus Käse, Zucker und Zimt, und le sfingi, Krapfen aus Reismehl mit Honig. Und ja nicht zu vergessen: die berühmte pasta reale!

Provinz Ragusa

Die Gerichte aus der fruchtbaren Provinz Ragusa sind wegen der hier gebotenen Vielfalt an Gemüse, Käse und Fleisch in der Regel gehaltvoll und stark gewürzt. Impanata ist eine Pastete mit Ziegen- oder Lammfleischfüllung in einer Sauce aus Petersilie und Knoblauch. Bestellen Sie trippa in tegame, bekommen Sie Kutteln mit ausgebackenen Auberginen, Käse, Walnüssen, Mandeln, Zimt und Zucker. La pasta 'ncasciata sind hausgemachte Nudeln mit einer schmackhaften Sauce aus Ricotta, Fleisch, Tomaten und Eiern. Als köstliche Desserts bieten sich die sospiri di monaca (Nonnenseufzer) an, aus Eiweiß, Mandeln und Zucker zubereitet. Pecorino und der cacciocavallo-Käse aus Ragusa sind zu Recht weit über die Grenzen der Region hinaus berühmt.

Provinz Syrakus

Schwertfisch, Austern und Shrimps sind die Spezialitäten dieser Gegend. Neben dem Fisch und den Meeresfrüchten gibt es in dieser Provinz nur wenige spezifische Gerichte, die sonst nicht auf der Insel zu finden sind. Zwei Ausnahmen gibt es: die pasta fritta (süße Kugeln aus Teig mit einem Honigüberzug) und tonno alla marinara (Thunfisch mit Zwiebeln, Gewürzen und gefüllten Artischocken).

Provinz Catania

Spezialitäten: Pasta alla norma, eines der bekanntesten sizilianischen Gerichte, das mittlerweile überall auf der Insel gekocht wird, stammt ursprünglich aus Catania. Die einfache, aber vorzügliche Sauce wird aus Tomaten, Auberginen und gesalzener Ricotta zubereitet. Sie kann, je nach Rezept und Koch, ganz verschieden ausfallen. Es lohnt sich also, das Gericht immer wieder zu testen. Lo zuzo ist in Zitronensaft mariniertes Schweinefleisch.

Desserts und Süßes: Tradition hat torrone (Nougat), und aus Acireale stammt die pasta di mandorle, kleine Mandelkuchen. Und der große Fischmarkt in Catania, nahe der Piazza del Duomo, ist unbedingt den Besuch wert.

Ätna & Umgebung

Zu den typischen Delikatessen gehört wunderbares Gemüse, wie es an den fruchtbaren Hängen und in den Wäldern des Ätna gedeiht. Wildpilze, Spargel, Honig, Nüsse und verschiedenste Obstsorten sind von bester Qualität. Wildschwein (cinghiale) und Kaninchen (coniglio) stehen in der jeweiligen Jagdsaison auf der Karte.

Provinz Messina

Thunfisch, Schwertfisch, Schellfisch und Hummer bilden zusammen mit den teureren Fischen die Grundlage der Küche dieser Provinz. Bekannt ist sie für ihre ghiotta (Fischsuppe) vom Schwert- oder Stockfisch, die mit Tomaten, Zwiebeln, Sellerie, Kapern, Oliven und Olivenöl zubereitet wird. Fritto misto besteht aus kleinen Fischen, Krabben und Calamari, die in Schmalz ausgebacken werden. La pignolata ist ein süßer Traum aus Mandeln und Zucker mit einer Schokoladen- oder Puderzuckerkruste. Die mit Ricotta gefüllten cannoli haben ebenfalls eine lange Tradition.

Liparische Inseln

Fisch spielt die Hauptrolle, vor allem in der ghiotta-Sauce aus Kapern, Öl, Tomaten, Knoblauch und Basilikum. Auch schwarzer, mit sepia (Tintenfisch) gefärbter Reis wird gerne gegessen. Außerdem erfreuen sich Oktopus und Schwertfisch besonderer Beliebtheit.

Unternehmungen

Sehenswürdigkeiten

Siziliens Sehenswürdigkeiten werden unter denselben Kapitelüberschriften aufgeführt, wie sie auch im Reiseteil dieses Buches erscheinen.

Öffnungszeiten (wenn nicht anders angegeben):

■ **Kirchen und Kathedralen:** 8.30–12 und 16–19.30 Uhr.
■ **Ausgrabungsstätten:** 9 Uhr bis eine Stunde vor Sonnenuntergang.
■ **Museen, Galerien und Denkmäler:** Di–So 8.30–14 Uhr.
Die meisten Museen und Ausgrabungsstätten haben einen Tag in der Woche geschlossen, in der Regel montags. Die Öffnungszeiten ändern sich mit den Jahreszeiten, sie sind im Winter sowie an Sonn- und Feiertagen gewöhnlich kürzer. Fast alle Ausgrabungsstätten richten ihre Abendöffnung nach dem Sonnenuntergang. Die meisten Museen, Galerien und Ausgrabungsstätten kosten Eintritt. Bei Vorlage eines entsprechenden Ausweises gibt es Ermäßigungen für Kinder, Studenten und Senioren.
In Museen und Ausgrabungsstätten muss man auf einen regelrechten Rauswurf gefasst sein: Etwa 20 Mi-

nuten vor Schließung beginnt das Personal, die Besucher in Richtung Ausgang zu treiben – nicht unbedingt in der freundlichsten Weise. Viele der archäologischen Stätten werden nachts bewacht. Man sollte also der Versuchung widerstehen, über den Zaun zu steigen, um den Sonnenuntergang zu beobachten. Wenn Kirchen, und manchmal auch Museen, ständig geschlossen zu sein scheinen: Irgendwo in der Nähe finden Sie fast immer einen custode (Wächter) oder sacristano (Küster), der einen Schlüssel hat. Genaueres erfährt man in einer Bar oder von Einheimischen. Mitten auf dem Land kann man mit einer Anfrage auf dem nächsten Bauernhof Erfolg haben. Eine Anerkennung für den Wächter oder Kirchdiener in Form eines »grazie mille« und eines angemessenen Trinkgelds ist üblich. Mit derselben Methode gelangt man manchmal auch in Gebäude, die offiziell für die Öffentlichkeit oder wegen Renovierung unzugänglich sind. Das abweisende Schild »chiuso per restauri« (wegen Restaurierung geschlossen) ziert eine bedrückend große Zahl von Baudenkmälern. Inzwischen haben die Anstrengungen der Regierung mit Geldern aus Rom sowie kräftige Finanzspritzen der EU allerdings einige Früchte getragen, auch mag die Würdigung einiger Stätten als UNESCO-Weltkulturerbe eine Rolle bei der Einsicht in konservatorische Notfälle gespielt haben.

Palermo

Leider stehen immer noch etliche der eindrucksvollsten Gebäude Palermos, auch Kirchen, nur selten dem Publikum offen. Doch lohnt bei vielen schon allein das Äußere eine Besichtigung. Angesichts der Tatsache, dass einige Sehenswürdigkeiten unzuverlässige Öffnungszeiten haben, sollten Besucher mit wenig Zeit eine Führung beim Fremdenverkehrsamt von Palermo (Piazza Castelnuovo, 35, Tel. 0 91 58 38 47) buchen.

Kirchen

■ **Casa Professa** (Il Gesù), Piazza Casa Professa. Erste Jesuitenkirche in Sizilien. Das Barockbauwerk wurde kürzlich nach gelungener Restaurierung der Öffentlichkeit zurückgegeben. Geöffnet tgl. 7–11.30 Uhr.

■ **Kathedrale** (Duomo), Corso Vittorio Emanuele. Normannische Kathedrale mit Königsgräbern und kleinem Museum. Geöffnet Dom tgl. 7–19, Museum 9–12, 14–17.30 Uhr.

■ **La Magione,** Via Magione. Schöner Zisterzienserbau in einer etwas zweifelhaften Gegend. Geöffnet tgl. 8–11.30, 15–18.30 Uhr. Sonntags Gottesdienst.

■ **La Martorana** (Santa Maria dell' Ammiraglio). Traumhaft schöne arabisch-normannische Kirche mit byzantinischen Mosaiken. Geöffnet tgl. 9.30–13, 15.30–19 Uhr. Im Winter ist die Kirche ab 17.50 Uhr und an Sonntag Nachmittagen geschlossen.

■ **Oratorio del Rosario di San Domenico,** Via dei Bambinai, 2. Beim Vucciria-Markt. Grandioses Barockkunstwerk mit herrlichen Stukkaturen von Serpotta. Geöffnet Mo–Fr 9–13, 15–17.30, Sa 9.30–12.30 Uhr. Anfrage auch beim Kustos, Hausnr. 16.

■ **Oratorio di San Lorenzo,** Via dell' Immacolatella, 5 (links von der Kirche San Francesco). Weiteres Serpotta-Juwel. Geöffnet Mo–Sa 9–12 Uhr.

■ **Oratorio del Rosario di Santa Zita,** Via Valverde, 3. Serpottas Meisterwerk. Geöffnet Di–Fr 9–13, 15–18, Sa 9–13 Uhr.

■ **Sant' Agostino,** Via Sant' Agostino. 13. Jh., das Innere wurde 1671 von Serpotta neu gestaltet. Schöne Fensterrose und Portal. Geöffnet Mo–Sa 7–12, 16–17.30, So 7–12 Uhr.

■ **San Cataldo,** Piazza Bellini. Schlüssel beim Wächter von La Martorana. Geöffnet Mo–Fr 9–15.30, Sa/So 9–13 Uhr.

■ **San Domenico,** Piazza San Domenico (beim Vucciria-Markt). Barocke Klosterkirche. Geöffnet tgl. 9–11 Uhr.

■ **San Francesco d' Assisi,** Piazza di San Franceso d' Assisi. Gotische Kirche mit Renaissance-Bogen. Geöffnet Mo–Sa 7–12, 16.30–18 Uhr.

■ **San Giovanni degli Eremiti,** Via dei Benedetti. Die Fünf-Kuppel-Kirche byzantinischen Stils liegt in einem üppig mit exotischen Pflanzen bewachsenen Garten. In der Kirche sind die Überreste der ehemaligen Moschee zu erkennen. Hübscher Kreuzgang. Zum Komplex gehören moderne Toiletten in »arabischem Stil«. Geöffnet Mo–Sa 9–18.30, So 9–12.30 Uhr.

■ **San Giovanni dei Lebbrosi,** Via Capello, 38. In der Nähe des Corso dei Mille. Gegründet 1076, damit älteste Kirche Palermos. Geöffnet Mo–Sa 9.30–11, 16–17 Uhr.

■ **Ponte dell' Ammiraglio,** am Corso dei Mille (unweit von San Giovanni dei Lebbrosi). Sehenswerte normannische Brücke von 1113.

■ **San Giuseppe Teatini,** Corso Vittorio Emanuele/Piazza Pretoria (Piazza Gigliena). Großartiger barocker Innenraum. Geöffnet Mo–Fr 8–12, 18–20 Uhr.

■ **San Ignazio all' Olivella,** Piazza Olivella. Barock, Fresken von Novelli. Klassizistische Kapelle nebenan. Geöffnet tgl. 8–11 Uhr.

■ **Santa Maria della Catena,** Piazza delle Dogane (geht von der Piazza Marina ab). Katalanischgotisch mit strengem Innenraum. Geöffnet Mo–Fr 9–13 Uhr und zum sonntäglichen Gottesdienst.

■ **Santa Maria della Gancia,** Via Alloro. Spätgotische Kirche mit Fresken. Geöffnet 8–12 sowie Mo und Sa 16–18 Uhr.

■ **Santa Maria di Valverde,** Piazza Valverde. Karmeliterkirche. Prächtiges, vielfarbiges Marmorschiff von Amato.

■ **Santa Zita,** Ecke Via Valverde und Squarcialupo. Kirche (16. Jh.)

9

mit Werken von Gagini. (Oberhalb des Oratorio di Santa Zita.)

■ **Santo Spirito** (auch »dei Vespri«), Via dei Vespri. Normannen-Kirche. Hier brach am 31. März 1282 der als Sizilianische Vesper bekannte Aufstand aus. Geöffnet tgl. 8–14 Uhr.

■ **Santa Teresa della Kalsa,** Piazza Kalsa, Corso Vitt. Emanuele. Barockkirche, die für die Barfüßigen Karmeliterinnen errichtet wurde, gehört jetzt dem Orden Mutter Teresas. Besichtigungszeiten gibt das Tourismusbüro bekannt (Tel. 0 91 58 38 47).

Museen & Kunstgalerien

■ **Museo Archeologico Regionale,** Piazza Olivella, Tel. 09 16 11 68 05. Eine der reichsten archäologischen Sammlungen Italiens. Unter anderem sind großartige antike Funde aus ganz Sizilien ausgestellt. Geöffnet Mo/Do 9–14, Di, Mi, Fr 9–14, 15–19, Sa/So 9–13 Uhr.

■ **Museo delle Marionette** (Internationales Puppenmuseum), Via Butera, 1, Tel. 0 91 32 80 60. Große Sammlung von Exemplaren aus der ganzen Welt, vor allem sizilianische Puppen. Faszinierende, überfüllte Lagerräume im Keller. Es werden auch Puppen-Theaterstücke aufgeführt. Geöffnet Mo–Fr 9–13, 16–19, Sa 9–13 Uhr.

■ **Museo Etnografico** »G. Pitre«, Via Duca degli Abruzzi (neben dem Parco della Favorita), Tel. 09 17 40 48 85. Große Sammlung sizilianischer Volkskunst, darunter auch bemalte Karren. Geöffnet tgl. 9–13 und Mi 15.30–17.30 Uhr.

■ **Museo Risorgimentale,** Piazza San Domenico, 1 (nahe dem Vucciria-Markt), Tel. 0 91 58 27 74. Porträts von Garibaldi, Medaillen und Skulpturen. Geöffnet Mo, Mi und Fr 9–13 Uhr.

■ **Palazzo Abatellis,** Via Alloro, 4, Tel. 09 16 16 43 17. Der Palast stammt aus dem Jahr 1490, heute hat hier die Galleria Regionale

della Sicilia ihren Sitz. Das Kunstmuseum birgt Werke aus mittelalterlicher und maurischer Zeit, daneben Gemälde der Renaissance von Antonello da Messina (»Die Verkündigung«, »Drei Heilige«) sowie eine Büste der Eleonora von Aragón von Francesco Laurana. Geöffnet Mo–Sa 9–13.30, So 9–12.30, Di und Do auch 15–19.30 Uhr.

■ **Palazzo Mirto,** Via Merlo, 2, Tel. 09 16 16 47 51. Ein Palazzo aus dem 16. Jh., noch bis vor kurzem bewohnt und »aristokratisch« möbliert. Geöffnet Mo–Fr 9–18.30, Sa/So 9–12.30 Uhr.

■ **Teatro Politeama,** Piazza Politeama. Elegantes klassizistisches Theater im pompejanischen Stil. Opern- und Ballettaufführungen.

■ **Opera dei Pupi e Laboratorio** »Figli d' Arte Cuticchio«, Via Bara all' Olivella, 95, Tel. 0 91 32 34 00. Alles zum Thema Puppentheater! Vorführungen Sa/So um 17.30 Uhr. Rechtzeitig Karten reservieren!

■ **Museo Geologico** »G.G. Gemmellaro«, Corso Tukory, 131, Tel. 09 17 04 10 51. Über 600 000 Fossilien dokumentieren Siziliens Erdgeschichte. Geöffnet Mo–Sa 9–13 Uhr.

Bedeutende Bauwerke

■ **Chioschi Ribaudo,** Piazza Massimo. Zwei Jugendstil-Kioske in filigraner Art. Aber: »in restauro«.

■ **Convento dei Cappuccini,** Via Cappuccini, Tel. 0 91 21 21 17. Gruselige Katakomben mit rund 8000 mumifizierten Bewohnern Palermos. (Einbalsamierung war bis 1881 üblich.) Geöffnet 9–12, 15–17 Uhr. (Buslinie 5 oder 27.)

■ **La Cuba,** Caserma Tukory, Corso Calatafimi, 100. Maurischer Vergnügungspavillon in einer Armeekaserne. Geöffnet Mo–Sa 9–13, 15–18.30 Uhr.

■ **La Cubola,** Corso Calatafimi, 575. Zierlicher maurischer Pavillon auf dem Anwesen der Villa Napoli. Entweder man fragt den Verwalter

in der Villa Napoli oder begnügt sich mit der Außenansicht.

■ **La Zisa,** Piazza Guglielmo Il Buono, Tel. 09 16 52 02 69. Zur Zeit der Normannenherrschaft im arabischen Stil errichtet, heute Museum für arabische Kunst. Geöffnet Mo–Sa 9–18.30, So 9–12.30 Uhr.

■ **Palazzina Cinese,** Piazza Niscemi. Im Parco della Favorita, erbaut 1799. Exotische Chinoiserie-Fantasie. Zur Zeit der Drucklegung dieses Bandes immer noch »in restauro« – und dies schon lange! Doch auch von außen sehr sehenswert.

■ **Palazzo Aiutamicristo,** Via Garibaldi. Katalanisch-gotischer Palast. Auf einem Spaziergang durch den Torweg von Nr. 22 kann man den mit Arkaden versehenen Innenhof und die zierlichen Loggien bewundern.

■ **Palazzo Chiaramonte** (oder Palazzo Steri), Piazza Marina, 61. Im früheren Hauptquartier der Inquisition ist heute das Rektorat der Universität untergebracht. Offiziell nicht zugänglich. Fassen Sie sich ein Herz, finden Sie eine Ausrede, gehen Sie in den Hof und bitten Sie darum, die Sala Magna mit ihrer maurischen Kassettendecke im Mudejar-Stil besichtigen zu dürfen. Trinkgeld nicht vergessen!

■ **Palazzo Lampedusa,** Via Lampedusa. Zerbombte Bruchsteine, die Überreste von Lampedusas Haus in Palermo.

■ **Palazzo Pretorio** (oder Palazzo delle Aquile), Piazza Pretorio. Der ehemalige Senat beherbergt heute das Rathaus. Nur von außen zu besichtigen.

■ **Palazzo dei Normanni** (oder Palazzo Reale), Piazza Indipendenza, Tel. 09 17 05 11 11. Im Palast tagt heute das sizilianische Parlament, zudem enthält er die Apartamenti Reali, die Sala di Re Ruggero (König Rogers Zimmer) und die **Cappella Palatina** mit ihren byzantinischen und arabisch-normannischen Mosaiken. Geöffnet Mo, Fr und Sa 9–12 Uhr. Die Cappella Palatina und die Sala di Re Ruggero: an Wochentagen 9–12, 15–17, Sa

9–12, So 9/10–12/13 Uhr. Es ist ratsam, sich die Zeiten im Voraus telefonisch bestätigen zu lassen und sich nach einer Führung durch die Staatsgemächer zu erkundigen.

■ **Palazzo Sclàfani,** Piazzetta S. Giovanni Decollato. Nobelresidenz aus dem Jahr 1330. Interessant sind die Fassade, die Bogen und der Torweg.

■ **Porta Nuova,** Corso Calatafimi. Ein großartiger spanischer Torweg mit den Statuen acht großer Mauren.

■ **Santuario di Santa Rosalia,** auf dem Monte Pellegrino. Heilige Stätte der Stadtheiligen Palermos. Ausblick über die Stadt und die Bucht. Buslinie 812 von Palermo aus. Die Öffnungszeiten erfährt man unter Tel. 0 91 54 0 3 26.

■ **Teatro Massimo,** Piazza Verdi. Klassizistisches Theater Filippo Basiles, von seinem Sohn Ernesto vollendet. Eines der größten Opernhäuser Europas. 1997 glanzvoll wieder eröffnet.

■ **Villa Igiea,** Salita Belmonte. Von der Familie Florio im 19. Jh. als Wohnsitz im Jugendstil erbaut. Heute ein Luxushotel. Die öffentlichen Räume können besichtigt werden, es kostet nur einen Drink an der Bar.

■ **Villa Malfitano,** Via Dante. Herrenhaus und ummauerter Park. Geöffnet Mo–Sa 9–13 Uhr und zu Konzertveranstaltungen.

■ **Villa Niscemi** (neben der Palazzina Cinese). Hübsche Villa, heute Restaurierung Amtssitz des sindaco, des Bürgermeisters. Die Villa ist So vormittags zugänglich, der Park tgl. bis Sonnenuntergang.

Parkanlagen

■ **Orto Botanico** (Botanischer Garten), Via Lincoln, 2, Tel. 09 16 17 32 11. Eine der bedeutendsten Anlagen Europas mit über 10 000 verschiedenen Pflanzen aus aller Herren Länder. Geöffnet Mo–Fr 9–17, Sa/So 9–13 Uhr.

■ **Parco della Favorita,** Viale Diana, am Monte Pellegrino.

Schöner, von den Bourbonen begonnener Park in Hanglage.

■ **Parco d' Orleans,** hinter dem Palazzo dei Normanni. Gut erhalten, offiziell Teil des Landguts des Präsidenten.

■ **Piazza Marina.** Park mit hängenden Banyanbäumen, auf einem historischen Platz gelegen.

■ **Villa Bonanno,** Piazza della Vittoria. Eine ungepflegte öffentliche Parkanlage mit den Überresten einiger römischer Villen.

Mondello

■ **Grotte dei Addaura,** Monte Pellegrino, Tel. 09 16 96 13 19, Fax 09 16 70 20 78. Höhlen aus vorgeschichtlicher Zeit mit paläolithischen Felszeichnungen. Anfragen wegen Informationen und Besichtigung bei Sovrintendenza Archeologica, Palermo, Tel. 0 91 58 78 25 oder 0 91 58 72 35.

Provinz Palermo

Bagheria

■ **Villa Cattolica.** Moderne Kunstgalerie in einer traditionellen Sommerresidenz. Auf dem Anwesen befindet sich das Grab des bedeutenden modernen Malers Renato Guttuso. Geöffnet April–Sept. Di–So 10–18 Uhr.

■ **Villa Palagonia,** die bizzarste der Villen. Geöffnet tgl. 9–12, 16–19 Uhr.

■ **Villa Valguarnera,** Piazza Garibaldi. Eine Privatresidenz, die man nur von außen bestaunen kann.

Baida

■ **Sarazenen-Dorfkirche.** Innen befindet sich eine Statue Johannes' des Täufers von Gagini. Schlüssel beim Kirchdiener.

Caccamo

■ **Castello,** Via Termita. Das großartige, inzwischen restaurierte

Kastell kann im Rahmen einer Tour besichtigt werden, die auch einige Kirchen sowie ein regionaltypisches Essen mit einschließt. Anfragen unter Tel. 0 91 54 54 32.

Cefalà Diana

■ **Terme Arabe,** an der Straße Palermo–Agrigent gelegen. Maurische Bäder. Nur von außen zu bewundern.

Cefalù

■ **Tempio di Diana.** Zwischen dem 4. und 2. Jh. v. Chr. errichtet. Dem Himmel geöffnet. Schöner Morgen- oder Abendspaziergang mit einer Besichtigung der verfallenen römischen Ruinen und sarazenischen Festungen. Der steile Anstieg wird mit einem herrlichen Ausblick belohnt.

■ **Duomo.** Unglaublich eindrucksvolle normannische Kathedrale mit byzantinischen Mosaiken. Geöffnet tgl. 8.30–12, 15.30–18 Uhr.

■ **Museo Mandralisca,** Via Mandralisca. Ein großes Durcheinander an archäologischen Funden und anderen Schätzen. Unter den Gemälden ist auch Antonello da Messinas rätselvolles »Ritratto di un Ignoto« (Porträt eines Unbekannten). Geöffnet tgl. 9–13.30, 15.30–19.30 Uhr.

Termini Imerese

Himera, C. da Buonfornello, an der SS113. Ausgrabungsstätte und Museum. Geöffnet tgl. 9 Uhr–1 Std. vor Sonnenuntergang.

Monreale

■ **Duomo.** Kathedrale, die normannische, sarazenische und byzantinische Architektur zu einem hinreißenden harmonischen Ganzen vereint. Eines der erlesensten Bauwerke der Insel. Das ganze Deckengewölbe ist mit byzantinischen Mosaiken geschmückt. Geöffnet tgl. 8–20 Uhr.

9

■ **Chiostro (normannischer Kreuzgang)**, neben dem Dom. Berühmter Brunnen der Sarazenen. Geöffnet Mo–Fr 9–13, 15–18.30, Sa/So 9–12 Uhr.

San Martino delle Scale

■ **Abbazia di San Martino.** Benediktinerabtei, Tel. 0 91 41 81 04. Die Kirche entstammt dem 16. Jh., das Kloster überwiegend dem 17. Jh. Sammlung interessanter Barockgemälde. Geöffnet Mo–Fr 9–12 Uhr.

Solunto

■ **Phönizischer und römischer Handelsposten.** Die pittoresken Ruinen sind Mo–Fr 9–18, Sa/So 9–12 Uhr zugänglich.

Provinz Trapani

Trapani-Stadt

In der Vergangenheit spielte die Stadt eine bedeutende Rolle als Hafen. Auch heute legen hier die Fähren zu den Ägatischen Inseln, nach Pantelleria und nach Nordafrika ab. Sie liegt am Rande der Salzpfannen, die sich von hier bis Mozia und Marsala erstrecken. Nähere Informationen beim Fremdenverkehrsamt der Provinz Trapani, Via Sorba, 15, Tel. 0 92 32 72 73 oder 0 92 32 70 77.

■ **Museo Nazionale Pepoli,** Via Agostino Pepoli, 200, Tel. 09 23 53 12 42. Im früheren Karmeliterkloster. Die Sammlung umfasst u. a. Werke von Antonello Gagini und Tizian. In der archäologischen Abteilung sind Objekte aus Lilybaeum, Erice, Selinunt u.v.m. zu sehen. Geöffnet Mo–Fr 9–18, Sa/So 9–12 Uhr.

■ **Museo delle Saline (Salzmuseum),** Salina Culcasi, Nubia. In einer alten Mühle an der Küste, 5 km von Trapani entfernt. (Anfrage wegen der Öffnungszeiten beim Fremdenverkehrsamt unter Tel. 0 92 32 72 73.)

Dem Museum benachbart ist ein einfaches Lokal mit regionaltypischen Gerichten (Tel. 09 23 86 71 42).

■ **Museo Trapanese di Preistoria,** Torre di Lugny, Tel. 09 23 22 36 68. Ein schlichtes Museum zur Vorgeschichte in einem spanischen Turm an der Küste. Geöffnet 9.30–12.30, 16.30–19.30 Uhr.

■ **Palazzo della Giudecca (Palazzo Ciambra),** Via della Giudecca. Ein eindrucksvoller Palast aus dem 16. Jh. im ehemaligen Judenviertel. Auch eine Besichtigung von außen lohnt sich.

■ **Santuario dell' Annunziata,** Via A. Pepoli, Tel. 09 23 53 12 42. Der Star unter den zahlreichen Kirchen Trapanis mit Rokoko-Innenraum. Die Cappella della Madonna enthält eine Skulptur der Madonna di Trapani aus dem 14. Jh. Buslinie 1, 10 oder 11 von der Piazza Matteotti. Geöffnet tgl. 7.30–12,16–19 Uhr.

■ **Sant' Agostino,** Piazza Saturno. Gotische Kirche.

■ **Santa Maria del Gesù,** Via Sant' Agostino. Gotische Fassade mit Renaissance-Elementen. Innenraum mit Werken von Gagini und della Robbia.

Erice

■ **Castello Pepoli,** Viale Conte Pepoli. Nur von außen zu besichtigen.

■ **Castello di Venere,** mittelalterliches Kastell des 13. Jhs., an der Stelle des Heiligtums der Venus Erycina errichtet. Geöffnet tgl. 8–14, 15–18 Uhr.

■ **Chiesa Madre,** Via V. Carvini. Zwischen dem 14. und dem 16. Jh. erbaute Kirche.

■ **Elymi,** karthagische und normannische Mauern. Besichtigung kostenlos.

■ **Museo Civico,** Piazza Umberto Tel. 09 23 86 91 72. Kleines Museum mit römischen und punischen Funden. Geöffnet tgl. 8.30–13.30 Uhr.

Marsala

■ **Duomo,** Piazza della Repubblica. Kathedrale aus dem 18. Jh., dem hl. Thomas Becket von Canterbury geweiht.

■ **Cantina Florio,** Lungomare, Via Vicenzo Florio, 1, Tel. 09 23 78 11 11, Fax 09 23 98 23 80. Eine der berühmten traditionellen Marsala-Keltereien. Mit Führung und Weinprobe. Geöffnet tgl. 10.30–13 und (außer Fr) 15.30–18 Uhr.

■ **Enoteca,** Via Circonvallazione, Tel. 09 23 99 94 44. Weinmuseum. Geöffnet tgl. 9–12 Uhr.

■ **Insula Romana,** Viale Vitt. Veneto. Überreste eines römischen Hauses aus dem 3. Jh. v. Chr. Zugänglich tgl. 9–12.30 Uhr.

■ **Museo degli Arazzi,** Via Garraffa, 57 Tel. 09 23 71 29 03. Museum für flämische Tapisserien. Geöffnet Di–So 9–13, 16–18 Uhr.

■ **Museo Marsala,** Lungomare Florio, 30, Tel. 09 23 95 25 35. Ausstellungsstücke aus Motya/Mozia und ein rekonstruiertes punisches Kampfschiff. Geöffnet tgl. 9–13, Mi, Sa und So auch 16–19 Uhr.

■ **San Giovanni,** am Viale Sauro (Meeresseite). Kirche über der sybillischen Grotte. Derzeit geschlossen, aber beim Tourismusbüro überprüfen.

Mazara del Vallo

■ **Duomo,** Piazza della Repubblica, Tel. 09 23 94 19 19. Geöffnet Mo–Sa 8–20, So 9–12 Uhr.

■ **Museo Civico,** Collegio dei Gesuiti, Piazza Plebescito Tel. 09 23 94 02 66. Römische Funde. Geöffnet Mo–Sa 8.30–14 Uhr.

Mozia (Motya)

■ **Karthagische Stadt** auf einer Insel in den Lagunen von Stagnone. Teile der Mauern, Tor, versunkener Damm, Nekropole, Trockendock. Faszinierend. Schiffe verkehren tgl. 9.30–13 und 15–18 Uhr.

- **Museo Whittaker.** Im sehenswerten Museum sind Ausstellungsstücke zu sehen, die auf der Insel gefunden wurden.

Segesta

- **Tempel und Theater** in einer wundervollen Landschaft. Zugang tgl. 9 Uhr–1 Std. vor Sonnenuntergang. Beides kann gratis besichtigt werden, nur der Shuttlebus vom Parkplatz kostet eine Gebühr – falls man nicht lieber einen 20minütigen Spaziergang unternimmt.

Selinunt

- **Tempel und Ruinen** der einstigen griechischen Stadt. Ein neuer Eingang und das Museum sind inzwischen eröffnet. Zugänglich tgl. 9 Uhr–1 Std. vor Sonnenuntergang.
- **Cave di Cusa,** antike Steinbrüche 3 km von Campobello und 13 km von Selinunt entfernt. Frei zugänglich.
- **SS Trinità di Delia,** auf dem Land, 3 km westlich von Selinunt gelegene arabisch-byzantinische Kirche, Tel. 0 92 48 22 09. Wegen der Besichtigung müssen Sie im benachbarten Gutshof nachfragen.

Ägatische Inseln

Die Isole Egadi bieten mehr Naturschönheiten als Kirchen und Museen. Informationen über Wechselausstellungen und weitere Veranstaltungen erteilt **Pro Loco** (Fremdenverkehrsamt), Piazza Madrice, 7, Favignana, Tel. 09 23 92 16 47. Geöffnet Mo–Sa 9–13 Uhr.

Levanzo

- **Grotta del Genovese.** Höhle mit einigen prähistorischen Felszeichnungen. Anmeldung beim Wächter nötig: Signor Giuseppe Castiglione in der Via Calvario, 11 (in der Nähe der Anlegestelle für die Tragflügelboote), Tel. 09 23 92 40 32.

Provinz Agrigent

Agrigent & Tal der Tempel

- **Valle dei Templi.** Die Stätte des griechischen Akragas und des römischen Agrigentum. Tempel der Hera (Giunone), des Herkules, der Concordia und des Olympischen Zeus (Giove Olimpico). Die Tempel sind nachts prachtvoll illuminiert. Geöffnet tgl. 8.30–19 Uhr, die östliche Zone ist frei zugänglich.
- **Museo Archeologico Regionale,** Tel. 09 22 40 15 65. Museum der klassischen Antike im Tal der Tempel. Die Sammlung enthält zahlreiche lokale Funde, auch die Telamonen (Giganten) vom Zeus-Tempel, eine Modell-Rekonstruktion der Stätte sowie eine hochinteressante Sammlung verschiedener Vasen und Skulpturen. Beschriftung immer noch nur auf Italienisch, kein Ausstellungskatalog o.ä. Geöffnet So–Di 9–13, Mi/Sa 9–13, 14–17.30 Uhr.

Caos

- **Casa di Pirandello,** Frazione Villaseta, C. da Caos, Tel. 09 22/51 11 02. Pirandello-Museum im Haus des Schriftstellers in einem Dorf außerhalb von Agrigent. Geöffnet Mo–Fr 9 Uhr–1 Std. vor Sonnenuntergang.

Eraclea Minoa

- **Eraclea Minoa.** Griechisches Theater über dem Meer (30 Autominuten auf der Straße nach Sciacca). Geöffnet tgl. 9 Uhr–1 Std. vor Sonnenuntergang.

Sciacca

- **Castello Incantanto (Filippo Bentivegna),** Via Filippo Bentivegna, Tel. 09 25 99 30 44). Tausende gemeißelter Steinköpfe im »Verzauberten Schloss«. Geöffnet Di–Sa 10–12, 16–18 Uhr (außerhalb der Saison manchmal nur vormittags).

- **Pinacoteca e Museo Scaglione,** Casa Scaglione, Piazza Duomo Tel. 0 92 58 30 89. Geöffnet Di, Do und Fr 8–13, 15–19 Uhr.
- **Stufe di Monte Cronio,** Loc. di Monte Kronio, Tel. 0 92 52 61 53. Thermaldampfbäder um eine Berghöhle mit einer kleinen Antikensammlung. Gewöhnlich geöffnet von 8–13 Uhr. Nachfrage ist jedoch ratsam: Tel. 0 92 52 89 89 oder 0 92 52 80 25.

Provinz Caltanissetta

Die bergige Provinz ist zwar landschaftlich reizvoll, dem Tourismus aber noch wenig erschlossen. Auch besitzt sie die geringste Anzahl an Museen und sonstigen Sehenswürdigkeiten.

Caltanissetta-Stadt

- **Castello di Pietrarossa,** am Westende der Stadt. Die Ruine kann nur von außen besichtigt werden.
- **Museo Archeologico,** Via Nap. Colajanni, 3, Tel. 0 93 42 59 36. Einige Bronzen und frühe Skulpturen. Geöffnet Mo–Sa 9–13, 15–19 Uhr.
- **Museo del Folclore,** Via Nap. Colajanni, Öffnungszeiten unter Tel. 0 93 42 10 13 oder 09 34 58 44 99. Hochinteressante Prozessionswagen.
- **Museo Mineralogico,** Viale della Regione, 73, Tel. 09 34 59 12 80. Mineralienmuseum.
- **Palazzo Moncada,** in der Nähe des Corso Umberto, Tel. 09 34 41 11. Feudales Herrenhaus mit den Büros der Stadtverwaltung.

Gela

- **Capo-Soprano-Befestigungen,** die Via Manzoni zum Meer hinunter gehen. Gewaltige griechische Mauern. Geöffnet tgl. 9 Uhr–1 Std. vor Sonnenuntergang.

9

■ **Museo Archeologico Regionale,** Corso Vitt. Emanuele, 2, Tel. 09 33 91 26 26. Klassisches archäologisches Museum, über den (sichtbaren) Ausgrabungen auf der antiken Akropolis errichtet. Geöffnet tgl. 9–13, 15–20 Uhr.

Mussomeli

■ **Castello Manfredonico.** Trutzburg mit massiven Festungsmauern. Die Öffnungszeiten sind bei der Biblioteca Comunale (informazioni turistiche) zu erfragen, Tel. 09 34 99 14 95.

Provinz Enna

Enna-Stadt

■ **Castello di Lombardia,** Tel. 09 35 50 09 62. Das über der Stadt thronende mittelalterliche Kastell wirkt auch heute noch so uneinnehmbar wie in seiner Ursprungszeit. Geöffnet tgl. 9–13, 15–17 Uhr.
■ **Duomo,** Piazza del Duomo. Die Kathedrale ist eine Mischung verschiedener Stilrichtungen. Der Innenraum enthält eine schöne Holzdecke und verschiedene Kunstwerke. Geöffnet tgl. 9–13, 16–19 Uhr.
■ **Museo Alessi,** Tel. 0 93 52 40 72. Gut ausgestattetes Museum für sakrale Kunst. Geöffnet Di–So 9–13, 16–19 Uhr.
■ **Torre di Federico II,** Giardino Pubblico. Ein mittelalterlicher Wohnturm mit schönem Ausblick.

Piazza Armerina

■ **Duomo.** Die heutige Kirche wurde im 17. Jh. über einem Vorgängerbau des 15. Jhs. errichtet. Kruzifix aus dem 15. Jh.
■ **Villa Romana del Casale (römische Villa),** Tel. 0 93 58 73 07. Die Villa aus dem 3./4. Jh. wurde wegen ihrer Komplexität und der herrlichen Mosaiken als UNESCO-Weltkulturerbe gewürdigt. Geöffnet tgl. 8 Uhr–1 Std. vor Sonnenuntergang.

Aidone

■ **Morgantina.** Freigelegte bronzezeitliche Siedlung. Unter den Griechen wurden die Agora, luxuriöse Häuser, Theater, Kornspeicher Tempel und weitere öffentliche Gebäude errichtet. Geöffnet tgl. 9 Uhr–1 Std. vor Sonnenuntergang. Snackbar auf dem Gelände.
■ **Museo Archeologico,** Tel. 0 93 58 73 07. In einem Kloster in der »Oberstadt«, die Sammlung enthält Grabungsfunde von Morgantina. Geöffnet tgl. 9–13.30, 15–19.30 Uhr.

Provinz Ragusa

Ragusa-Stadt

Ragusa selbst lädt mehr zum Bummeln als zu Besichtigungstouren ein.
■ **Basilica di San Giorgio,** Piazza del Duomo, Ragusa Ibla. Meisterwerk des sizilianischen Barock von Rosario Gagliardi.
■ **Duomo di San Pietro,** Piazza San Giovanni, Ragusa Alta.
■ **San Giorgio Vecchio,** Piazza Odierna, Ragusa Ibla.
■ **San Giuseppe,** Piazza Porta Pola, Ragusa Ibla.
■ **Santa Maria delle Scale,** Via XXIV Maggio. Die gotische Kirche verbindet Ragusa Alta und Ragusa Ibla.
Die genannten Gotteshäuser sind normalerweise täglich von 9 bis 13 Uhr zugänglich. Leider sind die Kirchen jedoch sehr willkürlich geöffnet.
■ **Giardino Ibleo,** Ragusa Ibla. Friedliche Parkanlage mit schönen Blumen und drei durch Erdbeben beschädigte Kirchen.
■ **Museo Archeologico,** Palazzo Mediterraneo, Via Natalelli, Tel. 09 32 62 29 63. Archäologische Sammlung unter dem Hotel Mediterraneo mit sehenswerten Grabbeigaben aus der Bronzezeit sowie hellenistischer und römischer Keramik. Geöffnet tgl. 9–13, 15–18.30 Uhr.

Camarina

■ **Prähistorische und antike Ausgrabungsstätte** an der Küste, westlich von Marina di Ragusa, 34 km südwestlich von Ragusa gelegen. Kleines Museum. Geöffnet tgl. 9 Uhr-–1 Std. vor Sonnenuntergang.

Castello di Donnafugata

■ Die **maurische Burg** liegt etwa 20 km von Ragusa entfernt in Richtung Santa Croce Camarina. Am Bahnhof Donnafugatas biegt man rechts von der Hauptstraße ab. Fantasiebauwerk, das venezianisch-gotische Elemente mit maurischer Architektur verbindet. Hinreißend. Geöffnet Di–So 9–13 Uhr.

Cava d' Ispica

■ Die **prähistorischen Steinbrüche** (cave) und Gräber verteilen sich über ein 11 km langes Tal, etwa 13 km von Modica entfernt. Die Cava d' Ispica ist östlich von Modica gut ausgeschildert: immer nur den Schildern mit der Aufschrift »scavi« (archäologische Grabungen) folgen. Tel. 09 32 95 11 33. Geöffnet tgl. 9–18.30 Uhr.

Modica

■ **Museo Civico,** Palazzo dei Mercedari, Via Merce, Tel. 09 32 94 50 81. Geöffnet tgl. 9–13 Uhr.
■ **Museo Ibleo delle Arti e Tradizioni Artigianali,** Palazzo dei Mercedari, Tel. 09 32 75 27 47. Museum für Volkskunst. Geöffnet tgl. 10–12.30, 16.30–19.30 Uhr.
■ **San Giorgio,** Modica Alta (Oberstadt). Paradebeispiel des sizilianischen Barock. Geöffnet tgl. 9–12, 16–20 Uhr.

Provinz Syrakus

Die Sehenswürdigkeiten konzentrieren sich in der Provinzhauptstadt. In Syrakus selbst wurde seit

1993 eine größere Zahl von Museen, Kirchen, Katakomben und Ausgrabungsstätten restauriert. Im Fremdenverkehrsamt der Stadt (ASST, Via Maestranza, 33, Tel. 0 93 16 52 01) gibt man gerne Auskunft.

Syrakus-Stadt

■ **Duomo,** Piazza del Duomo. Die Kathedrale enthält einen Teil des Athena-Tempels aus dem 5. Jh. v. Chr. Kirche seit dem 7. Jh. n. Chr. Geöffnet tgl. 8–12, 16–19 Uhr.
■ **Basilica di San Giovanni Evangelista. Cripta di San Marziano,** Tel. 09 31 72 16 65. Katakomben unter der ersten Kathedrale von Syrakus. Geöffnet tgl. außer Di 9–13, 14–17 Uhr.
■ **Museo Archeologico Paolo Orsi,** Villa Landolina, Viale Teocrito, Tel. 09 31 46 40 22. Didaktisch hervorragend aufbereitetes weitläufiges Museum mit Funden aus prähistorischer bis in die römische Zeit – Siziliens beste Sammlung. Geöffnet während der Hauptsaison tgl. 9–13.30, 15.30–18.30 Uhr (sonst kürzer, bitte nachfragen).
■ **Galleria Regionale,** Palazzo Bellomo, Via Capodieci, Tel. 0 93 16 95 11. Eine sehr gemischte Sammlung sizilianischer Kunst in einem gotischen Palazzo aus dem 13.–15. Jh. Geöffnet tgl. 9–14 Uhr.
■ **Parco Archeologico della Neapolis,** Tel. 0 93 16 62 06. Archäologischer Park mit griechischem Theater, römischem Amphitheater, dem Orecchio di Dionisio (Ohr des Dionysus), der Chiesa San Nicolò, römischen Thermen und der Latomia del Paradiso (Paradies-Steinbruch). Geöffnet tgl. 9 Uhr–1 Std. vor Sonnenuntergang.
■ **Ginnasio Romano,** römisches Gymnasium, Via Elorina, Tel. 09 31 48 11 11. Geöffnet tgl. 9–12.30 Uhr.
■ **Catacombe di San Giovanni,** Via San Giovanni, Tel. 09 31 72 16 65. Katakomben

aus dem 4. Jh., nur im Rahmen von Führungen zu besichtigen. Im Winter um 10, 11 und 12 Uhr, im Sommer um 10, 11, 12, 16, 17 und 18 Uhr. Di geschlossen.
■ **Castello Eurialo,** 10 km außerhalb von Syrakus am Ciane-Fluss, Tel. 09 31 71 19 73. Die Verteidigungsanlage des Dionysios aus dem 4. Jh. v. Chr. Geöffnet tgl. 9 Uhr–1 Std. vor Sonnenuntergang.

Fonte Ciane

An dieser **mythischen Quelle** gedeiht der immer noch geheimnisumwitterte Papyrus. Vom Porto Grande, dem Foro Italico oder Molo Zanagora in Syrakus legen die Schiffe zu einer **vierstündigen Rundtour** ab. Man kann aber auch mit dem Auto fahren: vom Viale Ermocrate oder Viale Orsi in Richtung Floridia, dann an der Via Necropoli del Fusco rechts abbiegen in Richtung nach Canicatti Bagni. Machen Sie einen Termin mit dem Bootsführer: Tel. 0 93 16 90 76 (Signora Bella).

Provinz Syrakus

Megara Hyblaea

■ **Antike Stätte,** Tel. 09 31 51 23 64. Eine der frühesten griechischen Kolonien in Sizilien. Von Syrakus aus nimmt man den Corso Gelone in Richtung Catania. Nach etwa 20 km führt eine Straße rechts zu den Ruinen, überwölbt von Industrieabgasen. Geöffnet tgl. 9 Uhr-1– Std. vor Sonnenuntergang.

Noto

Ganz Noto ein Museum: An dieser Perle des Barock ist eigentlich alles bewundernswert . . .
■ **Duomo SS Nicolà di Mira e Corrado,** an der märchenhaft schönen Piazza Municipio. 1996 stürzten bei einem Unwetter die Kuppel und ein Teil des Daches ein – Rekonstruktion und Restaurie-

rung kamen erst 1999 in Gang und sind bis jetzt nicht abgeschlossen. Derzeit stehen noch Teile des Gerüsts, die Kuppel aber noch nicht wieder. Nachfragen im Tourismusbüro unter Tel. 09 31 57 37 79.
■ **Palazzo Municipale, Palazzo Vescovile, Palazzo Sant' Alfano,** Piazza Municipio. Die Gebäude um den Platz ergänzen einander. Der gelbe Stein und die ausgewogenen, eleganten Proportionen vermitteln ein Gefühl der Harmonie und Ruhe. Allerdings ging das letzte schwere Erdbeben an die Fundamente.
■ **Palazzo Villadorata.** Ebenfalls ein barocker Traum mit bezauberndem Fassadenschmuck und hinreißenden Balkonkonsolen.

Palazzolo Acreide

■ **Zona Archeologica Akrai.** Der Göttin Kybele geweihtes griechisches Theater mit Bildhauerarbeiten, die auf das 3. Jh. v. Chr. zurückgehen. In den alten Steinbrüchen bestanden während der byzantinischen Periode christliche Kultstätten und eine Nekropole. Da manche der Heiligtümer mitunter geschlossen sind und man auch die Santoni, 12 eigenwillige Kybele-Skulpturen am Fuß des Hügels, nicht allein besichtigen darf, bitten Sie am besten gleich am Eingang einen der Wächter um seine Begleitung (Trinkgeld ist hier der Schlüssel). Geöffnet tgl. 9 Uhr–1 Std. vor Sonnenuntergang.

Provinz Catania

Außerhalb Catania gibt es in dieser Provinz nur wenige, weit auseinander liegende Sehenswürdigkeiten. Die schönsten haben Bezüge zum Ätna.

Catania-Stadt

Die Stadt besitzt etliche klassische und barocke Attraktionen. Einige der Gebäude sind verfallen, aber sehenswert, ebenso die Museen.

9

■ **Chiesa di Santa Maria della Rotonda,** Via SM della Rotonda. Geöffnet tgl. 9–13 Uhr.
■ **Duomo,** Piazza del Duomo. Die mittelalterliche Kathedrale erlebte weit gehende Umbauten. Ein Großteil des heutigen Gebäudes stammt aus dem 18. Jh. Kürzlich restauriert. Geöffnet tgl. 8–12, 16–19 Uhr.
■ **Museo Belliniano,** Piazza San Francesco, 3. Bellinis Haus. Geöffnet an Wochentagen 9–13.30, So 9–12.30 Uhr.
■ **Museo Civico del Castello Ursino,** Piazza Federico di Svevia, Tel. 0 95 34 58 30. Die beste Sammlung historischer Skulpturen und Gemälde Catanias in einer restaurierten Stauferburg. Wieder eröffnet, Di–So 9–18 Uhr.
■ **Casa Museo G. Verga,** Via S. Anna, 8, Tel. 09 57 15 05 98. Literarisches Museum im Haus des Dichters Giovanni Verga. Geöffnet Mo–Sa 9–13, Di, Do, Fr auch 15–18.30 Uhr.
■ **Teatro Greco,** Via Vitt. Emanuele. Klassisch-griechisches Theater, römisch erweitert und überbaut. Geöffnet tgl. 8 Uhr–1 Std. vor Sonnenuntergang.
■ **Anfiteatro Romano,** Piazza Stesicoro. Überreste des größten Amphitheaters auf Sizilien. Geschlossen, aber einsehbar.
■ **Orto Botanico dell' Università,** Via Antonino Longo, 19, Tel. 0 95 43 09 01. Botanischer Garten. Geöffnet Mo–Sa 9–13 Uhr.
■ **Porta di Carlo V,** Piazza Pardo. Spanisches Tor aus Lavablöcken.
■ **Teatro Bellini,** Piazza Bellini. Restauriertes Theater.
■ **Via Crociferi.** Von schönen barocken Palazzi gesäumte Straße.
■ **Villa Bellini.** Bezaubernde Gartenanlage im Norden der Stadt.

Provinz Catania

Caltagirone

■ **Museo Civico,** Carcere Borbonico, Tel. 0 93 34 13 15. Ein kleines Stadtmuseum im ehemaligen Bourbonenkerker. Zahlreiche historische Objekte und Keramiken der Renaissance. Geöffnet Di–Fr 9–13 Uhr.
■ **Museo della Ceramica,** Via Roma, Tel. 0 93 32 16 80. Keramikmuseum im Stadtpark. Geöffnet tgl. 9–18.30 Uhr.

Adrano

■ **Museo Archeologico Normanno,** Piazza Umberto, Tel. 09 57 69 26 60. Eklektische historische Sammlung in einer trutzigen Normannenburg. Geöffnet tgl. 8.30–12 Uhr.
■ **Ponte Saraceno.** Reizvolle mittelalterliche Sarazenen-Brücke.

Bronte

■ **Museo dell' Antica Civiltà,** Loc. alla Masseria Lombardo, Tel. 0 95 69 16 35. Museum des bäuerlichen Lebens. Geöffnet tgl. 9–13 Uhr.
■ **Castello e Abbazia di Maniace,** bei Bronte, Tel. 0 95 69 00 18. Abtei aus dem 13. Jh., einst im Besitz Admiral Nelsons. Geöffnet tgl. 9–13 Uhr.

Linguaglossa

■ **Museo Etnografico,** Pro Loco, Piazza Annunziata, 5, Tel. 0 95 64 30 94. Sammlung der Fauna und Flora des Ätna im Fremdenverkehrsamt. Geöffnet Mo–Sa 9–13, 16–19.30, So 10–12.30 Uhr.

Nicolosi

■ **Museo Vulcanologico Etneo,** Via della Quercia, 5. Museum mit Vulkangestein und Informationen über den Ätna. Öffnungszeiten unter Tel. 0 95 91 42 06.
■ **Parco dell' Etna,** Viale della Regione, Tel. 0 95 91 45 88. Hier kann man sich vor einem Spaziergang durch den Ätna-Naturpark oder einer Besteigung der Hänge des Vulkans wertvolle Informationen holen. Auskunft gibt auch das Fremdenverkehrsamt Nicolosi AAST, Via Garibaldi, 63,

Tel. 0 95 91 15 05, Fax 09 57 91 45 75. Nützliche Tipps unter Tel. 0 95 91 17 06 und 0 95 91 42 06.

Paternò

■ **Castello,** Collina Turistica. Mittelalterliches Kastell. Geöffnet tgl. 9–12.30 Uhr.

Randazzo

■ **Chiesa di San Martino.** 14. Jh. Der Glockenturm der Kirche wurde aus Lava- und Kalksteinblöcken errichtet.
■ **Chiesa di Santa Maria.** Piazza Santa Maria. Normannisch-staufische Kirche mit katalanischen Zutaten. Öffnungszeiten der Kirche und Schatzkammer unter Tel. 0 95 92 12 04.

Taormina

■ **Badia Vecchia,** Via Circonvallazione. Abtei aus dem 14. Jh. Geöffnet im Sommer tgl. 9–13, 16–19, im Winter Mo–Fr 9–13, 16–18, Sa 9–13 Uhr.
■ **Duomo,** Piazza del Duomo. Fassade aus dem 16. Jh. Im Winter Ort klassischer Konzerte. Geöffnet tgl. 8–12, 15.30–18.30 Uhr.
■ **Sant' Agostino,** Piazza IX Aprile. Gotische Kirche aus dem 15. Jh., heute Bibliothek.
■ **Teatro Greco,** Via Teatro Greco, Tel. 0 94 22 32 20. Griechisches Theater: vollendete Anlage an einem der perfekten Naturschauplätze der Welt. Zugänglich tgl. 9–17.30 Uhr.
■ **Naumachia,** Via Naumachia. Beschreibung s. Seite 290. Eintritt frei.
■ **Odeon,** Via Teatrino Romano. Kleines römisches Theater mit Ausblick. Bauglieder des Odeon sind auch in der **Kirche Santa Caterina** zu besichtigen.
■ **Palazzo Corvaja,** Piazza Vitt. Emanuele. Der Palazzo aus dem 15. Jh. beherbergt heute das Fremdenverkehrsamt und ein Kulturzen-

9

trum mit Wechselausstellungen. Geöffnet tgl. 8–14, 16–21 Uhr.
- **Palazzo dei Duchi di Santo Stefano.** Palazzo aus dem 14. Jh., heute ein Skulpturenmuseum. Geöffnet tgl. 9–12, 15–18 Uhr.
- **Palazzo Ciampoli** (auch Palazzo Vecchio), Corso Umberto. Bauwerk aus dem 15. Jh. und damit ältester Palazzo Taorminas mit zweigeteilten Fenstern, heute Hotel Palazzo Vecchio.
- **San Domenico,** Piazzale San Domenico. Ehemaliges Kloster, jetzt 5-Sterne-Hotel. Besichtigung nur den zahlenden Gästen des Hauses gestattet.
- **San Pancrazio,** Via San Pancrazio. An der Stelle eines griechischen Tempels erbaute Kirche.

Auskunft über die **Öffnungszeiten** aller Kirchen erteilt auch das Fremdenverkehrsamt im Palazzo Corvaja (s. o.), Tel. 0 94 22 32 43.

Provinz Messina

Messina-Stadt

Das Erdbeben von 1908 zerstörte einen Großteil der Stadt, aber das historische Zentrum und der Hafen lohnen einen Besuch. Es legen regelmäßig Fähren zum Festland und den Liparischen (Äolischen) Inseln ab.
- **Cimitero,** Via Catania (Eingang Via Piazza Dante). Der Stadtfriedhof im Süden Messinas. Einer der malerischsten Friedhöfe in Süditalien. Schöner Ausblick auf Kalabrien.
- **Duomo,** Piazza del Duomo. Die normannische Kathedrale kann nur noch mit einigen wenigen Originalteilen dienen. Um 12 Uhr setzt sich die hinreißende mechanische Uhr (die größte der Welt, 1930 eingebaut) im Campanile in Bewegung. Geöffnet tgl. 9.30–19.30 Uhr.
- **Museo Regionale,** Via della Libertà, Tel. 0 90 35 87 16. Zu sehen sind unter anderem Antonello da Messinas Gregorius-Polyptychon und »Anbetung der Hirten« sowie »Auferstehung des Lazarus« von Caravaggio. 3 km außerhalb des

Stadtzentrums an der Via della Libertà. (Buslinie 8 oder 27.) Geöffnet tgl. 9–14 Uhr.
- **Santissima Annunziata dei Catalani,** Piazza Catalani. Eines der wenigen Gebäude der Stadt aus dem 13. Jh., die die Erdbeben überlebt haben. Besonders schön. Universitätskapelle. Gelegentlich für Messen geöffnet.

Giardini-Naxos
- **Scavi** (Ausgrabungen) und **Museo Archeologico** von Naxos. Museum, Capo Schiso, Tel. 0 94 25 10 01. Hier können Sie die Überreste der ältesten griechischen Siedlung auf Sizilien besichtigen. Geöffnet tgl. 9 Uhr–1 Std. vor Sonnenuntergang.

Milazzo

Milazzo ist die Hauptanlegestelle für Schiffe zu den Liparischen (Äolischen) Inseln.
- **Castello,** Tel. 09 09 22 12 91. Eindrucksvolle Festungsanlage, zum Teil von den Staufern im 13. und zum Teil von den Spaniern im 15. Jh. erbaut. Geöffnet Di–So 10–12, 15–17 Uhr.
- **Torre di Faro,** Capo Milazzo. Der Leuchtturm von Milazzo, auf einem Kap am Ende einer Panoramastraße gelegen. Er eröffnet einen herrlichen Rundblick auf die Liparischen Inseln. Innenraum nicht zugänglich.

Patti
- **Villa Romana,** Höhe von Marina di Patti, Tel. 09 41 36 15 93. Spätkaiserzeitliche Villa auf einem Riesenareal mit bezaubernden Mosaiken. Geöffnet tgl. 9 Uhr–1 Std. vor Sonnenuntergang.

Tindari
- **Tyndaris, Capo Tindari.** Frazione Tindari, Tel. 09 41 36 90 23. Hier stand ursprünglich die griechisch-römische Stadt. Geöffnet

tgl. 9 Uhr–1 Std. vor Sonnenuntergang, Museum tgl. 9–14 Uhr.
- **Santuario della Madonna Nera,** Piazza Belvedere, Tel. 09 41 36 90 26. Heiligtum der Schwarzen Madonna. Bei den Ruinen steht die Kirche mit der Madonna Nera, der tief verehrten Ikone. Wallfahrtstag hierher ist der 8. September.

Liparische Inseln

Von Lipari einmal abgesehen, sind Sehenswürdigkeiten wie Museen und Kirchen des Archipels nur von untergeordnetem Interesse. Hier ziehen die Naturschauplätze, die Vulkanlandschaften, den Besucher in ihren Bann.

Auf allen Inseln kann man herrliche Bootstouren wie auch lange Wanderungen unternehmen und die Vulkane erklimmen. Für jeden gibt es einen geeigneten Krater, doch sollte man sich vorher über Temperatur, Höhe und den Schwierigkeitsgrad des Anstiegs informieren. Bootsausflüge sind besonders empfehlenswert, man kann sie in den Haupthäfen der Inseln buchen.

Filicudi
- **Grotta del Bue Marino.** Geheimnisvolle Höhle, eine Schiffsstunde von der Insel entfernt. Ihre Besichtigung ist Teil einer Rundfahrt um die Insel. Auch **La Canna,** riesige Felsobeliske, sind interessant. Im Licht des Spätnachmittags nehmen Höhle und Felsen ein beinahe surreales Aussehen an. Die Fahrt wird bei Fischern in Filicudi Porto gebucht.

Lipari
- **Castello.** Zitadelle auf einem steilen Lavafelsen. Geöffnet tgl. 9–13 Uhr.
- **Duomo.** Die Normannenkathedrale wurde im 13. Jh. wieder aufgebaut und verfügt über eine Barockfassade. Geöffnet tgl. 9–13 Uhr.

9

■ **Museo Eoliano,** auf mehrere Gebäude um die Kathedrale verteilt, Tel. 09 09 88 01 74. Das beste Museum der Inseln. Zu sehen sind Funde aus dem Neolithikum und Nekropolen aus der Bronzezeit sowie griechische Keramik und Masken aus Terrakotta. Geöffnet tgl. 9–14, 16–19 Uhr.

■ **Obsidian- und Bimsstein-felder,** Canneto. Mit dem Bus von der Via Vitt. Emanuele in Lipari nach Canneto. Mit dem Auto fährt man durch den Monte-Rosa-Tunnel und folgt dann den Hinweisschildern nach Forgia Vecchi und Pierra, wo die aus alten Lavaströmen entstandenen Obsidianfelder zu besichtigen sind. Es sind die einzigen bekannten Obsidianvorkommen in Europa.

■ **Parco Archeologico.** Das Areal erstreckt sich vor dem Duomo und umfasst Gräber aus dem 6. Jh. v. Chr. auf dem so genannten Platz der Diana. Geöffnet tgl. 9–14 Uhr.

Panarea

■ **Calcara,** San-Pietro-Kai. Schlammbaden in einer heißen Quelle (50 °C). Blick auf Fumarolen und kleine Geysire.

Salina

■ **Monte Fossa delle Felci.** Der Anstieg zu diesem erloschenen Vulkan (962 m) beginnt in Santa Marina, dem Hafen an der Ostküste der Insel.

Stromboli

■ **Serra Vancura** und **Sciara del Fuoco.** Der Anstieg zum Gipfel des Kraters (926 m) gibt den Blick auf Strombolis aktiven Vulkan frei. Man kann wählen zwischen einer organisierten Wanderung im Eiltempo zum Gipfel oder einer gemächlichen nächtlichen Beobachtung des Vulkans von einem Boot am Fuß der Sciara del Fuoco (Feuerstraße). Vulkane sind unbere-

chenbar, doch wird man mit etwas Glück Zeuge mehr oder weniger spektakulärer Aktivitäten.
Achtung! Eine Besteigung des Vulkans ist nur noch in Begleitung eines offiziellen Führers gestattet! (Führer beim Club Alpino Italiano, Tel. 0 90 98 60 93, April–Okt.). Beim Fremdenverkehrsamt in Ficogrande erhält man Auskunft über die derzeitige Situation. Festes Schuhwerk, warme Kleidung, Wasser, Verpflegung und eine Taschenlampe sind Voraussetzung, ganz abgesehen von einer wirklich guten Kondition. Die Führer legen meist ein schnelles Tempo vor, dadurch wird der Anstieg sehr anstrengend. Man sollte an einer solchen Tour nur teilnehmen, wenn der Führer bereit ist, sich dem Tempo der Mehrheit der Teilnehmer anzupassen. Zur Zeit werden die Gruppen ohne Pause zum Gipfel hinaufgejagt, und oben hat man bis zum Abstieg nur etwa eine Stunde Aufenthalt.

■ **Strombolicchio.** Ein Bootsausflug führt zu dieser fantastischen, hoch aufragenden Felsnadel aus Vulkangestein, 1,6 km vor der Küste. Aus der Ferne erinnert ihre Gestalt an eine Burg.

Vulcano

■ **Fossa di Vulcano.** Die Hauptattraktion der Insel erreicht man durch einen Aufstieg auf den Krater von Porto Levante. Der Anstieg dauert einige Stunden (293 m). Bei guter Kondition, mit festen Schuhen, einer Wasserflasche und wetterfester Kleidung ist das eine schöne Wanderung. Vom Gipfel eröffnet sich bei klarer Sicht ein herrliches Panorama auf die Liparischen Inseln. Super-Fotomotive!

■ **Porto di Levante.** Zum Strand gehört ein gelbliches Naturschwimmbecken, in dem die Leute in Schlamm waten. Bevor man hineingeht, sollte man mit der Hand die Temperatur prüfen. In Teilen des Beckens kann es kochend heiß sein, da das Wasser Temperaturen von bis zu 100 °C erreicht. Sehen

Sie sich die fumarole (Löcher, denen eruptiv vulkanische Gase entweichen) unter Wasser an, nachdem Sie sich im Meer abgewaschen haben.

■ **Vulcanello.** Nach einem 30minütigen Anstieg zum Gipfel des erloschenen Vulkans (124 m) wird man mit einem wundervollen Ausblick auf Vulcano und Lipari belohnt.

Naturreservate

Im Folgenden eine Liste der schönsten Reservate, Beschreibungen finden Sie auf S. 101 ff. Bei den Fremdenverkehrsämtern der jeweiligen Region erhält man Informationen über die Bestimmungen, eine vollständige Liste aller Reservate sowie Karten und Routenvorschläge für Touren durch die Reservate.

Provinz Palermo

Das Fremdenverkehrsamt in Palermo (Piazza Castelnuovo, 34, Tel. 0 91 58 38 47) erteilt Auskünfte über **Lo Zingaro, Ficuzza** und **Monte Pellegrino.** Zudem gibt es eine Broschüre über Naturreservate und geschützte Gebiete mit dem Titel »14 Aree di Interesse Naturalistico«. Die Karten sind auch eine Hilfe, wenn man kein Italienisch spricht.
Das Tourismusbüro in Syrakus (Via Maestranza, 33, Tel. 09 31 46 42 55) weiß Bescheid über die Naturreservate **Vendicari,** die **Nekropolen von Pantalica** und das **Anapo-Tal.** Das Büro in Trapani (Piazzetta Saturno, Tel. 0 92 32 90 00) ist für die **Schutzgebiete um Mozia,** die **Isola di Mozia, Lo Stagnone** und die **Salzpfannen von Trapani** sowie für **Lo Zingaro** zuständig. Lo Zingaro besitzt auch ein eigenes Info-Büro (direkt im Naturschutzgebiet, Tel. 0 92 32 61 11).
Im Fremdenverkehrsamt von Taormina (Palazzo Corvaja, Piazza Vitt. Emanuele, Tel. 0 94 22 32 43) hält man Informationen über die **Alcantara-Schlucht** und den **Parco dell'**

Etna bereit. Der Ätna-Nationalpark unterhält zudem ein eigenes Büro in Nicolosi, Via Garibaldi, 63, Tel. 0 95 91 15 05.

Der **Parco delle Madonie** besitzt zwei Informationszentren: das eine in Cefalù (Corso Ruggero, 77, Tel. 09 21 42 10 50), das andere in Petralia Sottana (Corso Alliata, 16, Tel. 09 21 68 04 78). Der schöne weitläufige **Parco di Nebrodi** ist mit drei Informationsstellen ausgestattet: in Caronia (Via Ruggero Orlando, 126, Tel. 09 21 33 32 11), in Alcara Li Fusi (Via Ugo Foscolo, 1, Tel. 09 41 79 39 04) sowie in Cesarò (Strada Nazionale, Tel. 09 50 69 60 08).

Für das interessante **Meeresschutzgebiet um die Ägatischen Inseln** ist das Tourismusbüro auf Favignana zuständig (Largo Marina, 14, Tel. 09 23 92 21 21); das **Meeresschutzgebiet von Ustica** wird vom Büro im Rathaus am Marktplatz von Ustica vertreten, Tel. 09 18 44 94 56.

Weitere Informationen über die genannten, wie auch andere und im Aufbau befindliche Naturreservate und Meeresschutzgebiete erhalten Sie außerdem bei folgenden Stellen:

■ **Assessorato Regionale Territorio ed Ambiente,** Gruppo Riserve, Palermo, Tel. 09 16 96 38 42.

■ **Lega Ambiente,** Via XX Settembre, 57, Tel. 0 91 32 68 75.

■ **CAI** (Club Alpino Italiano), Via Natoli, 20, Messina, Tel. 0 90 69 31 96.

■ **Delegazione Sicilia della WWF** (World Wide Fund for Nature), Via P. Calvi, Palermo, Tel. 0 91 32 21 69.

■ **Uff. Conservazifone Natura Az. Foreste Demaniali Regione Siciliana,** Via Libertà, 9, Palermo, Tel. 09 16 27 42 35.

Exkursionen

Ätna

Wie Sie den Ätna sehen, hängt von der Jahreszeit, Ihren finanziellen Möglichkeiten, dem gewählten Verkehrsmittel, der Ihnen zur Verfügung stehenden Zeit sowie von der momentanen vulkanischen Aktivität des Berges ab. Denjenigen, deren Budget zwar beschränkt ist, die jedoch einige Tage Zeit haben, sei empfohlen, den Ätna mit der Eisenbahn zu umfahren. Falls der Vulkan tätig ist, sollten Sie an einem organisierten Ausflug von Ihrem Urlaubsort aus teilnehmen. Individualreisende ziehen es meist vor, mit dem Auto zum Ätna zu fahren und dort die Drahtseilbahn bis zum Gipfel zu nehmen. Falls Sie es sich leisten können und die Aktivität des Ätna dies zulässt, sollten Sie sich einen Führer mieten (nähere Informationen s. u.).

Ferrovia Circumetnea (Ätna-Eisenbahn)

Diese Rundstrecke führt von Catania nach Giarre-Riposto (114 km). Die Bahn passiert die Ausläufer des Ätna und die Städte Adrano, Bronte, Linguaglossa, Maletto, Paternò und Randazzo. Da die Fahrt zwischen vier und fünfeinhalb Stunden dauert, kann man die Rundreise um den Vulkan auch an einem einzigen Tag unternehmen. Buchen Sie im Circumetnea-Büro in Catania (Corso delle Province, 13). Da Unterkünfte in der Gegend nur spärlich gesät sind, buchen Sie im Voraus, falls Sie den Ausflug doch unterbrechen und auf halber Strecke übernachten wollen. Informationen unter Tel. 0 95 37 48 42.

Hinweise für den Aufstieg

Normalerweise fährt man mit dem Auto, dem öffentlichen Bus oder einem Reisebus bis zum Rifugio Sapienza. Von dort können Sie die Drahtseilbahn bis zum Gipfel nehmen und den Ätna erkunden (mit einem voraus gebuchten offiziellen Führer).

Organisierter Ausflug

Der Ätna bietet sich für einen Tagesausflug von Taormina oder Catania an. Wenn Sie jedoch vorhaben, den Vulkan zu besteigen, sollten Sie früh aufbrechen. Am einfachsten ist es, einen organisierten Ausflug bei einem Reiseveranstalter am Ort zu buchen (z. B. Sun Services in Taormina). Rechnen Sie mindestens einen ganzen Vormittag für den Aufstieg, und fahren Sie gleich frühmorgens los. Eine Tagestour ist sinnvoll, wenn Sie auch noch in Ruhe die Ausläufer des Ätna erkunden möchten.

Ausflug auf eigene Faust

Wer lieber unabhängig sein möchte, engagiert am besten einen Führer, um sicherzustellen, dass er die vulkanischen Aktivitäten unbeschadet (üb)erlebt. Buchen Sie einen Tag vor dem Aufstieg beim Rifugio Sapienza einen offiziellen Führer des Club Alpino Italiano (CAI), des Italienischen Alpenvereins (s. o.). Erkundigen Sie sich vorher nach den Bedingungen, und seien Sie rechtzeitig dort.

Die vom Rifugio Sapienza vermittelten Führer sind qualifiziert, aber handeln Sie den Preis aus und sprechen Sie vorher ab, was Sie sehen wollen. Lassen Sie sich auch beraten, welche Tageszeit für welche Unternehmung die geeignetste ist. Das hängt ab von der Jahreszeit, dem Wetter und den vulkanischen Aktivitäten, die Sie beobachten möchten. Nachts, bei Sonnenaufgang, am frühen Morgen und bei Sonnenuntergang erleben Sie die verschiedenen Gesichter des Ätna meist am eindrucksvollsten.

Informationen über das Skilaufen auf dem Ätna finden Sie im Kapitel »Sport«, Seite 360 f..

Führer

Offizielle Führer beim Rifugio Sapienza: Tel. 0 95 91 41 41. Für spontane Ausflüge kann man einen offiziellen Führer, Nino Longo, im Zentrum erreichen (tagsüber) oder auch zu Hause (abends Tel. 09 57 91 43 04). Seine Fremdsprachenkenntnisse sind jedoch beschränkt – er spricht nur etwas Englisch. Um sicherzugehen, dass es keine Missverständnisse gibt, erkundigen Sie sich, welche der folgenden »Gänge« des »Menüs« besichtigt werden können, und lassen Sie sich dafür einen Festpreis nennen. »Menü«: Eine Grube mit geschmolzener Lava (un pozzo di lava); ein kleiner, aktiver Nebenkegel (piccolo cono erruttivo); die Lavafront (la fronte lavica); Nebenkrater (crateri secondari).

Kosten

Die Kosten für die »normale« Ätna-Tour inklusive Gipfel-Aufstieg schwanken gewaltig. Die Karte für die Seilbahn (funivia) vom Rifugia Sapienza zum Gipfel kostet um die 30 000 LIT. Ein privater Führer vom Rifugio Sapienza hinauf verlangt zwischen 50 000 LIT und 150 000 LIT, je nach Dauer und Umfang des Programms. Bei diesem Betrag ist die Seilbahn nicht inbegriffen!

Kleidung

Bei einer Tour auf den Ätna sollte man schützende Kleidung tragen: eine Sonnenbrille (gegen die Sonneneinstrahlung und die Vulkanasche), robuste Wanderschuhe oder Kletterschuhe (oder Skier). Die niedrigen Temperaturen auf dem Berg (20 °C niedriger als in Catania) erfordern warme Kleidung. Bei organisierten Ätna-Ausflügen wird den Teilnehmern oft die entsprechende Ausstattung zur Verfügung gestellt, doch erkundigen Sie sich lieber vorher. Von November bis März ist der Gipfel schneebedeckt.

Ägatische Inseln

■ **Levanzo, Grotta delle Genovese** (prähistorische Felszeichnungen): Telefonieren Sie mit Signor Castiglione, dem Kustos der Grotte, und vereinbaren Sie mit ihm einen Besichtigungstermin (Tel. 09 23 92 40 32). Er bietet eine Führung für diejenigen an, die diesen Ausflug vom Land aus machen wollen, oder informiert Sie über Boote, falls Sie die Grotte vom Meer aus ansteuern wollen.

■ **Favignana:** Auf dieser reizenden Insel sind Fahrräder das Hauptverkehrsmittel. Man kann sie am Hafen günstig ausleihen. Ein berühmtes und zugleich entsetzliches Schauspiel ist die jährliche Mattanza, das rituelle Thunfischschlachten (s. Seite 169).
Wenn Sie die Mattanza vom Boot aus erleben wollen, fragen Sie am Hafen von Favignana nach einem Fischer, der bereit ist, Sie in seinem Boot mit hinaus zu nehmen. Ziehen sie sich eine wasserdichte Jacke an, und nehmen Sie etwas zu trinken und zu essen mit.

Alcantara-Schlucht

Die äußerst eindrucksvollen Gole dell'Alcantara bestehen aus Lavafelsen. Das Gestein hat seltsame und bizarre Figuren gebildet. Ein Fluss fließt einige Kilometer durch eine tiefen Spalt. (s. Seite 274)·
Obwohl inzwischen zum Touristenmagneten geworden und mit Zusatzeinrichtungen versehen, sind Fluss und Felsen eine nähere Erkundung wert. Zudem gibt es ein gemütliches Lokal, wo man sich hinterher stärken kann. Zur Alcantara-Schlucht gelangt man mit dem Auto oder mit dem Bus von Taormina oder Messina. Der Eintritt kostet eine Gebühr.

Strände

Als Insel mit einer mehr als 1000 km langen Küstenlinie verfügt Sizilien über ein großes Angebot unterschiedlicher Strände, von vulkanischen Felsen- bis zu goldenen Sandstränden. Für die meisten Strände in den Haupturlaubsorten wird Eintritt verlangt – in verschiedenen Preisstufen, um sich dem Geldbeutel der meisten Leute anzupassen. Die Strände der küstennahen Inseln darf man normalerweise kostenlos nutzen, mit Ausnahme derer auf Panarea und den vornehmeren Inseln. Außerhalb der Saison werden die meisten Strände als Müllabladeplätze benutzt und sind

daher nur aus einiger Entfernung genießbar.
Die Touristensaison beginnt im April, zu diesem Zeitpunkt werden auch die Strände hergerichtet und geöffnet. Das Meer ist von Mai bis Oktober angenehm warm, nur mit dem heiklen Monat August muss man irgendwie fertig werden:
Die »Strandsaison« wird im August eröffnet. Dann sind in Cefalù, an der Küste von Taormina und in Mondello bei Palermo die Strände völlig überlaufen. Im August werden auch normalerweise ruhige Buchten wie Castellammare del Golfo (westlich von Palermo) von Motorbooten belagert.
Als Ausgleich dafür kann man sich ins kultivierte Nachtleben stürzen, wie es an den Stränden stattfindet. Die Strände in Mondello sind reichlich mit Duschen, Bars und Spielmöglichkeiten ausgestattet. Doch selbst im August kann man sich von den Massen distanzieren. In der Riserva dello Zingaro, dem Naturschutzgebiet westlich von Palermo, gibt es zum Beispiel immer saubere und ruhige Strände. Oder gehen Sie an den langen, weiten Strand von Marinella di Selinunte (Straße nach Mazzara del Vallo, Ausfahrt Castelvetrano, Hinweisschilder nach Selinunt), dort ist es ebenfalls ruhig und das Meer sauber. Zudem kann man in einer der örtlichen Trattorie vorzügliche Fischgerichte genießen. Auch der sandige Küstenstreifen südlich von Sciacca, um Sicuiana Marina und Eraclea Minoa bleibt normalerweise von den Massenansammlungen verschont: sauber und schön.

Empfehlenswerte Strände

Auf allen küstennahen Inseln gibt es zauberhafte, oft vulkanische Strände, von denen aus man meist auch Bootsfahrten unternehmen kann. Ustica, die Ägatischen und die Liparischen Inseln sind bei Sizilianern und Touristen gleichermaßen beliebt. Zum Schwimmen eignen sich alle Inseln mit Ausnahme der

Stagnone-Inseln nahe Mozia, wo es stehende Gewässer gibt. Die Strände bei Cefalù, Mondello und Taormina werden in der Saison sehr sauber gehalten. Südlich von Syrakus sind die Strände wunderschön und bei Capo Passero sogar noch ziemlich unberührt. Zwischen Catania und Taormina, besonders bei Aci Trezza und Aci Castello, gestaltet sich die Küste überwiegend felsig, die Strände sind reizvoll und häufig auch gut ausgestattet.

Verschmutzte Strände

Es ist einfacher, aufzuzählen, welche Abschnitte der Küste man lieber meiden sollte, als alle empfehlenswerten zu erwähnen. Die verschmutzte Riviera bei Gela sollte man auf alle Fälle weiträumig umgehen (außer wenn Sie sich die eindrucksvollen griechischen Mauern dort in der Nähe ansehen möchten). Die Strände bei Porto Empedocle und Agrigent sind ebenfalls verschmutzt, auch die nördlich von Syrakus kaum zu empfehlen. Machen Sie auch um die Strände bei den Häfen von Augusta, Messina, Milazzo und Palermo einen großen Bogen.

Segeln

In der Provinz Palermo liegen – nicht allzu weit von der Stadt Palermo entfernt – wunderschöne Strände, darunter viele, die über exklusive Jachtklubs und ein kultiviertes Nachtleben gebieten. Westlich von Palermo ist der Küstenabschnitt zwischen Mondello und Capo Gallo sowie der Isole delle Femmine eine beliebte Strecke für Segeltörns. Auch der Abschnitt östlich von Palermo zwischen Romagnolo und Capo Zafferano eignet sich ausgezeichnet für einen Segelausflug.
Der nördliche, unwegsame Küstenstreifen zwischen Capo d'Orlando und Cefalù bildet eines der schönsten Segelreviere Siziliens, vor allem in der Nähe der Lagunen unterhalb Tindaris.

Thermalquellen

Zahlreiche Inseln und Urlaubsorte bieten Ihnen Gelegenheit, sich in Schlammbädern zu suhlen oder Badekuren zu unternehmen. Diese Möglichkeit besteht unter anderem in Sciacca (Provinz Agrigent), Castellammare del Golfo (Provinz Trapani) wie auch auf den Ägatischen und Liparischen (Äolischen) Inseln.

Kunst – live

Der künstlerischen Aktivitäten gibt es viele auf Sizilien. Die meisten Provinzhauptstädte besitzen ihr eigenes Theater oder Opernhaus. Catania und Palermo verfügen über eigene Ensembles und bringen in jeder Saison neue Theaterstücke und Musicals auf die Bühnen. Im Sommer findet praktisch in jeder Provinz irgendein Kunstereignis statt, von Filmfestivals über Opern, Theater, Ballett, klassische Musik bis hin zu Kunstausstellungen. Viele Städte und Gemeinden verpflichten auch international bekannte Ensembles und Künstler. Der folgende Veranstaltungskalender kann nur einen Überblick über die größten und bekanntesten Veranstaltungen geben. Doch richten Palermo, Catania, Syrakus und zahlreiche andere Städte weitere Festivals aus. Inzwischen ist auch die Zahl der gastronomisch-kulinarischen Events weiter gestiegen. Nähere Einzelheiten erfahren Sie in den örtlichen Tourismusbüros, aus der Lokalpresse oder der Zeitschrift »Ciao Sicilia«.

Palermo

- **Anthony,** Via Don Orione, 16, Tel. 0 91 54 47 66. Cabaret.
- **Teatro Biondo,** Via Roma, Tel. 0 91 58 23 63 oder 09 17 43 43 41. Schauspiel.
- **Teatro Golden,** Via Terrasanta, 60, Tel. 0 91 30 06 09. Klassische Musik oder Jazz.
- **Teatro Libero Incontroazione,** Piazza Marina, 38,

Tel. 09 16 17 40 40. Avantgarde-Schauspiel.
- **Teatro Metropolitan,** Viale Strasburgo, 356, Tel. 09 16 88 65 32. Schauspiel, Ballett, klassische Musik. Im English Film Club und im Cinema Metropolitan werden auch amerikanische und britische Filme gezeigt.
- **Cafè Chantant,** Via Stabile, 136, Tel. 0 91 58 63 94. Cabaret.
- **Al Convento,** Via Castellana Bandiera, 66, Tel. 09 16 37 63 36. Cabaret.
- **Al Massimo,** Piazza Verdi, 9, Tel. 0 91 58 95 75 und 0 91 58 90 70. Schauspiel, Music Hall.
- **Teatro Franco Zappalà,** Via Autonomia Siciliana, Tel. 0 91 54 33 80 und 0 91 36 27 64. Dialekttheater.

Catania

- **Teatro Massimo Bellini,** Piazza Teatro Massimo, Tel. 0 95 31 20 20. Opern, klassische Musik und Ballett.
- **Teatro Metropolitana,** Via S. Euplio, Tel. 0 95 32 23 23. Schauspiel, Opern, klassische Musik und Jazz. Konzertsaison von November bis Juni. Nimmt am Sommerfestival teil.
- **Villa Bellini.** Konzerte und andere Freiluftveranstaltungen im Park.

Erice

Erice veranstaltet im Sommer in seinen schönen Kirchen die **Settimana di Musica Medievale e Rinascimentale** (Festival der mittelalterlichen und Renaissance-Musik). Nähere Auskünfte erteilt das Fremdenverkehrsbüro Erice, Via C.A. Pepoli, Tel. 09 23 86 93 88.

Syrakus

Syrakus ist Sitz des **Istituto Nazionale del Drama Antico** (Schule für klassisches Schauspiel). Die Stadt kann also mit einheimischen Talenten bei der Aufführung der großen griechischen Tragödien aufwarten. 1991 verfilmte Regisseur Jean-Marie Straub hier im Griechischen Theater den Antigone-Mythos neu.

Klassisches Schauspiel

Wie in Syrakus kehren die klassischen Theater Siziliens häufig zu ihrer ursprünglichen Funktion als grandiose Schauplätze für die griechischen Dramen und Tragödien zurück. Die Saison geht meist von Mai bis Juli, wobei in den Theatern verschiedene Schauspielzyklen dargeboten werden.
■ **Syrakus**: Mit den genannten heimischen Talenten werden hier im Teatro Greco im Mai und Juni (alle zwei Jahre, in geradzahligen Jahren) griechische Dramen und Tragödien dargeboten.
■ **Segesta**: Klassische griechische und zeitgenössische Stücke (alle zwei Jahre, in ungeradzahligen Jahren, im Wechsel mit Syrakus).
■ **Taormina**: Im griechisch-römischen Theater findet alljährlich im Juli und August ein Theaterfestival statt – mit klassischen Stücken, aber auch Opern, Tanz- und Musikveranstaltungen.

Puppentheater

Theaterstücke mit kunstvollen Puppen werden noch in Acireale, Catania, Palermo und Syrakus aufgeführt (s. Seite 258 f.).

Palermo
■ **Associazione Figli d' Arte Cuticchio** (Via Bara all' Olivella, 95, Tel. 0 91 32 34 00). Die jüngste und vielleicht auch letzte Generation alter Puppenspielerfamilien bringt heute modernisierte und gekürzte Versionen der traditionellen Puppen-Theaterstücke auf die Bühne. Mimmo Cuticchio ist einer der letzten großen cuntastorie (Geschichtenerzähler).
■ **Opera dei Pupi**, Vicolo Ragusi, 6, Tel. 0 91 32 92 94. Zwei bis drei

Vorstellungen in der Woche, Beginn 21 Uhr.
■ **Teatro Bradamante**, Via Lombardia, 25, Tel. 09 16 25 92 23. An den meisten Freitagen Vorstellungen um 22 Uhr, Eintritt frei.
■ **Museo delle Marionette**, Via Butera, 1, Tel. 091 32 60 80, Vorstellungen im Sommer, Eintritt frei. Zeiten siehe Palermo, Museen.

Acireale
■ **Cooperativa E. Macri,** Corso Umberto, 113, Tel. 0 95 60 45 21 oder 0 95 60 62 72. (Auch in der Via Alessi in Acireale.)
■ **Turi Grasso**, Via Nazionale, 95, Tel. 09 57 64 80 35.

Monreale
■ **Munna,** Cortile Manin, Via Kennedy, 10. An den Sommersonntagen Puppen-Vorstellungen.

Syrakus
■ **Opera dei Pupi**, Via Nizza, 14. Im Sommer finden in der Regel Dienstag, Donnerstag und Samstag um 21.30 Uhr Aufführungen statt. Nähere Informationen erhält man beim Fremdenverkehrsamt.

Veranstaltungskalender

Januar/Februar
■ **Agrigent**: Mandelblütenfest (von Januar bis März).
■ **Agrigent**: Internationales Folklorefestival (Februar).
■ **Palermo**: Fortdauer der Symphoniesaison im Teatro Politeama.

März/April
■ **Catania**: Ätna-Fahrradrennen (April).
■ **Catania**: Fortdauer der Schauspiel-, klassischen und Jazzsaison.
■ **Palermo**: Fortdauer der Schauspiel-, klassischen und Jazzsaison.

Mai
■ **Caltanissetta**: Viehauktionen und Kunsthandwerksmesse.
■ **Catania**: Sizilianisches Theater.
■ **Palermo**: Panormus Oldtimer-Rallye, außerdem: Handelsmesse (zwischen Mai und Juni).
■ **Syrakus** und **Segesta**: Klassische Komödien und Tragödien in den griechischen Theatern. Die Saison dauert von Mai bis Juni. In geraden Jahren ist Syrakus, in ungeraden Jahren Segesta Austragungsort.
■ **Taormina**: Volksmusikfestival und Ausstellung alter Karren.

Juni
■ **Catania**: Musica Estate. Konzerte, Tanz und Theater bis Oktober. Syrakus und Segesta: Fortdauer der klassischen Komödien und Tragödien in den griechischen Theatern.
■ **Erice**: Estate Ericina. Sommersaison mit Wettbewerb um den blumenreichsten Hof.
■ **Taormina**: Taormina Arte. Festival des Kinos, der Musik, Oper, des Balletts und Theaters im griechischen Theater (Juni bis Mitte September).

Juli
■ **Agrigent**: Settimana Pirandelliana. Eine Woche lang werden Pirandellos Theaterstücke mit Schauspielen, Filmen und akademischen Diskussionen gefeiert.
■ **Cefalù**: Estate Cefaludese. Musik und Sommer-Puppentheater.
■ **Enna**: Estate Ennese. Sommer in Enna mit Lesungen und Konzerten im Kastell. Am Lago Pergusa findet der Grand Prix del Mediterraneo statt.
■ **Erice**: Festival der mittelalterlichen Musik in den Kirchen der Stadt.
■ **Palermo**: Palermo di Scena. Musik, Theater, Kino und Ballett den ganzen Sommer lang. Außerdem: Targa Florio, internationale Sizilien-Rallye.

- **Syrakus:** Sommersaison mit Oper, Musik und Ballett.
- **Taormina:** Internationales Filmfestival. Hochrenommierte Veranstaltung.

August

- **Agrigent:** Persephone-Sommerfestival.
- **Enna:** Estate Ennese. Das Sommerfest in Enna dauert an.
- **Palermo:** Fortsetzung des Palermo di Scena-Festivals.
- **Segesta** oder **Syrakus:** Fortdauer des Klassikfestivals.
- **Syrakus:** Fortdauer der Sommersaison mit Musik und Ballett.
- **Taormina:** Fortdauer der Taormina Arte.

September

- **Catania:** Internationaler Bellini-Musikpreis.
- **Milo:** Trauben- und Ätnawein-Messe.
- **Palermo:** Festival di Palermo sul Novecento. Ein Monat mit Theater, Musik, Video und Kino; außerdem: Internationale Tennismeisterschaften von Sizilien.
- **Taormina:** letzter Monat der Taormina-Arte-Saison.

Oktober/November

- **Catania:** Beginn der Konzertsaison im Teatro Massimo Bellini, außerdem Beginn der Konzertsaison der klassischen Musik der Associazione Musicale Etnea und des Lyceum Club, dauert bis Juni.
- **Catania:** Beginn der Konzertsaison der Associazione Catania Jazz e del Brass, dauert bis Juni; außerdem: Beginn der Theatersaison im Teatro G. Verga, Teatro A. Musco und im Metropolitan, im Ambasciatori, Piccolo Teatro und Nuovo Teatro.
- **Monreale:** festliche Orgelmusik im Duomo.
- **Palermo:** Das Festival di Palermo sul Novecento geht weiter; außerdem: The Silent Call of the

Earth – internationales Festival des Dokumentarfilms.

Dezember

- **Caltagirone:** Biennale der sizilianischen Keramik.
- **Palermo:** Fiera del Mediterraneo (Handelsmesse); außerdem: Beginn der Opernsaison (Teatro Massimo), sie geht bis Mai.
- **Zafferana Etnea:** Verleihung des Brancati-Literaturpreises.

Nachtleben

Auf Sizilien wird Unterschiedlichstes geboten: Das Spektrum reicht von avantgardistischen Filmen bis zu traditionellen Puppenspielen (s. »Kunst – live« S. 355 f.). Obwohl es keine Treffpunkte für größere Rockmusik-Events gibt, finden in Catania und anderen Städten Open-Air-Konzerte statt. Das abendliche Amüsement steht oft in Zusammenhang mit den örtlichen Festen (s. Kapitel »Veranstaltungskalender« Seite 356 f.).

Im Vergleich zu den meisten anderen Teilen Italiens entzieht sich das sizilianische Nachtleben einer allzu großen Öffentlichkeit und findet in Restaurants und auf privaten Partys an Stelle großer Diskotheken statt. Doch auch auf der Insel hat der boomende Tourismus Bars und Klubs in den Urlaubsorten an der Küste aus dem Boden schießen lassen. Cefalù und Taormina sind die Hauptzentren des Nachtlebens, das sich in den Bars mit Livemusik und den kultivierteren Nachtklubs abspielt. Im Sommer beteiligen sich selbst die feinen sizilianischen Großstadtpinkel am Nightlife. Allerdings tun sie dies in den Urlaubsorten an der Küste wie Sferracavallo, Mondello oder Sant' Agata, nicht in ihren Heimatstädten. Das sommerliche Nachtleben besteht aus Besuchen derjenigen Bar in der Nähe des Hafens, die in dem jeweiligen Jahr gerade »in« ist.

- **Nachtleben der Jugend:** Die kleinen Urlaubsorte an der Küste in

den Provinzen Palermo und Messina quellen schier über vor Diskos für junge Leute. In den meisten Städten stehen Pizzerie und Gelaterie im Zentrum des Interesses – und eine Motorrad fahrende Clique.

- **Nights mit Stil:** Mehr Atmosphäre finden Sie in den Bars mit Livemusik, die es in allen größeren Urlaubsorten gibt. Elegante Kleidung empfiehlt sich für derlei Besuche. Im Ferienort Mondello, und insbesondere auf der Liparischen Insel Panarea, treffen sich die Angehörigen des Jetset. Die öffentlichkeitsscheuen Reichen haben ihre Refugien auf der Insel Pantelleria.
- **Homosexuellen-Treffpunkte:** Auf Sizilien ist die Szene nur wenig organisiert, doch die Einstellung zur Homosexualität relativ locker. Sie können sich auch an **Arci-Gay,** eine Schwulen-Organisation in Palermo, wenden (Tel. 0 91 32 49 17-8). Taormina ist immer noch Mittelpunkt der einheimischen und ausländischen Schwulen. Hier gibt es einige Homosexuellenklubs und -bars, wie etwa das **Le Perroquet** (Piazza San Domenico, Tel. 0 94 22 44 62).
- **Die Passeggiata:** Eine italienische Institution, die sich auch auf Sizilien größter Beliebtheit erfreut. In Mondello paradieren am Abend unter Umständen die neuesten Kreationen der Mailänder Modeschöpfer an Ihnen vorbei. In Sommernächten wird es auch auf den küstennahen Inseln lebendig. Vor allem Ustica, die Ägatischen Inseln (speziell Levanzo) und die Liparischen Inseln (hier vor allem Lipari) werden von Spaziergängern überlaufen, die sich gegenseitig bestaunen.

Palermo

Die palermitanische Oberschicht vergnügt sich bevorzugt hinter verschlossenen Türen. Ihr gesellschaftliches Leben findet im Rahmen von privaten Veranstaltungen statt, für die oft Nachtklubs oder Restaurants eine Nacht lang angemietet werden. Doch in den frühen Abendstunden ist das elegante Viertel um den Viale della Libertà Schauplatz der passeggiata, und in den vornehmen Cafés herrscht reger Betrieb. Das früher nach 22 Uhr wie ausgestorbene Stadtzentrum ist ins Leben zurückgekehrt, eine Zahl neuer Bars hat sich hier inzwischen etabliert. Dennoch zieht es nach wie vor viele Amüsierwillige nach Mondello und zur Küste.

Bars und Eisdielen
Bars und Pasticcerie in der Fußgängerzone Principe di Belmonte sind der Mittelpunkt frühabendlicher Treffen. Außerhalb dieses Areals sind es mehr die poppigen oder auch einfachen Eisdielen.
- **Gelateria Ilardo,** Foro Italico.
- **Al Gelato,** Viale Strasburgo.
- **Gelato,** Piazza Europa, 2.
- **Di Martino Vini,** Via Mazzini, hier gibt's die besten panini!
- **I Vini d' Oro,** Piazza Nascè, mehr als eine Wein-Bar: eine richtige enoteca, wo man auch Wein probieren kann. Das Lokal selbst ist weniger spektakulär, ein paar Tische im Freien, doch ist der Service freundlich – und die Weinauswahl exzeptionell!

Diskotheken und Nachtklubs
Im Viale Strasburgo, dem Wohnviertel der aufstrebenden Mittelschicht, gibt es einige Diskos.
- **Biergarten,** Viale Regione Siciliana 6469. Techno-Music und Themen-Nächte . . .
- **Calembour,** Via Gerbasi. Lateinamerikanische Rhythmen und Disko.
- **Il Cerchio,** Viale Strasburgo, 312 (Vorstadtgebiet).
- **Gorky Club,** Via Ugo La Malfa, 95.
- **Kandinsky-Florio,** Discesa Tonnara, 4, (an der Küste in Arenella, in der Nähe des Hotels Villa Igiea).
- **Metropolis,** Piazza Marina, 50 (historisches Stadtzentrum).

Pianobars
- **Blumix,** Via Venezia, 62. Allnächtlich Livemusik.
- **Drive Bar,** Via del Bersagliere, 70.
- **Grand Hotel des Palmes,** Via Roma, 396 (Stadtzentrum).
- **Malaluna,** Via Resurrezione.
- **Mazzara Escargot,** Via Generale Magliocco, 15.
- **Villa Florio,** Discesa Tonnara, 4 (Arenella, an der Küste).
- **Villa Igiea,** Salita Belmonte, 43/b. Der absolute Hit! (außerhalb der Stadt).

Mondello

Wie in Palermo findet auch hier das gesellschaftliche Leben auf privaten Partys statt. Die **Villa Boscogrande** (Via Tommaso Natale, 91, Tel. 0 91 24 11 79) ist jedoch ein öffentlicher Klub in einem verträumten Palazzo, in dem Luchino Visconti Szenen für seinen Film »Der Leopard« drehte. Mondello gilt auch als nicht allzu teures Pflaster für junge Leute.

Bars mit Livemusik
- **Mondello Palace,** Viale Principe di Scalea, 2.
- **Thula Club,** Viale M. di Savoia, 102.
- **Villa Verde,** Via Piano Gallo, 36.

Catania

Das catanesische Nachtleben ist ziemlich breit gestreut, es spielt sich in Eisdielen, Bars, Diskos und Klubs ab.
Bei der Jugend beliebt sind: **Gelateria del Duomo,** Piazza del Duomo; **Bar Centrale,** Via Etnea, 121; **Pasticceria Caprice,** Via Etnea, 30.

Diskos
- **Divina,** Via Carnazza, 53, Tel. 0 95 39 96 31.
- **Empire,** Via Milazzo, Tel. 0 95 37 56 84.
- **Il Banacher,** Via Vampolieri, 66 (an der SS114 nahe Aci Castello) –

eine der bekanntesten Open-Air-Diskos.
- **Medea-Club,** Via Medea, 2.
- **Villa Romeo,** Via Platemone, 20. Heiße lateinamerikanische Rhythmen.
- **Notre Dame,** Vulcania. Disko mit Pizzeria . . .

Cefalù

Auch in Cefalù muss man sich nach den Klubs am Ort erkundigen. Beliebt sind Bars mit Livemusik wie das **Kentia,** Via Nicola Botta, 4, Tel. 0 92 12 00 08.

Erice

Erice ist, genau wie Cefalù und Taormina, ein sicherer Ort. Obwohl eine kleine Stadt, beherbergt Erice zahlreiche Bars mit Livemusik und Nachtklubs, zum Beispiel das **Blu Notte** (Pianabar und Nachtklub) in der Via San Rocco. Das **Boccaccio** in der Via dei Misteri ist mehr eine Diskothek.

Syrakus

Ein Großteil des Syrakuser Nachtlebens findet in den Cafés auf der Insel Ortygia statt. Sie sind um die Fontana Aretusa, Porta Marina und um den Duomo herum angesiedelt. Am Lungomare Alfeo gibt es einige lebhafte Terrassenbars. Die **Malibu-Disco** lockt manchmal mit ihren Pop-Partys im Stil der 1970er-Jahre bis zu 3000 Menschen an – macht echt Spaß! Live-Unterhaltung der besonderen Art gibt es im Griechischen Theater, wo klassische Stücke aufgeführt werden. Wenden Sie sich an das Touristenbüro, um herauszufinden, was gerade auf dem Spielplan steht (Tel. 0 93 16 52 01).

Taormina

In den Bars und Restaurants der Hotels in Taormina lässt sich ein Abend aufs Angenehmste verbringen. Nach den neuesten Klubs erkundigen Sie sich am besten an Ort und Stelle, denn Adressen und Besitzer wechseln in erstaunlichem Tempo.

Diskotheken und Nachtklubs
- **Bella Blu**, Via Guardiola Vecchia, Tel. 0 94 22 42 39.
- **L' Ombrello**, Piazza Duomo, Tel. 0 94 22 37 33.
- **Septimo**, Via San Pancrazio, 50, Tel. 09 42 62 55 22.

Feste und Feiertage

An jedem Tag des Jahres feiert irgendwo in Sizilien eine Stadt oder ein Dorf ein religiöses, kulturelles oder – in jüngerer Zeit – ein kulinarisches Fest. Speziell Ostern wird in jedem Dorf mit seiner eigenen traditionellen Feier begangen. Ferragosto (15. August) wird in ganz Italien gefeiert. An anderen größeren religiösen Festtagen, wie Allerheiligen und Weihnachten, gibt es eine weitere Reihe von Feierlichkeiten. So auch in der Karnevalszeit.

Januar

In ganz Sizilien finden Epiphaniafeste (6. Januar) statt.
- **Caltanissetta:** Epiphania-Umzug im Gedenken an die Heiligen Drei Könige.
- **Mezzojuso:** Byzantinische Prozession mit Namen A Vulata d' A Palumma.
- **Piana degli Albanesi:** Mit griechisch-orthodoxen Riten wird die Taufe Christi gefeiert. Die Frauen tragen alte Trachten.

Februar

- **Agrigent:** In der ersten Februarwoche wird im Tal der Tempel das Mandelblüten- und Volksmusikfestival gefeiert (La Sagra della Mandorla in Fiore).
- **Catania:** 1.–5. Februar. Feier zu Ehren der hl. Agata, der Schutzpatronin der Stadt. Riesige Kerzen (cerei) werden durch die Straßen getragen. Höhepunkte sind der Umzug mit Wagen aus dem 17. Jh. und eine Prozession, bei der Männer in traditionellen weißen Gewändern Heiligenreliquien hinter sich herziehen.
- **Sciacca:** einer der besten Karnevals der Insel.
- **Taormina:** bei den Sizilianern beliebter Karneval.

März

- **Acireale:** In der Woche vor der Fastenzeit wird hier der berühmteste Karneval der Insel gefeiert. Während des riesigen Umzugs ist die Innenstadt für den Verkehr gesperrt. Auf dem Hauptplatz finden Freiluftkonzerte und Tanz statt.

April/Ostern

Die **Karwoche** (settimana santa) ist das bedeutendste religiöse Ereignis. Praktisch jedes Dorf und jede Stadt veranstalten am Palmsonntag, Gründonnerstag und Karfreitag Prozessionen. Die interessantesten sieht man in Enna, Caltanissetta, Marsala, Prizzi, San Fratello und Trapani.
- **Aidone:** am Ostersonntag pantomimisches Treffen zwischen Christus und der Muttergottes.
- **Barrafranca:** ebenfalls ein Treffen zwischen Christus und der Muttergottes.
- **Caltanissetta:** Palmsonntagsmesse. Gründonnerstagsprozession der Gilden (Reale Maestranze) mit dem Mysterienspiel (I Misteri).
- **Enna:** Karfreitagsprozession, bei der die »Urne des toten Christus« getragen wird.
- **Gangi:** Palmsonntag- und Karfreitagsprozessionen mit von den Bruderschaften getragenen Statuen.
- **Marsala:** Gründonnerstag. Die Mysterien werden von Einheimischen in prächtigen Kostümen neu inszeniert.
- **Mezzojuso:** Griechisch-orthodoxe Feiern, traditionelle Prozessionen und Kostüme.

- **Noto:** Santa Spina, eine Karfreitagsprozession.
- **Palermo:** Griechisch-orthodoxe Feiern in der Chiesa La Martorana. Geflochtene Palmwedel hängen über den Türen der Kirchen. Der »tote Leib« Christi wird von jungen Männern durch die Straßen getragen.
- **Petralia Sottana:** »Palmsonntags-Wiedervereinigung« Christi mit der Muttergottes.
- **Piana degli Albanesi:** Ostern nach byzantinischem Ritus. Palmsonntagsprozession mit dem Bischof auf einem Esel. 23. April: Kostümierter Umzug am Tag des hl. Georg.
- **Prizzi:** Tanz der Teufel und des Todes am Ostersonntag.
- **Ragusa:** Prozession mit den Mysterienstatuen (I Misteri).
- **San Fratello:** Karfreitagsfest der Juden.
- **Trapani:** Prozession mit den Mysterienstatuen (I Misteri). Karfreitag und -samstag Neuschöpfung der Passion Christi. Bewegendes Trauerspiel.

Mai–Juli

- **Agrigent:** 1. und 2. Sonntag im Juni. Erntedankfest San Calogero. Brötchen in Form von Heiligen werden in die Menge geworfen.
- **Caltagirone:** 24. und 25. Juli. Fest des hl. Jakob. Die 24 Stufen der Chiesa Maria del Monte sind voller Kerzen.
- **Casteltermini:** Am letzten Maisonntag wird mit La Tataratà (Reiterspielen) der Kämpfe zwischen Arabern und Normannen gedacht.
- **Messina:** La Varetta. Juniprozession mit Relikten.
- **Palazzolo Acreide:** 29. Juni. Fest des hl. Paulus.
- **Palermo:** 10.–15. Juli. U Fistinu. Bergprozession. Bedeutendstes Stadtfest: Feier zu Ehren der hl. Rosalia, der Schutzpatronin der Stadt, zum Dank für das Ende der Pest, Kostümprozession.
- **Syrakus:** Am ersten Sonntag im Mai findet das Fest der hl. Lucia der

9

Wachteln (delle quaglie) statt. Dabei wird an das Wunder von 1646 erinnert, als die Stadt durch die Ankunft der Wachteln (oder des Weizens, je nachdem, welcher Version man folgt) vor dem Hungertod bewahrt wurde. Eine Art Weizenbrei (cuccia) wird gegessen.
■ **Syrakus:** traditionelles Fest des Meeres im Juli.
■ **Taormina:** Ende Mai. Ausstellung bemalter sizilianischer Karren und Folklore.
■ **Trecastagni:** 12. Mai. Knoblauchmarkt und Fest für drei Heilige. Barfüßige Büßer.

August

■ **Caccamo:** 1.–15. August. Historisches Burgfestspiel.
■ **Gangi:** 5. August. Festa della Spiga: Umzugswagen, Straßenfeste und Feuerwerk.
■ **Messina:** 14. August. Sfilata die Giganti: Parade der Riesen Mata und Grifone, der mythischen Stadtgründer, gefolgt von barfüßigen Büßern. Am Tag darauf Vara-Prozession.
■ **Piazza Armerina:** 13. und 14. August. Palio dei Normanni. Mit einem Turnier und einem Umzug in mittelalterlichen Gewändern wird der Sieg der Normannen über die Araber gefeiert.
■ **Ragusa:** 29. August. Fest Johannes' des Täufers.
■ **Syrakus:** 1. Sonntag: Bootsrennen (Palio) rund um die Insel Ortygia. Die fünf mittelalterlichen Stadtviertel kämpfen begeistert um den Sieg.

September

■ **Caccamo:** Lu Tirunfo di la Manna. Fest zu Ehren des Manna.
■ **Calasacibetta:** 1.–3. September. Sagra di Buon Riposo, Volksfest mit Viehmarkt, Rennen (Corsa dei Berberi) und Wurstessen.
■ **Camastra:** 9. August. San Biagio. Segnung der Ernte in Kostümen, die die Jahreszeiten darstellen, Segnung der Kerzen und Bre-

chen eines gesegneten Brotes. Parade mit Umzugswagen.
■ **Catania:** 8. August. Fest der Maria SS Bambina. Fischerfest.
■ **Palermo:** 4. August. Wallfahrt zur Grotte der hl. Rosalia, der Stadtheiligen Palermos, auf dem Monte Pellegrino.
■ **Tindari:** 8. August. Geburt der Jungfrau Maria. Das Fest wird in ganz Sizilien, besonders an der Küste, gefeiert.

Oktober–Dezember

■ **Petralia Sottana:** 6. Oktober. Sagra delle Castagne. Kastanienfest. Prozession mit Umzugswagen.
■ **Zafferana Etnea:** Ottobrata Zafferanese während des ganzen Oktober. Gastronomisches »Erntedankfest«, mit dem die einheimischen Erzeugnisse gefeiert werden: Trauben, Pilze, Honig und Wein.
■ **Ognissanti** (Allerheiligen): 1. November. Das Fest wird mit Geschenken an die Toten gefeiert. In der Provinz Palermo ist die Tradition besonders stark.
■ **Il Giorno dei Morti** (Allerseelen): 2. November. Es werden die Familiengräber auf den Friedhöfen oder in den Katakomben besucht. Picknicks.
■ **Natale** (Weihnachten). Krippen (presepi) werden in Kirchen aufgestellt, vor allem in Acireale, der Provinz Palermo und Trapani.
■ **Syrakus:** 13. und 20. Dezember. Fest der hl. Lucia, der Schutzpatronin der Stadt. Barfüßige Prozession und eine geliehene Schwedin, »Lucia von Schweden«.

Sport

Reiten

Reiten gehört nicht zu den traditionellen Sportarten auf Sizilien. Als Lasttiere für die schmalen Bergpfade waren Maultiere und Maulesel besser geeignet. Doch wird das Reiten immer beliebter, und es gibt immer mehr Reitställe, wo man Pferde mieten kann. Besonders in

den Monti Nebrodi und Madonie erfreuen sich längere Ausflüge hoch zu Ross zunehmender Beliebtheit. Hier einige Reitställe in der **Provinz Palermo:**
■ **Balestrate:** Fattoria Manostalla, C. da Manostalla, Tel. 09 18 78 70 33.
■ **Campofelice di Roccella:** Azienda Agr. Pucci, C. da Calcarelli, Tel. 0 91 52 21 80.
■ **Castelbuono:** Ranch San Guglielmo, San Guglielmo, Tel. 09 27 11 50.
■ **Cefalù:** Villagrande Ranch, C. da Vallegrande, Tel. 09 21 42 02 86.
■ **Gratteri:** Fattoria Pianetti, C. da Pianetti, Tel. 09 21 4218 90.
■ **Montelepre:** Don Vito, Piano Aranci, Tel. 09 18 78 41 11.
■ **Paternò** (am Ätna): Centro Equitazione Paternese, Via Stromboli, 4, Paternò.

Schwimmen

Es ist kein Problem, Badeplätze zu finden, sei es nun am Meer, in den Seen oder Flüssen. Die kleineren Inseln bieten das sauberste und klarste Wasser (s. auch »Tauchen« Seite 361). Die Küstenlinie Siziliens ist über 1000 km lang, doch sind Teile davon sehr stark verschmutzt – so sollte man die Küsten um Augusta, Gela und Termini Imerese ganz meiden (s. auch »Strände« auf Seite 354 f.).

Skilaufen

Skilaufen in schwarzem Schnee mit Blick auf Orangenbäume? Nicht ganz. Sie müssten ein sehr starkes Fernglas haben, um die Zitrusplantagen sehen zu können, aber sie sind durchaus vorhanden. Der Ätna ist oft während des ganzen Sommers schneebedeckt, und die Skisaison geht normalerweise von Dezember bis April. Der Schnee ist hier wirklich schwarz, zumindest dort, wo der Wind Asche, Staub und Lava von kleineren Eruptionen hingeweht hat. An einigen Stellen gibt es »heiße Felsen«, die noch in der Abkühlungsphase sind. Sie bringen den Schnee zum Schmelzen und ragen dann wie Kohlestücke daraus hervor. So mancher Anblick raubt einem wirklich den Atem, und vielleicht gehört auch ein gewisses Draufgängertum dazu, auf einem aktiven Vulkan Ski zu laufen. Gelegentlich erwacht der Ätna wieder zum Leben, und dann müssen die Skigebiete gesperrt werden.

Haupt-Skigebiete

■ **Linguaglossa** liegt auf der Nordseite des Ätna. Der Autobus della Neve (Schneebus) startet von Januar bis April jeden Sonntag in Piano Provenzano. Auskunft: Ferrovia Circumetnea, Tel. 0 95 37 48 42 (s. Seite 353). Informationen gibt es auch bei Pro Loco, Piazza Annunziata, Tel. 0 95 64 30 94. Linguaglossa-Skischule: Tel. 0 95 64 33 00.
■ **Nicolosi** (Rifugio Sapienza), liegt am Südhang des Ätna oberhalb von Zafferana Etnea. Informationen über die Pisten erhalten Sie unter Tel. 0 95 91 41 41. Näheres über die Nicolosi-Skischule unter Tel. 0 95 91 12 00.

Schnorcheln & Tauchen

Siziliens Küsten besitzen eine artenreiche Flora und Fauna. Schnorcheln und Tauchen sind hier deshalb sehr interessant und beliebt. Die Taucher zieht es vor allem auf die Insel Ustica, denn ihre Küste ist geschützt und bietet außergewöhnliche Taucherlebnisse in tiefem Wasser: An einer Stelle kann man die Überreste eines Schiffswracks ausmachen. Das Gebiet um die Isola Bella bei Taormina ist bei Schnorchlern sehr beliebt. Die Ägatischen Inseln, speziell Marettimo, stehen ebenfalls bei Tauchern hoch im Kurs. Der Grund ist das tiefe, kristallklare Wasser. Seine Sauerstoffflaschen kann man auf den meisten Inseln auffüllen lassen, auf einigen, einschließlich Ustica, gibt es auch Dekompressionskammern.
Schnorcheln kann jeder lernen, der auch schwimmen kann. Egal ob in Seen oder Flüssen, aber insbesondere an den felsigen Küsten Nordsiziliens und der Inseln gewinnt man dadurch Zugang in eine aufregende und fremdartige Welt.

Wandern

Das Spektrum der Fortbewegungsmöglichkeiten zu Fuß reicht von geruhsamen Spaziergängen an der Küste durch das Naturschutzgebiet Lo Zingaro am Capo San Vito (Provinz Palermo) bis zu richtigen, ausgedehnten Wanderungen in den Monti Nebrodi und Madonie. Auch Streifzüge durch die Vulkan-Landschaft Siziliens erfreuen sich großer Beliebtheit. Vor allem auf den Liparischen (Äolischen) Inseln kann man herrliche Spaziergänge entlang der noch unverdorbenen Küste unternehmen. Der Reiz einer Bergtour auf dem Ätna ist gleichfalls ungebrochen. Es ist aber nicht ratsam, das ohne einen Führer zu versuchen. Nähere Informationen über Führer s. Seite 353 ff. Etna Trekking (Via Roma, 334, Linguaglossa, Tel. 0 95 64 75 92) ist eine auf organisierte Wanderungen spezialisierte Agentur. Detaillierte Auskünfte erteilt auch das örtliche Tourismusbüro (Tel. 0 95 64 30 94). Der Club Alpino Italiano (CAI) führt ebenfalls Bergwanderungen und Expeditionen in unwegsame Gebiete durch. (CAI, Via Vecchia Ognina, 169, Catania, Tel. 0 95 38 76 74.)

Windsurfen

Surfbretter können am Ort gemietet werden. Die besten Surfreviere liegen an der Südküste, wo oft ein starker, trockener Südwind weht, doch auch in der Bucht von Mondello werden Surfer glücklich.

Zuschauersportarten

Autorennen

Wenn Sie Autorennen mögen, dann besuchen Sie den Lago Pergusa bei Enna und erkundigen sich dort. Es werden hier zwar keine Formel-I-Rennen durchgeführt, aber mindestens einmal im Monat andere rasante Veranstaltungen.

Radsport

Jedes Jahr im April findet ein Radrennen um den Ätna herum statt. Es ist zweifellos interessant, an dieser Veranstaltung teilzunehmen, aber vielleicht macht es doch mehr Spaß, an der Strecke zu stehen, zuzuschauen und das Szenario zu genießen.

Shopping

An Wochentagen sind die üblichen Öffnungszeiten 9 bis 13 und 16 bis 19.30 Uhr. Alle Geschäfte – außer Lebensmittelläden – haben für gewöhnlich am Montag Vormittag geschlosssen. Die Lebensmittelläden sind am Mittwoch Nachmittag nicht geöffnet. In der Mehrzahl der Touristenzentren stehen die Geschäfte sieben Tage in der Woche offen.

Kleidung

Nach modischen Gewändern sucht man am besten im Viale della Libertà und der Via Ruggero Settimo in Palermo, der Via Etnea in Catania und auf Taorminas Corso Umberto. Hier finden Sie Designermode von Valentino, Versace, Coveri, Gucci und Armani. Preisgünstigere Mode gibt es in der Via Maqueda (Fortsetzung des Viale della Libertà) oder der Via Roma in Palermo und in den Seitenstraßen der Via Etnea in Catania.

9

Märkte

Palermo
■ **Vucciria-Markt,**
im Bereich der Piazza Caracciolo, in der Nähe der Kreuzung von Via Roma und Corso Vittorio Emanuele. Der älteste Markt Palermos: Fisch, Fleisch, Gemüse und nahezu alles andere.
Vorsicht: Taschendiebe!
Tgl. ab 8.30 Uhr.

■ **Mercato del Capo,**
um Sant' Agostino, Beati Paoli
und Via Porta Carini, hinter dem
Teatro Massimo. Secondhand-
Klamotten.

■ **Mercato di Ballarò,**
Via Ballarò, gleich hinter der
Piazza del Carmine. Obst und
Gemüse zusammen mit einem
Warenangebot an Haushalts-
gegenständen u. a.

■ **Mercato dei Lattarini,**
Via Calderai, in der Nähe von
La Martorana zwischen Via Ma-
queda und Via Roma. Gemischter
Haushaltswarenmarkt.

■ **Mercato di Via Sant' Agostino,** Via Banderia. Die Straße führt
von der Piazza San Domenico zur
Via Maqueda. Secondhand-
Kleidung und Flohmarkt.

■ **Mercato delle Pulci,**
Piazza Peranni, nahe der Kathe-
drale, hinter der San-Giacomo-
Kaserne. Antiquitäten, Möbel,
Gemälde und andere
Einrichtungsgegenstände.

Catania

■ **Pescheria-Fischmarkt,**
nur morgens in der Via Dusmet
und dem Viertel Porta Uzeda.
Achtung: Taschendiebe!

■ **Mercato Carlo Alberto,**
zwischen Via Pacini, Piazza Stesicoro und Piazza Carlo Alberto.
Stimmungsvoller Obst-, Gemüse-
und Flohmarkt.

Taormina

■ **Wochenmarkt,**
Parcheggio Von Gloeden.
Jeden Mittwoch 8–12.30 Uhr.

Antiquitäten

Syrakus ist bekannt für seine hochwertigen Reproduktionen antiker
griechischer Münzen (Arethusa-Tet-
radrachmen). In Palermo gibt es
täglich einen Antiquitätenmarkt in
der Nähe der Cappuccini-Katakom-
ben. Hier entdeckt man zuweilen
wirkliche Trouvaillen, es sind aber
auch viele Fälschungen und wertlo-
ser Kram darunter. Der Markt wird

unglücklicherweise auch von Ta-
schendieben heimgesucht, achten
Sie also mit Argusaugen auf Ihr Portemonnaie. (Einem Gerücht nach
soll man hier in den frühesten Mor-
genstunden zurückkaufen können,
was einem am Vortag bzw. der vergangenen Nacht gestohlen wurde.)

Antiquitäten-Geschäfte

■ **Catania:** Bottega Antica,
Via XX Settembre, 50,
Tel. 0 95 50 11 90.

■ **Enna:** L' Antiquario, Via Sant'
Agata, 100, Tel. 09 35 50 03 77.

■ **Palermo:** Hera, Viale della
Libertà, 39, Tel. 0 91 32 22 80.

■ **Syrakus:** Antiquariato Carabelli
di Sacco Giovanna, Via Carabelli,
64, Tel. 0 93 16 70 51 und Nuova
Trionfante, Viale Teracati, 116,
Tel. 0 93 13 07 23. Gute Antiquitä-
tengeschäfte gibt es auch in der
Via della Maestranza.

■ **Taormina:** Antichità Pandora,
Via Salita Lucio Denti, 2,
Tel. 09 42 62 56 36.
Einige Läden am Corso Umberto offerieren eine Mischung aus Antiquitäten und Kitsch/Nippes. Es bedarf einiger Sachkenntnis, um nicht
auf wertlosen Plunder hereinzufal-
len, doch macht das Herumstöbern
allein schon Spaß.

Kunst

Die meisten Kunstgalerien konzentrieren sich in den Großstädten Catania, Palermo und Syrakus, doch
wird man auch in Cefalù und Taormina fündig.

■ **Ägatische Inseln:** Bottega
d' Arte, Via Marzamemi, 7, Favignana, Tel. 0 93 23 92 16 96. Gianni
Matto verkauft direkt vom Atelier
aus seine naiven Bilder mit
Meeres- und Fischermotiven.

Bücher

Bücher gehören zu den besten,
wenn auch weniger bekannten Ex-
portartikeln Siziliens. Zahlreiche
Buchhandlungen findet man in Palermo, Catania und Syrakus. Anti-

quarische Bücher (einschließlich
modernes Antiquariat, etwa aufwändige, reich bebilderte Kunst-
und Geschichtsbände) gibt es in der
Gegend um die Kreuzung Quattro
Canti in Palermo, vor allem im Uni-
viertel und in der Via Roma. **Sellerio,** ein einheimischer Verlag, verdient Unterstützung für seine wunderschönen Bücher über Kultur, Literatur, Geschichte und Kunst der
Insel, die Sie in der

■ **Libreria Sellerio di Sellerio
Olivia,** Via La Farina, 10, Palermo,
Tel. 09 16 25 44 76, erstehen kön-
nen.

■ **Novecento,** Via Siracusa, 7a,
Tel. 09 16 25 68 14. Ein weiterer
renommierter palermitanischer
Verlag.

■ **Feltrinelli,** Via Maqueda, 395,
Tel. 0 91 58 77 85. Die örtliche
Filiale der berühmten Buchhandels-
kette (auch fremdsprachige
Bücher).

Schmuck

Korallen- und Goldschmuck wird
auf der Insel gefertigt und verkauft.
Die edelsten Schmuckstücke finden
Sie bei den Juwelieren in Palermo,
Catania oder in den Haupteinkaufs-
straßen Taorminas. Vergleichsweise
teuren kunstgewerblichen Schmuck
gibt es in Cefalù, in den Läden am
Corso Ruggero. Preisgünstigeren
Korallenschmuck bieten die Touris-
tenläden und die Verkaufsstände in
den meisten Urlaubsorten an.
Früher war Trapani das Korallenzen-
trum. Doch obwohl die wunderbaren Korallen im Stadtmuseum aus
den heimischen Gewässern stammen, bekommt man in den Läden
nur Importware.
Am **Ätna:** Halsketten aus Lavagestein sind reizvolle Mitbringsel.
An vielen anderen Vulkanen (auch
auf den Liparischen Inseln) werden
bizarr geformte Schwefelkristalle
als Souvenirs verkauft. Schmuck
gibt es auch in **Erice,** zusammen
mit anderem Kunsthandwerk, von
Teppichen über Gegenstände aus
Holz bis Keramik.

9

Traditionelles Kunsthandwerk

Töpferwaren, Puppen und Papyri zählen zu den Paradestücken der sizilianischen Kunsthandwerker. Sie eignen sich auch sehr gut als Geschenke oder Reiseandenken. Leider sind die bemalten Karren, eine weitere Spezialität Siziliens, sehr teuer und etwas sperrig, was den Heimtransport erschwert. Einen neuen Markt hat sich der sizilianische Architekt Vicenzo Vizzari mit hinreißenden Terrakotta-Modellen von Baudenkmälern seiner Heimat erobert: **La Città Cotte di Vizzari,** Corso Vitt. Emanuele, 120, Palermo, Tel. 0 91 32 49 35.

Spitzen & Stickereien

Dergleichen kauft man am besten in einer der kleinen Boutiquen im Landesinneren oder von einer der alten Frauen, die Spitzen und Stickereien in Heimarbeit fertigen und auch zu Hause verkaufen. In den Urlaubsorten sind die Preise meist überhöht.
- **Catania:** Ricamificio Ionio, Viale A. Alagona, 37, Tel. 09 57 12 39 70.
- **Palermo:** S.A.R.A.M. Di Brancato Gandolfo, Viale Libertà, 230b, Tel. 09 16 25 41 52.

Töpferwaren

Keramik gehört seit der Antike zu den Errungenschaften Siziliens. Brennöfen aus dem 3. Jh. v. Chr. wurden bei Gela, Syrakus, Catania und in Mozia gefunden. Die Kunstfertigkeit der einheimischen Töpfer, dazu Techniken, Motive und Glasuren persischer, syrischer wie auch ägyptischer Provenienz, die sie ab dem 9. Jh. von den Arabern übernahmen, haben Stücke von außergewöhnlichem Rang hervorgebracht. Seit 1309 wurde im Raum Trapani zinnglasierte Keramik, Vorläufer der Majolika, hergestellt. Ein weniger bedeutender Töpferort als die unten genannten ist Sciacca, wo man aber ebenfalls reizvolle Stücke zu kaufen bekommt (s. Seite 187 f.).

Caltagirone

Charakteristisch für die Caltagirone-Keramik waren schon immer ihre Tier- und Pflanzenmotive in Kupfergrün, einem Orangegelb und Blau. Von besonderem Interesse sind die albarelli, wunderschöne Apothekergefäße mit deutlich eingezogenem Körper (diese Form ist typisch für Sizilien). Doch auch die bemalten Fliesen, bunten, kompakten Vasen, kleinen Weihwassergefäße und skurrilen Figurengruppen sind zauberhafte (und sogar praktische) Reiseandenken. Doch auch die neue, moderne Linie der Caltagirone-Keramik hat ihre Reize. In Palermo gibt es die schönsten Stücke bei De Simone, Via Stabile, 133.

Santo Stefano di Camastra

Der Ort verschwindet schier hinter den Unmassen von Töpfergeschirr, die sich an der Straße von Messina nach Palermo breit machen: Teller, Platten, Schüsseln und Terrinen sind zu Schwindel erregenden Stapeln aufgetürmt. Die zahlreichen Scherben zeugen von den »Betriebsunfällen«. Die hochwertigen lokalen Tonvorkommen, ein ausgezeichneter Standort, herausragende Töpfer und die wunderschöne Keramik haben zum Ruhm von Santo Stefano di Camastra beigetragen. Die Stilrichtungen sind gemischt, aber die authentische Ware wirkt optisch rustikal und ist oft mit Sonnenmotiven oder Fischen verziert. Achten Sie auch auf die hübschen Wandfliesen, die mit lachenden Sonnen und lokalen Heiligen bemalt sind.

Bemalte Karren

Nachbildungen der traditionellen sizilianischen Wagen (carretti) kann man inzwischen überall auf der Insel finden, hauptsächlich jedoch in Bagheria und der ganzen Provinz Palermo. In Aci Sant' Antonio (Provinz Catania) fertigen Handwerker die Wagen auf Bestellung. (Die schönsten beherbergt freilich das örtliche Museum.) Wenn Sie Glück haben, entdecken Sie vielleicht das bemalte Abschlussbrett eines alten carretto in einem der palermitanischen Antiquitätenläden, aber Sie werden ein Vermögen für dieses ebenso aufwändig wie sorgfältig gearbeitete Stück Kunsthandwerk hinblättern müssen.

Papyrus

Die Papyrusherstellung in und um Syrakus ist ein überliefertes Handwerk. Das Ausgangsmaterial liefert die Papyrusstaude, die hier seit alten Zeiten wächst. Um die Pflanze in ihrem natürlichen Lebensraum zu bewundern, besuchen Sie am besten die Fonte Aretusa, eine Quelle auf Ortygia, oder den Fluss Ciane gleich außerhalb von Syrakus. Buden und Geschäfte in der ganzen Stadt bieten preiswerte Papyri an. Die Gestaltung reicht von Kopien ägyptischer Vorbilder (oder Designs im ägyptisierenden Stil) bis zu Ihren eigenen Entwürfen, etwa Porträts. Im Museo del Papiro am Viale Teocrito (nahe den San-Giovanni-Katakomben) wird der Herstellungsprozess des Beschreibstoffs gezeigt, Tel. 0 93 12 21 00.

Teppiche

Der Ort Erice steht für handgewebte Teppiche, sie sind dort in vielen Läden erhältlich.

Stroh- und Korbwaren

In Monreale hat das Korbflechterhandwerk Tradition, Stroh- und Korbwaren kann man direkt von den Korbflechtern kaufen.

Puppen (pupi)

Die besten traditionellen Puppenmacher stammen aus **Palermo.** Hier werden auch immer noch einige der qualitätvollsten Modelle angefertigt.

Die letzten Puppenmacher

- **Palermo:** Vincenzo Argento, Corso Vitt. Emanuele, 455, Tel. 09 16 11 36 80, geöffnet 7.30–20 Uhr. Der Künstler steht am Ende einer 160-jährigen Familientradition und wird Ihnen in seiner kleinen Werkstatt einen paladino (Ritter) auf Bestellung anfertigen. Auch organisiert er Vorführungen im Puppentheater.

■ **Taormina:** Francesco und Sabatino del Popolo Lampuri, Via Luigi Pirandello, 51, Tel. 09 42 62 60 43. Hier gibt es billigere Puppen, die ihre individuelle Note erst durch die Familienmitglieder erhalten.

Kulinarische Souvenirs

Dolci

Auf der ganzen Insel finden Sie die berühmten martorana-Früchte aus Marzipan sowie traditionelle Mandelkuchen. Zu bestimmten Zeiten des Jahres werden andere Süßigkeiten und Kekse verkauft: Osterlämmer aus Marzipan, ossi dei morti (Knochen der Toten) zu Allerseelen und in Palermo pupi a cera, Figuren aus Zuckerguss, ebenfalls zu Allerseelen. Diese traditionellen Geschenke fallen zunächst einmal wenig ins Gewicht . . . sind jedenfalls leicht genug für den Heimtransport im Flugzeug. In **Palermo** ist La Martorana, Corso Vittorio Emanuele, 196, bekannt für seine cannoli, cassate, »Herzen Jesu« und »türkischen Köpfe«. Im Monastero delle Vergine, Piazzetta delle Vergine, 2, auch in **Palermo,** gibt es Spezialitäten wie »Jungfrauenbrüste« und »Triumph des Vielfraßes«. In **Erice** sollten Sie auf die Pasticceria Maria Grammatico, Via Vitt. Emanuele, 14, achten, sie ist u. a. berühmt für ihr Marzipan.

Il Vino

Der Weinbau auf Sizilien hat eine uralte Tradition. Über Traubensorten, Weine und Winzer gibt es auf Seite 91 f. einiges zu erfahren. Falls Sie nun Durst und Lust bekommen haben, Wein zu probieren und zu kaufen, können Sie sich an der folgenden Liste von Kellereien orientieren. Diese ist nicht vollständig, aber alle aufgeführten Winzer sind für ihre qualitätvollen Weine bekannt. Bei Winzern, die eine Fremdsprache sprechen, ist dies extra vermerkt. Es ist ratsam, sich vor einem Besuch anzumelden. Wer sich erst einmal theoretisch in die Weine Siziliens vertiefen möchte, ist hier richtig: www.agriline.it

■ **Terre di Ginestra:** Maurizio Miccichè, C. da Piano Piraino, 90040 San Cipirello (PA), Tel. 09 18 57 80 80, Fax 09 18 57 60 41. Englisch.

■ **Tenuta di Donnafugata:** Gabriella Anca Ralla, Via Sebastiano Lipari, 18, 91025 Marsala (TP), Tel. 09 23 99 95 55, Fax 09 23 72 11 30. Englisch.

■ **Casa Vinicola Duca di Salaparuta:** Livia Astuni, Via Nazionale SS 113, 90014 Casteldaccia (PA), Tel. 0 91 95 39 88, Fax 0 91 95 32 27.

■ **Az. Agr. Rapitalà:** Conte Hughes de la Gatinais, Via Segesta, 9, 90141 Palermo (PA), Tel. 0 91 33 20 88. Französisch (und ein wenig Englisch).

■ **Az. Agr. Vecchio Samperi** del Dr. Marco de Bartoli, C. da Fornara Samperi, 292, 91025 Marsala (TP), Tel. 09 23 96 20 93, Fax 09 23 96 25 10. Französisch.

■ **Az. Agr. Carlo Hauner (Malvasia):** Tamara Thorgevsky, Via Umberto I, Lingua di Salina, 98050 S. Marina Salina (ME), Tel. 09 09 84 33 92 und Tel./Fax 03 99 84 31 41. Englisch.

■ **Caravaglio SNC (Malvasia):** Antonino Caravaglio, Via Nazionale, 33, 98050 S. Marina di Salina, (ME), Tel. 09 09 84 43 68, Fax 09 09 84 42 59.

■ **Loc. Malfa (Malvasia):** 98050 S. Marina di Salina (ME).

■ **Cantine Piero Colosi:** Via Militare Ritiro, 23, 98100 Messina, Tel. 09 05 38 52, Fax 09 04 75 53.

■ **Tenuta San Michele:** Barone Scammacca, Emanuele Baron Scammacca del Murgo, Piazza Scammacca, 1, (CA), Tel. 09 57 13 00 90.

■ **COS:** Giusto Occhipinti, Piazza del Popolo, 34, 97019 Vittoria (RG), Tel./Fax 09 32 86 97 00. Französisch.

■ **Regaleali:** bei Villalba, Tel. 09 34 81 46 54 (s. u.). **Vertrieb** durch MD Distribuzione, Via Denti di Piraino, 7, 90142 Palermo, Tel. 09 16 37 12 66, Fax 0 91 36 31 98.

■ **Marsala** (verschiedene Hersteller): In Marsala findet man die Keller von Florio, Lombardo, Vito Curatolo Arini, Rallo, Pellegrino, C.C. Marsala. In puncto Verkaufszahlen sind Florio (jetziger Eigentümer ist Martini) und Pellegrino marktführend. Weinproben sind bei den Herstellern (stabilimenti) möglich.

■ **Dr. Marco de Bartoli** (in Fornara Samperi, Adresse s. o.).

■ **Pellegrino,** Via Fante, 39, Marsala, Tel. 09 23 95 11 77.

■ **Cantina Florio,** Lungomare, Via Vicenzo Florio, 1, Marsala, Tel. 09 23 78 11 11, Fax 09 23 98 23 80, täglich von 10.30–13 und (außer Fr) von 15.30–18 Uhr geöffnet. Bei Florio ist man für Besucher besonders aufgeschlossen, indem eine interessante und schöne Besichtigung der Keller angeboten wird. Der Marsala Vergine ist der beste . . .

Regaleali-Kochschule

Die Winzer von Regaleali, die Familie des Conte Lucio Tasca d' Almerita, unterhalten auch eine traditionelle Kochschule auf ihrem Gut in der Nähe von Villalba. Die kurzen Kurse leitet das Familienoberhaupt. Die Gäste wohnen auf dem Gut bei Mitgliedern der gräflichen Familie. Die Kurse werden wahlweise in Englisch oder Italienisch abgehalten. Bei entsprechender Nachfrage können auch andere Sprachen berücksichtigt werden. Nähere Informationen erteilt:
Anna Tasca Lanza, Regaleali Cookery School, Viale Principessa Giovanna, 9, 90139 Palermo (Mondello), Sizilien, Tel. 0 91 45 07 27, Fax 0 91 54 27 83.

9

Städte von A–Z

Aci Castello & Aci Trezza

Die Orte am Küstenstreifen nördlich von Catania sind ideale Ausgangspunkte für Besichtigungstouren und andere Ausflüge in das Hinterland. Bessere Hotels, in der Regel mit Blick auf felsige Buchten, verfügen über gute Restaurants. Die Großstädte Taormina und Catania sind ganz in der Nähe.

Unterkunft

■ **Catania Sheraton,** Via A. da Messina, 45, Cannizzaro (zwischen Aci Castello und Catania), Tel. 0 95 27 15 57, Fax 0 95 27 13 80. Luxushotel mit Suiten, Swimmingpool und einem renommierten Restaurant, dem »Il Timo«. $$$$
■ **I Faraglioni,** Lungomare dei Ciclopi, 115, Aci Trezza, Tel. 0 95 27 67 44, Fax 0 95 27 66 09. Das in einem Fischerdorf gelegene Hotel besitzt einen eigenen Strand und ein Restaurant mit guter Regionalküche. $$$
■ **Baia Verde,** Via Angelo Musco, 8, Cannizzaro, Tel. 0 95 49 15 22, Fax 0 95 49 44 64. 4-Sterne-Luxus, beliebt bei Geschäftsleuten. $$$$
■ **Eden Riviera,** Via Litteri, 57, Aci Trezza, Tel. 0 95 27 77 60, Fax 0 95 27 77 61. 3-Sterne-Komfort. $$
■ **I Malavoglia,** Via Provinciale, 3, Aci Trezza, Tel. 0 95 27 67 11, Fax 0 95 27 68 73. 3-Sterne-Komfort. Frühstück extra. $$.

Restaurants

■ **Il Timo Ristorante,** Sheraton Hotel, Via A. da Messina, 45, Cannizzaro, an der Küstenstraße zwischen Catania und Acireale, in der Nähe von Aci Castello, Tel. 0 95 27 15 57. Das luxuriöse Lokal ist für seinen gegrillten Schwertfisch und die vorzüglichen Fischvorspeisen bekannt. $$$
■ **Barbarossa,** SS114 nach Aci Castello, Tel. 0 95 29 55 39. Meeresfrüchte, gefüllte Pfannkuchen und gute Weine. Mo Ruhetag. $$$

Acireale

Unterkunft

■ **Aloha d' Oro,** Via A. de Gasperi, 10 (Strada Panoramica), Acireale. Etwa 15 Autominuten außerhalb Catanias an der Straße nach Messina. Tel. 0 95 60 43 44, Fax 0 95 60 69 84. Hotel am Meer mit zwei Swimmingpools, Jacuzzi und einem der besten Restaurants der Gegend. Besonders empfehlenswert. Frühstück extra. $$$$
■ **La Perla Ionica,** Via Unni, 110, Capomulini, Tel. 09 57 66 11 11, Fax 09 57 66 22 22. www. tau.it/laperlaionica. Elegantes Riesenhotel mit 300 Zimmern plus Suiten und Appartements, Swimmingpools, Tennisplätzen, Solarium, zwei Restaurants, Pianobar und Disco. $$$$$
■ **Santa Tecla,** Loc. Santa Tecla, Via Balestrate, 100, Tel. 09 57 63 40 15, Fax 0 95 60 77 05. Panoramablick aufs Meer. Nov.–Mitte März geschlossen. $$$$
■ **Orizzonte Acireale,** Via C. Colombo, Tel. 0 95 88 60 06, Fax 09 57 65 16 07. Komfortabel. Frühstück extra. $$$

Restaurants

■ **Nino Castorina,** Corso Savoia, 109, Tel. 0 95 60 15 47. Auch Corso Umberto, 63, Tel. 0 95 60 15 46. Keine Restaurants, sondern Cafés mit prima gelato, pasta reale (Marzipan) und Gebäck. $

■ **Panoramico,** Viale Ionico, 12, Litoranea, Tel. 0 95 88 52 91. Panorama-Restaurant mit Pizzeria und Piano-Bar. Meeresfrüchte! Mo Ruhetag. $$$
■ **Trattoria da Federico,** Piazza G. Verga, 115, Tel. 0 95 27 63 64. Exzellente Fischgerichte. Mo Ruhetag. $$

Acitrezza

Unterkunft

■ **Holiday Club,** Via dei Malavoglia, 10, Acitrezza, Tel. 0 95 27 75 75. In einer großzügigen Anlage mit Blick aufs Meer gelegen. Zu den Gerichten gehören schmackhafter Risotto und Gemüse der Saison. $$$

Restaurants

■ **Selene,** Via Mollica, 24, Acitrezza, Tel. 0 95 49 44 44. Ein angenehmes Restaurant auf einem Felssporn an der Küste zwischen Ognina und Aci Castello gelegen. Zu den Delikatessen gehören Spaghetti mit Muscheln oder Shrimps. Di Ruhetag, Aug. geschlossen. $$$

Agrigent

Touristeninformation

■ **Azienda Autonoma per il Turismo,** Via Empedocle, 73, Tel. 0 92 22 03 91
■ **AAPIT,** Viale della Vittoria, 255, Tel. 0 92 24 0 13 5 24, Fax 0 92 22 51 85.

Unterkunft

Agrigent selbst ist mit vielen guten Hotels gesegnet, was aber nicht für die übrige Provinz zutrifft.
■ **Jolly Dei Templi,** Villagio Mosè, an der SS 115, 3 km östlich der Ruinen, Tel. 09 22 60 61 44, Fax 09 22 60 66 85. Neues Hotel in zentraler Lage mit Swimmingpool; behindertengerecht, gutes Restaurant. $$$$

■ **Villa Athena,** Via dei Templi, 33, Tel. 09 22 59 62 88, Fax 09 22 40 21 80. Einziges Hotel im Tal der Tempel. Ruhiges Haus oberhalb des Concordia-Tempels in einer bezaubernden Gartenanlage, mit Swimmingpool. Herrliche Aussicht auf die Tempel. Keine Kreditkarten. $$$$

■ **Colleverde Park,** Via dei Templi, Tel. 0 92 22 95 55, Fax 0 92 22 9012. Hotel in einem Garten oberhalb der Villa Athena am Beginn der Strada Panoramica. Blick auf die Tempel. Recht gutes Restaurant. $$$

■ **Tre Torri,** C. da Angeli, Villaggio Mosè, Tel. 09 22 60 67 33, Fax 09 22 60 78 39. Großes Hotel unmittelbar östlich der Tempel. Restaurant, Bar, Swimmingpool. Der Eigentümer ist Fahrradfan und kennt sich mit Touren in die Umgebung bestens aus. $$

■ **Kaos,** Vilaggio Pirandello, Tel. 09 21 59 86 22, Fax 09 21 59 87 70. In ruhiger, herrlicher Lage am Meer. $$$

Restaurants

■ **Kalos,** Piazza San Calogero, Tel. 0 92 22 63 89. Allein schon der Schwertfischrouladen (involtini di pesce spada) wegen . . . So Ruhetag. $$$

■ **Le Caprice,** Strada Panoramica, 51, Tel. 0 92 22 64 69. Sizilianische Spezialitäten und Meerblick. Eines der besten Restaurants in Sizilien. Bestechende Auswahl an antipasti und Schellfischspeisen, köstliche Muschel-, Schwertfisch- und Shrimpsgerichte. Fr Ruhetag, 1. Julihälfte geschlossen. $$$

■ **Le Corte degli Sfizzi,** Cortile Contarini. Restaurant mit Pizzeria in einer Allee oberhalb der Via Atenea. $$

■ **Taverna Mosè,** San Biagio, C. da Mosè, Tel. 0 92 22 67 78. An der Straße nach Caltanissetta, etwa 1 km von Agrigent. Das Lokal ist zwar nicht ganz billig, doch sind die pasta alla norma, die Seezunge sowie die scaloppine Pirandelli

wirklich gut, und die Terrasse bietet eine kühle Zuflucht. Ein Ort mit Atmosphäre und Blick auf die Tempel. Mo Ruhetag, Aug. geschlossen. $$$

■ **Trattoria Atenea,** Via Ficani, 32 (zweigt von der Via Atenea ab), Tel. 0 92 22 02 47. Preisgünstige Trattoria mit Pizzeria und Tischen im Freien. So Ruhetag. $

■ **Del Vigneto,** Cavalieri Magazzeni, 11, Tel. 09 22 41 43 19. Außerhalb der Stadt an der Straße nach Gela. Ursprüngliche Küche in einer rustikalen Umgebung mit Blick auf die Weinberge. Di Ruhetag, Nov. geschlossen. $$

■ **Villa Athena,** Via Passeggiate Archeologiche, 33, Tel. 09 22 59 62 88. Reizvolles Hotel-Restaurant mit angenehmer Atmosphäre und Blick über das Tal der Tempel. Leider ist das Personal unfreundlich. Reservierung ist zu empfehlen! $$$

Im **Alimentari** (Lebensmittelgeschäft) in der Via Goeni, 23, Piazza Moro, erhält man alles Notwendige für ein Picknick im Angesicht der Tempel.

Alcantara

Unterkunft

■ **Il Vulcanetto,** Via Vittorio Veneto, 34, Mojo Alcantara, Tel./Fax 09 42 96 30 42. Einfach, unweit der Alcantara-Schlucht. $

Alicudi

Unterkunft

■ **Ericusa,** Via Regina Elena, 5, Tel. 09 09 88 99 02, Fax 09 09 88 96 71. Einfach, aber gut. Restaurant, Halbpension möglich. Keine Kreditkarten. Okt.-Mai geschlossen. $$

Restaurants

■ **Ericusa,** Via Regina Elena, Tel. 09 09 88 99 02. Das einzige

Hotel auf der Insel hat ein recht gutes Restaurant. Keine Kreditkarten. Okt.–Mai geschlossen. $$

Augusta

Unterkunft

■ **Brucoli Village,** Loc. Brucoli, Tel. 09 31 99 44 01. Schlichter 3-Sterne-Komfort. $$

Bagheria

Unterkunft

■ **Zabara Park Hotel,** an der SS 113, Tel. 0 91 90 71 11, Fax 0 91 90 74 11. Außerhalb der Stadt gelegenes Motel mit Swimmingpool und Tennisplätzen. Frühstück extra. $$$

Belpasso

Restaurants

■ **La Cantina,** Strada Provinciale Nicolosi-Belpasso, Tel. 0 95 91 29 92. Rustikal mit vielfältiger Speisekarte. Am besten sind Reisgerichte mit Pilzen oder Spargel. Keine Kreditkarten. Mo Ruhetag. Betriebsurlaub im Nov. $$

Butera

Unterkunft

■ **Stella del Mediterraneo,** Loc. Falconara (SS 115), Tel. 09 34 34 90 04. Hotelrestaurant an der Küste mit Privatstrand nahe der Zitadelle von Falconara und mit wundervollem Blick darauf. Frühstück extra. $$

Caltabellotta

Restaurants

■ **Trattoria La Ferla,** Via Col. Vita, 23, Tel. 09 25 95 14 44. Ein hübsches Restaurant mit Blick über die Täler. Unverfälschte bäuerliche Küche. Keine Kreditkarten. Mo

Ruhetag, Betriebsurlaub wechselnd. $$

Capo d'Orlando

Unterkunft

■ **Amato,** Via Consolare Antica, 150, Tel. 09 41 91 14 76, Fax 09 41 91 27 34. $
■ **Il Mulino,** Lungomare Andrea Doria, 46, Tel. 09 41 90 24 31, Fax 09 41 91 16 14. 3-Sterne-Komfort. Frühstück extra. $$

Caltagirone

Unterkunft

■ **Grand Hotel Villa San Mauro,** Via Porto Salvo, 10, Tel. 0 93 32 65 00, Fax 09 33 31 36 61. Bestes Hotel am Ort mit Swimmingpool und ein paar nicht außergewöhnlichen Restaurants mit ziemlich hohen Preisen. $$$

Caltanissetta

Touristeninformation

■ **AAPIT,** Viale Conte Testasecca, 20, Tel. 0 93 42 10 89, Fax 0 93 42 12 39.

Unterkunft

■ **San Michele,** Via Fasci Siciliani, Tel. 09 34 55 37 50, Fax 09 34 59 87 91. Großes Haus am Stadtrand in reizvoller Lage, gutes Restaurant. $$$
■ **Hotel Plaza,** Via B. Gaetani, 5, Tel. 09 34 58 38 77, Fax 0 93 42 12 39. Kleines (21 Zimmer) Hotel in der Altstadt. $$

Restaurants

■ **Cortese,** Viale Sicilia, 158, Tel. 09 34 59 16 86. Das Restaurant serviert sizilianische Spezialitäten. Nur Visa-Card, Mo Ruhetag. $$
■ **Il Gattopardo,** Via Pacini, 20, Tel. 09 34 59 83 84. Restaurant und

Pizzeria (nur abends). Keine Kreditkarten. Mo Ruhetag, 1 Woche im Aug. geschlossen. $
■ **La Piscina,** Via dei Fasci Siciliani, Tel. 09 34 55 84 64. Traditionelle Küche – Restaurant mit Swimmingpool! Mo Ruhetag. $$

Castelmola

Während der Hochsaison ist das winzige Dorf oberhalb von Taormina eine laute und ausgelassene Alternative zur Stadt – und beim Anstieg wird der Appetit angeregt.

Unterkunft

■ **Villa Sonia,** Via Porta Mola, 9, Tel. 0 94 22 80 82, Fax 0 94 22 80 83. Großartige Aussicht. $$–$$$

Restaurants

Im Dorf gibt es preisgünstige Bars und paninoteche (hier gibt's zur Stärkung tramezzini und panini), die vor allem beim jüngeren Publikum beliebt sind.
■ **Bar Turrisi,** Toasts und Minipizze. Interessant wegen der ausgestellten Raritäten.
■ **Ristorante Il Maniero,** Salita Castello, Tel. 09 42 (6)2 81 80. Ausgezeichnete regionaltypische Gerichte und Nachspeisen inklusive Burgblick. Unbedingt reservieren! Mi Ruhetag. $$$

Cammarata

Unterkunft

■ **Rio Platani,** Via Scalo Ferroviario, an der Straße Agrigent–Palermo, Tel. 09 22 90 90 51. Frühstück extra. $

Castellammare del Golfo

Dieser bezaubernde Fischerhafen und Urlaubsort ist ein idealer Stützpunkt für Familien und Einzelreisen-

de, die zwar nahe Palermo, aber in einem ruhigen, überschaubaren Ort wohnen wollen. Er kommt auch denjenigen entgegen, die in sauberem Wasser in der Nähe des Naturparks Riserva Naturale dello Zingaro schwimmen möchten. Man kann in Castellammare auch stimmungsvolle Villen mieten.

Unterkunft

■ **Al Madarig,** Piazza Petrolo, 7, Tel. 0 92 43 35 33, Fax 0 92 43 37 90. Modernes Hotel an der Hafenbucht, Frühstück extra. $$

Castelvetrano

Castelvetrano ist für sich genommen kein besonders interessanter Ort, seine Hotels mit ihren schönen Zimmern liegen jedoch vornehmlich am Strand und damit auch günstig für die Besichtigung der griechischen Ruinen von Selinunt (s. a. unter Selinunt).

Unterkunft

■ **Alceste,** Via Alceste, 21, Tel. 0 92 44 61 84, Fax 0 92 44 61 43. 3-Sterne-Haus mit Garten, Terrasse und Solarium nahe am Strand von Selinunt. Kleine Zimmer. Frühstück extra. $$
■ **Zeus,** Via Vitt. Veneto, 6, Tel./Fax 09 24 90 55 65. $
■ **Lido Azzurro,** Loc. Marinella, Via Marco Polo, 98, Tel./Fax 0 92 44 62 56. Neues Haus mit Zimmern zum Strand, einfach und sauber. $

Catania

Touristeninformation

■ **AAPIT,** Largo Paisiello, 5, Catania, Tel. 0 95 31 21 24 und 0 95 31 08 88.
Informationsbüros gibt es auch am Flughafen (Tel. 09 57 30 62 66) und am Bahnhof (Tel. 09 57 30 62 55).

Unterkunft

Es ist ratsam, sich in einem der kleineren Städtchen um Catania einzumieten. Wer doch lieber in der Stadt wohnt, sollte sich in einem Hotel der oberen Kategorie im Zentrum einquartieren.

■ **Central Palace,** Via Etnea, 218, Tel. 0 95 32 53 44, Fax 09 57 15 89 39. Bequemes, altmodisches Hotel an der Haupteinkaufsstraße. Swimmingpool. $$$$

■ **Excelsior,** Piazza G. Verga, 39, Tel. 0 95 53 70 71, Fax 0 95 53 70 15. Das teure, aber komfortable Art-déco-Hotel-Restaurant ist das ganze Jahr über geöffnet. $$$$

■ **Jolly Trinacria,** Piazza Trento, 13, Tel. 0 95 31 69 33, Fax 0 95 31 68 32. Nüchternes Hotel nördlich des Stadtzentrums für Geschäftsleute, aber keine Parkmöglichkeiten. Frühstück extra. $$$

■ **Nettuno,** Viale di R. Lauria, 121, Tel. 09 57 12 52 52, Fax 0 95 49 80 66. Mit Swimmingpool und Restaurant. $$$

■ **San Domenico,** Via Cifali, 76 B, Tel. 095 43 85 27. Bescheidenes Hotel in guter Lage. Frühstück extra. $

Restaurants

Catania ist für seine ausgezeichneten und verschiedenartigen Restaurants bekannt, in denen Gerichte aus dem Osten Siziliens, wie agnello alla menta (Lamm mit Schinken, Minze und Knoblauch) zubereitet werden. In teuren Restaurants sollte man einen Tisch reservieren.

■ **Al Poggio Ducale,** Via Paolo Gaifani, 5, Tel. 0 95 33 00 16 und 0 95 33 08 11. Feinschmecker-Tempel mit superben Fischgerichten. So abends, Mo mittags und im Aug. geschlossen. $$$

■ **La Buca,** Via Ventimiglia, 315–317, Tel. 0 95 31 62 97. Das im Jugendstil eingerichtete Restaurant hat eine vielseitige Speisekarte mit modernem Einschlag. Besonders zu empfehlen sind geräucherter Lachs,

Lachsrisotto, Nudeln mit Tintenfisch und coniglio all' agrodolce (Kaninchen süßsauer). $$–$$$

■ **La Cantinaccia e le Sue 4 Stagioni,** Via Catalafimi, 1A, Tel. 0 95 38 20 09. Ein modernes, aber gemütliches Restaurant in ländlichem Stil. Internationale und sizilianische Küche. Mo Ruhetag. Aug. geschlossen. $$$

■ **Casalinga,** Via Biondi, 19, Tel. 0 95 31 13 19. Einfache Trattoria mit guter Hausmannskost. Nur mittags geöffnet. So Ruhetag. $

■ **Enzo,** Via Malta, 26, Tel. 0 95 38 48 84. Eine freundliche Pizzeria. Zu empfehlen ist die pizza porcina mit Wurst und Pilzen. $

■ **Il Giardino d' Inverno,** Via Asilo S. Agata, 34, Tel. 0 95 53 28 53. In dieser Patrizier-Villa im Jugendstil werden Ihnen crepes con spinaci (Crêpes mit Spinat) und trancio di salmone (Lachs im Kräuterbett) serviert. Zum Anwesen gehört auch ein elegantes Café. Außerdem gibt es eine »Sommerfiliale« 10 km außerhalb in San Giovanni la Punta. Mo Ruhetag. $$$

■ **Pino Correnti,** Via D' Amico, 61, Tel. 0 95 31 71 24. Hier gibt es zum Essen ein typisch sizilianisches Puppentheater. Berühmt für seine cassata, den sizilianischen Nachtisch mit Eis. $$

■ **La Siciliana,** Viale Marco Polo, 52, Tel. 0 95 37 64 00. Gilt als bestes Restaurant Catanias. Nicht billig, aber sein Geld wert. Zu den Spezialitäten gehören Lamm vom Grill, panierte Koteletts, Meeresfrüchte, fantasievolle Gemüsegerichte und ein ausgezeichneter Cerasuolo-Wein. So Abend, Mo und 1 Woche im Aug. geschlossen. $$$–$$$$

■ **Spinella** und **Savia,** Via Etnea. Catanias beste Lokale für scharfe Snacks, Gebäck und Eiscreme. Beide gegenüber dem Eingang zur Villa Bellini. $

■ **Stella Antica Friggitoria Catanese,** Via Ventimiglia, 66, Tel. 0 95 32 54 29. Ebenso wie die Antica Focacceria in Palermo eine

ländliche Institution. Köstliche Innereien. Mo Ruhetag. $

Cefalù

Neben Taormina ist Cefalù Siziliens reizvollster und beliebtester Erholungsort. Komfort, eine gute Infrastruktur und eine sichere Umgebung machen ihn zum idealen Ferienziel gerade auch für Familien und ältere Menschen. Die Strände liegen näher und sind weitaus besser als in Taormina. Außerhalb der Saison sind die am Strand gelegenen Hotels nicht zu empfehlen, da die Strände in der Nebensaison nicht besonders gepflegt werden.

Touristeninformation

■ **ASST,** Via Amendola, 2, Tel. 09 21 42 10 50 und 09 21 42 14 58. Gut informiert, reichhaltiges Informationsmaterial, hilfsbereit. Man spricht Englisch oder Französisch.

Unterkunft

■ **Baia del Capitano,** Loc. Mazzaforno, Tel. 09 21 42 00 05, Fax 09 21 42 01 63. Eines der schönsten Hotels von Cefalù, 5 km westlich der Stadt. Modern, aber architektonisch ansprechend und in einem Olivenhain gelegen. Swimmingpool und Tennisplätze, und zum Strand ist es nicht weit. $$$

■ **Carlton Riviera,** Loc. Capo Plaia, Tel. 09 21 42 03 04, Fax 09 21 42 02 64. Großes, modernes Hotel 5 km westlich von Cefalù auf den Klippen. Tennisplätze, Swimmingpool. Geöffnet von Apr.-Okt. $$$–$$$$

■ **Kalura,** Via V. Cavallaro 13, Loc. Caldura, Tel. 09 21 42 13 54, Fax 09 21 42 31 22. 3 km östlich von Cefalù. Leicht heruntergekommen, aber die meisten Zimmer haben Meerblick, und es gibt eine schöne Terrasse. $$$

■ **Le Sabbie d' Oro,** Loc. S. Lucia, Tel. 09 21 42 15 65, Fax 09 21 42 22 13. 2 km außerhalb von Cefalù. Modern, nicht weit von einem Sandstrand. Frühstück extra. $$$

■ **Santa Lucia,** Loc. S. Lucia, Tel. 09 21 42 15 65, Fax 09 21 42 22 13. Derselbe Besitzer wie bei Le Sabbie d' Oro. $$$

■ **Tourist,** Via Lungomare, Tel./Fax 09 21 42 17 50. Freundliches Hotel mit recht gutem Restaurant, aber »abgepacktem« Frühstück. $$

■ **Riva del Sole,** Via Lungomare, 25, Tel. 0921 212 30. In der Stadt, aber direkt am Meer gelegenes Hotel mit vernünftigen Preisen und großen Zimmern, einige mit Blick aufs Meer oder die Altstadt. Im Sommer nachts laut. Gutes Restaurant. Frühstück extra. $$

■ **Al Pescatore,** Loc. Caldura, Tel. 09 21 42 15 72, Fax 09 21 42 17 50. 1 km außerhalb der Stadt Richtung Messina, angenehme Zimmer, relativ laut. $$

Restaurants

In der Hochsaison kann ein Restaurant-Essen sehr teuer werden. Viele Trattorien am Meer (Lungomare) bieten jedoch antipasti al buffet an, leckere Vorspeisen im günstigen Selfservice.

■ **Osteria del Duomo,** Via del Seminario, 5, Tel. 09 21 42 18 38. Schönes Lokal im Freien mit Blick auf den Dom. Echte caponata, penne und carpaccio di pesce. Mo Ruhetag (außer im Sommer), Dezember geschlossen. $$$

■ **Kentia,** Via Nicola Botta, 15, Tel. 09 21 42 38 01. Berühmt für seinen Charme, die Küche und den Garten. Besonders köstlich sind die scaloppine ai funghi und panzerotti di magro. Mo Ruhetag (außer im Sommer), Nov. geschlossen. $$$

■ **Da Nino Alla Brace,** Lungomare, 11, Tel. 09 21 42 25 82. Zu empfehlen wegen der französisch-sizilianischen Küche, die im Garten serviert wird. Pizza gibt's nur abends. Super: die Fischgerichte. Di Ruhetag (außer im Sommer). Nov. geschlossen. $$

■ **Osteria Magno,** Via Berlvedere, 4, Tel. 09 21 92 33 48. Restaurant wie auch Pizzeria mit verschiedenen Meeresfrüchte-Spezialitäten. Di Ruhetag (außer im Sommer), einige Wochen im Winter geschlossen. $$$

■ **Lo Scoglio Ubriaco,** Corso di Ortolano di Bordonaro, 24, Tel. 09 21 42 33 70. Fischrestaurant mit Hafenblick-Terrasse, von der aus man den Fischern zusehen kann. Spezialität: spaghetti al cartoccio. Di Ruhetag (außer im Sommer), 2 Wo im Nov. geschlossen. $$

Castelbuono

Unterkunft

■ **Hotel Milocca,** C. da Piano Castagna, Tel. 0 91 67 19 44, Fax 0 91 67 14 37. Reizendes, nicht teures Hotel inmitten eines Eichenwaldes im Parco delle Madonie. Auto notwendig. $$

Chiaramonte Gulfi

Restaurants

■ **Ristorante Akrille Klan,** C. da Mulinello, Tel. 09 32 92 27 10. Freundliches Restaurant mit angenehmer Pianobar und Garten. Die Gegend ist für ihre traditionellen Schweinefleisch-Spezialitäten bekannt. $–$$

Enna

In Enna selbst gibt es nur wenige Hotels, buchen Sie daher früh. Wegen der Höhenlage der Stadt sollte man wärmere Kleidung einpacken. Der Ausblick ist leider häufig »vernebelt«.

Touristeninformation

■ **ASST,** Piazza Nap. Colajanni, 6, Tel. 09 35 50 08 75, Fax 0 93 52 61 19.

■ **AAPIT,** Via Roma, 411, Tel. 09 35 52 82 28, Fax 09 35 52 82 29.

Unterkunft

■ **Grande Albergo Sicilia,** Piazza Nap. Colajanni, 5, Tel. 09 35 50 08 50, Fax 09 35 50 04 88. Komfortabel und vernünftiges Preis-Leistungs-Verhältnis. Zentrale Lage. Einige Zimmer haben eine herrliche Aussicht (s. o.). Die Parkgebühren pro Tag sind ziemlich hoch. Frühstück extra. $$$

■ **Demetra,** C. da Misericordia, Tel. 09 35 50 23 00, Fax 09 35 50 21 66. 3-Sterne-Komfort. $$

■ **Jugendherberge,** Via Nazionale, Lago di Pergusa, unmittelbar außerhalb Ennas. Kein Telefon. Wenn man sich nicht für Autorennen begeistern kann, sollte man zuvor überprüfen, ob kein Rennen angesagt ist, denn die Rennstrecke führt um den See, direkt an der Jugendherberge vorbei.

Restaurants

In Enna selbst sind die Restaurants noch weitaus ursprünglicher und auch freundlicher als am Lago Pergusa. Von vielen der dortigen Pizzerien aus kann man dem Auto- und Bootsrennen zusehen.

■ **Ariston,** Via Roma, 353, Tel. 0 93 52 60 38. Etabliertes Restaurant mit regionaler Küche. So Ruhetag, 2 Wochen im August geschlossen. $$

■ **Centrale,** Via VI Dicembre, 9 (geht von der Via Roma ab), Tel. 09 35 50 09 63. Dieses etablierte Restaurant serviert preiswert besonders gute Gemüse-Nudelgerichte. Sa Ruhetag. $$

■ **La Griglia,** Via Falantano, 19. Eine charakteristische Trattoria mit köstlichen bruschette und maccheroni alla norma (mit Fenchel). $

■ **Trattoria San Gennaro,** Via Belvedere Marconi, 6,

Tel. 0 93 52 40 67. Herzhafte regionaltypische Gerichte, wie gefülltes Lamm und deftige Suppen, viel gegrilltes Gemüse. Mi Ruhetag. $$

■ **Demetra,** C. da Misericordia, Tel. 09 35 50 23 00, Spezialitäten wie pasta mit Kürbis und Radicchio, Jakobsmuscheln mit Spargel. So Ruhetag. $$

Enna Pergusa

Komfortabler Urlaubsort am Lago di Pergusa, 5 km von Enna entfernt.

Unterkunft

■ **Garden,** Via Nazionale, Tel. 09 35 54 16 94, Fax 09 35 54 16 90. $$
■ **Park Hotel La Giara,** Via Nazionale, 125, Tel. 09 35 54 16 87, Fax 09 35 54 15 21. $$$
■ **Riviera,** Villaggio di Pergusa, 21, Tel./Fax 09 35 54 12 67. An Wochenenden und Festtagen möglicherweise laut, da im autodromo gelegen. Frühstück extra. $$$

Erice

Erice ist der ideale Stützpunkt und ein äußerst interessanter Ort. Im Sommer ist das Klima hier wegen seiner Hügellage wesentlich angenehmer als in Trapani. In der Hauptsaison sind die Zimmer sehr gefragt, eine frühe Reservierung ist deshalb ratsam.

Touristeninformation

■ **ASST,** Viale Conte A. Pepoli, 11, Tel. 09 23 86 93 88, Fax 09 23 86 95 44.

Unterkunft

■ **Elimo,** Via Vitt. Emanuele, 75, Tel. 09 24 86 93 77, Fax 09 24 86 92 52. Kleines Hotel in der Altstadt mit vorzüglichem Restaurant, Bar und Dachterrasse. $$$$
■ **Moderno,** Via Vitt. Emanuele, 63, Tel. 09 24 86 93 00,

Fax 09 24 86 91 39. In diesem Hotel in der Altstadt herrscht eine recht intime Atmosphäre. Terrasse und ein gutes Restaurant. $$$

■ **Ermione,** Via Pineta Comunale, 43, Tel. 09 24 86 91 38, Fax 09 24 86 95 87. Das in einem Pinienwald direkt vor den Toren des mittelalterlichen Erice gelegene, äußerlich wenig anziehende Hotel verfügt über große Zimmer, eine Klimaanlage, großartige Aussicht, einen Swimmingpool und ein durchschnittliches Restaurant. $$
■ **Edelweiss,** Cortile Padre Vincenzo, 5, Tel. 09 24 86 94 20, Fax 09 24 86 92 52. Diese einfache, aber ruhige pensione mit ihren 13 Zimmern besitzt eine ausgesprochen alpine Atmosphäre. $$

Restaurants

In Erices Straßen drängen sich die diversen Bars und Restaurants derart, dass dem Besucher die Qual der Wahl bleibt. Im Kapitel »Provinz Trapani« (s. Seite 154) werden einige der Konditoreien von Erice beschrieben.

■ **Taverna di Re Aceste,** Via Conte Pepoli, Tel. 09 23 86 90 84. Diese authentische Taverne ist für ihr Couscous und ihr köstliches pesto berühmt. $$
■ **Monte S. Giuliano,** Vicolo S. Rocco, 7, Tel. 09 23 86 95 95. Ausgezeichnete Regionalküche, probieren Sie die involtini di melanzana (»Auberginenrouladen«). $$$
■ **Ristorante Pizzeria Ulisse,** Via Chiaramonte, 45, Tel. 09 23 86 93 33. Pizze und Couscous, Tische auf der Terrasse. Do Ruhetag. $–$$
■ **La Pentolaccia,** Via Guarnotta, 17, Tel. 09 23 86 90 99. Fisch ist hier teurer als die anderen Gerichte. Gute Auswahl lokaler Weine. $$

Favignana

Unterkunft

Im Juli und August sind nur schwer Zimmer zu bekommen, deshalb

sollte man schon frühzeitig buchen. Oft trifft man auf den Fähren auch Einheimische, die Zimmer anbieten.

■ **L' Approdo di Ulisse,** Loc. Calagrande, Tel. 09 23 92 25 25, Fax 09 23 92 15 11. Komfortabelstes Haus des Archipels. Frühstück extra. $$$$
■ **Egadi,** Via C. Colombo, 17, Tel./Fax 09 23 92 12 32. Okt.–Apr. geschlossen. Frühstück extra. $

Restaurants

■ **Egadi,** Via Cristoforo Colombo, 17, Favignana (Hafen), Tel. 09 23 92 12 32. Exzellentes Restaurant, berühmt für seine Fischgerichte. Keine Kreditkarten. Mi Ruhetag (außer im Sommer), Winter teilweise geschlossen. $$$
■ **El Pescador,** Piazza Europa, 38, Favignana (Hafen), Tel. 09 23 92 10 35. Von einer Fischerfamilie geführt. Die Spezialität des Hauses sind Spaghetti mit frischem Thunfisch und Kapern (spaghetti della casa). Hier kann man sich darauf verlassen, dass nur der beste Fisch aus einem frischen Fang auf den Tisch kommt. Mi Ruhetag (außer im Sommer), Winter teilweise geschlossen. $$$
■ **Ristorante Il Nautilus,** Via Amendola, 6, Favignana (am Hafen neben der alten Thunfischfangstelle), Tel. 09 23 92 16 71. Ein edles Restaurant mit hervorragendem carpaccio di tonno und spaghetti con tonno e gamberi. Günstiges Menü! Keine Kreditkarten. Di Ruhetag (außer im Sommer). $$
■ **La Tavernetta del Porto,** C. da del Porto, Portopalo, Favignana, Tel. 09 23 84 24 94. Ein nettes Restaurant unweit eines kleinen Fischerdorfes. $$

Femmine, Isola delle

Durch die zunehmende Verschmutzung wird die Insel immer weniger attraktiv, aber ihre Beliebtheit bei den Besuchern ist ungebrochen.

Unterkunft

- **Hotel Eufemia,** Via Nazionale, 28, Tel. 0 91 86 78 00, Fax 09 18 67 80 02. Komfortabel. Frühstück extra. $$
- **Saracen Club,** Via dei Saraceni, 1, Tel. 09 18 67 14 23, Fax 09 18 67 13 71. Nettes 3-Sterne-Haus. $$

Filicudi

Unterkunft

- **Hotel Club Phenicusa,** Via Porto, Tel. 09 41 30 25 01, Fax 09 41 30 11 88. Gemütliches 3-Sterne-Haus, von Juni–Sept. geöffnet. Zimmer teilweise mit traumhaftem Meerblick. Frühstück extra. $$

Restaurants

- **La Canna,** Via Rosa, 43, Tel. 09 09 88 99 56. Restaurant in einem kleinen Hotel mit Panoramablick, sehr gute Regionalküche. 15.–10. Nov. geschlossen. $$

Gela

Restaurants

- **Centrale Totò,** Via Gen. Cascino, 39, Tel. 09 33 91 31 04. Einfache einheimische Küche. Nur Visa-Card. So Ruhetag. $$ In derselben Straße auf Nr. 19 finden Sie das empfehlenswerte
- **Ristorante Gelone II,** Tel. 09 33 91 32 54. Mo Ruhetag. $

Giardini-Naxos

Ein lebhafter, allerdings auf Massentourismus ausgerichteter Badeort, der vor allem bei Familien und jungen Urlaubern beliebt ist.

Touristeninformation

- **AAST,** Via Tysandros, 54, Tel. 0 94 25 10 10, Fax 0 94 25 28 48.

Unterkunft

- **Arathena Rocks,** Via Calcide Eubea, 55, Tel. 0 94 25 13 49, Fax 0 94 25 16 90. Empfehlenswert, wenngleich etwas abseits in einem Park gelegen. Nov.–Ostern geschlossen. Frühstück extra. $$.
- **La Riva,** Via Tysandros, 24, Tel. 0 94 25 13 20. Nettes kleines Haus mit Meeresterrasse. $–$$
- **Hellenia Yachting,** Via Jannuzzo, 41, Tel. 0 94 25 17 37, Fax 0 94 25 43 10. Schön, aber nichts Außergewöhnliches. $$$$
- **La Sirenetta,** Via Naxos, 177, Tel./Fax 0 94 25 36 37. 2-Sterne-Schlichtheit. Nov.–Feb. geschlossen. $

Gioinosa Marea

Unterkunft

- **Capo Skino Park,** C. da Capo Skino, Tel. 09 41 30 11 67, Fax 09 41 30 13 40. In der Hauptsaison Mindestaufenthalt 1 Woche mit Halbpension. Nov. geschlossen. $$$

Lampedusa

Unterkunft

Die Hotels auf dieser Insel haben nur im Sommer Betrieb.

- **Alba d' Amore,** Via Favorolo, 33, Tel. 09 22 97 02 72, Fax 09 22 97 07 86. Komfortabel. $$$
- **Lido d' Azzurro,** C. da Guitgia, Tel./Fax 09 22 97 02 25. 3-Sterne-Komfort. $$
- **Baia Turchese,** Via Lido Azzurro, Tel. 09 22 97 04 55, Fax 09 22 97 00 98. $$$$
- **Gattopardo di Lampedusa,** Via Beta, 6, C. da Cala Creta, Tel. 09 22 97 00 51 oder 01 18 12 40 89, Fax 01 18 17 83 87. Reizvolle Anlage über dem Meer, ohne direkten Zugang, dafür werden aber Bootsausflüge und Leihwagen (gratis) angeboten. Mindestaufenthalt 1 Woche. $$$$

Lentini

Restaurants

- **Azienda Agrituristica Casabianca,** Tel. 0 95 49 74 77, nach 18 Uhr. Es gibt unter anderem pasta alla norma come la fa Eleonora und polpette nella foglia di limone (Fleischbällchen in Zitronensauce). Insalata di arance (Orangensalat) ist eine typisch sizilianische Delikatesse.

Letojanni

Unterkunft

- **Antares,** Loc. Poggio Mastropietro, Tel. 0 94 23 64 77, Fax 0 94 23 60 95. Großartige Aussicht, doch wegen seiner Lage ungeeignet für Behinderte und ältere Menschen. $$$$
- **Da Peppe,** Via L. Rizzo, 345, Tel. 0 94 23 61 59, Fax 0 94 23 68 43. 2-Sterne-Schlichtheit. $$

Levanzo

Unterkunft

- **Paradiso,** Via Lungomare, 8, Tel. 09 23 92 40 80. Einfaches, gemütliches 1-Stern-Haus. Frühstück extra. $

Licata

Diese historische, leider durch Industrieanlagen verschandelte Stadt bietet gute Ausweichquartiere, falls in Agrigent (wieder einmal) alles besetzt sein sollte.

10

Unterkunft

- **Piccadilly,** Via Panoramica, Tel./Fax 0 92 89 36 26. 3-Sterne-Komfort. $$
- **Al Faro,** Via Dogana, 6, Tel. 09 22 77 38 46, Fax 09 22 77 30 87. Komfortable Unterkunft am Hafen. Frühstück extra. $

Linguaglossa

Der Ort am Nordhang des Ätna ist, ebenso wie die Hotels in Nicolosi, während der Skisaison in der Regel völlig ausgebucht.

Unterkunft

■ **Happy Days,** Via Mareneve, 9, Tel. 0 95 64 34 84. Klein, einfach, nur im Winter geöffnet. Frühstück extra. $$

Linosa

Unterkunft

■ **Algusa,** Via Alfieri, Tel. 09 22 97 20 52. Nördlich des Ortes in Hanglage, im Sommer nur mit Vollpension. $$

Lipari

Touristeninformation

■ **AAST,** Corso Vitt. Emanuele, 202, Tel. 09 09 88 00 95, Fax 09 09 81 11 90. Hier gibt es sehr gute Informationen über Hotels und Privatzimmer. (Auch www.isoleturismo.it und www.welcometoeolie.com)

Unterkunft

Auf Lipari und auf weiteren Inseln des Archipels gibt es eine Reihe von pensioni und locande, jedoch alle mit Vollpension. An der Anlegestelle der Fähre trifft man immer Inselbewohner, die gerne ein Zimmer vermieten.
■ **Carasco,** Porto delle Genti, Tel. 09 09 81 16 05, Fax 09 09 81 18 28. Das beste Hotel der Liparischen Inseln mit eigenem Felsenstrand und bester Aussicht. Feines Mittags-Büfett zu mäßigem Preis. 15. Okt.–Ostern geschlossen. $$$$
■ **Rocche Azzurre,** Via Maddalena, 69, Tel. 09 09 81 32 48, Fax 09 09 81 32 47. Weniger komfortabel als das Carasco. Frühstück extra. $$$

■ **Villa Augustus,** Via Ausonia, 16, Tel. 09 09 81 12 32, Fax 09 09 81 22 33. Schlicht, freundlich. Frühstück extra. $$–$$$ (Hauptsaison)
■ **Albergo Casa Vittorio,** Vico Sparviero, 15, Tel. 09 09 81 15 23. Das einfache Hotel liegt inmitten von Palazzi aus dem 18. Jh. in einem abgeschiedenen Teil der Insel. Zimmer und 3 Appartements. Keine Kreditkarten. $$
■ **Jugendherberge:** Via Castello, 17, Tel. 09 09 81 15 40, Fax 09 09 81 17 15. Jugendherbergsausweis erforderlich.

Restaurants

Die Tische der meisten guten, aber ziemlich teuren Trattorien rund um den Hafen stehen im Freien. Das hier üblicherweise mit 20 % angesetzte Trinkgeld ist ausgesprochen hoch. Die »Touristenmenüs« der Insel sind nicht zu empfehlen.
■ **Filippino,** Piazza Municipio, Tel. 09 09 81 10 02. Auch bei den Inselbewohnern selbst sehr beliebt. Exklusiv, mondän, michelinbesternt und wirklich hervorragend. Zu den Delikatessen gehören Fischrisotto und aufwändige Hauptgerichte. Reservieren Sie im Voraus! Mo Ruhetag (außer im Sommer), Nov. geschlossen. $$$–$$$$
■ **La Piazzetta,** Piazza Monfalcone, Tel. 0909 81 25 11. Pizzeria am Corso, die verschiedene ausgezeichnete Pizze auf der Karte hat. Nicht entgehen lassen! $–$$

Marsala

Unterkunft

■ **Hotel Cap 3000,** Via Trapani, 161, Tel. 09 23 98 90 55, Fax 09 23 98 96 34. Komfortables Haus mit Swimmingpool. Frühstück extra. $$
■ **Albergo Garden,** Via Gambini, 36, Tel./Fax 09 23 98 23 20. Keine Kreditkarten. $
■ **Villa Favorita,** Via Favorita, 27, Tel. 09 23 98 91 00,

Fax 09 23 98 02 64. 2-Sterne-Komfort und große Zimmer. $$

Restaurants

In Marsala reihen sich entlang des Lungomare viele schöne Fischlokale. Ein Restaurantbesuch lässt sich gut mit einer Weinprobe bei einem der 300 (!) einheimischen Winzer verbinden, einige finden Sie in der Nähe des Museo Bagli Anselmi.
■ **Al Baglio Oneto,** C. da Baronazzo Amafi, 55, Tel. 09 23 99 69 63 (10 km nordöstlich von Marsala). Exzellente regionale Spezialitäten: sarde a beccafico und cassata Siciliana! Di Ruhetag (außer im Sommer), Nov. geschlossen. $$$
■ **Caffè Kalos,** Piazza della Vittoria (außerhalb der Porta Nuova). Pizza, antipasti, Gebäck und arancini.
■ **Enzo e Nino,** Via Favorita, 26, Tel. 09 23 98 91 80. Es gibt vor allem Fisch, Couscous und Dessertspezialitäten. $$
■ **Il Delfino,** Lungomare Mediterraneo, 672, Tel. 09 23 96 95 65. Vorzügliche, vielfältige Fischkreationen. Di Ruhetag. $$
■ **Ristorante Marsa-Allah,** Lungomare Boeo, 50, Tel. 09 23 71 52 34. Gerichte mit Meeresfrüchten und vom Holzkohlengrill. $$

Mazara del Vallo

Unterkunft

■ **Hopps Hotel,** Via G. Hopps, 29, Tel. 09 23 94 61 33, Fax 09 23 94 60 75. Relativ teuer, aber wegen des freundlichen Services und der guten Küche unbedingt zu empfehlen. Swimmingpool und Garten. $$
■ **Kristallo,** Via Valeria, 36, Tel. Fax 09 2393 26 88. Solide und komfortabel. $$

Restaurants

■ **Al Pesciolino,** Lungomare San Vito, Tel. 09 23 90 92 86. Alle Arten von Meeresgetier kommen hier auf den Tisch. $$

- **La Barchessa,** Lungomare Mazzini. Das ehemalige »baglio« (Weinkellerei oder Lagerhaus) ist heute eine preisgünstige Pizzeria mit Tischen im Freien.
- **Odeon,** an der Kreuzung Via Crispi und Corso Umberto. Ideal zum Frühstücken oder für einen Imbiss. $
- **Ristorante del Pescatore,** Via Castelvetrano, 191, Tel. 09 23 94 75 80. Spezialitäten: Schwertfisch und scharfe Nudelgerichte. Feines gelato. Mo Ruhetag. $$$

Mazzarino

Restaurants

- **Alessi,** Via Caltanissetta, 20, Tel. 09 34 38 15 49. Restaurant und Pizzeria, die »Wagenräder« gibt's aber nur abends. Ganzjährig geöffnet. $$.

Messina

Touristeninformation

- **AAPIT,** Via Calabria, 301, Tel. 0 90 67 42 36, Fax 0 90 60 10 05.

Unterkunft

- **Jolly Hotel dello Stretto,** Via Garibaldi, 126, Tel. 0 90 36 38 60, Fax 09 05 90 25 26. Gut geführtes Hochhaushotel. $$$$
- **Paradiso,** Loc. Contemplazione, Via Consolare Pompea, 441, Tel. 0 90 31 06 82, Fax 0 90 31 20 43. 3 km außerhalb Messinas gelegenes modernes Haus mit schöner Aussicht. $$$
- **Monza,** Viale S. Martino, 63, Tel./Fax 0 90 67 37 55. Zentral, Zimmer ohne Bad günstiger. $$
- Jugendherberge, Piazza Spirito Santo, Alì. Private Jugendherberge in ehemaliger Kirche. Zu erreichen mit dem AST-Bus von Messina (der letzte um 20 Uhr).

Restaurants

Der größere Teil der besseren Restaurants befindet sich entlang dem Viale San Martino und in der oder um die Via Santa Cecilia. Den besten Fisch gibt es aber außerhalb der Stadt – am Lago Gazzira.

- **Ristorante Alberto Sporting,** Via Nazionale (12 km Richtung Torre Faro) in Mortelle, Tel. 0 90 32 10 09. Anders als der Name es vielleicht vermuten ließe, ein Spitzenrestaurant mit Blick auf den stretto, die Straße von Messina. Mo Ruhetag. $$$–$$$$
- **Alberto,** Via Ghibellini, 195, Tel. 0 90 71 07 11 44. Wegen der Vorspeisen zu empfehlen. $$
- **Donna Giovanna,** Via Risorgimento, 16, Tel. 0 90 71 85 03. Traditionelle sizilianische Küche, immer überfüllt. $$
- **No. 1,** Via Risorgimento, 192, Tel. 0 90 71 74 11. Prima Pizze, nur abends geöffnet. Juni–Aug. geschlossen, Di Ruhetag. $
- **Al Padrino,** Via Santa Cecilia, 54, Tel. 09 02 92 10 00. Hier winkt eine besondere Spezialität: baccalà (Stockfisch). Sa/So Ruhetag. $
- **Gambero Rosso,** Via Consolare Pompea, Tel. 0 90 39 38 73. Hervorragender Fisch! Di Ruhetag. $$

Messina Lido Mortelle

Unterkunft

- **Giardino delle Palme,** Via Consolare Pompea (SS 113), Tel. 0 90 32 10 17, Fax 0 90 32 16 66. Modernes Hotel in Meeresnähe. $$$
- **Faro,** Loc. Torre Faro, Via Circuito, 45, Tel. 0 90 32 17 62, Fax 0 90 32 66 70. Einfach. Frühstück extra. $

Milazzo

Milazzo ist der Hafen zu den Liparischen (Äolischen) Inseln. An sich kein besonders interessanter Ort,

aber praktisch für eine Übernachtung, wenn man am folgenden Tag auf die Inseln übersetzen möchte.

Unterkunft

- **Riviera Lido,** C. da Corrie, Strada Panoramica (2 km außerhalb im Osten), Tel. 09 09 28 34 56, Fax 09 09 28 78 34. Direkt am Meer gelegen, aber nicht alle Zimmer haben Meerblick. $$-$$$
- **Central,** Via del Sole, 8, Tel. 09 09 28 10 43. Freundlich, sauber, Etagenbäder, Zimmer teilweise mit Balkon. $

Modica

Die Provinzstadt bildet eine annehmbare Alternative zu Ragusa.

Unterkunft

- **Bristol,** Via Risorgimento, 8b, Tel. 09 32 76 28 90. Komfortabel. $$

Restaurants

- **Pasticceria Antica Dolceria Bonajuto,** Corso Umberto I, 159, Tel. 09 32 94 12 25. Das Paradies für Naschkatzen!
- **Fattoria delle Torri,** Via nativo, 30–32, Tel. 09 32 75 12 86. In Costa, dem interessanten arabischen Viertel, gelegene Trattoria mit feinen, fantasievollen Kreationen. Unbedingt reservieren. Keine Kreditkarten. Mo Ruhetag, Jahresurlaub wechselnd. $$-$$$
- **Trattoria la Rusticana,** Viale Medaglie d' Oro, 34, Tel. 09 32 94 29 50. Spezialitäten aus der Region. Keine Kreditkarten. So Ruhetag. $$
- **Trattoria dell' Arco,** Piazza Corrado Rizzone,11, Tel. 09 32 94 27 27. Trattoria mit lokaltypischer Küche. So Ruhetag. $

Monreale

Diese schöne Kirchenstadt ist hinsichtlich Unterkunft eine preisgünstige Alternative zu Palermo.

10

Unterkunft

■ **Carrubbella Park Hotel,** Via Umberto, 233, Tel. 09 16 40 21 88, Fax 09 16 40 21 89. Etwa 1 km außerhalb von Monreale, mit herrlicher Aussicht auf die Conca d' Oro. Frühstück extra. $$
■ **Il Ragno,** Via Provinciale, 85 (Loc. Giacalone), Tel. 0 91 41 92 56. 11 km außerhalb von Monreale in Richtung Sciacca auf dem Land gelegen. Eine gute Möglichkeit für Reisende mit Auto, die außerhalb des Einzugsgebietes von Palermo wohnen möchten. Frühstück extra. $

Restaurants

Mit dem Massentourismus sind in Monreale die Preise ohne jedes Verhältnis zur Qualität der Küche ins Astronomische gestiegen.
■ **La Botte,** C. da Lenzitti, 20, Circonvallazione Monreale, Tel. 0 91 41 40 51. 3 km außerhalb der Stadt an der Straße nach Trapani unterhalb des Friedhofs. Diese rustikale osteria ist bezaubernd, das Essen zwar einfach, aber gut. Im August geschlossen. $$
■ **Osteria delle Lumache,** Via San Castrense, 50. Ein ganz schlichtes Lokal mit normalen sizilianischen Gerichten. $
Eine gute Alternative ist die focacceria (Bäckerei) gleich nebenan. Dort gibt es typische kleine Leckerbissen.

Montelepre

Reizendes Gebirgsdorf in geringer Entfernung von Palermo. Um die Heimat des berühmt-berüchtigten Banditen Salvatore Giuliano zu erforschen, braucht man allerdings ein Auto.

Unterkunft

■ **Rose Garden,** Via Circonvallazione, 120, Tel. 09 18 78 43 60, Fax 0 91 87 84 192. Nettes 2-Sterne-Haus. Frühstück extra. $

Mussomeli

Restaurants

■ **La Baracca,** Via Dogliotti, Tel. 09 34 95 21 90. Restaurant und Bar, d. h. nur panini, tramezzini und Getränke. Keine Kreditkarten. Fr Ruhetag, 2 Wochen im Aug. geschlossen. $

Nicolosi

Der Winterurlaub muss hier frühzeitig gebucht werden.

Unterkunft

■ **Biancaneve,** Via Etnea, 163, Tel./Fax 0 95 91 11 94. Swimmingpool und Tennisplätze. $$
■ **Gemellaro,** Via Etnea, 160, Tel. 0 95 91 10 60, Fax 0 95 91 10 71. Frühstück extra. $$
■ **Monti Rossi,** Via Etnea, 177, Tel. 09 57 91 43 93. Schlicht, nur im Winter geöffnet. Frühstück extra. $
■ Jugendherberge: Ostello della Gioventù Etna, Via della Quercia, 5, Tel. 09 57 91 46 86. Sehr gutes Ausgangsquartier für Ätna-Exkursionen.

Restaurants

■ **Al Bongustaio,** Via Etnea, 105/F. Ein typisches Restaurant mit köstlichen hausgemachten antipasti, vorwiegend mit Pilzen. $
■ **Etna,** Via Etnea, 93, Tel. 0 95 91 19 37. Traditionelle Küche der Gegend um den Ätna, zu den Spezialitäten gehören Pilzrisotto, cinghiale alla griglia (Wildschwein vom Grill) und insalata di funghi crudi (Salat aus rohen Pilzen). Mo Ruhetag, Betriebsferien Feb. oder März. $$

Nicosia

Dieses von Touristen noch weitgehend unberührte Städtchen ist ein sehr angenehmer Stützpunkt für Ausflüge in das hügelige Hinterland Ennas.

Unterkunft

■ **Pineta,** Loc. San Paolo, 35 A, Tel./Fax 09 35 64 70 02. Neues Haus in Pinienhain. Frühstück extra. $$
■ **Vigneta,** C. da San Basilio, Tel. 09 35 64 60 74. Frühstück extra. $
■ **Patria,** Via Vitt. Emanuele, 13, Tel. 09 35 64 61 03. Sehr einfaches Haus in zentraler Lage. $

Noto

Unterkunft

■ **Club Eloro,** C. da Pizzuta, Noto Marina, Tel. 09 31 81 22 44, Fax 09 31 81 22 00. Hotel an der Küste Notos. $$$$
■ **Stella,** Via Francesco Maiore, 44, Tel. 09 31 83 56 95. Diese preisgünstige pensione ist das einzige Quartier in der barocken Altstadt. Deshalb rechtzeitig buchen! $

Restaurants

■ **Trattoria del Carmine,** Via Ducezio, 9, Tel. 09 31 83 87 05. Hausgemachte und einheimische Spezialitäten. Keine Kreditkarten. Mo Ruhetag (außer im Sommer). $$
■ **Neas,** Via Rocco Pirri, 30, Tel. 09 31 57 35 38. Spezialisiert auf Fisch und Meeresfrüchte. Mo Ruhetag. $$$

Palermo

Touristeninformationen

Das regionale **Touristenbüro** ist für ganz Sizilien zuständig:
■ Via Emanuele Notarbartolo, 9b, Tel. 09 16 96 80 31, Fax 09 16 96 80 91, E-mail: sicily@www.sicily.infcom.it, www.sicily.infcom.it
■ **AAPIT,** Piazza Castelnuovo, 34, Tel. 09 16 05 81 11 und 0 91 58 38 47, Fax 0 91 33 18 54. Hier erhält man Auskünfte über die Provinz sowie die Stadt Palermo. Informationen erhält man auch am Flughafen (Tel. 09 16 16 59 16), am

Bahnhof (Tel. 09 16 16 59 14) und im Hafen. (www.aapit.pa.it)
Das städtische Touristenbüro für die Stadt Palermo selbst befindet sich unlogischerweise außerhalb des Stadtzentrums:

- **Azienda Autonoma di Turismo,** Palermo e Monreale, Salita Belmonte, 1, Tel. 0 91 54 01 22 und 09 16 39 80 11, Fax 09 16 37 54 00.

Unterkunft

Wählen Sie zwischen einem Hotel im geschäftigen Zentrum Palermos (idealer Stützpunkt für die Besichtigung der historischen Stätten) und einer Unterkunft im außerhalb der Stadt gelegenen Badeort Mondello. In Palermo selbst haben die Unterkünfte vernünftige Preise und sind leichter zu finden als in den meisten anderen Teilen der Insel. Es ist jedoch ratsam, in der Hauptstadt ein Quartier einer der oberen Kategorien zu buchen. Aus Sicherheitsgründen sollte man einem Hotel an einer Hauptstraße den Vorzug geben. Viele Unterkünfte konzentrieren sich am südlichen Ende der Via Roma und der Via Maqueda zwischen dem Bahnhof und dem Corso Vittorio Emanuele. Die Häuser weiter unten auf dem Corso sind teurer. Das moderne Viertel Viale della Libertà, zu Fuß vom historischen Zentrum gut erreichbar, ist in vielerlei Hinsicht eine gute Wahl: es bietet Sicherheit, Bequemlichkeit und besitzt etliche schicke Bars. Es gibt einige sehr günstige Unterkünfte um La Kalsa, doch ist diese Gegend weniger empfehlenswert.

Luxusklasse

- **Villa Igiea Grand Hotel,** Salita Belmonte, 43, Tel. 0 91 54 37 44, Fax 0 91 54 76 54. Eines der wenigen 5-Sterne-Hotels auf Sizilien, ursprünglich eine Villa der Unternehmerfamilie Florio. Nach der Restaurierung erstrahlt das Bauwerk im alten Glanz. Es liegt in Acquasanta auf einer Klippe über der Stadt und der Bucht, mit Blick bis zur Conca d' Oro. Piano-Bar und Restaurants. $$$$$

- **Excelsior Palace,** Via Marchese Ugo, 3, Tel. 09 16 25 61 76, Fax 0 91 34 21 39. Äußerst komfortabel, neu hergerichtet im Stil des 19. Jhs. Da die Zimmer sehr verschieden sind, sollte man sie sich vor der Anmeldung ansehen. Schöne Lage gegenüber einem Park im schicken Teil von Palermo. Freundliches Personal. Hervorragende Restaurants. $$$$$

- **Grande Albergo delle Palme (Grandhotel des Palmes),** Via Roma, 398, Tel. 0 91 58 39 33, Fax 0 91 33 15 45. Eines der ältesten Hotels im Stadtzentrum. Wagner vollendete hier 1882 seine Oper »Parsifal«. Leicht abgenutzter viktorianischer Charme. Die Halle im Jugendstil ist wesentlich großartiger als die modernen Zimmer. Selbst wenn man nicht hier wohnt, einen Cocktail oder Aperitif sollte man sich hier schon gönnen. $$$$$

- **Jolly Hotel,** Foro Italico, 22, Tel. 09 16 16 50 90, Fax 09 16 16 14 41. Großes, modernes Hotel mit Garten und Swimmingpool direkt am Meer. Es grenzt an das abends und nachts unsichere Kalsa-Viertel. Ein Shuttlebus bringt (etwa zehnmal täglich) die Gäste zum Teatro Politeama. Frühstück extra. $$$$

Mittlere Preisklasse

- **Centrale,** Corso Vittorio Emanuele, 327, Tel. 0 91 33 66 66, Fax 0 91 33 48 81. Hotel mit dem dekandenten Charme 1930er-Jahre in der Nähe des alten Viertels Quattro Canti. $$$
- **Cristal Palace Hotel,** Via Roma, 477, Tel. 09 16 11 25 80, Fax 0 91 61 25 89. Modernes Hotel gegenüber dem Grande Albergo delle Palme. Zentral gelegen und komfortabel. $$$–$$$$
- **Europa,** Via Agrigento 3, Tel./Fax 09 16 25 63 23. Reizendes, ruhiges Jugendstilhaus in kurzer Distanz zur Altstadt und der Flaniermeile Via Libertà. $$$–$$$$

Preisgünstig

- **Tonic,** Via M. Stabile 126, Tel. 0 91 58 55 60, Fax 0 91 58 17 54. In Opernnähe gelegene Gründerzeitvilla, kürzlich renoviert und für ein 2-Sterne-Hotel sehr sauber und komfortabel. Frühstück extra. $$
- **Moderno,** Via Roma, 276, Tel./Fax 0 91 58 86 83. Zentral gelegen, sauber und gutes Preis-Leistungs-Verhältnis. $$
- **Albergo Orientale,** Via Maqueda, 26, Tel. 09 16 16 57 27. Einfach. Ehemaliger Palazzo mit Marmorhof und viel Atmosphäre. Nicht weit vom Bahnhof. Zimmer ohne Frühstück. $$
- **Alessandra,** Via Divisi, 99, Tel. 09 16 16 70 09, Fax 09 16 16 51 80. Ziemlich einfaches, aber sauberes modernes Hotel mit großen Zimmern. In Bahnhofsnähe in einer Querstraße der Via Maqueda. Gut für Einzelreisende. $$

Restaurants

Palermos beste Hotels verfügen auch über exzellente Restaurants. Besondere Erwähnung verdienen die Villa Igiea, das Excelsior Palace und das Grandhotel delle Palme.

- **L' Abbuffata,** Via Messina Marina, 442, Tel. 0 91 47 46 85. Großzügige Portionen zu mäßigen Preisen. $$
- **Ali Baba,** Piazza San Francesco da Paola (in der Nähe des Teatro Politeama und des Palazzo di Giustizia). Günstiges Essen mit dem im Westen der Insel üblichen maurischen Einschlag. $
- **Antica Focacceria San Francesco,** Via A. Paternostro, 58, Tel. 0 91 32 02 64. Das Jugendstil-Lokal ist vielleicht nicht jedermanns Geschmack, verdient aber unbedingt einen Besuch: es ist eigenwillig, hektisch, billig und raubeinig. Der richtige Ort für Innereien, arancini und panini di panelle. Mo Ruhetag. $
- **Caffè d' Oriente,** Piazza Gran Cancellieri, 8 (nahe der Kathedra-

10

le), nordafrikanische Spezialitäten, Bauchtanz bei Pfefferminztee. $–$$

■ **Caffè Quattro Canti,** Corso Vittorio Emanuele, 315. Gut für leckere Snacks wie crostini, die man im Café zu sich nehmen kann. $

■ **Cappuccino,** Via Villareale, 20. Eine Bar (tavola calda), in der man kleine Leckerbissen wie Sardinen, Quiches und Salami bekommt. $

■ **La Carbonella,** Via delle Madonie, 39, Traversa Regione Siciliana, Tel. 0 91 51 31 61. Außerhalb des Zentrums gelegen. Pizza, Tische im Freien. Mo Ruhetag. August geschlossen. $$

■ **Charleston,** Piazzale Ungheria, 30, Tel. 0 91 32 13 66. Erstklassige sizilianische Küche, eine der besten Siziliens. Vor allem abends wird elegante Kleidung erwartet. Von Mitte Juni bis September geschlossen, wenn das Personal wie die übrige Gesellschaft Palermos nach Mondello übersiedelt. Reservieren! So Ruhetag. $$$$

■ **Cucina Papoff,** Via La Lumia, 29b, Tel. 0 91 32 53 55. Verfeinerte, doch einfallsreiche sizilianische Küche in Jugendstil-Ambiente. Freundliche Atmosphäre. Zu empfehlen ist »u maccu«, dicke Bohnen mit Fenchel. So Ruhetag. August geschlossen. $$

■ **Gourmand's,** Viale della Libertà, 37, Tel. 0 91 32 34 31. Im Michelin erwähntes Restaurant in gepflegtem ultra-modernem Stil. Die Gerichte sind leicht und delikat; auch die antipasti und der pesce spada affumicato (geräucherter Schwertfisch). So Ruhetag. August geschlossen. $$$$

■ **La Scuderia,** Viale del Fonte, 9, Tel. 0 91 52 03 23. Exzellente Regionalküche. So Ruhetag, 2 Wo im August geschlossen. $$$

■ **Osteria da Ciccio,** Via Firenze, 6, Tel. 0 91 32 91 43. Dieses nette Restaurant bietet u. a. peperoni und Schwertfisch in Knoblauch und Kräutern an. So Ruhetag. $$

■ **Pizzeria Bellini,** Piazza Bellini. Eine gut besuchte Pizzeria in schöner Umgebung, die sich nach einer

Besichtigung der Chiesa La Martorana anbietet. Im Sommer ist die Pizzeria bis 2 Uhr früh geöffnet – ein attraktiver Ort, um die illuminierten Kirchen zu bewundern. $$

■ **Ristorante la Botte,** C. da Lenzitti, 416, Circonvallazione Monreale, Tel. 0 91 41 40 51. Außerhalb. $$

■ **Roney's,** Viale della Libertà, 13. Eine schicke Terrassenbar zum »Leutegucken«. Verschiedene feine Snacks und leichte Gerichte zu mäßigen Preisen, von calamari fritti und arancini bis zum gelato. $$

■ **Self Service,** Piazza Politeama (neben dem Fremdenverkehrsbüro). Günstige Gerichte, auch zum Mitnehmen. $

■ **Trattoria Shanghai,** Vicolo dei Mezzani, 34, Tel. 0 91 58 97 02 oder 0 91 58 95 73. Das Essen ist billig, das Lokal baufällig, also wirklich nicht der schönste Fleck von Palermo, aber es steht als Künstlertreff auf jedermanns Liste. Das Gebäude zeigt auf den Vucciria-Markt. Mi Ruhetag. $$

■ **Trattoria al Buco,** Via Granatelli, 33, Tel. 0 91 32 36 61. Gutes Essen, serviert in einem attraktiven, modern eingerichteten Lokal. Mo Ruhetag. $$

■ **Trattoria Stella** (Albergo Patria), Via Alloro, 104, Via Schiavuzzo, Tel. 09 16 16 11 36. Gemütliches Restaurant im Hof einer Palazzo-Ruine. Mo Ruhetag, im Sommer: So! 2 Wo im August geschlossen. $$

Palermo
Mondello Lido

Unterkunft

Für Familien mit Kindern und alle, die sich ins Nachtleben stürzen möchten, ist Mondello ein geeigneterer Ausgangspunkt als Palermo-City. Während der Saison »flieht« ein Großteil der betuchten Palermitaner in den Badeort, bevorzugt in die Hotels, weshalb man unbedingt weit im Voraus buchen muss. Die

besten Hotels verfügen über Privatstrände. Für die übrigen Strände wird meist Eintritt verlangt.

■ **Mondello Palace,** Viale Principe di Scalea, Tel. 0 91 45 00 01, Fax 0 91 45 06 57. Modernes, Luxushotel am Meer. Swimmingpool, Tennis, Restaurant, Bar. $$$$$

■ **Conchiglia d' Oro,** Viale Cloe, 9, Tel. /Fax 091 45 03 59. Sonderkonditionen in der Nebensaison. Frühstück extra. $$$

■ **Splendid Hotel la Torre,** Piano Gallo, 11, Tel. 0 91 45 02 22, Fax 0 91 45 00 33. Betonblock, aber schöne Lage auf der felsigen Spitze der Bucht am Ende des Lido von Mondello. Zugang zum Strand, Swimmingpool und Tennisplätze. Viele Zimmer gehen auf das Meer oder den Garten hinaus. $$$$

■ **Villa Azzura,** Via Stesicoro, 14, Tel. 0 91 45 33 02. Klein, ruhig und sauber. 5 Gehminuten vom Meer entfernt, das Hotel besitzt einen eigenen kleinen Privatstrand. Hervorragendes Essen, so dass sich Halbpension wirklich lohnt. $$–$$$

Restaurants

Im eleganten Mondello gibt es viele Trattorien, auf deren Terrassen mit Meerblick man an lauen Sommerabenden hervorragend speisen kann.

■ **Ristorante Totuccio,** Via Torre, 26 a , Tel. 0 91 45 01 51. Pizzeria mit Piano-Bar. Guter Schellfisch und eine große Auswahl an antipasti. Zu empfehlen ist die zuppa di vongole (Muschelsuppe). $$$

■ **Charleston Le Terrazze,** Via Regina Elena, Tel. 0 91 45 01 71. Auf der Mole vor der Bucht. Die Sommerresidenz des Charleston, des berühmten Palermitaner Restaurants. Qualität und Preise entsprechen der Stadtfiliale. Kleiderordnung·auch! Okt.–Mai geschlossen. $$$$

Am anderen Ende des Markts kann man einen Imbiss im Stehen einnehmen: pasta alle sarde, frittierter Fisch, Shrimps, Gemüse, Muscheln, Couscous und fritelle – wer die Wahl hat . . .

Panarea

Unterkunft

■ **Cincotta,** Via San Pietro,
Tel. 0 90 98 30 14,
Fax 0 90 98 32 11, 3-Sterne-
Komfort mit wunderschönen
Terrassen und Ausstattung. $$$$
■ **Lisca Bianca,** Via Lani, 1,
Tel. 0 90 98 30 04,
Fax 0 90 98 32 91. Großer Garten,
alle Zimmer mit Balkon. Okt.–März
geschlossen. $$$$

Restaurants

In diesem »Ghetto der Reichen«
sind die besseren Restaurants auch
sehr teuer. Vor allem Wein und Fisch
kosten in den meisten Lokalen hier
deutlich mehr als andernorts.
■ **Hycesia,** Via San Pietro,
Tel. 0 90 98 30 41. Gute Fischgerichte und feine Nachspeisen.
Nov.–März geschlossen. $$

Pantelleria

Diese bergige Vulkaninsel liegt Tu-
nesien deutlich näher als Sizilien.
Im Sommer verkehrt täglich ein
Tragflügelboot zwischen Trapani
und der Insel.

Unterkunft

Die Unterkunftsmöglichkeiten sind
begrenzt, aber man kann Villen
oder Hotelzimmer mieten.
■ **Cossyra,** Loc. Cuddie Rosse-
Mursia, Mursia, Tel. 09 23 91 11 54,
Fax 09 23 91 10 26. 3 km vom
Hafen Pantellerias entfernt. Hotel
in schöner Anlage, mit Swimming-
pool, Tennisplätzen und Privat-
strand. $$
■ **Pirandello,** Via Giovanni XXIII,
5, Tel. 09 22 59 56 66,
Fax 09 22 40 24 97. 3-Sterne-Haus
in Zentrumsnähe. $$
■ **Port' Hotel,** Lungomare
Borgo Italia, 6, Tel. 09 23 91 12 99,
Fax 09 23 91 22 03,
E-mail: porthotel@pantelleria.it.
Frühstück extra. $$

■ **Miryam,** Corso Umberto, 1,
Tel. 09 23 91 13 74,
Fax 09 23 91 17 77. Keine Kredit-
karten. Frühstück extra. $$

Paternò

Unterkunft

■ **Sicilia,** Via Vitt. Emanuele, 391,
Tel. 0 95 85 36 04,
Fax 0 95 85 47 42. Häufig belegt.
Schlecht gelauntes Personal, aber
das einzige Hotel der Stadt. Früh-
stück extra. $

Pedara

Restaurants

■ **La Bussola,** Piazza Don Bosco,
10, Tel. 0 95 78 02 50. Das »alla
spagnola« eingerichtete Restau-
rant konzentriert sich auf Gerichte
aus der Ätna-Region, von Braten
bis hin zu Wild- und Pilzdelikates-
sen. Abends auch Pizzeria und Bar.
Mo Ruhetag. $$

Piazza Armerina

Die ansprechende Stadt ist ein idealer Übernachtungsort für alle, die
eine der größten Attraktionen Siziliens, die Villa Romana del Casale,
besichtigen wollen.

Touristeninformation

■ **AAPIT,** Via Cavour, 15,
Tel. 09 35 68 02 01.

Unterkunft

■ **Park Hotel Paradiso,** C. da
Ramaldo, Tel. 09 35 68 08 41,
Fax 09 35 68 33 91. Komfortabel,
etwas außerhalb gelegen. Früh-
stück extra. $$$
■ **Villa Romana,** Via A. de
Gasperi, 18, Tel./Fax 09 35 68 29 11.
Schlichter 3-Sterne-Komfort. Früh-
stück extra. $$
■ **Hotel Mosaici da Battiato,**
C. da Paratore Casale, 11,
Tel./Fax 09 35 68 54 53. Nahe der
Villa Romana. Frühstück extra. $

Restaurants

■ **Da Pepito,** Via Roma, 140,
Tel. 09 35 68 57 37. Die Bedienung
ist manchmal etwas langsam, aber
die rustikalen Gerichte lohnen das
Warten. Di Ruhetag. $
■ **La Ruota di Pioni Fiorella,**
C. da Paratore Casale (in der Nähe
der Villa Romana del Casale),
Tel. 09 35 68 05 42. Eine Trattoria in
einer ehemaligen Mühle, die sich
auf Hausgemachtes spezialisiert
hat. Super-Maccheroni mit Auber-
ginen. Keramik-Ausstellung! $$
■ **La Tavernetta,** Via Cavour, 14
(nahe Piazza Garibaldi). Empfeh-
lenswert: die Nudeln mit Aubergi-
nen und Wildkräutern wie auch die
Fischspeisen. Reservieren! Keine
Kreditkarten. So Ruhetag. $$
■ **I Mosaici da Battiato,**
C. da Paratore Casale 11,
Tel. 09 35 68 54 53. Ausgezeichnete ländliche Küche. Im Sommer
unbedingt reservieren. Keine
Kreditkarten. $

Porto Empedocle

Als Stützpunkt nicht zu empfehlen,
aber ein guter Zwischenstopp, will
man mit der Fähre auf die Isole Pe-
lagie (Pelagischen Inseln).

Unterkunft

■ **Dei Pini,** außerhalb, an
der SS 115, Loc. Vincenzella,
Tel. 09 22 63 48 44,
Fax 09 22 63 28 95. Haus aus den
1970er-Jahren. Frühstück extra. $$

Portopalo di Capo Passero

Unterkunft

■ **El Condor,** Via Vitt. Emanuele,
38, Tel. 09 31 84 20 16. Einfach. Nur
Mitte Juni–Mitte Sept. in Betrieb. $
■ **Jonic,** Via Vitt. Emanuele, 19,
Tel. 09 31 84 27 32,
Fax 09 31 84 26 15. Preisgünstiges
Hotel im südlichsten Badeort. $$

10

Ragusa

Touristeninformation

■ **AAPIT,** Via Capitano Bocchieri, 33, Tel. 09 32 62 22 88 und 09 32 62 14 21, Fax 09 32 62 34 76. In Ragusa Ibla gelegen. Gut informierte und hilfsbereite Angestellte; die meisten Broschüren gibt es allerdings nur auf Italienisch.

Unterkunft

Leider gibt es in Ragusa Ibla (der mittelalterlichen Unterstadt) keine Hotels. Die einzigen Hotels sind in Ragusa Alta (der barocken und modernen Oberstadt). Die Parkplatzsuche ist schwierig, und die Straßenschilder und Einbahnstraßen der Stadt verwirren jeden Neuankömmling. Die Hotels sind meist einfach.

■ **Mediterraneo Palace,** Via Roma, 189, Tel. 09 32 62 19 44, Fax 09 32 62 37 99. Das zentral gelegene Hotel ist eine Alternative zum Montreal. $$$

■ **Montreal,** Via San Giuseppe, 8, Tel. 09 32 62 11 33. Dieses Hotel im Zentrum von Ragusa Alta ist wohl das angenehmste am Ort, wenn auch nicht überragend. $$

■ **San Giovanni,** Via Traspontino, 3, Tel. 09 32 62 10 13. Preisgünstiges Quartier in Bahnhofsnähe. Frühstück extra. $

■ **Eremo della Giubiliana,** C. da Giubiliana, km 9, Tel. 09 32 66 91 19, Fax 09 32 62 38 91. Zwischen Ragusa und Marina di Ragusa liegt diese befestigte mittelalterliche Eremitage, heute eines der hinreißendsten Hotels auf Sizilien, dessen äußerliche Strenge mit seinem inneren Charme wetteifert. Vom dazugehörigen Privatflughafen können Sie Kurztrips zu den vorgelagerten sizilianischen Inseln und nach Malta unternehmen. $$$$$

Restaurants

■ **Osteria del Braciere,** C. da San Giacomo Bellocozzo,

Tel. 09 32 23 12 24. Eine echte und preisgünstige ländliche Trattoria nordöstlich von Ragusa. Keine Kreditkarten. Mittags geschlossen, Mo Ruhetag, 15. Juli–Aug. geschlossen. $$

■ **Trattoria Ragusana,** Via San Sebastiano, 47 (von der Piazza San Giovanni nimmt man die Via M. Coffa), Tel. 09 32 64 18 14. Einfach, köstlich, Tageskarte. $

■ **U Saracinu,** Via del Convento, 9, Ragusa Ibla, Tel. 09 32 24 69 76. Gegenüber von San Giorgio, werden in einem Gewölbekeller rustikale Gerichte serviert. Gutes Menü! Mi Ruhetag. $$

■ **Villa Fortugno,** 4 km außerhalb von Ragusa an der Strada Provinciale nach Marina di Ragusa, Tel. 09 32 66 71 34. Ländliche Küche mit sizilianischen Würsten und Schweinefleisch-Töpfen. Mo Ruhetag, 10 Tage im Aug. geschlossen. $$$

Randazzo

Restaurants

■ **La Veneziana,** Via Romano, 8, Tel. 09 57 99 13 53. Restaurant mit leckeren regionalen Gerichten. Mo Ruhetag. $$

Salina

Touristeninformation

■ **AAST,** Via Notar Giuffre, Tel. 09 09 84 30 03 (nur im Sommer).

Restaurants

Die besseren Bars und Trattorien findet man in Santa Marina gegenüber der Küste von Lipari. Viele Gerichte enthalten die Kapern der Gegend. Salinas ausgezeichneter Malvasia-Wein ist natürlich besonders zu empfehlen.

■ **Il Delfino,** Piazza Marina Garibaldi, 5, Tel. 09 09 84 30 24. Schwertfisch und andere sehr gute Meeresspezialitäten. $

San Leone

Von diesem kleinen Ort an der Südküste kann man die nur 7 km entfernten griechischen Heiligtümer von Agrigent in einem Tagesausflug erkunden.

Unterkunft

■ **Pirandello Mare,** Via G. de Chirico, 17, Tel. 09 22 41 23 33, Fax 09 22 41 36 93. Unansehnliches, aber komfortables Hotel mit Restaurant und Bar. Frühstück extra. $$

■ **Akragas,** Via Emporium, 16, Tel./Fax 09 22 41 40 82. Hotel an der Küste mit Restaurant und Bar. Gut geeignet für Familien. Frühstück extra. $

San Vito lo Capo

Ein seit längerem aufstrebender Urlaubsort in der Nähe von Castellammare mit Wildwest-Atmosphäre. Trotzdem ist es dort angenehm und sicher, eine gute Wahl für Familien oder Reisende mit einem begrenzten Budget. Die beliebtesten Hotels liegen in und um die Via Savoia und die Via Mulino.

Unterkunft

■ **Hotel Capo San Vito,** Via San Vito, 1, Tel. 09 23 97 22 84, Fax 09 23 97 25 59. Großes Hotel, 10 km vom Ort entfernt direkt am Meer gelegen, Privatstrand, Gärten und Tennisplätze, komfortable Zimmer. Frühstück extra. $$$$

■ **Vecchio Mulino,** Via Mulino, 49, Tel. 09 23 97 25 18. Hotel mit Panoramaterrasse und gutem Restaurant. Frühstück extra. $

Restaurants

■ **Antica Trattoria Cusenza,** Via Savoia, 24, Tel. 09 23 97 27 68. Fischgerichte. $$

■ **Ristorante Riviera,** Via Lungomare, Tel. 09 23 97 24 80. Eine schlichte Trattoria in einem kleinen,

aber quicklebendigen Badeort. Mo
Ruhetag (außer im Sommer),
Nov./Dez. geschlossen. $$

Selinunt

Unterkunft

In Selinunt gibt es eine Reihe
durchschnittlicher Strandhotels.
■ **Paradise Beach,** C. da Belice
di Mare, Tel. 0 92 44 63 33,
Fax 0 92 44 64 77. 6 km von Mari-
nella entfernt am Meer gelegen,
nahe am Naturschutzgebiet Foce di
Fiume Belice. Ein Klubhotel mit
ausgezeichneten Sportanlagen,
Swimmingpool und Tennisplätzen.
250 Zimmer. Nov.–Feb. geschlos-
sen. Frühstück extra. $$$
■ **Alceste,** Via Alceste, 23,
Marinella, Tel. 0 92 44 61 84,
Fax 0 92 44 61 43. Mit Terrasse,
Garten, Solarium. Frühstück
extra. $$
■ **Garzia-Hotel,** Via A.
Pigafetta, 6–8, Tel. 0 92 44 60 24,
Fax 0 92 44 61 96. Haupthaus mit
68 sauberen, gut eingerichteten
Zimmern. Frühstück extra. $

Restaurants

■ **Lido Azzurro,** Via Marco Polo,
51, Marinella di Selinunte (an der
Küstenstraße), Tel. 0 92 44 62 11.
Preisgünstige, frische Fischgerichte.
Ende Okt.–Feb. geschlossen. $$
■ **Ristorante Pierrot,** Via Marco
Polo, 108, Tel. 0 92 44 62 05. Alt-
eingesessenes Fischrestaurant mit
gutem Hauswein und feinen antipasti di mare. $–$$

Sciacca

Die Stadt in der Provinz Agrigent ist
zwar schmuddelig, aber bei Italienern und Deutschen wegen der
Thermalbäder beliebt.

Touristeninformation

■ **AAST,** Cs. Vitt. Emanuele, 84,
Tel. 0 92 52 11 82,
Fax 0 92 58 41 21.

Unterkunft

■ **Grande Hotel delle Terme,**
Piazza delle Nuove Terme,
Tel. 0 92 52 31 33,
Fax 0 92 58 70 02. Das Hotel ver-
fügt über ein Thermal-Kurbad.
Frühstück extra. $$$
■ **Garden,** Via Valverde, 2,
Tel./Fax 0 92 52 62 99. Frühstück
extra. $
■ **La Paloma Bianca,** Via Figuli,
5, Tel. 0 92 52 51 30. Frühstück
extra. $

Restaurants

Die besten und preisgünstigsten
Fischrestaurants findet man in der
Unterstadt beim Hafen.
■ **Trattoria Ardizzone** (am unte-
ren Ende der Treppe am Haupt-
platz). Bei den Einheimischen ist
die Trattoria als »Zia Maria« be-
kannt. Nicht vergessen: Tabisca
(Pizza-Spezialität) probieren!
■ **Hosteria del Vicolo,**
Vicolo Sammaritano, 10,
Tel. 0 92 52 30 71. Nudelgerichte
und Meeresfrüchte. So und Mo
Abend Ruhetag, 15.–31. Okt.
geschlossen. $$$

Stromboli

Touristeninformation

■ **AAST,** Ficogrande (im Hafen),
Tel. 0 90 98 62 85 (nur im Sommer).
Infos über den Vulkan Stromboli
finden Sie unter: www.ezinfo.ethz.
ch/volcano/strombolihome.html

Unterkunft

■ **La Sciara Residence,** Via
Soldato Cincotta, Tel. 090 98 61 21,
Fax 0 90 98 60 04. Eines der besten
Hotels der Insel, was sich in den
Preisen niederschlägt. $$$$
■ **Villa Petrusa,** Via Vitt. Emanu-
ele, 13, Tel. 0 90 98 60 45. Nettes
Haus mit ebensolcher Dependance,
schöner Garten, einige Entfernung
vom Hafen. Nov.–März geschlos-
sen. Frühstück extra. $$

■ **Miramare,** Via Nunziante, 3,
Tel. 0 90 98 60 47,
Fax 090 98 63 18. Einfach, aber
sauber und schön. 7. Okt.–Mitte
April geschlossen. $$
■ **Locanda Petrusa,** Via
Sopra Pertuso, Loc. Ginostra,
Tel./Fax 09 09 81 23 05. Einfache
Unterkunft im reizvollen Ort
Ginostra. $

Restaurants

Die besten Restaurants befinden
sich in Stromboli selbst (San Vincenzo), aber auch in Ginostra gibt
es einige gute Trattorie.
■ **Il Cannetto,** Via Roma, 98,
Tel. 0 90 98 60 14. Nettes Lokal mit
reizvollem Innenhof und gutem
Service. $–$$
■ **Locanda Barbablù,**
Via Vitt. Emanuele, 17–19,
Tel. 0 90 98 61 18. Gartenrestau-
rant im gleichnamigen Hotel.
Hier kocht der Chef und der Gast
nimmt's dankbar zur Kenntnis.
Ausgezeichnete sizilianisch-
napoletanische Kreationen. Nov.
und Feb. geschlossen. $$$

Syrakus

Syrakus boomt seit längerem mäch-
tig, daher gibt es auch viele neue
Hotels. Der Großteil befindet sich in
den modernen Stadtvierteln. Die
Häuser sind, verglichen mit dem
übrigen Sizilien, »internationaler«
und effizienter, scheinen jedoch
manchmal ein wenig gesichtslos.
Man darf nicht vergessen, dass die
Hotels in der Regel etwas abseits
der archäologischen Stätten und
der Insel Ortygia liegen. Man ist
also auf die öffentlichen Verkehrs-
mittel oder ein Auto angewiesen.

10

Touristeninformationen

■ **AAPIT,** Via San Sebastiano, 45,
Tel. 0 93 16 77 10,
Fax 0 93 16 78 03.
■ **ASST,** Via Maestranza, 33,
Tel. 0 93 16 52 01 oder
09 31 46 42 55.

Hilfsbereites und freundliches Personal. Hier bekommt man reichhaltige Informationen. Das Stadtbüro ist in Ortygia, und das Büro für die Provinz befindet sich in der Nähe des Archäologischen Museums. Nicht alle Mitarbeiter sprechen Englisch.

Unterkunft

■ **Jolly Hotel,** Corso Gelone, 45, Tel. 09 31 46 11 11 oder 0 93 16 43 50, Fax 09 31 46 11 26. Hotel im Einkaufsviertel, zugleich nicht weit von den Sehenswürdigkeiten entfernt. $$$$
■ **Grand Hotel,** Via Mazzini, 12, Tel. 09 31 46 46 00, Fax 09 31 46 46 11. Das romantischste Nachtquartier Ortygias im 1995 luxuriös renovierten Jugendstilgebäude. Oberhalb des Porto Grande. $$$$
■ **Forte Agip,** Viale Teracati, 30, Tel. 09 31 46 32 32, Fax 0 93 16 71 15. Ein Hotel für Geschäftsreisende. Es erhebt sich zwar unmittelbar aus einer Agip-Tankstelle, ist aber der beste Stützpunkt für Archäologiefans, da es in der Nähe der antiken Stätten liegt. $$$$
■ **Park Hotel,** Via Filisto, 80, Tel. 09 31 41 22 33 oder 0 9313 27 58, Fax 0 93 13 80 96. Elegantes Hotel mit Swimmingpool und ziemlich teurem Restaurant. Es liegt im modernen Viertel im Osten der Stadt in einer ruhigen Wohngegend. Gute Parkmöglichkeiten. $$$
■ **Como,** Piazza Stazione, 10, Tel. 09 31 46 50 55, Fax 09 31 46 50 56. Ideale Lage auf halber Strecke zwischen dem Archäologischen Park und Ortygia. Gutes Restaurant. $$
■ **Gran Bretagna,** Via Savoia, 21, Tel. 0 93 16 87 65. Diese einzige preisgünstige Pension auf Ortygia ist häufig occupata – voll besetzt. Keine Kreditkarten. $$
■ Jugendherberge, Albergo per la Gioventù, Viale Epipoli, 45, Tel. 0 93 71 11 18, Fax 0 93 37 79 22. Eine private

Jugendherberge mit maximal vier Betten pro Zimmer. Frühstück, manchmal auch andere Mahlzeiten. 30 Minuten mit dem Bus zum Stadtzentrum.

Restaurants

Die besseren Restaurants liegen auf der Insel Ortygia, wo nachts seit geraumer Zeit das Leben braust . . .
■ **Archimede,** Via Gemmellaro, 8, Tel. 0 93 16 97 01. Eines der besten und ursprünglichsten Restaurants auf Ortygia. Große Auswahl an Gerichten, wobei die Meeresfrüchte dominieren, und eine Reihe raffinierter (und fischiger) antipasti. So Ruhetag (außer im Sommer). $$
■ **Belvedere,** Castello Eurialo. Restaurant und Pizzeria hoch oben über der Stadt. Treffpunkt der örtlichen Jugend.
■ **Capriccio,** C. da Canalicchio (2 km vom griechischen Theater entfernt an der SS 124), Tel. 0 93 16 98 85. Das Restaurant mit Pizzeria (abends), Piano-Bar und entsprechendem Geräuschpegel ist für gesellige Gruppen geeignet. Große Auswahl an antipasti. Tische im Freien. $
■ **Darsena,** Riva Garibaldi, 6, Tel. 0 93 16 61 04. In dieser trattoria mit schönem Blick auf die Brücke und den inneren Hafen werden Shrimps und Fische frisch serviert. Mi Ruhetag. $$
■ **Jonico 'a Rutta 'e Ciauli,** Riviera Dionisio Il Grande, 194, Tel. 0 93 16 55 40. Hervorragend die Gerichte (probieren: pasta a muddica!), herrlich der Hafenblick. Di Ruhetag. $$$
■ **La Foglia,** Via Capodieci, 29, Tel. 0 93 16 62 33. Zauberhaft eingerichtetes kleines Lokal mit wenigen Plätzen. Vegetarische Suppen und Salate. Di Ruhetag (außer im Sommer). $$
■ **Fratelli Bandieri,** Via Trieste, 42, Tel. 0 93 16 50 21. Das einst beste Restaurant in Syrakus hat immer noch eine unglaubliche Vielfalt an Gerichten zu bieten. Keine Kreditkarten. Mo Ruhetag. $$

■ **Ristorante Minerva,** Piazza Duomo, 20, Tel. 0 93 16 94 04. Praktisch für ein Mittagessen nach der Besichtigung des grandiosen Doms. Mo Ruhetag.
■ **Porticciola,** Via Trento, am Markt, Tel. 0 93 16 19 14. Vorzüglich schmecken die Fischplatte vom Grill und der frische Hummer. Mo Ruhetag, Betriebsferien im Nov. $$
■ **La Scaletta,** Largo Porto Marina, 1, Tel. 0 93 12 47 27. An einem malerischen Platz auf Ortygia mit weitem Blick über das Meer gelegen. Ländlich, ruhig und im Sommer immer überfüllt. Die cucina casalinga (Küche nach Hausfrauenart) schließt auch Spaghetti und Meeresfrüchte mit ein. Keine Kreditkarten. $$
Für ein Picknick in der antiken Stätte kann man sich im **Gastronomia,** Via Teocrito, 127, ausrüsten.

Taormina

Touristeninformation

■ **AAST,** Palazzo Corvaja, Piazza Vitt. Emanuele, Tel. 0 94 22 32 43, Fax 0 94 22 49 41.

Unterkunft

Während der Hochsaison (April bis Mai und Juli bis September) bestehen viele Hotels auf Halbpension.

Luxusklasse
■ **San Domenico Palace,** Piazza San Domenico, 5, Tel. 0 94 22 37 01, Fax 09 42 62 55 06. Dieses ehemalige Kloster beherbergt heute ein Luxushotel. Von vielen Zimmern und der Terrasse aus hat man einen fantastischen Ausblick auf den Ätna und das Meer. Eines der allerbesten Hotels von ganz Sizilien. Vorzügliches Restaurant. $$$$$
■ **Grandhotel Timeo,** Via Teatro Greco, 59, Tel. 0 94 22 38 01, Fax 09 42 62 85 01. Malerisch unterhalb des Teatro Greco gelegen, endlich fertig restaurierte Luxusherberge mit 39 Zimmern. $$$$$

Bristol Park, Via Bagnoli Croce, 92, Tel. 0 94 22 30 06, Fax 0 94 22 45 19. Hervorragende Lage. Swimmingpool, Privatstrand, recht gutes Restaurant, überdachter Parkplatz. $$$$

Excelsior Palace, Via Toselli, 8, Tel. 0 94 22 39 75, Fax 09 42 39 78. Das Hotel verfügt über ein reizvolles Ambiente sowie einen Swimmingpool in sensationeller Lage. Die Fassade ist neugotisch, die Einrichtung im British-Empire-Stil gehalten. Ausgezeichnete Restaurants, Parkmöglichkeit. Ermäßigungen in der Nebensaison. $$$$

Grande Albergo Monte Tauro, Via Madonna delle Grazie, 3, Tel. 0 94 22 44 02, Fax 0 94 22 44 03. Hinter der hässlichen Fassade verbirgt sich ein gutes Hotel. Nov.–März geschlossen. $$$$

Villa Paradiso, Via Roma, 2, Tel. 0 94 22 39 22, Fax 09 42 62 58 00. Schöne Aussicht und eigener Strand. $$$$

Mittlere Preislage

Ariston, Via Bagnoli Croce, 168, Tel. 0 94 32 38 88, Fax 0 94 22 11 37. 3-Sterne-Komfort. Nicht alle Kreditkarten. $$

Villa Nettuno, Via L. Pirandello, 33, Tel. 09 42 62 37 97, Fax 09 42 62 60 35. Villa mit Garten, Zimmer mit Balkon, sehr gut geführtes Haus. $$

Villa Belvedere, Via Bagnoli Croce, 79, Tel. 0 94 22 37 91, Fax 09 42 62 58 30. 3-Sterne-Komfort. $$$

Villa Kristina, Via L. da Vinci, 23, Tel. 0 94 22 83 66, Fax 0 94 22 83 71. Kann in der Hochsaison laut sein, aber gutes Preis-Leistungs-Verhältnis. Dez.–Feb. geschlossen. $$$

Villa San Michele, Via Damiano Rossi, 11, Tel. 0 94 22 43 27, Fax 0 94 22 43 28. Nur Zimmer mit Frühstück. $$$

Preisgünstig

La Campanella, Via Circonvallazione, 3, Tel. 0 94 22 33 81, Fax 09 42 62 52 48. Angenehm, aber für Behinderte ungeeignet. Keine Kreditkarten. $$

Corona, Via Roma, 7, Tel./Fax 0 94 22 30 22. Nur Zimmer mit Frühstück. Keine Kreditkarten. $$

Palazzo Vecchio, Salita Ciampoli, 9, Tel. 0 94 22 30 33, Fax 09 42 62 51 04. Bezaubernde, skurrile mittelalterliche Villa im Stadtzentrum mit Meerblick. Nur Visa-Card. Nov.–Feb. geschlossen, mit Ausnahme von Weihnachten und Neujahr. $$

Villa Schuler, Piazetta Bastione, 16, Tel. 0 94 22 34 81, Fax 0 94 22 35 22. Individuell und mit viel Charme. Dez.–Feb. geschlossen. $$

Svizzera, Via Pirandello, 26, Tel. 0 94 22 37 90, Fax 09 42 62 59 06. Sauber, gut geführt. Keine Kreditkarten. $$

Terra Rossa Appartements, Via Bongiovanni, 12, Tel. 0 94 22 45 36, Fax 0 94 22 31 88. Zwischen Taormina und Strand gelegene einfache Wohnungen mit Kitchenette. Für ältere Menschen und Behinderte leider völlig ungeeignet. Keine Kreditkarten. Preisnachlass bei längerem Aufenthalt. $$

Restaurants

Taormina verfügt über eine große Auswahl an Lokalen für jeden Geschmack und Geldbeutel, Restaurants mit internationalen Gerichten oder einheimischen Spezialitäten. Da jedoch viele Hotels auf Halbpension bestehen, bleibt einem für Kostproben anderer Restaurants oft nur das Mittagessen. Das auf einem Hügel gelegene Dorf Castelmola bietet günstige kulinarische Alternativen zu Taormina, und im Küstengebiet von Mazzarò am Fuße der Klippen findet man schöne und günstige Trattorie mit Meerblick. Von den meisten Restaurants am Corso Umberto ist abzuraten. Ihre Küche ist in der Regel einfallslos und teuer, da dort unkritische Touristen verkehren. Grundsätzlich besitzt Taormina jedoch elegantere und bessere Restaurants als Mazzarò oder Castelmola.

L' Angolo, Via Damiano Rosso, 17, Tel. 09 42 62 52 02. Beim Dom. Die Pizzeria ist nur abends geöffnet. Mi Ruhetag, Jan. geschlossen. $$$

Da Lorenzo, Via Roma, 4, Tel. 0 94 22 34 80. Das Restaurant hat fantastische Preise, aber als Teil des Nobelhotels San Domenico eben auch eine fantastische Lage. Mi Ruhetag, Betriebsferien im Dez. $$$

Gambero Rosso, Via Naumachia, 11, Tel. 0 94 22 30 11. Familienunternehmen mit freundlichem Empfang und guter sizilianischer Küche. $$

Il Giardino, Via Bagnoli Croci, 84 (bei den Parktoren), Tel. 0 94 22 34 53. Sehr freundlicher Familienbetrieb. Mit ein wenig Überredungskunst bringen Sie den Koch dazu, Gitarre zu spielen und sizilianische Volkslieder zu singen. $$

Granduca, Corso Umberto, 170–172, Tel. 0 94 22 44 20. Von diesem schicken, doch altmodischen und ziemlich großen Restaurant hat man eine herrliche Aussicht über die Bucht. Die Preise beinhalten auch diese! $$$

Oasi Due, Via Apollo Arcageta, 9 (neben dem Postamt), Tel. 0 94 22 47 71. Außergewöhnliches Essen zu günstigen Preisen. $

Porta Messina, Largo Giove Serapide, 4, Tel. 0 94 22 32 05. Spezialitäten: tuma fritta (gebackener Käse) und Fleisch. Mi Ruhetag. $

10

Taormina Mazzarò

Dieser Badeort liegt unterhalb der Altstadt von Taormina. Eine Seilbahn verbindet ihn mit der Hügelstadt Taormina. Seine Beliebtheit wird durch aufregende Restaurants und Klubs gefördert, die in der Regel billiger sind als in Taormina.

Unterkunft

■ **Grande Albergo Capo Taormina,** Via Nazionale, 147, Tel. 09 42 57 21 11, Fax 09 42 57 28 03. Elegantes Hotel über der wunderschönen Bucht von Mazzarò mit Salzwasserpool in den Klippen. Alle Zimmer mit eigener Terrasse. Privatstrand. $$$$
■ **Villa Sant' Andrea,** Via Nazionale, 137, Tel. 09 42 62 31 25, Fax 0 94 22 38 38. In der Nähe des Meeres gelegen, 4-Sterne-Komfort. $$$$
■ **Baia Azzurra,** Via Nazionale, 240, Tel. 0 94 22 32 49, Fax 09 42 62 54 99. 3-Sterne-Komfort. $$$
■ **Villa Esperia,** Via Nazionale, 244, Tel. 0 94 22 33 77, Fax 0 94 22 11 05. Nur Zimmer mit Frühstück. Okt.–Nov. geschlossen. $$
■ **Villa Moschella,** Via Nazionale, 240, Tel./Fax 0 94 22 33 28. Alle Zimmer mit Meerblick, großer Garten, nur Frühstück. Nov.–Ostern geschlossen. Nur Visa-Card. $$

Restaurants

■ **La Conchiglia,** Piazzale Funivia (bei der Seilbahn), Tel. 0 94 22 47 39. Hier bekommt man abends hervorragende pizze. Di Ruhetag, Betriebsurlaub Okt. oder Nov. $$
■ **Da Giorgio,** Vico Sant' Andrea, 7, Tel. 09 42 62 55 02. Am Strand der Isola Bella gelegen. Exzellente Fischgerichte. $$
■ **Oliviero,** Via Nazionale, 137, Tel. 0 94 22 31 25. Am Strand von Mazzarò. Ausgezeichnetes Restaurant mit Piano-Bar. $$

Terrasini

Restaurants

■ **L' Orlando Furioso,** Viale Rimembranze, 1, Tel. 09 18 68 25 53. Gute Spaghetti mit Hummer und gegrillter Fisch. Tische im Freien. Di Ruhetag (außer im Sommer). $$

■ **Caffè del Duomo,** Piazza del Duomo. Der richtige Ort für einen Imbiss, Eiscreme und Kuchen. $
■ **Trattoria La Ruota,** Via Lungomare, Tel. 09 18 68 51 51. Spezialität ist gegrillter Fisch. Ganzjährig geöffnet. $$

Trapani

Touristeninformation

■ **AAPIT,** Piazza Saturno, Tel. 0 92 32 90 00, Fax 0 92 32 40 04. Ein freundliches Büro mit reichhaltigem Informationsmaterial. (www.cinet.it/apt)

Unterkunft

■ **Astoria Park,** Lungomare D. Alighieri, San Cusumano, Tel. 09 23 56 24 00, Fax 09 23 56 74 22. 3 km in Richtung Erice am Meer gelegen. Komfortables Hotel mit Restaurant, Bar, Tennisplätzen, Swimmingpool und Privatstrand. Frühstück extra. $$$
■ **Cavallino Bianco,** Lungomare D. Alighieri, Tel. 0 92 32 15 49 oder 0 92 32 39 02. Am Meer gelegen, die Hälfte der Zimmer mit Meerblick. Frühstück extra. $$$
■ **Vittoria,** Via F. Crispi, 246, Tel. 09 23 87 30 44, Fax 0 92 32 98 70. Zentrale Lage in der Stadt, Zimmer teilweise mit Meerblick. Frühstück extra. $$$
■ **Moderno,** Via Tenente Genovese, 20, Tel. 0 92 32 12 47, Fax 0 92 32 33 48. 2-Sterne-Haus mit 21 Zimmern. Frühstück extra. $

Restaurants

■ **Casablanca,** Via San Francesco d' Assisi, 69. Auf Couscous, Crêpes und Fischgerichte spezialisiertes Lokal. $$
■ **Colicchia,** an der Ecke Via delle Belle Arti und Via Carosio (nahe Via Torrearsa), Tel. 09 23 54 76 12. Richtiger Ort für eine granita oder Eiscreme und cannoli. Mo Ruhetag (außer im Sommer). $

■ **Gino,** Piazza Garibaldi. Gelatissimo!
■ **P & G Ristorante,** Via Spalti, 1 (neben dem Park der Villa Margherita und dem Bahnhof), Tel. 09 23 54 77 01. Zwangloses Fischrestaurant, in dem neonata (neugeborene Sardinen), risotto marinara und Couscous (nur freitags) serviert werden. So Ruhetag. August geschlossen. $$
■ **Trattoria Safina,** Piazza Umberto I, 35 (gegenüber dem Bahnhof), Tel. 0 92 32 27 08. Riesen-Portionen für wenig Geld. Tische auf der Straße, mittags »dicht«. So Ruhetag. $
■ **Ristorante Da Peppe,** Via Spalti, 50, Tel. 0 92 32 82 46. Thunfisch-Spezialitäten von Mai bis Anfang Juli, andere feine Fischgerichte (auch Couscous) gibt's das ganze Jahr über. Sa Ruhetag (außer im Sommer). $$$

Trecastagni

Restaurants

■ **Al Mulino,** Via Mulino al Vento, 48, Tel. 09 57 80 66 34. Restaurant in einer großen Villa mit Blick auf eine alte Windmühle. Zu den Spezialitäten des Hauses gehören Nudeln mit Pilzen und Wurst mit Kräutern. Mo Ruhetag. $$

Troina

Das ruhige Städtchen ist eine echte Alternative zu Nicosia.

Unterkunft

■ **La Cittadella dell' Oasi,** Loc. S. Michele, Tel. 09 35 65 39 66, Fax 09 35 65 36 60. Schlichter 3-Sterne-Komfort. $$

Ustica, Isola di

Touristeninformation

■ c/o **Ass. Turistica Pro Loco,** Piazza V. Longo, Tel. 09 18 44 91 90.

Unterkunft

Diese liebliche Insel vor Palermo ist bei Schwimmern und Naturfreunden gleichermaßen beliebt. Die Hotels sind in der Regel sehr schnell ausgebucht, aber es gibt viele Möglichkeiten, Zimmer zu mieten: Bekommt man nicht bereits von den Fischern am Hafen ein Angebot, so kann man im Tourismusbüro (Piazza Vito Longo) nachfragen. Oder man bucht über ein Vermietungsbüro: zum Beispiel über die **Agenzia Osteodes,** Via Magazzino, 5, Tel. /Fax 09 18 44 92 10.

■ **Grotta Azzurra,** Loc. San Ferlicchio, Tel. 09 18 44 90 48, Fax 09 18 44 93 96 Inzwischen in die 4-Sterne-Kategorie aufgestiegen. $$$–$$$$

■ **Punta Spalmatore,** Loc. Spalmatore, Tel. 09 18 44 93 88, Fax 09 18 44 94 82. 3-Sterne-Dörfchen mit Bungalows und Ferienzimmern. Juni–Sept. geöffnet. Preise saisonal sehr unterschiedlich. Auskünfte und Reservierungen auch unter: **Orizzonti Gestioni,** Tel. 02 58 39 63 25, Fax 02 58 39 64 30.

■ **Hotel Ariston,** Via della Vittoria 5–7, Tel. 09 18 44 90 42, Fax 09 18 44 93 35. Am Hafen, 20 Zimmer, Bootsverleih. Frühstück extra. $.

■ **Diana,** C. da San Paolo, Tel./Fax 09 18 44 91 09. Oberhalb der Steilküste in einem Park, Zugang zum Meer. Frühstück extra. $

■ **Locanda Castelli,** Via S. Francesco, 16, Tel. 09 18 44 90 07. Drei 2-Personen-Appartements. Mindestaufenthalt 1 Woche. $

■ **Clelia,** Via Magazzino, 7, Tel. 09 18 44 90 39. Älteste pensione der Stadt. Hervorragendes Fischrestaurant. $

Restaurants

Um den Hafen der Insel herum gibt es einige Trattorien, die alle mehr oder weniger dasselbe Niveau und dieselben Preise haben. Im Stadtzentrum empfehlen wir:

■ **Mamma Lia,** Via San Giacomo, 1, Tel. 09 18 44 95 94. Ausgezeichneter Fisch. $$

■ **Da Mario,** Piazza Umberto I, 21, Tel. 09 18 44 95 05. Schlicht und gut. $

Vulcano

Touristeninformation

■ **AAST,** Porto di Ponente, Tel. 09 09 85 20 28 (nur im Sommer).

Unterkunft

■ **Arcipelago,** Loc. Vulcanella, Tel. 09 09 85 20 02, Fax 09 09 85 21 54. Meerwasserpool. Mindestaufenthalt 3 Tage. Frühstück extra. Nov.–Ostern geschlossen. $$$

■ **Garden Vulcano,** Loc. Porto Ponente, Tel. 09 09 85 20 69, Fax 09 09 85 23 59. Ein altmodisches Hotel inmitten exotischer Gärten. Der Eigentümer ist ein alter Kapitän, der die Zimmer mit seinen »Schätzen« dekoriert hat. Schwer zu finden. $$$

■ **Pensione La Giara,** Porto Levante, 18, Tel. 09 09 85 22 29, Fax 09 09 85 24 51. In der Hochsaison teurer, nettes Haus in Strandnähe (ca. 100 m), Richtung Gelsa. $$

Restaurants

■ **Belvedere,** Loc. Piano, Tel. 09 09 85 30 47. Eines der besten Lokale auf der Insel mit allerfeinster Regionalküche. $–$$

■ **Lanterna Blù,** Via Lentia, 58, Tel. 09 09 85 21 78. Hierher strömen auch die Einheimischen wegen der köstlichen Fischgerichte in Scharen. Im Winter bitte vorher anrufen! $$

Zafferana Etnea

Schön an den Südhängen des Ätna gelegener Ort. Ein idealer Aufenthaltsort für Skifahrer.

Unterkunft

■ **Airone,** Strada Mareneve Sud, Via Cassone, 67, Tel. 09 57 08 18 19, Fax 09 57 08 21 42. Sehr schöne Aussicht, oberhalb des Ortes an der Straße zum Rifugio Sapienza. Im Nov. geschlossen. $$

■ **Primavera dell' Etna,** Via Cassone, 86, Tel. 09 57 08 23 48, Fax 09 57 08 16 95. Schön gelegen in einem alten Olivenhain, 54 Zimmer. $

■ **Del Bosco Emmaus,** Via Cassone, 75, Tel. 09 57 08 18 88, Fax 09 57 08 17 91. Keine Kreditkarten. Frühstück extra. $

Restaurants

■ **Al Parco dei Principi,** Via delle Ginestre, 1, Tel. 09 57 08 19 90. Interessante regionale Küche mit landwirtschaftlichen Erzeugnissen aus der Umgebung des Ätna. Di Ruhetag. $$

11

Sprache

Auf Sizilien werden Italienisch sowie mehrere sizilianische Dialekte gesprochen, die in vielen Fällen von Region zu Region recht verschieden sind.

In großen Städten und Touristenzentren sprechen viele Menschen Englisch, Französisch oder Deutsch. In Piana degli Albanesi in der Provinz Palermo gibt es noch albanische Sprachinseln.

Allgemeines

Guten Tag.	Buongiorno.
	[buon**dsehor**no]
Hallo!	Ciao! [**tschao**]
Wie geht's?	Come sta?
	[**ko**me sta]
Danke, gut.	Bene, grazie.
	[**bä**ne **gra**zje]

Ich heiße ...	Mi chiamo ... [mi kjamo]	Wann ist ... geöffnet?	A che ora è aperto (m.) / aperta (w.) ...? [a ke ora ä apärto / apärta]		

Ich heiße ... — Mi chiamo ... [mi kjamo]

Auf Wiedersehen. — Arrivederci. [arriwedertschi]

Morgen — mattina [mattina]

Nachmittag — pomeriggio [pomeridseho]

Abend — sera [ßera]

Nacht — notte [notte]

morgen — domani [domani]

heute — oggi [odsehi]

gestern — ieri [järi]

Sprechen Sie Deutsch? — Parla tedesco? [parla tedesko]

Wie bitte? — Come, prego? [kome prägo]

Ich verstehe nicht. — Non capisco. [non kapisko]

Sagen Sie es bitte nochmals. — Lo può ripetere, per favore. [lo puo ripätere per fawore]

..., bitte. — ..., per favore. [per fawore]

danke — grazie [grazje]

Keine Ursache. — Prego. [prägo]

was / wer / welcher — che / chi / quello [ke / ki / kuällo]

wo / wohin — dove [dowe]

wie / wie viel — come / quanto [kome / kuanto]

wann / wie lange — quando / quanto tempo [kuando / kuanto tämpo]

warum — perché [perke]

Wie heißt das? — Come si chiama? [kome ßi kjama]

Wo ist ...? — Dov'è ...? [dowä]

Können Sie mir helfen? — Mi può aiutare? [mi puo ajutare]

ja — sì [ßi]

nein — no [no]

Entschuldigen Sie. — Scusi. [skusi]

Sightseeing

Gibt es hier eine Touristeninformation? — C'è un ufficio di turismo qui? [tschä un uffitscho di turismo kui]

Haben Sie einen Stadtplan / ein Hotelverzeichnis? — Ha una pianta della città / un annuario alberghi? [a una pjanta della tschitta / un annuarjo albärgi]

Wann ist ... geöffnet? — A che ora è aperto (m.) / aperta (w.) ...? [a ke ora ä apärto / apärta]

geschlossen — chiuso (m.) / chiusa (w.) [kjuso / kjusa]

das Museum — il museo (m.) [il museo]

die Kirche — la chiesa (w.) [la kjäsa]

die Ausstellung — l'esposizione (w.) [lesposizjone]

Wegen Restaurierung geschlossen. — In restauro. [in restauro]

Shopping

Wo gibt es ...? — Dove posso trovare ...? [dowe posso troware]

Wie viel kostet das? — Quanto costa? [kuanto kosta]

Das ist zu teuer. — È troppo caro. [ä troppo karo]

Das gefällt mir (nicht). — (Non) mi piace. [(non) mi pjatsche]

Gibt es das in einer anderen Farbe / Größe? — Ce l'ha anche di un altro colore / un'altra taglia? [tsche la angke di un altro kolore / un altra talja]

Ich nehme es. — Lo prendo. [lo prändo]

Wo ist eine Bank? — Dov'è una banca? [dowä una bangka]

Ich suche einen Geldautomaten. — Dove posso trovare un bancomat? [dowe posso troware un bangkomat]

Geben Sie mir 100 g Käse / zwei Kilo Pfirsiche. — Mi dia un etto di formaggio / due chili di pesche. [mi dia un ätto di formadseho / due kili di päske]

Haben Sie deutsche Zeitungen? — Ha giornali tedeschi? [a dsehornali tedeski]

Wo kann ich telefonieren / eine Telefonkarte kaufen? — Dove posso telefonare / comprare una scheda telefonica? [dowe posso telefonare / komprare una skeda telefonika]

Notfälle

Ich brauche einen Arzt / Zahnarzt. — Ho bisogno di un medico / dentista. [o bisonjo di un mädiko / dentista]

Rufen Sie bitte einen Krankenwagen / die Polizei. — Chiami un'ambulanza / la polizia, per favore. [kjami un ambulanza / la polizia per fawore]

Wir hatten einen Unfall. — Abbiamo avuto un incidente. [abbjamo awuto un intschidänte]

Wo ist das Polizeirevier? — Dov'è la polizia? [dowä la polizia]

Ich bin bestohlen worden. — Mi hanno derubato. [mi anno derubato]

Mein Auto ist aufgebrochen worden. — Hanno forzato la mia macchina. [anno forzato la mia makkina]

Essen und Trinken

Die Speisekarte, bitte. — Il menu per favore. [il menu per fawore]

Brot — pane [pane]

Kaffee — caffè / espresso [kaffä / esprässo]

Tee — tè [tä]

mit Milch / Zucker — con latte / zucchero [kon latte / zukkero]

Orangensaft — succo d'arancia [sukko darantscha]

Mehr Kaffee, bitte. — Un altro caffè, per favore. [un altro kaffä per fawore]

Suppe — minestra [minästra]

Nudeln — pasta [pasta]

Fisch / Meeresfrüchte — pesce / frutti di mare [pesche / frutti di mare]

Fleisch — carne [karne]

Geflügel — pollame [pollame]

Beilage — contorno [kontorno]

vegetarische Gerichte — piatti vegetariani [pjatti wedsehetarjani]

Ei — uovo [uovo]

Salat — insalata [inßalata]

Dessert — dolci [doltschi]

Obst — frutta [frutta]

Eis — gelato [dsehelato]

Wein — vino [wino]

11

weiß / rot / rosé	bianco / rosso / rosé [bjangko / rosso / rose]
Bier	birra [birra]
Aperitif	aperitivo [aperitiwo]
Wasser	acqua [akua]
Mineralwasser	acqua minerale [akua minerale]
mit / ohne Kohlensäure	gassata / naturale [gassata / naturale]
Frühstück	prima colazione [prima kolazjone]
Mittagessen	pranzo [prandso]
Abendessen	cena [tschena]
eine Kleinig-keit	uno spuntino [uno spuntino]
Ich möchte bezahlen.	Il conto, per favore. [il konto per fawore]
Es war sehr gut / nicht so gut.	Era molto buono. / Non era buono. [ära molto buono / non ära buono]

Im Hotel

Ich suche ein gutes / nicht zu teures Hotel.	Cerco un buon albergo / un albergo economico. [tscherko un buon albärgo / un albärgo ekonomiko]
Ich habe ein Zimmer reserviert.	Ho riservato una camera. [o riserwato una kamera]
Ich suche ein Zimmer für ... Personen.	Cerco una camera per ... persone. [tscherko una kamera per ... perßone]
Mit Dusche und Toilette.	Con doccia e servizi. [kon dotscha e serwizi]
Mit Balkon / Blick aufs Meer.	Con balcone / vista sul mare. [kon balkone / wista sul mare]
Wie viel kostet das Zimmer pro Nacht?	Quanto costa la camera per notte? [kuanto kosta la kamera per notte]
Mit Frühstück?	Con prima colazione? [kon prima kolazjone]
Kann ich das Zimmer sehen?	Posso vedere la camera? [posso wedere la kamera]
Haben Sie ein anderes Zimmer?	Avete un'altra camera? [awete un_altra kamera]

Das Zimmer gefällt mir (nicht).	Mi piace la camera. / La camera non mi piace. [mi pjatsche la kamera / la kamera non mi pjatsche]
Kann ich mit Kreditkarte bezahlen?	Posso pagare con carta di credito? [posso pagare con karta di kredito]
Wo kann ich parken?	Dove posso mettere la macchina? [dowe posso mettere la makkina]
Können Sie das Gepäck in mein Zimmer bringen?	Mi può portare i bagagli in camera? [mi puo portare i bagalji in kamera]

Zahlen

0	zero [zero]
1	uno [uno]
2	due [due]
3	tre [tre]
4	quattro [kwattro]
5	cinque [tschinkwe]
6	sei [säi]
7	sette [sette]
8	otto [otto]
9	nove [nowe]
10	dieci [djetschi]
11	undici [unditschi]
12	dodici [doditschi]
13	tredici [treditschi]
14	quattordici [kwattorditschi]
15	quindici [kwinditschi]
16	sedici [seditschi]
17	diciassette [ditschassette]
18	diciotto [ditschotto]
19	diciannove [ditschanowe]
20	venti [wenti]
21	ventuno [wentuno]
22	ventidue [wentidue]
30	trenta [trenta]
40	quaranta [kwaranta]
50	cinquanta [tschinkwanta]
60	sessanta [sessanta]

70	settanta [settanta]
80	ottanta [ottanta]
90	novanta [nowanta]
100	cento [tschento]
101	centouno [tschentouno]
110	centodieci [tschentodjetschi]
200	duecento [duetschento]
300	trecento [tretschento]
400	quattrocento [kwattrotschento]
500	cinquecento [tschinkwetschento]
600	seicento [säitschento]
700	settecento [settetschento]
800	ottocento [ottotschento]
900	novecento [nowetschento]
1000	mille [mille]
2000	duemila [duemila]
3000	tremila [tremila]
10 000	diecimila [dietschimila]
100 000	centomila [tschentomila]
1 000 000	un milione [un miljone]
1.	primo [primo]
2.	secondo [sekundo]
3.	terzo [terzo]

Literaturhinweise

Belletristik

■ Bufalino, Gesualdo: Museum der Schatten. Berlin 1992.
■ Cardella, Lara: Ich wollte Hosen. Frankfurt/M. 1. Aufl. 1989.

Campana, Domenico: Das Leuchten der Sirene. Köln 1993.

Fava, Giuseppe: Bevor sie euch töten. Zürich 1994.

Goethe, Johann Wolfgang von: Italienische Reise. Frankfurt/M. o. J.

Obermeier, Siegfried: Im Schatten des Feuerbergs. Hamburg 1995.

Peter, Peter: Sizilien. Literarische Entdeckungen im Land, wo der Teufel sein Weib nahm. Stuttgart, 2. Aufl. 2000.

Sciascia, Leonardo: Mein Sizilien. Berlin 1995.

Tomasi di Lampedusa, Giuseppe: Der Leopard. München o. J.

Verga, Giovanni: Sizilianische Novellen. Ditzingen o. J.

Verga, Giovanni: Sizilianische Dorfgeschichten – Cavalleria Rusticana. München 1993.

Vittorini, Elio: Gespräch in Sizilien. Zürich 1977.

Märchen

Märchen aus Sizilien, hrsg. von Silvia Studer-Frangi, Frankfurt/M. 1998.

Die schöne Anna. Im Märchenland Sizilien. Freiburg 1993.

Sizilianische Märchen – Fiabe Siciliane. Aus der Sammlung von Italo Calvino. München o. J.

Reise- und Erlebnisberichte

Durell, Lawrence: Blühender Mandelbaum. Sizilianisches Karussell. Hamburg o. J.

Herbst, Alban N.: Eine Sizilianische Reise. Fantastischer Bericht. Frankfurt/M. 1995.

Kühn, Erika: Eine Sizilienreise. Mythen, Religion, Traum und Wirklichkeit. Frankfurt/M. 1994.

Maretta, Saro (Saraccio): Sicilia. Auf der Autobahn in die Antike. Reportagen und andere Texte. Bern 1993.

Preisler, Maximilian: Unterwegs in Süditalien und Sizilien. Notizen aus dem Mezzogiorno. München 1993.

Robb, Peter: Sizilianische Schatten. Köln 2000.

Geschichte

Finley, Moses: Das antike Sizilien. Von der Vorgeschichte bis zur arabischen Eroberung. München 1993.

Finley, Moses/Mack Smith, Denis/Duggan, Christopher: Geschichte Siziliens und der Sizilianer. München 1989.

Norwich, John Julius: Die Wikinger im Mittelmeer. Wiesbaden 1968.

derselbe: Die Normannen in Sizilien. Wiesbaden 1971.

Rösch, Eva Sibylle: Kaiser Friedrich II. und sein Königreich in Sizilien. Sigmaringen 1994.

Politik und Zeitgeschehen

Bonavita, Petra: Donna Sicilia. Sizilianische Frauen gegen Mafia, Tradition und Gewalt. Pfaffenweiler 1993.

Dalla Chiesa, Nando: Der Palazzo und die Mafia. Köln o. J.

Hess, Henner: Mafia. Ursprung, Macht und Mythos. Freiburg 1993.

Rizza, Sandra: Ein Mädchen gegen die Mafia. München 1994

Kunst und Architektur

Blunt, Anthony : Sizilischer Barock, Frankfurt/M. 1972.

Carnabuci, Brigit: Sizilien. Köln 2. Aufl. 2000

Cassata, Giovanella/Costantino, Gabriella/Santoro, Rodo: Romanisches Sizilien. Würzburg 1988.

Gruben, Gottfried: Die Tempel der Griechen, München 3. Aufl. 1980.

Krönig, Wolfgang: Sizilien (Reihe Kunstdenkmäler Italiens, WBG) Darmstadt 1985.

Neeracher, Otto: Kunst und Kultur der Westgriechen. Basel 1977.

Küche

Carluccio, Antonio: Die Küche des italienischen Südens. München 1998.

Peter, Peter/Schreibmüller, Christian: Cucina Siciliana. München 1997.

Natur

Amann, Peter: Wanderungen auf Sizilien. München 1997.

Corssen, Christiane/Corssen, Christian: Sizilien mit umliegenden Inseln und Malta. Führer für Sportschiffer. Bielefeld 1995.

Polyglott-Titel zu Sizilien

Land und Leute: Italien. Wissenswertes zu Kultur und Alltagsleben der Italiener in Stichworten von A–Z.

ReiseBuch: Sizilien. 240 Seiten, bebildert, mit Kartenausschnitten, zahlreiche Tipps zu Restaurants, Hotels, Einkaufen und Nightlife.

Reiseführer: Sizilien. 96 Seiten, bebildert. Alle wichtigen Sehenswürdigkeiten mit Beschreibung.

Sprachführer: Italienisch. Sprache und Eigenarten der Italiener leicht lernbar aufbereitet.

12

Bildnachweis:

Alle Bilder von Lyle Lawson außer:
AKG London 19, 51, 54, 140 (Randspalte), 144 (Randspalte)
V. Arcomano/Marka 129
the art archive 302 (Randspalte)
Jenny Bennathan 99, 102
M. Capovilla/Marka 29
Carlo Chinca 73, 89, 126, 167 (Randspalte), 168, 169
Nevio Doz/Marka 34
Robert Fried 286, 287, 289
C. Garrubba/Marka 119
Glyn Genin 22, 90, 91, 92, 120, 123 (Randspalte), 124 (Randspalte), 128 (Randspalte), 130 (rechts), 139 (Randspalte), 142 (Randspalte), 145, 152 (Randspalte), 156 (Randspalte), 160 (Randspalte), 173, 175, 175 (Randspalte), 179, 180, 187, 189, 191, 198 (Randspalte), 210 (Randspalte), 214 (Randspalte), 226 (Randspalte), 229 (Randspalte), 232, 232 (Randspalte), 239, 243, 244 (Randspalte), 253, 254, 261, 262 (Randspalte), 263, 265, 268, 269, 271, 272, 273, 275, 276 (Randspalte), 277, 281, 282, 288 (Randspalte), 292, 292 (Randspalte), 299 (Randspalte), 303, 308, 309 (Randspalte), 313, 314 (Randspalte), 315
F. Giaccone/Marka 100, 123, 218 (Randspalte), 256 (Randspalte)
Wilhelm von Gloeden/AKG 293

Ronald Grant Archive 94, 95, 96, 97 (links), 97 (rechts)
John Heseltine 5 (unten), 128, 240, 247
Michael Jenner 4/5, 98, 103
Magnum 78, 79, 80, 81
Museo Internazionale della Marionette 2 (unten)
Axel Poignant Archive 4 (unten), 270 (Randspalte)
Stiken/Marka 306 (Randspalte)
Topham Picturepoint 82, 83

im Bild:
Seiten 30/31:
Obere Reihe von links nach rechts:
G.Allegretti/Marka, M. Cristofori/Marka, John Heseltine, M. Capovilla/Marka.
Mittlere Reihe von links nach rechts: John Heseltine, Glyn Genin.
Untere Reihe von links nach rechts: M. Capovilla/Marka, M. Christofori/Marka, Glyn Genin, S. Pitamitz/Marka, M. Capovilla/Marka

Seiten 132/133:
Obere Reihe von links nach rechts: John Heseltine, John Heseltine, M. Mazzola/Marka, John Heseltine.
Mitte oben: F. Giaconne/Marka.
Mitte unten: F. Lovino/Marka.
Untere Reihe von links nach rechts: John Heseltine, R.G.Everts/Marka, John Heseltine, F. Giaconne/Marka.

Seiten 192/193:
Obere Reihe von links nach rechts: Glyn Genin, A. Korda/Marka, Axel Poignant Archive.
Mittlere Reihe von links nach rechts: P. Ongaro/Marka, F. Giaccone/Marka, F. Giaccone/Marka.
Untere Reihe von links nach rechts: Axel Poignant Archive, F. Giaccone/Marka, F. Giaccone/Marka.

Seiten 258/259:
Obere Reihe von links nach rechts: P. Ongaro/Marka, L. Fioroni/Marka, Axel Poignant Archive, F. Pizzochero/Marka.
Mittlere Reihe von links nach rechts: P. Ongaro/Marka, Axel Poignant Archive, Glyn Genin.
Untere Reihe von links nach rechts: F. Giaccone/Marka, Museo Internazionale della Marionette.

Vordere Umschlagseite: Philip Gould/Corbis
Rücken: Lyle Lawson
Hintere Umschlagseite: Lyle Lawson

Inhaltsverzeichnis:
Seite 4 oben: Apa Publications/Glyn Genin
Seite 4 links: Bernd Helms
Seite 4 unten: Peter Amann
Seite 5 oben: Bernd Helms
Seite 5 unten: Peter Amann

Register

Orts- und Sachregister

Personenregister

Roger II., König 18, 45, 122, 124, 143, 168, 193, 275, 309
Rosi, Francesco 94, 95
Rossellini, Roberto 94
Russo, Genco 201, 202

Mehr Tipps. Mehr Spaß. Mehr Urlaub.

Polyglott
ReiseBuch
Mallorca

Polyglott
ReiseBuch
Australien

Polyglott
ReiseBuch
Kuba

Möchten Sie Ihren Urlaub abwechslungsreich und individuell gestalten und dabei mit viel Spaß Neues erleben? Dann sind die Polyglott Reise-Bücher Ihre idealen Reisebegleiter.

Erhältlich für insgesamt 30 Reiseziele. Je 240 Seiten.
DM 19,90, öS 145,–, sFr 19,–

Polyglott
MEHR VOM REISEN

www.polyglott.de

Polyglott Reiseführer • Polyglott ReiseBuch • Polyglott City Guide • Polyglott Apa Guide • Polyglott FlexiKarte • Polyglott Atlante